U0895157

经时济世
继往开来
贺教育部
重大攻关项目
成果出版

季羡林
时年九十有八

教育部哲学社會科学研究重大課題攻關項目

以民主促进和谐
——和谐社会构建中的基层民主政治建设研究

PROMOTING SOCIETAL HARMONY BY MEANS OF DEMOCRACY:
ON THE STUDY OF GRASS-ROOTS DEMOCRACY IN THE CONSTRUCTION OF SOCIALIST HARMONIOUS SOCIETY

徐 勇
等著

经济科学出版社
Economic Science Press

图书在版编目（CIP）数据

以民主促进和谐：和谐社会构建中的基层民主政治建设研究/徐勇等著．—北京：经济科学出版社，2015.11

教育部人文社会科学重点研究基地重大项目成果

ISBN 978－7－5141－6074－1

Ⅰ．①以… Ⅱ．①徐… Ⅲ．①基层组织－社会主义民主－建设－研究－中国 Ⅳ．①D638

中国版本图书馆CIP数据核字（2015）第223338号

责任编辑：周国强

责任校对：刘欣欣 杨 海

责任印制：邱 天

以民主促进和谐

——和谐社会构建中的基层民主政治建设研究

徐 勇 等著

经济科学出版社出版、发行 新华书店经销

社址：北京市海淀区阜成路甲28号 邮编：100142

总编部电话：010－88191217 发行部电话：010－88191522

网址：www.esp.com.cn

电子邮件：esp@esp.com.cn

天猫网店：经济科学出版社旗舰店

网址：http://jjkxcbs.tmall.com

北京季蜂印刷有限公司印装

787×1092 16开 30.25印张 620000字

2016年1月第1版 2016年1月第1次印刷

ISBN 978－7－5141－6074－1 定价：78.00元

（图书出现印装问题，本社负责调换。电话：010－88191502）

课题组主要成员

（按姓氏笔画排序）

刘义强　李海金　李金红　汤应权　陈　明
陈祥英　慕良泽

编审委员会成员

总　序

哲学社会科学是人们认识世界、改造世界的重要工具，是推动历史发展和社会进步的重要力量。哲学社会科学的研究能力和成果，是综合国力的重要组成部分，哲学社会科学的发展水平，体现着一个国家和民族的思维能力、精神状态和文明素质。一个民族要屹立于世界民族之林，不能没有哲学社会科学的熏陶和滋养；一个国家要在国际综合国力竞争中赢得优势，不能没有包括哲学社会科学在内的“软实力”的强大和支撑。

近年来，党和国家高度重视哲学社会科学的繁荣发展。江泽民同志多次强调哲学社会科学在建设中国特色社会主义事业中的重要作用，提出哲学社会科学与自然科学“四个同样重要”、“五个高度重视”、“两个不可替代”等重要思想论断。党的十六大以来，以胡锦涛同志为总书记的党中央始终坚持把哲学社会科学放在十分重要的战略位置，就繁荣发展哲学社会科学作出了一系列重大部署，采取了一系列重大举措。2004 年，中共中央下发《关于进一步繁荣发展哲学社会科学的意见》，明确了新世纪繁荣发展哲学社会科学的指导方针、总体目标和主要任务。党的十七大报告明确指出：“繁荣发展哲学社会科学，推进学科体系、学术观点、科研方法创新，鼓励哲学社会科学界为党和人民事业发挥思想库作用，推动我国哲学社会科学优秀成果和优秀人才走向世界。”这是党中央在新的历史时期、新的历史阶段为全面建设小康社会，加快推进社会主义现代化建设，实现中华民族伟大复兴提出的重大战略目标和任务，为进一步繁荣发展哲学社会科学指明了方向，提供了根本保证和强大动力。

高校是我国哲学社会科学事业的主力军。改革开放以来，在党中央的坚强领导下，高校哲学社会科学抓住前所未有的发展机遇，紧紧围绕党和国家工作大局，坚持正确的政治方向，贯彻“双百”方针，以发展为主题，以改革为动力，以理论创新为主导，以方法创新为突破口，发扬理论联系实际学风，弘扬求真务实精神，立足创新、提高质量，高校哲学社会科学事业实现了跨越式发展，呈现空前繁荣的发展局面。广大高校哲学社会科学工作者以饱满的热情积极参与马克思主义理论研究和建设工程，大力推进具有中国特色、中国风格、中国气派的哲学社会科学学科体系和教材体系建设，为推进马克思主义中国化，推动理论创新，服务党和国家的政策决策，为弘扬优秀传统文化，培育民族精神，为培养社会主义合格建设者和可靠接班人，作出了不可磨灭的重要贡献。

自 2003 年始，教育部正式启动了哲学社会科学研究重大课题攻关项目计划。这是教育部促进高校哲学社会科学繁荣发展的一项重大举措，也是教育部实施“高校哲学社会科学繁荣计划”的一项重要内容。重大攻关项目采取招投标的组织方式，按照“公平竞争，择优立项，严格管理，铸造精品”的要求进行，每年评审立项约 40 个项目，每个项目资助 30 万～80 万元。项目研究实行首席专家负责制，鼓励跨学科、跨学校、跨地区的联合研究，鼓励吸收国内外专家共同参加课题组研究工作。几年来，重大攻关项目以解决国家经济建设和社会发展过程中具有前瞻性、战略性、全局性的重大理论和实际问题为主攻方向，以提升为党和政府咨询决策服务能力和推动哲学社会科学发展为战略目标，集合高校优秀研究团队和顶尖人才，团结协作，联合攻关，产出了一批标志性研究成果，壮大了科研人才队伍，有效提升了高校哲学社会科学整体实力。国务委员刘延东同志为此作出重要批示，指出重大攻关项目有效调动了各方面的积极性，产生了一批重要成果，影响广泛，成效显著；要总结经验，再接再厉，紧密服务国家需求，更好地优化资源，突出重点，多出精品，多出人才，为经济社会发展作出新的贡献。这个重要批示，既充分肯定了重大攻关项目取得的优异成绩，又对重大攻关项目提出了明确的指导意见和殷切希望。

作为教育部社科研究项目的重中之重，我们始终秉持以管理创新服务学术创新的理念，坚持科学管理、民主管理、依法管理，切实增强服务意识，不断创新管理模式，健全管理制度，加强对重大攻关项目的选题遴选、评审立项、组织开题、中期检查到最终成果鉴定的全过程管理，逐渐探索并形成一套成熟的、符合学术研究规律的管理办法，努力将重大攻关项目打造成学术精品工程。我们将项目最终成果汇编成“教育部哲学社会科学研究重大课题攻关项目成果文库”统一组织出版。经济科学出版社倾全社之力，精心组织编辑力量，努力铸造出版精品。国学大师季羡林先生欣然题词：“经时济世　继往开来——贺教育部重大攻关项目成果出版”；欧阳中石先生题写了“教育部哲学社会科学研究重大课题攻关项目”的书名，充分体现了他们对繁荣发展高校哲学社会科学的深切勉励和由衷期望。

创新是哲学社会科学研究的灵魂，是推动高校哲学社会科学研究不断深化的不竭动力。我们正处在一个伟大的时代，建设有中国特色的哲学社会科学是历史的呼唤，时代的强音，是推进中国特色社会主义事业的迫切要求。我们要不断增强使命感和责任感，立足新实践，适应新要求，始终坚持以马克思主义为指导，深入贯彻落实科学发展观，以构建具有中国特色社会主义哲学社会科学为己任，振奋精神，开拓进取，以改革创新精神，大力推进高校哲学社会科学繁荣发展，为全面建设小康社会，构建社会主义和谐社会，促进社会主义文化大发展大繁荣贡献更大的力量。

教育部社会科学司

前 言

近年来，由“民主是个好东西”的命题引发出一场对民主的热议。但是，学术界对民主“好”在何处，为什么是个“好东西”，还缺乏深入的学理性探讨。中共十七大将人民民主提升到社会主义生命的高度来认识，强调坚定不移发展社会主义民主政治，十八大提出要将民主的制度建设摆在突出位置，增强党和国家活力，特别强调完善协商民主制度和工作机制，推进协商民主广泛、多层、制度化发展，使我国社会主义民主政治展现出更加旺盛的生命力。然而，为什么现阶段特别强调民主，它与当前的经济社会发展有何关系？这提出了一个发展民主政治与构建社会和谐之间关系的重大理论命题。

古典和近代民主理念都只看到了民主的制度形式，而没有进一步探究民主原则的实践和民主机制运行的内在动因及结果，即人们为何要求民主，民主机制会给人们带来什么？民主作为现代国家权力的所有、使用和分配机制，它以经济社会发展为依托，同时又影响着经济社会发展。深化对民主的认识，有助于我们解释当代社会的发展，并通过健全民主机制促进和谐社会的建构。

从中国政治学关于民主理论研究的情况来看，是否要民主、要什么类型的民主、这种民主能否以较低的社会成本实现社会和谐和发展繁荣，还是一个众说纷纭的问题。正如一些持民主理想主义观点的人不认同现实中基层民主扩展的经验事实，进而对民主政治建设悲观失望一样，另一些埋头于民主实践，尤其是基层民主实践的人，往往对民主的理论和规范价值所言不多，更有甚者反倒因为在实践经验中见到不少民主失败的案例，从而对民主失望。民主的理想主义者幻想一夜之间获得完美的民主，而民主的经验主义者则要么避而不谈民主理论，要么专注于现实民主治理的细小事件，而对如何建构民主的中国形式、怎样通过民主建构促成可欲社会目标的机制等问题缺乏探讨。

华中师范大学中国农村研究院长期致力于对中国基层民主和城乡居民自治的实践追踪和理论分析，开创了中国政治学界以实证、实验和实践为核心特色的“三实”品格和特色。2007 年，我主持承担了教育部哲学社会科学重大课题攻关项目“和谐社会构建中的基层民主政治建设研究”（07JZD0016）。通过对中国城乡基层民主实践发展和创新经验的系统观察，我们逐步形成了对中国基层民主发展的内在动力和发展道路的认识。我们提出，中国的基层民主建设是现代以来，尤其是改革开放以来现代国家建设、现代化政治动员、市场经济发展以及社会变迁的内在需要，不是无源之水，无本之木；基层民主制度建设在改革开放的实践中逐步完善，形成了六大领域，即农村村民自治、城市社区自治、工作场所的民主、城乡基层公共管理中的公民参与、基层人大制度建设以及基层党内民主建设；最后，中国基层民主的发展正在沿着问题导向、治理需求和适应性扩展的道路前进，伴随着中国改革开放和现代化建设的步伐而走向未来。

我们有幸参与这一历史性进程，并不吝奉上我们不成熟的观察和思考。

摘　要

新时期改革开放30余年，是近代以来我国持续稳定推进现代化建设最有成效的30年，经济持续高速发展，现代市场经济体制逐步建立，创造财富的各种源泉被有效激发；社会成员的物质社会水平和自由程度极大提高，经济和社会权利不断增长；政治制度化建设加速，政治和行政规范化、法治化和有序化也不断推进。基层民主制度建设是这一进程的伟大创造和制度创新，更是经济社会和谐的建构者。

我国的社会主义基层民主政治，是广大人民群众在基层经济、政治、社会和文化事务领域，直接行使当家作主民主权利的制度建设和实践活动。其中，村民自治和社区自治主要是生活场域的民主形式，强调建构民主的公共生活；工作场所的民主主要是企事业单位的民主管理，强调基层直接民主的经济民主建构；基层公共管理中的公众参与是基层行政管理中的民主建设，强调政府管理对公民需求和诉求的敏感性和回应性；基层人大制度建设则是基层民主向国家政治的公共领域有序延伸的渠道；党内基层民主则体现了以党内民主引领和带动人民民主的发展趋向。这六大领域及其扩展，构成了基层民主建设的完整体系。

本书从以民主促进和谐的视角出发，分别讨论了村民自治与农村基层治理、社区自治与城市基层治理、单位民主与工作单位治理、行政民主与基层行政治理、政治民主与基层人大建设以及党内民主与党内基层治理的关系。其基本思路是，我国城乡基层社会及其治理基础的变化和挑战促发了基层民主建设的需求，而基层民主建设在改善治理、化解矛盾、促进和推动社会发展等方面起到了重大作用，是中国改革开放30年奇迹的内在保障机制之一。我国基层民主30年来的确形成了独特的民主发展方式和途径，从基层民主发展和实验中总结出来的一些经验和模式已经成为党和国家进一步推动社会主义民主政治建设的重要举措。本书将其总结为：从民主行动着手构建民主、从国家治理的需要发展民主、从公民利益诉求扩展民主、从合作和共识目标创设民主、从中国改革模式探寻民主的发展方向。

中国的民主政治建设是一个持续的过程，对民主发展的一个局部的理论构造，也能为整体的民主构造和社会和谐提供知识资源。从基层民主出发，逐步发展人民群众直接参与政治生活的民主能力和习惯，构造民主政治的基础工程，然后在实践和创新中逐步有序向上扩展，确保民主建设和经济、社会发展相适应，这是中国式民主政治建设的一条基本经验。在这样牢固的基础上，才能使中国民主扎实推进，有序扩展，逐级而上，渐成大势，形成民主发展与社会和谐的共生机制。

Abstract

For 30 years, the reform and opening-up policy has been carried out on the new era. The 30 years, is China's most productive period since modern time, when China has been sustained and stable promoting modern construction, the economy has been developing rapidly, the modern market economy system has been establishing gradually, a variety of sources of creating wealth has been inspired effectively, the material and social level and degree of freedom of social members have been greatly improved, the economic and social rights have been increasing, the political institutionalization has been constructed rapidly, the political and administrative regulations have been ruled, the rule of law and order have been advanced constantly. The construction of basic democratic system is not only a great creation and innovation of this process, but also the constructor of harmonious economy and society.

China's socialist basic democratic politics is the governance construction and practice activities of the mass people who is in grass-roots economic, political, social and cultural affairs fields, and directly exercise their democratic rights. Among which, the villagers autonomy and community autonomy are the main democratic forms of life, which emphasizes the construction of democratic public life. The democratic management of institutions and enterprises, which emphasizes the construction of economic democracy of grass-roots direct democracy. The public participation of grass-roots public management is the democratic construction of basic administrative management, which emphasizes the sensitivity and response of government management to civil needs. The construction of basic level people's congress system is the channel through which grass-root democracy can expand towards public field of national politics. Inner Party democracy shows the trend that the inner Party will lead and promote the people's democracy in the Party. These six fields and their extension constitute the complete system of the grass-roots democracy construction.

This book is from angle of the perspective of democracy to promote harmony, discussing the relationship between the villagers' autonomy and rural grassroots governance, community autonomy and urban grassroots governance, work unit democracy and work units governance, administrative democracy and grassroots administrative governance, political democracy, grassroots people's congress and the Party's grassroots governance respectively. The basic idea is that the changes and challenges of basic social and governance of urban and rural areas in China have promoted the demand of grassroots democracy, and the basic democratic construction has played a significant role in improving governance, resolving contradictions, promoting social and development. In our country, in these 30 years, the grass-roots democracy has formed a unique road of democratic development. Some experience and mode which have been summarized from the grassroots democracy development and the experiment has become the important measures of Party and the state to further promote the socialist democratic political construction. This book summarized it as follows: to build democracy through the democratic action, to develop democracy as the state governance need, to expand democracy as citizens' interest demands, to build democracy from cooperation and consensus, to explore the development direction of democracy from China's reform model.

China's democratic political construction is a continuous process, and it's a partial theory of democratic development, also can provide knowledge resources for the overall democratic structure and social harmony. Starting from the grass-roots democracy, develop the people's democratic capacity and habits of directly participation in the political life gradually. Construct the foundation of democratic politics, and then gradually expand in practice and innovation process. Ensure the democratic construction adapts to economic and social development, this is a basic experience in the construction of Chinese democracy. On such a firm basis, can China's democracy be solid promoted and expanded orderly, and gradually becomes the trend of the development of democracy and social harmony of the symbiotic mechanism.

目录

Contents

Contents

导　论

中共十六届六中全会《中共中央关于构建社会主义和谐社会若干重大问题的决定》（以下简称《决定》）指出：社会和谐是中国特色社会主义的本质属性，是国家富强、民族振兴、人民幸福的重要保证。构建社会主义和谐社会是现阶段我国社会主义建设的重大战略任务，民主法治建设是构建和谐社会的首条要求。十八大报告更是将基层群众自治制度与人民代表大会制度、中国共产党领导的多党合作和政治协商制度、民族区域自治制度等并列，作为中国特色社会主义制度的基本政治制度组成部分，提出要健全基层党组织领导的充满活力的基层群众自治机制，以扩大有序参与、推进信息公开、加强议事协商、强化权力监督为重点，拓宽范围和途径，丰富内容和形式，保障人民享有更多更切实的民主权利。要求全心全意依靠工人阶级，健全以职工代表大会为基本形式的企事业单位民主管理制度，保障职工参与管理和监督的民主权利。发挥基层各类组织协同作用，实现政府管理和基层民主有机结合。不断发展社会主义基层民主，既是构建社会主义和谐社会的重要内容，也是推动国家治理现代化和社会和谐幸福的重要手段。从政治学角度来看，《决定》尤其是十八大以来中央高层对健全民主制度，丰富民主形式，积极扩大有序的公民政治参与的基础性作用和意义的强调，实际上提出了发展民主政治与构建和谐社会之间关系的重大理论命题。显然，这是一个关涉到未来我国政治发展走向以及确立政治民主在中国政治社会发展框架中的准确坐标的重大契机。现实的发展对民主政治理论提出了急切的要求。

从中国政治学关于民主理论研究的情况来看，是否要民主、要什么类型的民主、这种民主能否以较低的社会成本实现社会和谐和发展繁荣，还是一个众说纷纭的问题。[①] 正如一些持民主理想主义观点的人不认同现实中民主扩展的经验事实，进而对民主政治建设悲观失望一样，另一些埋头于民主实践，尤其是基层民主实践的人，往往对民主的理论和规范价值所言不多，更有甚者反倒因为在实践经验中见到不少民主失败的例子，从而对民主本身失望。民主的理想主义者幻想一夜之间获得完美的民主，而民主的经验主义者则要么避而不谈民主理论，要么专注于现实民主治理的细小事件，而对如何建构民主理论的中国形式，怎样通过民主建构促成可欲社会目标的机制等问题缺乏探讨。[②] 当然，我们就更不用再提那些从特定意识形态立场上反对民主的思想主张了。有研究者针对世界民主转型的失败案例，提供了民主崩溃的政治学解读。[③] 毫不夸张地说，这是一个对民主失望的时代，流行的是反民主或民主失望的游戏。

一、作为一种利益均衡机制的民主

近年来，由“民主是个好东西”的命题引发一场对民主的热议。但是，学术界对民主“好”在何处，为什么是个“好东西”，还缺乏深入的学理性探讨。中共十七大将人民民主提升到社会主义生命的高度来认识，强调坚定不移发展社会主义民主政治；十八大提出要将民主的制度建设摆在突出位置，增强党和国家活力，并特别强调完善协商民主制度和工作机制，推进协商民主广泛、多层、制度化发展，使我国社会主义民主政治展现出更加旺盛的生命力。然而，为什么现阶段特别强调民主，它与当前的经济社会发展有何关系？这都是民主政治研究迫切需要回答的问题。要回答这一问题，则需要回到民主的原点，从民主的基本定义着手，不断深化对民主理念的认识。

（一）民主概念的三层定义

近代以来，民主是一个广泛关注又备受争议的命题。但是，任何一个理念的产生都有其特定的历史背景及其要解决的问题。民主是伴随国家制度而产生的。

---

① 围绕俞可平先生的“民主是个好东西”所引发的一系列激烈争论是对这种状况的一个生动反映。俞可平先生似乎只是在讲已经得到世界多数国家民主发展经验所支持的民主理论的 ABC，而且相当谨慎。但是回复他的却是“民主不是个坏东西”、“民主不好也不坏”以及“民主是不是好东西不能一概而论”，甚至“民主是个坏东西”等观点。俞可平：《民主是个好东西》，《学习时报》第 367 期。

② 徐勇：《中国民主之路：从形式到实体——村民自治价值的再发掘》，《开放时代》2000 年第 11 期；萧功秦：《后全能体制与 21 世纪中国的政治发展》，《战略与管理》2000 年第 6 期；徐勇：《现代国家的建构与村民自治的成长——对中国村民自治发生与发展的一种解释》，《学习与探索》2006 年第 6 期等。

③ 参见包刚升：《民主崩溃的政治学》，商务印书馆 2014 年版。当然，本书作者并非质疑民主的可行性，而是通过对民主崩溃的案例分析和解读，为发展良治型民主提供镜鉴。

民主作为一个政治名词起源于古希腊，出自于古希腊文“demokratia”，由“demos”（意为“人民”和“地区”）和“kratia”（意为“权力”和“统治”）合成，其基本含义就是“人民的权力”、“人民的政权”或“人民进行统治和治理”。[①] 到了近代，民主作为一个政治术语才得到广泛使用。其背景就是西方社会经历千年的分裂分散的封建社会之后，随着资产阶级力量的壮大，推动着分散的社会聚集为统一的民族国家。而要在分散的传统社会基础上建构起一个统一的现代民族国家，必然涉及国家的起源及其与社会的关系问题。古典政治学因此将其视为探讨的主要命题。比较有代表的是霍布斯和洛克。霍布斯主张国家起源于人们的契约。在他看来，国家产生之前人们生活在“自然状态”。在这种状态下，由于人的自私性会导致“人与人之间的战争”，因此需要通过人们之间的相互契约，将人们的权利让渡出去，建构一个超越私人利益的国家。国家的产生基于冲突并用于调节冲突。洛克也是契约论者，但他与霍布斯所不同的是，认为国家起源于社会，同时又受制于社会，当国家权力违背社会意愿时，社会有权利收回国家权力。国家的产生基于合作并促进全民福祉。因此，在建构理想的国家之时，国家权力的归属，也即国家的“所有权”问题便成为古典政治学重点讨论的命题。古典政治学家一般都同意国家权力归属于人民。卢梭正值通过资产阶级革命建构现代国家的前夜，他直接而明确地提出了“人民主权学说”。主权是人民集体的意志，不可分割、不可转让，也不可代表。由于人民是众多人的集合体，因此，以人民主权为核心的民主理念被定义为“多数人的统治”。这是经典的古典民主的定义，也是民主的第一层定义。

而在建构民族国家实体以后，人们很快发现“人民主权”和“多数人统治”只是一个立国的基本原则，国家权力不可能由人民集体中的每一个人执掌和使用。由此就涉及权力资源的配置，或者说国家权力的“使用权”问题。如果说权力的归属属于政治制度问题，那么，权力资源的配置则属于政治体制问题。整个19世纪，近代政治学讨论的主要问题就是国家权力资源的配置，即权力资源由何种机构执掌，其关系又如何？最重要的代表人物是密尔。他的最主要贡献就是提出了代议制民主的理论。其核心是间接民主，即人民并不直接行使政治权力，而是选举自己的代表对政治事务作出决定。由此将国家权力的所有权（人民）和使用权（议会）加以分离。议会是由那些智力优等者组成，属于精英人物。代议制的实质是主权在民（大众），治权在精英（议会与官僚），从而有效地配置权力资源，将民主与效率结合起来。而在代议制民主框架内，怎样进入议会执掌权

---

① 中国大百科全书总编辑委员会《政治学》编辑委员会：《中国大百科全书（政治学）》，中国大百科全书出版社1992年版，第251页。

力呢？由此出现政党政治。即人们通过政党这样的政治集团汇聚民意参与政治竞争，并由竞争中的获胜者执掌权力。竞争机制因此进入政治领域。由此也促使民主理念的变化。其主要代表人物是熊彼特。熊彼特是 20 世纪上半期的重要经济学家。他在深入研究资本主义市场竞争的过程中，对民主的理论进行了探讨。他的民主理论是建立在对古典民主理论批判的基础上。在他看来，人民主权只是一个原则，由具有不同利益指向的人民共同决定政治事务事实上不可能。他明确指出："民主政治并不意味也不能意味人民真正的统治。……民主政治就是政治家的统治。""民主政治的意思只能是：人民有接受或拒绝将要来统治他们的人的机会。"政治家或领导人要通过竞争获得权力。因此，"民主方法就是那种为作出政治决定而实行的制度安排，在这种安排下，某些人通过争取人民的选票取得作出决定的权力。"① 因此，在熊彼特看来，民主是一种"精英选拔机制"，少数精英通过大众参与的民主选举获得统治权力。虽然，熊彼特也强调少数精英统治，但是否政治精英并获得权力得由选民根据一定程序决定。因此，熊彼特将民主的原则转换为可操作的程序，赋予民主以第二层含义，即"精英选拔机制"。

但是，古典和近代民主理念都只看到了民主的制度形式，而没有进一步探究民主原则的实践和民主机制运行的内在动因及结果，即人们为何要求民主，民主机制会给人们带来什么？尽管古希腊政治学开创者亚里士多德提出"人是天生的政治动物"的命题，但这只是就人离不开城邦（国家）共同体而言的，对于人为何要从事政治活动却没有给予合理的解释。只有马克思主义的利益观才对政治的动因和结果给予了正确的回答。人们选择民主而不是专制，从根本上说是由人们的利益所决定，也就是它能够给最大多数的人带来"好处"。而在专制制度下，这种好处只能为极少数人所占有和垄断。发展民主的结果或者检验其存在价值的标准也只能是为更多的人带来更多的利益。如果没有利益的内核，民主就会沦为一个毫无生命和吸引力的干壳。人民主权如果不能落实到人民利益和福祉方面，主权的原则就会"悬空"。选民为何将选票投给此人而不是彼人，主要也在于利益取向。熊彼特虽然看到了民主是一种精英选拔机制，但他所谓的精英还是一种有才能和有道德的人，而没有将精英与大众的利益结合起来。这种人再有才能和道德，如果不能带给民众以利益，其才能和道德又有何益呢？他可以成为"道德楷模"，却难以成为优秀的政治家。因此，民主政治从根本上说是一种"利益均衡机制"，也就是说通过大众参与的竞争，不仅能够合理配置权力资源，更重要的是通过权力的配置能够使人们的利益得到最大限度的满足，达到相对均衡。这

① ［美］熊彼特：《资本主义、社会主义与民主》，吴良健译，商务印书馆 1999 年版，第 415 页、第 395～396 页。

是因为，民主政治是在市场经济发展中提出来的。市场经济是一种以分工、交换和竞争为特征的经济形态。这种经济形态赋予所有人以平等人格，但其运行的结果是利益分配的相对不均衡。因为，市场经济是以资本为主导的经济，有了资本才能吸纳劳动。而资本的天然属性是不断地扩张。为了获得最大化的利润，就有可能压低劳动所得，由此造成资本和劳动在利益分配的不均衡。这种不均衡一旦达到不可承受的极限，就有可能出现社会冲突，以致爆炸。那么，为了使利益相互冲突的社会不至于爆炸，就要求国家权力出面加以调整。权力是一种支配能力。国家权力的独特性就在于它具有分配资源和利益的权威性，是一种强制性分配资源和利益的机构。人们争取权力、执掌权力，最终在于权力能够占有和支配资源和利益。由于民主制度将权力归属于人民，因此，通过民主制度的运行，可以更好地保障人民利益的实现；又由于民主是一种“精英选拔机制”，谁要能获得领导地位，就必须有效地代表人民的利益。正是在民主的不断运行中，促使利益分配更加均衡，而不是由少数人独占和垄断。这正是民主的真谛所在。如果说市场重生产，那么，民主则重分配。由此，我们就可以赋予民主以第三层含义，即民主是一种“利益均衡机制”。

民主理念的三层含义分别涉及国家权力的“所有”、“使用”和“分配”问题。国家权力的人民所有、精英治理最终都要体现在这一制度的后果有利于公众的共同利益。如果民主不能够有效保障和促进公众利益，落实在利益的合理公正分配上，那么，这种民主就只是一种虚幻或者说是虚假的。

（二）民主再认识的当代意义

民主作为现代国家权力的所有、使用和分配机制，它以经济社会发展为依托，同时又影响着经济社会发展。深化对民主理念的认识，有助于我们解释当代社会的发展，并通过健全民主机制促进和谐社会的建构。

自 19 世纪以来，资本主义和社会主义两种社会形态就成为世人不可回避的制度选择。当人类跨入 21 世纪以后，仍然存在两大理论与实践问题需要回答和解决：一是资本主义在当今为什么还具有活力？二是社会主义如何更具有吸引力，更为和谐？19 世纪是资本主义的世纪。当资本主义制度还在建立之时，马克思就独具慧眼，发现了资本主义的基本矛盾及其运动规律。马克思和恩格斯在《共产党宣言》中郑重宣告：资本主义必然灭亡和社会主义必然胜利。随后，马克思又致力于资本主义经济内在规律的研究，写下了巨著《资本论》，从理论上为资本主义宣判了死刑。但自马克思去世以后，资本主义并没有很快灭亡，而且迄今仍有一定的活力。其原因何在呢？对此研究的结论很多，我以为，最重要的原因是资本主义国家找到了一种利益均衡机制——民主。

马克思所处的时代是资本占统治地位的时代。如果将资本化约为金钱的话，那么当时的世界就是由钞票所决定的。马克思在《资本论》中深刻地描绘了这样的社会，即钞票主宰一切的社会。人们拼命地追逐着钞票，同时也使社会分裂为两个世界：有钱人社会和无钱人社会，或者说是资本社会和劳动社会。由于资本的天性是追逐利润，必然要尽可能降低成本，包括劳动成本。因此，马克思认为，随着资本主义发展，会导致劳动者贫困化。一无所有的无产阶级最终将成为资本主义的掘墓人。但马克思没有预料到的是，到了19世纪后期，“普选制”得以在资本主义社会普遍建立和实施，资本主义因此不再只是“钞票”一票的主宰，而且要受“选票”的支配。资本主义从而步入“两票制”，即市场经济和民主政治的时代。

现代国家包括两个层面：从空间实体看为民族—国家，从制度建构看为民主—国家。但现代国家的建构都是一个相对不均衡的历史过程。17、18世纪资本主义革命中建立的资本主义国家，在立国初期，都确立了人民主权的原则，并根据这一原则建立了基本政治制度。但人民主权的原则并不是很快得以付诸实际的。在整个19世纪，资本主义国家主要致力市场经济发展，所追求的是“最小的政府”。占主导地位的统治者不仅没有将人民主权付诸于实际，而且极力限制着一般劳动者的权利。法国大革命号称最彻底的资产阶级革命。但就在这一革命中产生的《人权宣言》明确规定只有有一定知识和收入的人才有选举权。因此，在19世纪，选举并没有成为普遍的权利和现实。一般劳动者只能受资本的主宰，而没有改变自己命运的制度机会。这种制度机会只有到了19世纪后期才出现了可能。这就是随着议会制和政党制的建立，一人一票的普选制得到实施。一般大众没有或者缺少钞票，但有了平等的选票，可以通过选票表达自己的利益，争取自己的利益。1895年，恩格斯对于德国工人通过普选制争取自己的权利给予了高度评价。他说：“德国工人仅仅以自己作为最强有力、最守纪律并且增长最快的社会主义政党的存在，就已经对工人阶级事业作出了头一个重大贡献，除此以外，他们对这个事业作出了第二个重大贡献。他们给了世界各国同志一件新的武器——最锐利的武器中一件新的武器，向他们表明了应该怎样使用普选权。”他还指出，“《共产党宣言》早已宣布，争取普选权、争取民主，是战斗的无产阶级的首要任务之一”，德国工人阶级一直使用选举权，“以致使他们自己得到了千百倍的好处，并成了世界各国工人的榜样。任何一个政党要执掌权力也不得不争取选票，而要争取选票就必须承诺给选民带来利益”。普选制的实施，“结果弄得资产阶级和政府害怕工人政党的合法活动更甚于害怕它的不合法活动，害怕选举成就更甚于害怕起义成就。”① 在普选制的制度规范下，政党轮替的结果是利益

① 《马克思恩格斯选集》（第4卷），人民出版社1995年版，第516~517页。

均衡。

20世纪上半期，在大危机中兴起的罗斯福改革使美国成为继德国之后的典型。美国共和党更多代表的是富人的利益，其主要政策是减税，刺激生产；而民主党更多的是代表中下阶层的利益，其主要政策是增加社会福利，救济贫弱，改善分配。正是通过民主机制，保证社会不至于因资本和权力的强势而使社会趋于极端，使资源和财富的占有达到相对均衡，由此缓解社会危机。所以，民主与市场是相匹配的。任市场经济发展，必然导致社会分化和社会冲突，而民主的发展则可以在保障市场活力的同时将社会分化和社会冲突限制在一定范围内。这就是当今资本主义为何还有一定活力的重要原因所在。

社会主义是继资本主义之后产生的一种社会制度。由于现实社会主义国家都是在经济文化相对落后而又面临资本主义扩张的背景下建立的，因此，这些国家一开始特别注重的是统一独立的民族—国家的建构。为推动民族—国家的建构，权力处于不断集中的过程，即经济社会权力向国家集中，国家权力向执政党集中，执政党权力向党中央集中，党中央的权力向少数甚至个别领袖集中。这种权力集中的体制可以集中力量办大事，统一规划和推动社会的变革和变迁，即具有社会主义能够办大事的优势。但是，这一体制也有一个重大弊端，这就是权力得不到制约，将社会、国家和党的命运完全系于少数人，甚至一人之手。而无论多么英明伟大的领袖人物都有可能出错。由此就造成现实的社会主义发展会出现两种问题：一是经济社会发展的大起大落，二是缺乏可持续性。这都是因为权力过分集中个别人的体制而造成的。正因为如此，邓小平在著名的《党和国家领导制度的改革》一文尖锐地指出“我们过去发生的各种错误，固然与某些领导人的思想、作风有关，但是组织制度、工作制度方面的问题更重要。……不是说个人没有责任，而是说领导制度、组织制度问题更带有根本性、全局性、稳定性和长期性。”① 中国的改革开放实际上是一个制度变革和构造过程，经济制度改革以社会主义市场经济为方向，政治制度改革以社会主义民主政治为方向。改革开放以后每一次党代会都将民主作为社会主义政治建设的目标。但是，在中国改革开放30余年的当今，发展社会主义民主政治又显得特别重要和紧迫。

这是因为，与世界上许多国家一样，中国的经济与政治发展也是相对不均衡的。对于中国这样的经济文化相对落后的国家来说，发展经济是主要任务。改革开放以来，中国的经济得到迅速发展，特别是体制改革不断突破，进入市场经济发展轨道。但是，与此伴随的是社会分化日益突出，社会差距日益拉大，利益关系日益复杂，由此带来的不稳定因素日益增多。其深刻的根源就是近代中国一直

---

① 《邓小平文选》（第2卷），人民出版社1994年版，第333页。

存在的资源配置不均衡的问题。进入现代化进程以后，社会发展受资源的特性和数量所支配。市场经济发展必须具备两种要素：一是用于生产和扩大再生产并能够产生利润的资本，二是服从于资本和利润需要并能够保证生产和再生产得以延续的劳动。对于长期处于剩余积累极少的农业文明的中国来说，其基本状况是：资本稀缺和劳动过剩，换言之，资本总是处于无限渴求的，而劳动力却是无限供给的。这种状况一直延续到21世纪，也没有根本性的变化。受制于这一因素，国家治理者为推动经济发展，更青睐于资本，而无论是国家资本还是私人资本，无论是外国资本还是本国资本。所以，一直到20世纪末，政府的主要任务还是招商引资，很少论及招工引工。对资本的渴求和利用无疑极大地推动了经济发展。中国改革开放以来经济的高速发展，正得力于对资本的重新认识和利用。但是，资本和劳动资源的非均衡性必然带来的是资本和劳动在社会财富的占有和分配方面的不均衡，资本的收益远远高于劳动收益。如最有活力的珠江三角洲和长江三角洲地区，改革开放以后的农民工的工资收入不仅不能与资本收益同步增长，甚至不能与物价的上涨所同步。一个重要原因就是庞大的农村劳动力后备军呈无限供给状态，一个工作岗位后面有无数人所等待。劳动者缺乏讨价还价的可能。这一状况必然导致社会差距拉大。我国的社会差距主要表现为地区和城乡之间的差距。这种差别恰恰反映了资本和劳动资源的非均衡配置状态。中西部地区缺乏资本，但有大量农业剩余劳动力；东部地区资本过剩而劳动短缺。每年上亿农民工的流动正反映了这一状况。社会差距的不断扩大必然不利于社会和谐。因为社会和谐最终是建立在各种要素相对均衡的状况下。在发展市场经济条件下，资本与劳动在资源和财富分配上的不均衡超出一定限度必然影响社会和谐。

市场经济发展是以资本居主导地位的。资本与劳动不均衡是常态，但如果任资本的无限扩张就有可能引起社会冲突，甚至社会爆炸。这种结果是市场经济解决不了的，而且它本身就是市场经济所造成的。为此就需要寻求超越资本和劳动之上的国家力量。根据马克思主义的国家学说，国家本身就是为了将社会冲突控制在一定范围内，使其不至于激化为社会爆炸而出现的产物。换言之，国家不仅是阶级统治的工具，同时也是社会利益关系的调节者。为了将社会冲突控制在一定范围内，必然要求国家能够使各个社会阶级和群体的利益保持相对平衡而不是趋于极端。当然，国家不可能完全自觉地做到这一点。这就需要一种政治机制加以保证。这就是民主。资本主义正是寻找到这一机制，缓和了社会矛盾。而社会主义更需要这样一种机制。因为，社会主义意识形态一直将为了人民利益作为自己的核心价值。社会主义要充分调动广大人民的积极性，获得社会和谐，更需要发展民主，让人民有充分的利益表达机会。特别是在发展市场经济过程中，一般劳动者在经济上缺乏钞票，也缺乏话语权，处于相对弱势地位，更需要通过有效的利益表达来维护和扩展自己的权益。中共十七大报告在政治体制改革问题上的一个重大突破，就是提出深化政治体制改革要随着经济社会发展，与人民政治参与积极性不断提高相适应。所谓“人民政治参与积极性不断提高”，也就是人民越来越希望通过政治参与维护和扩展自己的权益。由此就需要作出进一步的政治制度安排，这就是发展社会主义民主。中共十七大提出“人民民主是社会主义的生命”，不仅是一种政治宣示，同时也极具针对性。这就是通过不断扩大人民民主，发展基层民主，来保障人民合法权益，避免强势的资本及背后的权力对人民合法权益的随意侵害，促进资本与劳动的利益分配相对均衡。

因此，当今强调民主的价值，不再只是一种政治原则的宣示，更重要的是通过民主机制达致利益的相对均衡。换言之，作为国家的治理者，除了推动资本占主导地位的市场经济发展以外，还必须推动权利平等和政治参与为核心的民主政治发展。由于历史和国情不同，各国的政治制度模式各有不同，我们没有必要模仿，也不可能照搬外国样式，但以民主促进利益相对均衡则是普遍的期待。任何民主都是跟着利益走的。只有根据理想的价值目标和现实的利益关系，选择合适的民主机制，才能合理调整利益关系，促进社会和谐。同时，只有让民主运转起来，在调整利益关系方面发现政治体制中的障碍，才能进一步推动政治体制改革的深化，由此形成中国特色的政治发展道路。所以，深化对民主理念的认识，特别是强调民主的“利益均衡机制”的功能，就是促使民主从文本制度层面走向活生生的实践层面，通过民主的运转调整利益关系，促进社会和谐，同时在实践中进一步完善民主机制。

当然，发展民主必须注意条件。同其他民主形态一样，社会主义民主的发展是一个不断完善的过程，受客观条件的制约。在当今，我国已具备积极推动民主的经济社会条件，这就是中国的经济已步入市场经济的轨道，经济可以按照经济规律自我运行。政府可以更多地从经济活动中抽身，在公平正义的理念支配下成为社会利益的调节者。同时，经过百多年的努力，中国的资本与劳动资源的配置关系也发生了根本性变化，进入到一个资本与劳动资源相对均衡的状态。2007 年是一个历史的“拐点”，即资本的流动性“过剩”。在这之前，更多的是人口过剩和劳动力过剩。进入 2007 年，则全面显示资本的过剩，在一些领域则显示出劳动供给不足。由此就为我们发展民主提供了经济社会条件，即政府不必再迁就，甚至屈服于资本，而更多寻求资本与劳动的相对均衡。而要保证政府实现其公平正义的功能，则需要政府在民主机制下运行，更多地尊重民意、吸纳民意、顺应民意，促使改革开放的成果全民共享，增强人民群众的获得感。

二、现代化进程中的社会不和谐

新时期改革开放30年，是近代以来我国持续稳定推进现代化建设最有成效的30年。简单地说，主要体现在经济持续高速发展、现代市场经济体制逐步建立，创造财富的各种源泉被有效激发；社会成员的物质社会水平和自由程度极大提高[①]，经济和社会权利不断增长；政治领域制度化建设加速，政治和行政规范化、法治化和有序化也不断推进。因此，不仅有经济体制改革的“中国奇迹”的提法，在政治经济综合体制转型上也有所谓“北京共识”VS“华盛顿共识”的提法。[②] 然而，伴随着政治经济的大转型，社会的不和谐因素和机制也呈现明显的增长。这主要表现在：

（一）改革发展带来的利益分配不均衡，收入差距持续扩大，贫富悬殊现象严重

据国家统计局2005年国民经济统计摘要资料，2005年我国城乡居民平均收入分别为8 083.65元和2 591.83元，前者是后者的3.12倍。[③] 而在1985年，这个比例仅为1。实际上，收入差距还不仅体现在城乡之间，农村内部、城镇内部和地区之间的差距也在持续扩大。从2001年国家统计局农村经济调查总队估计的基尼系数的时间序列数据，农村住户纯收入的基尼系数从1985年的0.23上升到2000年的0.35。15年期间农民收入分配的不均等程度上升了50%以上。[④] 在全国不同省份地区之间中，差距也十分明显。2004年上半年人均收入最高的5省

---

① 即便是在阿马蒂亚·森的一定意义上的作为“可行能力”的“自由”而言也是如此，只是其中关于经济条件和社会机会等扩展较快，而政治以及透明性保证等方面相对滞后。阿马蒂亚·森：《以自由看待发展》，任赜、于真译，中国人民大学出版社2002年版。

② 经济上“中国奇迹”最有说服力的版本是经济学家林毅夫在同名著作中提供的。“北京共识”源出英国著名思想库伦敦外交政策中心2004年5月发表的乔舒亚·库珀·拉莫的一篇论文，题为《北京共识》，该文将中国的发展途径定义为：艰苦努力、主动创新和大胆实验；坚决捍卫国家主权和利益；循序渐进，积聚能量。创新和实验是其灵魂；既务实，又理想，解决问题灵活应对，因事而异，不强求划一。它不仅关注经济发展，也同样注重社会变化，通过发展经济与完善管理改善社会。并以此与20世纪90年代中期形成的、以新自由主义经济理念为基础的所谓“华盛顿共识”相对照，认为前者比之后者更加可信任。

③ 李实、罗楚亮：《中国城乡居民收入差距的重新估计》，《北京大学学报》（哲学社会科学版）2007年第2期。

④ 国家统计局农村社会经济调查总队：《中国农村住户调查年鉴》，中国统计出版社2001年版，第29页。

市是：上海（8 513 元）、北京（7 836 元）、浙江（7 771 元）、广东（7 264 元）和福建（5 879 元），平均为 7 453 元，是人均收入最低的 5 省区市的 2 倍还多。正如联合国开发计划署委托中国发展研究基金会组织撰写的《中国人类发展报告 2005》所言，“如果贵州是一个国家，那么它的人类发展指数仅刚超过非洲的纳米比亚，但是如果把上海比作一个国家，其人类发展指数则与发达国家葡萄牙相当。”① 20 世纪 90 年代中期以来，最引人瞩目的是城镇居民收入差距的变化。在城市经济体制改革和国有企业改革中，下岗、失业问题不断增加，城市中形成了一个相对贫困的群体，使城镇居民之间的收入差距加速扩大，远远超过了城乡之间居民的收入差距。据统计，2003 年城镇占总体 20% 的最高收入组，家庭人均可支配收入为 17 472 元，比上年增加 2 012 元，增长 13%；占总体 20% 的最低收入组家庭人均可支配收入为 3 295 元，比上年增加 263 元，增长 8.7%。最高组与最低组的收入之比由 2002 年的 5.1∶1 扩大到 5.3∶1。相关研究表明，这种状况主要是由分配制度改革，国家政策效应、市场自发倾向、竞争起点不公平以及社会保障面狭窄等所致。② 也有学者通过各种差距成因的严格分析，认为“中国的收入差距问题与其说是市场经济的问题，倒不如说是对政府资源配置权力、对管制权力的监督制衡和问责的问题。”③ 不平则怨、不衡则倾。我国是一个具有“不患寡而患不均”文化传统的国家，收入差距过大，加上社会上腐败现象蔓延等，必然造成广大群众的不公平感加剧。经验证明，贫富差距悬殊和不公平感的累积会导致一系列消极的社会后果，极易诱发群体性事件，影响社会和谐。

（二）政治、经济和社会权利配置失衡，社会弱势群体缺乏权利保障，处境艰困

近些年来，社会弱势群体问题越来越成为一个关系和谐社会构建的核心问题。所谓社会弱势群体，传统上主要指老弱病残以及无劳动能力的人口。随着中

---

① 联合国开发计划署、中国发展研究基金会：《中国人类发展报告 2005——追求公平的人类发展》，2005 年 9 月 8 日。所谓人类发展指数，是由联合国开发计划署倡导的，以预期寿命、入学率和识字率以及人均收入三者来衡量人类发展状况，较之单纯的人均 GDP 指标更为科学和准确。

② 李实：《中国个人收入分配研究回顾与展望》，姚洋主编：《转轨中国：审视社会公正和平等》，中国人民大学出版社 2004 年版；韩留富：《我国居民收入差距的现状、成因及调控措施研究》，《经济体制改革》2001 年第 2 期；蔡昉、杨涛：《城乡收入差距的政治经济学》，《中国社会科学》2000 年第 4 期；王永钦、张晏、章元、陈钊、陆铭：《中国的大国发展道路——论分权式改革的得失》，《经济研究》2007 年第 1 期。

③ 陈志武：《国有制和政府管制真的能促进平衡发展吗？——收入机会的政治经济学》，《经济观察报》2006 年 1 月 2 日。

国的改革和发展，有相当规模的人口在农村改革、国有集体企业改制等发展和转型中，由于政治、经济、社会权利受到不公平对待，产业结构转型以及自身市场竞争能力低弱等因素，成为社会弱势群体。这些人口不仅出现生活困难，也缺乏进一步的实现自由发展的能力、权利和机会。学术界一般把社会弱势群体分为两类：生理性弱势群体和社会性弱势群体。① 前者包括传统意义上的弱势群体，后者如失业人口、失地人口、失房人口、被恶意欠薪的农民工、被剥夺民主选举权利的农村居民等。目前，形成较大影响的社会弱势群体主要包括缺乏生活保障的城乡老龄、残疾人口、城市化中土地被非法侵占的失地农民、城市拆迁改造中的失房市民、国有、集体企业改制中难以获得合理补偿的企业职工以及权利保障最差的农民工群体。他们在改革中承担了最大的成本，而且持续承受更多的社会剥夺。其中2000年我国60岁以上老人已达10%，以总人口13亿计，全国老龄人口达1.3亿，其中农村老龄人口则有9 000万左右，另外还有6 000万左右的残疾人。2006年，全国下岗失业人员500万人，全国城镇登记失业率在4.2%左右，而且还有持续扩大趋势。② 截至2004年，我国外出农民工数量为1.2亿人左右。③ 总之，相关研究者认为，如果将城乡贫困人口、经济结构调整进程中出现的失业和下岗职工、农民工等各类处于弱势地位的人口汇总，然后再扣除重叠部分和非弱势人口，目前中国弱势群体规模在1.4亿~1.8亿人，约占全国总人口的11%~14%。④ 缺乏基本的生存保障和权利保障，使得社会相当数量的人口弱势群体化，这是近年来不断增长的群体性事件发生的基本背景，也是农民“以法抗争”、工人“以理抗争”、农民工“以死抗争”频频出现的基本成因。⑤ 王学泰先生将这种情况的严重后果概括为“底层没有安全带，游民意识就还魂”，⑥ 这将是社会解体的前兆。

---

① 郑杭生、李迎生：《全面建设小康社会与弱势群体的社会救助》，《中国人民大学学报》2003年第1期；吴忠民：《中国社会主要群体弱势化趋向问题研究》，《东岳论丛》2006年第2期；张敏杰：《社会经济发展中的弱势群体及其社会支持》，《浙江学刊》2003年第3期等。

② 祝宝良：《2007中国经济发展十大趋势》，《中国经济时报》，2007年1月8日。

③ 中国农民工问题研究总报告起草组：《中国农民工问题研究总报告》，《改革》2006年第5期。

④ 郑功成：《社会保障与弱势群体保护》，郑杭生、李迎生主编：《中国人民大学社会发展研究报告2002~2003》，人民大学出版社2003年版。

⑤ “以法抗争”、“以理抗争”以及“以死抗争”分别见于建嵘：《当代中国农民的以法抗争——关于农民维权活动的一个解释框架》，《社会学研究》2004年第2期；《转型期中国的社会冲突——对当代工农维权抗争活动的观察和分析》，《凤凰周刊》总第176期；徐昕：《中国农民工为何以死抗争?》，《二十一世纪》2007年4月号。此外，还有一种农民“依法抗争”的观点，见李连江、欧博文：《当代中国农民的依法抗争》，吴国光编：《九七效应：香港、中国与太平洋》，香港太平洋世纪研究所1997年版，第141~169页。

⑥ 王学泰：《底层没有保险带，游民意识就还魂》，《南都周刊》，2007年9月17日。

（三）民众缺乏对改革的议程设定以及执行过程的控制和监督权，导致公共管理中基层政府单方行为和自利倾向明显，政权与群众关系紧张

改革是一个政治、经济和社会利益不断重新配置、规则持续改变的过程，因此，将有大量的政治、经济和社会权利被放进“公共领域”[①] 之中，社会的各个集团运用自己的资源和能力去获取一定资源份额或改变资源的分配规则而获利。推进改革的主导力量是国家政权及其官员，同时他们也是拥有优先的信息资源、强大的攫取能力和便利的获利机会的群体。尤其在基层政权领域，政治和行政制度化发展不足，民众难以参与改革和公共管理过程中的“议程设定”[②]，更难于控制和监督政府及其官员的行为。由此，使得基层公共管理中政府单方面的专断行为、与民争利的自利行为等层出不穷，严重侵犯公民权利，造成政权与群众关系相对紧张。其中一个重要表现就是针对基层政府的群体性事件频发。据统计，全国范围的群体性事件在1993年共8 709宗，此后一直保持快速上升趋势，1999年超过32 000宗，7年间增加了3倍。从2002年到2004年均保持在40 000宗以上。[③] 事实上，近年来农村围绕土地、民主权利出现的不稳定因素，城市围绕社区民生问题和公共事务、业主维权引发的不和谐因素，企业职工和农民工围绕工资、福利等触发的群体性事件以及基层公共管理中表现突出的教育、就业、医疗、社保、拆迁、征地、环境等问题，都与此紧密相关。

尽管有研究者已经对缺乏科学根据的所谓“一般地说，随着人均GDP进入1 000～3 000美元时期，各国社会都会进入不协调因素的活跃期和社会矛盾的多发期，进入社会结构深刻变动、社会矛盾最易激化的高风险期”的国际惯例表示了质疑。[④] 然而，剔除这一论调使用国际惯例说法有可能遮蔽冲突多发的政治危

---

① 这里“公共领域”（public domain）指有价值资源的产权未能得到完全界定和保护的领域，从而各个社会集团都运用自己的权力、资源和能力去攫取。见Y. 巴泽尔：《产权的经济分析》，上海人民出版社1997年版，第3～8页。

② “议程设定”是公共政策研究中的一个新领域，其着重点在于研究公共政策的决策中，以什么形式、什么时机、选择什么内容、运用怎么样的决策规则和程序进行决策。议程设定决定了为什么有些事情被提上议事日程，而另一些却没有。见Berger，Bruce K.，“Private Issues and Public Policy：Locating the Corporate Agenda in Agenda－Setting Theory，” *Journal of Public Relations Research* 13（2001）：91－126；Maxwell McCombs，Donald Shaw，“The Agenda－Setting Function of Mass Media，” *The Public Opinion Quarterly* Vol. 36，No. 2.（Summer 1972）：176－187；王绍光：《中国公共政策议程设置的模式》，《中国社会科学》2006年第5期等。

③ 于建嵘：《转型期中国的社会冲突——对当代工农维权抗争活动的观察和分析》，《凤凰周刊》总第176期。

④ 于建嵘：《转型中国的社会冲突》，天则双周论坛，http：//www.tecn.cn/data/detail.php？id＝9353。

机感的可能之后，它还是从客观上承认了冲突多发这个事实。构建和谐社会，前提就是预防和消除社会中不和谐因素。不和谐的原因是多个方面的，但是其核心，却是民众在政治、经济和社会领域权利的不均衡。在现代社会，解决这个问题的成功办法只有民主——持续稳健推进的高质量民主。然而，民主在中国，还是一个存在巨大争议的方案。

三、作为社会和谐基本机制的基层民主

我国的社会主义基层民主政治，是广大人民群众在基层经济、政治、社会和文化事务领域，直接行使当家作主民主权利的制度建设和实践活动。在长期的革命、建设和改革的进程中，我国基层民主政治制度不断完善，实践日益广泛，成效越来越大，是我国社会主义民主政治建设的重要组成部分。

本书提出，适当的民主构建机制，可以融合国家能力建设和民主建设的双重目标，从而将理论命题简化，即发展适当的民主构建机制，是促进社会和谐的根本选择，即以民主建构和谐。这一命题包括三个方面的观点：其一，将和谐社会作为政治发展的一个目标体系；其二，政治发展应该以国家制度构建为基本选择；其三，适当的民主制度构建是社会和谐构建之途。最后，由于基层民主构建不仅有相对充分的发展，而且有进一步突破发展的现实可能性。因此，通过论证基层民主发展机制的制度构造和作用机制对促进社会和谐的意义，我们可以在最低限的以基层民主建构社会和谐这一论题上取得共识。由于中国的民主政治建设是一个持续的过程，对民主发展的一个局部的理论构造，也可能为整体的民主构造和社会和谐提供知识资源。①

（一）作为政治发展目标的和谐社会论

显然，就构造社会和谐的国家角色来看，就是采用政治的办法化解社会冲突、凝聚社会共识，为改革和发展提供稳定和谐的政治基础。这种政治办法就是“健全民主制度，丰富民主形式，实现社会主义民主政治制度化、规范化、程序化”、“从各个层次扩大公民有序的政治参与，保障人民依法管理国家事务、管理经济和文化事业、管理社会事务”②。发展民主制度是促进社会和谐的根本机制，

① 之所以仅仅提供对基层民主的论证就以“民主和谐论”为命题，而未采用“基层民主和谐论”的说法，是因为作者认为，在本研究中所界定基层民主，是整体民主建构的微型缩影。而且，从理论逻辑和现实发展上看，基层民主的地方民主化趋势已经显现，这使得对基层民主的讨论更具宏观价值。本书在第一章中会详细阐释笔者的基层民主观和民主范式问题，这里不作具体介绍。

② 《中共中央关于构建社会主义和谐社会若干重大问题的决定》，新华社，2006 年 10 月 18 日。

没有民主制度的有效运转，就没有相对均衡的民众权利；没有均衡的权利，民众就缺乏在现代社会的多元利益中维护自己的政治、经济和社会权利的方式。民生发展、福利建构以及社会保障等，都是建设和谐社会必需的机制，但是，没有适当的民主机制，没有民主权利的发展，民生保障不仅难以有效落实，而且难以化解社会矛盾。①

和谐社会论最大的价值在于，经过近 30 年的改革开放之后，我们找到了关于怎样建立一个良好的生活和政治秩序的评价标准和目标导向。正如有学者论述到，和谐社会的论述是这个社会分化、利益纷争和思想分歧时代难得的一个全民共识。高层的“民主法治、公平正义”设想与民间社会的“有‘禾’人‘口’，人‘皆’能‘言’”的诉求（和谐）相互呼应。② 我们知道，改革开放以来，邓小平同志判断改革开放成败得失和姓“资”姓“社”的问题所定性的“三个有利于”的标准，即“是否有利于发展社会主义社会的生产力，是否有利于增强社会主义国家的综合国力，是否有利于提高人民的生活水平”③，极大地推动了经济体制改革的发展。其主要原因就在于其为经济体制改革设定了一个判定其合理性的标准和目标导向，从而为来自社会各个层面的经济体制改革创新和思想解放提供了社会空间和政策激励。和谐社会论以“民主法治、公平正义”为首条内容，其意义就在于为我国的政治发展提出了根本的目标和判断标准。

（二）作为国家制度构建的民主和谐论

当前，影响我国社会和谐的主要原因是权利的不均衡，现代社会秩序构建的基本方法是在国家政治权力、个人权利、资本权力之间协调利益，达成和谐。这只有在一个有效的民主国家制度之下才有可能。民主和谐论并非认为任何民主推进都会导致社会和谐，而是认为，只有与现代国家制度构建协调并进的民主建构，才会在制度稳固、体制创新、治理优化和形成共识四个方面形成社会和谐的根本机制。忽视现代国家制度建设、简单弱化国家统治能力的民主建构的危险，

---

① 德国从俾斯麦时代就以社会保障和福利见长，然而没有与此相随的民主制度的构建和政治成熟，使得社会矛盾无处化解。后来法西斯主义的兴起与此不无关系。迈克尔·曼：《社会权力的来源》（第 2 卷·上），陈海宏等译，上海人民出版社 2007 年版；赖希：《法西斯主义群众心理学》，重庆出版社 1990 年版；吴友法：《德国法西斯的兴起——第二次世界大战起源研究》，湖北教育出版社 2002 年版。

② 秦晖：《和谐社会：难得的全民共识》，《南方周末》2006 年 10 月 12 日第 1 版。

③ 1992 年年初，邓小平在视察南方时，针对一段时期以来，党内和国内不少人在改革开放问题上迈不开步子，不敢闯，以及理论界对改革开放性质的争论，指出：“要害是姓‘资’还是姓‘社’的问题。判断的标准，应该主要看是否有利于发展社会主义社会的生产力，是否有利于增强社会主义国家的综合国力，是否有利于提高人民的生活水平。”从此，三个“有利于”成为人们衡量一切工作是非得失的判断标准。邓小平：《邓小平文选》（第 3 卷），人民出版社 1993 年版，第 372 页。

其前景已经在非洲、南美、东欧等低质量民主政体甚至一些“失败国家”中展示出来了。[①] 东亚一些国家和地区民主进展的成就，如日本、韩国等，在一定程度上与传统上已经形成的较为制度化的行政体制有很大关系。负责任的民主构建不应该仅仅以西方国家的民主模板来嵌套，而是需要思考在自己的政治境况中，如何设计符合政治发展实际、使得民主转型与社会和谐秩序兼得的民主路径。民主建构之所以需要充分考虑国家制度构建的框架，正如政治发展理论大师亨廷顿所说，在对政治权利进行分配之前，先得有能够进行分配的政治权力。“必须先存在权威，而后才谈得上限制权威”。[②]

本书结合基层民主发展机制与社会和谐构建问题，建立了以民主促进和谐的理论命题。其基本预设是：民主促进和谐；凡是更多地采用民主机制处理社会冲突和利益矛盾的领域和地区，社会就会更加和谐；更多的民主造就更多的和谐。民主促进和谐不是自然而然实现的，它需要一系列相应的条件、手段和措施，需要巩固作为制度的民主、创新作为体制的民主、优化作为治理的民主、建构营造社会共识的民主，这些因素的综合作用就是我们所言的民主和谐论。

以民主促进和谐的基本理论依据是：民主发展可以从四个层面促进社会和谐。其一，民主发展有利于形成公民的平等主体地位。由于市场经济的发展，人们之间出现了深刻的利益分化，利益冲突增多，社会矛盾突出。民主发展所形成的人民群众在政治上的平等主体地位，有利于人们之间通过民主协商的方式解决利益冲突，实现社会和谐。其二，民主发展促进了政治参与的扩展。在现代社会中，多元利益相互竞争，为此必须建立保障人们参与和自身利益相关决策的权利，有稳定有效的渠道表达自己的利益诉求，影响决策，以达到利益整合和社会和谐。其三，民主的发展是一个以法治为基础的公民权利建构过程。由于权利建构、权利平衡和利益表达等都建立在法治的基础上，通过公平、权威的法律规范保障合法利益、制约违法行为，从而使得利益整合得以持续稳定进行，避免社会陷入无休止的矛盾冲突之中，并防止社会爆炸。其四，民主的发展是一个国家政权合法性不断得到扩展和加强的过程。人们通过民主机制建构起民主共识和精神，既可以恰切安置和协调进入现代社会的社会归属问题，又为政府有效集中权力提供更高水平的政治公共服务打下了坚实的基础。

---

① 弗朗西斯·福山：《国家构建：21 世纪的治理与世界秩序》，黄胜强、许铭原译，中国社会科学出版社 2007 年版；王绍光：《“接轨”还是“拿来”：政治学本土化的思考》，香港中文大学学术文库。亨廷顿在研究“第三波”民主化国家的民主巩固问题时说，那些有利于民主进程的因素，在民主化之后可能成为民主巩固的障碍。因为以摧毁国家统治能力为代价而进行的民主化，民主政权也同样缺乏统治能力，导致民主败坏。“那些没有能够创造出成功的威权体制的人也不可能更成功地巩固一个民主政权。”塞缪尔·P. 亨廷顿：《第三波：20 世纪后期民主化浪潮》，三联书店 1991 年版，第 324 ~ 332 页。

② 塞缪尔·P. 亨廷顿：《变化社会中的政治秩序》，三联书店 1989 年版，第 7 页、第 104 页。

到此，我们已经勾勒出了一个粗略的民主和谐论的理论框架。然而，如同和谐社会的构建一样，民主发展是“一连串事件”。① 因此，如果不选择更为切实、可操作的基点的话，民主和谐论则易于流于一般，难以进行有效的发展和验证。

（三）和谐民主从基层民主始

当前，我国的基层民主政治建设在城乡基层社会已经得到了巨大发展，并呈现出向更高层次扩展和更多领域推进的良好态势。党和政府也对积极扩大有序的基层民主建设非常重视，中央高层在多个重要文件中高度强调，要“突出重点，着力解决好人民群众最关心、最直接、最现实的利益问题。”因此，发展基层民主的动力是十分充足的。我们认为，基层民主是人民群众在基层经济、政治、社会和文化事务领域，直接行使民主权利、参与基层政治和社会生活的制度和活动。我国的基层民主主要包括六大领域，即农村村民自治、城市社区自治、工作场所的民主、城乡基层公共管理中的公民参与、基层人大制度建设以及党内基层民主建设。其中，村民自治和社区自治主要是生活场域的民主形式，强调建构民主的公共生活；工作场所的民主主要是企事业单位的民主管理，强调基层直接民主的经济民主建构；基层公共管理中的公众参与是基层行政管理中的民主建设，强调政府管理对公民需求和诉求的敏感性和回应性；而基层人大制度建设则是基层民主向国家政治的公共领域有序延伸的渠道；党内基层民主则体现了以党内民主引领和带动人民民主的发展趋向。这六大领域及其扩展，构成了从社会公共性建构的社会民主、工作场所劳资（管理）关系的经济民主、基层政府行政机制的民主回应以及县乡基层政治民主到引领民主深入的党内基层民主的完整领域。② 基层民主的发展，绝不是一些人认为的幼稚园民主，而是逐渐成型的地方民主机制的新框架。目前，基层民主的各个领域都进行了不同程度的民主建设和发展，也正处于深入推进的阶段。本研究分别从六大领域的发展，其如何解决现实中的问题和挑战以及进一步推动民主深化，促进社会和谐的基本政策选择几个方面进行了详细论述。

从另一个方面而言，和谐社会构建，基础工作在城乡基层社会。随着我国社会主义市场经济体制的发展，城乡基层社区成了各种社会组织的落脚点、各种群

① “民主是一连串事件”是周其仁先生从费雪的“收入是一连串事件”中化解而来的。其原义是指收入在由资本提供的过程中，有形形色色的事件发生，对收入产生或正或负的影响。参见周其仁：“作者序言”，载《收入是一连串事件》，北京大学出版社 2006 年版。相应的，“民主是一连串事件”则是指民主是一个复杂的建设过程，期间会发生很多必然或者偶然的事件，会对民主建设的结果产生影响。民主的未来如何，将由这样一连串民主事件来决定。

② 徐勇、刘义强：《我国基层民主政治建设的历史进程与基本特点探讨》，《政治学研究》2006 年第 2 期。

体的聚集点和各种利益关系的交汇点。那些人民群众最关心、最直接、最现实的问题和矛盾，往往首先出现在基层，问题的解决最终也依靠基层。因此，从民主和谐论出发，进一步推进基层民主的创造性发展，构造民主和谐的基层社会运作机制，塑造政府治理能力和民主制度构建相互促进的民主发展机制，是一种积极稳妥地推进和谐社会构建的现实选择。就长远来看，基层社会的民主和谐建构，也能为整个国家的民主和谐建构提供治国智识的增长和发展经验的扩展。

第一章

农村基层治理与村民自治

中国共产党历来重视农村，在革命战争年代，毛泽东就提出“农村包围城市，武装夺取政权”的理论。中国共产党也历来重视对乡村的治理，新民主主义革命时期中国共产党领导的根据地也一直注重乡村民主建设，建立了农会等各种组织，极大地激发了农民参与革命斗争的热情。正是因为中国共产党对农村的重视，领导广大根据地的农民进行土地改革，才使广大农民积极参与到解放战争的进程中来，土地改革使“农民取得土地，党取得农民”①。新中国成立后中国共产党建立了以工人、农民为领导阶级的人民民主专政的国家政权。新中国成立初期的农村治理体制比较混乱，整个国家处于恢复、调整和建设中，地方政权尤其是乡镇政权受到国家的高度重视，国家对乡村控制的也比较严格。1958 年 8 月 17 日，中共中央政治局在北戴河召开扩大会议，会议通过了《关于在农村建立人民公社问题的决议》，会后广大中国农村普遍实行了人民公社制度。人民公社是全新的政权组织形式，其主要的特征是政权组织和经济组织合二为一。“政社合一”、“三级所有、队为基础”的人民公社体制，进一步巩固了国家对乡村社会的整合与控制，也有利于国家对乡村社会的资源汲取。但是人民公社制度也有其弊端，并且在经济、社会发展到一定阶段后，这种弊端也愈发明显。人民公社体制在治理乡村社会时主要依赖政治权力、政治运动和意识形态的控制。同时，过分地强调“整齐划一”和“一刀切”制约了农民的自主性和乡村发展的多样性。② 人民公社体制

① 杜润生:《杜润生自述：中国农村体制变革重大决策纪实》，人民出版社 2005 年版。

② 黄辉祥:《村民自治的生长——国家建构与社会发育》，西北大学出版社 2008 年版，第 45 页。

不但压抑了农民的积极性，破坏了农村生产力的发展，也最终引发了以家庭联产承包制为主要内容的农村改革。

1983 年 10 月 12 日，中央发布《中共中央、国务院关于实行政社分开建立乡政府的通知》，通知指出“随着农村经济体制的改革，现代农村政社合一的体制显得很不适应。宪法已明确规定在农村建立乡政府，政社必须相应分开”。在中央文件的指导下，全国各地在继续稳定完善家庭联产承包责任制的过程中，广泛开展了实现政社分开，建立乡政府、村民委员会及所属村民小组的改革。到 1983 年底，实行大包干的生产队有 576 000 多个，占当年实行责任制的生产队的 98.3%①。至此，家庭联产承包责任制已在全国范围内普遍建立。

第一节　农村社会的新变化与新问题

实行家庭联产承包责任之后，农村社会的情况发生了很大的变化，农民获得了生产、经营、分配的自主权，农民可以自由、自主地安排自己的生产和生活，农民的主体意识和自由意识空前地增强。“包干到户”也改变了农民和基层政权的关系，使农民成为利益的主体。在人民公社时期，国家、社队与农民之间是领导与被领导关系，虽然在法律上来讲，农民是主人，但是实际上农民没有自主权，一切的生产和生活都要服从于国家的命令和社队的安排。家庭联产承包责任制实行后，农民与国家、社队之间建立了一种“合同关系”，农民按照合同履行自己的义务，国家和社队不能对农民具体的生产和生活进行直接的干预。“大包干，大包干，直来直去不拐弯，交够国家的，留足集体的，剩下都是自己的。”这就是享受到家庭联产承包责任制好处的农民总结的朴实话语。

农村社会的变革，政社分离，虽然给予农民极大的自主性，使农民成为利益主体，使农民真正得到实惠，但是在农村治理体制的变化中，国家权力在农村中的弱化以及农村基层政权建立后自身职能的不完善，伴随着农民成为利益主体，以及利益诉求的多元化，人民公社解体后的农村出现了很多新情况。

随着人民公社体制的逐渐瓦解，农村的社队组织日趋瘫痪，农村社会处于“组织真空”和管理无序的状态。家庭联产承包责任制的推行，不仅改变了原来农村社会原有的生产关系，也从根本上动摇了人民公社时期虽然呆板但统一

① 农业部产业政策与法规司：《中国农村 50 年》，中原农民出版社 1999 年版，第 46 页。

有序的乡村社会秩序，取而代之的是秩序失调，社会混乱。1987 年中央书记处农村政策研究室对浙江、广东及全国农村信息联系点进行的专题调查显示，全国村级组织的瘫痪情况十分严重，经济发达地区瘫痪的约有 5%，经济一般地区的约有 20%，经济落后地区的约有 50%，浙江和广东两省村级组织瘫痪的约占 15%①。村级组织瘫痪后的农村社会出现了公共事务无人关心，公益事业无人管理的局面，最明显的是公共设施被破坏，属于集体的水利设施和农机设备损坏尤其严重。因为“组织真空”，政府的各种任务因为农村没有组织，没有负责人，粮油征购、税费提留等任务难以完成。党在农村的各项方针、政策等不能贯彻到群众中去，群众面临的各种困难，要解决的许多问题也不能及时地得到解决。农村社会的发展面临着极大的危机。

家庭联产承包责任制的实现，使农民成为利益主体，打破了原有的农村利益格局，迫切需要新的社会秩序和组织来调整利益分配。新形势下，农村社会出现了一些新的问题和矛盾。农民中流行的这些顺口溜就是对当时农村社会的真实描述和概括。“农民说：不批不斗不怕你，有吃有穿不求你，有了问题就找你，解决不好就骂你。村干部则大倒苦水：一怕两上缴（征购粮和提留款），二怕肚子高（计划外怀孕），三怕火来烧（火葬），四怕扛大锹（义务工）。”②干群关系紧张，社会治安恶化。农民对一些干部利用承包趁机捞取利益，多占宅基地、以权谋私等问题十分愤恨，又没有合适的途径和方法解决，于是采取极端手段进行报复，发泄心中的不满。如损害干部家里的牲畜、毒死耕牛、损害田里的庄稼等。同时有些地方的封建迷信、赌博斗殴、拉帮结派等现象又开始出现。以家庭联产承包经营为主的农村改革，在解放农村生产力促进经济发展的同时，使家户经营后的农民由公社回归到家庭组织中，造成了农村公共事务无人管理、农民无组织的一盘散沙似的混乱局面。而家庭联产承包责任制这一种农村经济体制又是适应当时生产力的发展要求的，因此必须找到一种合适的治理方式来确保家庭联产承包责任制的推行以及农村经济社会的良性运行。

近十多年来，随着国家启动对农村的税费改革、乡镇体制改革、新农村建设、农村社区建设，以及国家惠农政策和社会保障政策的推行、集体林权制度的改革，农村社会和农民群体发生了很多变化，农村经济发展，农民群众的民主意识和民主能力提高了，争取和维护自身权益方面的诉求日益提高，因此在农村也出现了一些新的问题和新的变化。要化解这些农村社会出现的新问题，促进村庄治理的改善，实现农村社会的和谐发展，需要研究这些农村社会的变

① 王振耀：《中国村民自治理论与实践探索》，宗教文化出版社 2000 年版，第 36 页。

② 傅伯言、汤乐毅、陈小青：《中国村官》，南方日报出版社 2004 年版，第 16 页。

化对村民自治带来的挑战，进一步调整村民自治的外部环境，进一步完善和丰富村民自治。

一、农村税费改革后村级组织职能回归与外部环境变化的失衡

从改革开放到农村税费改革前，农民承受的负担经历了逐步增加的过程，尤其是在20世纪90年代后期呈现一个很严重的境况。农村税费收取成为地方政府发展经济和维持公共管理的主要任务，农民负担不断加重，村民自治面临的任务也越来越重。村民自治组织甚至一度成为“准行政组织”，在相当多的村，村干部70%的精力主要是用来完成各项政府任务。安徽省一位县委书记说，为完成上级下达的税费任务，乡村干部成了“任务干部”。[①] 1999年湖北省浠水县4 171名农民状告乡政府，成为《行政诉讼法》颁布以来规模最大的“民告官”案件[②]。

自2000年安徽、河北进行税费改革试点以来，农村税费改革逐渐在全国推开。2004年3月5日，国务院总理温家宝在第十届全国人民代表大会第二次会议上宣布从当年起，逐步降低农业税税率，平均每年降低1个百分点以上，五年内取消农业税。2005年底，全国绝大多数省、直辖市和自治区提前宣布全部免除农业税。2006年其他未免征农业税的省份将再降低农业税税率2个百分点以上，进而全部免征农业税。

国家希望通过税费改革逐步理顺国家、乡村集体与农民之间的利益关系，从而为解决我国的农业、农村与农民问题提供一个切入点。但是税费改革在具体实践中引发了农村社会潜在的很多矛盾。现在，农村乡、村集体集多种角色于一身，既是国家代理人、具体事务执行者还是农民代言人。他们既要承担着行政管理职能，执行国家的政务，又要维护村庄的安全，还要作为农民整体的代表与外界联系。

农村税费改革的主要目的是减轻农民负担，因此乡村管理体制机构改革的配套措施就是精简机构和分流人员，但是在税费改革后的乡村管理体制改革中，改革的结果与最初的设计出现了明显的偏差，更多的是机构精简不充分，机构简而人员不减。如一些地方的机构改革和人员分流多是走过场，政策执行流于形式，出现了“下减上不减或少减”、“名义上减实际上未减”以及“减

① 《半月谈（内部版）》2000年第9期。

② 迟宇宙等：《千家诉讼》，《南方周末》1999年12月3日。

人不能减负”等问题，精简的人员绝大部分是村组干部，乡镇干部则精简很少；还有的地方以撤并村组和乡村学校来减少村组干部和乡村教师的数量，这并不完全是为了减轻农民负担，而是为了减轻自己的负担，变相将改革成本下移；有一些地方虽然乡村机构精简了，但县（市）政府及其下派部门依旧存在，这在加剧基层组织运转困难的同时，更是难以实现政府减人减支的改革目标。在人员的精简和分流过程中，很多人也只是更换职能部门，仍然消耗着大量的财政开支。①

农村税费改革后，村对乡镇的依附性明显加强。从理论来讲，政府尤其是中央政府是国家、集体、农民三者关系中的主导力量，但是在实际情况中，农村的乡、村集体始终发挥着重要作用。这些作用具体表现在以下几个方面。首先，乡、村集体是农村经济活动、社会活动的主要指挥者和参与者。任何来自上级政府的政策、命令必须经过他们才能得到执行，没有乡、村集就无法执行。在此过程中，上级的政策和命令会得到过滤，因此在执行的时候难免会有偏差，以有利于基层组织的方式执行下去。实际上由于乡、村两级集体的活动空间和权力自由度都相当大，同一个政策和命令在不同的地方执行的程度、方式和结果可能是截然相反的。在我国地域辽阔、各地情况千差万别、社会形势千变万化的乡村社会，国家的政策不能很具体，只能是原则性的、提纲式的。要把这些原则性的、提纲式的政策落实到农村的每一个角落，基层政权组织这一具体的实际操作者的作用就是非常关键的。其次，对乡、村的层级进行观察就会发现，乡镇政府、村委会的主要领导人是乡村层级中最重要的一层，他们行使着实际的管理权，支配着农村社会几乎全部的资源，甚至在一定程度上他们自身的利益与本应是他们代言的农民群体的利益处于对立的位置。他们形成了一个有着自身利益要求的利益集团。现在很多地方的村委会选举能不在乡镇政府的干扰下选出自己的村干部，但有些地方的村干部是由乡镇党委和政府任命、推荐的，村委会必须依赖于上一级的乡、镇党委和政府。即便村委会是独立选举产生的，村委会为了更好地开展工作，也要和乡、镇党委政府保持良好的关系，基于利益一致的基础上结成利益集团。再次，税费改革后，很多没有集体经济的村庄不能再靠征收各种税费附加等作为村级组织运转的财政保障，村级开支完全纳入乡镇政府的财政开支框架内。村干部工资、村级办公支出以及村庄公共事务支出都要上级财政转移支付支出，村庄对乡镇政府的依附性变得越来越强。最后，乡、村集体领导人对外代表农民，开展各种经济、社会活动，在此情况下，集体往往是利益博弈的胜利者，农民个人或部分群体的利益

① 项继权：《“后税改时代”农村基层治理体系的改革》，《学习与实践》2006 年第 3 期。

难以得到有效保障。因此，对乡、村集体的领导权力尤其是村干部的权力不能进行有效的监督和制约，极大地损害了广大农民的利益。

农村税费改革导致农村的基层政权功能弱化，乡镇政府对村干部的行政控制力越来越弱。在推行农村税费改革过程中，没有科学地界定乡、村的责、权、利，没有将原来依附在农业税上的乡村集体的利益进行必要的划分，只是简单地认为只要取消了农业税，农民就能得到实惠。对于附着在农业税上的农村集体的利益一概不承认，全部予以取消，在一定程度上损害了农村集体的利益。我国农村绝大多数的村集体组织都缺乏稳定的财力和资本，很多地方常年只是处于艰难维持阶段，不少地方更是入不敷出，面对乡村利益的严重挤压和失衡，农村基层政权的功能全面收缩，甚至有不少地方的基层组织处于瘫痪状态。同时随着农业税的废除及农村土地长期延包政策执行，村民与村委会的联系也越来越少，农民对村委会组织的定位也越来越模糊，村干部的自身定位也变得模糊起来。一些村民认为村委会不能提供公共服务，不能为村民办事，有没有村委和自身关系不大。在村干部人选上，农民认为只要不乱收费、乱收钱，谁做村干部都一样，农民同农村干部及村委会出现了相互脱离的状态。在很多地方，村委会成为摆设。不能管理村庄事务，不能提供公共服务。农村基层组织功能失灵是农村税费改革和取消农业税的副产品。

农村税费改革后，相当部分的农村基层自治组织无财可理，多数村委会运转困难，村级负债偿还难，影响村级组织功能的发挥。自农村实现家庭联产承包责任制以来，大多数村庄集体经济解体消失，很多村庄成了“空壳村”。但在税费改革之前，村里还可以通过提留获得一些资金用于村庄公共事务，但是在取消农业税之后，很多村集体彻底断绝了经济来源，村集体资金的缺乏导致村庄公共事务的治理出现经费和投入危机，自治功能也得不到很好发挥。村庄债务增加，又没有村级集体收入偿还债务①，甚至现在基本的支出都不能保证，严重影响了村级自治职能的发挥。

随着农村税费改革而来的针对农村公共服务缺少经费而制定的政策是农村公共事务的“一事一议”制度。村级范围内的集体公益事业（包括农田水利基本建设、修建村级道路、植树造林等）的筹资筹劳实行“一事一议”，由村民大会或村民代表大会民主讨论决定。按照规定，民主议事要有三分之二以上的村民代表出席才有效。根据村民对“一事一议”态度的调查，很多村民认为“一事一

① 根据湖北省民政厅对湖北省村级债务的调查，村级债务很多都是历史上形成的，主要是由以下三个原因形成的，一是为完成上缴税费任务而发生的借款、贷款；二是农村教育普九达标所欠款项；三是兴办村集体企业盲目投资上马企业倒闭所致。部分负债村缺少可以盘活的集体资产和可以用于清偿债务的资金源。80%的债务无法偿还，80%的债权也难以收回。有些村委会由于债主经常上门讨债难以开展正常工作部分村民要求以债抵税既增加了新税的征收难度，又造成了新的债务。湖北省民政厅调查组：《关于农村税费改革后如何推进村民自治的调查报告》，《中国民政》2003 年第 3 期。

议”制度是好事，能一定程度上解决村庄公共事务治理无财可用的困境。但是在具体执行上还存在很多问题，同制度设计所要达到的目标还存在较大的差距。首先是随着这些年农村社会的发展，流动人口增加，很多村民长期在外，召开村民大会或者村民代表大会经常达不到规定的人数，就是有很多村民参加，大多数也是老年人和妇女，也就是投票表决，不能深入讨论所要讨论的事项，不能真正实现“一事一议”。另外，因为农村集体这些年造成的债务，许多人明知道“一事一议”收集的钱是为了村庄的公共事务，但是又担心交上去的钱不能合理使用，主观上不愿意交，能拖就拖、能欠就欠，相互观望、相互攀比，导致“一事一议”筹资征收起来困难重重。因为农村集资酬劳的“一事一议”制度没有强制性的措施，而公共产品的非排他性特征，很容易导致“搭便车”行为的产生。曼瑟尔·奥尔森曾指出：“除非一个群体中人数相当少，或者除非存在着强制或某种其他的特别手段，促使个人为他们的共同利益行动，否则，理性的、寻求自身利益的个人将不会为实现他们共同的群体利益而采取行动。[①]”农村“一事一议”制度的制度设计是好的，在目前的乡村治理中，国家还不具备承担农村公共事务和公共物品供给的全部财力，还必须发挥“一事一议”制度的作用。重要的是要完善相关的制度规定和实施措施，使“一事一议”制度真正实现应发挥的作用。

二、新农村建设中自治组织角色定位与公共产品提供的错位

建设社会主义新农村需要在农村加大公共投入，使农村能够提供公共物品。国家把村庄治理归还于农村，其目的之一就是在实行家庭联产承包责任之后的原子化的村民能组织起来解决村庄公共服务与公共事业问题。村庄能在公共事业方面发挥更大的作用，组织起来从事农村公共产品的供给，国家一方面可以使精简县镇机构的举措得到彻底落实，不仅能节约数量庞大的基层财政支出，也可以在国家支出很小的情况下让农村自发的提供公共产品，化解村庄的矛盾，促进村庄的稳定和发展，广大村民利用村民自治的形式来提供公共产品，处理村庄事务。前期利用农村的税费改革进行农村公共事务的治理和农村公共产品的供给，基层组织尤其是乡、镇政府不仅层层设卡盘剥，而且所建设的公共服务和提供的公共产品又不是村民所急需的。现在不仅农业税取消，而且村民可以自己参与、管理身边的事务，农民对此表现出很高的热情。

在农村公共产品的供给问题上，供给制度和供给模式发生了变化。乡镇政府

① ［美］曼瑟·奥尔森：《集体行动的逻辑》，上海人民出版社1995年版，第1页。

配置农村公共产品的思路和方式仍然延续人民公社时期的方式，不能适应改变了的农村对公共产品的需求。农村公共产品的供给出现了诱致性制度变迁。诱致性制度变迁是指“有个人或一群人，在响应获利机会时自发倡导、组织和实行的制度变迁”，与之相对应的强制性制度变迁。[①] 人民公社的解体和家庭联产承包责任制的推行就是一种强制性的制度变迁，而农村公共产品的供给是一种诱致性制度变迁。农村家庭联产承包责任制在打破原有的供给制度的同时也孕育了农村提供公共产品的财富基础。家庭联产承包责任制的推行又推进了农村非农产业的发展，为农村公共产品的供给创新提供了可能。

农村公共产品的供给模式也由政府主导型模式向政府诱导型模式转变。政府主导型模式不适应市场经济条件下分散决策的发展需要，不适应农村社会经济发展对公共产品的需求变化，很容易导致农村公共产品供给的滞后性和单一化，不能实现有限资源的高效率配置。政府诱导型的模式供给农村公共产品一般是通过民主程序来公开确定公共产品的供给，政府主要是为维护农村公共产品的供给提供政策指导和法律、制度保障。政府诱导型的农村公共产品的供给模式理顺了政府与农民之间的关系，农村公共产品的决策主体是农民而不是政府，农民是农村公共产品的直接使用者。这种供给方式使农村公共产品供给主体多元化，满足了不同地域，不同自然、经济和社会条件下对农村公共产品的个性需求。从理论上讲，这是非常可行的。但是实践过程中，由于政府和乡村集体不能发挥很好的监管作用，农村的好多公共产品变成了私人盈利的经济活动，甚至是使用村民集体的资源达到个人盈利的目的，这在村民中会产生很大的矛盾和不稳定因素。

在农村公共产品供给模式转变的过程中，主要出现了三种模式：私人（包括个人单独或多人合作）供给公共产品、公共产品向俱乐部产品的转化及公共产品向私人产品的转化[②]。在农村有些地方成立了专业协会用来满足对技术、市场等信息服务的需要，只有加入协会的人才能享受到这种服务，这就是一种俱乐部式的农村公共产品供给形式。而有一些村民通过承包、租赁等方式在水源较好的地方打井，这种情况不仅是为了满足自身的用水，更主要的是向外服务赚取收益，这种小型农田水利设施及其提供的服务已经不具有公共产品的性质，已经成为一种私人物品，收益可以完全排他。根据布坎南的公共产品有可能趋于私人俱乐部的理论，随着市场规模的扩大及农民收入水平的提高，农村公共品有向私人品转化的趋势及可能。在此情况下，农村的一些公共资源可能会转化为私人财产，而大多数的村民的利益会受到损害。

---

① 林毅夫：《财产权利与制度变迁——产权学派与新制度学派译文集》，上海三联书店、上海人民出版社 1994 年版，第 384 页。

② 邹农俭、吴业苗：《税费改革：农村治理模式的跃迁》，社会科学文献出版社 2007 年版，第 228 页。

国家近些年的农村政策是要发展农村经济、减轻农民负担、增加农民收入。但是在建设新农村过程中，尤其是政府无法承担农村公共产品资金来源、不由农民作为农村公共产品的决策主体的情况下，一定程度上会加重农民的负担。农民负担的发生源自农民同乡村组织之间的关系。① 按照新政治经济学的观点，农民和乡、村级组织是两个彼此独立的平等的权利和义务主体。关于农民和农村公共产品之间的关系，就是乡村组织向农民提供公共事业和公共服务等公共产品，农民则以货币或人力活动的形式支付其使用费用。理论上讲，乡村组织与农民的权利与义务是对等的。乡村组织的义务是向农民提供公共产品和服务，其权利是收取农民的相关使用费用；农民的权利是获得并消费乡村组织提供的公共产品和服务，其义务是支付相关的使用费用。如果农民自愿购买和使用乡村提供的公共产品，而且支付的使用费用和消费的公共产品是等值的，就不存在农民的负担问题。农民负担问题之所以存在而且还有加剧的趋势，就是因为农民和乡村组织在公共产品交易中所处的地位不是理论上的平等状态，各自拥有的权利和义务不对称。农村的现实情况是，农民的义务以及乡村组织的权利是明确的，一般都写入了农民与集体经济组织签订的承包合同，而农民的权利和乡、村组织的义务却是模糊的，承包合同没有注明乡村向农民提供的公共产品数量和质量。村庄因为处于“政权的末梢”，村干部处于“给国家办事而国家不养，由村民养活而又无益于村”的尴尬状态。受到村庄资源的限制，村庄干部依托上级权力执行政务，在村庄的日常生活中寻找地位与威信，谋取最大价值。很多情况下，村庄干部更愿意与乡镇政权合谋以实现自身利益的最大化。村干部一般情况下不会演变成抵制乡镇政府不合理行为的保护型经纪，更多的是在与乡镇领导的经常性合作中充当营利性经纪。虽然村委会干部是村民选举产生的，应该代表村庄和上级组织协调维护村庄利益，但是村干部这样做不会给自身利益带来好处，也不会带来更好的社会关系网络，而选择与乡镇政府合作不仅会获得政府对他们权力与地位的支持，而且还能获得经济利益。因此，在更多的情况下，村庄干部与乡镇政府“合谋”借农村公共事务治理和公共产品提供之际，各自达到自己的目的。乡镇政府可以完成政绩而又不需要承担多大的支出和责任；村庄干部借此可以获得经济收益。因此，农村公共事务的治理和公共产品的提供必须以农民自身为决策主体，在执行过程中必须要进行有效的监督。

三、乡镇政府行政管理与村民自治的区隔和分离

农村改革后，我国农村基层的治理体制发生了很大的变化，由“政社合一”

① 徐秋慧：《论农村公共产品供给与农民负担》，《经济与管理》2004 年第 2 期。

的人民公社体制转变为“乡政村治”的格局。乡镇政府是国家政权的最基层组织，对本辖区行使行政管理权，但是不直接行使具体管理农村基层事务的职能。在乡村以人民公社时期的生产大队为基础设立基层群众自治组织——村民委员会，实行村民自治，在乡镇政府的指导下管理本村的事务。乡镇政权是国家为治理农村社会而设立的直接面对民众的政权组织，是乡政权、民族乡政权以及镇政权的简称，“主要由乡、镇人民代表大会和乡、镇人民政府两大部分组成。”[①] 乡镇政府属于国家的行政机关，依照宪法和法律，对国家的事务进行管理。村民委员会是基层群众自治组织，依照国家的法律和法规，自我管理本村庄的公共事务和公益事业，调节民间纠纷、维护社会治安。从性质上讲，村民自治是一种社会公共权力。但并不是认为村民自治权和国家没有关系。村民自治是国家和社会关系在农村的反映。国家是社会发展到一定阶段的产物。在国家产生以前，人类社会是以一定的地域范围的社会共同体的形式表现为一个氏族或一个族群，通过“自治”以实现共同生活的目的。这时的“自治”是一种真正意义上的自治，没有另外任何一种强制性权力凌驾于“自治”权之上。国家产生后，不同阶级之间的矛盾和利益冲突已经不能用这种“自治”来实现了，必须通过国家强制力来实现。国家产生后，任何社会的自治都是经过从社会集权到国家再到国家授权某一区域、领域的不完全的自治。这种“自治”和国家产生之前的“自治”是不一样的。村民自治权也是来源于国家的授予，是国家通过立法，将一些可以由村民自己办好的事情交由群众自己管理，这些事务不需要国家强制力的介入，主要是通过村民之间群众性的公共契约如村规民约来解决。村民自治权的特征是：村民自治权的主体是一定区域范围内的村民；村民自治权的行使主要依靠群众的自觉性和公众舆论，其手段主要是说服教育；村民自治权的实行区域是一定范围内的公共事务。[②]

“乡政村治”模式实行后，在农村社会管理中存在着由乡镇政府行使的行政权和由村民自治组织行使的自治权的二元权力格局。这两种权力作用在农村社会领域，处理不好往往会产生一定的矛盾甚至冲突，进而产生村民自治中的一个突出问题——“乡村关系”问题。关于乡镇政府和村民委员会的关系，法律已经作了明确的规定。1982 年《宪法》规定“村民委员会是基层群众自治组织”，不具有政权组织的性质，不是乡镇政权的“下级”组织。《中华人民共和国村民委员会组织法》第五条规定：“乡、民族乡、镇的人民政府对村民委员会的工作给予指导、支持和帮助，但是不得干预依法属于村民自治范围内的事项。村民委员会

① 王振耀、白益华：《乡镇政权与村委会建设》，中国社会出版社 1996 年版，第 3 页。
② 黄辉祥：《村民自治的生长——国家建构与社会发育》，西北大学出版社 2008 年版，第 96 页。

协助乡、民族乡、镇的人民政府开展工作。”从这些法律条文看，乡镇政府和村民委员会之间的规范关系被界定为“指导与被指导”、“协助与被协助”的关系，而不是“领导与被领导”、“命令与服从”的关系，村民委员会属于自治组织，并不隶属于乡镇政府，对乡镇政府只有协助的义务并没有类似下级对上级的服从义务。按照《中华人民共和国村民委员会组织法》的规定，村民自治组织的自治范围是村务而不是政务：“村民委员会办理本村的公共事务和公益事业，调解民间纠纷，协助维护社会治安，向人民政府反映村民的意见、要求和提出建议”。村里的公共事务和国家的公共事务是有本质不同的，首先是主体的不同，村务的管理者是村民自治组织，政务的管理者是国家机关；其次是范围不同，村务只是涉及一村范围内的事，关系到村民与个人、个人与集体之间的利益关系，而政务是更大范围内的，乃至全国范围的事务；最后是保障不同，政务是靠国家的强制力来保障实现的，同时也需要国家财政的支持，村务则没有。英美国家的基层地方自治组织一般不承担自上而下的行政功能，国家行政功能与基层地方自治功能的边界很清晰。中国的村民委员会不是完全意义上的基层群众自治组织，它是一定行政地域上产生的、具有唯一性的基层组织实体，从而具有一定的基层地方行政职能，即政府的目标和任务要通过村民委员会这一基层组织来实现。① 在现实中，村委会既承担了对村务的管理，同时又承担着部分政务的职能，甚至在很多情况下承担的政务比村务还多。村民自治组织扮演着国家代理人和村民当家人的双重角色，要负责收税、计划生育、服兵役等任务，农田水利建设、治安司法、义务教育、民政事务等都要村民自治组织来执行，因此村民自治组织的国家代理人角色更为突出。

村委会既要管理村务又要完成政务，又没有相应的财政支持，给自身的运行带来了严重的负担。乡镇政府为了让村民自治组织更好地完成政务，必然要干涉村民自治组织的运行，因此很容易导致村民委员会的“行政化”②。村民委员会的“行政化”又分为两种类型。“主动行政化”是在包括政治资源、经济资源、组织资源等各种资源不对称的情况下，处于弱势地位的村民委员会主动服从于乡镇政府的命令，其后果是作为自治组织的村民委员会丧失了其自主性，很难履行自治职能。另外一种是“被动行政化”，村民委员会迫于来自于乡镇政权的压力，被动地成为乡镇政权的下级机构。“乡村关系”的另一种是村民自治组织过度自治，拒绝接受乡镇政府的指导，将村庄游离于基层政权之外，严重阻碍了乡镇政

① 徐勇：《村民自治的成长：行政放权与社会发育》，《华中师范大学学报》（人文社会科学版）2005 年第 2 期。

② 徐勇、黄辉祥：《目标责任制：行政主控型的乡村治理及绩效——以河南 L 乡为个案》，《学海》2002 年第 1 期。

权的正常履行。在目前的情况下，这种关系很难改变。国家也一直在采取措施解决此问题。2008 年废除农业税，减少国家政权对农村的干预，是通过在部分领域的退出来缓解矛盾。另外要转变政府职能，尽量避免通过村民委员会干涉农村的自主经营。很多情况下，政府为了调整农业产业结构，从上往下层层加压，县政府压乡政府，乡政府压村干部，村干部只好压村民，侵犯了村民的自主经营权。在这种产业机构调整中，政府只管调整不管盈利，干涉了农民的具体经营权，在市场经济下不一定能绝对盈利，一旦农民受损失不但影响了干群关系也很容易引发农民和政府之间的纠纷。在经济领域，政府要减少干预，尽量多放权，在乡政政府指导下由村民自主经营。

村庄治理中的干群关系是另外一个突出的问题。农村干群关系是指乡村干部与村民群众之间的关系。乡村干部主要是指以农村村民为管理及服务对象的乡(镇)、村两级农村基层干部。乡镇干部主要是指乡镇党委、人大、政府、各群众团体组织及上级政府机关派驻到乡镇工作的人员，这些人一般都是脱产干部，尤其是在国家实行公务员管理后，都从国家财政领取工资收入。村干部包括村党支部成员和村民委员会成员，他们基本上不脱离农业生产，一般享受误工补贴和工作补贴。

农村干群关系首先是一种领导与被领导、管理与被管理的关系。乡村干部是领导者、管理者，拥有领导和管理村民群众的权力，同时也有领导和帮助村民发展经济、促进生产的责任；村民群众是被领导者和被管理者，要自觉地接受乡镇干部的正确领导，主动完成各项任务。在本质上，农村干群关系是一种经济利益关系，集中反映了国家、集体与农民三者之间的一种利益关系。[①] 农村干群关系在不同时段的具体表现是不一样的，在实行村民自治很长一段时间里，村民自治组织大多数成为乡镇政府的准下级，因此乡村干群关系很多情况下表现为乡镇、村干部同群众的关系。农村干群关系的不和谐主要表现在以下几个方面。第一，乡村干部缺乏号召力，村民对村干部存在不信任感。在一些干群关系紧张的乡村，村民不服从干部的管理，对布置下来的任务具有抵触情绪。第二，农民自主性增强，基层干部的管理方式滞后。改革开放后，农民的社会身份发生了变化，高度行政化的管理体制已不适应于今天的农村。1980 年以前长达 20 多年的时间，我国农村基层在以“三级所有，队为基础”的经济模式上建立起高度行政化的管理体制，农民的全部劳动成果都归集体所有，个人基本生活资料由生产队（或生产大队）分配。基层干部因此处于主管生产和分配的地位。这就导致了农民对集体经济的依附性和在生产、生活等方面要服从基层干部的管理。这种社会生产的

---

① 李秀琴、王金华：《当代中国基层政权建设》，中国社会出版社 1995 年版，第 161 页。

高度行政化很大程度上压制了农民的独立性和自主意识，干群矛盾也被暂时掩盖。改革开放后，农村政社合一的人民公社体制逐步解体，广大农村普遍实行了以户为单位的家庭联产承包责任制，极大地调动了农民生产和经营的自主性，也使农民的身份发生了变化。农民家庭由单纯的消费单位变成基本的比较独立的生产单位，也改变了过去一切依赖和服从集体的地位。因此再用过去传统的办法管理群众，农村干群之间就会产生一些矛盾。

随着农村社会经济的发展，村庄需要的公共服务逐渐增多，对村庄公共事务治理的需要也从无到有、从简单到复杂。但是与此不相适应的是，全国各地普遍面临着村庄公共事务治理的困难。这些困难的原因是多方面的，有的是因为制度的原因，有的是由于具体的程序原因。因为制度方面的原因，村两委即村党支部和村民委员会在性质和职能上不同。村党组织是中国共产党在农村的基层组织，承担着对农村社区的政治领导职责。村党组织由村民中的党员组成，其支部书记由村里的党员选举产生或者由上级党组织任命产生。村民自治组织由全体村民组成，其领导人由村民选举产生。村党组织和村民自治组织同时存在，村党组织是村民自治的领导核心，是中国村民自治的重要特征。村民自治能否有效地运作，很大程度上要取决于村两委之间的关系协调与否。村党支部和村委会人员由不同的人员组成，在素质、能力等方面存在差异，因此在工作思路和工作的方式、方法上存在不一致，同时在社会关系、利益关系上都会存在差异，因此在工作中会存在矛盾和不和谐。一般情况下，当工作思路和工作方式、方法出现问题时，最好的解决办法就是调整人员，保持班子工作的一致性。但村党支部和村委会的产生方式不同，权力来源不同，因此村党支部不能随便撤换村委会干部，村委会干部更不能改变村党支部的人员。当双方产生矛盾时，不能及时化解，不仅影响村庄的公共治理，更会影响村庄的稳定与和谐。

在职能上，村两委也有重合与冲突。村党支部由上级任命或村党员选举产生，按照民主集中制的原则，遵循“下级服从上级的”党内纪律，主要的职能是贯彻落实党在农村的方针政策，实现国家管理农村的要求。村民委员会由村民选举产生，其职能是根据村民的委托和要求对村内公共事务进行管理。因此从某种意义上讲，村党支部是政府意志的代表，村委会是村民集体和社区的代表。①

农村社区是一个“微型社会”，融政治、经济、文化和社会事务于一体，需要各种组织来处理各种公共事务。② 村党组织在村级组织中居于核心地位，拥有对农村事务的决定权。村民委员会是村民实行自我管理的群众自治组织，根据

---

① 王春生：《现代化进程中农村党支部与村委会关系探究——中山市个案分析》，《社会主义研究》2000 年第 4 期。

② 徐勇：《中国农村村民自治》，华中师范大学出版社 1997 年版，第 203 页。

《村委会组织法》（简称）的规定，也拥有管理村级事务的权力。因此，在同一个村庄内，存在着两个管理公共事务的组织。从既有的党和国家有关村党支部和村委会关系的规定看，意图是党组织主要就村中重要事务进行政治领导，把握重大事务的决定并指导村民委员会贯彻和落实党的方针和村党组织的决定。村民委会作为村民自治组织，主要负责对村庄重大事务的执行。但是这些规定只是在原则上讲，实际工作中远比这复杂得多。党在农村的基层组织比较健全，组织性强，而且党在农村长期的历史影响形成了无形的一种权威。党组织不仅组织健全，而且威望高，在处理村庄具体事务中，往往并不是仅仅负责重大事务的决策，很多情况下是直接参与具体的管理工作。因此在农村许多地区，村中的事务是由村党组织决定，更大程度上是由村党支部书记决定。因此村两委的关系是否协调，严重影响着村庄公共事务的治理。

村民委员会及村民在按照法律、法规进行自我管理过程中，大的方面说会与党组织的意志不相一致，甚至出现矛盾和冲突。这种冲突不仅表现在村两委之间的矛盾。随着民主进程的加快，村民素质和能力的提高，村民参与村庄管理的要求和兴趣提高。村民不仅要成为村庄的被管理者，而且要求积极加入村庄公共事务的管理，尤其是最近农村经济的发展，很多村庄事务往往涉及村民具体利益。村民要求打破村庄重大事务由村党组织或村委会决定的现状，尤其是村庄重大事务由少数人决定的现状。要求将民主决策落到实处，保障全体村民的利益。但是如何既保证村党组织的领导核心，又能充分满足群众的意愿，现在的法律和制度没有给予明确的具体的实施措施。决策不准，更不要谈实现村庄公共事务的有效治理。

民主选举是村民自治的基础，民主决策是村民自治的核心，民主管理是村民自治的关键，民主监督是村民自治的保障。同样，在民主管理、民主监督等方面也存在问题。管理的主体不清，无制度和规章管理等，不仅影响了管理的效率，更丧失了管理的权威。民主监督很长时间内流于形式，有的是民主监督的组织不健全，没有建立监督组织。有的地方是监督机构设立了，村里成立了监事会，但是不能正常发挥职能。

但村党组织和村民自治组织是村庄公共事务治理的主体，制度和法律文本上的村民自治与现实村民自治存在很大差距，有很多要求和规定在实际工作中不能很好地落实。同时随着时代的进步、社会的发展，农村也在发生变化。各种新问题、新情况不断出现。以前村庄公共事务治理难，村民参与不积极是一部分原因，现在村民参与的热情提高了，就需要在村级组织的职能和运行方面找原因。正是在这种背景下，全国各地出现了村民自治、公共事务治理创新实践的高潮，在村庄治理的结构、组织，以及具体的程序方式等方面进行了创新，丰富了党在农村的社会治理体制，极大地完善了村民自治制度。

四、惠农和社会保障政策效果与农民期望的不适

党和国家在21世纪实施了“工业反哺农业，城市支持农村”的政策，在取消农业税后，又实施了粮食补贴、新型农村合作医疗、新型农村养老保险、家电下乡、农机下乡、汽车下乡的一系列国家惠农政策。这些政策涉及生产和消费的诸多领域，对促进农民增收，提高农民生活质量，促进农村发展发挥了巨大的作用。

国家惠农政策实施以来，学界以及社会各界对国家的各项惠农政策都给予极大的关注，对惠农政策的实施以及实施效果进行了调查和跟踪研究。政策是指国家、政党或政治集团为实现一定目标和任务而制订的活动计划和行为准则。政策的特点是通过作出具有权威性的决定将不同的人组织为一个整体并规范人的行为活动。① 政策从制定到实施，有制定主体和实施客体，并需要一定的途径和形式实现。政策分为全国性政策和地方性政策，全国性政策的制定者一般是国家或政党，具有权威性和强制性。新中国成立以来，实施了一系列的政策来治理国家。惠农政策的实施对象或者说受众是广大的农民群众，只有把政策真正落实到农民中间去，才能实现政策所要达到的效果。而农村基层组织在惠农政策的实施过程中，发挥了重要的枢纽作用。农民群众作为政策实施的对象，又是政策实现的主体，其自身的参与性和能力对政策实施的效果也具有很大的影响。

政策作为全国性的强制措施，具有自身的特点。政策具有单一性，农村社会发展是千变万化、千差万别的，但是在相当长的时间内，为强调中央权威，注重的是政策是统一性、一致性，忽视了客观情况的多样性。政策还具有冲突性，在政策实施过程中，除了中央政策以外，地方和基层为了解决各自面临的突出问题，也会制定适应当地需要的政策。这些“小政策”或称“土政策”经常会与中央或者上级的“大政策”不一致，甚至产生冲突，即所谓“政策打架”。②

政策由于具有以上的特征，在具体执行过程中也容易出现偏差，我们在日常生活中，对于国家或地方实现的政策，听到的更多的话是“上有政策，下有对策”，反映的就是政策的执行和实施效果的差异。通过有关机构和研究者对国家惠农政策反响情况的调查，绝大多数受调查者都认为惠农政策是好政策，认为是党和国家重视农村和农业，给农民实惠的好政策。但就具体实施的过程和实施的效果而言，很多村民也很有意见。“中央的‘经’是好的，下面的和尚给念歪

①② 徐勇：《“政策下乡”及对乡土社会的政策整合》，《当代世界与社会主义》2008年第1期。

了”是在调研过程中经常听到的一句话。这说明惠农政策的实施效果和所要达到的目的还是有一定的差距。

惠农政策的实行，需要进行宣传和介绍，让农民群众了解、知晓惠农政策，主动参与到政策执行中来，而不是让农民群众被动地接受政策，这样才能发挥惠农政策的作用。作为国家层面的政策宣传主要是通过广播电视和报纸等进行宣传，更主要的途径和更详细的内容是通过文件的形式通过行政层级逐级传达，最后落到村委会这一层级来进行宣传和动员。经过多层级的传达，政策的本质和内容有的可能会失真，甚至很多情况下会掺杂地方土政策的因素。

惠农政策进行宣传以后，最主要的步骤是执行，也就是政策的落实上。目前国家很多生产领域的补贴是按照农民种植的农作物面积和饲养的牲畜数量进行补贴，而这些工作需要村委会负责前期的工作，进行统计和上报。虽然现在好多补贴是通过银行账号以户为单位直接发放到农民手中，但是前期享受政策的资格核实主动权掌握在村委会手中。惠农政策补助金的发放，一般分为按人计算和按物计算两种方式。在以物为标准的补贴资金发放上，主要是以户为单位，对农户的粮食种植面积、油菜良种补贴、能繁殖母猪补贴等都是按农户的种养规模进行补贴。但是我国农村绝大多数农户多是分散经营，执行惠农补贴的部门很难准确掌握农户的具体养种规模，准确地统计农户的种养规模存在难度大、成本高、统计难的问题。这就为部分地方（农户）以少报多、夸大种植面积和养殖规模、套取国家补贴资金提供了可能，很难做到政策执行的公平、公正①。随着近些年城市化进程的加快，很多农民加入到流动大军的行列，农村土地流转也逐渐频繁，而补贴是以承包土地的人员为标准核算，农村的流动人口和土地的频繁流转也为补贴的准确及时发放造成了困难。

在具体的执行过程中，有些农民反映存在种植户不能领到应得补贴，而有些非种植户领到补贴的情况。还有些不能享受最低生活保障的家庭因为各种关系享受到最低生活保障的优惠。这些走了样的惠农政策，不仅没有将惠农政策的实惠给予农民群众，反而因为政策的不落实会激化农村社会的矛盾。因此，国家惠农政策的贯彻和落实，对农村基层组织职能的发挥提出更高的要求，要求强化自治组织的自我服务功能，要将政策的具体情况落实，让农村群众都知道，并主动来执行政策。在落实政策过程中，更要发挥民主决策的作用，监督惠农政策执行的不走样、不徇私、不舞弊。

国家惠农政策的实行，给村民自治带来了新的挑战和要求，需要村委会更加

---

① 李继红、查刚：《惠农政策执行中存在问题的成因与对策研究》，《曲靖师范学院学报》2009 年第 5 期。

完善自身组织，提高村干部素质，根据时代和乡村发展的需要，在实现四个民主的基础上，提供更多的服务，要加强监督，让农民参与到惠农政策执行中来，充分发扬民主，把惠农政策的优惠真正落到实处。村民自治作为乡村治理的一种制度安排与方式，需要在特定的外部环境下运作。当村民自治的外部环境发生变化时，除了在完成村民自治固有的任务和目标外，还要根据具体外部条件的变化完成相应的任务，这就对村民自治提出了更高的要求。村民自治作为内生于乡村社会的一种制度，在面临这些变化时，更多的是需要自身的调适与完善，在实践中总结经验和教训，然后再在全国推广。面临这些新情况新变化，也只能是在实践中摸索着来，在实践中总结经验。因此村民自治除了要苦练内功，完善自身的制度和组织外，还要修炼更多的“外功”，也就是完成村民自治任务和特定任务的实现形式、工作机制等，只有内外结合才能达到更高的境界，取得更好的效果。

从实施策略上，基于部分地区在推行惠农和社会保障政策中的地方创新所取得的成功实践，我们提炼出惠农和社会保障政策执行过程中的四条基本经验①。一是，量力而行，步步推进，适时跨越。惠农和社会保障政策在战略和策略上保持了一定的平衡，既量力而行，又在步步推进的基础上找准时机实现跨越，而其中的权衡因素主要是国家发展战略尤其是农村发展战略的调整和国家整体经济实力的提高。在国家的农村发展战略处于基本稳定状态以及国家整体经济实力还不够强时，暂缓在全国范围内推进，只是给予地方一定的自主性；而当国家已经准备从整体层面对农村发展战略作出调整，政府尤其是中高层政府已经具备较强的经济实力和财政能力之时，就开始在全国范围内实施并加快推进速度，以满足农村社区和居民的需要。二是，试点先行，提炼经验，总结不足，逐步推进。在中国农村社会政策的运行过程中，试点几乎是必然采用的工作方法，也几乎是必经的发展阶段。其基本运行规律是：先在一定区域、人群中开展试点活动，基于试点先行以提炼成功经验，总结不足与缺陷，寻求应对策略和措施，并渐次推广到全国范围，惠及所有的目标群体。三是，从着眼短期效应到关注长期效应，并注重农村社会政策之间的衔接与联动。在政策效果和动因上，惠农政策的主要动因在于通过直接满足农民的经济需要和利益要求，着眼于较快显现出来的短期效应，以获得农民的政治支持，调动农民的主动性，为后续政策的实施奠定群众基础；而社会保障政策则更多的立足长远，关注可持续和长期效应，从农村社会政策的结构优化和体系建构角度讲，它具有更基础的价值和更深远的影响。另外，由于各项惠农和社会保障政策的政策目标与绩效的复杂性、多样性和差异性，各

① 李海金、汤玉权、黄加成：《惠农和社会保障政策：运行逻辑与减贫效应——以农村最低生活保障制度为例》，《求实》2012 年第 6 期。

项政策之间可能会出现不一致甚至相互抵牾的状况，这就要注重农村社会政策体系的衔接与联动，并构建一套包容性强、可持续的农村社会政策体系。四是，依据权责范围和财力大小合理分担各级政府之间的财政支持责任，重点加大中高层政府的财政支持力度。中国农村社会保障政策基本上都是在原有的全国性或区域性政策基础上发展起来的，或者在推行新政策之前都有某些类似的政策存在，因而基本上都出现新旧政策的转换问题。而新旧政策实现顺利转换的重要条件是政策主体在政策设计尤其是财政支持中的强力介入，从而显著地带动社会政策进入转折点并在政策目标上不断拓展，在政策的目标群体上逐步扩充，在政策的财政支持结构容易优化，在工作力度上渐次强化。当然，依据各级政府部门的权责范围和财力大小，合理分担各级政府之间的财政支持责任，重点加大中高层政府的财政支持力度，才是各项惠农和社会保障政策顺利推进的关键要素。

第二节　村民自治发展改善村级治理

中国农村村民自治从产生伊始就深深地打上了民主的烙印，其兴起的初始动因是解决村庄公共治理失效、无序的困境，其实现机制就是以公共讨论、协调、决策为特征的民主机制。中国的村民自治深深扎根于广大农民群众之间，是社会内部自发孕育的产物。“中国最落后的农民，享受着世界上人类文明最优秀的成果”。

村民自治制度从由村民自发创造到上升为我国的一项基本政治制度。① 村民自治制度从村民自发创造到在全国普遍实施大约经历了三个阶段。从 1978 年党的十一届三中全会召开，到 1987 年六届全国人大常委会颁布《中华人民共和国村民委员会组织法（试行）》，大约十年的时间，这一阶段主要工作是破旧立新、开辟新路。1988 年 6 月 1 日村委会组织法正式试行开始，到 1998 年 11 月 4 日修订后的村委会组织法正式颁布，大约又是一个十年的时间。村民自治在这一时期的主要工作是初步实验、建立框架。1998 年至今，村民自治进入新的发展时期，这一阶段村民自治工作的特点是：新的认识，新的起点，村民自治的道路越走越宽阔。② 村民自治从诞生开始就非常重视民主，遵循着民主化的发展取向。改革

---

① 党的十七大报告指出，要坚持中国特色社会主义政治发展道路，坚持党的领导、人民当家作主、依法治国有机统一，坚持和完善人民代表大会制度、中国共产党领导的多党合作和政治协商制度、民族区域自治制度以及基层群众自治制度，不断推进社会主义政治制度自我完善和发展。我国的基层群众自治制度，主要包括城市的居民自治制度和农村的村民自治制度。

② 詹成付：《中国村民自治的现状和未来的基本走向》，张明亮：《村民自治论丛》第 1 辑，中国社会出版社 2001 年版，第 1 ~4 页。

开放之初，党和国家基于对前些年教训和经验的反思，非常重视发展社会主义民主和用社会主义法制来保障社会主义民主。在1979年初邓小平就指出："没有民主就没有社会主义，就没有社会主义现代化。"1981年党的十一届六中全会决议确定"在基层政权和基层社会生活中逐步实现人民的直接民主"。1982年党的十二大指出，社会主义民主要扩大到政治生活、经济生活和社会生活的各个方面，发展基层社会的群众自治。1982年《宪法》更加肯定了加强民主的原则精神，规定了村民委员会是基层群众自治组织。

村民自治是在人民公社解体后实施的，其直接使命是解决人民公社解体后对家庭经营农户的重新组织和村庄公共事务的治理。村民自治的制度设计是"四个民主"，即民主选举、民主决策、民主管理、民主监督，最终要达到的目标是自我管理、自我教育、自我服务。

民主既是一种理念，也是一种手段，更是一种目标。科恩认为民主"是一种社会管理体制，在该体制中社会成员大体上能直接或间接地参与或可以参与影响全体成员的决策。"① 蔡定剑则认为，民主是一种管理体制，"其中统治者在公共领域中的行为要对公众负责，这种负责是建立在定期举行的、全体公民自由参与的、公开和公正的选举基础上的。"②

村民自治中的民主既是目的又是内容，村民自治是目的，民主选举、民主决策、民主管理、民主监督就是其内容，又是实现村民自治的方式。村民自治好比一驾马车，四个民主是四个轮子，民主选举是驱动轮，发挥着基础和关键作用，民主监督好比是制动系统，对村民自治发挥着调适和修正的作用。村民自治是村民群众直接管理本村事务的一种民主形式，民主选举则是村民自治活动的基础和前提。各级政府首选以选举为核心推动村民自治。选举单方推进使民主选举获得重要发展，广大农民的民主法制观念获得提升，但是也在一定程度上形成了困境。在某些地方让农民群众把选举和村民自治等同起来，而在民主决策、民主管理、民主监督等方面则推进不力，凸显了民主决策、民主管理、民主监督等方面的制度供给滞后，也造成了特有的村庄选举和治理面貌。主要表现在：选举成为村庄各种政治社会力量竞争的焦点，但由于农民自身素质和投机心理，候选人的选举动机往往有利于个人和小集团获利，使得贿选和不正当竞争加剧；由于民主决策、民主管理、民主监督等推进缓慢，选举后的治理更容易变成"村委会自治"，村民没有有效途径和方法监督村委会干部；自治活动中缺乏生发自治精神的内在机制。传统村庄社会的自发组织在制度化的村民自治中，没有发挥其应有

① 詹成付：《中国村民自治的现状和未来的基本走向》，张明亮：《村民自治论丛》第1辑，中国社会出版社2001年版，第1~4页。

② 蔡定剑：《民主是一种现代生活》，社会科学文献出版社2010年版，第11页。

的作用。随着农村社会的变革，税费改革、取消农业税、新农村建设的推进，村庄治理也发生相应的变化，关于选举后的村庄治理在全国各地也出现了很多制度创新和实践。

改革开放后农村经济社会发展迅速，社会转型进程加快，农村社会中的一些矛盾逐渐凸显出来。作为农村基层制度的村民自治也面临着很多矛盾。民主成为化解矛盾的主要手段和方式，广大农民在实践过程中利用民主充分实现村民自治，化解社会矛盾，维护村庄稳定，促进村庄发展，实现自身利益。

一、民主选举强化干部的民意基础

在村民自治活动中，民主选举主要是指村民委员会的选举。村民委员会是村民自治活动的常设机构，具体行使着管理村级事务的权力。1998 年颁布的《中华人民共和国村民委员会组织法》第二条规定："村民委员会是村民自我管理、自我教育、自我服务的基层群众自治组织，实行民主选举、民主决策、民主管理、民主监督。村民委员会办理本村的公共事务和公益事业，调节民间纠纷，协助维护社会治安，向人民政府反映村民的意见、要求和提出建议。"村委会在村民自治的实践运行中发挥着重要的作用，因此村民委员会如何选举产生又成为一个关键的问题。现在选举村民委员会在全国普遍实行的"海选"，在村民自治实施初期并不如此。"海选"也是人民群众在村民自治实践中的伟大创造。"海选"，从字面上理解就是从大海里选取某样东西出来，要选取的目标是确定的，但是选取的范围是广泛的。"海选"是指一种产生村委会候选人的方式，其主要的特征就是放手让所有有选举权的村民自由提名自己认可的候选人，上级部门的领导、村党支部不加干涉。"海选"的具体操作程序是：村民选举委员会向村民发一张白纸，作为空白选票。选民按照选举委员会的规定，在选票上写上自己满意的人名，推举其成为村民委员会成员候选人，最后按得票多少确定正式候选人。正式选举时，使用印有候选人名单的选票。从一定意义上讲，"海选"是《村民委员会组织法》第十五条规定的"选举村民委员会，由登记参加选举的村民直接提名候选人"的最佳实现形式，它把选举活动中的提名初步候选人和正式候选人的两步选举程序合二为一，既省时又省力，受的广大群众的热烈欢迎。

"海选"有其产生的背景和原因，从形成到现在完整的程序和方法也是逐渐的过程。当时在实行村民自治后，农村的村级干部在很大程度上还是沿用人民公社时期的管理办法。村委会干部仍由乡里任命和指派，他们虽然不是国家行政干部但是扮演的国家行政干部的角色，但是工资却由百姓负担，只对任命和指派他们的乡镇政府负责。乡镇政府向村委会下达指令性工作任务，村委会干部的经常做法是用人民公社时期的行政命令手段，“命令加罚款”，尤其是在收缴“三提五统”[①] 时还扒农民粮食、牵农民牲畜。“海选”正是村委会选举引入竞争机制后，农民对传统的由上面任命或者指派乡村干部的挑战。随着商品经济的发展，以及家庭联产承包责任制实行后劳动方式和分配方式的转变，广大农民的思想观念不断变化和更新，要求自己享有村集体财产的知情权和处分权，要求查村里的账、管村里的事，农民群众的权利意识、参与意识、民主意识越来越强。家庭经营的分散性带来的这种变化与农村村级管理仍旧沿用人民公社时期的管理手段和方法产生了极大的矛盾。

农民群众在历史关头发挥了极大的能动性和创造性，1986 年，吉林省梨树县北老壕村的农民群众创造了“海选”的形式。北老壕村，地处梨树乡东南部，1986 年全村有 11 个村民小组，630 户，2 476 人。1986 年乡党委指派徐有为村委会主任、张国良为副主任、蔡清玉为文书兼会计、李山为治保主任、杨淑琴为妇联主任、付金华为团支书兼民兵连长。[②] 北老壕村是当时有名的后进村，班子之间不团结，村集体经济发展缓慢，群众意见很大。乡政府成立村委会整顿补课小组，在深入调查和宣传发动的基础上，进行村委会干部述职，群众评议然后再进行选举。在村民评议村委会干部时，许多村民对张国良的贪占、不团结行为提出很多意见，许多村中的老党员、老干部认为此次选举应该由村民自己选举，乡镇政府不应该再任命和指派干部。在此情况下，北老壕村以每 10 户左右推选一名村民代表选出村民代表 46 名，在村党支部的领导下成立有村民代表参加的村选举领导小组。召开村民代表会议，决定当年的村委会选举“不画框框、不定调调，由大家随便提名选举”。1986 年 12 月 23 日，经第一轮户代表推荐，过半数的共有 13 人，25 日，户代表第二轮推选，取得票多的前九人为村委会成员候选人。25 日晚，村民代表会议进行了第三轮有职务的无记名投票选举，结果是徐有连选连任村委会主任，在村中小有名气当过小队会计的青年村民孙国清当选为村委会副主任。新当选的村干部都发表了就职演说，表示要为村民做好哪些事。新班子上任后团结进步，心里想着群众的利益，一门心思干工作，北老壕村很快就由后进变为先进。

北老壕村的这次选举，在现在看来有很多不足，一是由户代表推选候选人，二是在村民代表会议上确定村委会的正式候选人，实行的是等额选举，其中程序也不是很规范。但是这次选举具有深远的意义，它首次提出村委会选举“不画框

---

① “三提五统”是指在农村的三项村提留（公积金、公益金、管理费）和五项乡镇统筹（教育附加、计划生育费、民兵训练费、民政优抚费、民办交通费）五个部分。

② 余维良：《“海选”故乡的选举历程——对吉林省梨树县村委会四次选举的观察》，《中国农村基层民主政治建设年鉴》（2001 年卷），中国社会出版社 2002 年版，第 387 页。

框、不定调调，由村民自己推荐候选人”的做法；此次选举给村民代表发一张白纸，把选举的提名权还给村民；此次通过民主的方式选举了村委会干部，是一次直接民主的实践。此次选举是“海选”的萌芽，为后来进一步完善和推广“海选”奠定了基础。

“海选”方式选举村干部受到了广大干部群众的热烈欢迎和高度赞扬。首先这种选举方式充分体现了老百姓的意思，村民想选谁就可以在封闭的秘密写票间书写选票，既能体现村民的心意又能保护村民的隐私，因此在施行“海选”后的农村选举基本上都是把村民公认的有能力、威信高、办事公道的人选为村干部。其次这种选举方式极大地调动了村民的积极性，村民不但积极参加选举，而且积极参加竞选，只要是有能力、有热心并且在村民心里有地位的人都有机会当选村委会干部，为自己村庄的建设做出自己的贡献，“海选”给予每个村民公平竞选的机会。“海选”显著地提高了村民的民主意识、法律意识。对广大农民来说，文化知识水平普遍较低，对他们进行理论上的民主和法律宣传效果可能并不好，通过选举实践，不但提高了农民的法律意识，而且使农民当家做主的主人翁意识得到极大的提高，并且初步学会了如何通过民主来行使自己的权利和保障自己的权利。村委会选举是农民进行民主实践的新的开始，“海选”则是保障这一实践收到良好成效的合适的形式。

在吉林的“海选”基础上，各地根据具体条件又对“海选”进行优化和升级，但是宗旨根本上是一致的。就是保障广大村民的权利得到实现，真正实现农村村民自治。

回顾“海选”产生和发展的历史不难发现，正是在农村推行村民自治时，农民对于村民自治的组织机构——村民委员会的产生问题出现了认识上的矛盾。当然这一矛盾也有其历史根源，改革开放后，农村的经济制度是家庭联产承包责任制，农户以家庭为单位组织生产，自负盈亏独立核算。但是村民自治的头些年，有些地方的乡村干部的产生如吉林省的梨树县，仍然延续人民公社时期的方式。而这样产生的村干部在很多时候不为村民所接受，也与国家推行村民自治的宗旨相违背。因此村民从自身利益出发，以村民自治为目的，以民主选举为突破口，利用“海选”的形式实现农村的民主。

迈克尔·曼在将社会权力的来源分为四类：意识形态、军事、经济、政治。①在这里借用其分析，农村社会的权力来源也无非是经济和政治，经济上实行农村家庭联产承包责任制，村庄本身政治上的权力来自于村民自治，因此在权力来源上涉及其合法性和合理性。合法性自无问题，依据来源于《中华人民共和国村民

① ［美］迈克尔·曼：《社会权力的来源》（第2卷·上），上海世纪出版集团2007年版，第1页。

委员会组织法》。合理性就是这种权力如何集中起来，因此有了关于村干部选举的矛盾。“海选”及其升级版都是引进民主的方式来化解矛盾，达到社会和谐。随着经济社会的发展，民主选举过程中会出现更新层次的矛盾，民主选举的方式、程序也会继续出现创新来化解出现的矛盾，这是一个动态循环的过程。

二、民主决策集聚村民的公共意志

通过民主选举解决了权力的来源问题，村干部的产生达到了合法性和合理性的统一，村干部的权威有了广泛的群众基础。在乡村治理的推进过程中，尤其是农村公共事务的治理，很大程度上是依靠村支部和村民委员会的意志进行治理，对村干部的能力和素质要求很高，当然村庄治理的效果也会因为村级班子的素质和团结情况参差不齐。在实施村民自治的初级阶段，村民的民主参与程度不高，对村庄的公共事务关心不够或者是不知道通过何种途径和方式进行参与，表达自己的意愿，维护自己的权利。随着我国基层民主的广泛开展，村民参与的程度逐渐提高，村庄公共事务也涉及村民自身的利益。中国传统文化中的“各人自扫门前雪，哪管他人瓦上霜”的时代已经终结了。这一部分是源于社会主义市场经济的发展，中国农村传统自给自足的经济模式的解体，各种经济活动的关联性日益密切，更主要的是我国的民主进村，激发了村民的民主参与意识。第三方面的原因是，我国实施的九年义务教育，整体上提高了广大人民的文化水平。所谓“十年树木，百年树人”，农民的整体文化水平的提高，也提供了参与公共事务治理的素质和能力基础。

村级治理中有两个权力核心，一个是党支部，一个是村民委员会。村党支部是农村基层村民自治的领导核心。如何发挥村党支部的领导核心作用，同时又把全体村民的意愿集中到一起，达到一个民主决策的效果，共同治理好村庄。因此民主决策的实现形式是一个重要问题。党的十七届三中全会《决定》中提出“健全党组织领导的充满活力的村民自治机制，深入开展以直接选举、公正有序为基本要求的民主选举实践，以村民会议、村民代表会议、村民议事会议为主要形式的民主决策实践，以村务公开、财务监督、群众评议为主要内容的民主监督实践，推进村民自治制度化、规范化、程序化”。

民主决策，先“决”后“策”。如何进行民主决策，《村民委员会组织法》中没有进行具体的要求，只是对村民会议和村民代表会议的职能和召开作了说明。针对村民委员会，民主决策主要是在这两个会议中进行。民主决策首先要发挥农村党支部的领导核心作用。村级党组织的领导核心作用主要是为了确保村民自治沿着正确的路线和方向前进，首先表现在把方向、定大事，统揽全局、协调各方上。其次是在本村发展总体规划的制定、村规民约的起草以及重大村务的处理等问题上发挥主导作用。村支部的成员相对于普通村民在文化素质、办事能力等各方面都有优势，先经过村党支部通过的决策能更好地集聚村庄发展大事，能更好地集中全体村民的力量。因此如何在实践中把村党支部的民主决策和村民委委员会的民主决策统一起来，集聚全体村民的意愿，需要一种具体可行的实现形式和途径。在具体实践方面，广大人民群众充分发挥了主观能动性，在法律、法规的基础上，创新具体的实现形式，并在总结经验的基础上制度化、规范化，并加以推广，有力地推进了民主决策的实施。

湖北省随州市曾都区为适应农村税费改革后基层组织建设出现的新情况、新问题，提高村级决策的科学化、规范化和民主化水平，在总结经验的基础上，在农村普遍推行“两会制”决策。“两会制”决策就是村务要事的决策按照先党内后党外、先党员后群众的原则，由党员大会提出决议预案，交村民代表会议形成决议，由村务监督小组监督村“两委会”执行。村务要事的执行一般是有六个步骤来完成。第一步是提交议题。村党支部和村委会联席会议根据本村经济社会发展的需要，按照农村税费改革后的“一事一议”制度的规定，对涉及村民切身利益的重要事项，共同研究并提出议题。第二步是准备预案。以党小组为单位对村“两委会”提出的议案进行调查研究，广泛征求村民意见，在此基础上再召开全体党员大会讨论各党小组的调研情况，对议题进行讨论、修改和补充，最后形成决议预案。第三步是进行决议。召开村民代表会议，对决议预案进行讨论、表决，决议获得过半数代表同意则形成决议，由村务监督小组将形成的决议向全体村民公布。第四步是贯彻执行。对村民代表会议通过的决议，村“两委会”按照村干部的不同分工，负责组织实施，村务监督小组要对执行的过程进行全程监督。第五步是进度报告。每一季度都要召开一次党员大会和村民代表会议，由村“两委会”负责人就决议执行情况向“两会”进行报告，由村务监督小组将决议情况向全体村民公布，并接受村民的监督。第六步是民主评议，年终由乡镇党委组织党员和村民代表对村“两委会”班子成员进行民主评议，并把评议的结果作为村干部工资、实行奖惩的基本依据。

“两会制”决策也是广大农民群众在实践中创造出来的。正是因为决策不民主，导致决策不科学，引起村民的很大怨气，也严重损害了村庄的治理和发展，“村两委”在一系列失误后，对决策内容和程序进行改革，充分集中了村民的意见，保证了决策的民主、科学。该区南郊办事处瓜园村于 1997 年先后成立了民主理财小组和监事会，负责对村务管理和村级事务进行跟踪监督，一定程度上满足了村民对村务要事的知情和监督。后来随着城市化的进程，该村土地被逐年征用，成了无地村。为了解决村民的就业等问题，村干部急于求成，投资办企业、上项目，期望引导村民走上致富之路。但是事与愿违，一次又一次的决策失误，使村集体经济的元气大伤。为此村民对村干部的意见很大，指责村干部瞎决策，遇事不与村民商量，乱花老百姓的血汗钱，强烈要求村干部以后办事要先和村民通气，征求全体村民的意见。面对现实情况，“村两委”人员也从中吸取教训，认识到仅有村务监督和公开是不够的，村务和财务的公开和监督是一种事中、事后监督，是已经执行决策之后的事了。要想不出问题、不出失误，首先决策要科学、正确。决策失误、不科学，决策执行的后果引起村民不满意的关键原因是村民没有参与决策中来，没有集民智、聚民意。因此，瓜园村以后每年从 9 月开始，对下一年的经济发展计划、基本建设、公益事业、财务收支管理以及其他重大村务进行长达 3 个月的自上而下、自下而上的反复讨论酝酿，充分听取村民意见，形成年度的 1 号文件，印发到每个组、企业执行。文件同时规定：凡在 1 万元以上的开支、20 万元以上的投资项目以及其他涉及村民切身利益的事项都要由“村两委”提出议题，先交党员大会讨论形成预案，再交村民代表会议表决形成决议，最后由村务监督小组监督“两委会”执行。自 2001 年以来，瓜园村实行“两会制”决策，共引进兴建了 3 所学校、4 个市场和 6 家企业，没有一例决策失误，都取得了良好的效益。通过改进决策的内容和形式，集中了全村村民的意志，保证了决策的民主、科学，并有力地贯彻执行，全村的民主政治建设气象一新，村级经济发展跃上更高平台，走上一条干群一心、群情激奋的双赢致富之路。

“两会制”决策实际上是在党组织的统一领导下，用制度化的程序，按党的十六大提出的“制度化、程序化、规范化”要求，把民主政治具体化，从而使党的领导、人民当家作主、依法办事有了一个程序化的实现途径。“两会制”决策是集民智、聚民意，保证人民当家作主的权利，避免决策的失误，目的是实现决策的科学化、民主化。这样做能更好地发展农村的先进生产力，弘扬农村的先进文化，更好地为人民谋利益。

“两会制”决策提高了决策的透明度和科学性，有效地避免了决策的失误，避免了对村庄的破坏。以前做决策、定方案是由少数人做主，受到各方面因素的限制，作出的决策不可避免地出现脱离发展实际、违背群众意愿以致给村集体经济带来损失的情况发生。“两会制”决策改变了过去决策由少数人决定的情况，村民由旁观者和执行者变成为参与者，由决策的局外人变成了决策的局内人，能充分地发挥党员、群众的集体智慧，有效地避免和减少决策失误。“两会制”决策密切了干群关系。村民通过参与村级重大事务的决策，有意见当面提，干部群众同心协力一起为村庄发展出谋划策，群众对干部的误解少了、信任多了，干群关系因此更加密切。实行“两会制”决策，村里的重大事项和群众普遍关心的问题事前事中事后都处于群众的监督之下，少数干部的随意行为受到监督和限制，滥用职权、贪污腐化等现象得到遏制。“两会制”决策把加强党的领导和村民自治通过规范化、制度化的、程序化的方式有机结合起来，村党组织和村委会在村务管理中找到了各自的位置，明确了各自的职责。村党支部要发挥领导核心作用，主要是对村庄发展的大政方针以及贯彻党的路线政策进行把关和引导，支持村委会在职责范围内广泛地开展村民自治活动。对村务要事，“两委会”必须首先达成共识，共同提出议题，然后提交“两委”讨论、表决，形成决议后，“两委会”按照各自的分工去执行，从机制上保证了村“两委”的团结统一，有效地克服了过去那种“两委会”争权夺利互不买账的“两张皮”现象。

“两会制”决策是民主决策的一种民主实践，全国各地也涌现了很多创新村级治理模式，实现决策民主化、科学化的好典型，其中被学者总结为“青县模式”的河北青县完善和创新村级治理结构的实践在全国声名鹊起。河北青县从2002年开始，在村民自治、新农合等方面试点并推广了一种村治“新模式”，就是在借鉴各地村代会实践经验的基础上，提出的一种完善农村村级治理结构的理念。按照青县县委书记赵超英的总结可以概括为四个方面：调整村治结构、加强党的领导、充分发扬民主、依法规范管理村务。

“青县模式”在一定意义上讲存在一定的偶然性，最初是由源于青县陈嘴乡时楼村在这一方面的成功实践。时楼村曾经是青县有名的上访村，主要原因是村里存在派性斗争。由于历史的原因，以时姓家族为主的“北院”和以杂姓组合形成的“南院”对立。“北院”人少，“南院”人多，过去村干部基本是“南院”的人，“北院”的人很难参与村庄事务的决策，但是由于“北院”以姓氏连接起来，有较强的团结性，对村里的很多决策有抵触，双方长期闹矛盾，村务管理一度陷于“瘫痪”的境地。为了解决时楼村存在的问题，青县县委派出了专门的工作小组。在深入调查和广泛征求村民意见的基础上，工作组提出了解决的办法。村两委班子是以“南院”的人为主，在选民人数上其占有多数，“北院”不满的原因是不能参与村级事务的决策和管理，要想消除两派之间的矛盾，必须让占少数的“北院”村民参与村级事务的决策和管理，这样才能恢复村级组织的正常功能。因此工作组提出了“把该村村民代表会议建成一个有权力的实体组织，与村党支部、村委会共同管理村务的”工作思路。从2007年开始，按照这一工作思路，时楼村逐渐把村民代表会议建成了村里的常设议事机构，把村庄事务的决策拿到村代会讨论和表决。按照居民户数，每10~15户选出一名代表，使“南院”、“北院”都能参与村务决策和管理。经过这一程序一段时间的运行，效果良好。原来对立的双方开始可以坐在一起商量问题、解决问题，该村两委班子的威信重新树立，正常职能得到运行，该村的形势日趋稳定，村容、村貌也有了很大的改观。青县县委在总结时楼村模式的基础上，将这一方式在全县大力推广。

“青县模式”的村治组织机构包括村党支部、村民会议、村民代表会议、村民委员会以及上级派驻的农村工作指导员。这些组织的各大部分都存在全国各地的农村中，村民代表会议的常设性和职能是青县村级治理机构的一个重要特征。按照《村委会组织法》的规定，村民会议是全村的最高权力机构。1998 年颁布的《村委会组织法》第十八条规定：“村民委员会向村民会议负责并报告工作……村民会议由村民委员会召集。有十分之一以上的村民提议，应当召集村民会议。”现实中，村民会议基本上是在选举时能召开，以后由于各种原因村民会议很难召开。而且把平常的村级事务在村民会议上讨论、表决也不现实。同时在 1998 年颁布的《村委会组织法》第二十一条规定：“人数较多或者居住分散的村，可以推举产生村民代表，由村民委员会召集村民代表开会，讨论决定村民会议授权的事项。村民会议由村民按每五户至十五户推选一人，或者由各村民小组推选若干人。”青县正是抓住村民代表会议这一点，将村民代表会议由虚变实、由临时性机构变成常设机构，让村民通过村民代表会议行使村务决策、管理权及对村委会的监督。在农民参见村级直选依法履行了自己选举的民主权利之后，用村民代表会议这一机构和制度来保障村民在决策、管理和监督等方面继续履行民主权利，使村民自治的各项民主权利确实落到了实处。通过把村民代表会议建成村中经常性议事组织，形成了“党支部领导、村民代表会议做主、村委会办事”的村治模式。“青县模式”中的村民代表会议权力很大，经村民会议授权后，村民代表会议在村治中代行村民大会的权利，对授权范围内的村务工作具有最终决定权，对村委会的工作进行监督，对工作造成重大失误的村委会成员提出罢免建议，依法罢免。村民代表会议设立主席，由村民代表会议选举产生，提倡村党支部书记通过竞选出任村民代表会议主席。党支部通过村民代表会议这个载体，领导村民进行民主决策、民主监督、民主管理。村委会是村务管理的执行机构，依照法律、法规独立地开展工作，执行村民代表会议的决策。在具体运行过程中，每一个重要的村内事务都要先经过村民代表会议的决策过程，然后再进入到村委会负责的执行过程。这样对村内的一些重大事务，如宅基地审批、土地承包、公共建设等，村党支部、村委会、村民都能参与，但是各方都没有完整的权力。村支部只能通过村民代表会议进行村庄事务的决策，不能干预具体的执行过程；村民代表会议对重大事务进行决策，不承担具体的执行；村委会只负责具体执行，不掌握决策过程，在执行过程中还要对决策负责。决策权和执行权的分离有利于互相监督，又能保证决策的执行到位。

“青县模式”不仅在集聚村民意愿，保证决策的科学化、民主化方面有重大创举，在理论层面上有更加深远的意义。通过村党支部领导下的村民代表会议，把国家意志，党的方针政策等贯穿于村庄治理。这样国家意志、村民群体利益、个别村民利益都在村民代表会议这个制度平台上平等地对话、协商、博弈。①

民主决策是村民自治的核心，是民主选举后的村庄进行民主管理、民主监督的重要基础。因此如何进行决策，以实现决策的民主化、科学化成为重要的内容。要将村民的意志集中起来，让广大群众参与决策中来，需要一个组织或是机构，通过这个机构，把广大群众的想法表达出来，并充分讨论，最后形成决议。不论是“两会制”决策还是“青县模式”中的村民代表会议都是首先建立了一个机构，以组织机构为载体，吸纳村民进行民意的表达。机构有了，需要通过一系列的程序，保证村民意愿的表达和决策的民主。程序在经过实践的检验、不断地完善后就要形成制度，用制度来约束决策机构进行决策的过程。2010 年 10 月修订的《村委会组织法》第二十五条对村民代表会议做了更详细的规定：“村民代表会议由村民委员会成员和村民代表组成，村民代表应当占村民代表会议组成人员的五分之四以上，妇女代表应当占村民代表会议组成人员的三分之一以上。”这里不仅规定了村民代表的组成人员，而且强调了普通村民在村民代表中要占五分之四以上，将更多的村民纳入表达意愿的范围，而且对女性代表也作了要求，有利于女性表达自己的意愿。第二十六条规定：“村民代表会议由村民委员会召集。村民代表会议每季度召开一次。有五分之一以上的村民代表提议，应当召集村民代表会议。村民代表会议有三分之二以上的组成人员参加方可召开，所作决定应当经到会人员的过半数同意。”此条对村民代表会议的召开频度做了规定，由村民委员会负责召开，每季度召开一次。另外村民代表提议也可以召开，并且对村民代表召集会议的人数作了一个很低的限定，但是对村民代表会议的决定做了比较严格的限定。这样限定的目的就是更好地召集村民代表开会，通过讨论、商量对村庄事务进行决策。但是做出的决定一定要慎重，只用这样才能保障全体村民的利益。新修订的《村委会组织法》关于村民代表会议的规定，可以说一定程度上是采纳了“青县模式”村民代表会议的相关内容，虽然没有明确要求把村民代表会议作为一个常设机关，但是根本的着眼点是通过这一机构和形式来使广大群众参与到决策中来，最大限度地集中村民意愿，保证决策的科学、民主，保障好、维护好、发展好全体村民的利益。随着社会经济的发展，可能会面临着更多、更复杂的新情况、新问题，也会出现新的机构和程序要进行民主决策。只要是符合法律、法规的规定，能最大限度地扩大村民的参与、集中村民的意愿来实现决策的民主化、科学化都是可行的，而且这也是必然的发展趋势。

---

① 廉如鉴、郭静安、徐燕茹：《摆脱村“两委”职权划分中的二难困境——对青县模式的思考》，《理论视野》2009 年第 8 期。

三、民主管理促进村庄的治理有序

民主管理是村民自治的关键环节，也是促进公共事务治理有效、村庄治理有序的主要方式。管理是通过一定方式使管理对象得以有序运行的活动。① 民主管理就是需要全体村民参与的一种方式。根据《村委会组织法》的规定，村民委员会是村民自我管理、自我教育、自我服务的基层群众性自治组织，农村村民成为乡村管理的主体。在实施村民自治的过程中，各地在探索民主管理的途径和方式等方面进行了大量的积极的探索和实践，其中最重要的是探索如何对村级事务进行民主管理、按照什么标准进行管理。《村委会组织法》规定了村民实行自我管理的原则，但是对怎样实行具体管理没有明确和具体的规定。另外，农村各地的具体情况各不相同，由于地理环境、经济发展、传统习俗等有很大差异，也不可能用一般性的规范进行管理及处理各种繁杂、具体的问题。

村民自治从诞生开始，就是从村级自治组织和村规民约开始的。宜州市合寨村就是因为在人民公社解体与村级管理组织空缺的情况下，自发组织起来管理村庄的公共事务、社会治安，成立了自治组织——村民委员会，并订立了相关的村规民约以约束村民的行为并对全村事务进行管理。② 因此村规民约和后来由政府加以总结和推广的村民自治章程就是实施民主管理的重要内容和依据。一些村贯彻落实《村委会组织法》及相应的法规、文件，制定出一套符合国家法律、顺应村情民意的具体规章制度作为村级管理的直接依据。

绝大多数村庄都制定了各种村级规约。从全国范围来看，村级规约的类型各种各样，依据不同的标准可以进行不同的分类。以具体内容为标准，村级规约可以分为具体有关民主政治、村庄经济和精神文明等不同的类型。以村级规约的地位和效力划分，可以分为村民自治章程、一般性的村规民约。以形式为标准，可以分为综合性的规约和单项的涉及具体事务的规约。③ 按照村级规约的具体内容及制定的层级等，主要有三种层次的村级规约。首先，最基础的层次是村民自治章程，村民自治章程一般是按照《村委会组织法》和各地方实施《村委会组织法》的若干规定而指定的村级最高层次的村级规约，被村民称为村庄治理的“小宪法”。村民自治章程是关于本村村级治理的基本原则、基本制度、基本组织机构以及村民权利与义务的自治规范，都必须要通过村民会议和村民代表会议的审

---

① 徐勇：《中国农村村民自治》，华中师范大学出版社 1997 年版，第 122 页。

② 徐勇：《乡村治理与中国政治》，中国社会科学出版社 2003 年版，第 4 ~ 13 页。

③ 张广修等：《论村规民约》，武汉大学出版社 2002 年版，第 36 页。

议通过，并且不得与宪法、法律和国家的政策相抵触，不得有侵犯村民的人身权利、民主权利与合法财产权利的内容。一般都包括了民主选举、民主决策、民主管理和民主监督等方面的规定，比较完备和规范，是制定其他村级规约的基础和指导。第二个层次是村规民约，在实际工作中其制定的主体比较复杂，村民代表会议、村民委员会、村党支部等都可以制定村规民约，一般包含了比村民自治更广泛和更具体的内容，如村民公约、村民行为规范等。第三个层次是村务管理规则，涉及村庄政治、经济、文化和社会各种事务的具体规定，如村务公开制度、干部廉政制度、村民档案管理制度、村民社会养老保险办法、村民合作医疗办法、村民议事规则等。村规民约和村务管理规则是具体的管理制度和规定，涉及村庄公共事务管理的方方面面，是开展村庄民主管理直接的、具体的依据和规范。

制定村民自治章程和村规民约需要经过几个程序才能订立。一般是经过以下的程序。第一是要调查研究，根据本村的实际情况和具体问题，提出需要规范的内容和解决的问题。村民委员会和村民代表大会通过调查研究，广泛征求意见，提出村民自治章程和需要规定的内容，确定在哪些方面制定村规民约。第二是集中意见，拟订草案。就调查研究提出的问题和事项，发动村民广泛讨论，提出意见，并集中起来。村民委员会根据村民意见，拟定出本村的村民自治章程和村规民约的初稿，再征求村民的意见。第三是提交村民大会审议通过。在审议和讨论的过程中，再根据讨论的意见和结果，对草案进行适当的修补和完善，然后通过会议进行表决。第四，对表决的村规民约进行公布。村民自治章程和村规民约公布后，应当以适当的形式进行公布。可以张贴公布，也可以印发各户各家。目的是通过广泛宣传，使广大群众了解村民自治章程和村规民约，并自觉遵守。村民自治章程和村规民约在制定后，也不是一成不变的，在保持相对稳定的同时，必须根据村庄的实际情况，适时修订、完善。个别地方在制定村规民约时，少数干部脱离群众，不进行调查研究，不听取群众的意见，闭门造车，凭自己的想象制定条文，或者是由上级政府统一提出条文内容，群众只是走形式举手通过，使村规民约流于形式，缺乏应有的效用。这样的村规民约严重影响了农村群众自治的积极性。制定村民自治章程和村规民约要从实际出发，要有针对性，要考虑到本村的自然历史状况、风俗习惯、群众的文化素质等方面的因素，不能简单地照搬照抄政策和法律条文或者是完全效仿其他村庄的规定。应当要符合实际，有自己的特点。

村民自治章程是关于本村村级治理的基本原则、基本制度和基本组织机构以及村民的基本权利和义务的自治规范，是村庄的“小宪法”，一般是比较原则和比较概括的规定。从理论上，村民自治章程的主要内容一般包括总则、村民的基本权力和义务、村级自治组织和附则四个部分。村民自治章程的总则主要是说明村民自治章程的制定目的和制定依据、村民自治章程的地位、规范力和适用范围等基本自治制度。村民的基本权利主要是民主选举权、民主决策权、民主管理权、民主监督权。基本义务方面，主要是遵守国家法律规定、地方法规和本村村级规约的义务，遵守国家计划生育的国策，遵守义务教育法规，爱护集体财产、维护集体利益，维护村庄公共秩序等。村级组织主要是对村民会议、村民代表会议、村民委员会和村民小组以及村民委员会下设的各分支委员会的组成、设立、职责进行规定。附则主要内容是说明村民自治章程的适用范围、章程内容的解释权归属问题以及章程的生效时间等。

村规民约是为规范村级治理的各项活动而制定的具体管理规定，从具体内上看村规民约大多属于专门性的规定，具有很强的可操作性。村规民约的主要内容可以概括为多个方面。经济管理方面的主要是就土地管理、村级财务管理、村集体资产管理、村集体经济组织管理等进行规定。社会秩序方面主要是涉及社会治安管理、防火防盗管理、村民纠纷调解办法、流动人口管理、新建房宅等。公共道德方面主要是文化娱乐活动管理、环境卫生管理、村容村貌管理、婚姻家庭和邻里和睦以及红白事务规约等。计划生育管理和义务教育管理是涉及国家的基本国策，一般是单独进行规定。最后一般是说明或附则，主要是对村规民约的制定的解释以及生效等进行说明。

在实际工作中，针对具体的问题，各地方还会结合本地实际制定了一些更为详细的、专门的规定，以利于村级治理和自治的开展。大部分村庄制定了村级干部管理制度，实行村级干部定期考评制度。一般村级干部的考评每年进行一次，由乡镇组成考评小组，对村级干部进行考评。采取听取汇报、座谈会、民主测评、财务审计等各种方式进行。并把民主测评作为考评的主要手段，以全体村民为主要测评者。考评结果作为干部评选先进、奖惩和任免的重要依据。各村普遍制定了村级财务管理规定，严格管理村级财务。建立印章使用登记制度，村党支部、村委会、村级经济组织的印章要有专人管理，使用要登记使用时间和使用事由，严格印章的使用管理。

民主管理是村民自治的关键，村庄事务的治理很大程度上体现在管理的方式、方法上。民主管理是实现村庄有效治理的保证。管理是人进行的活动，人的想法和行为有很大的随意性，随着时间和具体环境的变化而变化，只有按照一定的规则和制度去进行管理，才能实现管理的公正和科学。村民自治章程和村规民约正是实现民主管理的依据。

在传统社会，广大农民群众被排除在政治生活之外，法律主要是由少数的统治者制定。农村实行村民自治后，全体村民成为管理的主体。全体村民共同制定管理村级事务的基本规范和依据。全体村民成为管理制度的制定者。村级管理的规定和制度体现了互约性的原则。在封建专制社会，上至国家法律，下至村规民约，都是少数人统治多数人的工具。[①] 实行村民自治后，广大村民共同制定的规定和制度既规定了村民的义务，也明确了村民的权利。有管理村民的规定，也有管理干部的规定。村规民约既管理村民，也约束村干部，可以很好地调整干群关系，也有利于村民遵守村规民约，实行村庄的民主管理。

在中国传统社会，农村基层管理具有某种程度的自治性。但这种自治由于缺乏建立在民主基础上的法律制度体系的支撑，只能是乡村少数上层人士把持村务管理大权的专制性自治。[②] 由于中国受传统影响深远，农村的村民自治是广大农民群众的自治，没有很强的制度和法律的保障，农村的村民自治很容易重走历史的车辙，演变成少数人的管理。而村民自治章程和村规民约，为村庄民主管理提供了保障。依据国家法律和有关规定制定的村民自治章程和村规民约是村庄公共事务管理的依据，并且随着时代和社会的变化不断完善。依据规章和制度进行管理，减少了管理对村干部思想的依赖，避免了管理的随意性，带来了管理的科学化和民主化，深刻地改善了村庄治理。

四、民主监督保障村庄的公平公正

村民自治是民主选举、民主决策、民主管理和民主监督的有机统一，四者缺一都不是完整意义上的村民自治，都不能保证村民自治的有序运行。在村民自治的初期，重点和焦点都集中在民主选举方面，毕竟只有成了村级治理的领导机构才能进行下一步的工作，因此很大程度上村民自治的后三个民主和民主选举的受重视程度相比不够。随着农村经济社会的发展和村民自治的深入开展，民主决策、民主管理和民主监督也日益受到重视，上至国家有关机关下至普通百姓，都认识到民主监督对村民自治的重要性。从广义上看，村民的民主选举、民主决策和民主管理过程中都包含着民主监督的因素，由村民群众直接参与基层政治生活和介入村庄公共事务的治理过程，是防止权力滥用和蜕变的最直接、最有效的方式和途径。从狭义上看，民主监督有其特定的内容，它指在村民自治运作中，通过村民群众的监督活动，保证村务管理上合国家法律，下合村情民意，并使每个村民从中得到教育。如果缺乏民主监督，民主选举、民主监督和民主管理的成果

① 徐勇：《中国农村村民自治》，华中师范大学出版社 1997 年版，第 124 页。
② 徐勇：《中国农村村民自治》，华中师范大学出版社 1997 年版，第 125 页。

就难以巩固。[①] 不受监督的权力容易滋生腐败，也容易损害百姓的利益，因此各地不断出现民主监督的新举措和新方式，对村民自治进行民主监督，保障村庄治理的公平、公正。1990 年，彭真就农村基层管理发表意见说："在基层，有人管农民，但群众怎样管干部，怎样管乡政府，没有规定，民主不完善，要彻底解决这个问题。要强化民主管理，要搞法制监督。"[②] 由此可见，党和国家很早就认识到民主监督问题的重要性，只是因为具体的时间和条件的不具备，民主监督在农村的实行具有一定的困难，一旦条件具备，不仅党和国家由上到下推动民主监督，村民也自发采取措施丰富和完善民主监督。2004 年，中央发布了《中共中央办公厅、国务院办公厅关于健全和完善村务公开和民主管理制度的意见》，对村务公开、民主管理、民主监督作了具体的要求和规定，由此在全国掀起村民自治民主管理、民主监督的高潮。

始于浙江省武义县后陈村的村务监督委员会是广大农民群众贯彻落实中央有关规定，尤其是按照《中共中央办公厅、国务院办公厅关于健全和完善村务公开和民主管理制度的意见》进行民主监督的有益尝试，并取得了很好成果。

浙江省处于东部沿海区域，属于我国的经济高速发展地区。随着经济的快速发展，很多乡村拥有较大量的集体资产，但是由于对村干部的具体管理行为无法监督或监督不力，有些村干部胡作非为、以权谋私。不仅损害了集体经济利益，也直接侵害了村民的利益。这引起来很多村民的强烈不满，也引发了一些村民越级上访事件，危及农村政治稳定与和谐发展。[③] 武义县虽然是浙江省内欠发达县市，但是最近几年区域经济发展迅猛，尤其是随着近些年来城市化进程的加快，很多城郊接合部的村庄有很多土地被征用，很多村的集体资产多大上千万，这就给一些不受监督的村干部以可乘之机，也引起了村民对村庄事务管理进行监督的迫切要求。武义县白洋街道后陈村地处城郊接合部，长期以来一直是全县经济发展比较好的村庄，靠出租房屋、承包沙场和鱼塘为村集体的主要收入。但是由于村级管理不公开、财务不透明，从 20 世纪 90 年代以来很多村民连续向街道、县纪委反映村里的问题，但是问题长期得不到解决。2003 年，村支书私自挪用村集体资金上保险收回扣被免职。后陈村从 2003 年开始对村级事务的管理进行了探索，成立了村财务监督小组，但是村财务监督小组的成立并没有从根本上改变后陈村的境况。后陈村设立的村财务监督小组由村两委授权，缺乏工作的独立性，监督效能低，在实际的工作中其职能很容易被村两委取代。面对这种情况，很多村民尖锐地指出："初任村官是好人，真抓实干出能人，经过宣传成红人，

① 徐勇：《中国农村村民自治》，华中师范大学出版社 1997 年版，第 127 页。

② 转引自李学举：《中国城乡基层政权建设工作研究》，中国社会出版社 1994 年版，第 72 页。

③ 参见俞可平主编：《和谐社会与政府创新》，社会科学文献出版社 2008 年版，第 215～219 页。

放松监督成‘狂人’，发展下去成罪人。”① 因此在村级经济不断发展的背景下，如何进一步实行行之有效的监督，规范村级事务管理已成为一个迫在眉睫的问题。

2004 年初，后陈村有 1 000 多亩土地被征用，获得征用补偿金近 1 900 万元。如何处理这笔集体资产成为一个难题，有的村民主张全部分光，以免被村干部贪污花掉，村内矛盾更加突出。2004 年由于村里的两任村支书被处理，基于村里的实际情况，村民要求街道工作的党员胡文法担任村支书。胡文法担任支书后就考虑理顺村庄关系，从制度上加强对村务管理的监督，实行村庄治理的民主和公正。2004 年 2 月 18 日，武义县纪委就村务公开和民主管理的现状和存在的问题进行广泛调研，并同县委、白洋街道办事处组建村务监督改革指导小组进驻后陈村。通过调研，认为解决后陈村问题的关键是在选好村级班子之后，如何能让村民真正有效地监督和制约村干部。于是调查组把解决问题的落脚点放在健全制度上，但是村民听说要健全制度有不同意见，“你们不要搞什么制度了，我们现在制度不少，问题在于如何落实已有的制度”。在吸取以前设立的村财务监督小组失败的教训后，调查组认为要成立一个相对独立的监督委员会，其产生不受村民委员会和村支部支配，其权限事先予以明确。2006 年 4 ~ 6 月，由武义县委办、县纪委、县委组织部、农业局、民政局等相关人员对后陈村各项管理制度进行了梳理，拟出了《后陈村村务管理制度》和《后陈村村务监督制度》两个讨论稿，分发至户，并召开了两委、党员、村民代表座谈会，听取民众的意见，并对讨论稿进行补充和完善。《后陈村村务管理制度》主要对村集体资产管理、土地征用费管理和分配使用、村干部误工补贴及村财务收支等群众关心的问题作了明确的规定。《后陈村村务监督制度》则针对过去村务管理中监督缺位、错位的症结，对村级的民主监督做出了新的制度安排，具体包括村民代表会议制度、村民代表联户制度、村务公示制度、听证制度和村干部述职考核制度等，村务监督制度的核心是设立了新的村务监督机构——村务监督委员会。后陈村随后选举产生了首届村务监督委员会。村务监督委员会设主任 1 名，委员 2 人，经村民代表会议选举产生。选举前由村民代表在村民代表中推荐候选人。所推荐的候选人应是非村两委成员及其子女、配偶、兄弟姐妹等直系亲属的村民代表。投票选举后按照得票的多少，确定至少 4 名候选人，然后再用差额选举的办法无记名投票，选出村务监督委员会成员。

根据《后陈村村务监督委员会》的规定，村务监督委员会由“村民代表会议表决产生，经村民代表会议授权实施监督，并对村民代表会议负责。”村务监

① 卢福营、孙琼欢：《村务监督的制度创新及其绩效——浙江省武义县后陈村村务监督委员会制度调查》，《社会科学》2006 年第 2 期。

督委员会的主要职能是：坚持党的领导，对执行党的路线、方针、政策及村级各项管理制度情况实施监督；列席涉及群众利益的重要村务事项的会议；对财务公开清单和报账前的凭证进行审核；建议村委会就有关问题召开村民代表会议；对不按村务管理制度做出的决定或决策提出废止建议，村委会必须就具体事项提交村民代表大会决定；参与街道党委对村干部的年终述职考评；根据多数村民与村民代表意见，对不称职的村委会成员提出罢免意见，提请村党支部报上级党委、政府后，依法启动罢免程序。① 同时村务监督委员会具有以下义务：支持村两委正常工作，及时消除村民对两委工作的误解；定期、不定期地向村党支部和村民代表会议报告村务监督工作情况；及时向村党支部、村委会等组织反应村民对村务管理的意见和建议；联系村民广泛听取意见，履行监督职责。

后陈村设立村务监督委员会后对村级事务进行监督，收到了很好的成效，村庄的民主治理能力得到了很大的提升，大大促进了村庄的和谐稳定。首先，村务监督委员会的设立对村级财务的监督，收效明显。村务管理和村务监督制度实行后，集体资产的运作规范起来，村级事务的管理和运行成本也大幅下降，村卫生管理费由原来年 6 000 元降至 3 900 元，水塘的承包款由每三年 4 万元增加至 8 万元，村委会的招待费也成倍下降。据后陈村统计，村务监督委员会运行两个月，为村组织增收节支 30 万元，远远超过村务监督委员会的运行成本。其次，监督领域扩展，监督效力提升。以独立成立、对村民代表会议负责的村务监督委员会为载体的民主监督克服了以往监督的缺位、错位问题，在监督方式上由以前的兼职监督变成专职监督，在监督内容上由以前单纯的财务监督变成对村务全范围的监督，在监督方向上由纪委、街道对村干部的垂直监督变成村民自身进行的水平监督，在监督的时限上由以前的事后监督变成现在的事前、事中、事后的全程监督。最后，调动了广大群众的积极性，增强村民参与村民自治的意识。通过村务监督委员会的工作，村民的知情权、表达权、决策权、参与权、监督权都得到保证和实施，增强了村民参与村务管理的意愿，也提高了村级事务的决策质量和管理水平。

广东省梅州市蕉岭县纪委自 2007 年起在全县农村开展了以“村务监事会”为主体的民主监督的试点工作，使得监事会对村务的监督权得以落实并形成与决策权、执行权分列的村级“三权分立”的状态，极大地提升了民主监督的效力。“村务监事会”的运行是通过修订村民自治章程，建立村级事务的监督机构，对监事会进行授权并制定相应的工作制度来完成的。蕉岭的村务监事会同后陈村的村务监督委员会都是由村民代表会议产生，不同的是蕉岭的村务监事会成员主要

① 俞可平主编：《和谐社会与政府创新》，社会科学文献出版社 2008 年版，第 217 页。

由廉政监督员、农村老干部老同志、县镇人大代表等具有较高威信的村民共5人组成，任期1年。规定村两委干部及其直系亲属不能进入监事会任职。监事会不直接参与村务决策与管理，只参与对村务的监督与检查，参与监督村级重大事项的决策。在监督程序上，利用县纪委专门制作的《“村务监事会”工作情况表》和“村务监事会”工作记录本，每月定期将收集到的群众意见、建议汇总并向村民委员会反映；每月定期召开监事会成员会议研究和布置工作；每季度定期向镇纪委反映监事会工作情况。在监督渠道上，监事会代表村民监督村干部对村级重大事项做出的决策是否“合适”；监事会成员监督村干部对群众反映的热点、难点问题的处理是否“合情”；监事会秉承“实事求是、细账明算”的宗旨来监督、检查村两委财务预算、决算、管理、收支是否“合理”；监事会通过法律、法规、制度等正规渠道来监督村两委成员处理村务的方式、途径是否“合法”。①

虽然武义县的村务监督委员会与蕉岭县的“村务监事会”名称和成员组成不同，但是其目的和作用是一样的，都是通过设立独立的村务监督机构，对村两委的权力、工作进行监督，保障村级事务决策、管理的公平、公正。各地相继出现的民主监督的实践形式有其社会现实的原因，首先，近些年来农村的治理危机是村务监督兴起的原动力。自村民自治实行以来，由于固有的传统和民众参与意识的薄弱，民主监督相对滞后，村干部的监督问题一直困扰着各级政府和群众。随着农村经济社会的发展，特别是工业化、城市化的不断推进，一些村庄的集体资产迅速增加，村庄可支配的资源前所未有，因此给部分村干部以权谋私提供了机会。因村务不公开、管理不民主、监督不落实等原因，村干部违法乱纪现象严重，引起群众的强烈不满，因此要求民主监督的口号和呼声日渐增强。从一定意义上讲，正是由于缺乏有效的监督，造成了农村治理危机。反过来，也是由于农村治理的危机，引发和推动了村民民主监督机制的创新。② 其次，农民的自发行为是村务监督制度创新的直接动力。农民群众出于对自身利益和村集体经济利益的考虑，才用上访、抵制村干部的工作等方法，表达自己的意愿，以农村治理危机和农村冲突的形式引起政府的反省，推动村级民主监督的制度创新。部分群众自我设计、自我构建的新办法、新机制有可能成为制度创新的基础。后陈村村支书胡文法回村后就是进行组织重建，恢复和健全了村民代表会议议事制度、党员民主生活会制度等，为以后村务监督委员会的设立提供了有益的启示。最后，政府的主动推动是村务监督创新的重要动力。在现行的农村治理体制下，政府是主

---

① 单媛：《民主监督与村民自治制度的完善——以广东省蕉岭村务监督制度的实践为例》，《阅江学刊》2010年第4期。

② 卢福营、江铃雅：《村民民主监督制度创新的动力与成效——基于后陈村村务监督委员会制度的调查与分析》，《浙江社会科学》2010年第2期。

要的治理制度供给主体。因此，农村基层民主的制度创新，时常有赖于地方政府的有力推动。基层政府也希望通过制度创新来缓和、化解农村基层社会的矛盾，实现政治稳定，获取治理绩效。

2010年修订的《村委会组织法》专门利用一章对民主管理和民主监督作了规定，这是在吸收我国法制建设的创新成果，科学总结了村民自治实践的成功经验和有益做法，进一步强化了民主管理和民主监督的要求。第五章第二十三条规定："村应当建立村务监督委员会或者其他形式的村务监督机构，负责村民民主理财，监督村务公开制度的落实，其成员由村民会议或者村民代表会议在村民中选举产生，其中应有具备财会、管理知识的人员。村民委员会成员及其近亲属不得担任村务监督机构成员。村务监督机构成员向村民会议和村民代表会议负责，可以列席村民委员会会议。"村务监督机构作为一个常设机构的设立，完善了村级组织体系。在原有的村级组织体系中，村党支部是村级各项事业和工作的政治领导机构，村民大会和村民代表会议是村务管理的决策机构，村民委员会是执行村庄重大决策和进行民主管理的机构，缺少了一个村务监督机构。新修订的《村委会组织法》将村务监督机构用法律的形式确立下来，并明确规定了其职能。由村民代表会议选举产生，对村民大会和村民代表会议负责的村级监督机构与村民委员会并列，其主要的职能是监督村务管理制度的实施和村务管理的运作。全国各地按照新修订的《村委会组织法》设立的村务监督机构，有力地监督了村庄事务的管理，民主监督机构的设立和相关监督制度的实施，保障村庄治理的公平、公正，四个民主的不断丰富和完善使村民自治进入一个新时代。

第三节　村民自治创新化解村庄矛盾

自1987年《村民委员会组织法》（试行）颁布以来，农村基层的群众自治蓬勃发展，农村全面实施了村民自治制度，通过选举建立了村民委员会，进行民主选举、民主决策、民主管理和民主监督。据民政部统计，2009年全国共有村委会59.9万个，2010~2011年，开展村民自治较早的辽宁省、山东省完成第十届村民委员会换届选举，村民自治开展较晚的广东省也完成了第五届村民委员会换届选举。在中央的推动下，全国各地普遍建立了村务公开和民主管理制度。各地广大群众充分发挥主人翁精神，对村民自治的内容进行深化，相继出现了村委会选举的"海选"模式，以及"两票制"选举等，目前"海选"成为村委会选举普遍使用的选举方式。此外还有对民主决策进行创新的"两会制"决策、"青县模式”；制定村民自治章程和村规民约促进村庄治理的有据和有序；发端于浙江武义县的村务监事会，通过对村级事务的监督保障村庄治理的公平与公正。

进入21世纪，农村社会的诸方面与改革初期相比发生了很大的变化，农村发展面临的外部环境也发生了很大变化。农村税费改革、农业税的废除，国家对农村实施“多予少取”政策，各种惠农政策逐步实施，以及新农村建设的推进，为农村发展带来了前所未有的机遇，也给乡村治理带来了新的问题与挑战。随着农村税费改革和取消农业税的全面推行，农民与村级组织的联系有所减弱，尤其国家的各项惠农政策直接针对农户或农民个体，以至于使得农民认为“现在国家直接把钱打到个人卡上，跟村里没有关系了”。这种认知说明农民对不涉及自身物质利益的集体事务不感兴趣了。然而乡村的一些具体公益事业和公共服务很多情况下需要农民自身来完成，在这种认识下，一般的村庄治理，如村庄道路、村庄卫生、村容村貌等与村民的关注点有所偏离，由此导致村庄公共事务治理难。

一、民主议事：村庄公共事务的处置机制

面对农村基层治理出现的新问题，各地在丰富和深化村民自治的实践中，不仅是对民主选举、民主决策、民主管理、民主监督某一方面的创新，更是着眼于解决农村社会面临的现实问题，通过发展基层民主、促进村民自治来化解农村基层治理中不断涌现的新矛盾与新问题，促进村庄的和谐与发展。具体而言，其着眼点在于：不再是针对某一些方面进行制度、机构或方法的创新，而是从村民自治的整体来考虑如何通过民主方式、自治机制来解决村庄治理中出现的问题；不再使用激烈地、一劳永逸的工作方式，而是立足于建设性，从民主巩固与民主治理的角度，探寻村民自治的保障条件和维护机制，促进村民自治的持久推进与永续发展。

鉴于村民自治很长一段时间以来一直停留于村民选举这一选举式民主层次，民主选举后村庄常规性治理的实现机制问题受到忽视，尤其是村民如何有效、有序参与公共事务和村庄治理是一项未尽难题，因此，民主议事就凸显为村民自治创新与发展的关键点。

在民主议事方面，近年来各地创新了许多有价值的新做法、新机制，也初步积累了一些具有推广性的新经验，为村民自治发展提供了新机遇。其中，河南省邓州市的“四议两公开”工作法具有较强的典型性。河南省邓州市自2005年开始推广“四议两公开”工作法，是农村基层民主的创造性实践，是农村基层民主的一大创举。“四议两公开”工作法加强了党在农村的基层组织建设，发挥了党

在社会主义建设事业中的领导核心作用；创新了村民自治的工作方法，实现了村民自治和严格依法办事的有机统一。“四议两公开”工作法探索建立了村级组织治理新制度，形成了规范运作的村民自治新机制，有效地解决了当前农村面临的一些新问题，化解了村庄矛盾，促进了乡村和谐和发展。

改革开放30多年来我国农村基层民主取得了长足的发展，以“民主选举、民主决策、民主管理、民主监督”为主要内容的村民自治制度已经建立，但是如何把民主制度在实践中运行起来，是一个非常具体的问题。“四议两公开”工作法创造了基层民主制度的新的运行机制：对村级重大事务实行党支部提议、“两委”会商议、党员大会审议、村民大会或村民代表会议形成决议，决议内容公开，实施结果公开。在实践过程中，共包括五个具体步骤。

步骤一：“党支部提议”。村党支部提出议案要符合和坚持“三个原则”。首先在准确把握上级党组织要求的前提下，确保提议符合党在农村的路线方针政策。其次要充分考虑本村的经济基础和实际情况，确保提议具有针对性和可操作性。最后提议要从群众最关心最需要事情入手，通过各种形式听取和采纳民意，形成的提议确保要合民意、顺民心。“党支部提议”使村党组织不仅是村庄公共事务决策的提出者，更是决策制定的推动者，村党组织由以前的主要凭借政治优势开展工作转变成靠综合能力开展工作，不仅保证了村党组织处理农村工作的领导核心，也解决了村党组织如何领导村级治理的难题。

步骤二：“两委”商议。“四议两公开”工作法中的村“两委”商议，就是由“两委”成员对党支部提出的议案进行讨论、修改、表决。村委会也对议案就行研究，并和村党支部讨论，在村“两委”充分讨论形成一致意见后才能进入下一步程序。这样，村“两委”班子对议案讨论，交流意见，对不同意见充分讨论，有利于化解双方的矛盾，保证提议的决策和执行的一致性。

步骤三：党员大会审议。此举体现了党员在党内的主体地位，扩大了广大党员群众参政议政的渠道，是以农村基层党内民主发展带动农村基层民主的发展。村党支部提前3天前把审议事项和实施方案送交全体党员，让党员带着议题充分了解村民意愿。党员将村民的意见反馈回村党支部。村党支部对村民的意见要认真研究，能采纳的采纳，不能采纳的要说明原因，并且根据党员提出的意见对决议进行修改和完善，最后要经过2/3以上与会党员的同意并签字后形成审议意见，才能进入下一步程序。党员大会审议，充分体现了党员的主体地位，使农村党员在村级重大事项的决策中真正具有了表达权，切实发挥了农村党员在村级治理中的作用。

步骤四：村民大会或者村民代表大会形成决议。村民大会是村级最高权力机构，是最能集中和表达村民意愿的。村民代表大会是由村民选举村民代表召开的会议，在村民大会不能召开时的日常工作中代行村民大会的职权。在“四议两公开”工作法中，村民大会和村民代表大会是最后一个决定性程序，群众最关心、最直接、最现实的问题，必须要群众自己来决定和处理，充分发挥了农民群众的主人翁地位。提议讨论的事项必须经村民代表或到会村民半数以上同意方可形成决议。

步骤五：决议内容公开、实施结果公开。经村民大会或村民代表会议决议通过的事项，经过公示把决议的内容告知全体村民。获得村民的认可后，在村党组织的领导下，村委会负责具体实施决议内容，实施的结果也要及时公开告知村民。在实施过程中要接受村级监督机构和村民的监督。只有把决议内容和决议的实施结果公开，才能让群众的知情权、参与权、表达权、监督权真正落到实处，也能对决议事项及其实施结果进行监督。群众不仅对决议的内容进行监督，还能根据决议的内容对决议实施过程进行监督，最后对决议的实施结果进行监督。防止一些涉及村庄的重大事务议而不决，决而不行，行而不果。防止村干部工作虎头蛇尾、不对群众负责。

“四议两公开”工作法的推广，不仅加强了党在农村的核心领导地位，而且创新了农村基层治理的新的工作机制和方法，开拓了广大群众参与村级治理的新渠道，也有力地化解了村庄矛盾，促进了党群关系、干群关系及群众之间关系的和谐。自 2006 年以来，全市农村信访量下降了 95%，其中集体上访、越级上访量下降了 95%，村干部和党员违纪违法案件总量下降了 95%，农村党群干群关系密切程度达到改革开放以来最好水平。① 特别是最近 2 年，邓州市共投资 3.91 亿元（其中群众自筹 1.6 亿元），修筑乡村公路 2 300 公里，使全市 579 个行政村全部实现了村村通柏油路或水泥路的目标。群众自愿捐资和投劳 3 亿元，61% 的自然村开展了村庄整治、修路架桥、整治坑塘、修建游园等活动。沼气和太阳能热水器的推广使用，使农村面貌焕然一新，农民生产生活条件得到明显的改善，新农村建设取得阶段性重大成果。

第一，“四议两公开”工作法的实行和推广，加强了党组织的领导核心地位，增强了村级党组织的创造力、凝聚力、战斗力，为村级决策的科学化和民主化提供了保障。农村的基层党组织是党在农村工作的基础，是村级组织和村庄各项事业的领导核心。村级党组织领导核心作用的发挥，关系农村改革、发展与稳定，关系党和国家在农村政策和方针的执行。村党支部对村庄重大公共事务的决策提出建议，有利于保证农村党组织的领导核心地位，也贯彻了党和国家在农村的方

① 刘朝瑞：《积极探索党组织领导下的村民自治新机制——河南省邓州市推行“4+2”工作法的调查与思考》，《中州学刊》2009 年第 6 期。

针政策，也能为重大事务的决策提供方向性指导。2005 年，邓州市 578 个村中“后进村”有 37 个，占总数的 6.4%，“两委”班子存在严重分歧的村有 87 个，占总数的 15%。“后进村”组织涣散，村级机构无法运转，处于“瘫痪”状态。村庄公务事务无人治理，治安混乱。“两委”班子存在严重分歧的村庄，村“两委”主要领导明争暗斗，党支部提议的事，村委会反对，村委会提议的事，村党支部通不过，工作难以开展。经过在全市推广“四议两公开”工作法，全市有 46 个“瘫、散、软”的村党支部走到了前列，全市 79% 的村党支部书记和 65% 的农村党员干部成为“双强”（自己带头致富能力强、带领群众致富能力强）带头人。

第二，创新了农村基层治理的新机制，把基层党组织的领导机制和村民自治机制紧密地结合起来，有效地化解了村“两委”之间的矛盾。村“两委”之间的矛盾，从根本上讲就是党组织的领导权与村民自治权力之间的矛盾。村党支部提出的决策建议要经过村“两委”商议，然后才能经党员大会审议和村民大会决议，利用这个工作机制，可以很好地把村“两委”纳入到村庄事务治理中来，对同一项决策建议，村“两委”意见不统一，就不能进入下一步程序，村“两委”必须就决策事项进行充分地讨论，交换意见，最后形成一致意见才能继续进行。

第三，“四议两公开”工作法扩大了党员、群众参与村级事务治理的渠道，充分调动了党员、群众的积极性、主动性。共产党员要发挥先锋模范作用，村党支部把审议事项和决策的实施方案提前送交全体党员，让党员带着议题了解村情民意，做到有的放矢。“党员大会审议”还充分发挥了党员的示范带动作用，审议通过后，党员要充分发挥联系群众、宣传群众、动员群众的作用，把审议的议题告知全体村民，为召开村民大会和村民代表大会对决策提议进行决议做准备。这样不仅激发了党员的工作积极性和创造性，也增强的党员自豪感和责任感。同时，把决议的内容提交村民大会或者村民代表大会决议，不仅能把村民吸纳入村级事务决策中来，还能在决议过程中，充分地让村民表达自己的意愿，搭建了一个村民意愿自由表达的公共平台。通过村民大会或者村民代表大会决议的议案，不仅赞成度高，本身决议的过程就是一个宣传和达成共识的过程，一旦决议形成，广大群众对决议的来龙去脉、决策内容和意义也会比较清楚，在后面的实施过程中也会比较主动和配合。通过这一机制把广大村民也纳入村级治理，充分发挥了村民群众自治主体的地位，也为决策事项顺利实施提供了条件。

第四，“四议两公开”工作法用严格的程序来保证民主决策和民主监督，保证了决策和执行的民主化、科学化，加快了经济社会发展，促进了农村群众利益的实现。“四议两公开”工作法决策内容都是与农民群众切实利益相关的事项，注重从群众的意愿出发，从群众最关心的问题着手。把决策、管理和监督有机地结合起来，建立了规范的程序和严格的步骤，环环相扣、步步推进，把涉及群众切身利益的大事交给群众自己决定、自己实施。程序的规范、步骤的严谨，也保证了决策的科学和正确，使决策内容更能适合本村经济社会发展的需要，避免了好大喜功和保守畏缩，促进了村庄经济社会的发展，最大程度地实现和维护了群众的利益。

第五，“四议两公开”工作法拓宽了利益表达渠道，形成了有效的权力监督机制，实现了农村党群、干群和群众之间关系的和谐。通过“四议”程序，不仅村党员干部参与村级事务的治理，广大群众也参与决策过程，充分表达自己的意愿和利益诉求。“两公开”是对决议的实施内容和实施结果进行公开，接受群众的监督。由于广大群众参加了决策的决议过程，对决策内容很熟悉，在实施过程中就可以进行监督，实行的内容是否和决议的内容一致，村民一清二楚。如果实施情况和决议内容不一致，村民就可以提出意见，要求决策执行者改进执行情况，按照决议的要求执行。“四议两公开”工作法决策过程要求决策过程必须让群众参与，重大事务都要“进程序”，倒逼着干部学理论、学政策、学技能、学方法，体察民情、了解民意，改变过去那种行政命令式的工作方法，从过去包揽一切转向引导党员群众共同参与决策管理，增强决策的民主性、科学性，避免决策失误。[①]“四议两公开”工作法还改变了干部的工作作风。随着社会主义市场经济的发展和农村基层民主政治建设加快，特别是农村税费改革和取消农业税，农村基层工作面临着很大的改变，干部职能从传统的“催粮要款”转向服务农民、发展经济，工作方式从行政命令方式转向市场经济方式，管理模式从传统的包揽一切转向有序引导农民共同参与村级事务管理。村干部重新贯彻群众路线，把广大村民纳入村级事务治理，充分发挥村民的自治主体地位，工作作风的改变，改善和密切了党群、干群关系。由于有了公正有序地处理村庄事务的机制和体制，群众之间的矛盾也乐于通过村党支部和村委会来解决，村“两委”公正合理地解决好群众的矛盾后，群众也愿意接受村“两委”的决定，利用民主的方法通过制度化的组织和程序来解决民众之间的矛盾，而不是通过暴力、极端的手段，由此化解了群众之间的矛盾，维护了村庄的稳定，促进了村庄的和谐与发展。

当然，“四议两公开”工作法在实践过程中也存在问题，主要程序过于繁杂，有些决议事项由于各种原因，决策的时间过长，增加了决策的成本，有时候由于社会条件的改变，造成决策内容的不合时宜。“四议两公开”工作法的五步程序是前后衔接、环环相扣的，缺了任何一步程序都影响整个工作方法的有效性。因此，针对“四议两公开”工作法在具体实际运行中要结合本村实际情况，既要严格按照步骤和程序开展工作，又要结合本村的实际，做到理论和实际相结合。

---

① 赵士红、杨伟民：《“四议两公开”工作法架起党群干群连心桥》，《学习论坛》2010 年第 1 期。

"四议两公开"工作法，创新了农村基层治理的体制和机制，把村党支部和村委会很好地协调起来，既发挥了村党组织的领导核心作用，又充分发挥了村委会作为村级事务治理主体的作用；把广大党员群众引入村级事务的决策，拓宽了村民群众的利益表达渠道，制度化了监督程序和方式，对权力实施了有效地监督；改变了村干部的工作方式和工作方法，化解了干群之间的矛盾，促进了村级治理的公平、公正，保证了村庄的和谐、稳定与发展。在实践中，要继续完善和丰富"四议两公开"工作法的实现形式，进一步促进基层民主的发展和村庄治理。

二、民主恳谈：村庄公共意见的传递渠道

发端于浙江温岭的"民主恳谈"是对基层治理机制和方式的另外一种创新。位于浙江东部沿海的温岭市处于市场经济发达的宁波、温州之间，是我国农村股份制的发祥地，处于市场经济的先发地区，民营经济较为发达，农村经济发展迅速。随着市场经济的发展和基层民主政治建设的推进，广大群众素质日益提高，对大到国家政治生活小到涉及自身利益的村务政务越来越关心，越来越要求参与村级事务管理的需求。温岭市领导和相关部门认识到要满足群众参与村级事务管理的需求，化解村级事务管理中的矛盾，解决因为经济发展给村民之间的带来的利益纠纷，必须要扩大基层民主，通过民主的渠道、运用民主的方式解决基层出现的热点和难点问题。因此温岭在实践中创造了"民主恳谈"这一农村基层民主政治建设的新载体，积极探索农村基层民主政治建设的新形式、新方法。

1999 年 6 月，浙江省在全省开展了农业农村现代化教育活动，浙江省的农业农村现代化教育已经连续搞了 12 年，虽然不同时期的内容不同，但是教育的方式基本上大同小异，开始是召开动员大会，进行宣传发动，最后给群众上课，这种教育方式没有吸引力，群众已经深受其烦，教育的效果也越来越不尽如人意。台州市、温岭市两级市委选举松门镇作为农业农村现代化教育试点，转变的主要是教育内容，由以前的"干部对群众"的说教变成"干部与群众的对话"，对一些村庄发展的热点、难点问题，村干部和群众共同协商解决。以前的上课教育方式也相应地改变为"农业农村现代化教育论坛"的形式，镇政府提前五天在每一个村和镇里的主要街道张贴告示，告知群众召开论坛的时间、地点和论坛的主题，请群众自愿参加讨论。论坛召开时，乡镇党委政府的主要领导及相关站所负责人也要参加，群众对一些问题提出意见，相关领导要负责解答。第一次松门镇"农业农村现代化教育论坛"引起了群众的极大反响，100 多名群众自发前来参加会议与镇领导进行面对面交流。群众与镇领导对大到镇里的投资环境、乡村规划，小到邻里纠纷、宅基地审批等问题进行提问和解答，能当时解决的问题当场

解决，不能当时解决的问题则承诺具体解决的时间和措施。松门镇在1999年一共举办了4期“农业农村现代化教育论坛”，参加的群众总数达600多人次，提出的具体问题多达110个，当场解释和解决84件，承诺交办26件，被群众称为松门镇的“焦点访谈”。①

1999年底，温岭市推广了松门镇的做法，各地相继出现了很多形式多样的民主沟通、民主对话活动，如沐川镇的“便民服务台”、石塘镇的“民情直通车”，还有“村官承诺制”、“民情恳谈”等，虽然名称不一样，但是本质上和松门镇的“农业农村现代化教育论坛”是一样的，即进行干群对话，解决群众的实际问题。温岭市于2000年8月在松门镇召开了现场会，将此前各地开展的名称不同的干群对话活动统一更名为“民主恳谈”，作为全市推进民主政治建设新载体的统一名称，全面在各镇、村、企业和政府部门推广，并将“民主恳谈”的内容深化为健全和完善民主决策、民主管理和民主监督的基本功能，使“民主恳谈”成为探索新形势下农村基层民主政治建设的好形式。②

在温岭市党政部门的组织下，温岭市的民主恳谈活动进一步深化，不仅从内容上而且从制度上逐渐丰富和完善，形成了制度化的运行机制。我国传统的基层民主是以民主选举为标志。温岭的民主恳谈作为一种原创性的民主载体，在很大程度上扩大了基层民主的范围，将基层民主的实践活动扩展到民主决策、民主管理、民主监督上来。在相关学术研究中，代表性的观点有：①民主恳谈是民主决策的新尝试、民主管理的新平台、民主监督的新形式，是基层民主政治建设的重大举措。③ ②民主恳谈是在既有框架下的改进与创新，为民主政治的发展寻找和确定了新的生长空间。④ ③民主恳谈将注意力转移到政府过程，为中国基层民主政治的发展提供了一种新的切入途径。⑤

第一，集中民主恳谈的主题。在开展民主恳谈的过程中，发现一次民主恳谈活动不能解决所有的问题，有些群众提出的问题比较分散，关联性不大，导致民主恳谈的主题比较分散，不能集中精力和时间解决提出的问题，影响了民主恳谈的实际效果和效率，因此必须把每次民主恳谈的主题集中，讨论具体问题，解决

---

① 王金生：《在深化“民主恳谈”推进基层民主政治建设座谈会上的讲话》（未刊稿），第5页，2002年8月27日。

② 谢庆魁：《基层民主政治建设的拓展——论温岭市的“民主恳谈”》，《浙江社会科学》2001年第1期。

③ 谢庆魁：《基层民主政治建设的拓展——论温岭市的民主恳谈》，载慕毅飞、陈奕敏主编：《民主恳谈——温岭人的创造》，中央编译出版社2005年版，第23～27页。

④ 张小劲：《民主建设发展的重要尝试温岭“民主恳谈会”所引发的思考》，载慕毅飞、陈奕敏主编：《民主恳谈——温岭人的创造》，中央编译出版社2005年版，第38～43页。

⑤ 景跃进：《行政民主：意义与局限——温岭“民主恳谈会”的启示》，载慕毅飞、陈奕敏主编：《民主恳谈——温岭人的创造》，中央编译出版社2005年版，第47页、第48页。

某项事情，切实提高民主恳谈的成效。议题具体化、组织规范化、信息公开化是民主恳谈深化的重要内容和成效。以前是群众临时在提问时提出问题，政府不知道群众会提问这些问题，不能做针对性的回答，很多问题不能有效和及时地解决。后来镇里在每次民主恳谈前，先进行调查，了解群众需要解决的问题，然后进行研究拟订解决的方案，在恳谈过程中和群众沟通，尽量做到当场解决问题，做到民主恳谈的有的放矢。最初的民主恳谈会张贴的告示主要是公布恳谈会的时间、地点和主题，会议开始后再由镇政府有关人员介绍恳谈的情况，由群众讨论。现在则是在前期调研的基础上，针对群众关心的热点问题拟订初步解决方案并予以公布，让群众在民主恳谈前进行充分讨论。这样参加恳谈会的群众能提前准备，恳谈过程中胸有成竹、心有所思，使民主恳谈会能有更高的质量。

第二，民主恳谈突破了我国基层选举式民主的困境，开启了乡村民主的参与之路。温岭民主恳谈是一种参与式民主。参与式民主是西方民主发展的一个新趋向，强调在代议制民主的基础上引进更多的直接民主因素，扩大公民在公共事务中的参与，一部分公共政策的制定由公民直接参与制定。[①] 从实现来讲，民主参与是民主选举、民主决策、民主管理和民主监督的前提，只有参与进来，才能进行四个民主的实践。民主恳谈从主体来讲，不仅有党委和政府及其职能部门，还有村民自治组织、行业协会和村民。形式上有乡镇党委政府的民主听证会、村民主议事会、企业行业协会的工资协商、乡镇人大的参与式预算等。参与路径有政治参与、社会参与和经济参与。政治参与是民众被动员依法管理国家事务与社会事务、管理经济和文化事业，对公共政策制定的听证参与、对重大政策的制定参与、对公共预算的审议协商参与都是政治参与。社会参与是村民按照村规民约等对不涉及公共权力尤其是国家行政权力的村庄公共事务管理的参与。经济参与主要表现在行业工资恳谈机制。

第三，民主恳谈拓展了民主的内容和形式，形成了党内民主和人民民主的互促机制。精英民主理论认为中国在民主化道路上应该走先精英后大众、先共产党内后共产党外、先中央后地方及基层的体制内渐进式的发展路径。而温岭的民主恳谈则是突破了这一理论，党内民主受人民民主的启发而创新，将民主恳谈机制引入党内重大决策，推进了党务公开并且拓宽了党员的民主参与渠道，通过发挥党代表作用，让党员参与事关全局的重大决策，落实了党员的知情权、参与权、选择权和监督权。人民民主带动了党内民主的发展，党内民主恳谈是对人民民主

① 卢剑峰：《参与式民主的地方实践及战略意义——浙江温岭“民主恳谈”十年回顾》，《政治与法律》2009 年第 11 期。

恳谈的有益补充，二者有序运行相互促进。温岭民主恳谈是在党委领导下推广的，确立了必须遵循的原则。2004 年 9 月出台的《中共温岭市委关于“民主恳谈”若干规定（试行）》规定民主恳谈必须遵循四个原则，其中第一项原则就是坚持党的领导，即民主恳谈的议题和召开时间由党委决定，可以充分发挥党在农村的领导核心作用，保证党和国家的方针政策在农村的落实。温岭市尝试将民主恳谈引入党内的议事决策制度和党代会的建设。在党代会召开期间，对一些重大事项和党员代表提出的议案，在党代会召开之前进行民主恳谈，广泛听取党员代表和党员的意见。

第四，温岭的民主恳谈深化和推动了人大制度的完善。民主恳谈从开始就注重与基层人大的决策机制相结合，使民主恳谈进入体制内的轨道，充分发挥已有机制的作用。民主恳谈要进行民主决策等一系列民主程序是没有法律依据的，是由党委、政府推动的一种扩大群众参与、吸纳群众意见的方式。在深化民主恳谈过程中，温岭市力求将民主恳谈模式与人民代表大会制度相结合，将在镇级民主恳谈会中争议突出的问题提交镇人民代表大会决议，是对健全和改善人大机制、发挥人大职能，创新基层治理方式的有益尝试。温岭乡镇人大制度的完善，在一定程度上弥补了我国乡镇人大议事规则与预算审查程序的空白，使法律意义上的乡镇人大预算审查监督职权真正落到实处。在具体工作中，首先增加了乡镇人大的会次和会期，让人大代表的监督和审议有相应的时间保证。其次落实乡镇人大的重大事项决定权和监督权。政府部门要细化财政预算草案，确保项目具体明确，确保代表能看懂。最后设立了镇人大财经小组，确保人大在闭会期间代表履行职责。民主恳谈激活了人大制度的监督权，推动了人大制度的完善和具体工作的开展。在深层意义上，民主恳谈在发展过程中自觉结合了人大制度，呈现合法性发展的趋势。民主恳谈与地方人大工作相结合，将制度外的制度创新与现行制度相结合，不仅将民主恳谈纳入体制内，也有效地激活了基层人大的功能，促进基层人大更好地履行宪法和法律赋予的职权。镇级政府在进行重大决策时，召开民主恳谈会，征求代表意见，并及时将民主恳谈结果提交镇人代会审议批准，自觉将民主恳谈纳入制度轨道，让人大依法行使重大事项决定权。将预算审查这一法律程序与公众参与结合，用公众参与“倒逼”人大代表发挥作用，从制度上保证公众对人大代表的监督。

第五，民主恳谈实现了乡镇政府的行政管理与村民自治的有效衔接和良性互动。温岭的民主恳谈包括乡镇一级的民主听证和村级的民主恳谈，并且把民主决策、民主管理和民主监督都纳入民主恳谈的范围。通过民主恳谈的形式和内容，实现了乡镇政府的行政管理和村庄自治的有机结合。这种“群众出题目，政府做文章”的“民主恳谈”，主要目的在于沟通民意，了解民意、强化政府的服务功能。[①] 初期的民主恳谈定位于有镇党委政府、村级组织支持，广大群众和有关人员参加，领导和群众之间相互沟通的活动。镇政府确定民主恳谈召开的日期和主题，并根据主题确定参加的政府特定人员，并张贴告示告知群众，欢迎群众自愿参加。恳谈会上，一般先是由召集人通报有关问题的初步解决方案，然后听取群众的意见，由政府人员和群众共同协商，能当时解决的问题当场解决，不能当时解决问题则承诺时间办理，民主恳谈会后要反馈落实的情况。随着民主恳谈的推广，民主恳谈进一步深化，探索在民主选举后，如何健全和完善镇、村两级的民主决策、民主管理、民主监督，并使之经常化、制度化、规范化。民主恳谈的形式，进一步深化为镇一级的听证会和村一级的议事会，逐步建立了镇民主听证会制度和村民主议事会制度。村民主议事制度主要是围绕村级财务公开、村民普遍关心的重大工程等有关全村重要的公共事务和公益事业做出决定和决策时，必须要召开民主议事会，提交村民讨论，经村民讨论修改后，经村民表决才能最终形成村民满意的最终决策。村级民主议事的主要内容是：村党支部、村委会工作实施方案，村财务年度、半年度收支安排，村人事任免（非选举产生），村规则调整，重要建设项目方案，村民强烈要求的重要事项，涉及群众利益的公共事业建设。[②] 镇民主听证主要围绕转变干部工作作风，解决经济和社会发展中群众普遍关心的热点、难点问题，确保重点工程、重大政策实施的公开、公正。镇民主听证的内容是：党委政府重要的工作方案，村镇规划调整，重要工程，群众强烈要求村党支部、政府解决的事项，以及涉及群众利益的重要事项。一言以蔽之，民主恳谈是农村基层民主的探索性发展，不仅是农村民主治理的创新，更重要的是在乡镇一级进行了民主实践的探索，将乡镇与村庄结合起来，更多的是针对政务的民主决策、民主管理、民主监督实现形式和机制的创新，带有鲜明的自身特征。

三、民主理财：村庄民主管理的财政基础

一定行为的开展需要一定的物质基础，包括工具及满足行为主体的基本需求等。财政，一定意义上讲，财是政治的基础和前提，只有具备一定的财、物，才能开展政治活动。我国历史上的历次改革，无不是因为国家财政匮乏，不能支持

① 王金生：《在深化“民主恳谈”推进基层民主政治建设座谈会上的讲话》（未刊稿），2002 年 8 月 27 日。

② 中共温峤镇委员会、温峤镇人民政府：《基层民主政治建设探索与创新——温峤镇深化“民主恳谈”活动资料汇编》，第 44 ~ 45 页，2002 年 8 月。

正常的统治和管理，而且改革的内容也无不涉及财政的内容，并且把财政的充足和有效管理作为改革的重要内容和衡量改革是否成功的重要标准。

农村家庭联产承包责任制实行后，尤其是随着农村经济的迅速发展和村庄集体财力的增强，农村村级组织掌握的经济资源越来越大，因此村级财务管理问题也越来越引起关注。虽然在村民自治制度实施后，对民主理财也作了规定和要求，但是各地农村普遍重视了村委会选举，把选举民主作为主要的关注方向，其他三个民主并没有同步跟上。民主理财也在很大程度上流于形式，有些村级组织在村务和财务公开方面假公开，甚至不公开。村级财务是一笔糊涂账，不仅影响村庄的发展，也严重损害了村民的合法利益。有些村干部中饱私囊，侵吞集体财产，严重侵害了村民和集体利益。

村级财务混乱有多种原因，民主理财制度落实不到位是其中关键的一条。很多农村设立了“村务公开栏”、“民主理财小组”、“村民监督委员会”等，但是由于传统农村的熟人社会，很多村务监督员是义务劳动，很多有能力的人不愿担任理财小组成员，既费力又不讨好，很多制度和程序流于形式，成为应付上级检查的摆设。另外，因为村干部在民主理财中的强势和有利地位，加上对财务管理的监督需要一定的专业知识，一般村民即使对做过手脚的账簿也看不出问题，因此民主理财和财务公开中的“半公开”、“假公开”极为普遍。在财务公开中只是公开收支账目的大项，一些支出不入账，把吃喝送礼或贪污浪费等列入其他账目中蒙混过关。民主理财流于形式，一定程度上也与乡村治理体制和乡村干部的压制有关。影响干群关系的最主要问题就是财务问题，很多村民认为村干部贪污、吃喝、送礼，而这些都与乡镇干部有直接的关系。“多年来，基层干部用手中的权力互相勾结形成网络，大肆吃喝赌贪，过着神仙般的生活”①，因此乡镇干部大多不愿支持群众清查村级财务的要求。湖北省潜江市第四届村委会自1999年9月28日换届选举以来，截至2002年5月1日，全市329位选举产生的村委会主任被乡镇组织及个人违规宣布撤换（含免职、停职、降职、精减、改任他职等）的达187人，占总数的57%。选举产生的村委会副主任、委员被撤换的达432人。接替这些村委会干部职务的，都不是经过村民依法选举产生的，而全部是由镇党委、政府、党总支、村支书等组织或个人指定任命。② 而这些村干部的被撤换就是因为响应村民要求进行村级账务的清查而直接引起的。“村财乡管”的做法也在一定程度上阻碍了村民民主理财的途径。

民主理财的困难面临着上述客观存在的问题，在主观上很多村民也认为，21

① 李凡：《中国基层民主发展报告2000～2001》，东方出版社2002年版，第449页。

② 黄广明、何红卫：《三年撤了187名民选村官》，《南方周末》2002年9月12日。

世纪以来尤其是取消农业税、税费改革后，很多农村变为集体经济的空壳村，民主理财变得不重要了。“这么多年了民主理财都实现地不好，现在集体经济没有财了，干脆不用管了。”这种认识不仅存在一些普通群众中，一些乡村干部也有这些想法。这种认识不仅是片面的，而且是十分有害的。首先，农业税的废除和税费改革，尤其是取消农村“三提五统”的收取，农村集体财产的账面收入变少了。但是并不意味着农村集体经济无财。一些乡政干部和村干部明知道村中有“财”却说村中无“财”，一是为了蒙骗一些群众，使群众不知村家底，不理村财、不管村事。二是有可能相互勾结在一起，利用无财可理的幌子，大肆侵吞集体财产。因此，这种认识必须消除，这种认识不仅会影响村民合法权益的落实，也会导致一些经济总量小的村庄财务更加混乱、社会更加不稳定。农村经济改革只是生产经营方式的变化，生产资料仍然归集体所有。尤其是最近土地的价值随着经济发展和城市化、现代化进程的加快愈发凸显出来。农村的土地补偿及分配、农村机动地和“四荒”地的发包等都是由村组织来完成，这些都是涉及村庄财务的重要事项。其次，在家庭联产分户经营的条件下，一些生产经营问题是单一的家庭所无法解决的，只能靠集体共同解决。尤其是 2010 年全国面临的水利困境，更加需要集体的力量来建设村庄甚至跨村的公共工程。一些村级事务的治理需要一些经济支出，也是需要村组织的统一的收取、分配和使用，尤其是村内“一事一议”筹资筹劳、新型农村合作医疗等。再次，村级组织一直承担着政府“代理人”的角色，承担完成政府任务的功能，尤其是计划生育政策的落实、救灾救济款物的发放、宅基地使用等。近些年的国家惠农政策，包括种粮直接补贴、退耕还林还草物兑现等由政府控制的资源实际上交与村组织掌握。基层干部有可能利用所代理的公共权力获取个人利益。同时，基层组织要运作，必须要从农村提取资源，而这也主要是靠村干部来完成的。近些年，广大农村实行国家惠农补贴直接打入个人账户的方式，受到群众的欢迎。这一方面说明群众对村级民主理财的不信任，也说明民主理财的重要性。最后，随着新农村建设的深入发展，国家对农村的投入逐渐加大，社会上的一些资金和物质也以项目的方式进行新农村建设，所有这些最后都是落脚到村级组织，因此村庄民主理财不是不重要了，相反在民主选举取得重大进展，四个民主协同发展的环境下，民主理财成为村庄治理的重要环节和内容。

国家一贯高度重视村务公开和民主管理工作，并且把财务公开和民主理财作为村务公开工作的重点。1998 年修订的《中华人民共和国村民委员会组织法》第二十二条明确规定：“村民委员会实行村务公开制度。”“涉及财务的事项至少每 6 个月公布一次，接受村民的监督。”2004 年 5 月 28 日，中央政治局召开专题会议研究健全村务公开和民主管理制度。随着改革的深化、农村经济的发展，广大群众不仅要求经济上富裕、生活上幸福，更希望政治上有更多的知情权和参与权。国家每年都有成百上千亿的资金投入农村建设，大量的惠农补贴要发放到农民手中，如何把这些资金管理好、用好，使中央的政策不折不扣地落实到农民身上，必须要把涉及群众利益的事项纳入村务公开和民主管理的工作中，通过切实加强村务公开和民主理财，保护好、维护好、发展好农民的合法权益。2004 年，中共中央办公厅、国务院办公厅《关于健全和完善村务公开和民主管理制度的意见》提出："进一步健全村务公开制度，保障农民的知情权；进一步完善民主决策机制，保障农民群众的决策权；进一步完善民主管理制度，保障农民群众的参与权；进一步强化村务管理的监督制约机制，保障农民群众的监督权。"要保障农民群众的政治权利，就要大力发展农村基层民主，深化和提升村民自治；保障农民群众的经济权益，必须要大力发展农村经济，壮大农村经济总量，还要充分发挥民主理财，使农民群众公平、公正地享受到农村经济发展带来的实惠。

虽然农村民主理财的状态千差万别，实际效果也大相径庭，但是基本上都建立了民主理财的组织和工作制度。从我国目前的农村村务公开和民主理财的组织建设来看，大致有这几种形式：一是由村民会议或村民代表会议选举产生的民主理财小组；二是行政村的各村民小组长兼任民主理财小组成员，这种情况占有一定的比例，但也是民主理财工作发挥最不力的一种组织形式；三是由村委会指定人员组成的民主理财小组；四是由村干部兼职组成的民主理财小组，这种组成方式所占比例虽然不多，但是在我国农村仍然存在。民主理财小组的工作程序也主要有这几种形式：第一种是民主理财小组按照规定程序、定期召开例会，集中理财；第二种就是不开例会、不集中理财，只是将收支票据交付理财小组审核；第三种情况是民主理财由村干部代办，审核、盖章等由村会计一人办理。正是由于民主理财的组织建设和制度建设落后于农村现实的发展，才导致了村级财务混乱、村干部贪污、浪费，村民怨声载道的状况。

农村基层民主是一种实践中、运转中的民主形式，民主只有建立一套成熟的程序、机制和过程之上，才能真正与民主主体实现有机联系。作为与农村群众密切相关的民主理财活动，应该更加关注其实际运行过程。在具体实践中，各地村民和乡村干部充分发挥主观能动性，创新了一些民主理财的好方式和好制度。农村经济社会的发展，对民主理财提出了新的要求，这些经过实践的民主理财的方式和方法，可以为更好地实施民主理财提供很好的借鉴。早在 1989 年 5 月 14 日，河北藁城县委、县政府在贯彻《村组法》的过程中，联合发布了《关于在全县农村实行"八公开、一参与、一监督"的决定》，要求在全县农村全面实行

"八公开、一参与、一监督"制度①。其创新点主要体现在三个层面：一是确定了村务公开的内容范围，以农民群众最关心的与自身利益最相关的经济、财务内容为主，确定了八项必须要公开的事项，简称"八公开"，具体内容是："1. 计划生育照顾、处罚公开；2. 宅基地发放公开；3. 集体财务管理公开；4. 生产资料发放公开；5. 新上集体企业项目公开；6. 村办企业招工公开；7. 签订经济承包合同公开；8. 干部的目标责任公开。"二是强调村务处理过程和程序的规范性，要求村民对公开的事项进行监督，把村民参与和监督结合起来，既要保证村务公开的透明度和规范化，又要提高村务公开制度的深度和质量。如"村办企业招工公开"规定："招聘企业工人，必须发布招工简章，公布招工的对象、条件、范围、数量、程序等。录用过程要严格实行统一公开、公正考试、集体讨论议决、择优录用的方法，并及时将招聘结果公开，使广大群众在招聘过程的各个环节都能进行监督。"三是健全各项制度保证村务公开和民主理财的有效性。这些制度包括建立村民代表大会制度，把村民代表大会作为常设机构，保证村民经常参与村务管理。凡涉及全村重大事项的决策，必须经过村民议事会讨论后才能决定，建立群众举报制度、举报保障制度等保障监督的事中和事后的落实制度。1997 年上半年，河北省委、政府在推广总结藁城经验的基础上，制定了《关于深化村务公开加强民主管理的意见》（冀字［1997］29 号），提出坚持村务公开"五规范、一满意"的工作标准（"五规范、一满意"是指公开的内容、公开的程序、公开的时间、公开的阵地和公开的管理要规范以及公开的结果要达到群众满意），把村务公开纳入经常化、制度化和规范化的轨道，并要求"以县为单位，制定实施村务公开的方案及监督检查办法，做到公开的内容、程序、时间、阵地、管理、组织检查等的统一"②。以上这些针对民主理财的具体措施和制度，非常具体和具有可操作性，在全国领风气之先，对以后村务公开和民主管理制度的发展起了重要的示范作用。2000 年 12 月 22 日，山东省第九届人民代表大会常务委员会第 18 次会议通过的《山东省实施〈中华人民共和国村民委员会组织法〉办法》第四章标题为"财务公开和民主理财"。其中第二十六、二十七、二十八条规定："村民委员会应当实行民主理财制度。村民会议可以推选三至五名村民组成村民理财小组。村民理财小组对村民委员会的收支账目进行审查监督并对村民会议负责。""村民委员会成员及其配偶和直系血亲不得担任村民理财小组成员。""村民委员会的一切财务开支，由村民理财小组审查后，方能入账。""村民理财小组至少每月审查一次财务账目。""有十分之一以上村民提议，经村

① 徐勇：《中国农村村民自治》，华中师范大学出版社 1997 年版，第 187 页。

② 王道坤：《村民民主理财制度在实践中创新——国家与社会的共同行动》，《四川文理学院学报（社会科学）》2006 年第 6 期。

民会议到会人员半数通过，可以对村民委员会财务收支情况进行审计。”“村民委员会成员利用职务便利侵占公共财物，构成犯罪的，依法追究刑事责任。”对村民理财组织的任务、组成和工作程序等做了详细的规定。

四、“三级联动、组为基础”：政府管理与村民自治的有效衔接和良性互动

中国农村村民自治是在人民公社的基础上大力推行的，全国大部分地区是以生产大队为基础建立行政村，行政村成立村民委员会。1983 年发布的《中共中央、国务院关于实行政社分开建立乡政府的通知》决定在原人民公社基础上建立乡（镇）政府，在乡（镇）政府以下设立村民委员会，并规定村民委员会为基层群众自治组织。因此，全国各地在建立村民委员会时基本上是以生产大队作为村民委员会成立的基础，并在原生产队基础上设立村民小组。由此形成了乡（镇）、村民委员会、村民小组这一新的三级建制组织。① 根据徐勇教授对村民自治发源地的调查，村民自治最早实际产生于广西宜州的果作和果地两个自然屯②。《中华人民共和国村民委员会组织法（试行）》第七条规定：“村民委员会根据村民居住情况、人口多少，按照便于群众自治的原则设立。村民委员会一般设在自然村；几个自然村可以设立村民委员会；大的自然村可以设立几个村民委员会。”因此，无论是村民自治的起源还是最初的村民自治在全国的推广和实践，都是将自然村作为村民自治的基础。但是中国的村民委员会组织具有独特性，既是村民群众自我管理、自我教育和自我服务的基层群众自治组织，同时也要承担完成一部分的国家任务，因此村民委员会具有自治性和准行政性的双重特性。而且在改革开放后的相当长的时期内，村民委员会的准行政性的特征尤为突出。这一特征有着深刻的历史根源，“一是中国分散的传统农村社会历史悠久，而农民在现代法治体系下进行自我组织和自我管理能力还较薄弱。大规模的村民自治实际上是在党和政府主导下进行的。二是长期以来对农业、农村和农民的‘汲取体制’没有根本变化，村民委员会作为群众自治组织还必须完成各级政府下派的行政任务。”③

---

① 徐勇、周青年：《“组为基础、三级联动”：村民自治运行的长效机制——广东省云浮市探索的背景与价值》，《河北学刊》2011 年第 5 期。

② 徐勇：《伟大的创造从这里起步——探索中国最早的村委会的诞生地》，《乡村治理与中国政治》，中国社会科学出版社 2003 年版，第 3 ~ 13 页。

③ 徐勇、周青年：《“组为基础、三级联动”：村民自治运行的长效机制——广东省云浮市探索的背景与价值》，《河北学刊》2011 年第 5 期。

人民公社体制是对传统的乡村治理体制的根本变革，不是按照自然形成的村落进行管理，而是按照军事化的方式用公社这一政经合一的组织对农村社会进行重组，目的是为新中国成立初期的集体化生产服务。人民公社分为三级，在公社设立党委，生产大队设立党支部，生产队设立党小组。在农村，进行农业生产是基本和根本的任务，生产队掌握农业的生产资料和生产要素，是最基本的组织和合算单位，由此农村社会形成了“两头实，中间虚”的格局①，也就是公社和生产队对农业生产和农村社会起主要作用，生产大队是一个中间机构，主要起上传下达的作用。农村社会的这一格局在农村改革以后发生了变化。20 世纪 80 年代，随着包干到户和家庭联产承包责任制的实行，人民公社的管理体制迅速松弛，农村社会出现了一定程度上的管理混乱、人心动荡的问题。国家利用“政党下乡”这一措施，利用党的组织资源，加强基层党组织的作用，把支部建在村庄，将人民公社解体后的乡村社会整合为一体。② 人民公社时期，党支部建在生产大队一级，生产小队是具体的生产核算单位，因此人民公社时期的生产大队和党支部实际作用不是很明显。但是人民公社解体后，在承包土地、管理集体资产和处理社会事务中，党支部发挥了重要的作用。在以生产大队为基础建立村民委员会后，村级组织的机构、人员和职能立即充实起来，相反由生产队变成的村小组不论是在处理村庄事务还是组织生产上都不再发挥人民公社时期的作用。基层政府还将一些政务下达给村委会，要求村委会协助乡、镇政府完成，这进一步充实和强化了村民委员会的功能，形成了“村实组虚”的格局。这种格局在把人民公社解体后分散的乡村社会整合到国家政权组织中来发挥了重要的作用，但是随着农村社会的变化和基层民主的发展，这种格局已经不利用农村群众参与村庄公共事务的管理，不利于村民自治的实行。

在 1987 年制定《村民委员会组织法》时，彭真就指出：“在基层实行群众自治，群众的事情由群众自己依法去办，由群众直接行使民主权利”③。《中华人民共和国村民委员会组织法（试行）》第七条规定：“村民委员会根据村民居住情况、人口多少，按照便于群众自治的原则设立。村民委员会一般设在自然村；几个自然村可以联合设立村民委员会；大的自然村可以设立几个村民委员会。”无论是村民自治的起源还是最初的村民自治的立法都将自然村作为村民自治的组织单元，后来将村民委员会建在生产大队，加上近些年的合村并镇，一些村庄的地域面积扩大，有些地区村民居住分散，不便于直接参与村务管理，因此出现了村民代表及村民代表会议制度，由这种间接民主的形式来管理

---

① 同前引文。

② 徐勇：《“政党下乡”：现代国家对乡土社会的整合》，《学术月刊》2007 年第 8 期。

③ 《彭真文选》，人民出版社 1991 年版，第 607 页。

村庄事务。但是21世纪以来，随着国家惠农政策的实施和农村社会的变化，村民自治的外部条件和客观环境发生了很大的变化，村民自治的制度日益完善，村民自治的机制逐步完备，村民依法自治的能力得到提升。村民自治和新农村建设的主体是农民，村民自治和新农村建设需要吸纳广大农民的参与。但现在“村实组虚”的格局不适合村民参与村庄公共事务的治理和新农村建设。有些村组内部的事情可能和别的组利益关系不大，只是需要本组人员协商一致然后通报村委会就可实施，但是由于村民小组没有这个权力，就需要在全村讨论，耽误了处理的效率。有关全村的事务，只是让一些村民代表参加，就有些村民不能发表建议就会有意见。这样也会影响和削弱村民参加村庄公共事务管理和新农村建设的主动性和自信心。广东省云浮市针对这一困境，在组一级建立村民理事会，把村民小组这一级组织也充实起来，对深化村民自治进行新农村建设进行了有益的探索。

云浮市位于广东省西部山区，自2008年以来该市通过主体功能划分发展的方法，探索出一条融工业化、城镇化和农业化一体的科学发展道路。云安县大力进行农村综合改革的“云安实践”，率先在自然村（组）一级建立理事会，把组织实体化。云安县以组织比较健全的村为基础建立村民理事会，同时在村设立“社区服务社”，乡、镇政府派有专人办理公共事务。以村级村民理事会为依托，由此向上和向下扩展，在乡、镇建立乡（镇）民理事会，在组建立组民理事会。形成一个三级的群众理事制度。并且每一级的理事会都有各自的职责划分，组内能解决的问题在组理事会解决，组内解决不了涉及全村的公共事务由村理事会解决；村内不能解决的问题再由乡、镇一级的理事会解决，形成了一个以组理事会为基础“三级联动”的体制。①

云安县的村民理事会是以自然村为基本单元，按照“民事民办、民事民治”的原则，在党委政府领导下，由群众自愿组建的群众性自治组织。② 组的村民理事会要由选举产生，村民理事会成员候选人先由村支委成员和辖区的党员、村民代表以及外出的乡贤等人联合提名，然后由户代表审查确定正式候选人，最后由有选举资格的村民以无记名的方式投票选举产生，每届任期三年，和村委会同步换届。理事会成员大多是由组内有威望的老党员、老教师、老干部以及村民代表、致富能手等人组成。村民理事会依据“坚持因事而立、村民选举产生、自愿

① 徐勇、周青年：《“组为基础、三级联动”：村民自治运行的长效机制——广东省云浮市探索的背景与价值》，《河北学刊》2011年第5期。

② 中共云南县委、云安县人民政府：《云安县在村民小组一级试点组建村民理事会（自治会）的改革实践》，2011年6月，载于中共云南县委、云安县人民政府主编：《云安实践：农村综合改革续集（一）》，第68页。

义务担任、遵守法律法规、民主管理事务”的要求开展工作，采用“三议、三公开”六个步骤公开、民主地议事，即理事会提议、理事走访商议、户代表开会决议，议案决议公开、实施过程公开、办事结果公开。

村民理事会在遵守法律法规的前提下制定工作章程，具体制定了社会维稳、公共服务、环境整治、扶贫开发、民主管理关乎群众切身利益的五项职责，围绕这五项职能开展工作，深化村民自治，加强公共事务的管理。村民理事会对本组的情况比较熟悉，能把农村潜在的矛盾化解在萌芽状态，对已发生的矛盾冲突能及时地处理，防止矛盾的进一步激化和扩大。在提供公共服务、整治环境整设美好家园方面切实发挥作用。涉及村庄规划及实施、建设筹资、工程质量监管、公共服务设施的完善等，村民理事会都要事前公开，广泛征求意见，将资金的使用、工程进度、工作成效以及存在的问题予以公开，使群众及时地了解村庄事务，积极地参与决策与管理并进行有效监督。在环境整治方面充分发挥村民的主体作用，以农村环境整治作为新农村建设的突破点，把生态保护、村道维护和环境卫生治理结合起来。云安县洞表村民理事会在旧村改造过程中，坚持“尊重群众意愿，不搞大拆大建，不得劳民伤财”的原则，加强村庄环境整治，把原来“禽畜粪便满地、生产垃圾乱堆”的臭水塘改造成集休闲、娱乐、健身于一体的和谐广场。并以此为契机，对原来的危旧房就行改造，改造危房 1 间，拆除闲房 12 间，拆除猪舍 12 间；把 2 间旧房改造成农家书屋和农耕展馆，3 间旧屋改造成古民居参观点。村民理事会还把带领群众发家致富作为工作重点，组织村中的“土专家”、“种养能手”、“致富能人”等与困难家庭结对帮扶，在发挥“联帮带”作用中“送技术、送知识、送信心”。洞表村民理事会以建设“洞表和谐宜居示范村”、“崖楼山自然保护区慢性绿道”为载体，培育发展与生态功能相适应的农村循环经济产业，以增强贫困群众致富技能为重点，着力引导贫困群众依靠科技致富、外出务工增收，增强贫困户可持续发展能力。目前，23 户贫困户种植了 115 亩沙糖橘，5 户种植了 4 亩何首乌，12 户发展养殖业养殖母猪等 54 头；全村已转移贫困劳动力外出就业 32 人，月人均收入达到 850 元。此外，村民理事会还适应市场经济发展，把土地流转和农家乐餐厅、开心农场等项目建设的土地出租结合起来，发展旅游业，推销本地土特产品，进一步增加农民收入。洞表村的人均年收入达到 6 850 元，跃升全镇前列，由贫困村变成富庶村。①

为增强农村最基层组织的自治动力，激发农村最基层干部的履职热情，云安

① 以上具体数字来自中共云安县委、云安县人民政府：《云安县在村民小组一级试点组建村民理事会（自治会）的改革实践》，2011 年 6 月，载于中共云安县委、云安县人民政府主编：《云安实践：农村综合改革续集（一）》，第 70 页。

县建立自然村“分类评级、以奖代补”的激励机制，把全县1400个自然村分类定级，评选“自强村、自助村、基础村”三类村。同时把有关民生的资源有效整合起来，制定了四类20个“以奖代补”项目，要求村民理事会发动群众共同做好项目规划、项目申报、项目资金、项目建设、项目监督等工作，不仅激发了村民理事会的工作动力，也调动了群众参与村庄事务管理的积极性。2011年，云安县财政统筹安排200万元，作为第一批20个“以奖代补”项目资金，按照“多干多奖、多筹多奖”原则，对年度实施项目经考核验收后给予奖励。2011年全县评出自强村139个，占10%；自助村882个，基础村379个。全县自然村申报并上报“以奖代补”项目共364项。

云安县在村民小组一级组建村民理事会，有力地解决了农村最基层的社会建设难题，有着重要的实践意义。第一，把群众组织起来，有效地解决了社会主义新农村建设的“主体缺位”问题。社会主义新农村建设，外部资金和技术支持固然重要，但是最关键的还是要充分发扬村民群众的主人翁精神，发挥群众的主体作用。但是以往在自然村一级缺少一个群众自治载体，不能及时掌握群众的意愿也不能有效地把群众组织起来。即使群众想参与村庄事务管理也没有组织载体，导致在新农村建设中村民“各自为政”。自然村村民理事会的建立，成为农村最基层的群众自治组织，在社会主义新农村建设过程中发挥了牵线搭桥、凝聚合力的作用，让群众在村庄事务治理中充分享有发言权、建议权、决策权、监督权，最大限度地调动群众参与村务管理的积极性，引导村民齐心合力建设社会主义新农村，有效地解决了新农村建设主体缺位问题，实现了“农民讲话有人听、农村建设有人理、农民事务有人管、农民决策有落实”。

第二，让群众参与进来，有效地解决了新形势下农村和农民的“管理缺失”问题。实施村民自治以来，行政村一级的组织建设不断得到加强，机构和制度不断完善，但是村民小组的自治职能相对淡化，村委会对组内事务想管的管不了，组内事务需要村委会解决的解决不了。有些宗族传统保存比较好的地方，组内事务基本是由宗族理事会来管理，宗族理事会在管理公共事务时在公正、公平等方面有时不能让人信服，甚至有违法违规的情况出现。村民理事会严格按照在遵守法律法规的前提下制定的工作章程规范运作，直接将每位群众纳入到村庄公共事务中来，直接和群众打交道，让群众都参与到组内事务的管理。同时村民理事会还通过村党支部、村民委员会与乡、镇党委、政府有效对接，使得党委和政府的决策部署和各项惠农强农政策在农村最基层有了落脚点，通过组内村民落到实处。

第三，把公共服务引进来，有效地解决了自然村的“服务盲点”问题。从当前农村的现状来看，城乡公共服务均等化的重点在自然村，难点也在自然村。

一般情况下，行政村村委会所在的自然村的公共服务的提供会比别的自然村要多，更不要提及城乡之间的差别了。自然村的许多公共服务项目需要兴办，农民生产生活需要提供服务，在当前县级财政普遍紧张的情况下，公共服务很难延伸到自然村，农户更难享受到公共服务。除了财力紧张的原因外，另外一个重要的原因是自然村缺乏相应的组织，不能把公共服务引入自然村。村民理事会的建立，架起行政村“一社三站”与自然村公共服务对接的桥梁，担负起承接“一社三站”和公共服务的功能，按照城乡公共服务均等化的要求，为村民群众办理惠农事务。同时有能力的村民理事会自筹资金、自发组织为组内村民提供公共服务。

云安县在自然村一级建立村民理事会，形成一个以“组为基础、三级联动”的乡村治理体制，不仅实际上解决了新农村建设和农村公共事务治理难的问题，也是对创新农村基层社会管理、实现乡镇政府与村民自治的有效衔接和良性互动进行的积极探索。以自然村（组）为单位建立村民理事会，有其必然性和合理性。首先村民小组是建立在自然村的基础上，而自然村是历史形成，村民或依山或傍水自发聚集居住，在中国传统的熟人社会里，村民之间又大多数是有一定的血缘关系，因此能形成合力、达成共识。其次农村土地等集体资产大多是以村小组为单位进行划分，村民小组是涉及农民切身利益的最直接的单位，因此在村小组一级设立村民理事会能最大限度地激发村民参与公共事务管理的积极性，也更能激发村民管理公共事物的智慧和能力。

很长时间以来，村民自治组织存在着过度行政化与过度自治化的倾向。自治组织过度行政化不利于村民自治的开展，自治组织过度自治化不利于党和国家的政策、法律在农村的实行。这其中涉及一个对自治的理解，村民自治并不是说完全的由村民自己管理自己，不受国家的限制。村民自治要在党的领导下和遵守国家法律、法规的前提下由村民管理自身的事务，对于需要有关国家机关处理的政务需要配合有关机关完成。云安县实践对于探索实现乡镇政府乡政管理与村民自治的有效衔接和良性互动是一个有力的探索。云安县实践着力在两个方面进行了突破，一是进行了制度创新，在组一级建立村民理事会，让村民直接参与村庄公共事务的管理。二是进行了工作机制的创新，建立了镇、村、组三级理事会，在公共事务的治理机构上实现了上下对接，实现了三级联动机制，通过三级理事会，使乡镇政府的行政管理权和村民自治权达到衔接和互动。尽管云安实践开创的模式还有一些不尽完善的地方，但是要改革和完善乡村治理体制，推进农村经济、政治发展，要积极引导和充分依靠人民群众的集体智慧，在实践中进行积极的探索和总结。

第四节　完善村民自治促进村庄和谐

一、村民自治的制度建设

1980年，邓小平在《党和国家领导制度的改革》这篇重要讲话中，通过总结社会主义兴衰成败历史经验明确指出："制度问题更带有根本性、全局性、稳定性和长期性。这种制度问题，关系到党和国家是否改变颜色，必须引起全党的高度重视。"① 党的十五大报告据此进一步指出："发展社会主义民主，制度问题更带有根本性、全局性、稳定性和长期性。"这两段话，极其鲜明地、深刻地阐明了制度建设在社会主义初级阶段民主政治建设中的重要地位。

（一）当前村民自治制度建设存在的主要问题

村民自治实践20多年来，我国大部分乡村基本完成了七到八届村民委员会换届选举工作。村委会在推进村级民主、促进农村两个文明建设中发挥了重要的作用。从总体上说，农村村民自治制度建设还不够完善、规范和健全，存在的问题还十分突出。

首先，职责规定不明确，从而导致村"两委"关系难以正确处理。《农村基层组织工作条例》和《村民委员会组织法》都规定，村党支部是"村各种组织和各项工作的领导核心"，但都没有对两者的工作性质和职责权限作出明确规定。《村民委员会组织法》又把村委会提到一个很重要的位置，明确它是群众性自治组织。在这种情况下，村委会和村党支部如何摆正各自的位置，既通力合作，又各司其职，就成为一个现实难点问题。正是由于以上原因，目前我国部分农村"两委"关系出现了一些不和谐，班子不团结，特别是村两委主要干部闹矛盾的现象。

其次，选举制度不健全，从而导致村干部选举工作难以正常开展。由于村民选举的有些规章制度不够健全、不够完善，因而导致有的农村干部选举工作很难正常开展，优秀干部选不出来。例如，《村民委员会组织法》是规范村民选举的根本依据。但它对村委会干部候选人的资格和条件规定方面存在不合理、不科学

① 《邓小平文选》（第2卷），人民出版社1994年版，第333页。

的地方。这样，一些家族和社会势力乘机钻空子，进入村委会，使选举达不到预期目的。据乡（镇）干部反映，目前农村干部选举主要受三种势力的影响和操纵，即家族宗教势力、社会黑恶势力和财团势力。以上三种势力的存在，严重阻碍了农村顺利选出政治强、素质高、作风正，能带领群众共同致富、奔小康的“领头人”。此外，由于选举制度不够健全，有的村民为了能够被选上村委会主任或村委会其他干部，采取“贿选”的方式，如发给红包实物、请吃饭、空头许诺等，以赢得群众的选票，从而当选为村委会主任或村委会其他干部。“贿选”现象损害了农村干部的形象，败坏了农村社会的风气，影响极其恶劣。对此，务必引起高度重视。

最后，村务公开制度不规范，群众对村干部的监督难以到位。我国农村村务公开、民主管理的相关制度虽已建立，但还处于初始阶段，一些乡村的村务公开内容、程序、形式等随意性很大，有的按干部的需要进行公开，把村务公开变成“村雾公开”，因而造成群众对村干部的监督难度很大。村务公开制度不规范主要表现在以下几方面：①部分村务公开程序不够规范、内容不够详细。有的村务公开内容没有经过事先审核，公开后也没有评议和监督，群众有意见无处提；有的村务公开内容简单化。如财务公开时只公开财务收支总数，缺乏细目，或者将大笔开支列入“其他支出”，缺乏透明度，群众看不懂，因而自然也就无法对村干部进行有效的监督。②部分村对村务公开认识模糊，把村务公开等同于财务公开，因而公开内容仅限于财务公开，而且村务公开的内容没有做到按要求及时公开。③部分村的公开栏设置不规范。有的村用纸张张贴公开，有的村用粉笔抄写公开，加上公开栏没有雨篷，遇到刮风下雨或人为破坏，公开内容就面目全非。此外，有的村对村务公开的有关规章制度没有通过村民代表大会讨论通过，也没有按要求把这些规章制度进行公开，村民根本不知道这些规章制度的存在，因而根本无法行使自己应有的监督权。

（二）加强村民自治的制度建设

作为一项系统工程、一个完整的制度体系，村民自治制度的内容主要是以村民直接选举为基础的民主选举制度，以民主决策为核心的民主决策制度，以民主管理为主要内容的民主管理制度和以民主监督为重要形式的民主监督制度。加强村民自治制度建设，必须使“四个民主”建设做到科学、规范、合理、配套。

首先，完善村级民主选举制度。依法依规细化村委会换届选举的各项规定，规范参选人员的竞选行为，规范民主选举的程序和标准，特别要注重公开任期目标，公开任职条件，公开自荐、举荐、推荐报名，公开演讲承诺，公开答辩等环节，实现真正意义上的规范化、透明化。积极探索无候选人直接选举制度，大力推行无候选人“海选”和“自荐海选”方式，由选民按照本村应选职位和职数直接投票选举产生村委会成员。改变“登记选民”的习惯性做法，从“登记选民”全面转向“选民登记”，让选民自己决定参选权。

其次，完善村级民主决策制度。进一步明确村民会议和村民代表会议的职权，严格公开村民会议和村民代表会议的议事规则和程序，不断健全村级民主决策体系。建立两委班子联席会议、重大事项民主决策等制度，推广“阳光村务八步法”，保证村级权力运行的公开透明，使村民能够充分表达自己的利益诉求和愿望，有利于村级事务决策的贯彻执行。

再次，完善村级民主管理制度。坚持村务公开、民主听证、民主恳谈等制度，探索村务公决制度和民主质询会制度，加强村民代表联系户制度建设，达到全面联系村民、了解村民、掌握民意。依法规范村级财务管理制度，规定村财务开支，健全村民理财小组，严格财务公开制度，加强对村财务执行情况的监督和检查。要坚持发展优先，加强“大村制”体制下的村务融合管理，在资产、土地、财务等方面的融合管理上下工夫，尽快解决并村、并心、并财的问题。

最后，完善村级民主监督制度。建立村级年度财务审计制度，切实解决部分地方出现的村级财务混乱等问题，规范和深化村级干部竞选承诺和办事承诺制，完善村干部述职评议制度，把述职述廉、日常监督、民主评议等一系列制度有机结合，实施村干部实绩公示制，重点工作督察通报制，探索群众意见挂牌督办制度，着力解决村干部监督难的问题。

二、村民自治的组织建设

《中华人民共和国宪法》规定，在乡、镇以下，农村按居民居住地区设立基层群众性自治组织——村民委员会。根据这一规定，1988 年 6 月 1 日开始实施的《中华人民共和国村民委员会组织法（试行）》又明确规定，村民委员会是村民自我管理、自我教育、自我服务的基层群众性组织，办理本村的公共事务和公益事业，调解民间纠纷，协调维护社会治安，向人民政府反映村民的意见、要求和建议。由此可见，农村基层组织是党的领导、执政和全部工作的基础，它担负着直接联系群众、组织群众、团结群众，把党的路线方针落实到基层的重要责任，在实现党对国家和社会生活的领导中起着十分重要的作用。

（一）当前村民自治组织建设存在的主要问题

改革开放以来，农村基层组织在农村经济和社会各项事业的发展中发挥了不可替代的重要作用。但在新的形势面前，农村基层组织原有的权威、功能出现了缺失；同时，面对新的任务和要求，农村基层组织在发挥新权威、新功能上又存在着许多问题。①

其一，农村基层组织原有权威、功能的缺失。改革开放以后，伴随着政治体制改革，农村基层组织出现了政、社分离，出现了农村基层党组织和村委会二元的体制结构。此后随着农村经济的进一步发展，又开始出现了农民自发的经济合作组织，它们在农村社会也发挥着越来越重要的作用。在建设市场经济的大环境下，要求农村基层组织的职能发生相应的转变，但是，农村基层组织的职能没能及时地转变，出现了缺失。从维护农村社会稳定的角度看，主要存在着以下思想问题。

一是农村基层组织的社会控制力不断弱化。自改革开放以来，农村基层组织在保持农村社会稳定、经济发展中的作用是毋庸置疑的，对此应当予以充分的肯定。在解决农村各种纠纷的时候，乡镇政府、村党支部、村委会、派出所在其中起着关键性的作用。但是，必须清醒地看到，农村基层组织对农村的社会控制力正在逐步减弱。一方面，农村实行统分结合的双层经营体制，宜统则统，宜分则分，但在改革实践中，我们更多地强调了“分”的一面，而忽视了“统”的一面，造成了农村基层组织对社会“统”的能力弱化；另一方面，农村基层组织体制改革后，农村基层党组织发挥政治领导的核心作用，乡镇政府和村委会负责经济工作，在一切以经济建设为中心的情况下，往往放松了政治思想教育等方面的工作。而基层党组织受经费、手段、条件等因素的困扰，在对整个社会的控制方面经常显得有心无力，很多党员群众游离于组织之外。

二是农村基层组织的经济领导力受到削弱。从经济生活上说，农民与农村基层组织的衔接之处越来越少。实行家庭联产承包责任制后，农民有了自己的经济支配权，他们的生活水平的高低、财富的多少，基本上是取决于他们自己。很多村党支部和村委会，找不到自己在经济发展中的位置和空间，没有了工作的抓手。一些基层组织对抓经济工作不会干、不敢干，往往是口号多，办法少；一些基层组织满足于得过且过，维持现状；一些农村基层组织以行政命令的方式干预群众的经济生活，引发了一些矛盾和纠纷。

三是农村基层组织的思想教育功能严重缺失。改革开放以后，在政治、经济、思想文化等领域出现多元化，其中，思想的多元化给农村社会带来的影响是非常深刻的。许多干部反映，改革开放以来“最大的失误是对农民的教育”，“思想信念在农村是真空（或荒漠）”。客观上讲，农民对基层组织的归属程度比以前大大降低了；同时一些农村基层组织教育农民的方法和内容太过空洞和僵

① 刘东：《加强农村基层组织建设，构建和谐新农村》，《宁夏党校学报》2007年第4期。

化，缺乏对农民的吸引力，加上农村人口的大量流动也增加了教育的难度，从而有意无意地造成了对农民教育的放松。

四是农村基层组织的威信下降，凝聚力、战斗力、影响力减弱。社会控制力、经济发展力和思想教育功能的缺失，导致了农村基层组织在群众中的威信下降，基层组织的凝聚力、战斗力、影响力大为减弱。这种趋势如果不加以扭转，任其发展下去，连农村基层组织存在的合法性都会遭到质疑。

其二，农村基层组织发挥新权威、新功能上面临的困惑。随着农村经济形势的发展变化，基层组织的有些职能正在淡化或消失，而一些新的职能则应运而生。从农村的实际来看，基层组织在发挥这些职能方面存在着很大的不足。

一是乡村基层组织为农村和农民提供公共服务的职能未能充分发挥。农村稳定的前提是要把经济搞上去，农村出现的大量矛盾和纠纷，说到底是经济利益问题。农村基层组织新功能的发挥离不开一定的经济基础。长期以来，农村经济发展较为缓慢。尤其是在中国西部的广大农村，受地理环境和自然条件的制约，经济发展能力有限，难以达到自给自足。沉重的债务负担严重地束缚了干部的手脚，影响了农村各项工作的正常开展。

二是新的治理环境下乡镇及村干部职能、角色转换显现困难。乡镇随着农业税全部免征，工作量大为减少，但农村、农民的很多事情，如社会治安、公共基础设施建设、技术服务、合作医疗、农民养老、乡村规划、环境保护等失去原本就不够的财政支持，更难以有人去管。现在上级组织对乡镇有着越来越高的要求，农民群众的期盼也更加强烈，但乡镇许多职能权限都上收为县以上条条管理，乡镇职能越加不够完整，成了“有限的权力、无限的责任”。乡镇干部处在两难的境地。

三是乡村基层组织化解社会矛盾、维护社会稳定面临困难。在广大农村已经建立了如社会治安防控、矛盾纠纷排查、综合治理、群防群治等制度和机制，但还存在着落实不够的问题。如人民调解员制度是具有中国特色的民主法制制度，但存在着经费保障不足、调解员素质低等问题；群防群治体系几乎是半瘫痪状态；矛盾纠纷排查不及时，一些民事纠纷变成了刑事案件；社会治安防控体系也还不是很健全。各地结合实际创造了很多行之有效的维护稳定的机制，但关键是落实不到位，存在着形式主义的问题。有些问题一拖再拖，拖了几届班子都得不到解决，往往是小矛盾拖成大矛盾，人民内部矛盾演变成尖锐的对抗，严重影响了农村的社会稳定。

（二）加强村民自治的组织建设

针对目前存在的许多问题，农村基层组织建设必须适应形势和任务的变化，转变职能，加强服务，保持社会稳定，为村民自治的稳步发展保驾护航。

首先，重点增强基层组织的社会服务功能，提高其社会管理和依法办事的能力。强化农村基层组织的社会服务功能，为农民群众提供优质高效的公共服务。农村基层党组织要充分发挥领导核心的作用，引导和支持村民委员会以及农村的其他经济组织，在符合党的政策和国家法律法规的前提下，大胆开展各项工作。进一步推进村民自治，规范村务公开，保证各项工作的开展都置于群众和社会的监督之下，更好地服务群众。同时，基层的各种组织要依法开展工作。村民委员会要依法办理各项公共事务和公益事业，健全和完善维护社会治安、调解民间纠纷等工作机制，努力形成广大农民自我管理、自我教育、自我服务的有效机制。

其次，加大对基层组织建设的支持力度和财政投入。农村基层组织赖以活动的经济基础非常薄弱，在很大程度上束缚了农村基层组织的手脚。公社解体以后，我国大部分农村的集体经济非常薄弱。税费改革及全面取消农业税，使乡村集体收入大幅度减少，乡村财力紧张问题变得更为突出。基层许多正常的工作难以开展。农村干部的工资报酬低，极大地影响了他们的积极性和这支队伍的稳定性。干部队伍不稳定，农村社会就难以和谐稳定。因此，必须加大对农村基层组织建设的财政投入。同时，要整合各种社会资源，确保农村必要的人力、财力、物力支持。

再次，加强基层干部队伍建设，把对干部的教育管理与对他们的关心爱护、解决实际困难结合起来。基层组织的基本工作职能要从“管理型”向“服务型”转变，农村基层干部也必须成为“复合型”、“市场型”、“民主型”的新型干部。要制定和落实定期轮训制度，加强对基层干部的政治业务培养，指导基层干部总结工作经验、理清工作思路、完善工作方法，提高他们的本领和水平。要强化制度约束，加强教育管理，在着重提高思想政治素质的同时，着力提高他们正确执行政策的能力，使党的路线方针政策在基层得到贯彻落实。提高依法办事的能力，学会运用法律手段处理基层社会事务、处理同群众的关系、处理各种利益矛盾，提高维护社会稳定的能力，努力把各种不稳定的因素解决在基层、解决在内部和萌芽状态。要完善干部考评激励制度，建立体现科学发展观要求的干部考核评价体系，加强干部的经常性考核，奖优罚劣，形成科学的激励和约束机制。同时，要帮助基层干部解决工作生活中的困难。要完善基层干部的待遇保障制度，对基层干部既要严格要求，又要真心爱护，切实帮助基层干部解决工作生活中的困难和问题，特别要关心帮助他们解决住房、就医、子女人学、家属就业等切身利益问题，千方百计解除他们的后顾之忧。

最后，完善公务员录用制度，鼓励年轻干部和大学生到基层建功立业。针对农村后备人才严重不足，农村后备人才难挽留、难培养的现状，要注意从基层选拔优秀干部充实各级党政机关。进一步推进干部人事制度改革，完善公务员录用制度。根据基层干部的实际情况，采取一些倾斜政策，引导鼓励基层干部安心工作。注意从基层选拔优秀干部充实各级党政机关，鼓励年轻干部和大学生到基层施展才干。大力宣传表彰那些淡泊名利、一心为民的先进典型，激励干部热爱基层、扎根基层，在基层干事创业、造福群众。

三、村民自治的文化建设

村民自治的深化和发展需要有制度建设和组织建设，但仅仅停留在制度和组织层面是远远不够的，一些国家的现代化证实了这样一个认识：如果没有成熟的民主政治文化的充分发育，政治现代化和社会现代化的进程就会受阻，既便能在民主政治文化不成熟的条件下勉强发动现代化建设，但会带来很多问题，如以消极的态度对待政治生活，以情绪化的方式参与政治，以极端敌视的态度对待竞争者，不懂得现代民主的妥协宽容理性的价值理念。所以，在本土传统政治文化厚实的农村进行村民自治，成熟的民主政治文化的建设显得尤其重要，我们无法跳跃和回避。

近年来党中央和国务院开始重视农村的“文化建设”问题。胡锦涛在党的十七大报告中明确指出：当今时代，文化越来越成为民族凝聚力和创造力的重要源泉、越来越成为综合国力竞争的重要因素，丰富精神文化生活越来越成为我国人民的热切愿望。要坚持社会主义先进文化前进方向，兴起社会主义文化建设新高潮，激发全民族文化创造活力，提高国家文化软实力，使人民基本文化权益得到更好保障，使社会文化生活更加丰富多彩，使人民精神风貌更加昂扬向上。为此，“文化建设”被放在一个至为重要的位置上。

（一）当前村民自治文化建设存在的主要问题

当前我国农村的文化建设存在很大问题，主要表现在农民受传统乡村文化影响依然巨大、国家对农村的文化投入严重不足、西方对农村文化价值渗透日趋严重。

首先，农民受传统乡村文化的影响依然巨大。具体表现在三个方面：①传统乡村文化中重“人治”而轻“法治”的思想使法治文化很难深入人心。在我国乡村社会，由于“皇权止于县政”，族长、长老加上士绅，构成了传统乡村治理的三大权威，形成了事实上的统治者。他们依据一些封建道德或成文或不成文的乡规民约作为自己的注解和判断是非的标准，调解着乡村内外矛盾，维持着乡村秩序。传统乡村社会留给我们的是封建专制、人治传统多，而民主、法治传统少。②传统乡村文化中农民对权力的敬畏与崇拜意识使农民主体意识淡薄。几千年“独尊儒术”的推行使儒家伦理深深地控制着农民的头脑，除了“王权”外，“族权”、“神权”、“夫权”也都是让农民敬畏的同时又让他们对之充满天然的崇拜。在这些层层笼罩着的权力面前，普通农民是渺小的、微不足道的，只是一个个“贱民”、“草民”，从而丧失了自我，主体意识淡薄。③传统乡村文化中宗族文化传统严重，公民意识淡薄。部分乡村在宗族力量的影响下，民主制度在实践中往往发生某种变形，未能起到应有的作用。聚族而居的地区，在宗法观念作用下，村民们未能或难以实现自身角色意识的转换。村民们的“族民”意识重于“公民”意识，在行为中注重的是自己与本宗族、家族的关系而对自身与国家的关系意识淡薄，村民自治中的选举往往成为家族间争夺领导权的竞争，从而使村民自治组织的运作笼罩着浓重的宗族色彩。

其次，文化建设投入严重不足，无法满足农民的文化需求。[①] 这突出表现在以下四个方面：①自然村落向现代文明的转化过程中，触及的深层心理要素处于悬搁状态，如家庭、祭祀、伦常、民间习俗等。②对传统文化缺乏深入理解，现代文化建设显得步履维艰。③村民自治工作者缺乏培育自治文化的耐心和勇气。④政府在文化建设方面的公益性投入大量集中在城镇，对农村的投入严重不足。

（二）加强村民自治的文化建设

亨廷顿认为，政治文化对民主的作用是巨大的，没有进步的政治文化作为先导性力量和精神动力，民主政治发展是不可能的。在每一次社会变革和政治革命的前夕，政治文化的变革总是先行一步，作为新的进步的政治文化担当着先锋角色，起到唤起民众觉悟的作用，成为政治系统革故鼎新的前提条件和直接推动力。农村文化建设对村民自治的推进和经济社会发展更是发挥着其独特的功能，农村的政治文化在一定程度上浸润着人们的政治认知，影响着村民的政治心理和政治行为，引导着农村民主政治的创新和农村社会经济的发展，是农村经济、政治、文化、社会和谐发展的内在精神动力。因此，党和国家应该充分重视村民自治的文化建设。

第一，培育公民文化。传统社会中，大大小小的村落是无所谓政治的，政治是高高在上的庙堂之事，农民被排除在政治之外，他们没有任何政治权力，在对权力的敬畏与崇拜中，他们成为被驱使、被奴役、被支配的“政治动物”，这形

① 袁德：《农民社区文化建设中存在的问题及对策》，《社会工作》2004年第1期。

成了他们的臣民心态。这种心态在当前由于农民整体的弱势地位而延续着。臣民文化的存在使农民容易把自己当作权力的客体，缺乏主体意识，认识不到自身存在的价值。在村民自治中，这种文化使农民在村庄事务中难以起到应有的参与作用，体现为被动地受村干部的支配而使村民自治成为事实上的“村干部自治”。这对村民自治的深入发展极为不利。因此必须要向现代的公民文化转变。现代公民文化第一讲究的是公民自主，即自主管理公共事务的公民意识；第二是身份平等，即政治社会地位平等和对人压迫人的否定；第三是具有法律意识，即国家法律至上和自觉遵守。公民文化将农民塑造成权利的主体，而不是被压迫、被支配的客体；是权力的主人，村庄中的一切权力都来自于农民的认同；是法治的村庄人而不是“人治”的村庄人。公民文化的塑造将使农民的主人翁意识更强，在村庄事务的管理中发挥出主动参与精神，使村务管理更加有效。在争取自身权利的过程中，更加强调国家法律，在法律的框架下解决问题，有利于维护社会的稳定。

第二，建构民主文化。中国几千年封建社会的专制主义形成了专制文化。专制文化在乡村社会中又形成了族长、长老以及与王权有关千丝万缕联系或王权代表的士绅等传统权威的统治。在这种“统治”格局中，传统权威在村庄中具有说一不二的力量，农民则养成了逆来顺受的性格。农民这种安分守己、不敢逾矩的性格，又进一步强化了乡村社会的专制传统。当村民自治这种“当家作主”的民主制度一下子摆到广大农民面前时，“由于许多农民是从传统家庭当家作主而不是从现代公共民主生活要求理解，致使这一制度在实践中经常被扭曲，失去其民主灵魂”。广大农民并没有能够真正懂得“民主选举、民主决策、民主管理、民主监督”对他们意味着什么、自己作为村民一分子手中的选票对他们意味着什么。这样，“民主”要么成为摆设，要么被滥用。因此要使农民掌握“多数决定、少数服从”的民主精髓与原则，村干部具有“谁授权对谁负责”的民主政治理念。就必须打破中国几千年封建社会的专制主义形成了专制文化，使农民具有现代法治意识、权力主体意识和个体本位意识。因而，在推进村民自治的过程中，必须大力加强乡村民主文化的建构。

第三，重建集体文化。进入 20 世纪后，由于历次政治运动的冲击，传统乡村社会那种以血缘关系为核心的家族文化逐渐被淡化，乡村社会日益失去了把村民凝聚起来的文化形式，“原子化”的村民以及理性化的交往，使农民集体感缺失，找不到村庄共同体的感觉。心理上的疏离使农民对他人难以信任，从而合作能力低，这又进一步降低了农民的抗风险能力，尤其是在当前“社会化小农”时期。这种状况，也影响了村民自治的效能，弱化了村庄内部的凝聚力和资源动员能力。因此，在个体化倾向日益凸显的当前，要重视集体文化的重建。当然，这并不意味着要重建家族文化，毕竟传统家族文化的复兴并不能有效解决集体文化缺失所带来的问题，反而有可能把村民自治引向歧途。当前，重建集体文化的有效形式可以是兴办各种农民文化组织、协会，举办各种各样群众喜闻乐见的集体活动形式，如乡村文娱表演、比赛等，让农民在集体组织与活动中感受到集体的存在，并在其中增加相互了解与信任，形成新的认同感与归属感，塑造新的“熟人社会”。在“熟人社会”里，“一方面，村民与村民之间彼此了解，谁的才干如何，品质如何，大家都了然于心；另一方面，因为大家彼此熟悉，而自然而然发生信用及规矩，没有谁会（或敢）越出这种信用和规矩，否则他会受到大家（熟人们）强有力的惩罚。”这样，对于村干部的选举及村干部行为的制约，对于信任基础上的合作都能起到良好效果。

四、村民自治的能力建设

“在现代化政治中，农村扮演着关键性的‘钟摆’角色。……如果农村支持该政治制度和政府，那么该制度自身就可免遭革命之虞，政府也有希望使自身免受叛乱之虞。……政治体制是否能幸免于难，其政府是否能保持稳定，那就要看它能否抵消革命吸引力，并使农民在政治上站到自己一边。”① 中国的农民数量非常庞大，农民的政治参与水平直接影响到整个社会的稳定和政治发展状况。农民是村民自治的主体，其参与能力和自治能力直接影响着村民自治制度在农村的实行。胡锦涛在党的十七大报告中指出，“人民依法直接行使民主权利，管理基层公共事务和公益事业，实行自我管理、自我服务、自我教育、自我监督，对干部实行民主监督，是人民当家作主最有效、最广泛的途径，必须作为发展社会主义民主政治的基础性工程重点推进”。

（一）当前村民自治能力建设存在的主要问题

村民自治符合农村居民当家做主的客观要求，也有效地推动了我国社会建设和政治文明的发展进程。然而，在村民自治的实践中，村民的自治能力和参与能力还相对欠缺，既影响了村民自治制度的整体绩效，也在很大程度上制约着我国基层民主的发展和社会主义新农村的建设。

首先，村民的合作能力低。贯穿几乎整个 20 世纪的革命运动特别是新中国成立以后“大跃进”、人民公社、“文化大革命”等历次政治运动对传统的村民

① ［美］塞缪尔·P. 亨廷顿著，王冠华、刘为等译：《变化社会中的政治秩序》，上海世纪出版集团 2008 年版，第 241 页。

合作关系的侵蚀以及市场经济本身对农村社会的渗透和村民传统合作意识的破坏，使村民之间传统的合作关系逐步解体，新的“契约型”合作关系没有建立起来，导致在现阶段的农村，村民合作能力几乎处于有史以来的最低点，集体经济瓦解后重归“原子化”的村民其人数众多的优势被组织程度的松散所抵消，基于地缘或宗族的狭小却紧密的合作网络虽有所恢复，但毕竟大势已去，风光不再，村民表现出的集体现代行动的力量趋于微弱。

其次，村民的参与能力差。目前，我国农村村民文化水平普遍偏低，文盲半文盲还有一定比例。而村民的文化程度决定了其政治参与的程度和水平。若村民的文化素质不高，他们就较难接受现代民主和村民自治教育，对选举的理解则更多的是停留在朴素的宗族和乡土观念上，与村民自治所要求的现代民主和参与意识差距很大。尽管改革开放后村民的教育问题受到了重视，但是农村的教育发展仍然面临着诸多困难，如农村的文化教育设施落后、农民的文化生活贫乏、成人教育和义务教育都不同程度上存在一定问题等。甚至有些农村的小孩初中还没有毕业就辍学外出打工了。这些都导致了村民文化素质的低下，影响了其对政治参与的认识水平和能力。

最后，村民的自治能力不足。村民对村庄选举的兴趣和参与度都不高，在选举过程中普遍地对候选人是谁和把票投给谁并不关心，而容易接受一些竞选者的“行贿”，引发谁给的“出场费”高谁就能当选的乱象。不少村民公民意识淡漠，既缺乏主人翁的权利意识，又缺乏公共利益即是个人利益的责任意识，还缺少公共管理的规则意识，在村庄治理过程中表现出较大的随意性。

（二）加强村民自治的能力建设

加强村民自治的能力建设是深化村民自治的重要内容，是发展社会基层民主的有效途径。因此，必须不断加强村民自治的能力建设。

首先，发展农村社会组织，提高农民的合作能力。独立的社会组织在民主体制中非常必要，这种组织不仅是民主化的直接结果，也是民主过程本身运作所必需的，现代政治发展的一个趋势与新特点即是公民参与政治的有组织化。离散态的农民是不可能有足够的力量与组织化的机构在政治舞台上博弈的，必须通过提高农民的组织化程度来提高他们的政治参与能力。通过组织化建设，可以把村民凝聚为强大的利益综合体，以组织综合体的形式去实践政治参与，增强在基层政治生活中与政府及其他机构对话的实力，也使得政治参与理性化、规范化。政府要积极主动地引导、鼓励农民组建农村社会组织，一方面，为农村社会组织发展提供宽松的制度环境，减少审批、登记与管理环节，尊重农民的自由意志与创新精神，对于有价值的适应性强的组织形式有选择性地进行示范推广；另一方面，要依托农村社会组织，促成乡村社区的自主治理，构建乡村社区的保障和服务体系，基层政府在农村治理领域有选择性地退出，还权于村，将工作重点转移到农村社会组织建设的引导和服务上去。

其次，创新民主选举形式，提高农民的参与能力。在选举形式的创新方面，安徽省社科院的辛秋水推动的“组合竞选制”是一个有益的探索。“组合竞选制”的形式是“组合”，核心在于“竞选”。其设计的主要程序是：首先由各村民小组有选举权的村民直接推荐村委会主任候选人和委员候选人，从推荐的主任候选人中取票数最高的前两名为主任候选人。两名主任候选人产生后，由他们在各村民小组推荐的委员候选人中分别挑选自己的竞选伙伴，组合成各自的竞选班子。村主任候选人在提名组合班子时，班子的组合人数要比最后当选的村委会班子名额人数多 1 名，以便第二轮委员选举时进行差额选举。在第二轮差额选举时，落选的主任候选人组合的班子不再进行选举。“组合竞选制”是完善社会主义民主制度的有效措施之一。它适合变化中的中国农村现状，体现了现代民主的精神。正如辛秋水教授指出的，“组合竞选制”既是中国特色的草根民主形式，又与现代民主政治接轨。它与中国农村社区特点相结合，又衔接了《村委会组织法》的相关规定。[①] 组合竞选一方面可以锻炼和培养农民民主的习惯；另一方面组合竞选的竞争性也能够激发人们参政议政的愿望，这种愿望使其在自觉不自觉之中提高自己管理自己事务的能力。

最后，开展公民教育，提高农民的自治能力。从提高村民自治能力的角度出发，所进行的公民教育应当包括公民意识教育和公民能力教育。通过公民意识教育使村民充分认识其在村庄公共管理中的主体地位和主人翁精神，产生对村庄公共事务强烈的责任心，使其逐步理解和尊重村民自治制度的原则并且在此原则下行事。公民能力教育，可以提高村民参与农村各项自治活动的能力、伦理道德指引行为的能力，以及理性思考、实践创新、遵守制度的能力。

五、村民自治的难点问题治理

（一）村民自治运行过程中的难点问题

村民自治普遍存在“附属行政化”的倾向。所谓“附属行政化”是指村民自治在一定程度上名存实亡，乡（镇）政府仍把村委会当作自己直接的下属组织，沿用传统的领导方法进行管理或控制村委会的人事权，对经村民民主选举的

① 辛秋水：《村委会“组合竞选制”：依据、优点与实践》，《福建论坛》2002 年第 6 期。

干部随意调动、任免；或对属于村委会自治范围内的生产、经营等村务活动横加干涉，随意发号施令。① 出现了乡（镇）政府与村委会事实上的“领导与被领导关系”。②

首先，“贿选”、“家族控选”现象严重。我国农村很多地区的经济条件还不是很发达，村民的民主意识很容易被贫困的经济状况所左右，这使“贿选”有了滋生的土壤。“贿选”往往伴随着家族势力，在家族观念浓厚、宗族势力庞大的村庄中，仅靠“贿选”开道而没有宗族势力支撑的候选人，是很难顺利当选的，而一旦通过“贿选”手段达到当选目的，宗族既得利益和长远利益就有了保障。家族观念的盛行，宗族势力的存在，是“贿选”现象存在的重要前提。

其次，村民民主自治的积极性、主动性不高。没有人民的参与，就谈不上真正的民主。由于受自身文化素质和观念的局限，农民民主自治的积极性、主动性不高，参与公共事物、政治事务的空间还很狭小，参与的次数、频率仍然有限，并且参与主要是以维护其经济权益为目的，政治性参与只不过是一种手段，并没有把政治参与当作一种目标、一种价值、一种文化自觉去追求。

最后，村民自治流于形式。村民自治是最基层的群众自治，表现为民主选举、民主决策、民主管理、民主监督。在这四个环节中，民主监督是最弱的一环。一部分村干部没有弄清权力的真正来源，只对上级领导负责，不愿接受村民的监督，村委会成员少数人独断专行，控制了村里大小事务的决策权、管理权和执行权，妨碍了村民的自治权。许多村庄的民主监督机构只是一种应付上级检查的摆设，监督制度不能落到实处，甚至被歪曲利用，民主监督缺失暴露无遗。

（二）村民自治的难点问题治理

首先，培育村民自治主体。“制度的功能发挥不仅仅是以国家强制力为后盾规定什么事情可以干，什么事情不可以干，更重要的是制度公正和制度正义作为一种民主精神，作为一种文化，蕴含在制度的运用之中。”③ 村民自治制度是以其关键因素——农民的积极、高效地参与为“启动器”的。农民是村民自治的重要主体，是村民自治实现基础，没有农民的参与是不可想象的。政治参与必须有待于农民的民主意识的增强，因此培育农民的民主意识和法治意识是村民自治乃

---

① 彭向刚：《我国村民自治存在的问题与对策探讨》，《吉林大学社会科学学报》2001 年第 1 期。

② 潘嘉玮、周贤日：《村民自治与行政权的冲突》，中国人民大学出版社 2004 年版，第 6 页。

③ 吴素雄、陈洪江：《从精英治理到民主治理——村民自治制度演进分析》，《江苏社会科学》2004 年第 1 期。

至整个中国民主政治建设的重要方面和基础性环节。实践中，我们应按村民自治的标准要求，对农民进行必要民主法制的教育，不断培养其自治主体意识，增加其自治主体的知识，强化其自治主体的能力。政府要致力于培养广大农民的自主意识、平等意识、法治观念，从而动员、组织他们积极参与政治，敢于竞争和竞选，敢于议政参政。努力消除政治冷淡和各种非制度化参与现象，培育他们的制度化意识和程序化意识，不断增强农民政治参与的兴趣，增强他们对政治参与的信任度并引导他们进行理性参与。因此有意识地培养农民的民主意识和法治意识对完善村民自治至为关键。

其次，健全村民自治法律制度。发展民主必须同健全法制相结合，没有法制的民主，只会导致无政府主义。村民自治是一种大规模的、广泛的群众参与活动，更需要不断完善法律法规。我国目前规范村民自治的法律只有一部《村委会组织法》，全国人大常委会授权各省、自治区、直辖市的人民代表大会常务委员会可以根据该法，结合本行政区域的实际情况，制定实施办法。在建设有中国特色的社会主义法律体系中，村民自治法律体系居于重要位置。在该体系中，处于上位法地位的法律的重要性自不待言，但其数量和质量决定着作为下位法的地方性法规的数量和质量。由于《村委会组织法》内容较少，规定太粗导致各地相应的实施办法差别太大，甚至在某些重要内容上规定不一，规定太粗。对村民自治环节中较重要的民主选举、村务管理、程序救济等制度应制定专门的法律指导各地实践，并修改《村委会组织法》以适应现实需要。

最后，建立村民自治权的法治运行模式。应确认并保障村民自治权的法律必须得到普遍的遵守才能实际发生效用。第一，村民自治立法应发扬民主，广泛听取广大村民的意见和建议，应注重实际调查，努力做到法律和习惯的契合，应培育制度创新的土壤，杜绝制度变异情形的发生。第二，我国特殊的经济政治背景决定着人们的思维习惯和行为模式，并决定了我国的民主进程应采取自上而下的渐进方式。尽管我国村民自治发端于农民的自主选择，但在全国范围内的模式构建及作用发挥仍需依赖国家行政机关及权力的退让。因此，其作为一个社会系统工程，虽不能漠视植根于乡土的民主改革动力，但只有在理性的制度范围内，改革才能获得效率的最优化。第三，当村民自治权受到侵害时应能够及时地得到司法上的救助。司法公正为权利法治运行所必需，其包括实体公正和程序公正。比较而言，程序公正重于实体公正。村民自治过程中的程序公正突出体现在救济村民自治权的诉讼机制上，该机制应包括违宪审查机制、行政诉讼机制、刑事诉讼机制和民事诉讼机制。

第五节　丰富村民自治推动乡村发展

一、税费改革后的村民自治

农村税费改革后，农村经济社会形势发生深刻变化，村民自治的财政基础、组织功能、体制环境均发生了根本性变化，在实践中也面临着一些新情况、新问题与新挑战，突出表现在村组规模扩大化、乡村社会“离农化”、“空心化”以及乡村治理机制的进一步行政化等现象。为此，村民自治必须适应农村税费改革的新形势，进行治理体制改革，以推动乡村社会向前发展。

首先，大力发展农村社会生产力，壮大农村集体经济，为村民自治提供坚实的物质基础。实践证明，只有雄厚的集体经济力量才能为村民自治的正常运作提供重要的物质支撑，而集体经济越发达，就越需要通过村民自治扩大村民群众的政治参与，保证集体经济规范运作，使利益得到合理分配，为群众提供良好的社会服务。由此可见，村集体经济是制约村民自治运作和发展的物质基础。所以，要搞好村民自治，就要大力发展农村集体经济，从根本上解决村委会服务功能弱化问题，增强村委会的服务功能和村民自治的吸引力、凝聚力。农村集体经济短期内难以发展起来，村民自治难以为继，因此，国家财政应当给予必要的投入，为村民自治提供物质基础。

其次，改革现有县、乡（镇）、村的政权体制，变革机构设置方式，全面提升村民自治的治理能力。在按照“责”“权”“利”原则对“县”、“乡”、“村”三级权力的纵向分配时，摒弃之前机构设置及治理方式，严格按照行政区划为基础，从公共事务的功能需要的角度重建乡村治理体系，实行专业化管理，从“区划行政”转变为“功能分治”，着眼于乡村治理的“治事”、“精简”和“效能”，在对不必要的机构进行精简的同时，对于需要加强的机构进行充实和加强。① 同时，在乡村基层政府继续实行“简政放权、转变职能”的同时，应更加注重政府功能的重新定位和政府职能的转变，即从“全能政府”向“有限政府”转变。在遵循市场在资源配置中的基础性作用的同时，政府还应尽量将其职能转移到主要为市场主体服务和创造良好的发展环境上来，主要

① 项继权：《“后税改时代”农村基层治理体系的改革》，《学习与实践》2006 年第 3 期。

运用经济手段和法律手段管理经济；应在继续加强经济调节和市场监管职能的同时，更加重视政府的社会管理和公共服务职能，从而使乡村政府从“全能政府”向“有限政府”转变，限制政府的权与利的扩张，降低政府的财政需求并减轻政府的财政压力。

再次，鼓励新型社会化服务组织的发展，实现乡村社会和谐共治。基层政府的职能转变和制度创新，应保证农村社会组织的民间性和独立性，发挥农村社会组织在村民自治中的积极作用，坚持“引导不领导，扶持不干预”的原则，包括鼓励和支持农村社会组织参与村民自治，妥善处理政府和农村社会组织在乡村民自治中的不同地位和功能。政府应主动加强与农村社会组织的联系和沟通，共同面对和处置各种社会矛盾及问题，同时，还应鼓励和支持农村社会组织参与农村公共产品和公共服务的工作，并动员多元行为主体，以不同方式、从多种渠道、多个层次提供各种公共产品和服务，从而满足农民群众的多种需求和偏好。[①]

最后，以“村务公开”、“一事一议”为重点，增强基层民主的实效，拓展村民参与村务管理的渠道。没有在法律法规范围内的充分民主，没有群众对基层公共事务和公益事业管理权力的行使，村民自治就没有生机和活力。因此，在村级重大事务民主决策和管理中要落实村民群众的知情权、决策权、管理权、监督权。要认真贯彻落实村务公开、民主管理的要求。增强村委会工作的民主性，消除村委会工作中存在的行政化弊端，树立为村民服务的公仆意识，是村委会建设和村民自治的重要内容。村委会应当在方便村民观看的地方设立固定的公开栏，公开张贴村务公开的内容。需要全体村民知道的重大村务事项，可以在村民会议或村民代表会议上公布。村委会应按照“村务公开、民主管理”的要求定期向村民会议报告工作，促进村委会的工作公正、公平、公开。按照“量力而行、群众受益、民主决策、上限控制”的原则，实行“一事一议”，由全体村民或村民代表大会民主讨论决定。村委会要最广泛地动员和组织村民群众参与基层公共事务和公益事业的管理。

二、新农村建设中的村民自治

村民自治既是新农村建设的题中之义，又是新农村建设的体制性保障。村民自治制度是农村扩大基层民主和提高农村治理水平的一种有效方式。进一步健全充满活力的村民自治机制，既是社会主义新农村建设的重要内容，也是巩

① 钟宜：《我国农村社会组织发展与乡村治理方式的变革和完善》，《探索》2005 年第 6 期。

固和发展村民自治成果、推进农村民主政治建设的迫切需要。中共十六届五中全会通过的《中共中央关于制定国民经济和社会发展第十一个五年规划的建议》中，把建设社会主义新农村作为现代化进程中的重大历史任务，标志着我国已经进入社会主义新农村建设的新的发展阶段，给我国农村村民自治提出了新的更高的要求。

但是，在新农村建设中，农村非农化产业的发展，关联着农民家庭产业结构和经营方式的变化，使得村民自治主体——村民构成渐趋复杂化、多元化。与此同时，城乡藩篱的拆除，使富余劳动力人口从农村流向城市成为可能和现实。但是，农村劳动力季节性流向城市，造成劳动力输出地的村民自治主体人户分离，村民自治的日常工作参与率下降，村民自治偏重于村民委员会换届选举，而疏于对村民委员会的经常性与制度规范性的民主监督。因此，我们应顺势而为，积极调整建设思路，努力实现村民自治建设与新农村建设的有效衔接。为此，今后村民自治建设要朝着三个方面去努力：

首先，由制度“输入”走向制度“对接”。任何一种制度总是要嵌入到特定的社会结构和社会文化之中。当制度能够成功嵌入到社会结构中时，就能够借助于相互的整合推动自身的发展，使其变迁得以深化。于村民自治制度而言，外部行政环境的改变，生长空间的释放，并不意味着这一制度的推进就拥有了持久的动力和理想的效果。村民自治制度设计再合理，若不能成功地嵌入到中国乡村社会结构之中，也不可能为乡村社会带来长久的稳定与发展。我国的村民自治是依靠国家行政力量推行的一项制度变迁，其目的是要实现国家对乡村社会的有效管理和整合。在近 20 年的实践中，人们的关注点放在如何将这项制度强行“输入”到农村社会，却较少考虑制度本身与乡村社会结构的深层对接、融合。实践证明，“只输入，不培育”的工作方式，结果往往是事与愿违。单靠国家力量从外面强行“输入”农村的制度，难以在农村社会这块沃土中植根、发育、开花、结果，难免是一种“无根”的制度。一旦国家力量从农村社会减弱或退出，这种根系不够发达的外来制度，极容易凋谢枯萎。这里所说的乡村社会结构，偏重指乡村社会中固有的传统政治文化，如村民的现实观念、心理品质、地方性知识和风俗习惯等。正所谓，“没有传统政治文化的改造，再好的政治制度也会成为一堆中看不中用的摆设。”① 村民自治制度必须积极寻求与地方传统政治文化的对接、共生，才能真正嵌入中国乡村社会之中，从而找到牢固的社会根基。所以，政府通过制度输入的形式实现对农村社会的治理与整合，要注重与乡村社会的本土资源相结合，尤其要注意利用农村既有的“文化网络”增强国家治理整合的合法

① 景跃进：《村民自治与中国特色的民主政治之路》，《天津社会科学》2002 年第 1 期。

性。正如杜赞奇所言："现代化的国家政权如果完全忽视了这一文化网络中的资源，而企图在文化网络之外建立新的政治体系，其结果不免是徒劳的。"①

其次，选择合适的村庄治理模式。在我国的村级治理实践中，活跃在政治舞台上、执掌着村级治理权力的人有相当一部分是乡村的各类能人，即所谓"乡土精英"。这种精英治村的模式，得到乡镇政府的认可，也受到广大村民的情感认同。固然，在当下的历史条件下精英治村有一定的优势，如与传统文化和社会资源契合，具有一定的生命力；对于农村社区自治的推动高于当下的制度安排等，②但这并不能表明精英治村模式是永续的村级治理模式。因为把村级治理和乡村发展的希望只寄托于少数能人，使得它本身就具有先天的硬伤和脆弱性，在实践中也的确暴露出许多问题，其中最令人关注的就是乡村精英的腐败现象。新农村建设中的民主管理，就是要求建立健全村党支部领导下的、充满活力的村民自治机制，这也就是一种超越精英治村的村级治理模式。在现代社会中，权威与民主并不是一对此消彼长的矛盾，而是相互依存的关系。对村民参与村级治理的类型及效果的分析发现，精英主导下的参与式治理是权威与民主平衡状态下的村治模式的理想选择。③ 的确，当下还不可能做到村民自治的"一步到位"，现实的做法是寻找一条向农村基层社区完全实现自治的过渡道路。因此，精英主导下的参与式治理模式不失为一种可取的选择。至于超越精英治村的村级治理模式，我们只能作为村级治理目标模式来追求。精英主导下的参与式治村级治理模式中，村庄精英主导村庄的发展方向，而村民也广泛参与村级治理。这种模式严格规定村委会成员和村民代表的资格，制定村务和财务公开制度、民主管理、民主决策和民主监督制度。这样，虽然有利于村庄发展的重大决策最初由村庄精英提出，但由于有广泛的村民参与，村集体先做什么，后做什么等，村民都清楚，他们对村庄精英决策建议是经过理性选择的主动接受的，极易化为自觉的行动。精英主导的必要条件是精英的个体素质，这些素质包括：一是精英个体必须具备一定的道德素质，要有高尚的道德品质和无私的奉献精神；二是必须具备发展经济的能力，要有适应市场经济的魄力和能力；三是必须有民主管理的意识和理念，有组织村民团结协作的能力。同时，村庄精英在其执行公共权力的过程中一步也不能离开村民的监督，必须将村级治理置于民主机制的框架之内。只有这样，村民自治中的权威与民主才能达到一种平衡，从而使精英和民主充分发挥各自的功效，使村民自治有领导、有组织、有步骤、有秩序地进展。

---

① ［美］杜赞奇：《文化、权力与国家：1900～1942年的华北农村》，江苏人民出版社1994年版。

② 张铭：《乡土精英治理：当下农村基层社区治理的可行模式》，《兰州大学学报》2008年第1期。

③ 董江爱等：《权威与民主关系视野下的村治模式探索——村民参与村级治理的类型及效果分析》，《东南学术》2008年第2期。

最后，创新村级治理制度。村级治理方式演变的轨迹应体现政治文明的发展水平，新农村建设必然要求村级治理的制度创新。从现阶段我国村级治理应解决的主要问题——有效的村民政治参与和对权力的制约来考虑，村级治理的制度创新的取向应是权利设置体系。目前，我国村民自治还是以村民个体权利为中心的权利设置体系，但这种权利设置体系暴露出一些问题。因此，有必要对村民自治的权利设置体系进行创新。这种制度创新的方向就是确立村级组织的集体自治权——对村民代表会议制度进行重新设计和安排，即以间接的民主形式或“代议制民主”进行制度设计和创新。

村民代表会议制度可有序地扩大村民政治参与，完成村级治理中政治从“替民做主”到“由民做主”的转变，有效杜绝了滥用权力、以权谋私等行为的发生。村民代表会议制度还可以在一定程度上解决农村家族势力介入村务的问题。天津市武清区通过建立和完善村民代表会议制度的方式扩大了有序的政治参与，在基层民主建设方面取得显著成效：一是权力的运行划定了边界，有效地防止了权力失控；二是以权力制约权力，有效地避免了权力失衡；三是使权力真正归于村民，有效地防止和避免了权力异化。在目前我国村级治理中，武清区的村民代表会议制度创新富有强大的生命力，具有典型意义。在建设社会主义新农村过程中，武清经验具有很高的推广价值。①

三、农村社区建设中的村民自治

2006 年 10 月，党的十六届六中全会通过的《关于构建社会主义和谐社会若干重要问题的决定》，首次完整地提出了“农村社区建设”的概念。2006 年 11 月，国务院召开的第十二次全国民政会议进一步强调指出，要着力建设城市和农村社区“两个平台”，整合社会资源，推进农村志愿服务活动，逐步建立与社会主义市场经济体制相适应的农村基层管理体制、运行机制和服务体系，全面提升农村社区功能，努力建设富裕、文明、民主、和谐的新型农村社区。2007 年 10 月，党的十七大报告重申了十六届六中全会精神，明确提出要“把城乡社区建设成为管理有序、服务完善、文明祥和的社会生活共同体”，进一步完善了城乡社区建设的目标模式，为健全城乡社区建设工作体制机制，深入思考靠谁来进行社区建设、如何凝聚社区建设力量这一重大问题指明了方向。在国家民政部的大力推动下，全国先后出现了江西、山东青岛、湖北秭归等不同经验的社

① 李文、党国英等：《完善村民自治制度需要鼓励地方自主创新——关于天津武清区建立健全村民代表会议制度的调研报告》，《中国农村观察》2007 年第 2 期。

区建设模式，在农村社区管理体制和工作机制创新、农村社区建设主要内容、农村社区公共服务、农村社区互助服务和社区服务业、农村社区建设的宣传和培训、农村社区社会工作人才队伍建设等各方面都取得成效，并产生了初步的积极效果。

农村社区建设的提出，主要是为解决农民主体性不断增强与村民委员会自治模式不适应之间的矛盾，二者的本质属性相同，且是相辅相成的关系，村民自治是农村社区建设的社会基础，农村社区建设是村民自治的拓展与延伸。但与此同时，作为政府和社会在公共物品供给体系的再一次分权过程，这种权利格局的演变几乎是由政府全方位主导的，这种“官主导”与“民主导”的村民自治在理论上是矛盾的，在实践中也引起一系列矛盾。因此，必须发挥村民自治的积极作用，为社区建设提供组织、财政、文化和社会资源，使村民自治从乡村改造走向社区重建。①

首先，培育农民专业合作组织，为农村社区建设奠定组织基础。社会环境是村民自治发育的土壤，各种社会组织的成长，构成了村民自治运作的社会基础。通过社会组织，可以将拥有共同资源、利益诉求比较一致的分散的村民组织起来，依法管理自己的事务，使每个村民的民主权利、具体利益都得到相应尊重和直接体现，从而在更宽范围、更深层次上实现了自我管理、自我服务、自我教育和自我监督。农村社区建设下的村民自治，必须加快发展农民自己的组织，以汲取其组织资源，这是村民自治的真正依托之所在。通过成立这种资源合作基础上的农民专业合作组织，在满足农民的各种社会化服务需求的同时，也可大大丰富村民自治的内容，开发村民自治的组织资源，开拓出村民自治的新天地。

其次，建立多元化的收入渠道，为农村社区建设吸取财政资源。农村社区要开展自治活动，必须有相应的财政资源。农村税制改革后特别是“新农村建设”后，村民自治应该为农村社区吸取多元化的收入来源。首先是国家的转移支付。我国现在已进入以工支农、以城带乡的阶段，国家对乡村的财政支持将越来越多，如在“十五”期间，国家每年新增加的教育经费将主要用于农村基础教育。但如何将国家资金用好并确实用于农村则成为一个新课题。韩国在完成工业化阶段时，为了支持相对落后的农村，曾经以“新村运动”的方式将资源引入农村，以项目的方式支持新村建设。这对于我国的乡村社区建设有一定的启示。其次是社区自我集资。由于我国还处于小康社会建设初期，国家对农村的财政支持总体是有限的，乡村社区建设的财政资源更主要的还是内部。只要是真正的农民需

① 徐勇：《村民自治的深化：权利保障与社区重建——新世纪以来中国村民自治发展的走向》，《学习与探索》2005 年第 4 期。

求，只要钱用得合理并得到群众的监督，村民还是愿意集资兴办公益事业的。在农村税制改革以后，如何进行集资，如何民主理财，正成为村民自治需要解决的问题。最后是大户的捐资。应该看到，当今农村社会分化程度越来越高，收入差距拉大。以往平均出资出力的财政汲取方式越来越不适应。通过各种方式鼓励那些先富人群向所在社区捐资捐物是当今乡村社区建设的重要财源。这一可行性不仅来自于中国传统中对做“善事”的褒扬，同时也需要现代税制的支持。如让捐资者从税收方面得到便利，通过利益机制鼓励人们为乡村社区捐资。

再次，建构传统与现代相通的文化价值，为农村社区建设提供文化资源。农村社区建设是在乡村共同体内由村民自我管理，与政府的外部性管理不同，这种自我管理主要借助于基于共同体内部形成的规则和共同认可的权威。这种共同体更严格地说不是政治共同体，而是一个生活共同体和文化共同体，因此，文化资源对于农村社区建设具有至关重要的作用。在现阶段，市场经济日益向乡村社会渗透并造成人的过度理性化时期，在公共权力的获取和运作层面还必须坚持和发展竞争性民主，通过竞争性民主确立“公意”。同时，在日常村务管理方面则有必要加强协商性民主，通过村民的广泛参与，共同议事决策，强化对社区共同体的认同和归属感，改善乡村治理。对于现阶段中国农民来说，“有事好商量”比“有事进公堂”更容易接受和认同，也更能有利于农民自己创造自己的幸福生活。所以，在乡村社区重建的过程中需要进行文化重建，形成传统与现代有机相通的文化价值和规范，使人们能够在乡村社区生活中获得相应的意义、乐趣和安定感。

最后，充分发挥村庄精英的作用，为农村社区建设积累社会资源。村民自治是大众参与的过程，同时也需要乡村精英发挥主导作用。传统社会的乡村治理实质上是乡绅治乡，是以乡村精英为主导的自治。但进入以城市为中心的现代社会特别是改革开放以后，乡村精英不断向城市流动。农村社区建设的发展相当程度需要开发社会资源，将各种精英吸纳到社区的治理中来。一是面对乡村现实，积极发挥老人和妇女在村民自治过程中的作用。二是在我国乡村有许多民间能人，如手工艺人、乡村教师、乡村医生等。三是从城市回乡人员，相当于古代致仕回乡的官员。四是城市志愿者，这其中包括政府下派干部和自愿到乡村工作和建设的人员。

四、城乡一体化进程中的村民自治

城乡一体化是一个国家和地区在生产力水平或城市化水平发展到一定程度的

必然选择。随着生产力水平的不断提高，我国城市化的进程取得了极大的成就。[①]党的十七大报告审时度势，提出“统筹城乡发展，建立以工促农、以城带乡长效机制，努力形成城乡一体化新格局”的制度安排，以公共财政为基础、引导社会资本“反哺”农业、农村。随着城乡一体化的推进、全面的人力资源流动和开放格局的形成，传统乡村社会也已经逐渐脱离分散、孤立、封闭的小农社会模式，日益卷入开放流动的大社会。在这种全面而剧烈的变动之中，农村村民自治呈现出一些明显的问题与不足，具体表现为资源整合能力弱、社会服务功能弱、农民组织化程度低等，导致城乡一体化进程中出现农民负担加重、乡村政府债务危机、城乡差距进一步扩大和农村公共物品供需失衡等问题。城乡一体化呼唤村民自治的发展，新时期的村民自治也是在城乡一体化的现实背景和政策框架内逐步完善的，不失时机地构建和完善适应城乡一体化发展的村民自治制度，显得尤为迫切。

首先，保持一定范围内的村民自治。“村改居”后的社区已经没有或基本没有农业用地，村民不再从事农业生产，户籍也已经成建制地转为城市户口，按规定应当依照《居民委员会组织法》来治理。但是，从目前的实践情况看，村民自治仍显示出较强的生命力。第一，从社区的区域范围、社会关系看，村民自治的实现条件没有变。第二，从集体财产关系看，村民仍具有村集体财产的所有权。第三，从村民享受的社会保障待遇看，村民作为法定的市民仍不能完全享受到市民的待遇。许多地方对村民的贫困救助标准还是按农村而不是按市民的最低生活保障标准来确定的。这就造成了有些城市社区依然挂着村委会的牌子，或者尽管挂上居委会牌子，也是换汤不换药，依旧使用村民委员会公章。[②] 所以城乡一体化中的“村改居”社区不应急于改变村民自治的格局，可在社区内保留一定程度上的村民自治，借鉴村民自治中的民主选举和“一事一议”等优势。既要保护好居民参与社区建设的积极性，充分听取他们的意见和建议，又要不断提高居民的参与意识，拓宽参与渠道，让他们广泛参与到社区的管理中来，形成自上而下、自下而上的互动管理过程，逐步实现完全意义上的居民自治。

其次，援借城市社区自治的经验，构建以“社区自治”为核心的乡村自治体制。紧密结合农村现有的社会基础条件和社会现实需求，充分挖掘村民自治的内在潜能，培育嫁接农村社区自治的基因，实现农村由村民自治向社区自治转变、

---

① 据中国社会科学院 2009 年中国城市发展高峰论坛暨《城市蓝皮书》发布会公布：截至 2008 年末，中国城镇化率达到 45.7%，拥有 6.07 亿城镇人口，形成建制城市 655 座，其中百万人口以上特大城市 118 座，超大城市 39 座。中国网，http：//www.china.com.cn/news/2009 - 06/5/content_17948726.htm，2009 年 6 月 15 日。

② 董雪艳等：《“村改居”进程中的问题及措施探析》，《新疆农垦经济》2006 年第 6 期。

城乡社区自治一体化。其具体做法主要有：第一，村级社区实行完全自治。从目前乡村社会的基本情况来看，国家对乡村社会的管制能力并不完全取决于行政性的“命令—服从”模式如何有效，而应该主要建立一种“法制—遵守”模式。也就是说，国家应该通过一种法制方式，将国家在乡村社会的利益和国家在乡村社会的主要发展目标，通过强制性的法律预期确定下来。在这种“法制—遵守”模式中，可以将乡村社区事务、国家目标进行适当的划分。其中，乡村社区性事务，应在国家授权性的法律权威下，实现村级社区自治。对于如税收、计划生育和国土管理等国家目标，则依靠法律手段，上移至乡镇自治政府，进行职能部门的法制管理。① 第二，建立“议行分离”的社区自治运行机制。农村社区自治机制可以尝试借鉴城市社区自治的办法去构建：成立社区居民大会或社区代表会议（决策层），对社区内的重大事务行使民主协商、民主决策和民主监督；成立社区居民委员会（执行层），具体负责组织社区服务、社区文化、社区卫生、社区环境、社区治安等各项社区服务事业，并为政府职能部分履行某些行政管理职能提供协助。

再次，建立健全自治组织。基层组织建设之于农村社区而言有着重要的意义，中国农民长期以来没有自己的行业组织（行业协会）、劳动组织（工会）和各种社会组织，社会组织化程度极不发达。在城乡一体化制度框架下，需要积极地进行体制改革与机制创新，为农村社区各类基层自治组织的发育与成长提供政策、法律保护，不断提高农民的组织化程度。在社区建设的开始阶段，政府主导是必需的，也是必然的，但政府要搭建好社区建设的构架，不断培育提升社区自治因素，逐步减少行政因素，使社区成为相对独立的自治组织。提高农民的组织化程度，在农村社区中建设“三大合作”组织（组织农民专业合作、农村土地股份合作、社区股份合作），② 现实农村政治表明，农村“三大合作”组织有利于加强农民与市场的联系，提高农民的组织化程度，规避市场风险。

最后，积极稳妥地进行农村社区居民自治实验。我们可以借鉴美国“授权区和事业社区”的做法，由各个相关的高等院校和科研单位分别承包一个典型社区，在相关社区建设工作机构的领导下进行社区居民自治实验，在实践中逐步探索出一条社区居民自治的可行之路。第一步，要按照“议行分设”所要求的社区居民自治组织架构，搭起架子，组织队伍。第二步，深入社区，发现问题，探索问题和解决问题。第三步，建立各种能够表达共同利益并且能配合我们工作的社会团体，发动社区居民积极参与。有了居民的参与，团体的合作，就能找到问题

① 徐勇：《县政、乡派、村治：乡村治理的结构性转换》，《江苏社会科学》2002 年第 2 期。

② 张颖等：《中国农村社区合作组织与社会主义新农村建设论坛综述——新农村呼唤社区合作组织》，《中国改革》2006 年第 8 期。

的症结和解决问题的办法。而一旦解决了实际问题，社区居民自治也就开始启动运转了，社区自治的目标也会一步步逼近。

五、完善乡村治理中的村民自治

在现代化进程中，“国家政权建设”是一个全球性问题。政权官僚化及对下层（基层）社会控制的加强与巩固则是一个国家现代化的内在机理。20 世纪初，为了实现现代国家的建构，国家权力逐渐开始扩张，竭尽全力企图对乡村社会进行控制并汲取乡村资源来实现国家建设和发展。① 中国共产党在成立之初，就十分注重通过政党组织力量来深入乡村发动土地革命以此增长农民对党组织的认同和支持，并取得革命最终胜利。1949 年后，为了实现工业化战略，通过农业合作化等逐步确立起人民公社体制，国家把对乡村社会的控制推向极点。但由于人民公社体制并不是一个促进农业经济发展的有效经济组织，其高度的计划经济管理体制极大地扼杀了农民的积极性和创造性，造成农业经济的瘫痪。

20 世纪 70 年代末 80 年代初，席卷农村的家庭联产承包责任制最终促使人民公社体系崩溃和解体。这种政社合一体制的结束也导致农村出现权力真空，农村社会的公共安全受到威胁，公共事业也难于组织，于是，在广西宜山、罗城一带的村民率先建立起了村民自治组织。1982 年《宪法》将村民委员会规定为基层群众自治组织。1987 年 11 月的《中华人民共和国村民委员会组织法（试行)》、1998 年 11 月的《中华人民共和国村民委员会组织法》规范并且推动了村民自治制度。由此可见，中国农村的村民自治是伴随农村经济体制改革而出现的农村治理体制的创新，这一“乡政村治”的治理模式拉开了中国乡村治理的序幕。它作为一项国家治理农村的政治制度，使国家在农村的治理出现了制度性的突破，有效地填补了农村治理“制度真空”，为农民创造了一种自我管理、自我教育、自我服务的安定有序的生产和生活。但与此同时，其总体效果尚不尽如人意，乡村治理模式——村民自治又陷入一种“设计原则相悖”及治理性困境的“十字路口”。在新的历史条件下，如何进一步深化和拓展村民自治，完善乡村治理结构和机制成为党和国家亟须解决的问题。为此，应该放在完善乡村治理体制中来发展村民自治，以适应近几年农村出现的新的变化及治理性问题。

首先，完善乡村治理体制，依法整合乡村关系。在中国社会转型中，最深刻的莫过于乡村社会转变。中国乡村社会经历和正在经历着从“散”、“统”、“分”到“合”的不同社会阶段。乡土社会变迁必然伴随并需要乡村治理结构的转变。

---

① 徐勇：《政权下乡：现代国家对乡土社会的整合》，《贵州社会科学》2007 年第 11 期。

从以“统”为特点的人民公社，到以“分”为主要特点的农村改革时期，乡村治理结构表现为“乡村政治”，即在乡一级恢复建立乡政府，在乡以下的村建立村民委员会，实行村民自治。在“乡政村治”的乡村治理框架下，乡政府是国家在基层的政权代表，直接和农村接触。如果理不顺其和村委会自治组织的关系，就会给村民自治的运行造成很大的障碍。随着市场化现代化的发展，这一治理结构应该加以创造性转换，建立“县政、乡派、村治”的治理结构，即：县具有更多的治理自主性；乡只是县政府的派出机构，专事政务和指导村民自治，其财政费用由县承担；村民委员会主要从事村民自治工作，由此使其治理合理化。[①] 只有这样，才能推动村民自治的深入发展，有效地启动村民自治机制的内生力量，提高自我管理的能力，形成国家对社会管理与社会的自我管理有机结合的全新面貌，实现乡政与村治的良性互动。

其次，健全村民自治机制，充分发挥民主治理功能。农村基层民主的实现，关键在于建立一套党的领导下充满活力的村民自治机制。第一，要健全民主选举机制。民主选举是要选出一个群众拥护和信赖的村委会领导班子，对村委会成员的衡量标准应该是“思想好、作风正、有文化、有本领，真心实意为群众办事，能够带领群众致富奔小康”。为达到这个目标，广大群众在实践中创造出许多成功的经验，如在村民选举中保证“三个直接”，落实“五项权利”，这个经验值得推广。第二，要健全民主决策机制，其中关键是要增强村民会议的权威。村民会议是最权威的自治组织形式，村委会只是其执行机构。农民在实践中还创造了一种村民会议的特殊形式——村民代表会议，作为村民会议授权的决策机构。相对于民主选举和村务公开而言，落实村民代表会议权限是治本之举。目前，还有相当一部分的村没有建立村民代表会议制度，已经建立的也没有切实发挥应有的作用。所以，依法有效发挥村民代表会议的作用是当务之急。第三，要健全民主管理机制。其中关键是要有一部上合国法，下合民意，既规范干部又约束群众的自治章程。第四，要健全民主监督机制。实行村务公开和民主评议村委会制度，是民主监督的主要形式。目前，村务公开制度已全面实行，但实际效果并不是很理想。存在的主要问题是，相当多的地方存在内容不全面、不真实，程序不规范的现象，公布的数字过于笼统，未经一定程序审核，公布不定时或已过期，群众难以监督。经验表明，村务公开与发挥村民代表会议、村监事会的作用密切相关；而村党支部发挥作用如何，对民主监督也有直接影响。

最后，正确处理“两委”关系，加强和改进农村党组织的领导。农村村民自治，必须在党的领导下依法进行。各地在积极探索协调“两委”关系，推行乡村

① 徐勇：《县政、乡派、村治：乡村治理的结构性改革》，《江苏社会科学》2002 年第 2 期。

民主政治建设的实践中积累了不少成功的经验，如山西省晋中市实行的“双制度”，即村委会向党支部报告工作制度与党支部保障村委会依法行使自治权利制度。村委会向党支部报告工作制度，可概括为“一公开、两测评、三报告”。即村委会定期公开村务；接受村民代表会议的民主评议和乡镇党委、政府测评；向党支部、村民代表会议、村民大会汇报工作。党支部支持和保障村委会依法行使权力的制度可概括为“一发挥、两加强、三听取”。即发挥党员模范带头作用和支部战斗堡垒作用，保证村委会决定事情的落实；加强党支部自身建设，通过培训，提高自身素质，同时加强后备干部送到党校培训；党支部通过党员联系等方式随时听取群众的意见、建议和呼声，并反馈给村委会。“双制度”符合农村基层组织建设的实际，把党的领导与村民自治有机结合起来；遵循了权利和义务双向对等的原则，形成了“两委”协调配合的工作机制，既调动了村民行使民主权利的积极性，又发挥了基层党组织和党员的作用；解决了制约党支部自身发展的一些难题，密切了党群、干群关系。这一成功的经验具备普遍性的意义，值得肯定和推广。

第二章

城市社区治理与社区自治

社区自治是中国基层民主的一种重要表现形式，其产生和发展，既是中国城市社会治理模式的一种创造性发展，也是当前构建社会主义和谐社会的一种有效形式。研究中国城市社区治理与社区自治，既要考察中国城市社区治理模式的历史发展，又要探讨中国城市社会发展变化的特定背景，只有从历史与现实相结合的角度去研究、认识中国城市社区治理与社区自治，我们才能清楚地认识并揭示中国城市社区自治的产生、发展、创新、完善和未来趋向，以及其在构建社会主义和谐社会中的重要作用。

第一节 城市社会的新变化与新问题

近年来，对中国城市社区的研究受到了越来越多的关注。社区自治是社区研究的一个主要领域。对于社区自治，当前已经形成了一些基本的共识：一是城市社区自治是城市社区治理模式发展的基本方向；二是社区选举和社区参与是社区自治的主要表现形式；三是业主委员会作为新型的社区自治组织，在城市社会构建了一种新型的公共空间。

不过，在社区自治的实践活动与理论研究方兴未艾的时候，也有学者对社区自治的前景提出了怀疑。有学者认为，社区自治在理论研究和民主实践上都面临着困境。这些学者注意到了在社区自治活动中：居民和基层行政管理者两个积极性都发挥得不够；居民的集体行动能力没有得到有效提高；居民委员会选举与日常管理工作脱节，没有通过选举有效地改变整个社区治理机制和环境。

学者的怀疑主要源于对当前城市社区自治实践的考察。以社区自治为导向的城市社区建设在经历了最初轰轰烈烈的改革实验与经验推广之后，当前逐渐显现出了发展乏力的现象。城市社区自治的实践困境与社区自治的动力来源有关。在对城市社区自治的研究中，笔者特别发现，中国城市社区自治一开始就不是城市居民自发的要求，而是在单位制解体后，国家重新整合城市社会的一种迫切需要。在社区建设中，国家一方面，需要将政权重新渗透到城市社会，解决社会疏远、社会离散、社会失序等问题，在社区实现对社会的重新整合；另一方面，国家又不愿意或者难以承担重新整合城市社会所必须支付的成本。由此，社区自治应运而生。

社区自治是一种以社区居民委员会为基本组织形式，通过开发社区自身的资源，实现社区自我管理、自我教育和自我服务的城市社会治理模式。社区自治的优势不仅在于社会整合的成本相对较低，而且还在于自我管理的行政动员很容易获得社会的认可。在社区建设初期，由于政府有效的行政动员和社会的高度认可，社区自治在中国城市发展很快。中国城市社区自治走的是一条“外源性发展”① 道路，行政力量起着关键性作用，由行政主导的社区自治，容易让社区产生对政府行政资源的依赖性和依附性，造成社区自治组织的行政化倾向，社区自治发展动力先天不足。由此，尽管理论界对中国城市社区自治这一基层民主形式有着许多的构想与向往，但是表现为社区自治的城市基层民主未必是国家的初衷，国家的初衷恐怕更多的是将政权渗透到社会之中，实现对城市社区的资源动员与社会整合。所以，作为社区自治组织的社区居委会除了承担着社区自治范围内的“居务”外，更多的是要完成国家基层政权下达的“政务”。

通过城市社区自治，国家不仅以较小的代价达到了对城市社会的重新整合，而且成功地实现了城市社会从“单位制”到“社区制”的治理转型，中国城市社会在经历了“单位制”解体的短暂失序后重新恢复到了有序的状态。此后，维护社会秩序的稳定逐渐成为基层政府的中心工作。

由于社会稳定事关改革开放的继续推进、社会经济的持续发展和人们生活的正常进行，稳定问题逐渐泛化，经济社会生活中的问题、矛盾、一般的纠纷等，都被当做“不稳定的因素”。由于对不稳定因素估计过分严重，维护稳定，消除

① “外源性发展”是相对于“内源性发展”而言的。关于“内源性发展”，联合国科教文组织的解释是：“在形式上，发展应该是从内部产生的；在目的上，发展应该是为人民服务的”。与此相应，这里所说的“外源性发展”是指“在形式上，发展应该是从外部产生的；在目的上，发展应该是为政府服务的”。参见联合国科教文组织：《内源发展战略》，社会科学文献出版社 1988 年版，第 2 页。

不稳定因素，也就成了各级政府的一项重要甚至首位的工作。[①] 为了维护稳定的社会秩序，政府不仅通过“工作落实”将社区居民委员会发展为政府在社会的行政末梢，而且直接将一些职能部门渗透到城市社区，如武汉市城市社区中的“八大员”[②] 即是如此。

在“稳定压倒一切”思维定势的影响下，社区居民的利益表达、自主维权等民主行为不仅得不到保障，反而被视为不稳定的因素而受到一定程度的限制。对政府来说，社区自治由其推动，必然会受其制约。中国城市社区自治的“外源性发展”道路决定着社区自治的发展方向和发展程度。当社区自治的民主动员和民主行为可能对现存秩序和体制产生威胁时，社区自治中的民主价值、民主制度、民主行为和民主精神自然会受到政府的冷落和抑制。

中国城市社区自治的实践说明，社区自治要获得持续发展的动力，实现社区自治的“外源性发展”向“内源性发展”转变是必然的选择。2004 年的中共十六届六中全会提出的和谐社会建设目标为这一转变提供了契机。社会和谐和社会稳定都表现为社会的有序，但二者并不完全相同：与社会稳定相对应的是社会动荡，维护社会稳定主要是对社会动荡的预防与消除，往往需要政府权威的展示；与社会和谐相对应的是社会矛盾和纠纷，往往需要社会进行自我调节。这主要是因为，和谐社会不仅是一种状态，更是一种机制，一种社会能自我消解社会矛盾和纠纷，调节社会资源分配，实现社会公平正义的社会。在消解社会矛盾和纠纷中，社会利益的充分表达，社会资本的有效培育，社会自组织的功能发挥等，往往比政府的强制更为有效。对人类社会来说，稳定是前提和基础，也是底线，而和谐则是一种较高的追求，甚至是一种终极的目标。稳定的社会不一定是和谐的社会，因为人们对权威与秩序的遵从并不代表着他们对权威与秩序的认同，也并不表示社会矛盾得到了很好的解决。但和谐的社会一定是稳定的社会，因为和谐社会必然是建立在利益的充分表达基础之上的，社会成员对权威与秩序的遵从不是被迫，而是自觉。

社区是社会的微观基础，构建和谐社会关键是要构建和谐社区。和谐社区是一个有能力解决和化解社区中的利益冲突，并由此实现社区中的利益大体均衡的社会生活共同体。无论是社区冲突的化解，还是利益均衡的实现，都离不开民

---

① 孙立平：《重建社会：转型社会的秩序再造》，社会科学文献出版社 2009 年版，第 5 页。

② 所谓“八大员”是指政府一些职能部门采取“花钱买岗位”的方式在社区居委会设置专职工作人员的俗称，包括低保专干、劳保专干、医保专干、计生专干、信访专干、安保队员、流动人口协管员和城管协管员。他们为社区居民分别提供低保、劳保、医保、计生、信访、治安、城市管理和残疾人帮扶等公共管理和服务。

主。[①] 当前，随着政府和单位转移到社区的公共事务急剧增多，社区成为各种社会矛盾的集中点。但是，社区自治的民主制度难以落实、居民和业主的民主权利难以有效维护等，都使得一些矛盾和问题得不到有效化解。近些年来，围绕着社区民生、公共事务和业主维权等方面的不和谐现象时有发生，有些矛盾甚至还有扩大的趋势，如城市拆迁中的极端行为、业主维权的集体行动、“仇富”性的破坏行为、“仇官”性的群体性事件等。从相关案例的调查来看，这些问题的发生，或多或少与社区居民利益表达不够充分有关。而社区利益的充分表达、均衡分配和充分协调，离不开民主。由此，在构建社会主义和谐社会的背景下，城市社区自治不仅是政府治理城市社会的手段，更应该是社区共同体化解社会矛盾的方式。城市社区自治这种功能的发展，客观上要求把城市社区自治基于政府需要的“外源性发展”道路，转变为基于社区自身建设需要的“内源性发展”道路，从而实现以社区民主促进社会和谐的目标。

基于上述认识和判断，从中国城市社会的新变化、新问题所引发的社区建设出发，研究城市社区自治的产生、发展、创新与完善，探讨如何以社区民主促进社区和谐，也就是我们研究的要义所在。

从比较现实的层面来说，和谐社会命题的提出，是有着深刻的社会背景的。在城市，这种社会背景与城市社会的新变化以及由此产生的新问题有关。随着中国改革重心由农村转移到城市，城市的经济、政治和社会正在发生深刻的变化。尤其是经过20世纪90年代市场经济体制改革的冲击，城市社会传统的单位制已逐步解体，而新的社区制尚未完全建立起来，新旧体制转换出现了某种程度的断裂。新旧体制转换断裂的一个直接后果是城市社会管理出现了“主体真空”，这直接危胁着城市的稳定和发展，以及现代城市的生成。

一、自主型社会的形成与城市基层政府社会整合能力的困境

政府的社会整合能力总是与政府的权威性联系在一起的。只有当政府的权威受到挑战时，政府的社会整合能力才会受到质疑。中国城市社会居民自主性的提升，极大地改变了基层政府的行政环境，城市基层政府的权威经常受到来自社会组织权威的挑战，如民主选举、民主评议、民主决策、民主监督、上访等。这在很大程度上影响城市基层政府社会整合能力的发挥，加强基层政府社会整合能力已是当务之急。自主型社会的形成或者说正在形成构成了影响我国基层政府社会

① 李金红：《中国城市社区治理转型中的民主与和谐》，李腊生、李金红：《社区民主与社会和谐》，社会科学文献出版社2010年版，第25页。

整合能力的一个制度背景。

在中国现代化启动之前，县政府是中国古代的基层政府，其职能主要是政治统治。基层政府与上级政府和政治国家浑然一体，共同构成了中国古代的官僚君主制。而官僚君主制之下，则是处于一种分散状态的社会。在社会中，家是最基本的生产和生活单位，宗族是社会公共物品的主要提供者。在官僚君主制的国家，基层政府所扮演的角色很大程度上是一种国家意志的表达，或者说是一种皇权的维护与象征。基层政府所表现出来的典型特征是政治能力较强和行政能力较弱。在宗族自我管理的社会之中，宗族基于自身利益的保护，天然地排斥着国家权力在社会的渗透与扩张。因此，在古代中国，尽管基层政府是最靠近社会的国家权力机关，但其行政权力并没能真正进入底层社会。

中国现代化被迫启动之后，御侮图强和赶超西方发达国家成为中国最为紧迫的任务。中国现代化的加速前进，客观上要求国家力量对分散的社会进行整合，如兴办新式学校、修建交通设施，进行城市化建设等。为达到这一目的，国家行政权力开始下沉，从“皇权止于县政”到在县以下建立基层政府。这一过程先后经历了清末“新政”的“乡镇自治”、国民政府的“新县制”和“保甲制度的重构”、新中国成立后的单位制的建立，中国形成了政社合一，权力高度集中的社会制度。城市的单位被高度行政化，成为了整个行政体制的末梢。基层政府与他们之间的关系也简化成一种命令—服从的上下级关系。在这样的制度背景之下，基层政府的权威根本不可能受到来自社会的挑战，基层政府充分利用自己掌握的资源，全方位地负责社会成员的“生老病死、衣食住行”等事务，从而形成为一种“全权全能政府”。此时，基层政府表现出了一种极强的社会整合能力。

“全权全能政府”对于整合社会资源，动员社会力量，推动现代化的发展起到了重要作用。但是，基层政府行政权力向底层社会的广泛渗透，极大地提高了国家的行政成本，降低了整个国家的行政效率。随着市场经济体制改革的推进，单位制逐渐解体，城市居民逐渐在经济上和“衣、食、住、行”等日常生活中获得了自主性，市民的产权意识也逐渐形成。以产权多元化和经济运行市场化为基本内容的经济体制改革直接促进了一个具有相对自主性的社会的形成。①

作为自主型社会形成，首先，社会成员要求经济上自主。城市社会的从业人员要求工作与日常经济生活分离开来，个人由依附性的“单位人”变为自主式的“市场人”。其次，社会成员在政治上开始追求民主。经济上自主所产生的一个直接结果是社会成员的政治民主要求。自主的社会成员对大一统的国家行政组织日益不满，于是他们开始注重建设自己的组织来维护自身的权益，进而形成了一些

① 孙立平：《改革开放以来中国社会结构的变迁》，《中国社会科学》1994 年第 2 期。

不同于国家基层行政组织的社会组织。最后，在自主型社会中，社会呈现出一种多元化格局。政社分离和社会分化，城市社会原有的较为简单的社会结构出现了很大变化，最为直观的改变就是社会阶层结构的分化与重新组合。社会阶层早已由干部、工人、知识分子细化为国家与社会管理者、经理人员、私营企业主、专业技术人员、产业工人、农民工等多个社会阶层。

自主型社会形式，改变了传统城市基层政府的微观基础。经济上的自主使大量资源从国家分散到社会，基层政府再也难以凭借其经济上的优势完成对城市社会的整合。政治上民主使基层政府命令—服从的管理手段再难奏效，基层政府的社会整合能力日趋减弱。社会分化产生的多种利益主体，一般不会进行反政府的活动，但他们会在城市社会形成多个权力中心，并在一定程度上影响着城市基层政府的社会整合能力。如人们常说的基层政府在行政管理过程中碰到的“钉子户”即是如此。由此可见，正是自主型社会的逐渐形成，基层政府才难以按照传统的行政方式完成对城市社会的整合。

二、城市社会精英的崛起与社会矛盾的加剧

当今我国城市社会结构发展变化的一个突出特点是精英人物的崛起。基于笔者近几年的调查与体验，依据拥有权力的形式和来源，可以将中国城市社会精英分作两类。一类是政治精英，即掌握着正式权力资源的党的干部和政府延伸到社会的各职能部门的工作人员。具体而言，也就是中国城市社区中的群干。尽管他们现在多由选举产生，但却具有强烈的行政化倾向，他们不属于政府序列，但主要是依靠政府力量来影响着社会。另一类是社会精英，即在社会中拥有一定的优势资源、具有一定的政治社会影响力、并与社会公共权力关系密切的居民。

其实，中国城市社会是从来不乏政治精英的。在漫长的古代中国历史上，乡村是社会的经济基础，城市是专制政治统治堡垒，表现出城市与乡村、政治与经济二元分离和对立的突出特点。① 作为专制政治统治堡垒，我国传统城市社区在权力结构上长期呈现出精英单一化的特点，即政治精英一直在城市社区中占据主导地位。清代以前，城市作为国家政治的载体，完全处于皇权的笼罩之下，科举官僚作为国家政治精英，几乎是城市社区中唯一的精英。到了清代，在商业最为活跃的地区，新的城镇开始涌现。与这些城镇一起涌现的商人团体常常与国家合作从事各种公共活动，如公用事业建设、维持救济组织、调解争端等。随清末十

① 徐勇：《非均衡的中国政治：城市与乡村比较》，中国广播电视出版社 1992 年版。

年新型商会的兴起，这种趋势达到了顶峰。①

随着新兴商人团体的出现，在经济上拥有优势地位的商人常常以社会精英的身份影响着政府的城市社区管理。然而，从根本上说，商人团体始终处于依附地位，各种行业行会也常常需要得到官方的保护，商人团体和行业行会的成立也往往是出于国家政策的倡导，这些拥有优势经济地位的社会精英有时更像是政治精英，他们通常以“红顶商人”的身份代表国家管理着地方经济。

清末民初，是一个社会力量迅猛发展，社会与国家不断冲突的特殊阶段。在此期间，受御侮图强和“天下兴亡，匹夫有责”思想的鼓动，各种民间势力对国家软弱无能的不满情绪日益增强，国家权威不断被削弱。此时，社会精英空前活跃，他们与政治国家处于一种对立状态，并严重影响着国家政治社会秩序的稳定。

新中国成立后，为了建立和维护稳定的政治社会秩序，更是为了尽快完成赶超型现代化发展道路，国家行政权力对社会力量进行了超强的政治动员与整合。这种超强的政治动员与整合在城市主要是“单位制”为主体、“街居制”为补充的单位体制。城市社会主要是由一个个企事业单位所构成。这些单位之间缺乏横向的有机联系，而是隶属于国家各个部门。国家犹如一个巨大的“蜂巢”一样将一个个单位吸附于其中，而单位又如“类蜂巢”将一个个社会成员吸附于其中，从而形成了一个“蜂窝状”社会。② 居民委员会处于单位之外，在法律地位上属于群众自治组织。居民委员会管辖对象主要是没有工作单位的社会边缘人群，在城市社会生活中的影响甚微，而且更多的是依赖于政府。所以，改革前的中国城市社会事实上是一种政社高度合一的结构形式。在这样一种社会结构形态下，城市社会成员被完全纳入体制之中，基本不存在体制之外的社会精英。城市社会精英的崛起是改革开放后的现象。社会精英的崛起与下述两个因素有关。

一是市场经济改革引发了“单位制”的解体。市场经济体制改革不仅改造着经济领域，而且改造着社会领域。作为建立社会主义市场经济体制主要内容的政企分开、正事分开以及与之相应的政社分离、企社分离、事社分离的改革，其深刻影响就在于导致了“单位制”解体，社会成员也由具有依附性的“单位人”转变为自由式的“社会人。随着“单位制”的解体，城市社会结构日益分化，各种社会精英开始出现。首先是“单位制”的解体后，中国城市近乎同质的收入分配形式也随之解体，社会成员拥有的经济资源开始分化，这直接促成了拥有优

---

① 黄宗智：《中国的“公共领域”与“市民社会”？——国家与社会间的第三域》，邓正来、亚历山大：《国家与市民社会——一种社会理论的研究路径》，中央编译出版社 2002 年版，第 433 ~ 434 页。

② 徐勇：《论城市社区建设中的社区居民自治》，《华中师范大学学报》（人文社会科学版）2001 年第 3 期。

势经济资源的经济精英的崛起。其次是“单位制”的解体，使得原单位的“干部”作为政治精英的身份开始发生变化，他们只能在生活的社区以社会精英的身份影响城市社会。最后是“单位制”的解体后，国家再也不可能依靠单位完成对社会的整合与控制，这使得城市社会一些民间精英的活动不仅有了活动的空间，而且也得到了政府的许可，有时甚至与政府结盟，与政府共同治理社会。而且，随着“单位制”的解体，国家对社会的管制也随之放松，城市社会的一些非法精英的活动也开始出现。总而言之，市场经济改革引发的“单位制”解体，为城市社会精英的产生奠定了基础，使城市社会精英的崛起有了可能。

二是社区建设推进导致了城市社会自我管理的发展。我国城市社区建设开始于20世纪90年代，与改革开放以来我国社会体制和社会结构的整体性变迁有关。伴随着社会体制和社会结构的整体性变迁，城市社会出现了一定程度的社会疏远、社会离散和社会失序。面对单位制弱化后所产生的城市社会管理真空以及城市居民社会资本的下降与丧失，社区越来越为政府所重视，由此出现了全国性的社区建设大潮。[①] 从我国城市社区建设的实践来看，我国城市社区管理体制改革大体上是以社区自我管理为基本导向。在社区自我管理过程中，由于普通居民的自我管理意识较弱和能力不足，社区自我管理更多地表现为一种社会精英管理。社会精英管理局面的形成，也大大促进了城市社会精英的崛起。

崛起后的社会精英分别属于不同社会群体的代表，在大多数情况下，对本集团利益的忠诚是他们在社区治理和公共参与过程中的首先考虑。基于此，城市社会精英在社区治理过程中，更多地表现为一种利益政治观，而非权利政治观。在利益政治观的支配下，社会精英不仅致力于与政治体系的结盟，而且精英自身之间也很容易形成了比较稳定的结盟关系。结盟后的社会精英具有相对大的社会能量，对整个社区社会生活产生着重大影响。他们不仅影响着社区公共政策的制定和执行，而且在某种程度上支配着社区中的弱势群体。这样，社会精英在追逐自己的利益过程中，就明显地处于一种有利的位置。通过这种有利的位置，社会精英不仅将社区居民在社区的利益分化固化，而且还使这种利益分化继续扩大。由此，精英的崛起，不仅没能改善城市社会的治理结构，反而使城市社会的矛盾加剧，近几年被广泛讨论的城市中的“仇富”、“仇官”现象既是如此。

---

① 夏玉珍、李骏：《社区组织体制创新刍议》，《华中师范大学学报》（人文社会科学版）2003年第3期。

三、城市居民社区参与意识的增强与参与困境

我国城市社区建设的基本导向为社区自治。所谓社区自治，根据我国《宪法》和《城市居民委员会组织法》规定，社区自治是指在社区内实行民主选举、民主决策、民主管理、民主监督，并逐步实现社区居民的自我管理、自我教育、自我服务、自我监督。当前，在社区自治推进的过程中，由于国家与社会在社区中的力量对比关系不是等值互补的，即社会自主性和独立性的发展程度不单纯由国家权力从社会中退出的程度决定，它在很大程度上取决于社区居民的社区意识。居民的社区意识，不仅要靠社区参与来表现，而且也要靠社区参与来培养。

居民的社区参与主要是指社区居民参与社区公共事务及其活动的过程和行为。从当前我国社区建设的实际情况来看，我国居民的社区参与正呈现出良好的发展态势，也取得了可喜的成就，参与的渠道有所拓宽，参与的形式和内容也得到了前所未有的扩展。从参与渠道来看，除了三年一次的居民委员会选举外，日常议事和决策的参与制度也有所完善。北京、上海等地的居民委员会已经开始由居民直接选举产生。沈阳、武汉等地在社区内普遍建立了由社区居民和驻社区单位代表组成的社区成员代表大会，每年定期召开会议，讨论决定社区内的重要事项。从参与内容和形式来说，居民不再只是被动地响应居委会的号召、执行居委会的决定，已经可以通过自己的代表参与到社区政治、经济、文化等事务的决策中来。①

随着居民社区参与内容的拓宽、参与程度的加深和参与人数的增多，社区居民逐渐形成了一种社区参与的权利意识。他们不仅将社区参与视为自己应有的权利，而且还将社区参与看作实现自己在社区中的利益的重要途径。然而，现实是社区居民社区参与的内容虽然广泛，但主要还是局限于出席居民会议、楼院卫生清扫、文体健身等一般性社区活动；社区居民社区参与的程度虽然在加深，但在社区政治参与上，参与的程度仍然很浅，主要是参与社区居民委员会和各级人大代表的投票选举，对于他们非常希望能参加的社区政治活动，例如，社区公共决策与管理、社区权力监督等，他们很少能够参加；社区居民社区参与的人数虽然在增加，但社区参与率仍然很低，经常参与社区活动的主要是一些社区精英和少数老年人，相当多的社区居民尤其是中青年居民很少参与社区活动。显然，社区居民社区参与的这种现状是无法满足社区居民的权利要求的，也正因为此，当前我国城市社区存在着一种参与危机。

---

① 窦泽秀：《社区与行政——社区发展的公共行政学视点》，山东人民出版社2003年版，第269页。

所谓参与危机指的是这样一种情形，参与的需求总是产生于社会矛盾和社会冲突多而严重的时期。这时，如果不开启参与的大门，社会矛盾得不到解决且会日积月累从而酝酿出更严重的危机；但如果开启参与的大门，以诸多社会矛盾为基础的参与行动往往会以不可控的方式和力度冲击试图为它提供空间的体制，严重者会造成社会动荡。① 当前我国城市社区就存在着这么一种现状：一方面，在城市社区建设过程中，国家由于财力有限，希望社区能够自给自足地提供一些公共物品，同时国家在"单位制"解体后也希望将自己的权力转移到社区，扩大其在社区的影响，所以，国家希望能动员社区参与；另一方面，由于传统体制的惯性，也由于害怕社区参与会带来工作压力甚至是社区失序，国家又往往不愿或者不敢扩大社区参与的范围、程度和人员。

中国城市社会的新变化以及由此引发的新问题，极大地改变着城市社会管理的微观基础，使得城市社会传统的管理体制难以为继。由此，自20世纪90年代中期开始，中国城市社会管理体制开始了以社区建设为主要内容的应对性改革。

社区建设，目的是要达到城市社会的治理与善治。具体而言，社区建设一是要解决自主型社会形成后的城市社会整合问题；二是要解决自主型社会兴起后城市社会政策的合法性问题；三是要解决城市社会精英崛起后的社会公正问题；四是要解决单位制解体后城市居民的参与危机问题。

社区建设是由社区服务发展而来的。20世纪80年代开始，为了适应社会转型的要求，全国各地城市普遍开展了社区服务活动。社区服务的普及和深入直接带动了各项社区事业的发展，如社区治安、社区文化等。这就出现了社区服务概念过于膨胀，"名不副实"的现象，从而需要一个更加宽泛的词汇来概括社区整体工作，以利于社区全方位发展。在这种情况下，90年代初期，学术界和政府有关部门借鉴国外"社区发展"的基本理念，结合中国的客观实际，逐渐形成了社区建设的概念。由此，人们一般认为，社区建设是指20世纪90年代中期以来，国家民政部主导的，依靠社区力量，利用社区资源，强化社区功能，解决社区问题，促进社区发展的过程，是对社区工作的总体概括，也是社会资源和社会力量的整合过程。②

社区建设由民政部发动推进。对于社区建设，民政部的定义是："社区建设是指在党和政府的领导下，依靠社区力量，利用社区资源，强化社区功能，解决社区问题，促进社区经济、政治、文化、环境协调和健康发展，不断提高社区成员的生活水平和生活质量的过程。"从民政部对社区建设定义来看，中国城市社

---

① 孙立平：《博弈——断裂社会的利益冲突与和谐》，社会科学文献出版社2006年版，第221页。

② 本书对社区建设概念的说明，主要是参考了唐忠新先生的基本观点。关于社区建设的兴起、展开和含义，可参见唐忠新：《中国城市社区建设概论》，天津人民出版社2000年版，第62~73页。

区建设的前提是党和政府的领导，目的是解决城市社区问题和提高社区居民的生活水平，方式是依靠社区力量、利用社区资源和强化社区功能，重新构建国家管理社会的体制和机制，实现社会的协调发展。至于如何整合社区资源，民政部个给予了地方充分的自主权。

在政策应对上，人们或者提出“小政府、大社会”的改革思想；或者呼吁加强基层政府的行政能力，实现对底层社会的全面整合；或者要求建立“社区行政体”以维持社区稳定；或者主张建立“社区自治体”以促进社区发展。正是在这样的背景下，作为城市社区建设主管部门的民政部于1998年开始在全国选择了26个国家级实验区进行城市社区管理体制改革的探索，并取得了一定的经验。2000年11月，中共中央办公厅转发了民政部关于在全国推进城市社区建设的意见的文件。目前，城市社区建设正以前所未有的速度在全国推广，城市社区建设广泛而深入的发展，必然会引起城市社区治理更为深刻的变革。研究社区建设过程中产生的一系列新的城市社区治理理论与实践问题，探讨如何通过社区建设来落实社会建设，实现社会和谐，是本书接下来要探讨的主要内容。

第二节 发展社区自治改善社区治理

城市社区建设是在单位制解体后，传统的城市社会管理体制难以为继的制度背景下展开的。从城市社区建设的基本模式来看，社区建设有两种基本导向：一是行政导向，即强化基层政府功能，主要运用政府及其所控制的资源进行自上而下的社会整合，并形成“新政府社会”。[①] 最典型的是20世纪90年代上海提出的“两级政府、三级管理、四级落实”。这一做法为北京、石家庄等地借鉴和引用。二是自治导向，即强化基层社区的功能，主要通过建立社区自治组织进行社会整合，并形成“社区制”社会。最典型的是“沈阳模式”和“江汉模式”。[②] 不过，随着改革的深入推进，政府与社会逐渐意识到，发展社区自治更有利于社区治理的改善，于是社区自治逐渐成为城市社区建设的目标导向。

---

① “新政府社会”不同于“单位制社会”，也不同于“社区制社会”。在这一社会模式下，社会资源更多地集中于地方，特别是基层政府组织，社区只是落实和完成政府任务的基点。参见上海社会科学联合会等：《上海社区发展报告（1996～2000）》，上海大学出版社2000年版。

② 关于城市社区建设的两种基本导向，也有不少学者认为中国社区建设改革实验存在三种模式，即行政体、半行政半自治体、自治体。其实，半行政半自治体主要是强化政府的派出机构街道而不是居民的自治组织社区居委会的各项职能，所以仍属于行政导向。参见张立荣、李莉：《当代中国城市社区组织管理体制：模式分析与改革探索》，《华中师范大学学报（人文社会科学版）》2001年第3期。

从具体过程来看，社区自治是在基层党政组织领导下，通过构建相关制度安排，保障社区居民参与社区事务的权利，从而最大限度地调动社区居民积极性与主体创造性，使城市社会获得一定的自治空间。从具体内容来看，社区自治主要表现为居民参与社区的民主选举、民主决策、民主管理和民主监督。

一、民主选举

选举制度是社区居民参与社区管理最为主要的形式和途径之一，也最能体现社区自治的精神。中国城市社区自治改革的第一步也是从选举开始的。相较于村民自治，城市社区选举的改革相当晚近。可以说，在新中国成立后的相当长时间里，中国城市居民既没有真正意义上规范选举，也没有直接选举的经验。① 尽管早在1989年12月就颁布了《中华人民共和国城市居民委员会组织法》，但是，真正的大规模社区选举改革却发生在1998年。② 目前，中国城市社区的民主选举主要有两种形式：由居民代表进行的间接选举和社区中所有居民都参与的直接选举。

中国城市社区居民委员会的选举最初由少数代表进行，这些代表主要由街道任命而不是由居民选举产生的。居民代表一般由居民小组组长、楼长、党员、社区活动积极分子和社区范围内企业单位的代表组成，规模一般为50～125人，其中80%是妇女。1998年夏天，在山东省青岛市四方区有两个居民委员会进行了全体居民的直接选举，选举产生了居民委员会的成员。这是到目前为止所知道的第一个城市社区直接选举改革，这个改革也就迈出了中国城市社区居民参与社区民主选举的第一步。这是一个标志性的事件。此后，在上海、南京和广西等地，社区直选都取得了很大的进展。2001年广西在南宁、柳州、桂林以及武鸣进行了较大范围的城市直接选举的试点，总结出了许多的经验。就是在这样的基础上，2002年中国城市社区的直接选举开始出现了大面积的普及，并取得了重大的进展，这极大地推动了城市社区自治的发展。

中国城市社区选举改革由政府主动推动，旨在通过发展城市社区群众性自治组织来改善社区治理。根据《城市居民委员会组织法》第八条规定，社区居民委员会选举可以在民主原则下采用三种不同的选举方式：一是全体有选举权的社区居民一人一票直接选举；二是每户派代表选举；三是由居民小组选出代表，然后由居民小组召开代表会选举。政府主导的社区选举，在客观上也提高了城市社区

① 李凡：《中国选举制度改革》，上海交通大学出版社2005年版，第28页。

② 张涛、王向民、陈文新：《中国城市基层直接选举研究》，重庆出版社2008年版，第120页。

的民主意识和选举技能。在实际选举活动，社区创造性地发展出了多种选举模式。

武汉市江汉区的“两推一选”在当时就是较为典型的代表。从第二届社区居民委员会的产生开始，武汉市江汉区就采用了“两推一选”的选举方式，即推荐户代表，推荐居民委员会成员候选人，然后由户代表直接选出社区居民委员会各个职位的成员。

上海浦东潍坊的“公推直选”也较有特点。上海潍坊（街道）从20世纪90年代中期起，就一直致力于居委会民主自治的探索，特别是在民主选举方面，一直走在上海市的前列。1999年6月，源竹居委会成为浦东新区居委自治管理体制改革试点居委之一，采用“直选”方式进行选举。2000年9月，在上海市第六次居委会换届选举中，潍坊社区（街道）共有24个居委会中的14个采用了“直选二步法”的形式进行选举。2003年，在市七次居委换届中，20个居委会采用“海选”的方式进行选举，“海选”比例达80%。2006年，潍坊社区（街道）27个居委会全部采用“海选”方式进行选举，“海选”比例达到100%。[①] 2009年，潍坊社区（街道）为了保证选举的成功率，避免选举投票的盲目性和分散性，在此前海选的基础上探索出“公推直选”的选举方式，即先由全体选民公开投票推荐初步候选人，然后由党组织根据量化民意，对得票最高的初步候选人进行考察后，产生正式候选人，最后依法定程序选举产生社区居民委员会。

此外，在候选人产生的方式上，青岛市的“联名推荐”、广西壮族自治区的“公推自荐”、深圳和沈阳的“选民与街道分别推荐”、广州的“联合提名、协商产生”、北京的“选民直接提名海选”等也极大地丰富了社区选举的模式。

日益丰富的社区民主选举无疑是中国城市社会的一种新现象。社区民主选举的发展对社区治理的改善起到了明显的效果。

首先，通过民主选举，社区管理组织和管理人员的合法性逐渐提高。以民主选举的形式产生社区管理的组织与人员，相对于传统的社区管理，其进步意义有二：一是改变了社区管理组织和管理人员的产生方式，由过去街道党工委说了算改革为街道与社区共同决定；二是将竞争引入到了社区管理人员的产生过程之中。由此，社区管理组织和管理人员的产生在很大程度上由作为选民的社区居民决定。通过选举，社区居民不仅加深了对社区管理组织和管理人员的了解，而且也增强了对社区管理组织和管理人员的信任。社区民主选举的意义，除了是要在单位制解体后重新构建社会管理组织和管理人员外，更重要的是为社区居民创造了解新的社区管理组织和管理人员的机会，进而提高社区管理组织和管理人员的

① 浦东潍坊社区：《公推直选一步法民主选举创新法》，人民网（新闻论坛），2010年1月7日。

社会认同。有了居民的认同，社区管理组织和管理人员的社会整合效能就会大大地提高。

其次，通过民主选举，居民的利益表达得到了尊重。正如一位记者在相关报道中写道："如果民主与自己的利益相关，他们就热心参与；如果民主只是一项在上级规定时间内完成的任务，他们就不感兴趣。"① 居民参与社区选举，通常也是基于某种利益的激励。选民总是力图选出能代表自己利益的社区管理者，这就是选民理性。理性的选民在选举前总要就与自己利益相关的问题向候选人提出询问，候选人通常也需要对选民的问题做出解释或承诺。社区选举时期，往往是选民表达利益最为集中也最受尊重的时期。通过民主选举，选民表达了利益要求，尽管这种要求在当选者今后的管理中未必能得到落实，但其至少是给社区居民表达心声和宣泄情绪提供了平台和机会，在社区中起到了情绪纾解和关系构建的作用，这无疑是有利于社区治理的改善和和谐社区的构建的。而且，如果当选的社区管理人员漠视或者无法兑现竞选时对选民的承诺，在下一次社区选举时往往很难当选。例如，许多居民都知道沈阳市铁西区有一个居委会曾经通过居民选举而被选下去，因为它未能解决与居民利益密切相关的问题——居民的供水问题。②

最后，通过民主选举，社区管理人员治理社区的能力明显增强。不可否认，当前社区问题主要是城市社会新变化所带来的新问题，但问题为何长期难以解决呢？一般来说，原因无非：一是以中老年女性为主体的社区管理人员办事软弱；二是管理方式传统和简单，较少考虑居民利益；三是以权谋私；四是管理干部内部不团结，争权夺利，拉帮结派，难以形成管理合力。上述原因不仅使得社区问题长期难以解决，而且还会引起社区居民的强烈不满。可见，尽管社区问题与城市社会的新变化密切相关，但社区管理人员治理社区问题的能力不强恐怕也是社区问题长期难以化解的一个很重要的原因。以民主选举的方式产生社区管理人员无疑是找到了一条切实可行的解决问题的办法。因为实践多次证明，由街道党工委任命的社区干部，不仅不能解决社区问题，反而会增加社区居民对政府的不信任感。而民主选举的社区管理人员：一是自身的能力强，做事思路清晰，工作较有章法；二是得到了社区居民的支持，工作较有威信；三是作为社区居民心目中公认的好干部，不仅工作的积极性较高，而且工作起来也大公无私，公平合理。有了上述三条，社区管理人员在社区基本上没有解决不了的问题。可见，选举不是目的，目的是通过民主选举的方式让有能力的人进入社区管理干部队伍，从而

① 《南方周末》2000 年 3 月 24 日。

② ［德］托马斯·海贝勒、君特·舒耕德：《从群众到公民——中国的政治参与》，张文红译，中央编译出版社 2009 年版，第 157 页。

提高治理社区问题的能力，实现社区的和平与稳定。人类社会民主发展的历史也表明，民主最大的作用在于创造并维护和平和稳定。①

二、民主决策

民主的过程也就是决策者不断听取民众意见并使之转化为政策的过程。在社区，由社区居民采用民主的形式决定社区内的重大事宜，是社区自治的重要体现。在进行体制改革之前，城市社区的居委会实行的是一种“委员会制”，形式上属于团体决策，但实质上居委会主任集决策权与执行权于一身。体制改革后，社区的自治权力获得了极大提升，社区自主管理的事务空前膨胀，居委会仍兼具决策权和执行权的体制显得既不科学，也不民主。于是，我国城市社区根据社区自治的要求，普遍确立了三层决策体制。

最高层是社区代议机构，它是社区民主决策的主要机构，一般决定的是社区的重大事项，如审议和通过本社区的发展规划。根据《城市居民委员会组织法》的规定，社区代议机构包括三种形式：一是全体 18 周岁以上的居民组成的社区居民大会；二是户代表会议；三是社区居民代表大会，由每个居民小组选举代表 2~3 人参加。

中间层是社区协商机构，它是社区决策的日常机构，一般决定社区较为重大的事项和突发事件。社区代议机构作为最高的权力和决策机构，无论以哪种形式出现，其组成人员都比较多，召集会议很不方便，因而，在社区代议机构之下设立一个常设机构以便对社区中若干事宜及时作出决策就势所必然。社区协商议事委员会就是在这种情况下产生的。因此，城市社区自治组织体系的一个重大变化，就是普遍设立了权力机构的常设机构——社区协商议事委员会。社区协商议事委员会作为常设机构，在居民会议没有召开的情况下，就要代行居民会议的决策权，因而，它是城市居民民主决策的一个重要主体。当然，社区协商议事会的决策权限不能等于社区代议机构的决策权限。代议机构是最高决策机构，负责对重大问题进行决策。社区协商议事会作为权力机构的常设机构，无权对重大问题进行决策，其所具有的决策权必须要居民会议授权并向居民会议负责。

第三层是社区居民委员会。本来按照现实的制度设计，居民委员会没有决策权，但事实上，社区居民委员会也拥有相当的决策权，特别是一些非常琐碎的日常工作，如果由代议机构或协商机构形成决策，然后由居委会执行，将会极大地增加管理成本，降低管理效率。这从笔者的一次调研经历中可以清楚地看出来。

① 蔡定剑：《民主是一种现代生活》，社会科学文献出版社 2010 年版，第 168 页。

有一次笔者到武汉市一社区做调查时，正逢社区一居民到居委会办公室质问为什么社区取消了他的低保资格，居委会主任找个理由将他打发走后，笔者询问了社区低保名单的决定过程。居委会主任说一般是由居委会和党支部集体讨论，最后由居委会主任集中讨论意见，形成决策。他还说，“决定由谁享受低保，谁不享受低保，是一个扯皮的事情，如果是通过社区成员代表大会或协商议事委员会来解决，那就只有天天都开这样的会议，那我们其他工作还做不做?”而且，社区自治组织构架体系的重大变化，就是我国城市社区普遍改变了传统的居民委员会议事层与执事层合为一体而实行居民会议及社区协商议事会议事、社区居民委员会执事的做法。关于社区居民委员会是否是决策的主体之一，目前理论界与实践界存在不同的认识。笔者认为，在议行分设的体制下，社区居民委员会仍然是社区决策的主体之一。其原因是社区存在着大量的日常事务，对于这些事务，不可能事事、时时由社区居民会议或社区议事协商委员会决策、拍板，这就要求作为工作机构的社区居委会来直接处理、决策。对于民主选举出来的社区居民委员会来说，其决策实质体现的是一种社区居民对决策的间接参与，问题在于，社区居民委员会必须改变原来的围着上级政府的命令转、对于社区事务只是由少数居委会干部特别是主任等个别关键人物来拍板决策的现象。

近年来，随着基层民主政治建设的不断深入，在社区重大事务民主决策方面取得了长足的发展，并逐渐创造出了听证会、居民论坛等民主决策的形式。

社区民主决策的推行也在一定程度上改善了社区的治理。

首先，通过民主决策，社区服务的质量和满意度明显提高。长期以来，在为人民服务的宗旨与口号下，政府总是替民作主，其结果不可避免地出现了高价的公共服务、强制性公共服务、错位的公共服务等现象。实行民主决策后，社区居民的需求可以在决策之前或决策过程中充分表达出来，有利于以社区居民需求为导向的公共服务政策的产生与推行，大大提高了社区居民对社区服务的满意度，从而有利于社区治理的改善。

其次，通过民主决策，社区居民的社区认同感逐渐增强。民主决策的好处有二：一是通过民主决策，社区居民对社区的政策和文化有了直接的经验认识和实际体会，这有利于社区居民对社区公约、政策等的遵守；二是通过民主决策，社区居民对社区政策和文化具有了一定程度的认同，社区政策和文化从此内化于社区居民的心中，这有利于社区共同体的构建。

再次，通过民主决策，社区居民学到了民主和法治的经验，逐步养成了自我管理的公民道德。社区是居民参与公共生活和公共事务管理的天然实验场所，社区民主理念及相应的民主决策制度的设计为居民进入并影响社区公共政策的制定与执行过程开辟了广阔的空间。当前，在民主理念已经为居民所熟悉，以民主的方式思维和生活逐渐成为居民的一种习惯。

总之，通过民主决策，社区居民以社区为依托，对政府提出意见、建议、批评及与政府协商成为一种现实，这有利于社区治理的改善。

三、民主监督

民主监督主要是社区居民通过提出建议和批评促使社区工作人员改进工作。社区民主监督最初的做法是把居民关心的热点问题、难点问题和涉及居民切身利益的公共事务，例如，低保户的评定及其办理程序、社区财务等，及时向居民公开，并在此基础上逐步制定《社区居委会“居务公开、民主管理”工作制度》和《社区居委会“居务公开”工作检查制度》，对“居务公开”的内容、程序、时间、方式、监督主题和监督形式进行制度规定。

通过不断探索，目前大多数社区已经构建起相对完善的监督体系，这些监督体系主要包括：①民主测评。即社区居民或居民代表对社区自治组织（主要是居委会成员）或政府工作人员的工作情况进行民主测评，并给出定性的评判结果的监督方式。②居务公开。即居委会在办理社区各项公共事务和公益事业时，应将工作内容、办事程序、工作结果和绩效评估等内容定期通过一定的形式在社区公布。③罢免。即社区居民大会或居民代表大会对不称职的居委会成员通过投票的方式决定撤销其任职资格。④服务公示制和承诺制。即政府部门和街道办事处在办理涉及社区和居民事宜时，应将各项服务的内容、程序、时间等在社区内公布，并对服务的标准和期限进行明确的规定。⑤民主听证会。即政府部门、街道办事处和社区居委会在讨论的基础上决定与社区居民利益密切相关的事项。

近年来，社区民主监督不断创新，北京西城区建立的社区民主监督委员会就是一个好的例子。民主监督委员会的做法：一是由居民按照一定程序推选民主监督员；二是实行一个事一个监督，一个事一个监督员或几个监督员；三是根据需要随时调整监督员的队伍和数量；四是主要对涉及社区居民利益的重大事项、社区发展规划、社区资金使用、重大活动方案进行评议监督。例如，针对老旧楼房，政府准备拨资金，为老旧楼房粉刷楼道；政府资金下来了，就要启动民主监督机构的工作，派出民主监督员现场监督工作，不允许偷工减料；刷完了，还要由民主监督员负责结果评估。政府办的实事，居民们如果不满意，就要改进。另外，社区专项公益资金都被用在哪里，花了多少，怎么花的，花得合适不合适，合理不合理。这些都是由民主监督委员会来负责审核监督。一旦出现问题，将由监督委员会提出调整和修正的要求，并重新启动该项工作。民主监督员们组成的民主监督小组还定期对社区居务公开进行监督检查。

通过民主监督，不仅使居民社区自治的权力得以有效体现，社区自治的治理模式落到了实处，而且使社区决策更加透明，实现了社区重大事项集体讨论解决，避免了“一言堂”，推进了社区干部党风廉政建设进程，解决了个别社区管理不民主、办事不公道、居务不公开等问题，切实维护了居民的民主权利，保证了公平公正，加强了社区居民和社区群干之间的联系，由此，社区群干的自信增强了，居民的幸福感也增强了，这在很大程度上也促进了社区的和谐。

四、民主评议

民主评议制度现在是很多社区都采用的一种民主制度，不过其源头可以追溯到武汉市的“江汉模式”。

武汉市“江汉模式”所构建的民主评议制度由内部评议和外部评议两种评议制度构成。内部评议制度主要是一种考核评议制度，一般一年举行两次，具体包括社区成员、社区协商议事委员会对社区居委会日常工作的评议和社区成员及社区成员代表大会对社区协商议事会成员的民主评价。社区成员对社区居委会的满意率低于60%或社区协商议事委员会2/3成员投反对票的社区居委会班子，应由社区协商议事委员会主持召开社区成员代表大会进行重新调整。对不称职或工作有严重失误居委会委员，由社区协商议事委员会主持召开社区成员代表大会按照法定程序进行罢免或撤换。社区成员及社区成员代表大会满意率较低的协商议事会成员，可通过社区成员代表大会进行调整。

外部评议制度主要是一种保障评议制度，即保障社区自治免受行政权的干预。外部评议制度也是我们常说的“社区评政府”。根据评议对象，外部评议制度可划分为三个层次。首先是对社区民警和社区专干的评议，参评代表为本社区居民和驻社区单位代表。主要采用会议推选或联名提名的方式从社区党支部、居委会、协商议事委员会、成员代表大会、各类群体、中介组织中产生。评议的过程为社区民警和社区专干在评议会议上述职，与会人员提问或发表意见，填写测评表并进行无记名投票。参评代表投完票后，立即当场点票，并公布测评结果。按照规定，满意率达70%以上的视为满意，而不满意率达30%以上的视为不满意。评议结果在部门、街道运用，并在社区张榜公布。其次是对街道办事处工作的评议活动。参评代表的产生、评议的程序与对社区民警和社区专干的评议基本相同。评议结果被区政府运用，被评为不满意的街道将被定为区重点整治对象。最后是社区居委会主任参加全社区和街道对政府职能部门转变职能工作的测评会。

内部评议制度是社区自治运行机制的一个环节，在保障社区民主方面起到了重要作用。社区的外部评议制度彻底改变了社区居委会的角色，社区居委会已由政府在社区的“代理人”逐步演变为社区的“当家人”。民主评议的压力使各职能部门转变了工作方式，将工作重心下沉到了社区，社区居委会不再是这些职能部门的“腿”和“脚”。这在一定程度上保障了社区自治组织能专心于社区的公共事务和公益事业，真正实现社区的自我管理、自我教育和自我服务，从而有利于社区的和谐发展。

第三节　创新社区自治化解社区矛盾

从深层意义上而言，社区自治不仅仅只是一套涵括自治文本、自治组织、自治方式、自治组织人员、自治财政体系等侧重制度层面的社区自治框架，而更多的应该展现为实践、运行之中的社区自治活动。在这一意义上，社区自治是需要随着内外环境、资源和条件的变化而不断处于调适之中，自治内容、机制和形式也应逐步创新与拓展。结合实证调查材料和相关二手文献，笔者拟以近年来在城市社区基层民主领域涌现的、具有一定民主创新价值的社区自治新机制和新形式——社区对话、社区评议、社区论坛、门栋（院落）自治为研究对象，着重对这四种创新性社区民主机制和形式的起源、概况、运行过程、运作机制、绩效、不足等内容作出梳理与分析，从而提炼其为城市社区民主与自治提供了哪些创新性的路径、机制与方式，还存在哪些仍需进一步拓展的空间与方向，即对其民主的价值与限度作出解析。

一、社区对话

受制于城市社区民主的内外部资源、条件与机制，以社区居民委员会为组织载体的城市社区自治与基层治理与现有的法律精神和价值目标出现较大程度的错位与裂痕，社区行政有余而自治不足，社区居委会的自治功能乃至利益表达、社会沟通功能难以充分发挥，无法在政府部门与社区居民之间担当有效的沟通平台与渠道，政府部门的上情下达和社区居民的下情上传在社区居委会这一节点上未能实现有机贯通。在社会利益多元化、需求多样化以及社会问题、矛盾多发期的背景下，这一境况相当不利于政府的社会管理与基层治理，会导致一些社会隐患，必须适时探索有效的应对策略。为此，武汉市等地开始探寻政府与居民有效沟通的新机制和新平台，开创了“社区对话”这种居民自治的新形式。

（一）起源与概况

与其他基层民主的创新行动有所不同的是，社区对话从创建主体上看并不是以社区基层自治组织或社区居民为中心的，尽管从创建动因上看是社区基层治理及其困境所生发出来的，但是从发展动力和推力上看事实上是公共媒体介入并主动发起的结果。2003 年夏天，地处湖北武汉、创刊于 2001 年 11 月 18 日、湖北首份加长报、市民类日报、发行量稳居全省第二武汉前三位的《楚天金报》，在开展社区采访时发现：经常有市民向记者反映一些揪心的社区事务，如汉兴街常四社区几百户居民长期不能饮用自来水；台北街一些夜市排档油烟扰民，虽然多次整治但都没有好转；南湖居民区出行难，10 多年难以解决。为此，编辑部讨论后达成共识：不能再像以前一样只进行简单的报道，而要寻找一个新平台加强政府有关部门与居民之间沟通。2003 年 7 月 20 日，经编辑部运作，《楚天金报》邀请武汉市社区建设领导小组办公室、民政局有关领导到江汉区常青四院社区，就居民和社区群干反映的如何建立社区“883 长效管理机制”问题，同居民代表面对面交谈，当场就做出四项承诺。会后，这四项承诺一一得以迅速落实。如对话结束的第二天，汉兴街办事处就出资 900 元，买了两个垃圾桶，放在居民区附近。居民反映，自那以后就再没有出现乱丢垃圾的情况了；对话结束的 10 天内，武汉市自来水公司下属的二次供水公司的技术人员，已经三次到常青五院勘查，准备给常青五院的居民安装一户一表。公司技术人员要回了当地的管网图纸，开始对这里的管网重新进行规划和预算。这次策划活动的成功举办，标志着《楚天金报》的重要栏目——“社区对话”的正式启动。①

此后，《楚天金报》编辑部先后在武汉市城区全面开展社区对话。近 9 年来，已经成功举办了 100 多期。在武汉市城市社区建设“883 行动计划”② 开展的 3 年间，社区对话不断向武汉市各个社区深入。截至 2006 年，社区对话走遍了武

---

① 李霞：《“社区对话”——政府与居民沟通的新机制》，《社区》2005 年第 12 期（下）。

② 2002 年，武汉市七个中心城区 883 个社区全部完成社区划分。武汉市委、市政府领导十分清醒地认识到，社区建设是事关城市发展、人民生活环境改善的基础性工作。群众对社区建设到底有什么需求？在政府财力有限的情况下如何满足这些需求？在广泛征集方方面面千万条关于社区建设的意见之后，市民最急、最难、最烦的问题凸显出来，主要集中在四个方面：就业和社会保障、城市管理、社会治安综合治理、社会服务。为此，武汉市委、市政府出台了《关于进一步加强社区建设的意见》（武发［2002］15 号），提出用 3 年时间，按照先易后难和逐个创建的原则，重点推进社会保障、城市管理、社会治安综合治理、社会服务“四到社区”，用 3 年时间将 883 个社区建设成人民安居乐业的和谐家园。“意见”从武汉市实际出发，明确了进一步加强社区建设的基本原则、工作目标、主要任务和工作重点、工作步骤和方法，以及组织领导和督办落实的措施，是实施“社区建设 883 行动计划”的纲领性文件。之后，“883”成为人们对武汉市“社区建设 883 行动计划”的简称。2005 年 9 月 29 日，最后一批社区通过验收达标，创建达标社区总量达到 868 个。

汉市7个中心城区和一个远城区。社区对话涉及的范围和内容十分广泛，既有社区环境问题，也有社区下岗失业人员的再就业问题，还有其他涉及居民群众切身利益的一些具体问题，譬如社区泥巴道路改造、社区服务网点、噪声扰民、油烟扰民、治理乱收费、下岗职工再就业、拆迁户问题、农转非问题、子女上学问题、未成年人网瘾、特困家庭问题（医疗、低保、社保、就业、子女上学、买房等问题）、民工工资拖欠等，囊括了城市公共服务的方方面面。社区对话的参与人员来源广泛，有在职职工、下岗失业人员、社区负责人、市区政府及相关职能部门负责人、专家教授、外来务工人员、大中小学生等，来自城市各个利益阶层。社区对话满足了各个年龄阶段居民的需求，如老年人的老龄服务问题，中年人的下岗再就业问题、工资拖欠问题，青少年的外来子女上学问题、学生健康度暑假问题、未成年人上网成瘾等问题。社区对话议题所讨论的事情做到了“事事有回音”，大多数得到政府部门及时的回应，给社区居民带来了切实的利益。①

（二）运行过程

在议题来源上，社区对话的议题都是社区居民最关心、最迫切希望解决的问题。其来源方式多样，要么是居民直接向《楚天金报》反映，要么是居民向居委会反映或是居民直接向上级政府或职能部门反映，然后《楚天金报》和政府有关部门经过深入的调查分析，来确定对话的议题。议题一旦确定，在“社区对话”活动开展前向居民公示。

在参与主体上，社区对话包括两个层面的参与主体，即组织者和参与者。社区对话的组织者就是对话议题的确定者、对话活动开展的安排者，一般是区民政局、政府职能部门、街办事处或社区居委会。根据需要，有时是某一部门组织，有时是多个部门联合组织。社区对话的参与者就是对话议题的利益相关者，包括政府有关部门及负责人；社区居民代表，包括外来人口、下岗职工、残疾人、老年人等；《楚天金报》的有关人员。居民可以积极自愿地参与，但由于受时间以及地理空间和其他因素的限制，目前每期“社区对话”的居民参与人数基本保持在20人左右。

在实施过程上，其基本程序和过程是：首先由主持人宣布对话的议题、规则，然后由居民围绕议题陈述自己的看法与意见，再由省、市、区或街道办事处及政府相关部门做出明确答复或投票表决，现场能答复的问题现场给予解决的方

① 朱华桥：《社区对话：解决居民问题“面对面”》，《社区》2005年第6期（下）；李霞：《“社区对话”——政府与居民沟通的新机制》，《社区》2005年第12期（下）；熊光祥、陈伟东：《社区对话为政府公共服务导向》，《社区》2007年第1期（上）；艾卿、胡彩丽：《推广“社区对话”十一五武汉社区建设将提速》，《楚天金报》2006年4月2日。

法，现场不能做出答复的问题，限期3天之内给予居民明确的答复；做出答复后，分别明确相关部门限期落实解决，并在居务公开栏公开承诺，使对话做到谋利于民，取信于民。①

（三）运作机制

从运作机制上看，社区对话在推行范围、牵涉主体、运作空间等方面都超越了社区的地理阈限，借助于社区对话这一民主、参与新机制，微型社区与基层政府及其官员、公共媒体乃至中高层政府（一般不是直接的联系而是以法律法规政策等面目出现）等更多、更广的社区治理的影响力量勾连起来。这对社区民主的拓展与发展、社区治理的创新与改善甚至城市基层社会治理水平和绩效的提升等都是有较大助益的。

其一，社区对话为政府与居民之间的社会沟通提供了一个新型、有效的平台与机制。由于政府治理层级精细化、政府官员与社区居民的政治距离较远以及政府面对部分基层公共事务的被动性等原因，社区居民一般难以与政府部门实现直接、面对面的沟通与交流，政府部门也无法第一时间获得基层群众的公共需求、意见建议等信息，社会沟通容易出现不畅通、不准确的情形。其主要表现有：因为居民见不到政府部门的负责人，或者即使费尽周折找到了相关政府部门及其工作人员，政府官员和工作人员要么是摆官架子，要么是借口推脱，不能解决问题，导致政府与居民无法沟通，其结果是由于不及时沟通，政府一些好的政策措施居民不理解，也不配合，因此无法实施。② 尤其是在武汉市推行“883行动计划”过程中，一些堆积多年没有得到解决的热点、难点问题，逐渐集中暴露出来。这些问题往往都是居民普遍关注的，也是政府一直在努力解决、而因种种原因没有根治的困扰城市发展的问题，因而相关政府部门、党政领导也对解决这些问题有很大的决心。社区对话活动的兴起与推行，在政府部门和社区居民之间搭建了一座沟通的桥梁，为许多社区难点和热点问题找到了一个很好的实现机制。

其二，社区对话极大地提高了以各级政府部门为依托的政治管理层与以基层社区和社区居民为主题的社会生活层之间信息传递的真实性、及时性和有效性。以前，群众呼声向上反映的过程中，反映问题的层次、环节太多，到上面政府这一环节信息就逐渐减弱，反映的问题也变了样。同样，上面的政策在往下传达的过程中，你减一点，我减一点，信息不断衰减，结果老百姓不了解，造成了政府与居民沟通时矛盾重重。而“社区对话”是政府与居民直接的面对面的对话，政

①② 李霞：《“社区对话”——政府与居民沟通的新机制》，《社区》2005年第12期（下）。

府当场拍板，政府当场解释党的政策，有效克服了信息传递“失真”问题。[①] 一位参与过社区对话的政府负责人说道，“在没形成对话机制之前，我们派专人翻报纸，媒体报道一旦涉及本部门管辖范围内的问题，就被动地去解决，说实话，我们那时非常怕媒体。社区对话开后，我们对媒体的信任增强了。”汉阳区委宣传部部长李开洪也表示，“通过半年的努力，目前，汉阳区居民到省市政府上访的少了，各家媒体对汉阳的负面报道减少了。这证明对话收到实效，解决了百姓的实事，群众怨气少了”。武汉市委副书记殷增涛将社区对话界定为一种民主机制、下访制度，指出社区对话的推出实现了四大转变：变“对立”为对话；变上访为“下访”；变官民之间“面对背”为“面对面”；变“现场办公”为长效、日常“沟通”机制。[②]

其三，社区对话构建了一套政府回应居民需求和意见的制度化方式，改进了政府的工作机制，促进了政府职能转变。在社区对话活动开展中，政府主要采取了两种回应社区居民需求和意见的方式：一是社区对话讨论主题所牵涉到的相关政府职能部门在同级党委政府的支持下或在上级政府职能部门的牵头下，联合其他相关部门，共同协调解决和妥善处理社区居民提出的问题、反映的困难；二是对于一些经济社会发展过程中涌现出来的新问题，现有法律法规政策又没有关照到，对居民的日常生活影响又较大，低保、优抚、社区减负及一些社会事务等，参与对话的政府部门努力向上级政府部门反映和呼吁，发挥下情上传的作用，积极推动社会政策的修订与调整。[③] 通过社区对话活动的激发，政府部门的主动性与创造性得到充分的调动。正如社区工作者们所说：“在社区对话之前，很多机关单位不管社区能否承受得了，很多事情都派到社区，结果一些事情难以顺利推行。社区对话之后，他们主动来社区的次数多了，面对面地为居民服务的次数也多了。社区对话解决了多年难以解决的居民反映强烈的难题。”实地调查发现，在每一期社区对话中，针对居民群众提出来的具体事情，有关领导都会当场表态，对其中一些应该尽早解决的问题当场拍板，限期解决。

其四，社区对话展现为政府部门、公共媒体与社会公众三个行动主体之间的观念、利益博弈的过程，是三者在博弈过程中形成的相对均衡的制度安排与结果。首先，社区对话是公共媒体与社会公众之间博弈的结果。《楚天金报》与社会公众利益博弈的焦点在于实现报社与公众之间的利益均衡。具体地说，就是《楚天金报》通过关注和解决涉及公众切身利益的问题来赢得公众对它的接受和认可，以便在激烈的行业竞争中生存和发展。其次，社区对话是政府部门与公共

① 李霞：《“社区对话”——政府与居民沟通的新机制》，《社区》2005 年第 12 期（下）。
② 文慧等：《专家学者热议“社区对话”》，《湖北日报》2003 年 12 月 28 日。
③ 朱华桥：《社区对话：解决居民问题“面对面”》，《社区》2005 年第 6 期（下）。

媒体博弈的结果。政府部门与公共媒体之间博弈的焦点在于寻求双方利益的均衡点，实现公共利益的最大化。作为社会公共事务管理者，政府的目标是实现公共利益最大化，这与媒体的追求是一致的。实现公共利益最大化，媒体必须均衡担当政府和公众的共同代言人。作为政府的代言人，媒体必须积极宣传报道政府的工作目标与成就，为社会发展营造良好的舆论氛围；作为公众的代言人，媒体必须表达公众的意见和要求，表达和维护公众的利益。最后，社区对话是政府部门与社会公众博弈的结果。政府部门与社会公众之间利益博弈的焦点在于实现政府管理目标与社会公众需求之间的平衡。从社会主义市场经济体制确立的过程中，出现了利益主体多元化、利益需求多元化、利益表达方式多元化以及不同利益主体之间的冲突与对抗，这些给我们的城市管理者提出了更高的要求。①

（四）绩效与不足

从社区对话近几年来的运行状况来看，社区对话毫无疑问取得了明显的成效。为此，《武汉市社区建设工作研究报告》和《武汉市“十二五”社区建设规划》在总结武汉市“十一五”期间城市社区建设的主要成效时指出，“‘十一五’期间，我市积极探索和创新居民自治的有效形式，动员和组织居民群众参与社区事务的管理。在完善落实居民自治制度的同时，通过开展社区论坛、社区对话，建立社区社会事务听证会制度等民主实践活动，充分调动广大居民群众参与社区事务管理的积极性，促进了社区居民的自我管理、自我教育、自我服务。”

其一，社区对话建立多种形式社区居民利益表达机制，有利于收集居民需求信息。② 政府公共服务的直接受益对象是普通居民，普通居民的直接需求是政府公共服务供给的导向。如果居民需求信息不能有效传递到相关政府部门中去，就可能造成公共服务的无效供给，要么过度供给造成公共服务资源的浪费，要么供给不足，引发居民的抱怨。“社区对话”的议题内容与居民需求保持高度的一致，使政府可以又快又准地收集居民需求信息，安排公共服务供给，满足社区居民的需求。在议题设置上，首先公布热线电话，让社区居民自发地反映自身的需求，然后由“社区对话”栏目的记者根据社区居民反映的实际需求，进行分类汇总，确定议题的时间、地点、议题内容和参加主体，在操作方式中，社区居民以“社区对话”现场为平台，面对面向政府公共服务部门反映自身的需求，这样一方面避免了信息在传递过程中的“失真”，另一方面也提高了政府收集社区居民需求信息的效率，提高了政府公共服务的针对性。

---

① 卜万红：《社区对话：一种非均衡的博弈》，《社会主义研究》2008 年第 1 期。

② 熊光祥、陈伟东：《社区对话为政府公共服务导向》，《社区》2007 年第 1 期（上）。

其二，社区对话激发广大居民参与公共决策的热情。① 一直以来，各级领导干部在与群众的沟通中，“占据很优越的传播者地位，具有操作性、强制性、主动性。”而在社区对话中，采用一切可能形式，营造各级领导与社区居民之间的平等地位。例如，在活动现场，我们打破政府部门开会分台上台下的形式，而是圆桌共坐。在发言时，也杜绝领导“一言堂”的形式，而是采取居民发问，政府领导解答的平等对话形式。通过这些努力，居民的积极性被极大调动起来。一些居民大胆地表达了自己的所思所想，甚至包括对一些基层政府执法人员的不满。在对话会中，居民代表也并没有一味刁难，而是发自内心地对政府部门的工作表达了理解和支持，并提出了大量创造性的建议。这反过来，也激发了参与对话领导的工作积极性。

其三，社区对话建立政府公共管理和服务以及社区居民寻求政府社会支持的有效平台。② 通过开展社区对话活动，社区成了政府部门服务困难群众、解决群众急难的有效平台，许多社区群众有问题就通过社区找政府、监督政府，社区发展成为一个有能力化解利益冲突、并由此实现利益大体均衡的和谐小社会。为保证“社区对话”渠道畅通，政府部门还经常下到社区及时了解社区居民的正当需求，同时开通社区建设“883 行动计划”点评热线，听取群众的建议和要求，保障“社区对话”工作能够按居民群众的正当所需及时、定期地开展。

其四，社区对话建立一套新的社会监督机制，推动了地方政府公共行政的科学化与有序化。③社区对话开辟了政府处理日常工作的一种崭新模式。自从社区对话推出之后，很多部门开始自觉地采用这一模式。比如武汉市江岸区政府对吉庆街进行整治时，就组织了十多个职能部门与社区居民进行对话，以取得居民的理解和支持。通过对话这种方式解决问题，对群众来说方便了；对干部来说，在办公室和广场跟群众对话有实质性的不同。在机关条件好，坐着谈舒服。在社区居委会小会议室里，有的没有空调，只有电扇。炎炎夏日，不多一会儿，对话双方就汗流浃背。听着居民代表更为苦恼的心声，现场对话的领导干部更能体会基层群众的心情。开完对话会，参与对话的领导再到社区现场看一看，走进居民家中，这样对群众反映的问题，就有了一个感性的认识，解决问题、做工作就更有紧迫感和针对性。

同时，武汉所开创的社区对话不仅仅在全城区范围内全面推开，而且也为其他许多地区所借鉴。2005 年 10 月 26 ~ 27 日，民政部、中国社会学会、京津沪等地派员来汉参加专题研讨会。通过研讨、学习和交流，社区对话被推向全

---

①③ 韩少林、范步、吴志远：《“三贴近”精神指导下的创新之举——“社区对话”活动回眸》，《新闻前哨》2003 年第 12 期。

② 朱华桥：《社区对话：解决居民问题“面对面”》，《社区》2005 年第 6 期（下）。

国。从 2007 年起，山东济南的《生活日报》就开始向社区挺进，在省内报纸中率先成立了社区新闻部，组建了山东省首个以年轻记者担纲的社区记者团队，创办了连通社区居民和政府部门的新闻专栏——“社区对话”。[①] 不过，尽管如此，社区对话又存在不少不足之处，其对于城市基层民主与自治的推动力也有着一定的限度。由于社区对话中的各方博弈主体力量不对等，这种博弈只能是一种不均衡的博弈，其运行过程中充满艰辛，最终导致基本价值的偏离。[②] 公共媒体是社区对话基本价值的守望者，在某些情形下也要做出一些让步；政府是社区对话中的强者。在社区对话中，政府掌握着话语权，处于强势地位，政府对社区对话的价值偏好及其变动直接决定社区对话的命运；社会公众是社区对话中的弱者。在社区对话中，公众作为博弈的一方，没有发挥应有的作用，始终属于弱势地位。

二、社区评议

考察政府与社区关系的应然与实然状态应该是有极大的理论与现实意义的。政府与社区法定关系的界定主要来源于《中华人民共和国宪法》（以下简称《宪法》）和《中华人民共和国城市居民委员会组织法》。从这些法律政策文本可以发现，政府组织与社区组织是两种性质根本不同的组织系统，它们是指导与协助而非领导与被领导的关系，两者在授权方式、职责权限、运行机制等方面有着巨大的差异。然而，纵览全国各地社区建设的实践来看，政府与社区的法定关系并没有得到有效贯彻与实施。政府与社区两类治理主体的关系远未理顺，政府及其职能部门仍然沿用传统的行政领导的方式指导社区建设，社区成为行政系统的附着物，充当着政策的具体执行者与落实者的角色，社区自治组织行政化倾向严重。目前我国的城市管理采用的是“两级政府三级管理”的模式，市政府和区政府是城市中的政权组织，它们负责对所在区域进行全方位的综合治理，而街道办事处是区级政府的派出机构，协助政府办理相关事宜并指导居委会的工作。但随着城市辖区和人口的扩大、政府职能的转变和管理中心的下移，街道办事处的职责权限不断膨胀，成为事实上的一级政府组织。与此同时，社区居委会也越来越变成街道办事处的“派出机构”，分担了上级政府下达的大量行政任务，而且居委会的工作经费和工作人员的任免、工资待遇等也日益受到上级行政组织的制约。这些都导致社区居委会不断偏离其群众性、基层性和自治性的特质，有形成

① 王金龙、李艳：《向社区挺进——写在生活日报“社区对话”100 期之际》，《青年记者》2009 年 10 月（上）；《专家评说“社区对话”》，《青年记者》2009 年 10 月（上）；《市民热议“社区对话”》，《青年记者》2009 年 10 月（上）。

② 卜万红：《社区对话：一种非均衡的博弈》，《社会主义研究》2008 年第 1 期。

行政性社区的倾向。

政府与社区关系是城市社区建设过程中的重点问题，也是一个很棘手的问题。武汉市江汉区作为全国 26 个国家级社区建设试验区之一，敢于创新，勇于探索，自 2000 年 2 月开始以体制改革为重点，以社区自治为目标的社区建设，以至于被专家学者和国家民政部界定为“江汉模式”。“江汉模式”的创新在于江汉区政府的“自我革命”，即改革基层管理体制，转变政府职能，构建监督约束机制，培育社区自治。政府职能转变是“江汉模式”的最大特色，其重要配套措施就是建构社区评议区、街道政府部门的考核机制。

（一）起源与概况

武汉市江汉区把政府与社区之间的关系定位于“指导与协助、服务与监督”的关系。从 2000 年 6 月下旬 ~7 月中旬，江汉区首先在公安、计生、文化、市容、环卫 5 个职能部门开展向满春、水塔、汉兴 3 个街道、社区转变职能的试点。各试点单位组建工作专班，深入街道、社区认真调查研究，充分听取街道领导和社区工作者意见，在此基础上制定具体的分权改革方案，并确保分解到街道、社区的职能落实到位。

2000 年 6 月 23 日，江汉区人民政府制定了《关于适应社区建设需要推进政府职能转变的意见（试行）》，专门增加了“建立社区评议街道和政府职能部门的考核监督机制”一项，这样就以制度的形式确定了社区民主评议政府的法律地位。2001 年 10 月，又颁布了《江汉区社区建设指导委员会关于开展社区自治组织评议政府职能部门和街道办事处活动的通知》。这些政策文本的主要内容是：①要求建立有关街道职能部门工作人员向社区代表会议述职制度和对职能部门工作人员考评制度，依法接受群众监督。区政府每年开展一次社区评议街道和政府职能部门活动。社区工作者和社区成员对政府职能部门、街道办事处的满意程度，应作为政府目标管理考核和公务员考核内容之一，作为单位、部门评先的重要依据，社区群众意见较大，评议排位靠后的单位和部门将被取消评先资格。②规定了评议对象、评议时间、评议内容、评议方法、评议的奖惩制度，其中特别强调，评议活动由区社区建设委员会办公室和区监察局联合组织，政府职能部门、街道办事处及社区居委会协助。③社区评议分为三个层次，评议街道、评议政府职能部门、评议社区专干。其中社区专干是放到社区里面评议的。

2001 年 3 月，江汉区进行了一次社区评议政府职能部门转变的测评会，这个测评活动对江汉区推动社区自治的发展起了重大的作用。2002 年 1 月 11 ~18 日，江汉区又进行了第二次社区评议活动。2003 年 11 ~12 月，江汉区开展了第三次社区评议活动，12 月 22 日，湖北电视台以汉兴街常四社区为现场，面向全国和全世界直播了此次社区评议活动。

（二）运行过程

（1）评议的组织机构。社区民主评议活动之前成立两大组织机构：一是社区建设指导委员会组建“社区民主评议工作领导小组”，统一组织本次评议活动；二是社区党组织和社区居委会组建“参与社区民主评议工作小组”，负责动员和组织本社区居民参与社区民主评议活动。

（2）评议对象。①街道办事处；②“一警四干”，即社区民警、社区计划生育工作专干、社区社会保障工作专干、社区外来人口专干和社区最低生活保障专干。

（3）评议主体。①街道办事处参评主体：一是本辖区各社区党支部成员、各社区居民委员会成员、各社区协商议事委员会成员和各社区成员代表大会成员；二是本辖区各社区中介组织（如腰鼓队、志愿者协会等）的代表；三是本辖区各社区残疾人群体、老年人群体、下岗职工群体、孕育妇女群体、外来人口群体等社群组织的代表；四是其他愿意参与的居民。②“一警四干”参评主体：一是本社区党支部成员、居民委员会成员、协商议事委员会成员和成员代表大会成员；二是社区中介组织（如腰鼓队、志愿者协会等）的代表；三是残疾人群体、老年人群体、下岗职工群体、孕育妇女群体、外来人口群体等社群组织的代表；四是其他愿意参与的居民。

（4）评议内容。评议的具体内容依据评议对象的工作职责和服务承诺制来确定。①街道办事处的评议内容：落实社区事务、财务、资产自主管理的情况；实施“883”计划的情况；落实社区工作经费、生活补贴的情况；机关工作人员廉洁勤政的情况；支持社区服务和解决下岗职工再就业情况；办理与社区居民密切相关的其他事宜的情况；街道办事处职能转变的进展情况。②社区民警的评议内容：服务态度；办理警务的效率和质量情况；接受居民求助的情况；警容风纪，廉洁自律的情况；社区治安防范网络建设的情况。③社区计划生育工作专干的评议内容：宣传和执行计划生育法规政策情况；提供优生优育服务和贯彻“三为主方针”情况；计划生育协会工作开展情况；社区计划生育工作进展情况。④社区外来人口专干的评议内容：服务态度；暂住人口登记、办证情况；出租房屋登记情况；社会“三无”人员控制情况。⑤社区最低生活保障专干的评议内容：服务态度；有关部门低保政策落实情况；办理低保过程中公开、公正、公平情况。

（5）评议方式。评议的主要方式是：①街道办事处主要负责人公开述职；②街道办事处主要负责人接受质询和回答提问；③发放民主测评表（表中有“满意”、“基本满意”和“不满意”三项，“不满意”项达到20%以上即视为评议未通过），参评人员自主做出评价；④公开统计结果和测评结果。

（6）评议过程。民主评议活动主要经过了以下五个阶段：①调查摸底和确定方案阶段。这一阶段包括成立社区民主评议的领导机构，安排评议工作经费，调查研究，制定社区评议工作方案、工作流程和工作人员行为规范，部署工作等。②宣传发动阶段。这一阶段主要是针对不同的对象确定不同的宣传内容、宣传形式和宣传重点，以提高社区居民政治参与的积极性，培育社区居民的社区意识和社区凝聚力。③推选社区参评工作小组和参评代表阶段。社区党支部、社区居委会、社区协商议事委员会分别推荐1名，社区成员代表大会推荐2~4名，组成社区参评工作小组；分别从各类参评主体中民主推选街道办事处和"一警四干"的参评代表。④受评组织和个人述职和接受质询，参评代表提问和填写测评表阶段。正式评议前，再次公告评议时间、地点和方式，公告评议大会的监票人、计票人和其他工作人员名单，制作评议所需的票箱、秘密划票间、统计牌、表格、会标等物品。正式评议时，按照严格和规范的程序（比照直接选举的流程）组织评议活动，保证评议活动的公正、公平、公开。⑤总结验收阶段。整理资料，建立档案，各街道对本次评议活动进行总结，区社区建设领导小组和各职能部门对评议结果作出相应的处理，并进行验收。

（7）评议结果的运用。①街道办事处评议结果的运用：第一，在各社区公告民主评议结果；第二，评议结果直接作为街道办事处年度目标考核的重要依据，凡在民主评议中被评为"不满意"的，在年度目标考核中不得被评为立功单位或先进单位；第三，对社区组织和居民提出的意见、问题和建议，街道办事处必须在15天内提出整改报告书，主动与社区组织协商，获得一致意见，并在以后的工作中认真加以整改。②"一警四干"评议结果的运用：第一，在本社区公告民主评议结果；第二，对民警的评议结果直接作为其年度目标考核的重要依据，被评为"不满意"的民警按规定给予调离培训、末位调整或者辞退等处理，对社区专干的民主评议结果直接作为下年度聘任的依据，对被评为"不满意"的社区专干不得聘任；第三，对社区组织和居民提出的意见、问题和建议，社区民警和专干必须在15天内提出整改报告书，主动与社区组织协商，获得一致意见，并在以后的工作中认真加以整改。①

（三）绩效与不足

对江汉区前三次社区民主评议活动的对比分析发现，在评议内容的丰富和

① 李海金：《政府与社区：关系调适与价值重构——武汉市江汉区第三次社区民主评议活动的调查与思考》，内部报告；李凡：《从江汉区的社区评议政府看社区民主的发展》，《背景与分析》第34期；张宝珠：《"民评官"：一个自下而上的社区民主监督机制》，《社区》2005年第12期（上）。

规范程度、评议程序的严密程度、评议主体和评议对象的范围等方面，每次都有较大的改进。第一次评议活动规模和范围都很小，只是由社区党支部、居委会、成员代表大会和协商议事委员会对街道办事处进行评议，而且评议结果也没有付诸实施。针对第一次的不足，第二次在以下四个方面有所改进：第一，时间提前。将社区民主评议放在政府目标考核之前，从而把评议结果直接用于年度考核。第二，扩大评议主体范围。除了社区主体组织之外，社区内的其他组织也参加进来，也有社区居民参与。第三，增加一个程序，即面对面的提问。受评组织和个人述职完毕后，参评代表可以提出问题或者建议，受评组织和个人要作出回答。第四，改进评议内容，使评议更加规范合理。而这次评议较之前两次又有很大改进，尤其是在民主评议的准备和摸底工作、评议内容的针对性和完善性、评议程序的规范性和合理性等方面都有很多提升和创新之处。从制度设计上来看，社区民主评议活动实质上包含了两个层面的意蕴。一是社区居民评议社区居委会体现了社区居委会这一群众性自治组织的权力归属与来源问题，开创了社区“自我监督权”的实现途径；二是社区居民评议“一警四干”，社区居民和社区内正式组织与非正式组织评议区、街及其职能部门，则是对政府监督机制的制度创新，开辟了一个民意表达的渠道，从而将自上而下的授权机制与自下而上的监督机制有效结合起来，增强了政府的权威性基础和合法性基础。

从社区民主评议活动的运行绩效来看，社区评议至少具有四大功能：一是制度互补功能，社区民主评议制度与其他制度存在互补关系，社区民主评议在内容和对象上的合理定位为街道办事处和“一警四干”的职能转变和服务承诺制的运行提供了合理性，同时街道办事处和“一警四干”的职能转变和服务承诺制也为社区民主评议制度的运行提供了基础和可能；二是信息整合功能，政府组织、公务员（包括社区干部等“准公务员”）作为公共服务者，其服务业绩如何，真正能作出合理判断的是公共服务受益者即居民；三是交流沟通功能，社区民主评议制度为街道办事处与居委会之间建立了一种横向沟通机制，增强了频次之间的信任度；四是公民发育功能，社区评议活动就是要通过建立制度化的居民参与机制，来增强居民的自主性，避免因政府组织的自主性或社区组织的自主性过强而削弱居民的自主性。[①]

① 陈伟东：《民评官　让居民成为公民》，《社区》2004 年第 4 期；陈伟东：《城市社区民主制度的创新——武汉市江汉区满春街长堤社区居民代表评议社区工作者的调查与分析》，《学习月刊》2001 年第 9 期。

三、社区论坛

社区公共参与的核心是政治参与，是指社区居民（和辖区单位）通过对社区公共生活的参与，影响社区公共事务的行为。社区公共参与的水平直接影响到社区自治程度和社区发展态势。武汉关社区论坛是由社区建设之前的一栋拆迁还建楼住户居民为改善楼栋公共空间的环境卫生而发起的门栋论坛组织的基础上发展起来的，它不是在政府主导下构建起来的，而是居民在长期的日常生活中，在社区精英的带动下自主自发成长起来的。这一论坛组织作为一种新的社区参与机制，通过社区居民的公共讨论和集中议论，激发居民对社区公共事务的共同关注，对社区自治的推动作用也是显而易见的。而且，它在构建城市公共空间和确立社区居民的公共性身份方面有巨大的开拓价值，其中也包含了某些自主型社会的雏形或公共领域的因子。①

（一）起源与概况

武汉关社区论坛兴起于1999年，萌芽于原临江居委会德兴村5号门栋。5号门栋是一栋拆迁还建楼，居住着15户50多位居民。大家住新楼却不改旧习，各家各户纷纷抢占楼梯走道和拐角处乱堆乱放杂物，生炉子，搞得一塌糊涂，邻里之间因此而相互指责、埋怨，破坏邻里关系。居民戏称这种现象为“进门脱鞋子，出门提裤子”，自家装修得漂漂亮亮，出门就搞破坏，不注意门栋公共空间的环境卫生。针对这种换新楼未换新习惯、重演乱堆乱放的坏习惯的现象，该门栋的一位居民（系居委会成员）就提议组织一次公共讨论会，共同分析这些现象的利弊，协商解决的办法。通过讨论，大部分居民认识到原来的一些坏习惯的害处，认为应该从自己做起共同搞好楼道卫生，清理楼道公共空间的杂物。结果居民不仅自己动手清理了堆放在楼道的杂物，炉子入户，有的居民还自己花钱买来花草装点楼道、阳台、窗台，在这一过程中也改善了邻里关系。5号门栋“由新变乱，由乱变美”的转变过程引起了社区干部和居民的深思，觉得这是一个讨论和解决社区公共事务的好办法。在以后的社区活动中，在社区一些老年人的推动下社区工作者就开始慢慢地采取这样一种公共讨论的方式，将原来的门栋内的讨论扩展到整个社区范围内，并扩大论坛参与对象的范围，论坛内容也从先前的人居环境到所有的社区事务和社区公共问题。

---

① 本节参阅了李海金：《公共参与中的社区生长——以武汉关社区论坛为例》，华中师范大学政治学研究院2005年硕士学位论文。

社区论坛自成立以来，就社区治安、环境卫生、油烟噪声、市场管理、社区低保、公民道德规范、邻里关系等问题举办了38场专场讨论。社区论坛坚持每月举行一次，并依照“重点问题集中议、个别问题单独议、热点问题公开议、难点问题反复议、紧急问题及时议”① 的原则，使论坛不断向深度和广度扩展。从目前的运行状态来看也有利于培育居民对社区的认同感和归属感，增强居民的社区意识，构建政府部门、社区主体组织、社会中介组织和社区居民等之间的良好合作机制，重构城市社会基层管理体制等都有着不可低估的价值。自1999年“开坛”以来就受到《长江日报》、《湖北日报》、《楚天都市报》、《楚天金报》、《中国社会报》等报刊的多次报道，并且多次受到市、区、街领导的好评②，中央电视台也曾经到社区采访社区论坛的参与者和组织者③。而且，在社会实践层面，武汉关社区论坛已经对所在的江汉区其他社区以及武汉市其他城区甚至全国其他城市形成了广泛而深远的影响。据悉，江汉区在万松、汉兴两街道共14个社区成功试行的基础上在全区13个街道114个社区和相关职能部门进行了推广。目前，该区13个街道已有“社区论坛”40多个。另外这一做法已于近日被中宣部收入《公民道德教育与实践100例》。④

武汉关社区论坛从兴起到现在共经历了三个发展阶段：

一是兴起阶段，从1999～2000年，是从萌芽状态的门栋讨论会向社区范围内正式的论坛组织的转化过程。这一阶段的主要特征是：讨论时间不固定，一般依据居民的反映和社区问题情况来确定；讨论主题一般是居民日常生活问题，这些事项一方面与政府部门关系不大，而且依靠社区组织和社区居民的力量就可以有效解决；参与人员相对较少也较为固定。

二是迅速发展阶段，从2001～2003年，社区论坛逐步走向规范化和制度化，也是其发展高峰。这一阶段论坛具备了相对固定的举办时间和地点，较为完善的组织形式和程序，参与人员增多，论题范围拓展，社会影响扩大。具体来说，①从论坛举办的时间和频次来看，从2001～2003年共举办了18次，2001年举办了10次，2002年举办了5次，2003年举办了3次，举办频次较高。②从论坛举办的地点来看，绝大部分都在社区居委会办公室。这一方面是由于社区论坛基本上都是由社区工作者召集的，另一方面也是因为社区空间狭小，社区范围内缺乏有利的公共活动场所。③从论坛的主题来看，议题比较广泛，主要有两个层面：

① 这是对原武汉关社区党支部书记江涛的访谈记录。

② 据《花楼街地方志》“社区居委会”篇。

③ 2002年3月17日，在社区论坛讨论“楼道受阻，环境卫生差”的过程中，中央电视台来社区采访，重点访谈了社区论坛的积极分子、区人大代表潘志萍和街道办事处主任。

④ 参见《长江日报》和《楚天金报》2004年5月8日的报道。

第一，社区范围内的公共事务和公共问题；第二，上级党政部门下派的工作事项，传达政府的意志并了解居民的需求和意见。具体来说，既有海鲜市场管理、楼道清理、环境卫生、邻里关系、家庭纠纷、社区工作机制等事务，也有行政咨询、宣传国家禁毒政策并讨论禁毒办法、批判“法轮功”和党政重大会议等政治性学习。④从论坛主题的来源与性质来看，论坛主题来自社区的 11 次，占总数的 61%，论坛主题来自上级政府的 6 次，占总数的 33%，1 次是街道和社区共同提议的，占总数的 6%；论坛中有 11 次是论社区事务，5 次政治学习，1 次行政咨询，1 次社区工作汇报；论坛来源与论坛性质之间不完全一致，有 2 次论坛主题来自上级政府，但论的却是社区事务。⑤从论坛参与主体及其特质来看，参与者主要有以下几类群体：社区居民，辖区单位代表，社区工作者，其他社区的社区工作者，人大代表，各级政府及其职能部门领导干部，媒体人员，学者。⑥从论坛参与人数来看，所有论坛参与者总数为 136 人；其中个体参与次数占论坛总次数百分比 40% 以上的总共有 13 人；论坛参与者以老年人为主，有 90% 的参与者是社区老年人。⑦从论坛的结果及其处理方式来看，除了上级党政部门的政治学习外，建议得到归纳和采纳并付诸实施的 6 次，建议得到采纳并部分实施的 1 次，没有形成明确决议的 3 次，没有提建议的 3 次。

三是转轨阶段，从 2004 年至今，社区论坛出现了一些曲折，论坛的参与者和组织者正在着手对其进行某些改革，为其进一步的发展寻找更有效的机制。这一阶段，社区论坛主要有三个大的变化：第一，论坛举行次数越来越少，2004 年只举行了 3 次，2005 年几乎处于停滞状态；第二，论坛讨论主题基本上都是上级政府部门安排的，讨论社区事务减少；第三，参与人员中社区居民越来越少，论坛也很难进行自由、自主、富有成效的公共讨论。

（二）运行过程

与社区建设的规划性和居民自治的政府主导性不同，武汉关社区论坛是社区居民在共同面对的公共事务处置过程中自主自发成长起来的。在其萌芽阶段居民们并没有很明确的目的，也没有很规范的议事程序和规则，只不过是为解决大家日常生活中的公共性问题而采用的一种方式。正如论坛的积极分子丁运安老人所言：“开始只是说要讨论一个问题，没有叫做论坛。正式地成立这个组织之前，也没有一个明确的目的。当时只是想，论坛作为一个平台，一个自治组织，能够解决居民的实际问题，为居民办点实事，当时还没有上升到提高居民的素质啊，形成一种社会影响啊，还没有提高到这样一个高度来看问题。只是居民中有些问题、意见，把它们集中起来，来议论，来讨论。后来慢慢地就叫论坛，觉得这个办法很好，不仅可以解决实际问题，还可以提高到理论上来看问题。”

社区论坛这种公共参与形式也不同于社区选举等政治性参与，后者一般是在社区主体组织和政府部门的动员下被动地参与，而社区论坛活动则是居民在共同的利益纽带和社区公共事务的作用下的一种自主性公共参与。

那么到底是哪些因素催生了这种公共组织呢？首先，该社区的社区禀赋①是一个前提性条件。武汉关社区是一个老城区，主要具有以下特征：①空间结构。社区地处商业繁华地段，地租昂贵，空间狭小，高度依赖于市中心服务设施，生产空间与生活空间交错，独立的社会生活空间有限。②人口特质与结构。社区中老年人数量大，居民文化素质较低，职业声望低，从事第三产业人口多，外来人口多，人口流动量大，人口密度大，"老弱病残"、享受最低生活保障人口多。在城区改造过程中大量收入水平高，文化素质高的居民都搬迁到其他区位优越的居住区。③公共设施。由于地处老城区，房屋老化、拥挤，供电、供水、供气、排水管网等设施老化，空间狭小，地租昂贵，社区公共设施很少。④住宅结构。房屋混乱、拥挤、陈旧，危房多，房屋产权复杂，所有权与管理权不配套，又没有物业公司，很多房子长期无人维修，安全隐患多。以上的社区特质就决定了社区公共事务的多样性和不可预测性，导致社区工作的复杂性和突发性。在这一点上，可以将老城区与新建小区作一对照，通过这种比照我们就可以非常清晰地发现，社区类型及其特性的差异对于社区公共事务的问题指向和解决策略以及社区治理模式具有根本性的影响。在此我们选择常青花园小区②为参照社区。武汉关社区和常青花园小区在空间结构、人口结构与特质、公共设施、住宅结构等方面相差甚远，这些差异就导致了以下一些后果：一是社区公共事务的复杂性和突发性。社区空间狭小，生产空间与生活空间混杂，而人口密度又高，地租又高，人们争夺空间激烈，从而就导致社区治安、占道经营、环境卫生、油烟噪音、人际纠纷、餐馆门面和摊点布局等一系列的社区公共问题；二是社区居民需求与满足之间的关系紧张。社区公共事务具有复杂性、多样性和突发性，而与此同时社区

---

① "社区禀赋"是华中师范大学陈伟东教授提出来的。他认为，社区禀赋是指社区在社会联系、空间结构、人口结构、公共设施、住宅结构、社会文化等结构性要素上的现实的、客观状态。

② 常青花园是武汉市与香港新世界集团合作建设的全国最大安居工程之一，2005 年荣获全国百佳学习型社区。常青花园位于汉口北郊，占地 4 000 亩，规划总建筑面积 360 万平方米，由 15 个小区和 1 个中心商业街组成，概算总投资 60 亿元。目前已建成 5 个小区，148 万平方米，入住 1 万余户，近 4 万人。建成后的常青花园可居住 3 万多户，10 余万人，是一座集居住、商务、金融、行政、娱乐、教育、卫生、交通、通信、高科技为一体的多功能综合性新城。

本书选择常青花园作为参照社区除了其社区特性外，还有两点考虑：一是武汉关社区原党支部书记江涛于 2003 年调任常青花园三社区党支部书记，这个访谈个案就提供了一个很好的视角；二是常青花园也是武汉关社区居民的一个主要的迁入地，社区居民一般也是拿这两个社区进行对比。

又缺乏相应的有效解决机制，这与社区组织体系不完善①和政府的缺位有关。由于是老城区，社区只有社区居委会、社区党支部、社区成员代表大会和社区协商议事委员会四大主体组织，即没有物业管理公司和业主委员会，也更没有社会中介组织。社区主体组织在当前行政主导的街居体制下疲于应付上级政府部门的下派工作，无暇也无力有效化解社区内部的矛盾和冲突，物业管理公司的缺乏和政府的缺位进一步加剧了社区居民的挫折感和不满情绪，因而这些挫折和不满就急需相应的表达渠道和疏通机制，以维持良好的社区公共秩序和稳定的生活环境。

但是，社区禀赋只是前提性条件或者说基础性条件，并不具有必然性，因为其他的许多类似的老城区并没有这样的论坛组织，这就需要寻找更有说服力的解释。其实，在社区论坛的生成过程中，有两类群体起着关键性的作用。一类是社区的部分老年人，我们称之为“社区社会精英”，俗称“社区积极分子”，他们一般在单位从事过管理工作或担任过领导职务，热心公共事务和公益事业，关注社会公共利益，保有传统的集体主义观念；另一类是社区主体组织（主要是社区居委会和社区党支部）成员，我们称之为“社区政治精英”。这两类群体对社区论坛的萌芽，并逐步走向制度化和规范化起着直接的推动作用。调研资料显示，原临江居委会德兴村 5 号门栋的楼道清理讨论会作为社区论坛的雏形，是在居委会一位工作人员的提议下召集起来的，社区论坛也是在几位老年人的提议和要求下才正式成立起来的。

从社区论坛的构建过程来看，社区论坛既不是以社区社会精英为主体的社区居民的单方力量的行为后果，更不是社区工作者这一兼具行政身份和社会身份的社区政治精英的单向建构。从某种意义上说，它是由“地方精英”带动和推动下形成的民间自我发育过程的“复杂体”。而且，在其后的发展过程中，政府部门也日益作为一种外在的组织力量加入到这一组织变迁过程中来。

（三）运作机制

社区论坛组织的运行实际上暗含了两个相互贯通的过程：一是社区居民的组织化过程，二是社区居民、社区工作者和政府及其职能部门三个行动主体之间的公共协商过程。这两个过程分别从不同的层面上作用于其产生与演进过程，并刻

① 这一点江涛书记有着切身的体会。他在接受我的访谈时屡次提到老城区的社区工作多么难做，而新建小区的社区工作就比较规范、有章可循，社区各个组织之间分工明确、权责一致。在老城区，社区党支部和社区居委会要全权负责社区范围内的所有社区事务，管理模式单一；在新建小区，社区各类组织健全，社区党支部负责领导、协调和监督，社区居委会以社区居民为中心负责上传下达和社区公共事务，物业管理公司对社区公共设施进行专业管理，业主委员会则代表全体业主对物业管理实施监督。后一类社区管理模式呈现多元化、专业性的特点。

画了社区公共空间独特的特质与性状。

首先，社区论坛组织的兴起与推演是社区居民的组织化过程。中国是一个国家或者政府主导型的社会，国家尤其是行政权力一直保持着对社会的强控制，社会力量极其弱小而且发育极为缓慢。虽说改革开放以后，市场经济体制改革和政治体制改革的双向推进加速了社会结构的松动和社会力量的成长，但是由于路径依赖和社会发育进程的缓慢，国家与社会的整体框架基本上没有很大的变动。中国的现代化建设和社会基层民主建设也一直是在政府主导下推进的。1949 年以来，中国城市社区权力经历了一个“社区行政建设”① 的过程，逐步由虚拟状态向实体化转变，而且当前的社区建设并非“是为了培育一个强大的与国家抗衡的社会，而更多的是为了以更低的成本巩固对基层社会的控制”②。因此，在城市社区自治过程中社区居民的组织化过程就显得尤为重要和关键。武汉关社区论坛在一定程度上就为我们提供一个可能的案例。社区论坛为社区居民提供一个平台、一种机制，通过这一平台和机制社区居民就可以对社区公共问题进行集中性讨论，并商讨相应的解决方案。

通过这种公开的、平等的讨论形成某种公共意见，从而对政府及其职能部门的决策和行为构成一种社会压力，这种意见和压力不同于单个人之间的私下交流和谈话，“并非我们各个个人意见的总括，即便我们大家自发同意也不是公众或公共的意见。它是经过详尽的辩论和讨论并被我们所有人承认为共同同意的那种东西。共同承认这一要素，严格来讲就是使意见成为公众或公共意见的关键所在”；其“新颖之处正是它展示为一种社会意见，且不是通过官方的、既定的、科层式机构来阐释的”。③ 通过这种形式，就可以适当避免低组织化的弱势居民直接面对高度组织化的强势政府的极度不利地位④，提高居民的谈判能力，使社区公共事务获得更完满的处置。

其次，社区论坛的演变历程也展现为社区居民、社区工作者和政府及其职能部门三个行动主体之间的公共协商过程。这一过程的讨论就涉及国内外学术界讨

① 朱健刚：《城市街区的权力变迁：强国家与强社会模式——对一个街区权力结构的分析》，《战略与管理》1997 年第 4 期。

② 朱健刚：《国家、权力与街区空间——当代中国街区权力研究导论（上）》，《中国社会科学季刊》1999 年夏季号（总第 26 期）。

③ 邓正来、［英］J. C. 亚历山大：《国家与市民社会：一种社会理论的研究路径》，中央编译出版社 1998 年版，第 20 页。

④ 在这一问题上张静先生的《制度背景下的监督效用》一文也有类似的个案分析。在此文中，她运用个体权利和组织权利概念，解释了北京一个传统单位型社区居民对物业监督的无效。其结论是，权利在个体和组织间配置的不平衡现状，不利于在两个行动主体（业主和物业公司）之间，发展出一种约束关系，来防止物业管理逃避责任的现象。这一个案研究实际上也说明居民自组织的重要性。参见张静：《制度背景下的监督效用》，《战略与管理》1996 年第 6 期。

论渐趋热烈的协商民主理论。协商民主理论是20世纪后期西方学者（尤以哈贝马斯和罗尔斯为代表）对传统民主范式重新推崇与超越式发展的结果。协商民主也是一个争议颇大的概念，但是学界对这一理论的理解不外乎三种方式，即分别将其作为一种理性的决策形式，或者一种组织形式，抑或一种治理形式。[①] 根据研究论题和讨论的需要，笔者主要是从微观的层面来使用这一概念的，即认为"协商是一种面对面的交流形式，它强调理性的观点和说服，而不是操纵、强迫和欺骗。在协商论坛中，自由、平等的参与者支持一系列程序规范，其目的主要是为了交流而不是策略目标。参与者倾听、响应并接纳他人的观点，他们忠于交流理性与公正的价值"[②]，而协商民主就是以这些原则和特征为基础的民主形式。此处所述的协商民主不是一种理念性的民主形式，而是一种行动中和实践中的民主模式，是在社区这一具体场域中的一次操演与检验，它是通过一系列彼此相关的核心特征和原则来体现和界定的。协商民主主要具有以下一些基本特征和原则：自由开放的讨论，每个人都可以自主的、不受强制的发表自己的看法，表达自己的观点；参与者的地位平等，每个参与者都享有对等的发言权和表决权；理性讨论，每个人都自觉遵守公共认可的规则和程序，在表达个人观点时也会注意倾听他人的观点；参与者的公共责任和公共利益导向；通过多次、反复的协商消除分歧，达成共识。

（四）绩效与不足

社区论坛在为社区居民解决问题的过程中，逐步演化出了两种潜在的功能：一是表达功能，即以论坛为依托反映自己的要求，发泄自己的不满，以引起他人的关注；二是成长为社区公共空间，即通过公共讨论形成某种公共意见和公共舆论，进而对政府的公共管理和公共政策的制定构成一定的压力，促使政府部门改进其治理模式和相应的管理理念。

社区论坛这一新的参与机制的出现在演展逻辑上与社区生长有着某种对应关系。社区新的参与机制和组织形式的显现，社区公共活动空间和社区公共生活的拓展实际上意味着社区治理主体的多元化发展以及社区这一社会生活共同体的本质性规定的回归。社区社会精英走向社区的公共舞台，获得公共性身份，成为社区新的治理主体。社区也不再只是一个地域性的概念，日益获得了利益联结和公共交往的稳固性的支撑，建构了一种社会文化体系，"居民可以利用这一体系在

---

① 陈家刚：《协商民主引论》，《马克思主义与现实》2004年第3期。

② ［澳］卡罗琳·亨德里克斯：《公民社会与协商民主》，陈家刚：《协商民主》，三联书店2004年版。

彼此间建立联系以解决由于居住在一个可界定的疆域内从而不可避免地会产生的带有共同性的问题，满足共同的需求。”①

在城市基层民主的推进过程中，社区论坛具有不可估量的开创性价值，发挥着不容忽视的社会功能，但是从目前的运行状况来看，这种公共空间形式仍然存在着诸多局限。一是社区论坛还缺乏正式的制度化规则和约束机制。当前，社区论坛活动具有较大的随意性，主要体现在议题的确定、时间的确定、议程的安排、结果的处理等方面，有时对参与人员也存在一些人为的限制。这样社区论坛活动就较易受到社区工作者个人旨趣和工作量的影响，尤其是在当前社区居委会行政化的整体性背景下就会有更大的变数。而且，社区居委会换届选举和社区党支部的人员变动更是增加了更多的不确定因素。这一点从社区论坛开展次数逐年下降，讨论主题离社区居民的日常生活和公共利益也越来越远就可以窥见一斑。二是社区论坛容易受到上级党政部门的外部干预。自 2004 年以来，社区论坛就出现了一些不祥的征兆，论坛次数越来越少，讨论主题中社区公共事务的比例大幅度减少，社区居民参加者也在减少，讨论活动逐步走向形式化。这些现象实际上都是上级党政部门干预的直接后果。在出现外部行政权威的干预行为之时，社区工作者不会也无力进行有力的抵制，而组织化程度有限、社会权利不足的社区居民面对拥有强大的权力资源、高度组织化的公共权威也是无能为力的。在这一情势之下，外在公共权威的干预行为往往就通行无阻，这对社区公共空间的发展是致命性的打击。因此，社区公共空间的存续与拓展就亟须建立基于利益相关者共同认可基础上的制度化保障机制的支持。

同时，社区论坛的建立过程却暴露了城市基层民主建设的滞后性。政府及其职能部门的缺位和越位是社区论坛兴起与演变的极为重要的外在因素。由于政府部门的缺位和社区组织体系的不完善，社区居民不得不寻求社区论坛这种新的组织机制来填充这一空缺，创设一种新的解决社区公共事务的渠道。在社区论坛的后期发展过程中，政府部门却又采取了越位的举动，干涉社区论坛的正常运行。值得引起我们注意的是，在这两种情景下社区居民都无法对政府部门的行为产生实质性的影响，不管是将他们“拉入”社区还是“推出”社区。出现这些现象的根源在于基层民主的缺失。正是在基层民主缺失的情况下，社区居民缺乏制约基层官员的制度性机制，基层官员在政策制定和行政管理过程中就很难有效地关照居民的利益，而极有可能将自身的利益诉求放在首位。在本书所论的社区公共事务的处置过程中，政府部门就不从社区居民的需求和社区本身的发展要求出发来采取适当的行为方式，从而对社区工作的开展产生了破坏性的作用。

---

① 蒋自强、史晋川：《当代西方经济学流派》，复旦大学出版社 1996 年版。

四、门栋自治

由于承担了政府及其职能部门、派出机构的过多行政事务，社区居委会的自治功能受到很大程度的挤压，社区及居民开始探索更小单位的自治组织和形式的可能性与可行性。同时，在社区自治活动开展过程中，以居民小组长、门栋长或楼栋长、其他社区积极分子等为主体的社区社会精英和以门栋、楼栋等自然居住单元为构成要素的社区自治单位，显现为社区自治的重要内在动力来源和实际运作形式，尤其是在社区选举等社区居民参与程度不太高的政治性事务中，社区组织往往更多的动员上述几类社区社会精英来参与，并以门栋（楼栋）为动员单位。鉴于此，门栋自治（楼栋自治）成为社区自治的一个重要构成单元和现实运行方式，为社区自治的推行与实施提供了一种新的可能。

（一）起源与概况

从兴起的时间先后来看，门栋自治最开始诞生于武汉市江汉区满春街道小夹社区。小夹社区地处武汉市商业繁华地段，临接闻名全国的汉正街小商品批发市场，属经营场所与居住区混杂的商住合一型社区，辖区总面积 0.038 平方公里，共建有 13 栋多层和高层楼房（这些楼房大都建于 20 世纪 80 年代，本是用作商务用房，但因为质量检测不达标，就改为居民拆迁还建房），每栋楼房的 1～3 楼为商铺店面和货物仓库，4 楼以上为居住区。由于社区内商业网点密集人员流动量大，脏、乱、差现象（占道经营违章搭盖、沟道堵塞、油烟扰民、垃圾暴露、楼道肮脏、偷盗频繁等）非常普遍，居住环境相当差（虽经多次整治但均因长效机制缺乏，陷入整治、反弹、再整治、再反弹的怪圈），邻里关系相当紧张加上房屋本身的质量问题，居民对此极为不满很多条件较好的居民纷纷“用脚投票”——换房迁走。为组织动员社区居民自己动手，改善居住环境，2003 年 12 月，小夹社区新一届居委会以武汉市“883 社区行动计划”的创建为契机开始探索“门栋自治”。社区居委会首先在该社区 3 号门栋进行“门栋自治”试点，后逐步推广到社区中的全部 26 个门栋，并在实际工作中不断对其进行规范、完善。实际上，5 号门栋的自治始于 1998 年电控门的安装。当时，由于门栋治安环境很差，经常有被盗现象。两位门栋热心人朱文娟和舒婆婆在和居委会沟通后，主动动员本门栋居民自己出资安装电控防盗门。经过门栋居民民主协商，达成一致意见：每户交 400 元（其中 3 户家庭生活较困难，2 户交了 200 元，一户免交）购买并安装电控门。这样，5 号门栋成为社区第一个安装电控门的门栋。门栋治安状况好了，朱文娟和舒婆婆得到了大家的肯定和尊重，她们也更多地组织开展门栋的灯泡更换、卫生管理等工作。5 号门栋自发形成的“门栋自治”就是这样开始的。

门栋自治主要具有三个特点：①自治形式规范化。一是普遍建立了形式完备的“门栋自治”组织——门栋管理委员会。二是在社区居委会的指导和社区居民的参与下，各门栋管委会均拟制了《门栋管理制度》等各项规章制度，并做到了“制度上墙”。②自治过程民主化。一是门栋管委会成员由民主推选产生。二是门栋事务民主决策。③自治工作志愿化。门栋管委会成员虽然为本门栋做了许多事情但是这些工作都是无偿的，主要依靠的是管委会成员的热心公益事业、无私奉献的志愿精神。①

（二）运行过程

小夹社区的门栋管理机制主要有两项制度设计：一是建立门栋管委会推选制度。各门栋管委会成员首先由居委会在门栋居民中征求意见，根据居民意见，将那些在居民中有一定号召力、自愿为居民服务、乐于奉献、富有责任心的居民推荐为候选人；然后召开门栋居民会议或户代表会议，对候选人进行投票表决；最后将选举产生的正式管委会成员名单报居委会备案。二是建立门栋管理委员会。根据各门栋住户的多少，设立 3 ~ 9 名管委会成员，根据社区和门栋工作的需要，管委会设立民调、治安、卫生、妇女计生、财务、外来人口委员，主要协助居委会开展安全、卫生、纠纷调解、收费、低保、计生等工作。同时，各门栋制定了《门栋管委会工作职责》、《门栋自治方案》、《门栋长效管理制度》等制度，明确了管委会工作职责，并将管委会成员名单、成员分工及住址和联系方式，悬挂在各门栋的显眼位置。

门栋自治的主要做法是：①在组织结构上，按照居委会的行政模式进行重组，在每个门栋设立管理委员会，由门栋主任和若干个委员组成，并对他们的职责进行明确的划分。②门栋管委会成员的产生。从形式上，门栋管委会成员是通过每栋居民进行民主选举产生的，但在实际操作层面，他们实际上都是居委会物色的人选并由其指定的。③门栋管委会的工作活动。门栋管委会的工作活动主要包括，每周五下午由门栋管委会成员召集低保人员并与其一起在本门栋劳动；每周就本门栋的事务进行一次成员会议；每月门栋管委会主任向社区居委会进行汇报工作等。④门栋管委会的经费来源和管理。主要来源于本栋居民集资和居委会

---

① 余坤明、陈伟东：《门栋自治”：社区自治的新拓展》，《中国民政》2005 年第 9 期；刘志昌、张鸣宇：《门栋自治：社区自治的新扩展》，《社区》2005 年第 6 期（上）；曾舟记、屠静：《试论培育多元性社区居民自治形式——由武汉市满春街社区民间组织成长引起的思考》，《学习与实践》2007 年第 7 期。

拨付两方面。居民集资主要用于与居民自身利益密切相关的事情，除此之外居委会也会给予一些办公经费，但经费由门栋管委会自行管理，一般都实行“钱账分管”——门栋主任管钱，其他门栋委员管账。①

（三）运作机制

门栋自治能够顺利、有效推行并取得较大成效，很大程度上取决于社区居民积极、主动的公共参与，并保持社区参与的可持续性。首先，积极参与门栋事务的民主管理。部分有条件的居民自愿加入门栋管理委员会，积极参与门栋事务的民主管理。门栋管委会从组长到成员，全部都是门栋公共事务的“志愿者”，他们为本门栋做了不少工作，但不拿一分报酬。其次，积极参与管委会成员的民主选举。因为想选出能为门栋办实事的人，对门栋管委会成员候选人的推荐、选举，居民都积极发表意见，积极参与投票。再次，积极参与门栋事务的民主决策和民主监督。门栋管委会的成立，使门栋的安全、环境卫生、收费等工作成为门栋自治的主要内容。像门栋乱堆乱放的清理、老化电线线路的更换改造、电控门的安装等重大事项，居民都积极参与协商，协商达成一致意见后方可实施。最后，积极参与民主监督。各个门栋都通过门栋信息栏和财务公开栏对门栋的事务、财务公开，接受居民监督。由于门栋事务都是门栋居民眼皮底下“看得见”的事务，“群众的眼睛是雪亮的”，各项事情办得怎样，办得好不好，居民都一目了然，心中有数。

当然，从治理单元的角度看，门栋自治的基本运作机制是将居民小组或院落治理的单元再次划分为更小的范围，从而缩小了社区治理单元，创新社区自治的新形式。一是，门栋作为第三级治理单元，门栋自管会实际成为社区的又一主要治理主体，得到了居委会和居民的推动。二是，门栋作为更小的居民生活区域，门栋公共环境与居民利益关联度高，居民参与门栋事务的积极性高。②

（四）绩效与不足

从前面对门栋自治的兴起历程、生成动因、运行过程、运作机制等方面的梳理与分析发现，门栋自治在创新社区自治机制、拓展社区自治单位、提升社区自

---

① 刘志昌、张鸣宇：《门栋自治：社区自治的新扩展》，《社区》2005 年第 6 期（上）；吕东霞：《“倒漏斗模式”：趋向社区自治的新理念——对武汉市 W 社区“门栋管理”的反思》，《湘潭师范学院学报（社会科学版）》2009 年第 2 期。

② 刘志昌、张鸣宇：《门栋自治与社区自治》，《社区工作》2005 年第 8 期；张大维、陈伟东、孔娜娜：《中国城市社区治理单元的重构与创生——以武汉市“院落自治”和“门栋自治”为例》，《城市问题》2006 年第 4 期；刘志昌、张鸣宇：《门栋自治：社区自治的新扩展》，《社区》2005 年第 6 期（上）。

治功效、推动社区居民参与上具有较大的民主创新价值。其一，对于社区及居民而言，其最直接的成效是，社区治安、卫生环境、邻里关系有了明显的改观，社区因此变得更和谐了。表现为：改善了治安环境，满足了居民的公共安全需求；改善了环境卫生，满足了居民公共卫生需求；改善了邻里关系，满足了居民精神互助需求。其二，划小了社区内的“民主单位”，提高了居民参与程度。门栋自治是小规模“民主单位”的自治（每个门栋居民数在100人左右），是居民“看得见、摸得着”、真正的家门口的民主，极大地提高了居民参与自治的积极性和有效性。其三，实化了门栋的功能，有利于社区自治骨干力量的培育。通过门栋自治活动的开展，极大地调动了门栋在服务、管理居民等方面的作用，实际上将本属于居民小组的功能“实体化”了，这就在客观上培养和训练了一批社区自治骨干力量——门栋管委会成员，为社区自治的深入推进奠定了基础。其四，减轻了居委会的负担，有利于居委会管理。通过充分发挥门栋“自己的事情自己做、自己的事情自己管，自己的难题自己解、自己的事情自己办”的自治功能，社区居委会工作负担得到有效缓解。门栋自治为居委会“减负”探索了一条可行的路径。其五，开创了以信任和合作为基础的社区自组织治理模式，降低城市社区建设的治理成本，提升社区治理绩效。门栋自治开辟了一种新的社区自组织环境和机制，在社区自组织环境下社区居民熟悉度、认可度、利益连带度高，并形成了内在的社区规范和社区监视，这能让居民无形的自组织起来，降低社区治理成本。①

第四节　完善社区自治促进社区和谐

伴随着城市社会的新变化及显现的新态势和新问题，作为城市社会微观基础的城市社区的结构与功能也已发生着并将不断发生显著性的嬗变，其间国家—市场—社会三层结构中的政府机构、市场力量和社会组织以及城市社区微观场域中的各方社会行动者之间的权力（权利）冲突、利益纠葛越来越频繁、激烈，在政治学抑或政治社会学的学科视角下以制度设计、机制创新、组织重建、关系调适、人员调配等为导向或标识的城市社区治理改善，以及立基于自我管理、自我

① 李霞、陈伟东：《社区自组织与社区治理成本——以院落自治和门栋管理为个案》，《理论与改革》2006年第6期；张大维、陈伟东、孔娜娜：《中国城市社区治理单元的重构与创生——以武汉市“院落自治”和“门栋自治”为例》，《城市问题》2006年第4期；余坤明、陈伟东：《“门栋自治”：社区自治的新拓展》，《中国民政》2005年第9期。

服务、自我教育、自我监督并在政府行政管理与社区自治有效衔接和良性互动的新背景和新目标下的城市社区自治发展逐渐显现为城市社区建设这一政治民主活动的突破口和增长点。从整体态势和发展动向上看，民主选举、民主决策、民主监督和民主管理四个层面不断地巩固着已有的社区民主成果，并在很大程度上拓展着社区自治的空间，同时以社区对话、社区评议、社区论坛、门栋自治（楼院自治）为基本形式的原生型、创新型社区自治类型日益丰富着社区自治的组织形式和实现机制，并为社区自组织力量的活动空间扩张和实际行动展现提供了新的契机。

不过，尽管如此，从理念、行动、现实等层面的对比意义上看，城市社区自治仍然相当不尽如人意，如同一些较为理性或悲观的研究者所指出的，当下的城市社区建设更多的是一场国家政权建设或行政体系建设，国家逻辑压制着社会逻辑和市场逻辑成为城市社区发展的基点，城市社区自治很大程度上仍然是城市基层民主发展的未竟难题。为此，本节我们将以社区和谐为基本目标，以社区建设中的自治要素激发和提升为关注重点，着重阐释社区自治的制度建设、组织建设、文化建设和能力建设的推进思路、策略与路径。

一、社区自治的制度建设

改革前后，城市社会的基本治理单元经历了单位制到街居制的历史性变革，从属性上看这一变革是关涉制度或者体制层面的。街居体制下以社区居民委员会为基本组织依托的社区自治的首要任务亦是制度重建与体制调整，发端于单位体制的转型与单位社会的终结，社区成为城市社会结构的基础层与内核以及城市社会基层秩序的基点，如何以民主、自治为指向重组城市社会基层的制度架构、重建被党的十七大纳入中国特色政治制度范畴之组成部分之一的城市社区自治制度，就成为城市社区自治最为急迫的目标之一。从社区组织制度的基本要件来看，社区自治的制度建设主要包括社区选举制度和社区议事制度两个方面的制度建设。

（1）在社区选举制度建设方面，兼顾实质民主与形式民主（程序民主），明晰党政组织的行为边界，拓展选举民主的政治空间，从民主的内容、机制、工具等多个层面提升城市社区选举民主的制度化水平。选举是民主的基本实现形式，也是民主精神的主要展现平台。在政治学的理论视野中，与继承、任命等其他选任制度相比，选举是有着根本区别的，按照“谁授权对谁负责”的基本政治原则，选举意味着政治权力来源与责任主体的显著差别，选票是政治权利履行与政治权力赋予的方式之一，通过票决选举人可以对被选举人或权力行使者进行集体选择。从理论层面上看，社区层面的民主选举也是如此，以至于社区选举成为社区自治的“领头羊”，社区选举成功举行与否及其民主化程度成为衡量社区自治绩效和民主质量的主要标尺之一。

然而，当前社区选举呈现出表里不一、民主外壳与自治精神不平衡的状态，处在“政治冷漠与高投票率之间”①，社区居民并没有成为社区选举活动的主体力量，在一定意义上社区选举更多地发挥着仪式化的功能。其成因除了民主传统缺失、民主意识不足和民主文化匮乏等隐性因素外，最关键的显性因素是选举制度的不完善，“潜规则”泛滥，没有给基层民主提供足够的实现空间和有序的实施环境。在当前的社区选举活动中出现了不少司空见惯、不良的“潜规则”，诸如给选民发放纪念品、街道确定社区居委会主任和委员人选、为确定的主任人选找配角、名存实亡的社区选举委员会等②。在社会失范的理论视角下，社区选举中的失范行为也是相当突出，主要存在于在组织者操控失范、候选人竞选失范和选民投票失范三个方面，组织者操控失范的现实表现有倾向性选举宣传、操纵选举结果，候选人竞选失范的现实表现有虚假自我宣传、恶意诽谤诋毁对手、收买选举工作人员、贿赂胁迫选民，选民投票失范的现实表现有受贿投票行为、随意投票行为、委托投票失范。③ 在制度主义的分析范式下，社区居民的选举行为镶嵌于一定的社会制度、组织乃至结构背景之中，抑或说选举制度受到更高层次的制度环境的规制，其现实形态、面临困境与变革路径在很大程度上受制于较为宏观的政治制度、社会结构、组织架构等。从城市基层民主的兴起路径来看，政府主导型色彩相当浓厚，甚至可以说是城市社区民主发展的基本动力之一，城市基层民主政治建设从根本意义上说是一场规划性变迁，城市社区自治绝不是哈耶克意义上的“自生自发秩序”而是“给予性民主”。鉴于此，政党国家和“强国家、弱社会”结构下执政党自治和代表国家的政府及其职能部门能否以及在多大程度上“重视”、“推动”社区民主，尤其是从权力下放和财政支持等方面提供有利的条件，就成为社区自治获得有效的政治空间与发展机遇的核心影响因素之一。在实践层面，就影响中国城市居民选举参与行为的制度背景而言，它的一个

① 熊易寒：《社区选举：在政治冷漠与高投票率之间》，《社会》2008 年第 3 期。

② 孔丹、王敏：《透视社区居委会换届选举过程中的“潜规则”》，《社区》2007 年第 12 期（上）；于显洋：《社区选举与民主化进程——选举制度及其变异》，《江苏行政学院学报》2005 年第 5 期。

③ 吴猛、汪智汉：《城市社区居委会选举失范问题探析》，《北京行政学院学报》2011 年第 5 期；涂龙科：《上海市 S 街道基层社区直接选举的调查》，《华东理工大学学报（社会科学版）》2005 年第 3 期；郑权：《社区居委会选举活动的现状、问题及对策》，《社区》2006 年第 6 期（上）。

最大的特点也许是“制度的张力”和“规则的模糊”。①

因此，对于社区自治制度形式之一的社区选举制度而言，制度建设的侧重点在于作为选举民主制度空间的给予者的党政组织合理、有效地界定党的权力、行政权力与社会权力的界限以及自身的行为边界，通过制度化手段避免“缺位”、“越位”、“错位”等不良行为方式的出现，给予选举民主足够、有利的政治空间。当然，鉴于民主尤其是基层民主是价值、内容与形式的统一体，社区选举的制度建设应兼顾实质正义与程序正义，努力实现实质民主与形式民主（程序民主）齐头并进，并从民主的内容、机制、工具等多个层面提升城市社区选举民主的制度化水平。在实际操作层面，首先，应适当调适党政组织在社区换届选举活动中的角色与行为，鉴于基层党组织主导选举过程尤其是选举委员会的实际境况，应将党组织对选举的控制转换为对选举及其各方主体的协调、沟通与联接，而政府部门除了要依法行政之外，还应适度介入选举活动，为选举活动的顺利开展提供必不可少的保障，诸如提供选举经费、受理选举工作中的来信来访、培训选举工作人员等②。其次，进一步推进并完善社区选举中的若干程序性问题，譬如候选人的提名、竞选、投票（尤其是委托投票、流动票箱、秘密投票、计票、结果公示）等具体环节是否有效保证了民主、公正、公平、公开等基本原则；最后，作为社区选举制度化水平的重要衡量标准之一，选举监督在竞争性程度不断提升的社区选举过程中举足轻重，广东、浙江、青海、安徽等地③推行的居委会换届选举观察员制度具有较强的制度创新价值，尤其是将人大代表、政协委员、民主党派、退休干部以及具有专业知识的社区居民纳入选举观察员队伍，极大地提高了选举的监督质量和规范化水平。

（2）在社区议事制度方面，重建并调适社区议事的组织体系，充实并优化社区议事的人员规模和结构，切实并科学设立社区议事的规则和程序，探寻并创新社区议事的实现形式和机制，实现社区民主与居民日常生活的有效衔接，达致协商民主的有效推进。从民主过程的角度来看，社区选举或选举民主是一项短暂、临时性的民主活动，是非常态性的社区民主形式，主要是为常态性的社区民主管

---

① 刘春荣：《中国城市社区选举的想象：从功能阐释到过程分析》，《社会》2005 年第 1 期。林尚立、刘春荣和李凡分别就此从社区选举的实际运作层面对其过程与机制进行了详细阐述，参见林尚立：《基层群众自治：中国民主政治建设的实践》，《政治学研究》1999 年第 4 期；刘春荣：《变动社区中的政治秩序——当代中国城市社区建设的政治过程研究》，复旦大学国际关系与公共事务学院 2001 年度硕士学位论文；李凡：《城市社区直接选举五年》，《新民周刊》2003 年 9 月 30 日。

② 王时浩：《政府部门如何把握社区换届选举中的行权分寸》，《社区》2008 年第 9 期（上）。

③ 相关介绍参见朱小勇、刘志伟：《广东全国首创选举观察员制度》，《信息时报》2006 年 1 月 5 日；王云潮：《选举观察员监督社区换届直选——浙江省杭州市拱墅区卖鱼桥社区居委会电子直选目击》，《中国社会报》2010 年 6 月 2 日；《铜陵市社区居委会换届选举首次实施观察员制度》，安徽省民政厅网，2010 年 9 月 2 日；《关于建立村（居）委会换届选举观察员制度的通知》，青海民政信息网，2011 年 1 月 21 日。

理的承担主体提供一种选任机制。对于城市社区民主这一基层民主而言，处于实践之中的民主才是真正意义上的民主，民主只有运转起来才是社区民主的最后归宿，或者说社区民主只有与社区居民建立起有效、紧密的社会关联才意味着社区居民民主生活的真正实行。而与其他中观或宏观领域的民主管理迥然有异，社区民主管理从根本上说是一种协商式的民主，是社区场域中的各种组织、各类人群通过公共协商、讨论而对社区公共事务进行处置、对社区公益事业进行办理的过程，是需要对民主进行持续、反复的操演的。

从这一意义上说，社区民主管理制度最终将归结于社区议事制度。然而，在当前的社区组织框架下，社区议事制度面临着严峻的组织机制乏力的困境。其主要表现有：一是在社区居委会行政化的整体态势下，社区居委会的议事功能与自治功能一样处于不断萎缩中，即使是在“议行分设”改革后[①]其议事功能都难以得到明显的改观；二是鉴于社区建设自上而下的“建构性”，社区成员代表大会和社区协商议事委员会两个社区代表组织和议事组织存在着工作非常态化、人员组成拟政治化[②]、功能虚化等问题，也难以担当社区议事制度的组织载体；三是商品房小区、房改房小区等新型社区的业主委员会承担着较多的与物业管理相关的社区公共事务，较大程度上担负着以公共讨论、协商为基础的社区议事功能，但是由于组织属性和生存环境等因素，其组织范围阈限与组织能力弱化也较为突出；四是社区民间组织发育不足，公共领袖成长、公共意见形成缺乏内在动力和内生机制，社区议事的内部氛围也不够浓厚。

为此，以社区议事组织重建为突破口，充实并优化社区议事的人员规模和结构，切实并科学设立社区议事的规则和程序，探寻并创新社区议事的实现形式和机制，就成为社区议事制度建设的题中应有之义。首先，组建“社区议事会”、“社区议事厅”、“社区议事园”等组织形式，构建社区议事制度的组织平台和载体。从社区议事组织的产生及属性、功能来看，各地兴起的社区议事组织大多是由上级政府机构或社区党组织、社区自治组织发起成立的（不过有些地方后来的组织依托为社区老人协会等民间组织所替代），除了承担对社区公共事务和公益事业进行公共协商、讨论、决策这一主体功能之外，也承担着情感交流、纠纷处置、公共生活等溢出功能[③]。其次，广泛吸纳与社区公共事务和公益事业有关联的各种组织、机构和各类群体，充实并优化社区议事的人员规模和结构，积聚并

① 根据“议行分设”改革中社区工作站设立在街道层级与社区层级的不同，社区居委会要么是行政功能的强化，要么是组织地位的弱化，这两条改革路径都不利于社区居委会议事功能的发挥。

② 社区成员代表大会和社区协商议事委员会的主体人员基本上都是楼栋长、退休干部、老年党员等社区积极分子和辖区单位代表等。

③ 王桐叙：《亲历“社区居民议事厅”》，《社区》2009 年第 12 期（上）。

拓展有利于社区议事的社会资本和社会网络。山东潍坊奎文区社区议事会的组成人员包括社区居民、党员代表，以及驻社区单位和经营业户代表①；宁波海曙区政协议事会的组成人员则更为广泛，不仅包括居民代表，而且涵括了政府职能部门负责人、区政协委员、物业公司代表②；江苏省南京市鼓楼区工人新村社区议事园的人员组成也相当宽泛，包括社区内的单位代表、人大代表、政协委员、党员、居民代表③。再次，切实并科学设立社区议事的规则和程序，实现社区议事制度的常态化、规范化，为社区议事提供制度化保障。宁波市制定了《宁波市苍水社区议事委员会议事规则（草案）》④；北京和平里街道上龙社区议事厅制定了议事规则⑤；南京市鼓楼区社区议事园规范了运行流程，将议事流程设定为五大步骤：议事栏定期公示本期议题，征集下期居民关心的、与居民利益相关的议题→按时打开议事箱，收集书面议题→议事热线电话每天10小时开通，由专人值守，记录口头议题→把收集的书面议题和口头议题记录加以梳理，按照居民群众意见的多寡与问题的轻重缓急，筛选、排列出本期或下期议题。召集居民定期召开议事会，就议题展开议论，众人出主意、协商，最终拿出解决问题矛盾的办法→议事结果在议事栏“回音壁”栏目公示，并聘请高校和科研院所社会学、社会工作专家学者作点评分析。⑥ 最后，探寻并创新社区议事的实现形式和机制，为社区居民提供便利、多元的议事方式。四川省成都市为方便居民议事并行使决策权，组建了形式多样的社区议事会，诸如居民小组议事会、院落议事会、民情代表议事会⑦；南京市鼓楼区“社区议事园”的实现形式则更加多样，主要有议事栏、议事箱、议事热线和议事会⑧；浙江省杭州市、江西省南昌市开创了社区论坛、QQ群网上论坛等网络民主议事形式⑨。

二、社区自治的组织建设

在现代社会，自治要依托某种组织来推进，自治活动的开展必须要借助一定

① 马万祥：《从“议论纷纷”到“纷纷议事”——山东潍坊奎文区社区议事会创新基层自治模式》，《检察日报》2009年3月23日第7版。

② 鲍蔓华：《宁波海曙区政协议事会开在社区》，《人民政协报》2008年11月1日第A2版。

③ 龚卫珍：《社区议事园：双向互动的有效平台》，《人民公安报》2008年10月8日第8版。

④ 《宁波市苍水社区议事委员会议事规则（草案）》，《社区》2003年第5期。

⑤ 王桐叙：《亲历“社区居民议事厅”》，《社区》2009年第12期（上）。

⑥⑧ 丁安祥：《社区议事园：居民的事居民议居民办》，《社区》2009年第8期（上）。

⑦ 左玮娜、王剑平：《成都社区议事会：创立还权于民的新载体》，《中国社会报》2011年4月18日第1版。

⑨ 唐玉：《论基层民主议事制度的创新与完善——基于浙江省杭州市两类社区个案的研究》，《中共杭州市委党校学报》2008年第5期；任江华：《江西南昌社会组织推动社区民主管理》，《人民日报》2011年1月5日第17版。

的组织载体。自治组织的性质设定、结构搭建、功能定位、人员配备及其组建方式和运转过程，都在很大程度上规定着自治活动的顺利程度与绩效。对于自治传统较为缺失的中国社会而言，城市基层社会自治的实质性推进不仅有赖于社区自治的制度规范在法律政策文本与社会实践运行两个层面的双向建构，而且得益于社区自治的组织载体的合理架构与有效运转。在社区自治的组织框架中，主体性的社区自治组织主要有两类，一是社区居民委员会，二是业主委员会。从两类自治组织的历史演变来看，社区居民委员会具有较长的历史渊源，组织基础较为深厚，而业主委员会则是较晚出现的社区自治组织形式，组织基础较为薄弱。当然，对于不同的社区类型，两类自治组织的现实境况与力量对比存在着较大的差异，处于老城区以公房为主的社区中，社区居委会一般是其一元化的社区自治组织，物业管理和业主权利不突出，业委会几乎没有进入，而在房改房社区尤其是商品房小区，业主而非居民是社区成员的主要身份，携物业管理而生成的业主自治异军突起，业委会相对于居委会往往更为活跃、地位更高、力量更强。不过，从整体发展态势来看，社区自治的组织形式不断从一元化走向多元化、组织结构日益从简单化走向复杂化、组织功能逐渐从单一化走向多样化。鉴于此，我们首先分别对社区居委会和业委会两个自治组织的实际样态、面临困境和建设思路做出阐述，然后从组织联结与互动的角度对两者的组织调适进行综合性分析。

（1）对于居委会而言，鉴于其组织属性、结构、功能、人员、经费、运行等面临着较多的困境，应通过修改完善相关法律法规，组织调适与机制创新，以及政策调整和人员配置，进一步明确居委会的性质、地位和职责，健全居委会组织体系和工作队伍，完善居委会人员选任机制，建立居委会人员考核机制，充实居委会下属组织和专业服务机构的队伍，保障居委会办公经费和人员津贴。不管是从历史发展脉络还是从法律法规文本抑或从社会现实需要来看，社区居委会毫无疑问都是社区自治首当其冲的基本组织载体。不过，尽管在社区改制前后社区居委会的自治定位和功能发生了显著的变化（尤其是在应然层面上），但是在现实运行层面，社区居委会在应然与实然、文本与实践两个向度却显示出了明显的不匹配、非平衡。

一是性质不明，行政过度自治不足。在法律文本层面，尽管《宪法》和《城市居民委员会组织法》均明确规定，居民委员会是基层群众性自治组织，但是《宪法》将有关居委会的法律规定置于“地方各级人民代表大会和地方各级人民政府”之下，显然有行政化之嫌，《城市居民委员会组织法》有规定“居民委员会协助不设区的市、市辖区的人民政府或者它的派出机关开展工作”，并在工作任务上也作出了相应要求，这些规定在很大程度上为居委会的性质不明埋下了隐患。而在现实层面，居委会的行政化、职业化等就相当凸显了。其主要表现是，组织设置行政化、组织功能行政化、自治章程和工作制度制定行政化、人事决定行政化、经费收支行政化、运行方式机关化、考核机制行政化①，以至于出现以基层政务为中心的职业化趋势，居委会的组织结构与街道职能科室相对接，其工作内容与政府工作高度一致，其工作经费和津贴都高度依赖于政府部门②。为此，居委会在实际工作过程中显现出明显的行政过度、自治不足的境况，在权力行使中基本上以政府赋予的行政权为主，对于社区居民期待颇多的自治权、公共事务处置权、协管与监督权、突发事件处理权等方面却疲软无力③，社区自治主体中呈现出“以居委会为中心”④ 的倾向，社区自治不是以社区居民为主体的自治，而演变成“居委会自治”，在一定意义上居委会甚至走向了“内卷化”⑤，即虽然新的组织形式要素（如社区代表大会、居委会委员的直选等）已经产生，但居委会的自治属性和功能不仅没有得到强化，原有行政化的组织性质反而还得到了加强。对北京、上海和广州 20 余个商品房小区的问卷调查显示，69.1% 的业主认为居委会是政府组织，只有 30.9% 的人认为是居民自治组织⑥。

二是身份失衡与角色混乱。城市社区兴起的基本背景是单位制解体、全能政府“失效”与万能市场“失灵”，这为其成长与发展提供了宽广的空间，但是由此也为其保持了太高的期待、附着了太多的功能，不利于其身份定位与角色扮演。对于社区居委会组织而言，它不仅要承接单位制解体后所剥离出来的大量社会职能，又要弥补政府失效所导致的管理漏洞和治理失序以及政府公共职能社会化过程中的部分溢出职能，还要愈合市场竞争所引发的社会不公平、不公正等社会性难题。这就导致居委会在实际工作中出现身份失衡与角色混乱的状况，居委会成为“双重代理人”，往往徘徊在“政府代理人”与“居民代言人”之间，既扮演着政府意志的实现者、政府指令的传达者、政府政策的落实者等准行政组织或拟行政组织的角色，又扮演着社区公共事务的处置者、社区公共物品的提供者、社区公共意见的收集者与汇聚者。

三是功能偏差，权责不清，资源匮乏。居委会的功能偏差主要体现在两个方面：①服务对象偏差。居委会的主要服务对象应为社区居民，但其实际服务对象

---

① 参见陈伟东：《社区行政化：不经济的社会重组机制》，《中州学刊》2005 年第 2 期；向德平：《社区组织行政化：表现、原因及对策分析》，《学海》2006 年第 3 期；卢爱国、陈伟东：《社区行政化的反思：现实与选择》，《内蒙古社会科学（汉文版）》2008 年第 2 期。

② 卢汉龙、李骏：《中国城市居民委员会工作的比较研究：上海与沈阳》，《社会科学战线》2007 年第 6 期。

③ 闵学勤：《转型时期居委会的社区权力及声望研究》，《社会》2009 年第 6 期。

④ 闵学勤：《社区自治主体的二元区隔及其演化》，《社会学研究》2009 年第 1 期。

⑤ 何艳玲、蔡禾：《中国城市基层自治组织的“内卷化”及其成因》，《中山大学学报（社会科学版）》2005 年第 5 期。

⑥ 夏建中：《城市新型社区居民自治组织的实证研究》，《学海》2005 年第 3 期。

则是以街道办事处为主体的政府职能部门，以至于成为政府的“腿”。②工作内容偏差。居委会的主要工作不是社区自治事务，而是政府部门交办的各项行政事务。通过对上海、沈阳10个居委会的问卷调查发现，居委会所承担的政治动员、协助政府提供公共服务、民间调解、维护治安和民意表达五项工作事项中，除由于归类和统计原因“其他琐事”类占了相当大的比重外，“协助政府提供公共服务”类事项比重最高，约占去了居委会人员1/3的时间与精力。[①] 另一项对武汉市江汉区两个社区的统计调查表明，社区事务中行政事务和社区内部事务，分别占全年事务总量的43.63%和49.56%[②]，居委会行政功能相当突出。同时，问题的关节点还在于，居委会不仅承担了其应然主体功能之外的许多行政功能，而且与多重功能不相匹配的是，其拥有的职权又是相对微弱的，掌握的资源如人力资源、财力资源和权力资源却是相当有限的。调查发现，45.88%的社区居委会主任承认“很少或没有时间”从事深入群众、走家串户的本职工作，每天工作时间在10小时以上的社区居委会主任占83.94%，许多人甚至达到12小时左右，大部分社区居委会主任都不能正常地享受双休日。[③] 其结果是居委会面临严峻的“生存发展困境”[④]，即发展资源匮乏；多头管理，居民自治模棱两可；缺乏激励机制，居委会成员动力不足；受益群体面窄，缺乏吸引力；制度供给不足，工作缺乏法律依据等。

鉴于上述三个方面的组织困境，我们着重从组织建设的层面提出若干改进思路。一是，通过修改完善相关法律法规，进一步明确居委会的性质、地位和主要职责，提出健全居委会组织体系和工作队伍的思路和措施。现有的《城市居民委员会组织法》对居委会的组织属性、地位和职责等基本问题的规定过于粗略，操作性程度太低，尤其是对其“上下”关系（即与街道办事处等政府职能部门之间的关系）和“左右”关系（即与业委会、物业公司和社区民间组织等之间的关系）应作出明晰化的规定。在实现政府行政管理与社区自治有效衔接和良性互动的政策导向下和居委会之外的社区组织和民间组织等社会性力量快速成长的新态势下，不断提升居委会组织定位和架构的有效性、科学性和合理性就迫在眉睫了。因此，必须对现有《城市居民委员会组织法》作出重大修改调整，并可以考

---

① 卢汉龙、李骏：《中国城市居民委员会工作的比较研究：上海与沈阳》，《社会科学战线》2007年第6期。

② 张大维、陈伟东：《社区事务因何而来、靠何而解》，《社区》2008年第3期（上）。

③ 徐雪琴：《对社区居委会无限事务与有限职权矛盾的思考》，《中共南京市委党校南京市行政学院学报》2006年第1期。邱晓霞：《论社区居委会组织体系及其职责的完善》，《四川师范大学学报（社会科学版）》2011年第5期。

④ 马卫红：《后选举时代城市居民委员会的生存困境及其原因分析》，《长春市委党校学报》2010年第4期。

虑起草《政府部门指导社区居民委员会工作条例》和《社区居民委员会协助政府部门工作条例》等专门性法规，以明确并完善居委会的组织架构和关系。

二是，通过调整社区选举办法和引入社区考核机制，坚持并完善以社区居民为主体的居委会人员选任机制，规范居委会人员的从业资质和条件，建立以居民评议和组织考查相结合的居委会人员考核机制①。同时，通过引入专业社会工作者和大学生群体，充实居委会下属组织和专业服务机构的队伍，提升社区工作的专业化和职业化水平②。

三是，通过社区赋权和增权，强化“议行分设”背景下居委会的职权，保障居委会的社区主体地位，规避其边缘化和弱势化。2010 年 11 月，中共中央办公厅、国务院办公厅印发的《关于加强和改进城市社区居民委员会建设工作的意见》，对居委会的职责进行了梳理界定，概括归纳为三个方面，即依法组织居民开展自治活动、依法协助城市基层人民政府或者它的派出机关开展工作和依法依规开展有关监督活动。在居委会与社区专业服务机构（社会工作站等）的组织分设和职能分开的背景下，居委会的地位面临着被边缘化的风险，因而需要通过组织关系调适和增权的方式，强化居委会的职能和权限。武汉市江汉区赋予社区居委会对设在本社区的社区公共服务站行使五大权力：人事建议权，即对社区公共服务站工作人员进行聘用和任免；评议监督权，即社区居委会定期召集街道社区服务中心管理人员和居民代表，对社区公共服务站工作人员进行民主评议和考核，其结果作为计发奖金、评先表彰、人员去留的重要依据之一；事务协调权，即凡市、区布置的全局性以及突发应急性工作，均由社区居委会牵头整合资源、统筹协调、安排调度，社区公共服务站工作人员必须全程配合，积极参与；困难群众救助保障资格初审权，即社区内困难群众享受低保、廉租房、各类特困补助、临时救助、大病医疗救助等，均由社区居委会负责资格初审认定；经费使用把关权，即社区公共服务站经费的使用由服务站站长提出意见，社区居委会主任把关。③

---

① 如湖北省随州市曾都区推行“两考制”，即对社区现任两委会领导班子成员，分“民主测评、民主推荐、民主座谈、理论考试、党工委票决”五个方面进行量化考核，其中测评、推荐、座谈三方面为基层考核，考试、票决由上级党组织考核。参见杨富春：《曾都社区选举首推“两考制”》，《湖北日报》2010 年 1 月 5 日第 2 版。

② 如天津市河西区早在 1997 年就在全市首开先河，招聘百名大学生到社区居委会工作。2010 年，进一步加大工作力度，面向社会公开招聘 100 名居委会事业编制专职干部，在公开报名的 5 天内，吸引了包括 309 名研究生在内的 4 162 名大学生踊跃报名。本次招聘不仅将岗位纳入事业编制，还提高了招聘“门槛”，应聘者必须具有“全日制本科普通高等院校大学本科及以上学历”，年龄要在 30 岁以下，并且对其专业也做出了严格要求。参见宋艳、王菁：《大学生热捧居委会专职干部　4 000 多人竞聘 100 个居委会岗位》，《中国人事报》2010 年 1 月 8 日第 3 版。

③ 《“五权”提升社区居委会主体地位》，《中国社会报》2010 年 9 月 9 日第 4 版。

四是，通过加大财政投入以及统筹安排，切实保障居委会办公经费和人员津贴，改善其工作环境，提高其物质待遇，稳定工作队伍。《关于加强和改进城市社区居民委员会建设工作的意见》明确规定，“要将社区居民委员会的工作经费、人员报酬以及服务设施和社区信息化建设等项经费纳入财政预算。……社区居民委员会成员、社区专职工作人员报酬问题由县级以上地方人民政府统筹解决，其标准原则上不低于上年度当地社会平均工资水平。社区居民委员会成员和社区专职工作人员按国家有关规定参加基本养老、失业、基本医疗、生育、工伤保险，有条件的地方逐步落实住房公积金政策。”同时，民政部要求，2012 年全国 1/3 以上省社区居委会成员报酬要达到中央规定的标准。这些为居委会的顺利、有效运行提供了较扎实的政策和经费保障。

（2）对于业委会而言，鉴于在组织性质、产生、运行等方面存在着诸多的障碍，可从法律、理念、行动等方面提升其组织建设水平，提高其法律地位，促进其组建，推动其良性运行。与居民委员会难以回避的行政化之嫌与自治性之疑迥然有别的是，以私有产权和共有产权等新型产权形式为基础的业主委员会从其兴起之始就为当前城市社区民主与自治的困顿注入了一股强心剂，给城市基层民主政治建设提供了可能的契机。为此，城市社区研究者们也对业主委员会这一新型社区组织寄予了较高的学术期望和想象力，将其称之为“中国公民社会的先声”①、“城市社区民主发展的另一个支撑点或载体”②、“城市基层民主建设的新形式”③。然而，从业委会的发展进程来看，这些预测性评判更多的饱含着社区民主与自治的价值追求，其现实运行却面临着更多的障碍与不利因素，其民主化道路步履维艰，其自治进程荆棘丛生。

一是，由于法律法规不健全和政策不明朗，业委会的组织性质不明确，组织地位较低。目前，关于业委会的法律法规不多，中央一级的主要有 2007 年的《物权法》、2003 年出台 2007 年修订的《物业管理条例》、2003 年的《业主大会规程》。《物权法》虽然解决了业委会参与诉讼的资格问题，但没有明确它的民事主体资格问题，更没有将其定位于居民自治组织的范畴。《物业管理条例》是以物业管理为主位的法规，并没有对业委会的组织性质和地位做出规定。《业主大会规程》也基本上是复述了《物业管理条例》中有关业委会的相关表述。另外，从业委会与居委会这一法律意义上的社区自治组织的关系来看，业委会也处

① 夏建中：《中国公民社会的先声——以业主委员会为例》，《文史哲》2003 年第 3 期。

② 韦朝烈、唐湖湘：《业主委员会：城市社区民主发展的可能载体——广州嘉和苑业委会调查》，《广东行政学院学报》2007 年第 2 期。

③ 王琳：《城市基层民主建设的新形式——对广东“业主委员会”的调查引发的思考》，《理论月刊》2006 年第 8 期。

于明显的较低地位。依照《宪法》、《城市居民委员会组织法》，居委会是社区范围内唯一的权威性社区自治组织。而且，《物业管理条例》只规定了业委会对居委会的单方义务，即业主大会、业主委员会应当配合公安机关，与居民委员会相互协作，共同做好维护物业管理区域内的社会治安等相关工作；在物业管理区域内，业主大会、业主委员会应当积极配合相关居民委员会依法履行自治管理职责，支持居民委员会开展工作，并接受其指导和监督；住宅小区的业主大会、业主委员会作出的决定，应当告知相关的居民委员会，并认真听取居民委员会的建议。当然，业委会组织地位较低的原因还在于业委会目前并没有被民政部门认可为社团法人①。

二是，源于社区内外各方力量的阻力重重与动力不足，业委会的产生较为艰难，而且产生过程中业主的主体性较差。当前，业主委员会的产生可以说是处于内忧外患的境况。由于利益竞争与组织对立等原因，物业公司和开发商极力阻止业委会的合法产生，利用物业管理的法律空隙和业主权利救济的不力，甚至联合居委会等社区组织置业委会于难产的境地②。业委会是维权和自治组织，开发商和物管公司则以盈利为目的，自然会将业委会视为克星并设置种种障碍。③ 以北京为例，2005 年底北京商品房住宅小区中成立业委会的占小区总数的 14.5%，到 2010 年底，这一数字仅上升为 19.3%。据多位业内专家估计，剔除不能正常行使职能和自行解散的，目前北京能够正常工作的业委会不到 5%。④ 同时，业主缺乏自治精神，没有组织意识，缺少维权意识⑤，居民信任程度低，“搭便车”心理普遍也是业委会产生艰难的内在动因。其根源在于业主与业委会的关系松散，主要有两种表现：第一，多数业主对成立业委会并不积极，很多业主是在自身利益受到侵害需要维权时，才意识到成立业委会的必要性和重要性。业主的不积极态度，导致多数社区的业委会难以成立，而即使成立了业委会，其日常运作

① 曾文慧：《社区自治：冲突与回应——一个业主委员会的成长历程》，《城市问题》2002 年第 4 期。鉴于此，2012 年 3 月全国两会期间，全国政协委员李钺锋提交了题为《关于明确小区业主委员会法律地位的提案》，建议将业主委员会明确为“社团法人”，以改变目前业主委员会三不像的局面——既不是自治社团，也不是企业法人，更不是政府机构——从而增加和开发商、物业公司等平等博弈的力量。参见《业主委员会应该具有社团法人资格》，《长株潭报》2012 年 5 月 28 日。

② 参见乐绍延等：《成立业委会咋就这么难?》，《经济参考报》2006 年 8 月 7 日第 16 版；邓红阳：《业委会“难产”的背后隐情》，《法制日报》2008 年 10 月 30 日第 8 版；许浩：《紫玉山庄业主：14 年难设业委会》，《中国经济周刊》2007 年第 11 期。

③ 田雪梅：《城市基层民主发展的组织载体困境——兼论国家在社区自治演进中的作用》，《探索与争鸣》2008 年第 10 期。

④ 王海、张向永、沈寅：《成立业委会到底有多难》，《人民日报》2006 年 7 月 11 日第 6 版；张艳阳：《业委会成立缘何频频受阻》，《中国建设报》2011 年 5 月 5 日第 2 版。

⑤ 杨国栋：《业委会“难产”的责任在谁》，《工人日报》2011 年 4 月 20 日第 3 版。

的权力也都被基层（准）政府组织、物业公司等把持；第二，除少数业委会筹备时期的积极分子，多数业主参与业委会日常工作及相关活动的积极性也较低、参与意愿不高、参与度低。①

三是，业委会自身也存在监督不力、组织乏力等困境。在业委会成立艰难，成立后也运行不畅的背景下，业委会自身的工作由于经费不足、组织关系不和谐等原因，也存在着监督不力、组织乏力等困境。当前，业委会与街道、居委会等政府和准政府组织以及物业公司等市场组织间的多元主体良性互动与合作网络并没有形成，反而更多地呈现出一种恶性利益竞争态势。因此，业委会及其成员的运转失灵与工作不畅就难以避免了。据中国人民大学公共政策研究中心社区治理项目组研究员、前朝阳园业委会主任舒可心说，第一代的业委会主任，现在基本上都不在任上了。他们或者在换届时不再连任，或者干脆中途辞职。② 鉴于此，业委会受到“不作为”③、“成摆设”④ 的质疑就难以避免了。

为此，我们认为，可以从法律、理念、行动等方面提升业委会的组织建设水平。其一，通过对有关业委会的法律法规的修改与调整，提高业委会在社区组织体系中的法律地位。鉴于居委会组织的行政化倾向及其与居民利益关联的相对缺乏以及业委会与业主（社区居民的主体力量）之间高度的利益关联，可考虑对《物权法》、《物业管理条例》等法律法规进行修改，将业委会定位为基层群众性自治组织，并对其有别于居委会的自治权利和事项作出规定，从而为社区居民开拓一种新型、有利的民主试验场与自治演练场。其二，援用西方民主领域的协商民主理论与实践资源，在业委会的运转中倡导并推行协商民主的理念与行动。培养业主、业委会、基层政府和准政府组织、市场组织等治理主体平等参与、共同决策社区公共事务的意识与氛围，以多元主体间制度化的协商会议作为社区治理的平台，以突破业委会的发展困境。⑤

三、社区自治的文化建设

从中国城市社区民主与自治的基本发展脉络与逻辑来看，制度变革与组织重

①⑤ 刘安：《业委会发展的困境及其突破》，《城市问题》2012 年第 3 期。

② 王刚：《业主委员会的多事之夏》，《中国新闻周刊》2006 年 8 月 14 日。

③ 参见邵岭、赵宇舟：《小区业委会不作为谁来管》，《文汇报》2008 年 7 月 1 日；程磊：《业委会委员不称职怎么炒？——从〈广东省物业管理条例〉新规定说开去》，《现代物业》2009 年第 4 期；吕蕴岚、林丹、陈瑶迦：《业主痛批业委会不作为》，《海峡都市报》2009 年 12 月 9 日；《物业处境尴尬想撤走　业委会被指责不作为》，嘉兴在线新闻网，2010 年 6 月 23 日。

④ 参见林颖、张航：《业主委员会为啥成摆设》，《解放日报》2008 年 10 月 10 日；《业委会如何不再成摆设》，《中国青年报》2010 年 12 月 29 日；王海英：《业委会不能形同摆设　要发挥纽带和桥梁作用》，《宁夏日报》2011 年 2 月 23 日。

建是基础性工程，也是首要任务，如何高效、顺利地以社区自治组织的改造、重建为基础搭建一套社区民主的制度体系与结构要素，是城市基层民主政治建设和群众性自治活动的前提条件。而在此过程中或其后的一段时间里，鉴于城市社区民主的建构性和外生性，社区自治很大程度上停留在"形式化"、"表面化"层面，并没有演化为社区居民的民主生活，与社区居民的日常生活和实际利益关联度不高，为此，社区自治的文化建设凸显出来，提升居民对社区的认同感和归属感，积聚社区社会资本，增强社区居民的社区意识就成为社区自治进一步推进的关键要素。党的十六大提出，"有特色的社会主义文化，是凝聚和激励中华民族的重要力量，是全面建设小康社会的重要保障。"党的十七届六中全会《中央关于深化文化体制改革若干重大问题的决定》进一步明确指出，"加强社区公共文化设施建设，把社区文化中心建设纳入城乡规划和设计，拓展投资渠道"。

参照《中国大百科全书·社会学卷》，社区文化是指"通行于社区范围之内的特定的文化现象。包括社区内的人们的信仰、价值观、行为规范、历史传统、风俗习惯、生活方式、地方语言和特定象征等。"[①] 如同文化的构成一样，社区文化也包括多个层面的内容，既有环境、设施等有形方面，也有价值观、心理、精神、信任等无形方面。当然，对于当前外生性、建构性的城市社区民主与自治而言，社区文化的无形层面更为重要，也更有价值。因此，此处所指的社区文化侧重于社区信任、社区精神、社区认同、社区归属、社区意识等社区文化基层。

在现代化背景下，滕尼斯所界定的本源意义上的社区，是逐步走向衰落的，与此相伴的以首属群体和初级关系为基础的传统社区文化也是日渐式微的，取而代之的是以世俗、理性、非人格化等特性的现代社会文化。为此，社会学家托马斯不无忧虑地指出了工业化和城市化进程中带有普遍性的社区问题：居民普遍不愿承担公民责任，不愿参与公众事务；社区网络日趋解体；人口流动加剧，居民异质性提高，沟通合作面临挑战；居民缺乏交往和沟通的渠道；社区内部不同利益群体的出现极易形成对抗，居民普遍对社区事务冷漠；社区内各居民组织之间缺乏良好的沟通等。[②] 这种境况恐怕是很多国家在社会发展中都难以回避的，尤其是对于中国等赶超型的后发现代化国家而言就尤其严峻了，改革开放后中国所采取的发展模式的直接后果是社会建设严重滞后，社区发展就更是没有受到应有的重视了。而对于具有较强自主性和独立性的社区文化来看，其生长、发育的时间、空间和资源都是较为有限的。纵观当前社区文化的现实状况，主要存在以下几个方面的难题：

① 《中国大百科全书》编委会：《中国大百科全·社会学卷》，中国大百科全书出版社 1991 年版，第 367 页。

② 夏建中：《社区工作》，中国人民大学出版社 2005 年版，第 36 页。

一是，社区文化的“硬件”、“软件”两个层面严重不平衡。[①] 在以目标考核为导向的“社区建设”行动下，社区文化的“硬件”层面如社区文化娱乐场所、体育健身设施、阅览室或图书室等有形的设施或设备在政府及其各职能部门的财政支持下，不少社区往往能较快地建设起来。但是，与此相对的是，社区文化的“软件”层面，如社区文化设施的使用与管理、活动的策划与举办，以及社区文化设施和活动与社区居民的需求难以有效对接，导致社区文化设施的利用率较低、社区文化活动的参与率不高，社区文化出现异化的局面。

二是，社区文化设施和活动的政府主导性强，行政化色彩浓厚，社区居民的自主性社区文化活动相当欠缺。与社区建设的政府主导性与行政化倾向相一致的社区文化在经费来源、规划设计、建设主体、组织主体等方面都严重依赖于街道办事处等政府职能部门，社区居民反而成为被组织、被动员的对象，其主动性和自主性不强。其结果是，除去自发性的、得到政府允许的兴趣团体活动外，社区居民对社区文化发展决策和实施的参与度很低。北京、上海等大城市，都遭遇部分高成本社区文化场地和设施门庭冷落的尴尬，都有看起来社区文化活动红红火火，但实际覆盖社区成员数量与效果过低的困惑。[②] 北京市的社区文化活动参与状况显现出两种局面：在参与率上，一项活动参与面达到20%就很高了，而相当部分的活动参与面仅在5%～10%；在参与主体上，老人和少年是参与的主力军，在职职工参与度低。[③] 对天津部分社区的调查也表明，在社区文化的参与中，老年人占到了68%以上，少年儿童占15%以上，而中青年还不到17%。[④]

三是，社区文化的管理体制不顺畅，资源整合不强。当前不少地区并没有把社区文化建设纳入社区建设的整体规划之中，没有明确社区文化建设的主管部门，更没有进行社区文化发展的长期规划。在社区文化建设中，民政部门主要负责社区的自治建设，体育部门主要负责社区的文体活动，文化部门主要负责社区的群众文化活动，社区治安、计划生育等又分别由不同的行政部门主管。于是，工会提出要有工会之家，妇联提出要有妇女中心，共青团提出要有青年之家，文化局提出要有文化馆和图书室，民政局提出要有社区服务中心等等，而且都有各自“条条”的正式文件作为依据。[⑤] 以北京市为例，学校、机关及各类企事业单位拥有大量的文化体育设施，虽然地处社区之内，但与社区没有组织关系，形成了条块分割的管理运作方式，大量的企事业机关单位的操场、图书馆、文化活动

①⑤ 周翔、陈田田、陈明磊：《城市社区文化发展的几个思路》，《社区》2006年第21期。

② 沈望舒：《城市社区文化建设的六大不足》，《中国文化报》2005年8月23日第4版。

③ 孟固：《北京市社区文化建设中的问题与对策》，《城市问题》2004年第3期。

④ 康之国：《构建和谐城市社区中的文化建设：问题与对策》，《中共天津市委党校学报》2008年第3期。

室、会议室、广场绿地等，都不对社区居民开放。社区地域内的各类学校文体设施占社区文体设施的50%以上，但对社区开放的只占少数。① 其后果是，社区范围内的社区文化设施难以有效整合，这就更加剧了社区文化投入与社区居民的需求的失衡。

尽管作为社会生活共同体的社区在现代化进程中不断走向衰微，但是，在基础性意义上，社区仍然是社会的微型单位和基本单元，社区及其独特性的文化形式依然受到人们的追寻与重拾。因此，应当从理念、体制、机制、行动等方面，重建社区文化，提高居民的社区认同感和归属感，提升居民的社区意识。

一是，在理念层面，切实倡导"以居民为本"的社区文化建设理念，突出社区文化建设中的"社区性"和"公共性"，营造社区文化参与氛围。在社区文化建设过程中，确立"以社区居民为本"的理念，把满足社区居民的文化需求作为开展城市社区各项活动的出发点和落脚点，建构以需求为导向而非以供给为导向的社区文化建设体制，即使是政府部门出资兴建的社区文化设施也应开展需求评估与项目评估。同时，把"人的塑造"这一城市文化建设的根本目标贯穿于城市社区文化建设始终，并通过形式多样、丰富多彩的群众性精神文明创建活动，着重解决人的精神支柱问题。另外，营造健康向上的社区文化氛围，培育平等、参与、友爱、协作的社区文化价值观念。②

二是，在体制层面，理顺社区文化建设中牵涉到的各级各类政府部门的"条款关系"，明晰政府部门、社区组织、社区居民在社区文化建设中的权责关系，构建合理、高效、协调的社区文化管理体制。针对社区文化管理中存在的多头管理、效率低下的状况，着力进一步理顺社区文化管理和工作体制，建立符合文化事业发展规律的社区文化管理新模式。一些地方探索建立的"政府统筹、分工负责、归口管理"的社区文化管理体制就是较为成功的模式，形成了一个上下贯通的领导、协调、执行和管理机构。③ 与此同时，打破条块分割格局，坚持"条块结合、以块为主"的原则，理顺社区文化建设的组织体制，调整各类组织的运作方式，培育各方共建社区文化的健康机制。这一方面需要加强纵向协调，科学合理地划分市、区、街道（镇）和居委会在社区文化建设中的职能；另一方面也需要加强横向协调，从社区文化建设的全局出发，打破社区内单位的分割与封闭状态，加强各单位之间的协调与合作关系。④ 另外，以社区为单位，建立社区文化

① 孟固：《北京市社区文化建设中的问题与对策》，《城市问题》2004年第3期。

② 周翔、陈田田、陈明磊：《城市社区文化发展的几个思路》，《社区》2006年第21期；李国弟：《社区文化是社区建设的"根"与"魂"》，《解放日报》2011年12月26日第14版。

③ 蔡达峰：《加强社区文化建设培育社会生活共同体》，《联合时报》2008年4月4日第5版；康之国：《构建和谐城市社区中的文化建设：问题与对策》，《中共天津市委党校学报》2008年第3期。

④ 王平：《社区文化建设的多维度思考》，《毛泽东邓小平理论研究》2006年第7期。

指导委员会，作为管理执行层，对社区文化有指导、规范、管理、协调和监督职能。

三是，在机制层面，确立社区文化资源的整体共享、优化配置、可持续利用等资源优化机制，构筑社区文化建设规划的可持续化、社区文化建设资金的高投入化、社区文化建设队伍的高素质化等长效发展机制。[①] 上海社区文化活动中心在各地的社区文化建设领域中异军突起，其关键在于建立了充满活力的运行机制。[②] ①建立统筹协调机制，实现资源共建共享。“文化中心”将原来的街镇文化站、图书馆、老年活动室、青少年活动室等基层公共文化设施整合一体，采用新建、改扩建或置换等多种途径，因地制宜，使用面积基本上都在 3 500 平方米左右。②建立社会化、专业化的运行机制，增强机构活力。实行社会化、专业化委托管理，也就是在文化中心产权不变、公益性质不变、公共财政投入不减的前提下，街道办事处或乡镇人民政府可以委托具有专业管理资质的机构来运作文化中心。③建立文化资源配送机制，提升基层文化服务能力。在文化中心建设过程中，上海市逐渐改变过去重基础设施建设、轻内容资源建设的弊病，把公共文化产品的生产和供给放在了重要位置。④建立公共财政投入机制，保障文化中心正常运行。文化中心的建设经费由公共财政投入，市文化专项资金平均每建一个扶持 250 万元，4 个远郊每建一个文化中心，再由市发改委支持 250 万元。到 2007 年止，全市建好的 108 个文化中心，建设经费累计共投入 25. 19 亿元。⑤建立绩效考核评估机制，促进服务质量提升。评估考核有两个层面，一是上级文化主管部门对文化中心进行绩效测评，二是文化中心建立内部考核机制。

四、社区自治的能力建设

对于社区自治抑或社区自治主体而言，不管是制度、组织，还是文化，都是外在环境与条件，社区自治真正推动与可持续发展的根本动力还是在于社区自治的能力提升与保持。而且，这种自治能力绝不仅仅是或者主要不是政府等社区外围组织自上而下赋予或推动的结果，而应当是以社区自治主体如社区居民、社区居委会、业委会、社区民间组织等为核心力量、以公共责任、公共精神为价值目标，以公共参与、协商、讨论、决策为实现载体、路径和空间，不断累积、逐步

① 黄敏、吴信：《发展社区文化的主要对策》，《中国社会报》2003 年 9 月 10 日；苏昺：《把社区文化建设作为社会管理的重要内容》，《人民日报》2011 年 5 月 4 日第 7 版；李淑芳：《社区文化运行方式向社区自治转换》，《沈阳日报》2011 年 11 月 3 日第 A14 版。

② 陈起众：《上海社区文化活动中心　活力来源于运行机制的创新》，《中国文化报》2009 年 3 月 22 日第 2 版。

融合、日益拓展的持续过程。因此，笔者试图以当下城市社区自治能力的现状尤其是困境与不足为切入点，以社区人为主位，以社区自治组织及其成员的能力提升、社区居民的公民性成长、社区自主性和公共性累积为目标导向，对和谐社区构建中的社区自治能力建设的可能走向与路径作出预测性分析。

总体上看，当下中国城市社区自治能力的现状堪忧，社区参与、自治能力相当欠缺，社区自治的能力建设将是今后很长一段时间里社区发展的难点和重心。在中国民主尤其是基层民主的发展历程中，由于民主传统、民主基因的极度匮乏，或者说民主文化、民主心理的明显缺失，民主对于中国民众来说更多的是一种“舶来品”，中国民主的成长路径是外部输送式的，而且在很长一段时间里，民主只是一场政治社会运动，或者是政治社会变迁的工具，而没有切实、有效地转化为普通民众的政治社会行动，民主只是停留在国家的上层或表层，而没有进入到社会的基层或深层，民主只有形式化的工具诸如民主仪式、民主话语、民主符号，而没有获致实质性的内容，更没有推及到实际运行的阶段和层次。正是基于此，即使在城市基层民主从制度、体制、组织等多个层面在社区这一场域中已取得富有成效的成果之时，社区居民依然难以或者相当艰难的利用现有成熟的自治制度、组织来维护自身的权益和处置社区公共事务。一个非常具有说服力的例证就是，北京银枫家园的前业委会主任北野、上海市普陀区长发白玉公寓业委会主任周骏等一批具有公益心的社会人士先后辞职或被解聘，其主要原因并不在于社区外部的体制、资源等，而主要在于社区内部自治主体之间的关系处置问题。如同北野先生总结业主们的维权活动所言：“开始的主要目标是对着开发商和物业公司，采取比较极端的形式，比如静坐、对抗。到现在，人们发现，靠闹解决的问题，都解决了，还解决不了的，是业主之间的事。维权的最高境界，不是和开发商、物业公司斗，而是业主和业主的维权。开发商和物业公司对业主的伤害，我叫‘肌肤之患’，真正的‘心腹之患’，来自业主。”① 从这个典型案例中我们发现，社区居民自治能力的高低才是决定社区自治水平与绩效的最终也是最关键的因素。然而，在实践层面，社区自治基本还处于“形式化”的初级阶段，社区居民对行使民主权利缺乏信心，即使法律上赋予了民主的权利，但也处于被动状态，不认为有必要、有权利参与政治事务，其结果是不少居民社区自治意识淡薄，参与能力欠缺，社区建设陷入了“剃头挑子一头热”的尴尬困境。② 在社区自组织的理论视域下，继 20 世纪 80 年代社区服务以来的城市社区建设活动，更多的是以政府部门为主导、以行政推动为特征的他组织的过程，在短期内可以

① 王刚：《业主委员会的多事之夏》，《中国新闻周刊》2006 年 8 月 14 日。

② 于显洋：《形式化与合法性——城市社区基层制度结构的变动及功能解释》，《江苏行政学院学报》2008 年第 1 期。

取得显著成效，但是从长远来看，缺乏持久、有活力的内在动力与维续机制。其现实表现就是，社区发展缺乏持续的内在动力、社区居民和辖区单位自主参与不足，社区自组织能力较弱。① 而且，即使存在一定程度的社区自治组织参与，其参与范围和空间也较狭小、公共性程度不太高，即主要局限于社会空间相对较小的社区民间组织、业主组织以及地域空间较小、人数较少的居民楼栋单元或院落。②

总体而言，当前城市社区发展领域，过于强调制度、体制、组织等实体性层面，而忽视了社区自治主体的自治能力培育等软性层面。然而，从区域或国际视野来看，“以能力为本”是很多社区发展较为成功的地区和国家的首要核心精神和基本特质。众所周知，香港社区发展水平相当高，其关键原因在于自始至终坚持以能力（包括社区资本和居民能力）为本，而不是以问题为本的社区发展理念。具体而言，倡导“摆脱由提供服务及援助的视角建社区，而着重才能、资源的发掘和发挥促发展”；强调并发挥社区的资本，而不强调社区的问题，强调并挖掘居民的潜能，而不盯住和暴露民众的弱点；不对社区及个人贴上负面标签，而要求立在更远的视角来考量和探索社区的可持续发展，他们坚信“民间智慧”是社区发展无穷的力量。正如香港社会服务联社中仁爱堂的工作人员所指出的，“我们的社区重建是以民间能力为本的，而不是以社区问题为本的；我们设想民间智慧是无穷的，居民能力是可以挖掘的；从问题出发，只是补救，而从能力出发，就可发展。”③ 为此，我们必须以“社区人”的成长与培育为立足点和归结点，从理念精神、组织载体、培训教育等方面，对社区自治的能力建设进行政策调整和创新行动。

一是，在理念精神层面，重新挖掘“社区人”概念的深刻内涵与深远价值，将社区人成长与培育置于社区发展和社区自治的核心位置，倡导“以能力为本”和“多元共存”的社区理念。如同李普塞特将“政治人”作为政治的社会基础一样，“社区人”也是社区的社会基础和主体依托。在很长一段时间里，由于城市社区发展的自上而下发展路径和政府建构性的阈限，社区的主体性和自主性没有有效激发出来甚至在一定程度上有所压制，以社区居民、社区自治组织、社区民间组织、辖区单位等为主体的社区人没有得到应有的重视，从而导致社区自治和民主呈现出“无主体性”或“弱主体性”的状态。为此，在城市社区民主与自治向纵深推进的新时期，应当重新挖掘“社区人”概念的深刻内涵与深远价

① 杨贵华：《自组织与社区共同体的自组织机制》，《东南学术》2007 年第 5 期。

② 杨贵华：《转换居民的社区参与方式，提升居民的自组织参与能力——城市社区自组织能力建设路径研究》，《复旦学报（社会科学版）》2009 年第 1 期。

③ 张大维：《“以能力为本”的社区建设理念》，《社区》2011 年第 9 期（上）。

值，明确社区人的权利、义务、责任，注意社区人内部的分层性①，并将社区人成长与培育置于社区发展和社区自治的核心位置。与此同时，切实倡导“以能力为本”和“多元共存”的社区理念。“以能力为本”的社区理念，主张社区民主与自治并不是与生俱来的，在终极意义上也绝不是外部给予的，而是自我学习、自我教育、自我培养的试错、持续的过程，它本身是一场不断操演、展示的能力提升过程，能力提升是社区发展的主旋律和永不衰竭的动力。“多元共存”是基于公共利益与公共责任的相互作用，使社区不同利益主体之间的互动、协作、参与、共享等成为社区公民公共选择的核心文化与情感理念。它包括两个方面的内涵：第一，“公共利益”，即利益主体的多元化，社区多元利益主体在公共利益方面的互动与协作，以及实现途径的多元化，社区的不同利益主体为了维护社区的公共利益，社区利益主体根据现实需求，多渠道、多途径地沟通和落实社区各个利益主体之间互动与协作的问题；第二，“公共责任”，即社区不同利益主体应转变为公共责任的承担者，不同的社区利益主体不仅要维护各自的利益，而且要奉献自己的爱心，以及社区与社区即社会共同体之间由于公共责任的存在，不仅要使利益攸关方成为公共责任相关方，而且要使非利益攸关方也成为公共责任的担当者。②

二是，在组织载体层面，社区自治主体的能力提升必然要借助于一定的组织载体，这就需要健全以居委会和业委会为主体的社区自治组织，尤其是实现居委会的自治、议事功能的回归，为社区人的成长提供完善、扎实的组织平台。对于居委会而言，首先要转换角色，回归到真正体现居民集体意志的自治组织的性质上来，并在提供公共服务的策划中，充分反映民意，激励和吸引社区居民参与决策。对于业委会而言，要充分反映和表达业主的利益，维护业主的权益，为业主自我管理物业提供组织平台。③ 其具体政策思路有：增强业主的自组织意愿；提高业主的沟通协商能力；提高业主遵守约定的自觉性；提高业委会成员的素质，加强业委会的组织建设④。针对当前居委会表面带着居民自治的光环，却无实际自治能力的尴尬境况，深圳市盐田区东和社区居委会探索出了“社区居民听证会”的形式，充分听取居民群众的意见，让社区的公共事物由社区居民共同商议解决，其后又探索试行了用于居民监督的“社区居民评议会”和用于协调社区关

① 有学者将社区人划分为社区政治精英、居委会群体、楼组长群体、志愿者群体四种类型。参见翟桂萍：《从居民到公民：社区人的成长——以上海为例》，《上海行政学院学报》2009年第2期。

② 陈占彪：《多元共存：和谐社区能力建设的逻辑起点》，《社会科学报》2007年10月11日第2版。

③ 杨贵华：《转换居民的社区参与方式，提升居民的自组织参与能力——城市社区自组织能力建设路径研究》，《复旦学报（社会科学版）》2009年第1期。

④ 杨贵华、林歆：《物业纠纷与业主自组织能力的培养和建设——以福州市鼓楼区为例》，《现代物业》2008年第10期。

系的“社区居民协调会”同时举办了各式各样的社区活动，不仅丰富了社区文化生活，提高了居民参加社区文化活动的兴趣。①

三是，在培训教育层面，通过开展以社区自治组织成员、社区关键居民等为主体的社区培训与教育活动，提升社区人的民主素质与自治能力。社区教育与培训是社区建设和社区发展的伴生物，也是其基本支点之一。社区教育的核心价值是培育公民，包含三个层面：“鼓民力”，提升民众的学习能力和就业能力；“开民智”，培养民众的民主精神；“新民德”，培养民众对自我、社会和国家的责任感。② 社区教育在社区建设和发展中的功能体现在两个层面：其一，社区教育是促进社区交往、整合社区力量的重要途径，它是社区居民为共同应付生活问题和社会问题而自发、主动参与的学习教育活动；其二，社区教育从根本上致力于提高社区认同，让社区居民对于其身处的生活共同体拥有归属感和身份感，从而达到社区和社会整体的和谐与整合。③ 2010 年 8 月，北京市海淀区启动社区服务人员能力建设培训项目，计划用 4 个月的时间对全区 29 个街道、乡镇的近 2 000 名社区服务人员进行培训，以进一步提升社区服务项目品质，提高社区服务能力和水平。培训内容包括社区管理体制、社区服务策略与项目设计、社区服务需求和社区服务成效评估、社区工作实践模式。④

第五节　发展社区自治推动社区建设

基于外在环境、背景、条件与内在运行机制、方式及其存在形态和内容结构等多层面的影响因素，城市社区场域中的自治呈现出复杂、多样、非均衡的样态。以城市社区自治的现实状况与研究现状为关照，笔者重点探究六个方面的论题：一是城乡一体化进程中的社区自治，即探寻城市化和城乡一体化背景下新型社区（亦称“过渡型社区”、“转型社区”，包括“城中村”社区、流动人口聚集区、边缘社区、混合型社区等类型）如何在体制调整、组织变革、空间转移中实现社区组建或重建，提升社区参与，推行社区自治的；二是新兴商品住宅区的业主自治，即关注城市住房制度改革过程中生成的新兴商品住宅区基于社区与居民

---

① 马卫红：《对居委会带着自治光环、实无自治能力的探索——一份来自深圳市盐田区东和社区的调查》，《中国社会报》2010 年 6 月 10 日第 3 版。

② 华伟：《培育公民：社区教育的核心价值》，《成人教育》2011 年第 12 期。

③ 熊春文：《社区教育及其作为——基于社会学视角对社区建设的思考》，《探索》2007 年第 4 期。

④ 安娜、庞幸春：《海淀区因需施教提高社区工作者能力》，《中国社会报》2010 年 8 月 24 日第 2 版。

利益关联的重构与强化所引发的业主权利伸展与业主自治兴起，及其对城市基层民主政治建设的推动价值；三是人口流动背景下的社区自治，即探讨城乡人口流动背景下以流动人口（也称城市新移民或"农民工"）群体为主体或新成员的城市社区中，如何通过提供公共服务和满足权益诉求而将其政治权力有效吸纳到社区自治框架中；四是完善社区服务中的社区自治，即探析社区服务和社区自治这两项社区建设的内容与任务如何实现有效衔接与良性互动，从而在为社区居民提供便利、完备服务的同时又能开展充满活力的社区自治活动；五是开展社会工作中的社区自治，即探索在社会工作进入社会建设实务领域中后为社区自治与民主提供了哪些创新性的路向、资源与机制；六是完善城市基层治理体制中的社区自治，即将社区自治作为完善城市基层治理的一项行动或一种机制，探究社区自治如何与走向何方。

一、城乡一体化进程中的社区自治

自从城市产生以后，城市与乡村便成为国家中密切联系而又差别显著的两类地域类型和社会单元。它们具有不同的存在基础、功能、结构、特性，国家也就据此分别建构不同的行政管理体制及其组织体系，采取不同的治理方式。对于中国而言，城市与乡村的非对等关系及其制度安排和政策配置最集中的体现就是已成为一项共识性学理认识的城乡二元社会结构。与城乡二元社会结构相对应，行政管理体制上建构了一套城乡二元治理体制，即城乡分治。城乡分治是指城市与乡村作为独立的行政建制单位，分属于不同的权力体系，实行不同的治理方式。具体而言，两类不同区域分别建构差异性的行政管理机构，并依据不同的理念和原则进行人员配备、职能设定、职位配置和职权划分。然而，在城市化、现代化和社会变革进程中，城乡治理体制也曾出现并必将出现交融、一体的趋向。从城市与乡村两种治理体制的关联意义上讲，我国城乡治理体制经历并正在经历着城乡合治（即城乡一体治理），到城乡分治（即城乡二元治理），再到城乡合治或者城乡合治与城乡分治并存的演变过程。① 这是我们即将要论述的城市化背景下或城乡一体化进程中社区自治的基本宏观历史逻辑，这在很大程度上设定了我们的讨论方向与问题意识。当然，不可否认的是，新的历史条件下将面临更复杂的局面，快速的城市化抑或被动城市化又或城乡一体化极大地加剧了城市与乡村两个治理单元的裂变、碰撞、融合过程，促使微型社区在治理和自治层面获得了较

① 李海金：《以城带乡：乡镇行政体制改革的城市化走向——以武汉市双柳"乡改街"为例》，《华中师范大学学报（人文社会科学版）》2006 年第 5 期。

多的转型社会的特性，并带来明显的“阵痛”。

在中国尤其是大中型城市的城市化进程中，有一个非常独特的现象①，就是城市化在经济层面与政治社会层面的非同步性，快速的城市化过程往往只是村庄土地使用形式和产权制度的变化，从农民到市民的身份转换，以及村庄集体经济向社区经济（如“经济合作社”、“经济联社”）的转移，乃至从村委会到居委会的牌子更换，而在新的治理体系尤其是治理主体、内容、方式等方面却变化不大，甚至又回归到原来的状态。为了集中研究主题，这里我们将城乡一体化进程中的新型社区类型限定为“城中村”社区和城郊边缘社区，而将流动人口聚集区放在人口流动背景下的社区自治中进行探讨，并重点关注这两类新型社区在社区治理体制、社区自治水平、社区参与状况等方面的现状、问题与改进思路。

在基本属性上，“城中村”社区和城郊边缘社区，既不同于农村社区，也不同于成熟的城市社区，而具有一定的综合性。其基本特性主要有三个方面：一是拥有独特的经济基础或经济形式。村庄集体经济并未因“撤村改制”、“撤村建居”、“撤村并镇”和“村落合并”等而消失，相反却获得民间经济的性质。这些转型社区中的民间经济大多以“经济联社”或“经济合作社”（简称“经合社”）的形式出现，负责管理集体资产与企业经营。一些社区打算彻底解决集体经济产权关系不明、主体不清的问题，将集体经济的经济体制从“经济联社”主动转变为“集团公司”。不过在此过程中，大多数社区采取的是“一刀切”的产权制度改革，在社区中实行“不增不减”的政策，由股东按股份共有。与现代企业制度相比，其唯一不同之处在于，股份的退出是有限制的。二是建立了“拟单位制”的和“拟家族化”的政治结构。由于“经济联社”或“经济合作社”对集体资源的高度垄断，其所提供的福利导致社区成员对集体组织的依附性②，进而导致社区的权力结构呈现出一种“拟单位制”或“类单位制”。“经济联社”或“经合社”在组织形态上则是政治式的，“经济联社”或“经合社”的股份分红进一步强化社区居民与“经济联社”或“经合社”之间的关系。三是社区的社会关系网络没有发生断裂。“撤村改制”、“撤村建居”、“撤村并镇”之后，“村”的行政组织功能不复存在，但是社区成员依然是依靠着血缘、亲缘、宗缘和地缘结成社会关系网络的，并且由于转型社区强大的集体经济，大多数社区居民的公共服务诉求也正在逐渐转向社区，其中一部分社区也利用其特殊的优势为

---

① 参见曹国英：《“村改居”：土地财政背后的利益博弈》，《中国社会报》2010 年 4 月 19 日第 3 版。

② 对于村民或居民而言，最直接的社区福利是可以享受到许多生活福利和免费的社会保险等，而这些在其他一般的城市社区是没有的。譬如抚宁县南戴河村由“城中村”改造为城市化社区后，村民们可享受到诸多待遇：商业门店作为村集体经营产业，收入用来给村民缴纳取暖费、物业费等；村里为全体村民上养老保险、医疗保险、意外伤害保险；村里发展旅游，优先安排本村村民就业等。参见司玉明：《“城中村”蜕变城市化社区》，《秦皇岛日报》2010 年 1 月 13 日第 A1 版。

社区成员提供社会保障，甚至有些社区实现全覆盖，这些也在一定程度上确保社区中的人际关系网络的合理性与稳定性，而社区也正在成为满足居民公共服务诉求的生活体。[①] 这三项基本特性对社区治理的走向构成了显著的影响，社区治理体制和运行机制显现出了行政化与自治化两种导向。以城中村为例，由于地处城市的边缘地带，传统的乡村格局和地缘纽带逐步瓦解，其与纯城区和纯农业区的最大区别在于区域特征的“三交叉”，即城乡地域交叉、农居生活交叉、街乡或村社管理交叉。传统农村对应的是乡镇政府，居民社区对应的是街道办，而城中村和城郊村一般都由街道办管理，街道办所辖社区既有农村又有居民社区，一般城市街道办都辖有大量城郊村。由于管理体制上的不对接，形成了城乡二元管理体制并存的交叉性矛盾，重复管理和无人管理现象时有发生，造成这一区域的治理失效。[②] 在社区民主与自治的语境下，居民与社区的利益关联性不强、关联度不高，社区自治的权利主体和责任主体都处于似是而非的状态，尚未法制化与制度化，社区整合能力弱化，社区自治难度较大。[③] 一项对苏州市娄葑镇莲花社区的实证调查显示[④]，居民社区参与意愿强，但参与行为弱，这表现在两个方面：一是被调查的社区居民对于参与社区公共事务的讨论与决策虽有很强的意愿，但与实际参与行为还是有较大的差异；二是社区参与尚缺乏实质性内容，当前主要集中在非政治参与，社区居民往往是在社区工作人员的动员说服下被动参与社区管理机构业已形成决定的事项，居民个人缺乏明显的主动参与性。

从发展趋向上看，城乡一体化进程中新型城市社区在治理体制上将从城乡二元治理体制向以成熟的城市社区为参照的多元治理体制转换。其关节点在于：其一，在社区治理主体上，将以前的一元治理主体调整为多元治理主体。[⑤] 社区服务体系的主体应该是多元化的，不仅要有承担社会服务职能的社区委员会，而且要有社区业主自治组织的业主委员会、社区专业服务组织、社区志愿者组织、社

---

① 黄锐、文军：《从传统村落到新型都市共同体：转型社区的形成及其基本特质》，《学习与实践》2012 年第 4 期。

② 魏文斌：《城镇化进程中的社区管理转型思考》，《苏州大学学报》2011 年第 6 期；吕君、刘丽梅：《城乡结合部社区管理的问题及对策》，《未来与发展》2009 年第 6 期；李志刚、于涛方、魏立华、张敏：《快速城市化下“转型社区”的社区转型研究》，《城市发展研究》2007 年第 5 期。

③ 李菁怡：《论“村改居”中的社区自治与居民参与》，《中共南京市委党校学报》2011 年第 4 期；万雪芬：《“村改居”社区转型期自治模式探微——以杭州市西湖区为例》，《中共杭州市委党校学报》2007 年第 2 期。

④ 徐至寒：《一个过渡型社区的参与度调查》，《社区》2010 年第 10 期（上）。

⑤ 周鸿：《治理理论下的城市社区多元共治模式的建构——“城中村”社区治理体制研究》，《广西师范学院学报（哲学社会科学版）》2006 年第 1 期；霍连明：《多元管理：我国社区管理模式的必然选择》，《河南师范大学学报（哲学社会科学版）》2010 年第 3 期；魏文斌：《城镇化进程中的社区管理转型思考》，《苏州大学学报》2011 年第 6 期。

区中介组织等非政府组织，还要有物业管理公司等企业实体，形成多元主体共同治理社区公共事务的新格局。同时，要促进和引导社区民间组织的发展，社区民间组织的培育和发展，是社区居民参与社区治理和社区建设的重要力量。管理主体多元化的社区共同治理模式是我国社区管理的必然选择。其二，在社区治理的组织体系上，构建与城市社区一致的新型社区管理组织，以替代原来的资源与体制结合在一起的农村地域管理组织。① 除了将原来的村委会转换为社区居委会，村民自治组织转型为居民自治组织之外，还需要建立一系列与城市社区对接的新型社区管理组织。主要有与政府公共服务相衔接的社区服务组织，与市场相连的物业管理公司，处于政府与社会之间的公益性与商业性兼备的社区服务机构，以居民参与社会公共事务管理为宗旨的社区民间组织。其三，在社区治理的体制机制上，推行行政指导下的社区治理民主化。② 目前，在社区管理体制改革中形成的“街道社区化”模式仍未真正体现行政与自治有效分化的原则。为此，应明确“行政指导下的社区治理民主化”价值取向，按照“政事分开、政社分开”的原则和“小政府、大社会、大服务”的要求，理顺政府与社区的关系，政府通过制定政策影响社区的发展，社区由社区居民通过“公推直选”方式选举社区委员会或业主委员会进行民主自治，使政府行政和社区民主治理有效结合、协调发展。社区居委会要将涉及社区公共事务的社会性服务工作从行政职能中剥离出来，淡化社区管理的行政色彩，强化居民自治职能，推进民主决策和民主管理。

二、新兴商品住宅区的业主自治

商业住宅小区的出现造就了新型的城市社区。社会生活的市场化运作必然导

---

① 周晨虹：《城乡一体化进程中的“过渡型社区”研究》，《济南大学学报（社会科学版）》2011年第1期；孙远东：《社区重建抑或国家重建：快速城镇化进程中农民集中居住区的公共治理》，《苏州大学学报》2011年第5期。相关典型案例可参见王仕恩：《构建新型社区　统筹城乡发展——四川省成都市郫县犀浦镇重构城乡新型社区》，《中国信息报》2009年6月15日第7版；韩光亮：《破解城市化之困　开发区以“六+一”模式推进农村向城市社区转型》，《青岛日报》2010年12月5日第1版；黄强、周微：《三位一体统筹推进大社区管理　从本质上实现农民变市民——四川省崇州市桤泉镇统筹城乡综合配套改革的实践与探索》，《中国联合商报》2011年1月24日第F03版；成华萱、洪继东：《加强新型社区建设　打造统筹城乡新亮点》，《成都日报》2011年7月1日第T71版；程志雄：《理顺“村改居”后的社区体制》，《中国社会报》2011年11月2日第B04版；杨继承：《“村改居”社区建设需要理顺三大关系》，《太原日报》2011年11月18日第10版。

② 朱晓娟、王峰玉：《被动城市化背景下转型社区研究——以郑州市庙张社区为例》，《现代城市研究》2011年第8期；魏文斌：《城镇化进程中的社区管理转型思考》，《苏州大学学报》2011年第6期；徐家良、刘嘉：《城郊结合部异质型社区管理体制研究——以北京市丰台区莲怡园社区为例》，《新视野》2008年第5期。

致个人之间为争夺城市内部的有利区位而展开激烈的竞争，从而形成与空间区位相联系的全新的生活格局。由于经济状况的差异，决定了不同个人和社会集团在争夺优势区位过程中的相对竞争实力，其结果是产生地理空间上的居住隔离，形成了社会地位和经济收入相近的阶层型社区。正是这种由经济实力和市场规则决定的空间区位的争夺需求，促成了城市商业住宅小区的大量开发，也造就了一批阶层型的城市社区。也许，这些新型的城市社区所容纳的城市居民还不占城市人口的多数（目前还没有人对此做过专门统计），但从发展趋势看，新型社区作为未来城市社区的主导形态，取代目前占主导地位的传统单位型社区将成为城市社区变迁的必然趋势，我国城市社会不仅具备了这种变迁的机制和条件，而且这种变迁已经令人吃惊地呈现在我们面前。新型社区的出现对于提高城市管理水平，促进社区服务的市场化、产业化及增强社区的内聚力等方面，有积极的作用。但是另一方面，阶层型社区的形成势必会出现富人区与贫民区的差距，容易形成封闭的阶层等级意识，进而造成社区之间的对立乃至仇视。

由于目前的社区居委会大多采取了大居委会的方式，而不是以前的小居委会和家属委员会。① 因此一个社区居委会下往往有几个不同的居民区，或者几个不同的物业管理区。一个物业管理区的居民管理所住居民的物业。但是物业公司和房地产公司由于要盈利，因此对这些居民实行高收费、低服务的方式是经常性的事情。或者是房地产公司违背购房时的承诺，或者是物业公司高收费，这些都引起了居民（业主）的不满，与物业公司产生冲突、纠纷，并在某些情形下引发社会抗争乃至社会运动。② 而由于经济力量不均衡所导致的社会影响力不平衡、信息不对称以及法律政策不健全等，以物业公司等代表的市场力量一方与以业主、业主委员会为代表的社会力量一方之间出现了在权益维护、权利实现方面的不匹配、不平衡的状态。为此，在城市社区场域中，以业委会为组织载体的业主自治迅猛发展，甚至在一定程度上超过以居委会为中心的社区自治成为城市社区基层民主新的增长点。业主自治是指在物业管理区域内的全体业主，基于建筑物区分所有权，依据法律、法规的规定，根据民主的原则建立自治组织、确立自治规范、自我管理本区域内的物业管理活动的一种基层治理模式。从发生学上看，业

---

① 徐勇、陈伟东等：《中国城市社区自治》，武汉出版社 2002 年版。

② 例如，不允许业主成立业主委员会，或者将业主委员会控制在自己的手上，为自己的牟利。这些情况引起了最近几年在中国的城市社区连续出现的业主和居民的与这个官商三方结盟的维权斗争，这些斗争有的发生了一定范围的冲突。这种情况也引起了居民和业主的反对，开始利用民主的和法律的手段进行抗争。有的地方进行集体的抗议活动；有的地方的居民利用法律的手段起诉公司和政府；有的地方的居民开始竞选人大代表和业主委员会成员，以加强对公司和政府的斗争力度；有的地方的居民开始组织起来进行罢免地方政府官员的人大代表或者官员的职务的活动。这种城市社区居民的活动成了从 2003 年以来城市基层民主发展的一个重要的组成部分。

委会的诞生和业主自治的兴起是因应物业管理的结果，本质上是私权的公权化，属于经济民主与经济自治的范畴。然而，立足于更宏大的学术视野，业主自治的社会和政治价值远不止于此。正如研究者们所指出的，“千万不要以为，业主自治只关乎社区的物业管理。现代社会的发展史表明，社区自治，是培养现代公民的摇篮，是发展社会民主法制的基础和缩影”①，业主自治“以利益相关性为基础，以日常生活问题性为导向，以主张或要求某项权利为指向的‘权利主导’的规则逻辑。业主从利益主体向规则主体努力的过程，彰显了‘公共政治人’的品性，正是在这个意义上，业主维权具有积极的政治意义”。②

尽管我们要对业主自治保有足够的学术预期，但是，当前业主自治毫无疑问地存在着较多的现实困境。一是，作为业主自治的运作基础的业主大会面临着组建困难、组织乏力的不利局面。③ 由于前期物业公司的不配合及阻碍、业主自治和维权意识淡薄而导致达不到法定人数等原因，业主大会很难甚至无法召开，出现在各类精英人才集聚的城市小区里难以有效地组织起真正的业主大会的尴尬④。北京市住建委数据显示，2008 年年底，北京市住宅小区总数为 3 327 个，成立业委会的小区有 669 个，占全部小区总数的 20.1%。而截至 2009 年第三季度，北京市的住宅小区增加到 3 408 个，只有 700 个小区建立了业委会，仅占全部小区总数的 20.5%。二是，业委会的法律地位和责任不明确，导致运行难和不规范。⑤ 从《物权法》、《物业管理条例》、《业主大会和业主委员会指导规则》等法律法规来看，业委会只是业主大会的执行机构，根据业主大会的授权负责处理业主大会的日常事务，它虽然是依法成立并经备案登记，在法律上既不是自治社团，也不是企业法人，不具有诉讼主体资格。同时，现有法律并没有对业主大会、业主委员会的法律责任做出规定，在赋予这两个组织职权的时候，却没有规定它们应尽的责任，出现了权力和责任不对称、权大于责的情形。总而言之，从

① 曾茜：《中国业主离自治还太远》，《成都商报》2009 年 10 月 19 日。

② 孟伟：《日常生活的政治逻辑——以 1998～2005 年间城市业主维权行动为例》，中国社会科学出版社 2007 年版，第 316 页。

③ 王筱鑫：《论业主自治制度发展的困境及对策——以业主自治促社区和谐》，《改革与开放》2010 年第 8 期；黄建文：《城市住宅小区的业主自治与政府介入》，《学术界》2011 年第 4 期。

④ 受到媒体、学界和政府持续关注的著名的美丽园小区就曾出现了这种困境，参见林一海：《与美丽园业主对谈第八次业主大会投票》，http：//bjmsg. focus. cn/msgview/2529/1/143251841. html。另一个具有代表性意义的业主大会成立难和业委会组建难的案例可参见徐道稳：《从一起诉讼看业主委员会制度设计的缺陷》，《社区》2007 年第 12 期（下）。

⑤ 刘淑波：《论业主自治》，《长春理工大学学报（社会科学版）》2007 年第 4 期；邵泽春：《城市社区机制研究——基于业主自治的若干法律问题》，《求索》2008 年第 8 期；黄建文：《城市住宅小区的业主自治与政府介入》，《学术界》2011 年第 4 期；吴爱辉：《物业管理中业主自治机构立法缺失及其完善》，《西南民族大学学报（人文社科版）》2009 年第 9 期；刁振娇：《业委会社区治理与公法完善》，《华东政法大学学报》2010 年第 5 期。

我国物业管理立法上来讲，业主是否为法人机构，业主委员会是否为具有民事权利能力和行为能力的非法人组织，是否具有一般民事诉讼主体资格，都是立法的空白。其结果是，业主委员会在实际执行的过程中遇到新问题、面临新的决策时，结果是要么通过变通的方式代替业主大会决策，要么工作陷于停滞或久拖不决[①]；业主委员会工作由于成员的兼职性质、一些委员缺乏公益心和管理素质欠缺而难以有效开展，或者一些业主委员会成员失职、渎职，滥用职权，业主很难通过业主委员会的组织化渠道来表达和实现利益[②]。三是，以真正自治面目出现的业委会与以行政化形象存在的居委会在组织架构、权力行使、活动空间等方面出现了冲突与争夺，业委会显示出不利的局面。在当前城市社区尤其是新兴商品房小区的治理体系中，居委会、业委会和物业公司是最主要的组织形式，其中居委会将在较长的一段时间中处于相对主导性地位。国家权力的随时在场使业主组织的发展呈现明显的不完全契约形态，居委会及其成员的地位固化趋势可能不利于业主组织的成熟与成长，制约业主自治的发展与推进。[③] 为此，居委会这一准行政组织或拟行政组织将凭借其强有力的国家公权力对业主的社区自治权进行控制。例如，上海、杭州等地的政府积极致力于居委会介入小区的物业管理事务，试图将业主大会及业主委员会纳入到居委会的麾下。[④] 在这些不利情境下，业委会往往处于弱势地位，从而极大地制约了业主自治的顺利推进。四是，业委会的组织运行缺乏有效的监督机制，可能导致业主集体权利的受损。法律在赋予业委会相当大的权力的同时，却没有建立相应有效的监督机制，对监督权的行使、监督机构、监督方式等都没有明确规定。在开发商、物业公司或其他单位收买业主委员会的情况时有发生的情形下，业主委员会完全靠自律来抵抗诱惑。业主大会只是一个议事组织，并非常设机构，很难对业主委员会进行有效监督，而且单个业主由于力量的弱小也不可能对业主委员会进行有效监督，业主的分散性和“搭便车”困境，业主对业委会的日常监督就相当缺乏了。[⑤] 因而，原本基于平等地参与社区治理、共同追求公共利益理想的业委会，在实践运作中却走向了社区治

---

① 丁军：《社区经济自治存在的问题及制度创新》，《城市问题》2007 年第 12 期。

② 陈文、黄卫平：《城市社区业主维权：现状、成因与对策》，《中州学刊》2009 年第 3 期。

③ 汤艳文：《不完全契约形态：转型社会的社区治理结构——以上海康健地区业主委员会的发展为例》，《上海行政学院学报》2004 年第 2 期。

④ 参见姜朋：《游移与错位——透过和业主大会、业主委员会的关系看居委会的法律角色》，《浙江社会科学》2006 年第 1 期。而居委会代行业委会的职权，或者两者在权力运行上的不对等，是社区自治的常态。上海市宝山区锦秋花园在评选优秀物业管理小区中，业委会认为物业管理公司不够格，不予盖章打分，但两周后却评上了，其原因是居委会代替业主委员会盖了章；杨浦区双阳公寓业主委员会主任表示，业委会每次开会都向街道和居委会汇报，但是居委会从来没有帮业主说过一句话。参见李薇：《〈物权法〉视野下社区“三驾马车”的路径选择》，《上海城市管理职业技术学院学报》2008 年第 1 期。

⑤ 邵泽春：《城市社区机制研究——基于业主自治的若干法律问题》，《求索》2008 年第 8 期。

理中的“准专制政治”，这是业委会自治实践过程中难以逾越的逻辑性困境。[①]

鉴于此，通过提高业委会的法律地位，调适社区组织关系，重构社区自治体系，强化社区监督机制等策略和措施，提升城市社区治理中业主自治的水平与绩效，就成为城市基层民主政治建设的一项重要任务。其一，明确并提高业委会的法律地位，界定业委会及其成员的权利、义务和责任，建立委员会的监督机制。[②]首先，鉴于中国现有法律法规的缺陷与不足，可以采用两种变革方式：在业主大会和业主委员会之上另设一个管理团体——业主团体，作为业主与业主大会、业主委员会联系的桥梁，并赋予该团体具有相应的民事主体资格；直接赋予业主委员会具有一定的民事主体资格，为非法人团体。其次，在上述改革路径下，亟须对业委会及其成员的权责利关系进行明确。业委会具有相应的民事权利能力与行为能力，能以自己的名义从事物业管理以及与此相关的民事活动，由此而发生的法律后果由业主委员会承担，涉及财产责任的，首先由业主委员会管理支配的财产承担，不足时，由业主承担。最后，完善业委会的监督机制，适时组建业委会的监督组织[③]，并将选举民主、参与民主、协商民主构筑起来的多维民主制度体系嵌入到业委会的实际治理过程中去。即通过选举民主来优化业主精英的选择机制和代议机制，增强业委会委员的合法性、代表性和服务性；通过协商民主业消解业委会寡头统治倾向；通过参与民主促发业主独立“公民身份”的觉醒与认知，让业主们在一起进行讨论，通过业主们的参与形成业委会的决策。

其二，调适社区组织关系，重构社区自治体系，优化业委会和业主自治的内外组织环境。[④] 应当明确业委会与业主、业主大会、物业管理及其行政主管部门、居委会等各类组织之间的法律关系，并在社区自治实践中有效调适各对关系，为业主自治创造良好的组织支持和互动氛围。另外，适度保持居委会的中立化。居委会与业委会尽管在社区自治和民主实践中具有某些共同的使命与目标，但是，两者在组织属性、结构功能、运作机制等方面仍然存在着明显的差异。鉴于此，居委会与业委会在组织上不能存在交叉，也不易干涉业委会的自治活动。因为如果居委会成员进入业委会，“两会”的关系就类同于连体性质，那么一旦业委会

---

① 毛军权：《业主委员会：社区治理中的制度共识、自治困境与行动策略》，《兰州学刊》2011 年第 5 期。

② 吴爱辉：《物业管理中业主自治机构立法缺失及其完善》，《西南民族大学学报（人文社科版）》2009 年第 9 期；肖立梅：《论物业管理中业主自治组织的法律地位》，《理论学刊》2009 年第 4 期；毛军权：《业主委员会：社区治理中的制度共识、自治困境与行动策略》，《兰州学刊》2011 年第 5 期。

③ 作为一个成功的案例，无锡市春江花园通过增选监委会，强化业主监委会在自治管理中的制约机制，对委员和物管工作人员的违规违纪现象实施有效的监督。参见张宝珠：《业主自治的无锡样本》，《社区》2011 年第 8 期（上）。

④ 王佩佩：《业主自治制度刍议》，《中山大学学报论丛》2005 年第 6 期；冯莉：《夹生自治：上海杨浦城市社区“三位一体”模式实证研究》，《广东社会科学》2011 年第 2 期。

和物业公司发生矛盾，居委会相对灵活的有利于协调矛盾的、客观的第三方地位将不复存在，不但不利于解决矛盾，反而容易造成矛盾的进一步升级，最后只能由上级主管部门来调节，自治就成了他治。

其三，借用多中心治理理念和框架，构建基于利益相关者共同体共识的社区自治合作框架。研究表明，业主自治在治理中心、权力观、公共产品提供者和提供方式、效率观、公民参与程度、政府职能、权力配置、公民文化与心理等诸多方面都满足了多中心治理的特征，凸显为城市社会中极具多中心治理色彩的治理形式。[①] 这为业委会有效融合并推进城市基层的多中心治理格局提供了扎实的理论基础。一方面，尽管业委会在社区治理中与业主、居委会、物业公司等存在很多冲突，但是这些冲突并非是不可调和的，因此，在坚持共同信念和价值观基础上，超越利益性分歧，追求共识中的共治，是业委会参与治理并提升有效性的重要途径；另一方面，业委会制度还需要得到城市基层政府、社区党组织、居委会、物业公司和业主等利益相关者的共识，任何一方共识的缺失都会引起业委会制度价值观的冲突，进而导致业委会的认同性危机与合法性危机，因而，采取基于合作主义的制度式和契约化伙伴关系的治理模式，不失为一种良策。[②]

三、人口流动背景下的社区自治

改革以后，城乡之间相对封闭的状态逐渐被打破，两个社会单元之间的联系与互动日益频繁，其最重要的标志就是城乡人口的大规模流动，尤其是农村人口向城市社会的大量流动。这种前所未有的社会流动不仅仅对农村的经济、社会乃至政治运行产生了深远的影响，而且由于这些大量的流动人口长期在城市工作、生活、交往（尽管没有实现市民化），毫无疑问的对城市区域的政治社会运转构成显著的冲击。尤其是在当下乡—城流动人口代际更替的新形势下，第二代流动人口（又称“农民工二代”或新生代农民工）不仅关注工资待遇和工作条件等物质性权益问题，更是对社会保障、政治权利和城市融入等深层次的政治社会权益提出了日益积聚的诉求。对于本研究所指向的城市基层民主与自治而言，流动人口如何与城市居民一样享受城市公共服务（即国民待遇问题），如何将农村村庄的政治社会权利转移到城市社区，被纳入所工作单位和所生活社区的民主政治活动之中，有效达致其权益维护、利益表达和政治参与，将是人口流动背景下社区自治与民主的新课题。

---

① 许尧、孙增武：《多中心治理：基层公共事务管理的深度创新——以业主自治为例》，《唯实》2010 年第 2 期。

② 毛军权：《业主委员会：社区治理中的制度共识、自治困境与行动策略》，《兰州学刊》2011 年第 5 期；陈文、黄卫平：《城市社区业主维权：现状、成因与对策》，《中州学刊》2009 年第 3 期。

不可否认的是，由于城乡二元户籍制度、城市社会政策的选择机制及社会管理改革滞后等多重原因，流动人口整体上看在城市社会中还受到较多的社会排斥或不公正待遇。除了就业的户口限制、工资发放不规范、社会保险和保障覆盖不到位等直接、表层的问题之外，流动人口的政治权利和社会权益等难以得到有效实现和保障，逐渐显现为当前的突出问题。就笔者所关注的政治民主来看，其关键点是“外来民工缺乏政治参与的机会和渠道，缺乏能够代表他们利益的代表者，被排斥出各种政治决策过程，缺乏代表他们利益的声音”①。尤其是对流动人口所工作和生活的社区而言，社区公共服务如何以及在何种程度上覆盖到流动人口群体，流动人口又是如何以及在何种层次上融入社区，是需要我们重点关注的。细致的学术考察发现②，流动人口融入城市社会和社区经历了“二元社区”、“敦睦他者”、“同质认同”三个阶段，当前处于第二个阶段即“敦睦他者”，其基本状态是：导致城乡二元结构的相关制度弹性空间不断扩大，流动人口外出的目的性和在流入地居留的稳定性增加，开始形成主动参与城市经济社会生活的意识和行动；城市社会的发展资源增多，城市居民开始意识到流动人口的贡献，双方开始降低各自的情绪化反应，尝试建立一种相互包容、相互合作的正向互动关系；二元结构仍然存在，但开始出现一个明显的中间地带，流动人口与本地居民进行越来越频繁的正向互动并形成某些的非正式规则。

调查发现，农民工有着融入所在城市的强烈愿望，73.61%的进城农民愿意增加与当地城市居民的交往，67.31%的进城农民希望能成为所在城市的一分子。③ 为此，通过树立开放式的社区发展理念，强化社区公共服务的流动人口群体关照，推行以社区选举、社区议事、社区监督等为突破口的社区民主和自治与流动人口群体的对接，促进社区融合，是人口流动背景下进一步推动与改善社区自治的有效路径。首先，树立开放式、整体性的社区发展理念。社区发展是通过社会自主、自助的方式解决社区问题的过程，形成和睦融洽的邻里关系、安定整洁的社区环境是社区所有居民的共同利益和责任。因此，应把流动人口当作社区发展的生力军，赋予他们相应的权利和义务，而不应把他们与本地居民的利益对立起来。④

其次，将流动人口纳入社区公共服务的群体关照，切实为流动人口提供有效、全面的社区服务，增强社区融合的社会基础。在全国2012年度民政工作会

① 郎友兴：《从社会排斥到社会融合：外来民工本地化与构建中国城市和谐社区》，黄卫平、汪永成：《当代中国政治研究报告Ⅴ》，社会科学文献出版社2007年版，第121页。

② 童星、马西恒：《“敦睦他者”与“化整为零”——城市新移民的社区融合》，《社会科学研究》2008年第1期。

③ 钱文荣、张忠明：《农民工在城市社会的融合度问题》，《浙江大学学报》2006年第4期。

④ 马西恒、童星：《敦睦他者：城市新移民的社会融合之路——对上海市Y社区的个案考察》，《学海》2008年第2期。

议上，民政部部长李立国表示，2012 年将继续加强社区服务体系建设，整合社区服务资源，大力发展面向全体社区居民特别是困难群众、优抚对象、老年人、残疾人、未成年人的社区服务，将 90% 以上的农民工等群体中的常住人口纳入城市社区服务范围。① 实际上，不少地区尤其是沿海城市和大中城市早在这之前就开始探索为流动人口提供社区服务的方式与机制。浙江省衢州市柯城区新新街道彩虹社区于 2006 年开始，通过成立“彩虹社区民工俱乐部”，开辟民工图书阅览室、民工维权中心、谈心角等场所，开展“民工子女文化夏令营”、“十佳才艺民工”评选等活动，为所在社区的农民工群体提供文化生活、子女教育、心理咨询、权益维护等方面的社区服务。② 南京红山街道建立“新南京人服务中心”，设立劳动保障、法律维权、居住登记、少儿早教基地、流动党团员活动室、网络教育中心、家长课堂、教育培训室、电教室、科普活动室、文体活动室、民政事务室和世代服务（人口计生）室、图书阅览室、电子信息室、创业展示室等办公和服务场所，打造以“新南京人服务中心”为中心辐射派出所、社区卫生服务中心、学校和幼儿园的“五分钟服务圈”，让农民工也和城里人一样享受到了方便、快捷、周到和温馨的公共服务。③

再次，将流动人口的社区选举权和被选举权从农村转移到城市，推动流动人口进入城市社区选举民主活动。很长一段时间以来，由于农民工长期在城市工作和生活导致回乡参与村庄选举的成本高昂及其他原因，同时由于户口限制也无法参与城市社区的选举活动，农民工基本上游离于基层民主选举活动之外，其选举权和被选举权一直受到严重忽视。不过，近年来，一些地方开始创新社区选举机制，将流动人口纳入其中。2008 年，重庆市在开展第七届村（居）委会换届选举时将农民工首次纳入参选范畴，选举完成后共有 21 名农民工当选为社区居委会委员，4 987 名农民工当选社区居民代表。④ 2009 年，重庆市进一步推进此项工作，要求严格落实农民工参与社区民主选举，提升农民工政治权利。重庆市民政局将正式出台文件，凡在重庆城区自有房屋或租赁房屋居住 1 年以上的、本人有意愿参与社区居委会选举的农民工将全部参加社区居民委员会选举；社区议事协商会议、社区重大事项听证会议、社区民主评议会都将吸纳一定数量的农民工代表参加；社区有关评比表彰将农民工纳入评选范围。⑤ 在有些地区的社区选举

---

① 陈郁：《农民工常住人口将纳入城市社区服务》，《经济日报》2011 年 12 月 24 日第 4 版。

② 袁玮红：《社区把外地民工当自己人》，《社区》2008 年第 9 期（上）。

③ 公晓红：《农民工在这里找到了归属感——走进南京红山街道“新南京人服务中心”》，《中国劳动保障报》2010 年 7 月 24 日第 5 版。

④ 《重庆第七届村（居）委会换届选举圆满完成 21 名农民工当选》，法制网，2008 年 6 月 6 日。

⑤ 朱薇、高军：《重庆：农民工有望参与社区选举》，《新华每日电讯》2009 年 11 月 2 日第 1 版；邓俐：《重庆农民工可参与社区民主选举》，《农民日报》2009 年 11 月 3 日第 1 版。

中，甚至有农民工当选为社区“两委”组织负责人。成都市青羊区东坡街贝森社区的一名社区物业管理监察员杨树博，由数百名外来务工工友的推荐，经过来自社区各方的49名代表差额票选，以33票成功当选为社区党委副书记。[①] 另外，以社区为单位的基层人大代表选举也开始关照到流动人口。为满足外来人员的政治愿望、维护他们应享受的民主权利，浙江义乌市大陈镇把外来人员纳入了人大代表选举范围。2001年的人大代表选举中，7名农民工代表当选为大陈镇第十三届人民代表大会代表，11名外来人员次年当选为义乌市人大代表。[②] 2006年，厦门市湖里区在区、镇两级人大同步换届选举工作中规定，辖区内流动人员原则上在户口所在地参加选举，凡不能回原户口所在地参加选举的，经原户口所在地的选举委员会认可，可书面委托有选举权的亲属或者其他选民在原选区代为投票。选举开始前，该区已收到逾千份辖区内外来人员的选民资格转移登记证明。[③]

最后，将流动人口吸纳到社区日常治理活动中，促使流动人口的社区参与和利益表达的常态化。在当前城市社区自治的组织体系中，社区协商议事委员会是社区居民社区参与和利益表达的重要组织平台，其人员组成范围、来源一定程度上也成为衡量社区内流动人口政治民主权利实现程度的标尺之一。2007年，在四川省成都市务工的农民工党员王德富、杨远富等人，获得“社区协商议事会特约代表”聘书，成为青羊区少城街道办事处宽巷子社区的“特约议事代表”，参与社区管理。之后，几名农民工党员就联合整理出一份呼吁关注农民工看病、洗澡和文化生活的提案，并受到社区的重视。[④] 2008年，四名分别来自建筑业、餐饮服务业和服务业、个体经营行业的农民工，作为甘肃省兰州市安宁区枣林路社区协商议事会的代表，与所在街道、社区的负责人进行了面对面的协商议事活动。[⑤]

四、完善社区服务中的社区自治

中国的城市社区建设起始于社区服务，可以说社区服务是社区建设的根基。20世纪80年代中后期，随着城市经济社会发展和人们生活需求的多样化，天津、

---

① 魏贺：《农民工当上成都社区党委副书记》，《人民日报》2008年1月17日第10版。

② 陈镌娟：《特区“新移民”争当“主人翁”》，《厦门日报》2006年11月7日第2版。

③ 郎友兴：《从社会排斥到社会融合：外来民工本地化与构建中国城市和谐社区》，载黄卫平、汪永成主编：《当代中国政治研究报告V》，社会科学文献出版社2007年版，第125～127页。

④ 李德全、郝勇：《成都市青羊区聘请农民工党员为特约议事代表——农民工在社区有了“话语权”》，《四川日报》2007年7月2日第2版；李德全、郝勇：《成都市青羊区：农民工在社区有了“话语权”》，《中国社会报》2007年7月17日第3版。

⑤ 卫韦华：《兰州：农民工参加社区协商议事会》，《人民代表报》2008年4月3日第7版；康劲：《兰州农民工走进“社区协商议事会”》，《工人日报》2008年4月5日第1版。

武汉等地的街道和居委会开始从事一些被称为社区服务的社会服务性工作。1986年，国家民政部首先倡导在城市基层开展以民政对象为服务主体的社区服务。1987年9月，民政部在武汉市展开全国城市社区服务工作座谈会，提出社区服务的方向。① 其后，社区服务才逐步拓展到内容更加丰富、形势更为多样的社区建设，尤其是社区自治日益凸显出来，社区服务的范围、内容、实施机制也在进一步扩展与深化。从这一历史脉络中可以发现，社区服务和社区自治是社区建设的两项基本内容与任务，两者不可偏废，而且应实现有效衔接与良性互动以达致互促共进的局面，即在为社区居民提供便利、完备服务的同时又能开展充满活力的社区自治活动。不少社区建设开展较好的地区已在理念和行动上践行着上述观点。吉林省长春市朝阳区在“自治参与、为民服务、就业救助、道德传承、健康娱乐、党建工作”的社区“六位一体”平台建设理念中，着重突出自治与服务，将两者作为深化社区建设的方向，认为只有充分发挥居民参与社区建设的积极性和自治能力，根据居民的实际需求提供服务，才能让“六位一体”系统工程取得实质性的进展，才能赋予社区持久旺盛的生命力和永不衰竭的动力源泉。② 2003年，山东省青岛市四方区为把力量分散和薄弱的社区民间组织资源整合起来，特别是把单个居民的积极性调动起来参与社区服务，组建了全国首家社区公共事务协会——青岛市四方区海伦社区公共事务协会，让社区民间组织带动居民踊跃参与社区服务，成为社区建设的中坚力量。③

从历史视角和相关分析上看，社区公共服务提供与社区管理体制之间具有显著的相关性，而且这种相关性是看历史向度的。与城市社区管理体制经历从单位制到街居制再到社区制的历史变革相一致的，社区公共服务供给体系也具有明显的历史阶段性与传承性。在单位制解体和单位功能弱化的背景下，城市街道尤其是基层社区逐步取代工作单位，成为城市基层公共服务供给与消费的基本单元。④ 然而，城市公共服务向社区转移或下移即城市公共服务的社区化，并没有完全避免公共服务提供的现实困境与运行不畅问题，这在社会管理体制和运行机制处于调整期和磨合期的当下尤甚。对于笔者所关注的社区自治与民主语境下，社区服

① 徐勇、陈伟东等：《中国城市社区自治》，武汉出版社2002年版，第11页。

② 陈克信：《自治与服务：深化社区建设的方向》，《中国社会报》2006年11月9日第3版。

③ 杨武昌、刁新艳：《提升居民自治能力拓展公共服务空间》，《中国社会报》2004年12月1日。

④ 郝彦辉、刘威：《制度变迁与社区公共物品生产——从“单位制”到“社区制”》，《城市发展研究》2006年第5期。当然，从另一个角度来看，公共服务或公共物品向社区的下移实质上是社会保障社区化的一种表现形式而已。社会保障实施的社区机制是指让社区承担部分社会保障实施的责任，其中最主要的内容是负责对社会保障对象的管理与服务。与社会保障实施的单位机制相比，社区机制具有非单位化、政府主导、社会化、专业化等特征。参见崔凤：《论社会保障实施的社区机制》，《吉林大学社会科学学报》2006年第2期。

务也难以与社区自治达成有机的契合状态，要么是社区服务无法或难以充分的借助社区自治机制实现有效供给，要么是社区服务不能对社区自治形成有力的推动与促进。其现实表现有：①作为公共服务社区化的主要载体，许多城市社区在基本公共服务领域难以发挥自治功能。从社区公共服务组织来看，政府在社区公共服务体制中占据主导地位，许多社区公共服务组织实际上成为政府的延伸部门，缺乏独立的地位和自治功能。从社区基本公共服务项目的开办和管理方面来看，在已开办服务项目中，属于政府动员型的项目占有较大比重，社区基本公共服务设施数量不足、功能单一、整体服务能力和水平低。在政府和社区的基本公共服务职责划分上，尚未形成规范的分工和问责制，不少社区仍然以执行政府指令为主，依赖政府组织开展服务活动，自身缺乏发展动力。[①] ②公共服务需求信息的收集反馈渠道还不十分畅通，通过已有的听证会、社区代表大会制度建立起来的街道办事处与社区公众之间的良性互动机制不够健全，信息收集和反馈的方式、方法有限。[②] ③社区公共服务供给与需求不对称，缺乏有效的信息传递渠道。由于社区居民的利益和需求表达渠道不畅通、不完善，在社区服务的提供者与消费者之间没有建立起行之有效的“信息—反馈—决策”和“服务—反馈”的信息传递机制，作为最终消费群体的社区居民的真实需求信息无法向供给者传递、反馈，社区自治和政府也不可能完整地收集信息，做出有利于消费者的公共服务决策，造成社区公共服务与居民需求的不对称，导致社区公共服务供给效率低下。[③]

在当前政府组织提供公共服务、非政府组织尤其是社区自治提供公益或互助服务、企业或市场组织提供商业或私人服务的多中心社区服务供给格局[④]中，建立社区公益服务或互助服务与社区自治之间的良性互动机制就势在必行了。一项实证研究表明[⑤]，社区自治能力对社区居民对公共服务的评价具有显著影响，其影响因素包括对社区选举满意度、组织与管理自治水平、教育和服务自治水平。提高社区自治能力，有助于更好地满足社区居民对社区服务的新需求，适应社区居民对社区服务需求的新变化，社区自治能力的提高在某种程度上必然意味着社

---

① 温俊萍：《城市基本公共服务社区化探析》，《河南师范大学学报（哲学社会科学版）》2009 年第 3 期。

② 杨寅、罗文廷：《城市社区公共服务的完善与改革——以上海市普陀区长寿路街道为例证》，《浙江学刊》2008 年第 5 期。

③ 张琳娜、刘广生：《城市社区公共服务供给问题思考》，《山东师范大学学报（人文社会科学版）》2007 年第 6 期。

④ 杨宏山：《公民社会视野下城市社区服务的多元机制》，《上海城市管理职业技术学院学报》2007 年第 5 期；杨宏山：《城市社区服务的多中心供给机制》，《理论与改革》2009 年第 3 期。

⑤ 王河江：《城郊社区自治能力对社区公共服务水平的影响研究》，《中国社会科学院研究生院学报》2010 年第 3 期。

区公共服务的改善。① 因此，应当通过完善居民参与机制，建立有效的社区服务需求与供给的信息收集与反馈机制，提高社区服务的供给效率。② 其关键点在于，社区居民通过意见表达并以此可以直接影响服务的规划、实施与结果，能够充分参与社区公共事务和相关公共服务的决策为前提。其实施路径有：社区服务的提供者通过社区调查了解居民对公共服务的需求类型和数量；定期召开由服务提供者、生产者和社区居民代表共同组成的居民代表大会，建立民主诉求机制、征询机制、评议机制和决策机制；通过信息反馈和居民代表大会，对已提供的公共服务的质量和公共物品、设施的利用率进行反馈和评议，对公共服务的价格进行讨论，提供者在获取第一手信息后及时调整或取消不合理的服务项目和收费标准。在社区服务与社区自治的互促共进方面，以社区服务型自治而闻名的“桃源居模式”③ 是成功范例。其突出特点在于：①社区服务与管理高度融合。桃源居破除服务与管理“两张皮”，不再沿用服务是服务、管理是管理的做法，而是时时处处都把服务与管理有机结合起来。以服务为纽带，桃源居通过一系列组织、制度创新，充分发挥地方党组织与政府、开发商与服务企业、社区组织以及社区居民等多方积极性，组合成无所不及的高效服务网络。②社区服务与社区自治相结合。桃源居不仅把社区服务与社区管理紧密结合起来，而且通过社区服务，把社区管理从由上而下的行政化体制，切实转变成由下而上的自治体制。桃源居居民参与社区组织的比例为67%，人均参加164个社区组织活动。通过居民普遍参与的业主委员会选举，维护业主自治的权利；通过组建各种社区组织，提高居民的组织化程度；通过广泛的社区服务，扩大居民普遍的参与。其关键要素是：居民群众的普遍参与，参与过程中的普遍协商，协商过程中的普遍民主，民主基础上

① 陶宏：《城市化进程中完善社区服务多元化路径选择探究——基于威海市高新区怡园街道社区服务发展的实证研究》，《理论学刊》2011年第12期。

② 杨寅、罗文廷：《城市社区公共服务的完善与改革——以上海市普陀区长寿路街道为例证》，《浙江学刊》2008年第5期；张琳娜、刘广生：《城市社区公共服务供给问题思考》，《山东师范大学学报（人文社会科学版）》2007年第6期。

③ 相关介绍参见中共中央党校深圳桃源居社区课题调研组：《深圳桃源居社区服务型自治模式调研报告》，http：//www. tyjsqw. com/html/2010/0625/920. html；肖勤福：《社区服务型自治的“桃源居模式”》，《决策》2011年第7期；王笑园：《桃源居：推动公民社会建设的示范样本——中央党校“建设和完善社区管理制度与基层群众自治制度研讨会”发言摘要》，《深圳特区报》2009年12月1日第A12版；韩洁、王传真：《推动公民社会建设的示范样本——深圳市桃源居服务型社区自治的启示》，《中国建设报》2009年12月8日第4版；辛向前：《剖析“桃源居模式” 破解社区建设难题——“建设和完善社区管理制度与基层群众自治制度研讨会”综述》，《学习时报》2009年12月14日第11版；金穗：《探索服务型社区建设新模式——“健全社区管理体制与社区群众自治机制”研讨会述要》，《人民日报》2009年12月16日第7版；万庆博：《桃源居对中国社区建设的又一贡献》，《深圳特区报》2009年2月27日第A16版；席淑君：《桃源居模式：服务型社区自治探索》，《中国妇女报》2009年12月2日第B1版；刘筱晨：《桃源居“自治”》，《中国房地产报》2009年12月14日第6版。

的有效自治；社区服务是桃源居社区建设的核心，社区民主和自治则是这一主题的逻辑拓展和必然延伸；从社区服务通向民主自治，为了服务而自治，因为立足服务而使自治成为可能，也因为民主自治而使社区服务迈上新台阶。

五、开展社会工作中的社区自治

2006年10月，党的十六届六中全会通过的《中共中央关于构建社会主义和谐社会若干重大问题的决定》指出，“建设宏大的社会工作人才队伍。造就一支结构合理、素质优良的社会工作人才队伍，是构建社会主义和谐社会的迫切需要。建立健全以培养、评价、使用、激励为主要内容的政策措施和制度保障，确定职业规范和从业标准，加强专业培训，提高社会工作人员职业素质和专业水平。制定人才培养规划，加快高等院校社会工作人才培养体系建设，抓紧培养大批社会工作急需的各类专门人才。充实公共服务和社会管理部门，配备社会工作专门人员，完善社会工作岗位设置，通过多种渠道吸纳社会工作人才，提高专业化社会服务水平。”2010年中央发布的《国家中长期人才发展规划纲要（2010~2020年）》进一步将社会工作专业人才提升为与党政人才、企业经营管理人才、专业技术人才、高技能人才和农村实用人才相并列的第六支主体人才地位，明确到2015年培养200万社会工作专业人才、到2020年培养300万社会工作专业人才的发展目标。2011年7月发布的《中共中央、国务院关于加强和创新社会管理的意见》，也强调要发展社会工作专业服务机构，加强社会工作专业人才队伍建设，开展社会关爱行动，关心帮助困难家庭和个人。党的十六届六中全会做出建设社会工作专业人才队伍的战略部署后，中央组织部联合民政部等14个部门开始研究制定关于加强社会工作专业人才队伍建设的专门意见，于2011年11月起草制定了《关于加强社会工作专业人才队伍建设的意见》（以下简称《意见》）。《意见》包括加强社会工作专业人才队伍建设的重要性紧迫性、指导思想、工作原则和目标任务，大力加强社会工作专业教育培训，积极推动社会工作专业岗位开发和专业人才使用，切实推进社会工作专业人才评价和激励，加强党对社会工作专业人才队伍建设的领导等6个部分。从上述政策文本和行动框架可以看出，在中国社会工作这个“舶来品”已逐渐从理念层面进入到政策和行动层面，而且将社区作为社会工作的重点关照领域。《意见》要求，在社会工作专业培训、专业岗位开发、专业人才使用和评价制度等方面，都要以基层为重点，以社区为重点实施单位或支持对象，将社会工作与社区建设、社区服务等有效对接起来。

通过对境内外社区社会工作的实践经验总结并结合中国的社会现实发现，社会工作对城市社区建设具有显著的推动价值，并体现在两个层面[①]：①价值观层面。一是社会工作价值观如相信社区有能力处理好社区的事务，了解到社区的可持续发展必须有社区成员的参与和社区服务的带动而不仅仅是组织领导、工作保障，将培育、发展和监督社区民间组织作为政策新的着眼点等，将对政府的政策制定与实施产生极大影响。二是社会工作价值观如以居民实际需求为出发点提升社区参与动力，充分调动社区居民的自主性、创造性作为社区发展的内在动力等工作理念，也将在居委会工作中的作用。②方法层面。重点关注"谁来建设社区？"和"怎样建设社区？"这两个关键问题，并据此从服务对象的角度来开展社区建设即由社区成员来建设社区并且由社区成员决定如何建设社区。因此，在城市社区建设和治理领域，我们应当着重探索在社会工作进入社会建设实务领域中后，社会工作与社区建设和社区自治之间的结合方式、路径、策略，或者说社会工作为社区建设和社区自治提供了哪些创新性的路向、资源与机制，以进一步完善与推动社会工作全面开展背景下的社区自治。

从城市社区建设的实践进程来看，社会工作与社区建设和社区自治之间的联结是以社区服务为起始点的。一是，在社区建设的职业化和专业化改革过程中，社区建设的原有工作人员队伍越来越难以适应社区事务专门化、专业化、精细化的需要，具有社会（区）工作专业背景的新型社会社（区）工作者的进入就成为一项应对策略之一。正如上海市卢湾区打浦桥街道银杏在推行社区社会工作的过程中所总结出的工作认识，"一名优秀的社工，应当像人民调解员一样耐心，司法助理员一样公平，人民警察一样公正，居委会干部一样知情，市民巡访团员一样敏锐，社会志愿者一样奉献"，"社工作为社区工作的组织者和倡导者，自觉运用专业知识和工作方法，既是有效开展社区工作的重要途径，也是动员居民参与社区建设的最佳时机"。[②] 当前，社会工作职业化的基本途径——社会工作专业培养体系、社会工作者职业水平考试和职业资格认证以及社会工作者招聘体系，为社会工作实质性的进入社区建设提供了较好的实现机制。譬如 2007 年，广东省深圳市南山区以社区为切入点，开展社区社会工作人才队伍建设试点工作，公开招聘了 96 名以社会工作、社会学和心理学为主的应届生作为专业社工，分配到社区开展专业性服务，并逐渐探索出了发展社会工作专业化、职业化的路子。[③] 二是，在社区建设"议行分设"改革的框架下，街道层面所设立的"社区

---

① 李学斌、严雪：《论社会工作在社区建设中的作用》，《社会工作下半月（理论）》2008 年第 4 期。

② 许行飞：《传统经验并专业知识：社区社会工作的两个支点》，《中国社会报》2007 年 9 月 4 日第 3 版。

③ 马晓晗、张建平：《深圳南山区：社会工作发展从社区起步》，《中国社会报》2008 年 3 月 20 日第 1 版。

服务中心”和社区层面的“社区工作站”或“社区服务站”成为社会工作支持社区建设的组织创新和人员结构优化的方式之一。一些城市在街道设置“社区服务中心”，在社区设置“社区工作站”或“社区服务站”，招聘人员承接政府面向社区的公共服务。在社会工作专业机构发展还不充分的现阶段，根据居民的需求和实际条件在社区服务中心和社区工作站设置专业化助人服务的社会工作岗位，以提升社区公共服务的水平。不过，现阶段社区服务中心和社区工作站中社会工作者应兼顾行政性与专业性，经过一段时间的积淀后再逐步走向专业化。①

鉴于为人诟病甚多的城市社区建设中重管理轻服务、自上而下政府主导性、行政化运行方式、社区自治主体缺位等一系列困境，在社区体制改革和社区治理创新中，引入社会工作的专业理念和方法，是一条较为有效、良性的路径。其具体策略有②：①现有体制内的介入方式，即提升实际社会工作者对专业社会工作的价值认同，发展社工教育、建设宏大的专业社会工作人才队伍，重点介入社区服务、社区救济、社区优抚三大社区建设领域。②政府支持下的制度变革，即确立“政社分开”的社区建设体制、促进专业社工机构发展，建立并完善社工职业体系与专业技术制度。当然，基于社区建设的内容多层次性及其建设方式的多样性，以及主体多元性及其性质的相异性，社会工作在社区建设的不同领域应采取差异化的介入方式。当前，社区研究者们对社区建设内容和类型划分较为一致的共识是，将社区建设细化为基层政权建设、公共服务和社区服务三类，其中基层政权建设具有行政性或准行政性，公共服务具有非竞争性和非排他性，两者的建设主体主要是政府，不过公共服务中的社区救济和社区优抚由于涉及特殊困难群体，在具体运行方式可选择替代方案，社区服务具有非营利性、福利性和公益性，应由社区自治作为承担主体。为此，社区救济和社区优抚可通过政府购买服务的方式由社会工作者介入实施，社区服务则可由社区组织及其社会工作者运用社区社会工作方法进行介入。③

六、完善城市基层治理体制中的社区自治

由于中国改革在政治学意义上推行的是“放权式改革”④ 这种独特的路径，

① 杨贵华：《社区公共服务发展与专业社会工作的介入》，《东南学术》2011 年第 1 期。

② 牛芳、王海洋：《社会工作介入社区建设的路径依赖与创新》，《学会》2010 年第 5 期；徐永祥：《城市社区建设的体制创新与社会工作》，《探索与争鸣》2004 年第 12 期。

③ 李昺伟、雷杰：《“社区建设”概念的逻辑分析及社区社会工作介入的方向》，《学习与实践》2007 年第 12 期。

④ 徐勇：《内核—边层：可控的放权式改革——对中国改革的政治学解读》，《开放时代》2003 年第 1 期。

政治社会领域的变动总体上就处于较为平缓的状态，各项政治社会改革的尺度、范围、内容都是可控的。其改革的具体路径一般是，地方和基层在政治社会实践中，对某些局部领域和内容作出国家所容忍的创新和探索，在取得一定的阶段性成果后，中高层政府或重要领导人对其进行综合考量，决定是否以及在多大程度上将其体制化和合法化，从而达成对现有的政治社会体制和机制作出适度调整与变革的目的。当然，在这一过程中的不同阶段，探索式的试点和试验往往是较为有效、可接受的运行方式。在基层或地方层次推行的已取得一定成效的政治社会改革方案，经更高层次的政府机构认可后，在更大区域、更广人群范围中推行，已逐步提升试点的范围、提高试点的质量并检验试点的可行性、科学性、合理性，其操作性做法是基于试点先行以提炼成功经验，总结不足与缺陷，寻求应对策略和措施，并渐次推广。因此，在这一意义上，城市社区自治的成长与发展，作为城市基层民主政治建设的一项重要创新性活动，基本上也是沿着上述变革路径推进的。在较为深层的意义上，中国城市社区自治，不管是从成长路径还是从发展趋向上看，都与西方基层民主诸如美国乡镇自治、法国基层自治等具有根本性的差异，其独特性在于中国城市社区自治自始至终都是城市基层治理体制不可或缺的组成部分，城市社区建设很大程度上也是作为城市基层治理体制变革的一个环节来推进的。鉴于此，我们将立足于城市基层治理体制及其变革，对城市社区建设和自治的成长历程作出梳理，对其发展绩效作出评估，对其发展走向作出预判。

其一，城市社区建设的成长历程。不管是从相关概念的表述上，还是实际内容上，我国的社区建设与西方都有着根本性的差异。我国一般表述为“社区建设”，突出社区的建设主体，尤为明显的是社区建设具有很强的政府主导性和规划性；而西方则一般表述为“社区发展”，社区自身的主动性和主体性较为凸显。回顾与概述城市社区建设的成长历程，可以把城市社区建设的发展划分为三个历史阶段：

第一阶段：1986～1991 年，社区建设的兴起阶段，主要内容是社区服务。20 世纪 80 年代初，随着大批下乡城市青年返回城镇，就业问题开始日益凸显，在这一背景下城市街道和居民委员会在就业上的价值日渐增强，其自主性和独立性功能大为扩展。及至 80 年代中后期，随着城市社会经济的发展和城市居民生活需求的增加，某些发达城市开始尝试从事一些服务性工作，即社区服务工作。1984 年，民政部“漳州会议”提出“社区服务”的概念，第一次把“社区”概念引入到实际工作中来，揭开了以街道为重点、以居委会为依托发展社区服务的序幕。1986 年，在民政部“沙洲会议”上，崔乃夫部长第一次提出在全国城市开展社区服务工作的任务。民政部首先在城市基层开展社区服务，民政部等 14

个部委联合出台了《关于加快发展社区服务业的决定》。1987 年 9 月 6 日，民政部在武汉召开“全国城市社区服务工作座谈会”，对社区服务的内涵作了定义，提出了社区服务的发展方向。从此，社区概念逐渐被政府部门、各级领导人和全社会广泛应用。1991 年，崔乃夫部长在全国民政厅局长会议上，提出社区服务“走社会化”的思路。

第二阶段：1992 ~ 1999 年，社区建设领域和内容进一步扩展，从社区服务推进到社区工作的其他方面。政府主导是其基本特征，社区居委会“行政化”倾向凸显。1992 年，中国基层政权建设研究会在杭州市召开“全国社区建设理论研讨会”。1993 年，中国基层政权建设研究会街道工作委员会和北京市海淀区人民政府召开“全国首届街道城市管理工作研讨会”。多吉才让部长在会上作了重要讲话，进一步明确了街道在城市综合管理中的职能和城市管理在社区建设中的地位。1996 年 3 月，江泽民总书记在听取上海市领导汇报开展社区建设工作情况后提出：“要大力加强城市社区建设，充分发挥街道办事处、居委会的作用。五六十年代，他们曾经做出过很大的贡献，在新的时期要进一步发挥它们在大力加强城市管理、维护城市秩序中的作用。”江泽民总书记提出大力加强社区建设之后，青岛、南京、上海等城市积极行动，大胆实践，改革创新，积累了初步的社区建设经验。各地党委、政府开始把推进社区建设作为城市和城区工作的重要内容，摆上党委和政府的议事日程。

第三阶段：1999 年至今，社区组织体系和制度架构日趋完善、成熟，社区自治功能和价值显现。

1999 年，为研究新时期我国城市社区建设的基本思路，民政部选择北京市西城区等 26 个城区为社区建设实验区，开展社区建设的试点工作。这 26 个实验区为全国城市社区建设的全面展开提供了最宝贵的探索与经验。各地积极探索了社区居民自治的思路和对策。通过实验和探索，整合社区资源和社区力量共同建设社区，倡导社区居民、驻社区机关、团体、部队、企事业单位以及各种社会团体“广泛参与”成为大家的共识。社区建设实验中也逐步形成了党委和政府领导、民政部门牵头、有关部门配合、社区居委会主办、社会力量支持、群众广泛参与的推进社区建设的整体合力。以社区党建为核心、以社区居民自治组织为主体、以社区中介组织或社区民间服务组织为补充的发展路子显露出来。2000 年 11 月，中共中央办公厅、国务院办公厅发出通知转发《民政部关于在全国推进城市社区建设的意见》，要求各地区、各部门结合实际情况，认真贯彻执行。自此，城市社区建设开始了全面推进的阶段。2001 年，民政部下发《全国城市社区建设示范活动指导纲要》。2010 年 11 月，中共中央办公厅、国务院办公厅印发了《关于加强和改进城市社区居民委员会建设工作的意见》，对新形势下城市社区建设和自治工作作出了进一步的规划和要求。

其二，城市社区建设的绩效评估。十几年以来，城市社区建设从萌芽走向全面铺开，其发展势头非常可观。综述各实验区的做法，以下几个方面是其中比较突出的创新性成绩。第一，科学合理划分社区。目前城市社区的范围一般是指经过社区体制改革后做了规模调整的居民委员会辖区。各地实验区都对街道和居委会的管辖范围进行了调整，以调整后的居委会辖区作为社区地域。这种按照居民居住的自然地缘关系、社区的资源配置、适度的管辖人口和人们的心理认同的标准来划分社区，具有科学性和合理性。第二，建立新的社区自治组织。各实验区在这方面进行了大胆的探索和创新，形成了各具特色的做法。上海市卢湾区在社区内建立设居委会议事层与执行层分离的工作体制；辽宁省本溪市在重新划分社区的基础上，建立新的社区自治组织——社区居民委员会。第三，研究确定社区建设的内容。在建立社区自治组织的基础上，各实验区从实际出发，根据当地发展水平和工作基础，进一步研究确定社区建设的内容。其中带有普遍性和共同性的建设内容有：一是社区组织；二是社区服务；三是社区卫生；四是社区文化；五是社区环境；六是社区工程。第四，理顺社区建设的内外关系。各个实验区把理顺关系作为推动社区建设的重要环节。一是理顺城区、街道与社区的关系；二是理顺社区组织与驻社区单位的关系；三是理顺社区自治组织与物业管理的关系。第五，改革社区居委会干部制度。各个实验区普遍采取向社会公开招聘的办法，通过民主选举、竞争上岗，既提高了社区居委会干部的素质，形成了一支年轻化、知识化、职业化的社区工作者队伍，又安置了下岗职工和大中专毕业生，为他们开辟了新的就业渠道。第六，建立推进社区建设的领导机制。各个实验区普遍成立了党政主要领导挂帅的社区建设工作指导委员会，把社区建设作为“一把手”的工程亲自抓。

其三，城市社区建设的基本走向。从当下城市社区建设的发展历程和成效来看，城市社区建设的关节点仍然主要存在于制度和体制层面，即社区自治精神如何真正落到实处，社区自治制度和组织架构如何构建并逐步完善，社区管理体制如何优化并实现社区居民自治机制与国家行政机制的有效衔接和良性互动。因此，以下几个方面是其中比较关键的。第一，进一步完善社区居民自治制度。社区居民自治制度是在社区层面上构建公共治理体制，推进和谐社区建设良性发展的基石。离开了这个制度，就谈不上公共治理；这个制度不完善，就难以把党的领导、政府行政、居民自治以及市场机制等方方面面的制度有效衔接、有机融合起来。所以，必须全面落实民主选举、民主决策、民主管理、民主监督的要求；完善社区民主自治制度，夯实和谐社区建设的制度基础。第二，社区建设发展的地域空间将呈现渐次推进的梯度格局。主要体现在：一是社区建设将由大城市向中、小城市发展；二是社区建设在推进启动点的选择上，将从社区服务基础好的社区开始，向社区服务的空白点和弱力区渐次铺开，进而在整个城区开展；三是区域分布上由东部发达省区向中、西部欠发达地区、不发达地区缓慢推进，并且在社区建设的基础设施、项目和手段等方面均出现梯度差异；四是社区建设在我国城市大规模扩张的过程中，会由城区向农村小城镇延伸。第三，作为社区建设重点之一的社区服务，在呈现多样化与个性化并存的同时，将向着追求质量的方向发展。社区服务的设施及服务项目的拓展，将在经历规模和数量扩张阶段之后，进入以提高服务质量和水平为主的内涵发展阶段。它们主要体现在以下几个方面：一是传统的面对特殊群体的福利向新福利人口转移；二是所有权归单位共享的服务数量的增多；三是部分传统的便民利民服务将向连锁店的方式发展；四是医疗卫生、养老等向社区转移、增多，成为社区服务的主体；五是随着政府职能的转变，政府的行政性服务向社区转移；六是物质性服务提高的同时，精神性服务增多；七是社区服务将向遵循志愿服务的方向发展，志愿性服务增多。第四，社区管理与服务手段将实现由传统型向现代型的转变。社区管理与社区服务手段的现代化将成为城市现代化的重要内容，像电脑网络向社区、街、区、市的连接，网上求助与网上服务的建设等都将成为今后一段时间社区建设的重要内容。第五，社区建设的推动力将出现政府直接参与转向非营利组织和居民自治组织能力增强的趋势。一是政府将从社区建设的直接推力系统退出，由领导转为引导；二是一些非营利组织将成为社区建设及相关服务的组织者；三是社区居委会作为社区建设的实施者和组织者，其自治功能将通过社区民主和社区服务这两大支柱而得到加强，居民自治将在继社区组织建设、设施建设之后，逐渐成为社区建设的主旋律。

第三章

工作单位治理与单位民主

“单位”作为一个经济、政治或社会实体，自从被纳入中国特色的社会主义再分配体制之中后，一直以来都以结构性要素的面目镶嵌在中国的经济体制、政治体制乃至社会体制之上，即使是在改革开放的猛烈冲击及其所引发的社会巨变下也没有受到彻底摧残和根本改变，只是对其作用范围、力度和方式形成了一定的影响。在研究的意义上，自从美国社会学家华尔德（又译魏昂德或沃尔德）发现了单位之于中国社会和民众的重要性并开创单位研究以来，单位日益受到国内外众多社会学者、政治学者的关注，从而开拓了一项新的研究领域，并积累了丰厚的研究资源。这些研究尽管在理论预设、价值关怀、研究视角、研究方法、研究重点等方面存在着分歧，但是在某些基本判断上仍然能够达成基本的共识，即他们大多认为：即使在改革以后的新型社会背景下，单位仍然没有失去其作为观察和理解当下社会的一个不可或缺的窗口，而在社会现实层面单位亦不失为每位或大多数社会个体的生存、发展的基本组织依托。然而，单位作为基本概念，尚存较大的认识分歧，需要进行澄清和说明。在中国社会的正式概念中，单位来源于机关单位、企事业单位这样一些约定俗成的说法。在计划经济体制中，机关、企事业单位形成了社会组织的基本结构，社会管理、资源分配、政治与社会控制乃至于社会个体的情感需求等，都被单位所掌握，从而形成了个体对于单位的极大依赖。改革开放以来，单位，尤其是企业单位的性质内涵发生剧烈变化，不仅传统的国有和集体企业发生变化，而且大量外企、合资企业、合伙制企业、个体企业等大量崛起，单位的意涵被扩大，成为指代工作场所（work place）的一个中国特色词汇。因此，本章所讲的单位民主，其实质意义就是指工作场所的民主。然而，尽管如此，单位对中国人而言，还是有其不同于西方所言工作场所的意义所在，这其中的细微差别，不仅体现着中国文化的痕迹，也体现了传统社会主义体制的强大后续影响。本章试图立基于已有的单位研究资源，从政治社会学的研究视角，以改革开放为基本的研究起点，探讨工作单位社会所发生的变化，并从治理的角度分析单位社会所存在的问题和面临的困境，进而探究单位治理的复杂性与困难。

第一节　单位社会的变化与问题

一、改革以来单位社会的变化

在对改革以来单位社会的变化展开研究之前，我们先对已有的单位[①]研究进行简要的梳理与评述。单位研究的集大成者李路路曾从概念辨析的角度将已有的单位研究资源区分为两种研究视角和三项研究论题。[②] 两种研究视角分别是基于政治学和社会学两个学科的视角，前者关注政治体制的特征与社会控制的需要，认为单位是社会主义政治体制的基本单元，承担着整个社会的资源分配与调控以及对社会成员进行政治控制的基本功能；后者则关注社会运行与社会整合的组织机制，认为单位是社会主义再分配体制下的一种制度化组织，承担着包括社会控制、权力分配、资源和地位分配以及单位成员的合法性等多元化的功能。在这两种研究视角下，又形成三项侧重点不同的研究论题：一是从宏观体制和微观组织的社会功效出发，对单位体制及其变迁和对单位成员的影响展

① 需要指出的是，在本研究中笔者是从宽泛的意义对单位概念作出界定的，即认为单位不仅仅是指行政单位、事业单位和公有制性质的企业单位，亦包括非公有制经济中的私营、外资以及混合所有制单位。其意图在于，不同性质、类型的单位都可能也应该有某种形式的民主要素存在，尽管它们在形式、内容、功能等方面有着显著差异，但它们都为单位的良性治理和顺利运转发挥着应有的、不可或缺的作用，也为中国的基层民主政治建设提供了有力的支撑。

② 李路路：《市场转型与“单位”变迁：再论“单位”研究》，《社会》2009 年第 4 期。

开研究[①]；二是从微观组织的内部运行机制出发，对单位内部的权力结构、运行机制和单位成员的行为方式展开研究[②]；三是从单位与社会分层的关联出发，对单位的社会分层效应展开研究[③]。

而从单位或单位社会的变化方面上看，研究者们一般较多地关注单位的体制层面的变迁或组织层面的转型，即将单位置于宏观经济社会变动下，探察单位在改革开放的历史发展脉络及其后的连续性制度变革下所发生的有意义的变化，尤其是对社会结构的意义发生了什么样的变化，并因此具有了哪些新的特征。在分析范式上，结构—功能主义受到较多的青睐，它更易于揭示单位体制和组织层面

---

① 相关研究文献主要有路风：《单位：一种特殊的社会组织形式》，《中国社会科学》1989 年第 1 期；路风：《中国单位体制的起源和形成》，《中国社会科学季刊》1993 年第 5 期；田毅鹏：《典型单位制”的起源和形成》，《吉林大学社会科学学报》2007 年第 4 期；王沪宁：《从单位到社会：社会调控体系的再造》，《公共行政与人力资源》1995 年第 1 期；刘建军：《单位中国——社会调控体系重构中的个人、组织与国家》，天津人民出版社 2000 年版；刘建军：《中国单位体制的建构与“革命后社会”的整合》，《云南行政学院学报》2000 年第 5 期；李汉林：《中国单位现象与城市社区的整合机制》，《社会学研究》1993 年第 5 期；孙立平、王汉生、王思斌、林彬、杨善华：《改革以来中国社会结构的变迁》，《中国社会科学》1994 年第 2 期；吴晓刚：《从人身依附到利益依赖》，北京大学社会学系 1994 年度硕士学位论文；边燕杰、约翰·罗根、卢汉龙、潘允康、关颖：《“单位制”与住房商品化》，《社会学研究》1996 年第 1 期；李猛、周飞舟、李康：《单位：制度化组织的内部机制》，《中国社会科学季刊》1996 年秋季卷；张静：《利益组织化单位：国企职代会案例研究》，中国社会科学出版社 2001 年版；张静：《阶级政治与单位政治——城市社会的利益组织化结构和社会参与》，《开放时代》2003 年第 2 期；冯仕政：《单位分割与集体抗争》，《社会学研究》2006 年第 3 期；谭深：《城市“单位保障”的形成及特点》，《社会学研究》1991 年第 5 期；于显洋：《单位意识的社会学分析》，《社会学研究》1991 年第 5 期；李汉林、李路路：《资源与交换——中国单位组织中的依赖性结构》，《社会学研究》1999 年第 4 期；李汉林、李路路：《单位组织中的资源获得》，《中国社会科学》1999 年第 6 期；李路路、李汉林：《中国的单位组织：权力、资源与交换》，浙江人民出版社 2000 年版；李路路、李汉林：《单位组织中的资源获取与行动方式》，《东南学术》2000 年第 2 期。

② 相关研究文献主要有华尔德：《共产党社会的新传统主义——中国工业中的工作环境和权力结构》，龚小夏译，（香港）牛津大学出版社 1996 年版；李猛、周飞舟、李康：《单位：制度化组织的内部机制》，《中国社会学季刊》1996 年秋季卷；汪和建：《自我行动的逻辑——理解“新传统主义”与中国单位组织的真实的社会建构》，《社会》2006 年第 3 期；王星：《单位政治研究述评》，《二十一世纪》2007 年第 10 期；刘平、王汉生、张笑会：《变动的单位制与体制的分化——以限制介入性大型国有企业为例》，《社会学研究》2008 年第 3 期；李汉林、李路路：《单位组织中的资源获得》，《中国社会科学》1999 年第 6 期；李路路、李汉林：《单位组织中的资源获取与行动方式》，《东南学术》2000 年第 2 期。

③ 相关研究文献主要有李路路、王奋宇：《当代中国现代化进程中的社会结构及其变革》，浙江人民出版社 1992 年版；林南、边燕杰：《中国城市中的就业与地位获得过程》，边燕杰：《市场转型与社会分层——美国社会学者分析中国》，三联书店 2002 年版；华尔德：《再分配经济中的产权与社会分层》，载边燕杰主编：《市场转型与社会分层——美国社会学者分析中国》，三联书店 2002 年版；Wu，xiaogang：*Work Units and Income Inequality*：*The Effect of Market Transition inUrban China*，SocialForces，2002：80；余红、刘欣：《单位与代际地位流动：单位制在衰落吗?》，《社会学研究》2004 年第 6 期；王天夫、王丰：《中国城市收入分配中的集团因素：1986 ~ 1995》，《社会学研究》2005 年第 3 期；边燕杰、李路路、李煜、郝大海：《结构壁垒、体制转型与地位资源含量》，《中国社会科学》2006 年第 5 期；Xie，Yu and Wu Xiaogang：*Danwei Profitability and Earnings Inequality in Urban China*，China Quarterly，2008：195。

的宏观变化，依循历史向度对单位的过去、现在和未来进行梳理与预测。基于此，研究者们首要的、带有根本性的研究论题是，作为一项基本制度形式和结构要素的单位体制是否仍然存在。目前，大多数论者持肯定的态度，认为尽管单位体制在改革开放三十多年的历史洗礼中已经发生了并将进一步发生相当显著的变化，但是不得不承认的是，单位组织和单位体制仍然是城市社会的核心结构性要素，仍然是理解中国社会结构尤其是城市社会结构的一个重要视角。[①] 正是在这一意义上，笔者仍然将工作单位作为本研究的重要研究主题，抑或作为基层民主政治建设的一个重要层面和内容，探究其在新的经济社会背景下的民主价值、缺陷及应对策略和未来走向。

关于单位社会的新格局，李汉林的一个基本判断具有相当程度的代表性。他指出：尽管随着改革开放的深入，单位对国家、个人对单位的依赖性会逐渐地弱化，国家与单位两极构造所形成的中国社会的基本结构会松动和逐渐消逝，但是，这种以单位组织为主导的基本结构格局在短时期内还不会彻底改变。单位组织和非单位组织并存，两种社会组织行为规范并存且相互作用、相互影响、相互制约的状态还会维持相当长的一段时间。[②] 当然，单位与非单位并存的新格局本身就意味着单位体制在整体上已经出现了松动，单位组织也显现出诸多新的特征，较为显著的变化至少有四个方面，即单位角色独立化、单位利益独立化、单位责任具体和内向化、单位的家长角色强化[③]。而在单位的具体运行层面，这些变化就更为明显而直接，单位内外成员以及不同性质、类型单位在住房、医疗、保险等保障和福利方面的显著性差异，预示着个人对单位形成了明显的“利益依赖”。[④] 曾经的个人对单位、单位对国家的双向依赖结构逐渐演变为个人对单位的单向依赖结构，这种新的依赖结构是单位体制自身路径依赖的惯性延伸，从而产生了不良的社会后果，即不同组织中的社会成员在相互比较的过程中产生的一

① 如果从文化或心理层面对单位体制的延续性进行分析，“单位”之于中国社会结构尤其是社会成员的意义恐怕更为深远、持久。有学者运用布迪厄的“场域”和“惯习”分析范式对单位在体制变革与文化转型上的不同步性及其后果作出了分析，参见杨海龙、楚燕洁：《转型社会与“单位制惯习”》，《长春工业大学学报（社会科学版）》2008 年第 3 期。

② 李汉林：《转型社会中的整合与控制——关于中国单位制度变迁的思考》，《吉林大学社会科学学报》2007 年第 4 期；李汉林：《变迁中的中国单位制度：回顾中的思考》，《社会》2008 年第 3 期。

③ 孙立平、王汉生、王思斌、林彬、杨善华：《改革以来中国社会结构的变迁》，《中国社会科学》1994 年第 2 期。

④ 相关研究参见吴晓刚：《从人身依附到利益依赖》，北京大学社会学系 1994 年硕士学位论文；边燕杰、约翰·罗根、卢汉龙、潘允康、关颖：《“单位制”与住房商品化》，《社会学研究》1996 年第 1 期；Naughton，Barry. 1997. “Danwei：The Economic Foundations of a Unique Institution.” in Danwei：The Changing Chinese Workplace in Historical and Comparative Perspective，edited by Xiaobo Lu & Elizabeth J. Perry. Armonk，NY：M. E. Sharpe，Inc.；Francis，Corinna-Barbara. 1996. “Reproduction of Danwei Institutional Features in the Context of China's Market Economy：The Case of Haidian District's High-Tech Sector.” The China Quarterly（147）.

种不平等和不公正的感觉，从而使不同社会成员、不同群体和不同组织之间的矛盾趋于激化，社会失控①。这一状态在某种程度上是单位体制的发展逻辑与社会体制的发展逻辑没有实现有效对接抑或社会体制还没有对单位体制构成根本性、全面性的冲击的结果。20 世纪 90 年代末尤其是 21 世纪以来，随着改革在经济、社会、文化乃至政治等方面向纵深推进，尤其是与单位相关联的企业改革、就业制度改革和合同制改革、住房体制改革、医疗保障改革、教育改革、保险制度改革，单位的结构与功能进一步裂变，“利益依赖”结构的存在基础动摇并明显松动，国家为单位、单位为个人所提供的资源日益减少，与此同时，单位多元化的功能显著收缩，单位全面融入市场，其社会功能明显弱化，其社会公共性也无法避免地走向萎缩②。当然，单位所受到的冲击是多重力量共同作用的结果，其冲击波有“第一波是单位体制外组织的萌生；第二波是单位成员向体制外流失；第三波是单位职能向社区转移；第四波是单位自身大量破产、改制，导致单位社会的最终解体”。③

在实际运行层面，单位在性质转换、类型调整和力量消长等方面的数据就更加直观地表露了改革开放以来单位的基本变化及具体层面。改革开放以来，单位领域最重要的变化就是私营经济、外资经济、个体经济等新型单位形式的兴起和迅猛发展，原有的公有制单位尤其是国有单位一统天下的局面被打破，其主要表现是各种不同类型单位的从业人数、资产规模、行业分布及其比重的大幅改变。非公有制经济及单位异军突起的状态呈现出以下几个特点：一是非公有制单位已成为数量最多、比例最大的单位类型。截至 2009 年底，全国登记的私营企业（含分支机构）已达 740.2 万户，5 年内保持 15.2% 的年均增长率；全国登记的个体工商户 3 197.4 万户。二是非公有制经济已成为国民经济增长的主要推动力量。在 40 个工业部门中，非公有制经济在 27 个部门中的比例已经超过 50%，在部分行业已经超过 70%，在商贸餐饮等传统服务行业已占主体地位。三是非公有制单位已成为解决就业的主渠道。目前，非公有制经济提供了城镇 75% 以上的就业岗位，国有企业的下岗失业人员大多在非公有制企业实现了再就业。具体而言，2008 年非公有制单位就业人数为 23 101 万人，占城镇就业总人数的 76.5%。其中，私营企业、港澳台商投资单位、外商投资单位、个体就业人数分别为 5 234 万人、679 万人、943 万人、3 609 万人，分别占城镇就业总人数的

---

① 李汉林：《转型社会中的整合与控制——关于中国单位制度变迁的思考》，《吉林大学社会科学学报》2007 年第 4 期。

② 参见田毅鹏、漆思：《单位社会的终结：东北老工业基地典型单位制背景下的社区建设》，社会科学文献出版社 2005 年版。

③ 田毅鹏、刘杰：《“单位社会”历史地位的再评价》，《学习与探索》2010 年第 4 期。

17.3%、2.25%、3.12%、11.9%。四是非公有制经济已成为对外开放的生力军。2008年私营企业进出口总额达到4 564.8亿美元，占全国进出口商品比重的17.8%，其中出口总额达3 260.3亿美元，较全国商品出口增幅高14.5个百分点。五是非公有制经济已成为支撑县域经济的主体。2009年1～11月，非公有制工业企业税金总额达8 982.9亿元，占规模以上工业企业的45.5%。目前，全国绝大多数地市县的经济主体力量已经是个体私营经济，地方财政收入的主要来源也是个体私营经济。①

单位组织的变迁、延续、转型、与新生及其所引发的社会体制的适应性转变和调适，导致了一系列政治社会后果。其中较为重要的至少有两个方面：一是单位组织在性质、类型、运行方式和运转绩效等方面的差异，导致了单位组织的内部变化，不同的单位之间在就业、工资、福利、保障等方面也会处于迥然有异的状态，并在内部的单位体制改革和外部的经济社会变动的共同推动下不断面临某些新的问题和困境；二是单位组织的多样性、多元化和变动性及其体制性变化，促使单位组织和单位社会时时刻刻处于非结构性、非均衡性状态，尤其是在民主要素实质性地进入后，单位治理日益面临复杂多变的局面。

二、改革以来单位社会的问题

随着单位社会的蜕变与新生，与单位社会相关联的各方主体——单位及管理者、劳动者及工会、政府等之间在就业、工资、福利、保障等方面的利益关系开始发生显著性的转变。由于这种转变与单位的体制性和组织性变化是相适应的，因而它在转变形态和性质上就不仅仅是某些细枝末节或局部性的变化，而且牵涉更为基础性和根本性的制度、观念等层面的变化。基于此，笔者将单位社会置于改革开放和市场经济引发的体制变革、利益分化和观念更新的大背景下，从历史对比的视角分析就业、工资、福利、保障等方面，探究单位社会所存在的问题和面临的困境，并从资方、劳方和政府的关系调适与互动的角度比较和梳理改革前后及改革以来的劳动关系。

就业制度是单位社会及其变化的基础环节，而且与经济体制改革环环相扣，并在很大程度上决定着单位工资、福利、保障的基本状况和发展走向。从历史演

① 王彦华：《“十一五”期间非公有制经济发展取得重要成就》，《中国电子报》2010年8月6日；人力资源和社会保障部组织编写：《中国人力资源和社会保障年鉴（2009）》，中国劳动社会保障出版社、中国人事出版社2009年版，第1237页；陈永杰：《非公有制经济进入发展新阶段》，《中国经济时报》2005年2月3日。

变上看，伴随着经济体制的历史性转变，改革前后及改革以来就业制度也发生着显著性、延续性的变化。改革以前，就业制度可概括为统包统配制，即城镇劳动力统一由国家包揽就业，用行政手段实行统一计划、统一招收、统一调配的一种劳动就业制度①。政府在劳动力资源的配置中发挥着绝对的主导作用，劳动者和单位组织几乎完全没有自主权，就业方式和渠道相当单一。与这种就业制度相适应的，工资、福利、保障也全部由国家承担，而且在不同性质、类型的单位之间以及不同的行业、工种之间的差别不显著。随着经济体制改革的全面推进，极大地推动着就业在体制、政策、方式、观念等层面步步深入地转变。在就业体制和政策层面，计划要素逐渐退出，市场机制强力进入，统包统配制日益为市场就业机制所替代。由国家和政府单方统一配置的劳动力资源配置方式被打破，市场主导下国家和政府、劳动者、单位组织共同参与、协商的就业制度逐步确立，劳动者和单位组织基于供给与需求、双向选择的劳动力市场基本确立。不过，由于经济体制改革的渐进性和阶段性，就业制度改革也是步步推进的。其基本的演变阶段是：1978~1991 年，是双轨制就业制度改革。其政策框架是“在国家统筹规划和指导下，实行劳动部门介绍就业、自愿组织起来就业和自谋职业相结合”的“三结合”的就业方针。其基本特征是非国有单位主要采用市场就业机制，劳动合同制得到普遍运用，劳动力自由流动和自主择业开始盛行，而国有单位则兼顾采用传统的固定工制度和新型的劳动合同制。与此相应的，工资、福利、保障在国有单位内外和固定工与合同工之间实行差别化对待；1992~2001 年，是以再就业工程为中心的就业制度改革。其政策框架是“鼓励兼并、规范破产、下岗分流、减员增效和实施再就业工程”的就业方针及其相配套的政策措施，全员劳动合同制被包括国有企业在内的绝大多数单位中采用，“劳务市场”、“劳动力市场”等词汇进入就业制度的概念体系和民众的话语体系。1994 年《劳动法》的颁布及其后的一系列有关劳动合同制度的政策文件的出台，为市场就业制度的初步建立和运行提供了法律政策依据，与此相应的，工资、福利、保障的市场化和社会化转变也开始启动；2002 年至今，是以构建积极就业政策为中心的市场就业制度改革。其政策框架是在“就业是民生之本”的思想指导下“劳动者自主择业、市场调节就业、政府促进就业”的就业方针，其基本特征是市场就业机制在劳动力资源配置中发挥基础性作用，用人单位作为需求主体、劳动者作为供给

① 袁志刚、方颖：《中国就业制度的变迁》，山西人民出版社 1998 年版。

主体的劳动力市场新格局基本形成。① 在就业方式和渠道层面，由于劳动力在不同的地域、所有制、行业中实现了自由流动，改革前后就业形式和渠道从单一化走向多元化、从固定走向灵活。同时，随着社会需求的多样化和社会生活的复杂化，社会职业构成也越来越复杂多样，新的职业类型和职业群体不断涌现。在就业观念层面，改革前"铁饭碗"是主导性的价值理念，"统包统配"、被动地服从国家分配是就业制度中的基本行为选择，子女顶替制度是较为普遍而行之有效的就业制度之一。改革后随着就业的制度性变革和体制性调整，人们的就业观念也发生着相适应的转变，"下海"、"跳槽"、"下岗"、"失业"等新兴词汇逐渐进入民众的话语体系，并成为普遍化和常态化的社会现象。"双向选择"、"自主择业"、"创业"等不仅仅是一种实际的行为，也从价值和意识层面对人们传统的就业观念形成了深刻的冲击，就业不再只是国家或政府的行政事务，而更多的转化为劳动者个体的私人事务和社会的公共事务。当然，上述对就业体制、政策、方式、观念等层面变化的历史梳理，主要是立足于时代背景、经济社会转型、政策演进、体制改革等探察其宏观层面的变化要素，而如果从微观着眼，当前就业制度并没有完全实现体制性转变，也很难说已经全面融入市场化之中。其主要表现是：除了在城市与乡村之间存在着明显的二元劳动力市场和就业体制之外，在城市内部也呈现出体制内劳动力市场和体制外劳动力市场之内与之间的双重二元分割状态，从而在体制性和市场化两个层面都处于二元分割状态②。

工资是劳动关系的一方劳动者经济利益的核心内容，也是劳动关系三方（劳动者、经营者和政府）的关系互动与调适的关键要素，当然更是劳动纠纷和劳资冲突的首要因素。从再生产的角度看，工资水平的高低直接影响着劳动力再生产的顺利程度和质量高低，进而决定着各种单位的运转绩效和状况。正是在这一意义上，工资的标准、水平、在收入分配中的比重、在不同单位中的均衡程度、调整频度与机制等极大地制约着劳动者的工作积极性和效率，也从工作场所（或劳动关系）领域影响着社会公平正义。总体上看，目前中国的工资分配机制呈现出以下特点：一是工资分配呈现二元分化状态，即不同地区之间、不同行业和不同所有制单位之间以及农民工与城镇职工之间、行政单位与企事业单位之间的工资差距明显甚至仍在扩大；二是工资增长呈现"马太效应"，即工资基数高的行业

---

① 高书生：《中国就业体制改革20年》，中州古籍出版社1998年版；陈少晖：《从计划就业到市场就业——国有企业劳动就业制度的变迁与重建》，中国财政经济出版社2003年版；杨颖辉：《市场就业机制：还有一段路要走——劳动就业体制改革之路探析》，《中国劳动保障报》2007年10月31日第3版；刘社建：《就业制度改革三十年的回顾与反思》，《社会科学》2008年第3期；莫荣：《我国就业制度改革30年发展历程》，《工人日报》2008年11月4日；刘素华、苏志霞：《劳动就业制度改革三十年回顾与展望》，《河北师范大学学报（哲学社会科学版）》2009年第2期。

② 武中哲：《双重二元分割：单位制变革中的城市劳动力市场》，《社会科学》2007年第4期。

的工资增长幅度高于工资基数低的行业，工资水平高的国有单位的工资增长速度快于集体单位和其他单位，不同身份的职工之间的工资增长不对等；三是工资在社会收入初次分配中的份额呈下降趋势。[①] 从政策和实践两个层面来看，单位工资主要涉及两个论题：一是最低工资制度；二是工资集体协商制度。最低工资制度是工资分配中的一项具体制度规范，一般由国家运用行政规制权对企业的工资标准作出限定。主要的法律政策支持有 1993 年劳动部颁布的《企业最低工资规定》、2004 年劳动和社会保障部颁布的《最低工资规定》、2007 年劳动和社会保障部制定的《关于进一步健全最低工资制度的通知》和《劳动法》。其基本状况是：20 世纪 90 年代中期以来名义和实际最低工资水平都有显著提高，最低工资调整频度稳步提高，近年来最低工资调整力度加大；各省的最低工资标准都偏低，省际差别不大，不过越发达省份，最低工资标准越低；最低工资制度缺少明确的执行监督机构，导致其执行情况极差。[②] 工资集体协商制度是指工会或职工代表与企业代表依据国家有关法律、法规和政策，就企业内部工资分配制度、工资分配形式、工资水平及年度增长幅度、奖金和津贴分配和其他与履行合同有关的权利义务等问题进行平等协商，并依法签订书面集体协议的过程[③]。在法律政策运行层面，《劳动法》、《劳动合同法》、《工会法》、《公司法》等法律以及劳动和社会保障部制定的《工资集体协商试行办法》、《集体合同规定》规章，对工资集体协商的主体、程序、内容等作出了规定，全国总工会和各级地方政府根据上述法律规章也制定了更具操作性的指导意见和操作办法。不过，有关工资分配和工资协商的法律政策文本存在着明显的缺陷：一是支持不足，主要是现有的法律政策文本权威性不够、操作性不强，现有法律只是原则性规定，现有规章立法层次较低[④]，没有关于工资集体协商的专门法律法规以构建有力的支持体系；二是主体模糊，《公司法》与《工资集体协商试行办法》、《集体合同规定》对工资支配权的决定主体规定不统一[⑤]，对工资集体协商的实施极为不利；三是约束乏力，现有法律规章在表述上多以“可以”、“应当”等确认了工资集体协商制度的“可为”而非“必须”，缺乏法律意义上的制约性和强制力，使得劳动者个

① 劳凯主编：《中国劳动关系报告——当代中国劳动关系的特点和趋向》，中国劳动社会保障出版社 2009 年版，第 252 ~ 259 页。

② 都阳、王美艳：《中国最低工资制度的实施状况及其效果》，《中国社会科学院研究生院学报》2008 年第 6 期；王弟海：《从收入分配和经济发展的角度看我国的最低工资制度》，《浙江社会科学》2011 年第 2 期。

③ 赵晓华：《工资集体协商与和谐劳动关系构建——工会在工资集体协商中的角色定位》，《中国劳动关系学院学报》2007 年第 2 期。

④ 陈梦阳：《工资集体协商如何突破三大困境》，《半月谈》2010 年第 17 期。

⑤ 黄任民：《中国工资集体协商的特点及工会的作用》，《中国劳动关系学院学报》2009 年第 5 期。

体和工会组织本已弱势的境况进一步加重，难以对企业形成有力约束①；四是流于形式，表现为程序简化、重签订轻协商、内容空洞简单、重签订轻履行，这些在中央企业和跨国公司的地区分部和劳务派遣工中普遍存在②。在实际运行层面，首先，不可否认的是，自20世纪90年代推行工资集体协商制度以来在保障劳动者的基本生活和化解劳资矛盾等方面发挥了重要作用，尤其是在全国总工会2009年颁布的《关于积极开展行业性工资集体协商工作的指导意见》的支持下，上海、天津、福建等地对行业性区域性工资协商机制开展了许多创新性的行动③，浙江温岭等地将民主恳谈引入工资协商领域④，河南等地建立工资协商联系点制度⑤，湖南长沙等地培养工资集体协商指导员⑥，这些对提高工资集体合同的签订率、提升职工和工会的谈判能力、增进工资协商绩效等具有明显的推动作用。然而，工资集体协商制度的总体运行状况不容乐观。截至2009年底，全国共签订集体合同124.70万份，覆盖企业211.21万个，覆盖职工16 196.42万人。其中，签订工资专项集体合同51.2万份，覆盖企业90.2万个，覆盖职工6 177.6万人。全国总工会副主席张鸣起在2010年全国两会上透露，全国共有1 300万家企业，其中近80%还没有建立工资集体协商制度。⑦其困境主要有职工代表和工会组织“不敢谈”、“不会谈”、协商共同点难、协商争议解决难等。其动因在于，“效率优先”的收入分配原则、劳动力过剩的劳动力资源状况、劳动法规的宽松性等内外因素的影响，劳动者在劳动关系中处于弱势地位，工会组织的非独立性也导致劳动者缺乏组织化力量的支持，其工资集体协商能力自然就非常有限。

对于职工而言，工资收入是首要的、也是最显性的薪酬类别，不过除工资之外福利和保障也是职工维持体面生活所不可或缺的，从社会和劳动力再生产的角

---

① 赵晓华：《工资集体协商与和谐劳动关系构建——工会在工资集体协商中的角色定位》，《中国劳动关系学院学报》2007年第2期；陈梦阳：《工资集体协商如何突破三大困境》，《半月谈》2010年第17期。

② 全永日、朴荣范：《浅谈工资集体协商的形式化倾向》，《天津市工会管理干部学院学报》2010年第4期；陈梦阳：《工资集体协商如何突破三大困境》，《半月谈》2010年第17期。

③ 陈玺撼：《上海将建立和完善行业性工资集体协商机制》，《解放日报》2009年8月4日；姜明：《集体协商正改变着双方的观念和行为方式》，《工人日报》2010年12月30日；肖玉保、吴铎思：《行业性协商重点谈行业劳动定额 区域性协商重点谈区域工资标准》，《工人日报》2010年12月7日。

④ 宋振远、傅丕毅：《温岭：工资“谈判”让劳资双方都赢》，新华每日电讯，http：//news. xinhuanet. com/mrdx/2007－11/15/content_7078427. htm。

⑤ 肖树臣、李承锦、余嘉熙：《河南建立企业工资协商联系点制度》，《工人日报》2010年5月5日。

⑥ 方大丰、何爱华：《长沙：工资谈判“专家”持证上岗》，《工人日报》2010年12月9日；《河南力争用3年时间普遍建立企业工资集体协商制度》，人民网2010年10月23日；赖志凯：《海南省总：建立激励机制推进工资集体协商》，《工人日报》2011年3月1日；袁京：《北京首批工资协商专业指导员正式上岗》，《北京日报》2011年5月28日。

⑦ 王全宝：《全总：七成以上职工拥护工资集体协商制度》，《中国新闻周刊》2010年7月15日。

度上看甚至是更为基础的。因为福利和保障不仅与劳动者个人相关，而且与劳动者家庭相关，因为它不仅关照劳动者在职在岗这一段时期，而且贯穿于劳动者生命历程的始终。从历史演变的角度看，随着单位制的变迁、市场进入并居于主导、社会发育和社区兴起，曾经单位几乎包揽一切，贯穿于人们的生老病死全过程的全面福利状况逐渐被由国家、市场、单位和个人共同参与、多种机制综合运用的社会保障体系所取代，不少福利事项的市场化和社会化程度日益提高，单位制时代的福利体系逐步土崩瓦解。在单位制时代，单位福利涵盖了住房、教育、医疗、养老、生育、节假日等诸多方面，既包括国家的海关福利制度的要素，又有单位根据自身情况的具体福利的要素，从而建立一套包括人的需要的方方面面的福利网络①。当然，这一过程不是一蹴而就的，在经济社会转型时期，不同性质、类型、规模的单位的福利水平及其市场化和社会化程度都具有明显的差异，甚至演变为后单位社会的一种独特的现象。在20世纪90年代，单位与职工之间的关系不仅没有明显松动，甚至形成了一个内在紧密的“利益依赖”结构。单位在子女就业、住房分配和生活福利等方面发挥着非常重要的作用，而且这种状况不仅存在于国有单位，私营企业也效仿这种方式吸引高素质人才。因此，在这一转型时期，许多政策措施带有明显的过渡性，市场、社会、单位与个人等多主体共同参与福利和保障体系亟须建立与完善。譬如，在单位福利分房逐渐解体和住房商品化快速推进的背景下，低收入群体和部分中等收入群体面临住房困难，为了保障这些群体的住房需求，国家推行了“廉租房”、“经济适用房”、“两限房”等折中性政策。不过，从总体上看，昔日的单位福利已经面目全非，这些福利事项在改革过程中被定位于市场化和社会化，不过由于承接这些福利事项功能的社会保障体系还难以有效、全面地建立起来，市场导向的住房体制改革、教育体制改革、医疗卫生改革使职工面临沉重的经济压力和严重的保障风险。单位组织为最大限度地实现经济效益也会或多或少地削弱福利和保障支出，其后果是职工在住房、教育、医疗、养老等方面面临许多困境，社会支持系统出现断裂的境况②。

随着单位福利的范围缩小、内容缩减与功能弱化，单位的保障体系也实现了重组。单位制时代的职工保障尽管在终极意义上来自国家，但在具体运转过程中是以单位为主体来实施的，形成中国独特的“单位保障制”。除少部分单位外成员或边缘群体，几乎所有社会成员的保障问题都由单位组织来提供，单位职工的几乎所有保障事项都由单位提供，单位之外的社会空间极为有限，社会保障相当

---

① 史铁尔：《单位体制下的福利——以M单位为例》，《华东理工大学学报（社会科学版）》2007年第3期。

② 李宁宁、苗国、姚俊：《后单位制时代社会支持的断裂与再造——以近期社会极端事件为例》，《南京社会科学》2010年第11期。

弱小。随着改革所推动的单位制解体以及经济体制改革所导致的自由流动资源膨胀和自由活动空间扩大，单位剥离出大量的社会保障职能，社会的独立性和自主性日益增强，社会的功能也逐步拓展并有效、全面地承接了单位的保障功能。社会管理体制的调整促使社区的迅猛勃兴和作用凸显，同时国家以立法或行政规范强制实行的养老保险、医疗保险、失业保险、工伤保险、住房公积金等社会保险体系，也促使建立了一套由国家、单位、社会、社区共同支持的、多位一体的社会保障体系。

三、单位治理的复杂性与困难

与国家其他的治理单元不同，基于单位组织在性质、类型、运转方式等方面的独特性，单位治理更为复杂，往往也面临更多的困难。首先，与城乡基层治理的区域性和块状性不同，单位治理受制于所有制形式、规模大小、市场融入程度等多方面因素而在内部结构与功能和外部环境与支持体系具有显著的差异性，其治理问题在理念、方式、机制和行动等多个层面都呈现出难以规避的非均衡性和繁复性。其次，与基层政府治理、基层人大建设和党内基层民主的行政性与权威性不同，单位制解体后，各种性质、类型的单位尤其是私营和外资企业单位在国家治理结构中的地位和作用发生了根本性的变化。将经济、政治、社会等功能高度融合为一体的单位组织已经不复存在，其经济功能得到了极大的激发，其政治社会功能在一定程度上却走向弱化，追求经济效益成为很多单位组织的第一要务。而将职工与国家及其他次级组织联结起来并承担政治社会联结功能的组织机制逐渐为单位之外的其他政治社会组织①所替代，其结果就是国家对单位组织的整合能力相对有限、整合效果不佳。最后，与城乡基层民主、行政民主、政治民主、党内民主等民主形式不同，单位民主不仅仅是政治民主或社会民主，也是经济民主，它是两种性质和类型的民主形式的叠加，涉及两对主体，一是管理者与被管理者之间。二是劳动者与经营者即劳资之间。因此单位民主不仅要关照职工民主权利的实现，也要考量单位效益的保持与增长以及劳资关系双方经济权益的维护。

尽管单位治理与其他治理形式存在着显著的差异，也面临着更多样更复杂的难题，但是民主在单位治理中的地位和作用不应受到忽视，民主化治理是单位良

① “跨单位组织”恐怕是其中的典型代表。参见刘建军：《跨单位组织：“后单位社会”的治理结构》，《探索与争鸣》2003 年第 8 期；刘建军：《“跨单位组织”与社会整合：对单位社会的一种解释》，《文史哲》2004 年第 2 期。

性运行的应有之义。尽管直到近几年来民主要素和机制才进入单位治理的关注视野，但民主在单位的运转过程中从来都不是完全缺失的，它一直或隐伏或显性地存在于单位管理制度之中。尤其是对于国有企事业单位而言，自下而上的民主制度与自上而下的行政权威结构一直是其日常运行的两个基本的制度化机制。这一判断主要基于两点认识：一是国有企事业单位不仅是生产单位，也是基层政治组织或准政治组织，它是职工政治参与的主要场所；二是权威结构是基于管理效率的考虑而派生的，而民主制度是国有企事业单位原生性的制度设计，而且与其他的单位不同，国有企事业单位民主制度具有很强的历史延续性。① 从功能和组织构成上看，民主制度主要行使政治参与、利益表达、权益维护等功能，并由职代会、工会等组织具体承担；行政权威结构则是单位科层管理制度的组织依托，行使行政管理职能，并由党委领导下的厂长负责制负责实施。

单位制解体背景下具有较强独特性的单位治理会面临效率与公平难题。效率与公平问题是改革启动后经济社会发展领域的一个基本问题，从分配的角度影响着每个社会成员的收入水平和生活质量。由于单位组织既履行着一定的社会功能，更承担着不可或缺的经济功能，追求经济效益是其首要目标，因此自然在单位发展与员工经济利益之间产生一定的矛盾，即引发效率与公平问题。在相当长的时期里，中国政府坚守的原则是“效率优先，兼顾公平”，后来随着改革的深化、收入差距的扩大和发展模式的调整，“更加注重社会公平正义”替代为新的发展理念，并在收入分配、社会发展等领域得到了践行。“十二五”规划提出，“再分配更加注重公平，加快形成合理有序的收入分配格局，努力提高居民收入在国民收入分配中的比重，提高劳动报酬在初次分配中的比重”。人力资源和社会保障事业发展“十二五”规划纲要进一步提出，我国将加快形成合理有序的工资收入分配格局，促进职工工资水平合理较快增长，遏制并逐步缩小不合理的工资差距。作为公平的重要衡量指标，起点公平比结果公平具有更深远的意义，正是如此，最低工资标准往往在收入分配格局中具有标杆性的价值。人力资源和社会保障部指出，未来5年我国最低工资标准年均增长13%以上，绝大多数地区最低工资标准将达到当地城镇从业人员平均工资的40%以上。另据中国人民银行最新发布的《2010中国区域金融运行报告》显示，2010年，全国共有30个省份调整了最低工资标准，月最低工资标准平均增长幅度为22.8%。②

① 陈周旺：《单位制下的民主：兼论企业民主制度的创新》，《江苏行政学院学报》2010年第1期。

② 梁杰、叶晓楠：《去年30省份调高最低工资标准　平均增长达22.8%》，《人民日报（海外版）》2011年6月3日。

第二节 单位民主发展改善单位治理

起始于经济领域的改革，从基础性层面对具有较强稳固性和历史延续性的单位制度形成了强有力的冲击，引发了单位性质、类型、经营形式、所有制结构及各方主体利益关系的全方位变化，也带来了就业、工资、保障、福利等诸多层面的新问题和新难题。从而改变了单位治理的旧有格局，增加了单位治理的复杂性，对单位治理资源、内容和方式构成了新的需求和要求。在本书中，笔者着重从政治学尤其是政治社会学的视角去探寻这些变化及其背后的支撑条件和运作机制，即以基层民主政治建设为切入点探究工作单位领域所积累和蕴藏的民主要素。

随着市场经济体制的确立以及改革向纵深推进、开放向广度和深度拓展，整个社会都处在并将越来越全面、深刻地处在体制变革、利益分化和观念更新的多元化发展之中，这些新的发展境况必然对单位的民主发展形成新的内在需求和外在要求。在内在需求层面，随着产业发展及结构调整，知识密集型和技术密集型产业将逐渐替代劳动密集型产业成为企业的主导发展模式。其直接结果是员工的工作内容中体力部分的减少、脑力部分的增加，这对企业管理的理念和方式提出了新的要求，员工在生产过程中的主动性和积极性凸显为生产活动和企业管理的重要影响变量，如何提升员工的内在动力就显得尤为必要了，而发掘并增进单位的民主要素、激发员工的参与意识成为较现实也较有力的应对之策。在外在要求层面，20 世纪后期以来席卷全球的民主化浪潮也对中国的各个领域形成了较显著的冲击，而且这在很大程度上也与中国的社会主义核心价值和发展需要相契合，科学发展观和和谐社会的提出也为基层社会治理和基层民主发展提供了宏观指引，工作单位也应当从基础性层面对这些新要求和新方向作出适应性的回应。

本节试图从制度设置（即组织构建）和活动安排的角度，以制度变革、政策演变和实践探索为分析维度，梳理并归纳单位民主的几种基本形式①，从而挖掘

---

① 从文本和实践两个层面来看，单位民主的形式和方式非常丰富，既有长期存在、地位稳固的制度化形式，也有存在时间不长、处于探索中的创新形式，既有为大多数甚至所有类型的单位普遍采用的具有超强适应性的民主形式，也有仅仅存在于某一单位类型中具有某种特定功能的民主形式或活动方式。这些民主形式和方式可以列举为工会、职工代表大会、集体合同制度、民主测评（民主评议）、厂务公开（政务公开）、合理化建议活动、民主协商（民主对话）、班组民主管理、职工董事和监事制度等。由于篇幅的限制和研究的需要，笔者着重关注各种性质和类型的单位最重要和最基本的民主形式和方式。

并提炼单位治理中的民主要素。在制度设置层面，职代会和工会是当前单位民主的基本组织载体，具有较强的历史延续性，其创新点主要在于从文本真正走向实践、应然角色和功能的全面回归以及使其民主精神在程序和操作层面得到有效履行。在活动安排层面，民主测评、民主评议和厂务公开、政务公开是企业、事业、行政等各类单位较有成效的民主活动形式，逐步从形式民主走向实质民主，为单位民主搭建了有效的平台。

一、企事业单位职工代表大会的转变

1986 年 9 月 15 日，国务院颁布了《全民所有制工业企业职工代表大会条例》，以行政法规的形式确立了职工代表大会制度，这是中国第一部关于职工代表大会（以下简称职代会）的立法。该条例对职代会的性质、职权、组织制度及其与工会的关系和职工代表等作出了规定和说明，为职代会的功能行使和作用发挥提供了文本规范。该条例、1988 年颁布的《企业法》和 2001 年修正的《工会法》都对职代会的性质作出了明确的规定："职工代表大会是企业实行民主管理的基本形式，是职工行使民主管理权力的机构。"2005 年修订通过的《公司法》也对职代会在改制改革后的公司中的地位作出了要求，规定"公司依照宪法和有关法律的规定，通过职工代表大会或者其他形式，实行民主管理"、"公司研究决定改制以及经营方面的重大问题、制定重要的规章制度时，应当听取公司工会的意见，并通过职工代表大会或者其他形式听取职工的意见和建议"。从这些制度文本可以看出，不管是在公有制企业还是在非公有制企业，不管是在企业改制之前还是在企业改制之后、建立公司制之后，职代会都是企业民主管理的基本形式，具有广泛的适应性。不过，与其他的民主管理形式相比，职代会制度与社会主义意识形态和价值体系具有更高的契合性，或者说具有更明显的"中国特色"，所以在这里我们侧重探讨公有制企业乃至国有企业职代会制度所蕴含的民主要素。

在 1949 年新中国成立后的很长一段时间里，社会主义意识形态全面渗透到社会的角角落落，人们对个人利益的追求意识不强，公有制企业的实现形式也较为单一。企业内外的经济差别、利益分化和社会分层不太明显，职代会的功能非常简单，其民主要素尤其是具有操作意义的民主机制极为缺乏，以至于被职工自己和其他社会成员视为"形式主义"的摆设，甚至有职工将之戏称为"吃代会"①。1997 年，中华全国总工会对 15 个省和大城市的 2 335 个单位、53 561 人进行了一项全国性大型调查，其中一个考察项目就是工人对职代会的评价，该项目将职代会的角色和功能分为两个层面即问责性和福利性，并操作化为 7 项具体的评价指标。数据分析表明，总体上看，一半左右的工人对职代会职权行使的实际状况的评价"一般"，1/3 左右的工人对职代会职权行使的实际状况的评价"好"和"很好"，1/5 左右的工人对职代会职权行使的实际状况的评价"差"和"很差"（见表 2 - 1）。可见，职代会在职工的生产生活中的作用不是很突出，并不是一个不可或缺的民主参与渠道和利益表达机制，更难以称得上是一个有效的权益维护机构。张静曾经精辟地指出，职代会"是一个设在单位内部的专门的协调性组织，它的象征性位置虽然是代表职工群众，但它实际上的位置是在企业行政系统内，做职工和行政的联系工作……它并不单独代表某一方，因为它不和任何一方对立，或给任何一方制造压力……它的确切位置是中介性的"。② 从根源上看，这种状况其实与职代会建立之始制度设计的理念和目标关联极大。新中国成立后，党和国家在行政管理和社会管理上的基本价值取向是人民当家作主，而且它既是一种权力也是一种权利，后者指向权力行使的民主性，即人民有权参与国家管理。在企事业单位里，职工当家作主权利实现的基本组织依托就是职代会，通过推选职工代表以制度化的方式参与到单位管理并以单位为中介进入国家管理活动中。不过，改革开放前，个人、单位与国家在根本利益（或长远利益）和现实利益两个层面都保持着较高的一致性，而且国家政权建设的导向又将各类组织和机构高度统摄在国家和政府的圈层之中，这些都在很大程度上影响着职代会制度建立初期的角色与功能定位。新中国成立初期，华北、陕甘宁边区等地政府制定了有关工厂职工代表会议的政策法规，但其职权仅限定于批评与建议权，其通过的决议对行政管理几乎没有什么影响和约束。尽管 1957 年中共中央出台《关于研究有关工人阶级几个重要问题的通知》明确了职代会的四项职权，1965 年又发布《国营工业企业工作条例（修正草案）》并对职代会的性质和职权作出了更明确的规定，但从总体上看，职代会仍然具有较强的行政依附性，其组建目标主要是服务于集权化的计划经济体制并作为行政管理体制的附庸和补充，其性质是一个议事机构或咨询机构。基于路径依赖的作用，这种状况将得到很长时间的延续。

① 朱晓阳、陈佩华：《职工代表大会：职工利益的制度化表达渠道?》，冯同庆：《中国经验：转型社会的企业治理与职工民主参与》，社会科学文献出版社 2005 年版，第 21 页。

② 张静：《利益组织化单位——国企职代会案例研究》，中国社会科学出版社 2001 年版，第 92 页。

表 2－1　　职工对职工代表大会的评价

问题：您如何评价职代会行使职权方面的表现？		很差	差	一般	好	很好	总计
1. 听取和审议厂长经理关于重大议题的年度报告	数量	49	92	814	581	253	1 789
	%	3	5	46	32	14	100
2. 审查通过或否决关于工资、奖金分配的计划以及与此有关的规章制度	数量	81	168	893	467	161	1 770
	%	5	9	50	26	9	100
3. 审查和决定福利基金的使用、住房分配和其他有关福利的问题	数量	115	242	835	424	151	1 767
	%	7	14	47	24	9	100
4. 评议各级领导干部，提出奖惩或免职建议	数量	129	227	882	390	141	1 769
	%	7	13	50	22	8	100
5. 对职代会关于招待费的审议	数量	157	213	855	372	139	1 736
	%	9	12	49	21	8	100
6. 选举或推荐行政管理人	数量	131	223	851	397	134	1 736
	%	8	13	49	23	8	100
7. 监督决定的实施	数量	104	189	852	453	154	1 752
	%	6	11	49	26	9	100

资料来源：中华全国总工会政策研究室：《中国工会统计年鉴（1997）》，中国统计出版社1998年版，第313页。

改革开放以后，尤其是1992年中共十四大提出建立社会主义市场经济和国有企业建立现代企业制度的目标之后，职代会的角色与功能发生了非常显著的变化。在单位管理领域，改革所引发的最主要的变化是国家、单位与个人之间的利益调整和关系调适，三者之间利益高度一致性的状况和庇护与被庇护的关系受到根本性冲击，其经济动因在于劳动力与资本、技术等一起转化为一种生产要素并成为“劳方”的经济资源，这就要求必须建立一套与之相适应的新型劳动力利益保障机制，因此原有的职代会必须也必然作出相应的角色调适、功能调整与职权转换，职代会的民主参与、利益表达、权益维护等方面的功能逐渐凸显出来。

对于公有制企业尤其是国有企业而言，职代会的新型功能发挥或缺失最集中地体现在企业改制改革过程中，企业改制改革牵涉到各方主体利益关系的剧烈调整，对单位职工的生存发展形成了强有力的影响，不可避免地会引起职工的参与意识、表达意识和维权意识并在某一时段转化为实际的行动。从党和国家的角度来看，以职代会为基本形式的企事业民主管理制度一直得到了较高的重视。党的十六大报告指出：“坚持和完善职工代表大会和其他形式的企事业民主管理制度，保障职工的合法利益。”十六届六中全会通过的《中共中央关于构建社会主义和谐社会若干重大问题的决定》进一步提出：“深化政务公开，依法保障公民的知情权、参与权、表达权、监督权。扩大基层民主，完善厂务公开、村务公开等办事公开制度，完善基层民主管理制度，发挥社会自治功能，保证人民依法直接行使民主权利。”为了有效发挥职代会在国有企业改制中的作用，国家经贸委、劳动保障部等几部委与中华全国总工会联合下发的《关于国有大中型企业主辅分离辅业改制分流安置富余人员的实施办法》，明确规定：“企业的改制分流方案须经过改制企业职工代表大会讨论，充分听取职工意见。其中涉及职工安置和用于安置职工的资产处置等有关事项，要经职工代表大会审议通过；未经审议通过，不得实施企业改制分流工作。”可见，职代会在国有企业改制中的作用主要体现在两个方面：一是对企业改制分流方案的审议。即企业改制方案必须提交职工代表大会进行讨论、审议，未经职工代表大会审议的改制方案是无效的进而不能付诸实施。当然，在操作层面，职代会审议改制方案的内容应当是全方位的，从改制的形式如合资、合作、出售的对象及其背景资料，到改制后企业的基本制度的建立如董事会、监事会的组成、经理人选、职工持股及其持股的比例和职工民主管理权利的保障等。二是审议通过安置职工和安置职工的资产处置等有关事项。即在征集职工和职工代表意见的基础上对安置方案进行修改完善后，提交职工代表大会表决；只有职工代表大会表决通过的方案才是有效的，方可付诸实施；表决未能通过则必须重新研究，不能进行改制。①

二、非公有单位的工会组织建设

1986 年颁布的《全民所有制工业企业职工代表大会条例》规定：“企业工会委员会是职工代表大会的工作机构，负责职工代表大会的日常工作。”并具体规定了七项工作事务，其中一项就是“接受和处理职工代表的申诉和建议，维护职工代表的合法权益”。2001 年修正通过的《工会法》作为工会组织的专门法对工会的性质、组织结构、权利和义务等作出了更详细的规定，明确指出：“工会是职工自愿结合的工人阶级的群众组织。”2005 年修订通过的《公司法》仍然延续了以前的法律精神，将工会作为公司民主管理的基本组织依托，规定“公司职工依照《中华人民共和国工会法》组织工会，开展工会活动，维护职工合法权益……公司研究决定改制以及经营方面的重大问题、制定重要的规章制度时，应当听取公司工会的意见，并通过职工代表大会或者其他形式听取职工的意见和建议”。从

① 张喜亮：《国企改制中职代会的作用》，《中国劳动保障报》2005 年 1 月 25 日。

这些法律法规的具体条款及其背后的立法精神可以看出，工会组织作为一个常设机构在单位民主管理中发挥着不可或缺的作用。

当然，从历史发展的进程来看，工会的民主管理功能的凸显并不是一蹴而就的，而是因应经济社会发展需要并经过了一段较长的历史转换的结果。在新中国成立以后的很长一段时间里，工会的法律地位不太明确，其独立性和自主性程度都较差，其拟行政化和政治化的特征非常明显。在过分强调工会的政治性和政治功能的体系中，工会只是“桥梁”和“纽带”，未被赋予主体资格和能动地位，所以充其量只是属于党和行政的附属物。① 当时，工会的基本功能主要有两项：一是政治功能，即维护功能，“教育并组织工人、职员群众，维护人民政府法令，推行人民政府政策，以巩固工人阶级领导的人民政权”；二是经济功能，即生产功能，“教育并组织工人、职员群众，树立新的劳动态度，遵守劳动纪律，组织生产竞赛及其他生产运动，以保证生产计划之完成”。在政治、经济和社会高度重合的“总体性社会”② 的格局下和抽象化、政治化、利益一体化的劳动关系③中，工会的生产功能得到较高程度的重视，而维护功能则受到一定程度的弱化和限制。因此，基层工会只能围绕着单位党委或行政的中心工作开展一些生活福利、生产竞赛等附带性或配合性的工作，没有自己专属的工作事项。改革开放以来，随着市场经济体制的确立和劳动制度的改革，劳动关系的各方当事人即单位经营管理人员、劳动者和国家之间的关系状态和权力对比都发生了根本性的变化。以市场为基本纽带和载体的市场化的劳动关系逐步建立，国家、企业管理人员和劳动者已开始逐步形成各自独立的利益主体和权力主体④。与此同时，由于经营管理人员和劳动者掌握着具有不同含金量的生产要素，两者出现了较为明显的权力失衡，劳动者往往处于弱势地位。这些都极大地推动着劳动者的代表机构——工会的角色和功能发生适应性的转变，其关键点就是“代表者”角色和“维护”功能的凸显。当然，与公有制单位相比，非公有单位的工会组织没有受到历史沉淀和路径依赖的负面影响，其维权功能建立在新的历史起点上，往往有更为充分的体现，甚至有不少企业的工会组织在组建之初就以维权为基本动因。

当然，非公有单位工会组织“以维护为中心”的功能定位及其有效履行，很

---

① 冯同庆：《工会在承包、租赁和股份制中面临的问题及对策》，中国工人出版社 1988 年版，第 53 页。

② 孙立平、王汉生、王思斌、林彬、杨善华：《改革以来中国社会结构的变迁》，《中国社会科学》1994 年第 2 期。

③ 张暎硕：《当代中国劳动制度变化与工会功能的转变》，河北大学出版社 2004 年版，第 64 ~ 65 页。

④ 常凯：《劳动关系 · 劳动者 · 劳权——当代中国劳动问题》，中国劳动出版社 1995 年版，第 42 页。

大程度上有赖于法律的完善和政府的执行力。《工会法》并没有将范围仅仅限定于公有单位，而是将其法律效力推及各种性质和类型的单位，即规定"在中国境内的企业、事业单位、机关中以工资收入为主要生活来源的体力劳动者和脑力劳动者，不分民族、种族、性别、职业、宗教信仰、教育程度，都有依法参加和组织工会的权利。任何组织和个人不得阻挠和限制"。这就表明所有的单位包括非公有单位都不得阻挠和限制职工依法参加和组织工会，并有依法成立工会的义务。在相关法律法规的指导下，政府尤其是地方政府及其职能部门的法律执行力和必要的引导与督促对于非公有单位工会组织的成长起着非常重要的保障和推动作用。20 世纪 90 年代以来，一些外资企业比较集中的地区，地方工会组织促使地方政府或者与地方政府联手制定了不少具有较强操作性的地方性法规。1990 年，辽宁省第七届人大常委会通过了《辽宁省外商投资企业工会条例》。1991 年，江苏省人大常委会颁布了《江苏省外商投资企业工会条例》。1994 年，全国总工会、中共中央组织部、国务院生产办公室、对外贸易部、劳动部、工商行政管理总局联合下发了《关于加强外商投资企业工会工作几个问题的通知》，要求"新开办的外商投资企业，要在企业设立的同时，筹备、建立工会组织"，并明确了在工会组建过程中各地方政府部门的法律责任和义务。

在现实运作层面，近年来非公单位尤其是非公企业的工会组织建设成为单位治理和单位民主领域的一个亮点。而且，这一亮点不仅体现在全国范围或某些区域的工会组建率和会员人数的数字化增长上，更具有开拓性的是非公企业工会在组织形式和运行机制等层面的诸多创新性行动。在全国总体层面，据中华全国总工会统计，截至 2006 年底，在华外企工会会员人数为 1 179 万人，已组建工会的外企数量为 96 500 家。当然，在非公企业工会的组建过程中，一个基本的事实是，某些知名境外企业尤其是外资企业的工会组建力度和进展往往对整体状况形成了非常明显的影响，可能是抑制，也可能是引领和推动。2006 年 5 月 23 日，百胜餐饮集团（武汉）有限公司肯德基六堰店工会委员会在湖北省十堰市正式挂牌成立，成为中国首个肯德基分店工会。此后，肯德基分店工会开始在湖北其他城市以及上海、青岛、太原等地迅速铺开。① 全球最大连锁零售商沃尔玛向来抵制工会组织的建立，一向对全世界工会说"不"，曾经被戏称为抵制组建工会的钉子户。在各方力量的促动下，2006 年 7 月 29 日，沃尔玛在中国的首个工会组织——沃尔玛深国投百货有限公司晋江店工会成立，成为当年国际新闻中的头等大事，被形象地称为"十年破冰"。自此以后，各地的沃尔玛分店都纷纷开始组

① 万晓娟、周新宇：《外企工会创建获突破性发展》，《人民日报海外版》2007 年 7 月 24 日第 4 版。

建工会，并进而拉开了全国“外企建会百日活动”的序幕。① 如果以工会组建率和会员数量为衡量指标，各地非公企业的工会组织建设工作发展非常迅猛。在沿海地区各省市，由于开放政策推行的时间较早、力度较大，非公企业的数量、比例都要远远高于内地，其工会组建工作也先行一步。截至 2005 年底，深圳市外资企业已成立工会组织 10 588 家，工会覆盖率达到 61.5%，发展会员 170.8 万人，员工入会率为 76.5%；2006 年又成功在沃尔玛（中国）投资公司总部及其在深圳的 12 家分店全部建立了工会；为了最大限度地把外资企业职工组织到工会中来，提出到 2010 年底全市外资企业职工入会基本实现全覆盖。② 外向型经济发展模式导致温州的非公有经济覆盖范围超乎寻常的广泛，非公有制企业数量占全市企业总数量的 99.5%。与此相应的，非公企业工会组建率和会员人数比例都非常高，已建工会的 28 830 家企业中有 26 287 家是非公有制企业，企业工会会员 136.96 万人中有 118.3 万人来自非公有制企业。③ 同时，在内地各省市，工会组织建设工作也开始如火如荼地开展，某些地方甚至显示出了一些后发优势。截至 2008 年 6 月底，山西省已建立外企工会 527 个，占全省所有外资企业的 95%。根据该省总工会的安排，到 9 月 20 日，山西省所有外资企业都要建立工会。④ 作为全省拥有外资企业最多的城市，太原市提前完成任务，2008 年 8 月 239 家外资企业就全部建立工会，3.1 万名员工加入工会组织。⑤ 与外资企业相比，私营企业在工会组建方面往往面临着更多的制约因素，一直是非公企业工会组织建设的难点。不过，沈阳却在私企工会组织建设方面取得了突破性的成效。2007 年，沈阳市总工会经过检查验收后对外宣布：截至 9 月 30 日，全市私营企业具备建会条件的私营企业全部建立工会组织，新建工会 9 460 个，覆盖企业 13 628 户，建会率由 2006 年的 22.7% 提高到 100%。⑥

与公有制单位的工会组织建设不同，非公有单位的工会组织没有多少历史的积淀，自然也较少地受到制度和组织惯性的影响，从初始目标定位上基本上就以职工权益维护为指向，并在组织形式和运行机制等层面有更多的创新空间。从工会组织的现实运作和发展趋向上看，非公有单位的工会组织建设在工会直选、工会主席职业化社会化、工会联合会组建三个方面已经并将更加深入地开创某些创新性的行动。

---

① 封莳：《工会冲击波：外企法制化的破冰之行》，《沈阳日报》2006 年 11 月 16 日第 C3 版。
② 张妍：《2010 年前全市外企基本建立工会》，《深圳商报》2006 年 11 月 21 日第 A4 版。
③ 陈里雅：《我市非公企业建工会 2.6 万家》，《温州日报》2007 年 9 月 27 日第 2 版。
④ 杨丽英、张春亮：《山西省所有外资企业都将建立工会组织》，《中国冶金报》2008 年 8 月 21 日第 A4 版。
⑤ 李晓并：《我市外企已全部建立工会》，《太原日报》2008 年 8 月 15 日第 2 版。
⑥ 丁军杰、顾威、朱少凡：《从 22.7% 到 100% 的背后》，《工人日报》2007 年 12 月 7 日第 1 版。

其一，通过对工会主席或工会委员会的直选和聘用，从组织和人员的产生层面奠定工会组织建设的民主起点。在农村村民自治和城市社区自治的民主实践中存在着一个基本的规律，民主选举对基层民主政治建设具有基础性价值，它在很大程度上决定着民主决策、民主管理和民主监督等民主形式的走向与内容。因此，将民主机制和规则纳入组织架构和人员选任之中往往具有较大的奠基作用。在非公单位工会组织建设中，工会委员会和工会主席的直选也受到了各方的重视。其中较为突出的是吉林省的公开选聘工会主席活动，其基本做法是：以社区为依托，成立非公企业工会联合会，工会主席候选人从社会公开招聘，经过职工代表大会选举通过后，由上级工会聘任。该创新活动首先在长春市朝阳区进行试点，2005 年至今该区先后两次向社会公开招聘工会主席候选人，300 多名应聘者经过政审、笔试、面试后 16 人入选，入选者经过培训后分别派往非公企业和社区，两个月的试用期满由职工代表大会依法选举通过后正式上任。在取得试点经验的基础上，吉林省总做出了“推广朝阳经验”决定，2007 年在全省地级市城区公开选拔聘用 300 名工会联合会主席候选人，2008 年在各县（市）选拔聘用 150 名工会主席候选人。[①] 这一活动在工会工作领域引起了很大反响，各地也纷纷效仿开展工会主席的直选活动。另外，从全国范围内来看，工会主席的直选活动在许多省市都得到较为广泛的推行[②]，但对工会的组织机构进行直选却相对较少。福建省盛辉物流集团成为较早的试行者，该集团在 2007 年年初经过两轮的“海选”，产生了新一届的基层工会机构——工会委员会[③]，这就使工会主席直选活动又向前推进了一步，使得单位民主的覆盖面更为宽泛。

其二，作为工会主席直选的延续和结果，工会主席职业化社会化进一步强化了其民主价值，拓展了单位民主的内涵。工会主席职业化社会化的基本问题指向是：由于与企业雇主或其他管理人员身份的重合，或者与企业主要管理人员之间的沾亲带故，或者作为企业员工，企业工会主席不便维权、不敢维权、不善维权的困境非常突出。为此，吉林省委组织部、吉林省总工会、吉林省中小企业局于 2007 年 3 月 14 日联合召开“吉林省小型零散非公企业建立联合工会实行工会主

① 黄明、刘连柱、黄宇：《吉林探索非公企业工会主席职业化社会化》，《工人日报》2006 年 12 月 19 日第 1 版；黄明、黄宇、王丹：《吉林公开遴选三百名工会主席候选人》，《工人日报》2007 年 1 月 17 日第 1 版；肖遥：《公开选聘 300 名工会主席》，《人民日报》2007 年 4 月 24 日第 10 版。

② 其他各地具有代表性的案例可参见左年生：《南京首位外资企业直选工会主席诞生记》，《新华日报》2006 年 6 月 27 日第 C2 版；朱少凡、高柱：《基层工会干部选聘创新亮点频现》，《工人日报》2007 年 11 月 8 日第 1 版；杨晓斌、祁月：《石景山选出全市首个非公小企业工会联合会主席》，《北京日报》2007 年 9 月 1 日第 6 版。在有些地方，甚至直选产生外出农民工担任工会主席一职。参见安洋：《临汾 100 家非公企业直选工会主席》，《人民日报》2007 年 7 月 5 日第 10 版；关明：《临汾市首次试水非公企业工会主席“公选直管”》，《工人日报》2007 年 7 月 10 日第 1 版。

③ 吴铎思：《福州非公企业首次直选工会委员会》，《工人日报》2007 年 3 月 22 日第 2 版。

席职业化和开展党工共建工作现场会”，在全省全面推行工会主席职业化社会化。其基本的运行方式是“社会化招聘、派遣式用人、契约化管理”，与此相配套的运行机制有：工会主席的工资待遇由省总工会、省中小企业局和各市州县（市区）各负担三分之一，并形成稳定长效的资金渠道；工会主席的养老保险、医疗保险、工伤保险，由市州县（市区）负责落实；工会主席的办公用房、办公设施、办公费由街道负责解决；对直选上来的工会主席进行岗前培训，并做好长期培训的计划安排；职业化的工会主席没有任何行政职务，主要职责是组建工会、发展会员和协调劳动关系等。[①]

其三，鉴于非公单位的多样化、复杂化和员工的弱势化，通过建立区域性、行业性的网状化工会联合会，为员工的权益维护、利益表达和单位的民主治理提供有力的组织支撑。目前，非公单位的工会联合会主要有两种形式：一是依循属地管理的需要，以某个行政层次为基础组建区域性的工会联合会。譬如，2007年8月20日，武汉市武昌区首义路街成立了湖北省首个街道范围内区域性工会联合会，这也是该省第一家专门针对中小企业及非公有企业建立的工会联合会，下辖发艺、餐饮等7个行业性基层工会组织，覆盖小型非公企业139家[②]；2008年4月11日，北京市朝阳市正式启动区域性非公企业工会联合会的全面组建工作，在月底前共组建17家区域性非公企业工会联合会[③]。二是根据行业性质、特点和规模，以某类行业为依托组建行业性的工会联合会。譬如上海定海地区按门类相近、行业相同原则，对街道辖区内非公企业进行归类，从建筑业、餐饮业、制造加工业、商贸服务业、综合类5个行业入手，以联合制、代表制建立地区行业工会联合会，每个联合会会员为1 000～1 200名。2009年9月11日，上海定海地区综合工会联合会宣告成立，该地区的5个行业工会联合会实现了对区域内近400家非公企业的全覆盖。[④]

三、单位领导的民主测评

与职工代表大会、工会等单位民主管理形式不同，民主测评的制度化水平相

① 黄明：《吉林全面推行非公企业工会主席职业化社会化》，《工人日报》2007年3月20日第1版；黄明：《非公企业工会主席产生机制的创新之举——吉林省在非公企业全面推行工会主席社会化职业化》，《工人日报》2007年3月29日第2版；黄明、黄宇：《吉林非公企业工会主席职业化工作显成效》，《工人日报》2008年4月21日第2版。

② 龙华、程辰、肖凌翔：《首家街道非公企业工会联合会建立》，《湖北日报》2007年8月21日第2版。

③ 金晓明：《组建区域性非公企业工会联合会启动》，《朝阳日报》2008年4月12日第1版；祝石、永亮、欣闻：《成立非公企业工会联合会》，《朝阳日报》2008年7月11日第6版。

④ 钱培坚：《上海定海探索基层工会全新运作模式》，《工人日报》2009年9月21日第2版。

对较弱，在一定程度上其民主要素也更为稀少。而且，从民主测评的实践形态来看，其存在范围也与单位的性质和类型有着一定的差异性关联，一般来说在行政单位、事业单位和国有企业单位有更为广泛地采用。从民主测评的采用状况来看，民主测评这一民主管理形式在问题指向和内容结构上存在一定的独特性。民主测评为测评单位职工或所服务对象或一定范围的社会公众的知情权、参与权和监督权提供一种制度化、常态化的实现机制和平台。同时，对测评对象来说，民主测评活动往往与其职务、级别、职称、工资、晋升、奖励等联系在一起，在理论上会对其行政、管理或服务工作产生相应的影响。当然，从根源上考察，这一逻辑分析最终又导源于测评单位的公共性、服务性，测评单位中的行政单位行使着公共权力，自然应为社会公众提供公共管理和服务并对社会公众负责；国有企业单位使用和管理的是公共资源，担负着公共职能；事业单位与行政单位有着一定程度的依附性，往往以提供公共服务为基本职责。这些性质规定使得测评单位及其员工尤其是负责人必须接受相应的测评，以保障民主治理的有效实行和民主权利的有效履行。

在制度和政策层面，相关法律法规、政策文件和领导讲话等为单位民主测评工作提供了相应的文本规范和依据。2002 年 7 月 23 日，中共中央颁布了《党政领导干部选拔任用工作条例》，该条例在相关条款中将民主测评作为党政领导干部考察、上岗、免职的重要程序之一。具体而言：第二十二条规定，将民主测评作为考察党政领导职务拟任人选中了解考察对象情况的方法之一；第二十六条规定，将民主测评情况作为考察党政领导职务拟任人选的书面考察材料之一；第五十一条规定，党政领导干部竞争上岗必须进行民主测评；第五十五条规定，在年度考核、干部考察中，民主测评不称职票超过三分之一、经组织考核认定为不称职的党政领导干部，一般应当免去现职。党的十七大报告在党的建设中着重对干部的选拔任用要求和程序进行了规范，“坚持党管干部原则，坚持民主、公开、竞争、择优，形成干部选拔任用科学机制”，“扩大干部工作民主，增强民主推荐、民主测评的科学性和真实性”。

从实践层面来看，民主测评实施的力度、效果往往与所在区域的党政主要负责人或者所在单位负责人的理念、重视程度等有着密切关系。通过对各地的创新行动和实际案例进行总体分析发现，民主测评活动主要关涉测评内容、测评人员范围、测评方式、测评程序、测评结果的运用五个方面的问题。

在民主测评内容方面，关键议题是内容设计的科学性和针对性，避免民主测评的“形式化”，达致形式民主向实质民主的有效转化。在民主测评的过程或运行层面，内容设计的合理、细致、全面等程度是测评结果的重要影响因素。这一判断主要基于以下三个实践层面的总结与分析：其一，内容设计中量化指标与非量化指标的设置和比重问题。具体有两种情况，一是只注重采取投票的方式进行，对达到一个什么样的量化标准才算群众公认，没有明确统一的规定；二是测评表中设置的各项内容过于抽象，要点不清晰，标准不统一，特别是将量化指标与无法量化的指标相互混淆，难以全面准确反映被测评人的履职情况和德才表现等。其二，内容设计中静态项目与动态项目之间的平衡和互补问题。当前民主测评的主要形式是投票尤其是会议投票，而投票的内容设计往往偏重于静态的项目，这就容易导致简单的“以票取人”现象。其结果是被测评人的突出表现往往被淹没在一张张选票之中，其日常工作中的关键行为或事件难以得到凸显。其三，内容设计中平面项目与立体项目的综合和兼顾问题。在很多民主测评活动中，由于测评人员范围和测评方式的局限，往往只能获取到被测评人的平面形象，诸如在本单位的情况和近期一时的表现，而缺乏对其立体形象的综合考察，譬如很少关注其社交圈、生活圈的表现。① 基于上述分析，民主测评的内容设计应在侧重性与综合性、全面性与针对性上保持一定的平衡和张力。在各地的实践中，较有创新性的做法是将民主测评的内容设定为以下四个项目：一是分项评价项目。对现任科级干部和考察对象重点测评“德、能、勤、绩、廉”等方面的情况，对领导班子重点测评“思想政治建设、领导决策能力、坚持民主集中制、执行党风廉政建设责任制、工作实绩”等方面的情况。二是综合评价项目。对领导班子重点从“好、较好、一般、差”四个方面进行评价，对科级干部重点从“优秀、称职、基本称职和不称职”四个方面进行评价。三是任免建议项目。领导班子进行换届考察时，从“调整、稳定、充实”三个方面组织干部群众进行评价；现任科级干部调整交流时，从“提拔、留任、交流、免职”四个方面组织干部群众进行评价；对拟提拔任用的干部，从“同意、不同意”两个方面组织干部群众进行评价。四是写实性意见项目。在民主测评中设置“写实性意见”项目，让干部群众以书面形式反映对领导班子和干部的意见建议。②

在民主测评人员范围方面，关键议题是参评人员的代表性和广泛性，以解决信息不对称和知情面不宽问题，增强测评结果的说服力和威信。在这方面，甘肃省山丹县的做法具有一定的代表性，该县把合理确定民主测评参与范围作为确保测评结果真实可靠的关键，在组织测评对象所在单位干部职工进行测评的同时，在测评范围的确定上重点突出了“五个延伸”。一是由中层以上干部向干部职工代表延伸。为进一步扩大群众参与面，把民主测评的范围扩大到干部职工代表。二是由本单位干部职工向相关部门单位和服务对象延伸。对干部职工人数较少、

① 杨树峰：《增强民主推荐民主测评的科学性和真实性》，《党政干部论坛》2008 年第 12 期。
② 韩世峰：《如何增强民主测评的科学性和真实性》，《领导科学》2008 年第 24 期。

又没有下属单位的部门，既在本单位干部职工中进行测评，又在业务相关部门干部群众代表中进行测评。三是由本部门单位干部职工向本系统科级干部和群众代表延伸。对行业主管部门的领导班子及成员的民主测评，既在本单位干部职工中进行，又在本系统正副科级干部和部分干部职工代表中进行。四是由本系统、本部门单位干部职工向全县正副科级干部延伸。对县委、县政府综合部门主要负责人的民主测评，在本系统、本部门进行测评的基础上，还适当地放在部分科级干部中进行。五是由下级和同级向上级领导延伸。对大口系统下属单位领导班子及成员，组织主管部门领导班子成员进行民主测评。对县委、县政府综合部门领导班子和成员及重要职位拟任人选，在县级领导干部中进行民主测评。① 从各地、各类单位的创新性实践行动来看，在参评人员的范围和数量上显现出一些有效的经验：在范围上，多层次、分类别地选择与被测评者工作联系密切、了解较深的人员参加；适当吸收与考核对象没有隶属、同事关系，但工作、生活上有某种关联并且了解一定情况的人员参加；尽量做到每个职级类别的参评人员数量相对均衡，避免因个别职级类别干部过多或过少导致测评结果的片面性。在数量上，适度把握，原则上保证让多数知情人参加测评。参加测评人数应视被测评对象的工作、生活范围和所在单位的人数而定；对人数较多的单位，可视情况采用随机抽样的方法，在规定的参评范围内随机确定参评人员；对人数较少而又未能扩大参与面的单位，对被测评者应当以实绩考核为主，测评为辅。②

在民主测评方式方面，关键议题是方式选择的有效性，确保结果的准确性和真实性。为改进集中投票方式的非私密性和形式化，避免"关系票"、"人情票"的不良现象，不少单位通过方式创新，寻求多样化、规范化的测评方法和技术，保障民意的有效实现。一是将民主测评与述职评定结合起来。采用在测评会场口头述职或发放书面述职材料，或将述职报告在一定范围内进行传阅或利用单位公示栏、局域网进行公示等形式，对被测评人的述职情况进行评定，并将述职评定结果作为民主测评结果的依据之一。二是将定量测评与定性评价结合起来。根据德、能、勤、绩、廉等分项评价情况和综合评价情况计算民主测评得分，作出定量评判；同时，运用群众评议、个别谈话等方式，多渠道、多方面了解被测评人的情况，作出定性评价。三是根据单位人数和设施等具体情况，通过引入秘密写票间、选择宽松的场地、逐一投票或分批投票等技术手段，为测评人的自主、真实意愿表达提供有利条件。③

---

① 韩世峰：《如何增强民主测评的科学性和真实性》，《领导科学》2008 年第 24 期。

② 钟重明：《民主测评应以"变"求效》，《党政干部论坛》2007 年第 7 期。

③ 黄利勇：《努力改进干部选拔任用中的民主测评工作》，《党政干部论坛》2010 年第 9 期；韩世峰：《如何增强民主测评的科学性和真实性》，《领导科学》2008 年第 24 期。

在民主测评程序方面，关键议题是程序的规范性和合理性，确保测评过程顺畅、有序、高效。在民主测评的实际运行过程中，有几项操作程序取得了较好的成效。首先，建立民主测评预告制度。根据测评对象的不同情况，通过适当方式提前向参评人员预告测评内容，以解决参评人员无心理准备而导致盲目画票等不利于民意表达的问题。其次，有序开展民主测评大会。测评组织者在大会开始前认真进行测评动员，充分调动参评人员正确行使民主权利的责任感和积极性；耐心讲解填写民主测评表的方法、要求，明确民主测评的内容和标准；积极营造适宜的测评环境，创造良好的测评条件，保护好参评人员的“隐私权”，消除参评人员的思想顾虑；对参评人员提出的问题，认真解答，防止出现空白票、无效票。①

在民主测评结果的运用方面，关键议题是结果的权威性，结果运用的适当性和灵活性，从反馈的层面体现民主测评工作的导向性。从近年来的实践来看，其关注点主要有：一是高度重视并有序推进测评结果的运用。将测评结果作为评优评先、奖励惩罚、岗位调整、职务升降、培训交流的重要依据，避免简单使用测评结果，防止“为需而测”、“因人而测”的不良现象，解决随意性、功利性较强的问题。同时，鉴于决策依据的多样化和个人主观判断等因素，相关部门在进行决策时应辩证对待测评结果，正确处理尊重民意与不简单以票取人的关系。二是建立及时有效的反馈机制。在适当范围、适当时机，将测评结果反馈给被测评者，促使其调整自己的行为，提升工作水平。认真受理被测评人的申诉，真正起到兼听则明和有则改之、无则加勉的良好效果。将单位决策与测评结果不一致的原因，做出合理解释和说明，以此取信于单位员工或服务对象，调动参评人员的积极性，充分激发民主测评的正面效应。三是实现民主测评与工作考核相结合。既要通过民主测评集中广泛的民意，又应注重单位领导的工作能力和政绩，防止把一些群众关系好，但工作能力不强、业绩不突出的人选上领导岗位。②

四、单位政务公开与监督

一般而论，政务公开是现代政治生活的一项必不可少的重要内容，也是其基本特性之一。与封闭型社会向开放型社会的转型相适应的，政治不再仅仅停留在国家、政党等高层，而是与整个社会的大部分成员甚至每个成员紧密联系在一

---

① 钟重明：《民主测评应以“变”求效》，《党政干部论坛》2007 年第 7 期。

② 黄利勇：《努力改进干部选拔任用中的民主测评工作》，《党政干部论坛》2010 年第 9 期；钟重明：《民主测评应以“变”求效》，《党政干部论坛》2007 年第 7 期。

起，政治系统的顺利运转有赖于为数众多的组织、机构和个人的参与与行动。从维系机制上看，政治系统自身就应保持一定程度的开放性，实现政治上层与社会基层的有效衔接和良性互动。而政务公开就为这一目标提供较好的方式和平台。这一论断至少立基于两个层面：其一，政务公开是政治系统的民主化、法治化和科学化的内在需要；其二，政务公开是实现公民的民主参与、民主监督权利的有效平台。

单位尤其是行政单位、事业单位和国有企业，作为政治系统中的重要组成部分或者具有一定政治功能的组织形式，自然也与政务公开有着较高程度的关联。目前，在理论和实践层面，关于政务公开的内涵和外延有很多种观点，在表述上主要有政府信息公开、行政权力运行公开、行政公开和政务公开四种，其涵括范围从低到高排列。而政务公开本身也有广义和狭义的区分，狭义的政务公开仅限于政府机关的范围内及与公共行政管理密切相关的事项，尤其与民众切身利益密切相关的事务，它不包括国有企业内部推行的厂务公开。广义的政务公开是指除属于国家规定保密以外的党务、行政事务、社会公共事务等都要向社会和群众公开，当前比较普遍和广泛的村务公开、检务公开、审务公开、警务公开、厂务公开、校务公开等都可以涵盖进来。[①] 鉴于单位自身的复杂性和多样性，单位的政务公开既包括狭义上的“行政”公开，也包括广义上的厂务公开、检务公开、审务公开、警务公开等。

而在内在动因和问题指向上，不管是狭义上的单位政务公开还是广义上的单位政务公开，都具有一定程度的共通性。从单位政务公开的内在动因上看，政务公开的主体所担负的是公共权力或公共服务，其公共性的性质规定理所当然地要求他们全面、及时、有效地公开相关的公共信息和与民众切身利益相关的事务，并接受公众及其代表机构以及公共监督机构如媒体的监督。从政治思想上追根溯源，“政务公开制度的法理基础是人民主权原则”，其“逻辑是政府只不过是主权者人民的代言人，政府行使的行政权力源自人民的授予”[②]。从单位政务公开的问题指向上看，它既满足了政治系统宏观层面的转型需要，也迎合了政治系统微观层面的民主要求。在宏观层面，改革开放后市场经济体制从进入到最终确立，从经济领域的基础层面对政治领域提出了新的要求，建立与市场经济体制相适应的治理体制成为政治运行的基本方向。单位的民主政治建设和治理方式转型

① 相关研究参见马宝成：《政务公开的概念及理念论析》，中国行政管理学会：《政府建设与政务公开研究》知识出版社2001年版，第312页；时运生：《公共权力公开运行的概念、模式和功能选择》，《河北学刊》2006年第6期；胡仙芝：《历史回顾与未来展望：中国政务公开与政府治理》，《政治学研究》2008年第6期。

② 康之国、刘娴静：《政务公开的法理逻辑与现实悖论分析》，《中国行政管理》2008年公务创新专刊。

凸显为具体的行动方案，而这两项行动的重要体现就是政务公开，通过公共行政事务和公共服务事务的公开以及单位员工的监督，单位的治理结构和民主生活会发生面向积极的适应性转变。在微观层面，“单位制社会”的终结和单位与职工之间关系的根本性变化，极大地激发了职工的民主意识、参与意识和法治意识。职工在意识和行动方面的自主性和独立性逐渐得到展现，其重要表现就是民主权利逐步从文本层面转化为行动层面，其中较为突出的是知情权和监督权，这就对单位的政务公开提出了更高的要求，而且这些要求是多个层面的，从形式到内容再到过程。

从政务公开的发展历程来看，我国的单位政务公开在公开层级、范围、形式、内容和法治化、规范性、科学性等方面都经历了一个翻天覆地的变化，其实施绩效是逐步累积的，而且对其演进过程和实施绩效的梳理也可以发现，单位政务公开的运作机制具有较深厚的政治社会学意涵。学术界的一个基本共识是，我国政务公开的实践起始于村务公开，改革启动后村民自治背景下的村务公开实践为政务公开的兴起、推广和完善开拓了历史起点，奠定了发展基础，积累了难得经验。政务公开的基本发展历程是，从村庄起始，逐步推进到乡镇，并进一步扩大到县、市、省和中央，随着公开主体的层级增高，公开的范围越来越宽广、形式越来越多样、内容越来越丰富。[①] 而对本书研究的各类单位组织而言，政务公开的发展脉络与基本进程可以归纳为：一是从无到有。在单位制社会，职工依附于单位，单位又依附于国家，单位主要对国家负责，没有必要实行政务公开。在单位社会转型背景下，单位和职工的自主性都显著增强，知情、民主、参与和治理等新理念逐渐进入单位并在一定条件下转化为实际行动，从而内在地要求单位的公共权力公开运行和公共事务公开透明，使得政务公开实现了从无到有的转变。二是从个别到逐步铺开。从我国改革的时序来看，政治领域的改革滞后于经济领域的改革，而且鉴于为经济发展提供稳定的政治局面的考虑，政治领域的改革是相对缓慢的。单位的政务公开工作也是如此，首先从试点开始，在取得一定的经验和成效后再向更广阔的行政区域、单位类型推进。三是从行政机关到其他公共权力机关和企事业单位。由于行政机关掌握着公共权力，对民众的日常生活的影响更大、更广，因此行政单位往往更早地推行政务公开。其他公共权力机关和企事业单位一般肩负着各种各样的公共事务，或提供一定的公共服务，而且往

① 限于篇幅，本书不再对政务公开的发展历程进行详细梳理。相关研究参见关键：《“以村带镇”的政务公开机制》，中国行政管理学会：《政府建设与政务公开研究》知识出版社 2001 年版，第 641 页；胡仙芝：《历史回顾与未来展望：中国政务公开与政府治理》，《政治学研究》2008 年第 6 期；刘元文：《职工民主管理理论与实践》，中国劳动社会保障出版社 2007 年版，第 230～233 页；袁东生：《以制度创新推进政务公开》，《中州学刊》2010 年第 6 期。

往与民众的日常生活和切身利益密切相关，也需要实行政务公开，以接受民众的监督。上述分析表明，在运行机制上，单位政务公开主要是自下而上的要求和基层社会的推力。这一点与改革开放的发展进程是相对应的，我国的经济改革先于政治改革，经济生活的快速变动对政治运行体制和机制提出新要求，从基础性层面推动政治体系的适应性调整，政务公开是政治体系良性运行的重要且必不可少的一环。

在政务公开的发展历程中，有三项法规政策发挥着关键性的推动作用：一是2000年中共中央办公厅、国务院办公厅下发的《关于在全国乡镇政权机关全面推行政务公开制度的通知》；二是2005年中共中央办公厅、国务院办公厅印发的《关于进一步推行政务公开的意见》；三是2007年国务院颁布的《中华人民共和国政府信息公开条例》。这些政策文本对推行政务公开的指导思想、基本原则、工作目标、主要任务、重点内容、基本形式、保障措施、组织领导以及政府信息公开的范围、方式、程序、监督、保障等作出了明确规定，为政务公开的顺利推进提供了政策依据和保障。而在实践层面，通过制度创新、体制变革、机制创新、方式突破等措施，单位的政务公开体现出五个特点：一是政务公开经历了一个自下而上、由点到面、由浅入深的渐进过程；二是将政务公开工作与行政管理体制改革相结合；三是将政务公开工作与发展电子政务相结合；四是突出单位职工普遍关心、涉及职工切身利益的事务和信息的工作重点；五是针对不同区域、不同类型、不同层次的需求，采取丰富多样的公开形式。[①] 与此同时，政务公开也显现出六大发展趋势：一是政务公开趋向常态化；二是政务公开趋向法治化；三是政务公开内容趋向规范化；四是政务公开趋向社会化；五是政务公开形式趋向多样化、个性化；六是政务公开保障机制趋向健全化。[②]

第三节　单位民主探索化解单位矛盾

近年来，单位成为社会矛盾和冲突的重要场域，成为政治社会稳定的核心影响因素，也成为民主成长的一个新的增长点，为社会主义民主政治建设提供了新的契机。然而，与中国现有的其他民主政治形式尤其是城乡基层民主相比，单位民主才刚刚起步，仅仅初具雏形，而且举步维艰，与其说已经显现出成型的创新

① 姜洁：《我国加大政务公开力度》，《人民日报》2006年9月27日第4版。

② 俞桂海：《政务公开难点问题及发展趋势探析》，《山东行政学院山东省经济管理干部学院学报》2010年第3期。

性民主行动和机制，不如说只是处于还未成型的探索性阶段。这一基本判断主要基于以下四点对比性认识：一是，与城乡区域性社会尤其是基层社区组织的治理要求勃兴和民主价值凸显不同，改革后单位作为国家基本治理单元的地位与作用迅速下降，其民主功能在较长时间里停留于表面化或仪式化的状态，基本上没有实质性地纳入单位管理的运转过程之中，单位民主的先天不足明显。二是，与城乡基层社区组织的内部同质性与外部联结性和整体性不同，单位组织基于性质、类型、规模等差异而呈现出纷繁复杂、形态各异的状态，而且这些不同性质、类型、规模的单位组织也无法共同联结成具有一定整体性的单位联合体，这种非均衡的单位空间也限制了单位民主的“简单复制”与全面推进。三是，与城乡基层民主政治功能居于主导不同，单位不仅要履行民主政治功能，更要担当经济功能，其中企业单位必须以经济效益为首要目标，民主很大程度上只是单位发展的助推器和保护伞，这也是“效率优先、兼顾公平”发展逻辑在工作单位中的体现。四是，与城乡基层民主一定的“自生自发性”不同，单位民主成长的基本逻辑几乎难以发现“自生自发秩序”的存在，单位的内生力量和机制基本上没有对单位民主的成长产生有意义的作用，近年来单位民主的快速成长很大程度上是以劳资双方因工资、福利、保障及相关政治社会权益而引发的矛盾、冲突和抗议、抗争所推动的，是为应对和解决单位矛盾与冲突的被动适应性过程。

鉴于此，本节以劳资矛盾、冲突为问题意识，立足于单位民主功能的挖掘与发挥，从畅通民主渠道、员工利益表达和员工权益维护三个层面对当前单位民主的探索性行动进行实证考察与理论阐释，探寻其运行逻辑与发展动向，审视化解单位矛盾的成效与不足，提出可能的改进策略。

一、畅通民主渠道

与被统称为“基层群众自治制度”并被纳入中国特色民主政治制度范畴的农村村民自治和城市社区自治不同，单位民主不管是在制度设计层面还是在实际运行层面都要滞后得多，而且其民主要素一直面临着更多的障碍和困境。在此笔者试以单位民主的主要实现形式职工代表大会为例，探讨单位民主的兴起动因、演进逻辑和功能定位及其所形成的路径依赖对单位民主良性运行的负面影响。职工代表大会在形成之初，“并非是解决劳资矛盾、争取职工利益的自发组织”，而主要是基于两个方面的考虑，一是作为新兴政权实现对基层群众的政治行政整合的组织依托以及传达政治意图、收集民意的制度化通道；二是作为具有强烈恢复经济愿望的国家“管理企业，监督企业，改进技术”的一种动员式参与机制。[①] 换言之，从兴起路径和制度设计逻辑上看，单位民主的组织形式的功利性色彩非常明显，这也就是中国特色的“民主管理”中所蕴含的以“民主”实现“管理”或将“民主”融入“管理”的民主手段性而非目的性，有限的民主要素也只是促进生产、维护秩序、稳固政权的工具而已，可以说它“不是来自于自下而上的劳动者组织力量，而是主要来自中国领导们实用性方面的考虑”[②]。另外，从职代会的功能与特性来看，单位民主参与机制主要发挥着政治吸纳、权益协商、决策咨询等功能，其行政依附性和管理辅助性特性明显。具体而言，职代会为单位决策者与职工群众之间提供制度化联系，将不同的社会需求纳入体制内，它在单位决策过程中的运作方式是：为了避免某项议题被否决，行政管理层往往不得不将一些具有意见分歧的议题付诸多次讨论、甚至多次修改后谨慎作出决议，而职代会就为这种“协商性”需求提供了可控的平台。同时，职代会为讨论企业内职工的经济、福利或保障问题提供了有限参与的制度化渠道，进而在员工的工作场所内局部性地影响着单位内部的社会福利政策，但其目标绝不是造就一个超越单位的社会公共领域，更不是政治斗争场所。[③] 这些并非现代意义上的民主也构筑了单位民主的路径依赖，即使是在改革开放的历史性转变、市场经济和社会转型的强力推动下也难以实现显著的突破。因此，单位民主建设的顺利推进和显著突破不能局限于某一局部的变革或调适，而是一项系统工程，需要从理念、功能、制度、机制等多个层面入手，构建单位民主的制度化载体，畅通单位民主的制度化渠道，引导制度外、非常规的民主机制，实现单位民主机制的功能回归。

鉴于单位民主长期以来一直停留于有限性民主或形式民主的状态，单位民主建设首要的问题是对其内涵和功能进行重新审视和厘定，以祛除单位民主的政治性并张扬单位民主的社会性。基于学科背景、文化环境、政策框架等差异，单位民主在不同的国家（地区）、学科有着不同的称呼，“工业民主”、“经济民主”在西方国家和经济学、管理学中采用较频繁，“员工参与管理”则是国际上较为通用的提法，中国政府部门和不少研究者经常使用“职工（单位、企业）民主管理”，这一概念从根源上看是社会主义国家意识形态和人民当家作主政治理念

① 张静：《个体与权威：如何建立二者的联系?》，张静：《国家与社会》，浙江人民出版社 1998 年版，第 159 页。

② 张永美：《中国职工代表大会制与职工参与模式的政治学分析》，《北京行政学院学报》2003 年第 1 期。

③ 张静：《利益组织化单位：企业职代会案例研究》，中国社会科学出版社 2001 年版，第 5 ~ 6 页。

在工作单位中的运用，将职工界定为单位（企业）的主人[①]，从权利视角论证职工进入单位（企业）管理的正当性。不过这一概念随着改革向纵深推进而与现实社会越来越格格不入，难以对单位民主的实际运转情况进行统摄。从《劳动法》、《工会法》、《企业法》、《公司法》、《职工代表大会条例》等政策文本看，作为单位民主的主要实施平台的工会和职代会在单位管理中的职权是有限的，它们对企业最重要的两大事项——重大经营决策和领导人选任没有实质性的决定权，而只有知情权、讨论权、审议权和推荐权、评议权。鉴于此，我们可以将单位民主操作化为“员工参与管理”，即职工以劳动关系中劳动者身份参与管理而不是以主人身份当家作主[②]。从民主属性上看，与政治民主不同，单位民主是一种基层民主、微观民主，是生活在一个共同体中的人们相互交往、互相沟通的一种形式[③]，它嵌入在单位员工的日常生产生活之中并与员工建立起紧密相关的利益关联。单位民主的内涵和特性规定着其功能和内容。改革开放以来，尤其是建立现代企业制度提出以后，企业的治理结构和运行方式发生了根本性的变化，企业内部所有者、经营者、劳动者之间的产权关系、经济关系、劳动关系逐渐向清晰化的方向发展，其基本架构是股东大会和董事会行使经营决策权、经理管理层行使经营管理权、劳动者（职工）行使民主（参与）管理权。与此相适应的，单位民主或职工参与管理的功能定位于：对企业的重大经营决策的知情权，对经营管理重大问题的建议权，对涉及职工切身利益问题的表达权和协商权，对企业领导干部的评议监督权[④]。而单位民主或职工参与管理的内容主要有：社会事务，即有关劳工福利及劳动条件等问题，如劳动报酬、工作时间、休息休假、在职培训、劳动安全卫生和社会保险福利等；人事事务，即人事问题之决定，如职工雇佣、调遣及解雇等；经济事务，即有关生产、财务及销售等问题，如生产计划、企业财务状况、生产与销售情况等[⑤]。

从当前单位民主或员工参与的运行情况看，其制度化水平还较为有限，而且在不同性质的企业组织中存在着显著的差异。首先，目前员工参与的具体形式主要以“向上司反映工作意见和建议”、“合理化建议”、“职代会工会”、“意见箱或 BBS 等员工意见表达系统”为主，而“工资集体谈判”、“自主工作团队”、“职工进入董事会、监事会”、“企务公开”、“员工持股”等参与形式则得到较少

---

① 当然，研究者们对改革前后的判断作出了一定程度的区分，即根据单位性质的差异区分为实质意义上的主人和终极意义上的主人。有关对“企业主人”论的批判和释疑请参见李笠农：《“企业主人”新论》，《经济体制改革》1998 年第 3 期。

②④ 吴亚平：《对工会民主管理工作的再认识》，《中国劳动关系学院学报》2010 年第 2 期。

③ 施雪华、陆海燕：《工业民主论析》，《天津行政学院学报》2007 年第 4 期。

⑤ 祁华清：《国外工业民主模式与我国职工参与制度选择》，《中州学刊》2002 年第 3 期。

的采用[1]，可见通过组织化力量或制度化平台提升员工参与能力和水平的机制还没有真正建立起来。其次，由于历史积淀、政策支持力度和企业自身能动性的差异，国有企业、外资企业和民营企业在民主制度建设方面的不同步、非均衡状况明显。总体而言，国有企业、外资企业和民营企业的民主参与的完善程度和制度化水平呈下降趋势，外资企业和民营企业的工会、职代会组建率明显低于国有企业，职工对其各项职能发挥情况的评价也呈现如此规律[2]。然而，职工对工会等组织充满着较多的期待，一项调查显示，超过半数的职工认为设有工会代表着该企业劳资关系更为和谐，1/3 的职工认为设有工会可以保障员工权益[3]。这也从反面预示着通过对工会、职代会、董事会、监事会、持股会等员工参与机制进行组织重构和功能调适，可以建构制度化的员工参与机制，进而畅通民主参与渠道。

当然，基于单位的（所有制）性质、运行（经营）方式和劳动关系状况等的差异，不同性质、类型单位的民主参与形式、内容和特点有着极大的差异。对于行政单位来说，由于其行使公共权力，掌握公共资源，提供公共服务，以公共利益为依归，以社会公众为目标群体，其劳动关系直接受到国家公务员制度等规范性制度文本的保护，职工的维权需求不强，职工民主参与主要围绕着内部行政权力的分配、使用、监督等的民主化、科学化、规范化程度进行，实现行政权力运转的民主与高效有机结合；对于事业单位而言，由于其兼具行政性与市场性，既协助政府行政机构完成一定的行政事务，又部分地进入市场以满足自身发展的经济需要，从而导致其员工组成结构及劳动关系状况呈现出复杂多样的局面，职工民主参与主要是依托工会、职代会等组织形式维护经济权益、参与民主决策、监督评议单位领导；对于企业单位而言，由于经济利益的凸显和市场机制的介入，职工民主参与的内容更加丰富，形式更加多样，亦是单位民主建设和创新的主战场，不过在公有制企业、股份制企业、外资企业和私营企业中又存在着较大程度的差异[4]。具体而言，鉴于公有制企业的国有（或集体）属性和国家（或集体）利益关照，其劳动关系属于利益一体型，劳动关系双方的利益分化是有限的，因此公有制企业职工民主参与主要表现为职工民主管理的权利，其参与形式主要有工会、职代会和集体合同制度，但它们在相当程度上依附于企业的行政管理机构，并难以也不应独立地推行民主参与活动；对于股份制企业而言，基于劳

①② 谢玉华：《中国工业民主和员工参与制度及功能：国企民企外企的比较——来自湖南的调查》，《经济社会体体制比较》2009 年第 1 期。

③ 焦晶：《工会：理想与现实的差距》，《中外管理》2006 年第 10 期。

④ 常凯：《不同类型企业民主参与的不同特点和要求》，《天津市工会管理干部学院学报》1998 年第 3 期。

动关系双方利益主体的明晰化和处理方式的市场化，职工介入企业治理结构并参与其活动、集体谈判和集体合同制度是职工民主参与的主要形式；对于外资企业和私营企业而言，基于劳动关系属于以雇佣劳动关系为基础的劳资关系以及劳动关系双方力量对比的不平衡状态，其职工民主参与的性质是权利争取型参与，工会的组建和集体谈判的推行并在职工的民主参与实践中发挥主导作用是衡量这类企业民主参与水平的关键环节。

二、员工利益表达

近年来，由劳资矛盾、冲突所引发的群体性事件和社会极端事件越演越烈，这些事件不仅发生于国有企业如吉林“通钢事件”和河南“林钢事件”，也发生于外资企业如“广东南海本田工人罢工事件”和“富士康工人跳楼事件”，还发生于民营企业如“东航返航事件”。从这些事件的发展过程来看，导致劳动关系双方零和博弈或引发社会悲剧的关键因素都是劳动者利益表达不畅通或者采用非制度化的利益表达方式，而当资方或政府采用积极的行动介入和回应劳动者的利益诉求并开展有成效的谈判、沟通、协商时，事件又会出现明显的转机。因此，员工利益表达问题在和谐劳动关系构建和单位民主建设中具有举足轻重的作用，很大程度上是劳资矛盾化解中的关键性、决定性因素。

利益表达是现代政治学的一个重要概念，是指个人或者群体为了实现自己的利益要求，借助于一定手段和方式，通过一定的渠道直接或者间接地向各级党政机构及其组成人员发表意见和提出利益诉求，以期达到自身利益实现的政治参与过程。利益表达是利益实现过程①中的一个环节，而且是首要的、也是最关键的环节，在阿尔蒙德看来，它是政治过程的起点和公共政策形成的首要环节。② 利益表达对于政治系统的良性运行和公共政策的有效运转担负着润滑剂和驱动器的功能，“充分的利益表达是建立政治合法性、制定公共政策的基础，是政府和公共管理的本质，是缓解甚至化解利益冲突、实现利益平衡的重要途径”③。正是如此，中国共产党高度重视利益表达问题，党的十六届六中全会在《中共中央关于构建社会主义和谐社会若干重大问题的决定》中明确指出，要“适应我国社会结构和利益格局的发展变化，形成科学有效的利益协调机制、诉求表达机制、矛盾调处机制、权益保障机制”。

---

① 一般认为，利益实现过程包括利益表达、利益博弈、利益协调、利益整合、利益补偿等环节。

② 吴家庆、陈媛媛：《近年来我国学界利益表达研究述评》，《湖南师范大学社会科学学报》2009 年第 2 期。

③ 滕世华：《公共服务体制改革中的利益表达》，《山东社会科学》2007 年第 1 期。

在良性运行的政治体系中，政治行动者所采用的最基本、最主要的利益表达都应该是制度化或体制内的，同时政治体系自身又能够有效、快速地对非制度化利益表达进行关照并逐步、有序地将其中合理的成分纳入制度化利益表达。然而，当前引起执政党、国家和社会公众普遍关注的劳资矛盾、冲突及其群体性事件在上述两个层面都面临着较大的难题。

首先，正式的、制度化的利益表达在劳动关系领域相当不畅通。在中国当下的劳动关系协调中，制度化利益表达渠道主要有职代会、工会和劳动管理部门，职代会和工会在制度设计上是劳动关系中劳动者一方的利益诉求和代表组织，劳动管理部门是处理劳动争议、矛盾和冲突的政府行政组织。职代会是企业尤其是国有企业职工利益表达最主要的制度化渠道，而且得到了国家相关法律法规政策的确认和规范，然而它在企业管理过程中只有形式化的评议权、讨论权和审议权等，对企业的重大事务几乎没有实质性的决定权，在实际运作中企业管理者还运用变通的方式在有可能损害职工切身利益的重要事项进行讨论和决策时避开职代会。吉林“通钢事件”就是其中的典型代表，通化钢铁公司的私有化改革直接牵涉到职工的生存发展问题，而有关通钢改制的正式决策并没有经过企业内部的民主决策机制进行讨论协商，以至于在吉林省国资委向通钢集团传达时包括董事长和3名副总经理在内的职工都不知情，这就导致之前由于工资待遇等问题而积聚的抱怨、怨恨全面爆发，并引发工人自发的大规模的集体行动。①

工会组织是企业最常规、也最普遍采用的职工利益表达组织，是非公有制企业职工最有力的维权组织。不过，当前工会在实际运转中至少存在着以下四个问题②，从而极大地阻碍了职工的利益表达效能：一是工会组建进展缓慢。截至2008年6月底，世界500强在华跨国公司总部及其下属近6 000家法人公司工会组建率不足50%。③ 2010年8月30日召开的全国工会基层组织建设工作会议指出，我国工会组织组建率不足六成，特别是非公有制企业中空白较大，农民工和劳务派遣工加入工会的比例刚刚超过1/3。④ 而且，工会组建率在不同所有制企业中参差不齐，一项调查显示，大部分（61.1%）国有企业都有工会组织，而只有少部分私营企业（13.9%）、个体企业（9.5%）成立了工会⑤。二是工会设置和运行“行政化”或“老板化”。基于企业所有制性质的不同，工会或依附于企

① 周政华、张鹭：《通钢“7·24”事件全记录》，《中国新闻周刊》2009年8月5日；杨琳：《通钢事件悲剧背后：工人缺乏利益表达渠道》，《瞭望》2009年8月10日。

② 其中的部分论述参考了赵春玲、殷倩：《劳资利益表达的失衡与治理——论转型期我国和谐劳资关系的建立》，《宁夏社会科学》2009年第3期。

③ 杨傲多：《全总欲拔跨国公司拒建工会钉子户》，《法制日报》2008年9月22日。

④ 《全国总工会：目前我国工会组织组建率不足6成》，中国广播网2010年8月30日。

⑤ 郑功成、黄黎若莲：《中国农民工问题与社会保护》，人民出版社2007年版，第99页。

业所有者或依附于企业经营者，呈现非独立性状态，其主要表现是工会主席来自企业管理层或政府行政管理部门、工会主席选任方式的非民主化、工会经费来源于企业。发生过“工人跳楼事件”的富士康集团工会就非常典型，经过深圳市总工会的提名，时任富士康集团对外办公室专理陈鹏当选为第一届工会主席，同时原先深圳市总工会派驻的工会主席自动撤回，而企业工会经费有很大一部分来源于富士康企业。[①] 三是工会职能缺失、角色混乱、工作缺位。目前，大多数工会并没有将表达劳动者利益、维护劳动者权益作为基本职能，而更多行使的是政治功能或社会功能，大多只是开展一些集体活动和对困难职工的慰问帮扶活动。基于这种职能状况，工会及其成员自然会出现角色混乱，往往在劳动者代表与企业管理方代表、政府劳动管理部门代表之间徘徊，工会主席的非职业化就是明证。在这些境况下，当劳资双方发生矛盾、冲突，处于弱势的劳动者试图寻找权利救济时，工会往往处于缺位状态，无法按照制度化、程序化的方式作出积极回应。四是职工对工会的认知认同程度不高。这种状况在外资企业和私营企业中的农民工群体中较为突出。一项对某集团 186 名农民工的问卷调查表明，19.9% 的农民工认为“工会是政府职能机关、履行政府职能”，70.4% 的认为“工会是公司管理机构”，而只有 7% 的认为“工会是工人的组织，维护工人的权利”；89.8% 的农民工不了解工会的主要职能；当工资少发、晚发或与同事、公司发生纠纷等权益受损时，一半以上的农民工选择“托关系，找老乡或亲友解决”，只有不到 5% 的农民工选择“找工会解决”。[②] 另外一项对 2 310 名农民工的调查显示，认为工会“没有发挥作用”的占 28%，“有作用，但作用不大”的占 43%，“有较大作用”的占 15.5%。[③] 当然，从根源上看，上述有关工会的四个方面的运行难题都源于劳动关系双方利益表达主体能力失衡，即劳资双方所占有的经济社会资源的数量和性质的巨大差异，使得两者的利益表达能力的失衡，进而导致在劳资矛盾中的话语权不平衡、力量对比悬殊。

其次，制度化利益表达不畅通的必然结果是非制度化利益表达取而代之成为职工的首要也几乎是唯一的选择。非制度化利益表达是指在正式的制度渠道缺乏或者不通畅的条件下，公民采用非制度化的方式来表达自己的诉求，影响和推动政治系统的决策，从而使自己的利益得以实现的过程。[④] 在劳动关系领域，非制度化利益表达主要指在职代会、工会乃至劳动管理部门缺位或不作为的情况下，

① 王全宝：《由罢工到谈判　中国迎接劳资自治时代?》，中国新闻周刊网 2010 年 6 月 2 日。

② 王松：《农民工对工会利益表达机能的认知困境研究》，《北京市工会干部学院学报》2010 年第 1 期。

③ 蒋月：《中国农民工劳动权利保护研究》，法律出版社 2006 年版，第 119 页。

④ 高桐杰：《我国公民非制度化利益表达的分析》，《科学社会主义》2011 年第 1 期。

职工采用不符合法律程序或政策要求的罢工、围攻政府机关、伤害企业管理人员或政府工作人员，怠工、辞职、自杀等消极行为。非制度化利益表达的负面效应是显而易见的，不仅不利于劳资矛盾、冲突的解决，也使现有的制度化利益表达机制陷于恶性循环的境地，在企业经营者和管理者以及政府相关部门无法作出及时、有效回应的情况下甚至可能会引发更严重的政治社会后果，对政治社会秩序构成威胁。当前劳动关系领域所发生的许多争议案件和群体性事件基本上都是非制度化利益表达的表现和结果。

不过，从劳资矛盾、冲突的发展和劳动关系各方的行为调整来看，职工利益表达也显现出了一些新的迹象。非制度化利益表达逐渐向制度化利益表达转换，制度化利益表达机制逐步引起关注并在政府介入后开始从政策和实践等多层面迎来新的发展契机。其一，在职代会和工会的利益表达组织建设和渠道畅通方面，国有企业职代会在重大事务决策中的地位和作用逐步凸显，非公有制企业的工会组建率显著提高、功能发挥受到重视。2009 年 8 月 14 日，中华全国总工会《关于在企业改制重组关闭破产中进一步加强民主管理工作的通知》，对企业改制中的民主程序作出了明确的要求，“企业改制方案提交企业职工代表大会或职工大会审议，职工的裁减和安置方案等涉及职工切身利益的重大问题未经职工代表大会审议的不应实施；既未公开又未经职工代表大会通过的决定视为无效。”2010 年 6 月 4 日，中华全国总工会发出《关于进一步加强企业工会建设充分发挥企业工会作用的紧急通知》，要求“做到哪里有职工哪里就有工会组织，哪里有工会组织哪里就有工会作用的发挥”，“保证企业工会在党的领导下独立自主地开展工作”。河南林钢改制尽管也引起了职工围堵企业办公楼和改制指导组负责人的抗议活动，但是避免了吉林通钢事件的悲剧发生，很大程度上在于河南省委及时作出发挥职代会的利益表达功能的决定，“凡是企业改制重组，必须经职代会讨论通过和社会稳定风险评估，否则无效。”① 时任广东省委书记汪洋也指出，要加快建立非公企业的矛盾冲突协调机制，加快建立健全非公企业的党团组织和工会组织，企业和上级的工会组织应摆正位置，代表职工依法维权，真正成为工人利益诉求的“代表者”和“代言人”。② 其二，作为劳动关系的协调机构和劳资矛盾冲突的权威性处置机构，政府部门尤其是劳动管理部门对劳资矛盾、冲突进行回应，提供制度化的救济手段，是构建和谐劳动关系的关键。林钢事件在围堵事件不久出现暂时和解的转机，主要得益于政府积极介入并成立联合改制工作组，及时开展与职工代表的谈判，作出“林钢改制暂时停止，改制工作如何继续，将

---

① 邓瑶：《林钢改制也叫停》，《21 世纪经济报道》2009 年 8 月 19 日第 17 版。

② 《我国工会因劳资纠纷面临重组　部分地方试点选举》，《中国新闻周刊》2010 年 6 月 24 日。

听取职工意见”的决定。[①] 其三，作为劳资矛盾、冲突的主要存在群体，农民工利益诉求的关注点已开始发生显著性的变化，这也对政府回应的速度、方向和机制提出了新的、更高的要求。《2010年中国社会形势分析与预测》指出，农民工维权的重点已经开始从讨回欠薪转向社会保障，最受他们关注的是养老保险政策方面的实际问题，由此引发的劳动争议在全部劳动争议案件中的比重迅速上升。从全国来看，农民工工资被拖欠的现象大大减少，因而农民工的维权诉求已从争取薪资利益转向寻求长远保障。[②] 从性质上看，这一转向意味着农民工的利益诉求正从“底线型”利益向“增长型”利益转变，而相对应的利益表达方式和行动策略将从仲裁和诉讼等制度化方式转化为罢工、抗议等集体行动即非制度化方式。而在这两种不同的利益纠纷中，政府的角色和作用也是有差异的。“底线型”利益纠纷中政府扮演着监督者和执法者的角色，“增长型”利益纠纷中政府扮演着协调者的角色[③]，后者则对政府提出了更高的要求。政府不仅仅是依据现有的法律法规政策对劳资矛盾、冲突作出应对，而且还应建立相应的预警机制对劳动关系的发展趋向和风险进行评估与预测。

三、员工权益维护

员工权益维护在单位民主的内容体系和实践探索中是最为基础的部分，立足于劳动者或员工这一单位民主最基本的利益主体，它在很大程度上决定着员工利益表达和民主渠道畅通的实际状态和运转绩效。尤其是在当前“强国家、强资本、弱劳动”的劳动关系格局下，权益维护能否以及在多大程度上、多广范围内得到履行和实现将显著地影响员工对单位民主的整体信心，进而从主体需求和内在动力层面规定着单位民主政治大厦的结构、内容、功能和实效。故此，在当前单位民主仍处于起步或探索阶段之时，员工权益维护在法律、政策、实践上的实现程度就显得极为关键。

从当前中国单位员工的权益维护状况来看，总体上不容乐观，在部分领域和某些单位类型中相当令人担忧。一项对8省市2 717位企业职工的问卷调查显示，中国企业职工享有的权益处于相对较低水平。具体表现为：职工工资水平较低；劳动用工随意性大，劳动合同管理不规范；职工的休息休假权没有切实执行；职工加班大多没有得到法定的补偿；职工的社会保险参保率较低；职工因工伤亡和

---

① 邓瑶：《林钢改制也叫停》，《21世纪经济报道》2009年8月19日第17版。

② 常红：《劳动争议案达17万件　社会保障成为农民工维权重点》，人民网2009年12月22日。

③ 蔡禾：《从“底线型”利益到“增长型”利益——农民工利益诉求的转变与劳资关系秩序》，《开放时代》2010年第9期。

患职业病情况频繁发生，“过劳死”现象开始出现；职工的主人翁感下降，职工的知情权、参与权和发展权没有保障；劳动争议逐年增多，大多数企业的内部劳动争议协调机制尚未建立或不完善。而且，职工权益保护状况在不同所有制企业中存在差异，整体上公有制企业好于非公有制企业。[①] 由于受制于劳动关系性质、政府监管力度、员工维权意识和能力以及企业主动性等因素的影响，私营企业员工权益维护状况往往更为糟糕，成为员工权益维护的重点地带和社会关注的焦点。其主要问题在于：不签劳动合同或劳动合同不规范；加班加点，克扣拖欠工资现象严重；工作环境恶劣，缺乏劳动保护；社会保险和福利权利没有保障。[②] 上述员工权益维护上所面临的困境是多方面因素共同作用、多方力量共同行动的结果，笔者在此着重从单位民主的内在向度和主体要素层面对其进行分析。在单位民主的组织架构中，工会是各种性质、类型的单位中建立最广泛的组织形式，亦是员工权益维护最基本的组织依托，它在员工权益维护中的功能定位和作用发挥状况在很大程度上预示着员工权益维护的基本状况。与西方工会组织不同，中国工会不是独立于国家和政府之外的公民组织，而是执政党领导下的职工自愿结合的群众组织。基于工会组建之初的政治性及路径依赖，工会一直作为中共及其国家体系的外围组织而存在并承担相应的功能。鉴于此，中国工会不仅仅是工会会员所独享的组织，同时也要服从、服务于执政党和国家的政治领导与需要，在经济增长第一的发展逻辑下还应与企业的发展需要保持一致。这样就形成了论者们所提出的中国工会所独有的“双重受托责任”[③]，即中国工会具有两个方面的受托责任，一是受托于执政党和国家，服从、服务于并贯彻其政策主张，二是受托于职工，代表和维护其权益。正如《工会法》第六条所规定的“工会在维护全国人民利益的同时，代表和维护职工的合法权益”，其角色定位于执政党和国家与职工的联系桥梁和纽带。这种“双重受托责任”也导致了工会的身份困境，一方面，具有国家属性的工会扮演国家行政机关的角色，但缺乏真正的行政权力，一旦出现侵害劳工权益的事件时，工会只有监督权与建议权而缺乏行政执法权与处罚权；另一方面，具有社团属性的工会却没有集体行动权，对企业形不

---

① 程恩富、胡乐明：《构建国家主导的企业职工权益保护体系》，《毛泽东邓小平理论研究》2010 年第 6 期。

② 赵小兰、许秀文：《和谐社会视角下的私营企业工人权益保障》，《河北师范大学学报》2005 年第 4 期。

③ 任小平、许晓军：《职工权益自救与工会维权策略研究——基于“盐田国际”罢工事件的观察》，《学海》2008 年第 5 期；任小平、许晓军：《“双重受托责任”下的中国工会维权机制研究——以工会介入“盐田国际”罢工事件为例》，《中共福建省委党校学报》2008 年第 10 期。

成集体压力，导致集体协商、集体合同等都变成了只符合法律条文的空洞形式①。

其结果是兼顾多重目标、关照多方利益的中国特色工会维权观的形成。即坚持“两个维护”（促进企业发展、维护职工权益）相统一的维权原则，坚持竭诚为职工群众服务的维权宗旨，坚持和谐发展、互利共赢的维权理念，坚持统筹兼顾、突出重点的维权方法，坚持党政主导、工会运作的维权格局，以职工为本、在改革发展参与帮扶中主动依法科学维权②。这种工会维权观就为工会和员工的维权活动设置了一定的制度约束，主要有工会不仅要满足员工的维权诉求，还要满足党政的维稳诉求，超越维稳边界的维权行动将面临政治风险并难以达到预期的效果；企业发展和资方支持以及国家经济绩效观所导致的对单位民主的策略性处理是工会维权的基本制度环境，工会维权也需兼顾员工的权益诉求与资方的权益诉求；中国法律对工人集体行动权的不作为和对工人联合行动可能威胁政治稳定和社会秩序的担心，使得工会维权还应考量区域性或行业性维权局势与个别企业工会维权的有机衔接。可见，工会不仅仅要代表员工的利益并维护员工的权益，也要服务于国家的经济发展目标和政治社会需要，还要关照到企业发展并不能对之构成阻碍，从而达成“参加企业发展、维护职工权益”互利双赢的工会工作局面。这种局面的形成，很大程度上又根源于制度文本对工会组建主体及强制性规范方面的缺失③。首先，中国的相关法律对工会组建主体的规定相当含混不清。依据《工会法》第二条“工会是职工自愿结合的工人阶级的群众组织”和第三条“在中国境内的企、事业单位、机关中以工资收入为主要生活来源的体力和脑力劳动者，不分民族、种族、性别、职业、宗教信仰、教育程度，都有依法参加和组织工会的权利”的规定。工会组建主体是职工，但是《中国工会章程》第二十五条又规定“各种所有制企业、事业和机关等基层单位，应依法建立工会组织，有会员二十五人以上的，应当成立工会基层委员会”，组建工会又成为企业应尽的法律义务，企业也成为工会组建的主体。其次，工会组建主体的模糊规定就导致工会组建行动的法律强制性大打折扣，这往往导致企业以集体行动能力弱的职工没有建立工会的意愿为借口拒绝组建工会，中国法律在工会组建的自愿性与强制性上纠缠不清为企业尤其是非公有制企业预留了逃避员工维权组织行动的空间。

鉴于工会在性质、地位、功能等方面的规定，工会在员工权益维护上的自主性、独立性受到了较多的限制，其活动空间也是有所阈限的。通过一定的制度和机制创新，寻求相应的变通方式和策略行动以拓展工会维权的制度空间和改善工

①③ 吴清军：《“守法”与“维权”的边界：外企工会组建与运行模式的分析》，《学海》2008 年第 5 期。

② 王兆国：《在中华全国总工会第十四届执行委员会主席团第十一次全体（扩大）会议上的讲话稿》。

会维权的外围环境，是提升以工会为组织平台的员工权益维护能力和绩效的现实路径。从当前工会维权领域的现实案例来看，社会化维权是其中较为突出、典型的维权创新形式。社会化维权是指工会突破自身的组织范围，通过各种方式和渠道寻求政府部门和社会组织的支持，整合力量，汇聚资源，构建一套多种力量参与、系统性、综合性的新型维权机制。比较有代表性的社会化维权是义乌社会化维权模式、信阳“双向维权”模式①和大连“八联手”维权模式②。义乌社会化维权模式可概括为“党委领导、政府支持、工会运作、部门配合、多方参与”③。其主要做法有：①创立了一个维权机构。2000 年 10 月，义乌市总工会在全国率先成立了工会维权的专职机构——义乌市职工法律维权协会（后改为义乌市职工法律维权中心）。基层工会为团体会员，职工为自然会员。中心工作人员由市总工会向社会公开招聘，与机关干部享有同等的政治、经济待遇。②构建了一套维权网络。一是建立维权组织网络，与外省市工会联合建立跨地区的维权机构，在镇街建立维权工作站，在企业建立劳动争议调解委员会，构建横向跨省市、纵向到基层的维权组织网络。二是建立维权信息网络，与政府相关部门实行热线电话联线，与广播电台联动建立网站呼叫中心，向电信部门申请开通职工维权热线电话。三是采取专职人员与聘请社会法律志愿者相结合的办法，建立一支专兼相结合的维权队伍，实现维权力量的社会化。③创新多种维权形式。一是聘请市五大班子分管领导及公、检、法、司、人劳社保局等职能部门主要领导为职工法律维权中心的特邀顾问。二是与司法、劳保、工商、卫生、安监、市场贸易、法院等部门建立紧密联合，实现维权工作的互联、互动、互补。三是与义乌市天地法律服务所、浙江思源昆仑律师事务所建立合作关系，加强维权力量。四是与浙江工人日报、浙江法制报、义乌广播电台等新闻媒体联合，为工会维权工作营造有利的舆论氛围。五是与浙江师范大学法政与公共管理学院进行合作，联合成立“职工维权科研站”，在义乌市总工会建立“职工法律维权志愿者工作站”，联合开展普法培训、法律咨询以及职工法律维权理论和机制创新的调研等活动。④建立多方维权机制。在劳动合同和集体合同方面，帮助指导职工签订劳动合同，争取

---

① 信阳“双向维权”模式主要是针对农民工处于权益维护的夹缝中的特点，同时在务工输出地和务工所在地开展双向维权活动的一种维权新机制。参见冯同庆：《信阳模式与中国工会社会化维权之路》，《工会理论研究》2006 年第 3 期；贺心群：《双向维权破解维权难题　信阳工会一心只为农民工》，大河网 2010 年 6 月 20 日；何正权：《河南信阳创农民工双向维权模式　受到胡锦涛肯定》，大河网 2010 年 6 月 21 日；邓红阳：《信阳总工会建立“双向维权”模式》，《法制日报》2010 年 7 月 5 日。

② 相关介绍参见苗立言：《“八联手”：工会社会化维权机制的有效模式——大连开发区总工会构建社会化维权新机制的实践与探索》，《中国劳动关系学院学报》2005 年第 5 期；赵健杰：《论工会社会化维权——以大连开放先导区总工会维权为例》，《天津市工会管理干部学院学报》2007 年第 1 期。

③ 《义乌“社会化维权模式”——农民工维权有靠山》，《浙江日报》2011 年 4 月 29 日。

党政和社会各方的支持配合；在安全生产劳动保护方面，建立一委（职业安全卫生联合委员会）、一议（安全卫生合同协议）、一卡（安全生产提示卡）、一书（隐患整改通知书）制度；在劳动争议调解方面，成立义乌市总工会人民调解委员会，创新运行机制，实现与法院审理和诉讼的对接；在参与劳动争议仲裁方面，培养劳动争议仲裁员队伍，探索调解与仲裁相结合的新途径；在代理职工诉讼方面，争取与法院和律师事务所之间的工作协调与联合行动。义乌社会化维权模式的特点和关键是“四个转变”：关注职工权益诉求，职工维权从劳动经济权益向多种权益转变；健全维权组织网络，维权机构从单一化向立体化多层面转变；坚持“关口”前移，从事后维权向事前维权转变；完善社会化维权机制，从内部整合向外部联合转变。通过这四个转变，义乌社会化维权模式取得了明显成效。自2000年10月至2009年2月底，共受理投诉案件4 478起，调解成功4 173起，调解成功率达93.2%；接听回复维权热线4 514人次；免费为职工出庭仲裁代理519起，出庭诉讼代理175起；接待集体来访357批7 197人，阻止恶性群体性事件33起；为当事人追讨工资及挽回经济损失2 033.769万元。①

社会化维权机制实质上是从规避工会组织的制度缺陷入手，充分利用中国独有的政府支持系统和社会组织发育的新机遇以及开放性社会的兴起等有利条件，建构一套以工会和员工、政府、企业为核心力量，多方合作、合力共建的创新性维权机制。其中，工会和员工、政府、企业三方力量的角色和功能定位是政府从制度和体制上为构建和谐劳动关系创造有利的宏观环境，是推动劳动关系和谐发展、协调劳资双方争议与矛盾的推动者、协调者；作为资方代表的企业，既是受劳动政策和劳动立法约束的遵循者，又是真正切实落实职工权益的实施者，在职工权益维护中发挥着承上启下的作用，企业扮演着主动承担者和落实者的角色；作为职工代表的工会以及职工本身，是社会化维权机制的微观主体，是维权机制真正有效运转的内在动力，是权益维护的主动参与者、争取者。② 当然，从当前的政策走向看，员工权益维护逐步引起了国家尤其是工会系统的高度重视，并在政策体系创新过程中逐渐得到了更强有力的制度支持。据悉，“十二五”期间，工会在员工权益维护方面将开展以下工作：积极参与立法，推进建立健全以劳动法为龙头的劳动法律体系，以工会法为龙头的工会法律体系，以社会保险法为龙头的社会保障法律体系；依法维护职工合法权益，使工会真正代表和反映广大职

① 何成明：《应对劳动关系变化的新形势 义乌社会化维权实现四个转变》，《金华日报》2009年1月23日；义乌市总工会：《义乌总工会社会化维权“义乌模式”》，浙江在线新闻网站2009年7月17日；陈有德：《关于建立工会社会化维权机制的实践探索与思考》，《中国劳动关系学院学报》2005年第2期；陈有德：《工会社会化维权模式的义乌实践》，《毛泽东邓小平理论研究》2010年第6期。

② 杨静：《企业职工权益维护策略——基于三方合作模式的构想》，《求实》2010年第10期。

工群众的意愿和要求，成为党领导下的在广大职工群众中有凝聚力和号召力的群众组织，在加强和创新社会管理中更好地发挥作用①。

第四节 完善单位民主促进单位和谐

近年来，伴随着改革向纵深推进，利益的分化与重组呈现出错综复杂、瞬息万变的态势，社会矛盾也进入多发期，其中工作单位领域的劳资冲突和工人的集体抗争行动也凸显为社会热点之一。而且这些冲突和行动不仅仅发生在矛盾多发的私营企业、外资企业，诸如“富士康跳楼”事件、沃尔玛裁员事件，曾被认为劳动关系和谐度较高的国有企业也越来越多的爆发冲突激烈的维权行动抑或抗争行动，诸如吉林通钢事件、河南林钢事件。单位社会的新现象、新变化和新问题，也使得劳动关系、劳资冲突、工人行动、单位民主等成为学术界的一大学术增长点，引发了政治学、社会学等学科的研究热潮。

对现有研究文献进行初步梳理发现，冲突视角可能是当前主导性的研究视角。以冲突为视角的研究文献大多援引西方的社会冲突理论、社会运动理论或社会动员理论，对劳资矛盾或工人集体行动的形成动因、动力机制、运转过程、运作逻辑等论题作出了学理分析。② 在一定意义上，冲突视角能够较充分地挖掘劳资矛盾的过程与机制，厘清事件发展过程中的似是而非之处，并以学理解释和理论分析为基本的目标追求，理所当然是可取的。然而，从政治学的学科视野来看，抑或立足于社会发展和公共社会建构，我们的研究又不可能保持完全的价值中立，必须精确揭示并把握劳资矛盾的政治社会影响，从冲突应对层面指出完善单位民主促进单位和谐的思路、策略和行动。鉴于民主本身的复杂性和多维性，

① 周菁：《依法维护和实现职工合法权益——本刊记者对话中华全国总工会法律工作部副部长谢良敏》，《中国劳动关系学院学报》2010 年第 3 期。

② 相关文献可参见潘毅：《开创一种抗争的次文体：工厂里一位女工的惊叫、梦魇和叛离》，《社会学研究》1999 年第 5 期；张允美：《理顺与冲突：中国工会与党——国家的关系》，《二十一世纪》2003 年第 18 期（网络版）；黄岩：《国有企业改制中的工人集体行动的解释框架——以西北某省 X 市 H 纺织公司的一场抗争为例》，《公共管理学报》2005 年第 4 期；任焰、潘毅：《宿舍劳动体制：劳动控制与抗争的另类空间》，《开放时代》2006 年第 3 期；冯仕政：《单位分割与集体抗争》，《社会学研究》2006 年第 3 期；汪和建：《自我行动的逻辑——理解“新传统主义”与中国单位组织的真实的社会建构》，《社会》2006 年第 3 期；游正林：《管理控制与工人抗争——资本主义劳动过程研究中的有关文献述评》，《社会学研究》2006 年第 4 期；陈峰：《国家、制度与工人阶级的形成——西方文献及其对中国劳工问题研究的意义》，《社会学研究》2009 年第 5 期；陈峰：《下岗工人的抗议与道义经济学》，香港中文大学中国研究服务中心。

我们着重从制度建设、组织建设、文化建设、能力建设和难点问题治理等层面，对劳资冲突的应对之道和单位民主的完善之策进行阐述。

一、单位民主的制度建设

改革起始于经济领域，其最为直接的后果之一是利益的大分化与大重组，利益冲突和利益博弈自然就产生了。处于市场经济背景下的工作单位，基于企业改制和新型所有制形式的勃兴，单位与职工的利益关系也面临深刻、全面的调整局面，一定程度上的利益失衡就在所难免。其中较为突出的负面后果就是，劳动关系呈现出“资强劳弱”的新态势，其根源在于改革前后劳动市场中生产要素力量对比的显著性变化，资本、技术、管理等生产要素的价值受到高度重视、地位处于聚积性的上升，而劳动力等生产要素的价值和地位却处于明显的下降状态。这一全新态势就带来“资本崇拜”现象，以至于使得资本的权利是社会的中心权力，老板文化则是社会的主流文化①。这种状况对和谐劳动关系构建和单位民主建设都是极为不利的，必须适时作出调整与改变，其首要的就是从制度层面对单位民主进行调适与规范。

单位民主的制度建设的第一个方面是法律规制，即从立法层面对与单位民主有关的法律法规进行适应性的修改完善，并对相关的专门性法律法规开展开拓性工作。通过对当前各种性质和类型的单位的观察与分析，单位民主的制度、机制和形式主要有工会、职工代表大会、民主测评、政务公开（厂务公开）、职工董事和监事制度、集体合同制度等。从法律规制上看，这些民主制度、机制和形式在《全民所有制工业企业职工代表大会条例》、《企业法》、《工会法》、《公司法》、《劳动法》、《劳动合同法》、《党政领导干部选拔任用工作条例》、《政府信息公开条例》等法律文本中都有不同程度的表述，但从总体上看，这些法律规制和保障较为分散、缺乏整体性和系统性，与职工不断增长的权利要求出现非常明显的脱节情况，难以从法制层面有效地维护职工的合法权益和满足职工的民主要求。从法律规制的工作拓展角度看，除了对现有的相关法律法规进行修改完善之外，最关键的是起草有关职工民主管理制度的专门性法律或法规，并进一步完善地方性配套法律法规的制定。这项民主建设内容提出的问题指向主要在于，从我国民主政治建设的基本进程和现状来看，相对于工作单位民主（抑或工业民主、企业民主、员工参与），农村和城市的基层民主自治制度都更为完备、成效也更

① 常凯：《劳权论——当代中国劳动关系的法律调整研究》，中国劳动社会保障出版社 2004 年版，第 2～3 页。

显著，其获得的法律支持也更强，农村村民自治有专门的《村民委员会组织法》的规制和保障，城市社区自治有专门的《城市居民委员会组织法》的规制和保障，职工民主管理在专项法律法规方面存在明显欠缺，因此，起草专门性法律法规对各种单位民主形式作出统一、明确、有力的规范就势在必行了。

单位民主的制度建设的第二个方面是制度救济，即运用国家或政府的权威力量和规制权力对劳动关系的弱势一方开展社会支持和权利救济。由于中国独特的政治体制和社会管理体制，政府（实际上还有强大的政党力量）在社会管理和社会服务中的诸多方面都扮演着主导性的角色、担负着强有力的功能，为某些弱势的组织、机构和个人提供必要而有效的制度救济。这一点在单位民主管理领域也不例外，由于国家或政府是劳动关系规则的重要制定者和劳动关系处置的重要协调者、监督者，政府的权威力量和规制权力的行使也就在所难免，这种制度化、常规性手段的运用，为吸纳职工自发的群体性自我救济尤其是非规范性乃至破坏性的社会行动提供了一条较好的替代路径，从而为构建理性、和谐的劳动关系和推进健康、有序的单位民主奠定了有力的制度支撑。在中国语境下，单位民主的制度救济的内在动因主要在于：其一，基于中国劳动关系的市场化改革的国家主导特性，国家有义务也有必要为处于转型期的尚待完善的劳动关系提供补偿性的支持；其二，集体行动权（亦称罢工权等）的形式化，内在的需要国家或政府在某些特殊时期提供干预和引导，弥补劳动者权利缺失的负面影响；其三，作为单位民主基本形式之一的工会受制于“双重受托责任”或多维目标诉求，显现出明显的“制度性弱势”，难以保持劳动关系各方主体之间的力量平衡和制度均衡①。鉴于此，国家或政府需要在必要的时候为职工的权益维护和利益表达提供相应的制度救济，尤其是在劳资冲突的化解面临制度性困境或劳动者代表机构“不能为、不可为和不愿为”之时。当然，从民主的延续性和持久性来看，制度救济应该实现常态化，建立劳资冲突的常规性应对机制和响应机制。

单位民主的制度建设的第三个方面是机制创新，即在工会和职代会的常规化运作机制、三方（协商）机制等单位民主的运转机制中开展机制创新的示范和推广活动。首先，工会和职代会作为单位民主的基本组织和形式，其常规化运作机制是否畅通、高效、合理直接关涉到单位民主的制度化水平。工会的制度完善和机制创新主要应关注利益代表问题、组织覆盖面问题和维权能力问题，其强大的政治和政策支持来自于胡锦涛和习近平在2008年10月全国总工会第十五次代表

① 更为详细的阐述参见冯钢：《企业工会的“制度性弱势”及其形成背景》，《社会》2006年第3期；任小平、许晓军：《“双重受托责任”下的中国工会维权机制研究——以工会介入“盐田国际”罢工事件为例》，《中共福建省委党校学报》2008年第10期；任小平：《中国工会：转型期的诉求责难与制度救济》，《中国劳动关系学院学报》2009年第2期。

大会上的要求，“工会的基本职责是维护广大职工群众合法权益。表达和维护广大职工群众利益是工会一切工作的出发点和落脚点”，“把更多资源和手段赋予工会组织，为工会工作提供更好的环境和条件”，“把党政所需、职工所急、工会所能的事更多地交给工会组织去办，不断扩大工会组织的社会影响，为工会事业发展创造更好环境”。与工会的制度建设相适应的，职代会的制度建设在内容方面主要包括会议制度、选举制度、工作机构议事和工作制度、提案征集和处理制度、职工代表日常活动制度、监督检查制度等，当然这些操作化的制度需要根据地区差异、单位性质、类型和具体情况保持一定的地方化、灵活性和适应性。其次，作为劳动关系的一种协调沟通方式，三方（协商）机制的具体组织形式、运作规则和运行机制在很大程度上指引着单位民主的发展走向和实现路径。三方（协商）机制是指政府、工会和企业家组织劳动关系的三方，通过一定的组织形式和程序规则，就有关劳动立法、经济与社会政策制定、劳动关系调整以及与之相关的重大问题的解决，相互沟通，平等交涉，共商对策，合作共事的过程和方式。[①] 在政治社会学意义上，三方协商机制实质上是政府与劳动关系双方的代表组织结成的一种以社会伙伴关系为纽带、以共同利益为基础、以劳动关系调整遵循公平、公正原则为目标的社会对话机制。[②] 其基本发展历程是：2001 年 8 月，劳动和社会保障部、全国总工会、企业联合会/企业家协会三方共同建立了国家级协调劳动关系的三方会议制度，标志着我国协调劳动关系三方机制的正式建立；2002 年 8 月，全国建设系统率先建立了协调劳动关系的三方会议制度，标志着全国第一个产业性三方协调机制的启动；之后，全国 31 个省、直辖市、自治区先后建立了升级协调劳动关系三方机制，300 个左右市（区、州、盟）建立了三方机制，大多数省都已在条件成熟的县开展三方机制工作试点。[③] 当然，当前三方机制也面临一些困境：一是相关法律不完善，尽管《工会法》、《劳动法》、《劳动合同法》、《劳动争议调解仲裁法》都对三方机制作出了相应的规范和要求，但缺乏具体的、可操作的运行机制和调整规则；二是劳资双方的代表性问题，现实困境是工会组织在企业层面处于相对劣势，企业组织在社会和产业层面

① 丁春华：《对建立健全劳动关系三方协商机制的思考》，《天津市工会管理干部学院学报》2003 年第 4 期。

② 李德齐：《三方协商机制的建立任重道远》，《工会理论与实践》2003 年第 5 期。

③ 王茜：《试论劳动关系产业三方协商机制的建立》，《工会论坛》2009 年第 2 期；汪洋：《我国协调劳动关系三方机制现状、问题及改革思路》，《经济研究参考》2006 年第 44 期。

处于相对劣势，两者呈现出一种失衡状态①；三是政府的主导性问题，三方机制构建过程中政府主导性特征极为明显，而政府的主导性是一把“双刃剑”，既有可能强有力地推动三方机制的组建并快速发展，也有可能导致“政府依赖性”和形成行政化特质，在“资强劳弱”的社会背景下和经济发展优先的社会战略下极有可能导致政府偏向资方，从而又在一定程度阻碍劳资双方的自主性和劳动关系的相对独立性甚至引发劳资双方力量的非均衡状态进一步加剧。② 为此，就应对现有的三方机制进行完善和创新，其基本思路有：建构三方机制的基本法律框架，健全三方机制的配套法律法规，提升其制度化支持力度；通过行业协会、产业协会和工会联合会等形式创新，增强工会组织和企业组织的代表性；拓展三方机制职能范围，整合社会力量，拓宽社会对话渠道和空间。③

二、单位民主的组织建设

民主政治建设的顺利推进有赖于国家层面法律法规政策等制度性规范的规制和支撑，更立基于上下贯通或仅仅存在于基层社会的以民主、自治、维权、表达等为基本价值追求和职能定位的组织形式、机制的建立健全和良性运转。对于单位民主及其建设而言，作为员工的权益维护、利益表达和民主参与等的基本组织依托，工会及其组织健全程度、运行绩效在很大程度上指引着单位民主的发展状况和走向。因此，工会尤其是基层工会的组建和运行状况就成为单位民主的组织建设的中心内容。

当然，鉴于单位的性质及发展历史和路径的差异，公有单位和非公有单位的工会组建现状存在较大的差异。由于历史的延续性、社会主义意识形态的要求和计划经济体制的发展基础，公有单位在工会组织建设上的主要任务是组织的完善、职能的落实和民主要素的增进，而非公有单位作为改革开放后出现的新型单位类型，其工会组织建设的基本任务是工会的组建和会员的扩充。这自然导致实务界和学术界对两者的工会组织建设关注点的迥然有别，工会组建率和员工入会率成为非公有单位的关注点，工会的组建方式和工会干部的选任方式成为公有单

① 劳资双方代表组织的失衡状态，或者更明确的说是工会的弱势状态，根源于工会对企业的强烈依赖性。可表述为：我国的企业工会与企业还存在较多的依赖关系，工会组织的建立依赖于企业，工会主席的产生依赖于企业，工会干部的劳动关系依赖于企业，工会经费的拨缴依赖于企业。参见姜颖：《对集体合同形式化的反思》，《北京工会论坛文集》，2004 年，第 17 页。

② 李德齐：《三方协商机制的建立任重道远》，《工会理论与实践》2003 年第 5 期；汪洋：《我国协调劳动关系三方机制现状、问题及改革思路》，《经济研究参考》2006 年第 44 期；陈晓宁：《论三方机制下工会的角色定位》，《中国劳动关系学院学报》2010 年第 5 期。

③ 汪洋：《我国协调劳动关系三方机制现状、问题及改革思路》，《经济研究参考》2006 年第 44 期。

位的关注点。从当前的现实境况来看，非公有单位的工会组建工作进入快速发展时期。截至2006年年底，已有96 555家外资企业和港澳台投资企业建立工会组织，建会率为63.6%。截至2007年6月底，私营企业建会125万个，建会率达61.7%。① 而且，与公有单位相比，非公有单位的工会数量和会员人数基本上处于增长之中，在所有单位中的比重也不断增大。2009年，私营企业工会75.5万个，占56.8%，比上年增加7.1万个；港澳台商投资企业工会3.5万个，占2.7%，比上年增加1 638个；外商投资企业工会5.2万个，占3.9%，比上年增加1 148个。企业工会中，非公有制企业115.4万个，占86.9%，比上年增加10.8万个，增长0.7个百分点；企业工会会员中，非公有制企业12 664万人，占74.3%，比上年增加1 138.2万人，增长1.1个百分点，入会率为62.6%。②

在法律规范层面，《劳动法》、《工会法》、《公司法》都对员工组建工会的权利作出了相应的规定。《劳动法》第七条规定，"劳动者有权依法参加和组织工会。"《工会法》第三条规定，"在中国境内的企业、事业单位、机关中以工资收入为主要生活来源的体力劳动者和脑力劳动者，不分民族、种族、性别、职业、宗教信仰、教育程度，都有依法参加和组织工会的权利。任何组织和个人不得阻挠和限制。"《公司法》第十八条规定，"公司职工依照《中华人民共和国工会法》组织工会，开展工会活动，维护职工合法权益。"然而，从工会的实际运转来看，当前工会也显现出诸多深层次的困境和发展"瓶颈"，这也从基础性层面制约了工会的民主价值向实践形态的转化。以国有企业为例，有学者通过对6省市1 811位基层工会主席的实证调查发现：①在工会组建方式上，高达82.1%的工会主席认为建立工会是"组织的决定"，而只有14.3%的工会主席认为组建工会是出于"职工自愿的要求"；②在工会主席的政治身份上，90.3%的工会主席是中共党员，而只有9.7%的工会主席是民主党派或无党派；③在工会主席的个人背景上，53.9%的工会主席担任过厂长、经理或中层管理干部，17.9%的工会主席由党委书记或副书记兼任，只有4.2%的工会主席是普通职工；④在工会主席的选任方式上，23.3%由组织委派，51.7%是由组织推荐、再经会员（代表）大会选举产生，19.6%直接由会员（代表）大会选举产生，只有2.6%是经过公开竞争选拔考试后由会员（代表）大会选举产生；⑤在委派产生的工会主席的委派单位中，51.0%为本单位党组织，17.2%为上级工会，10.7%是本单位行政组织，2.9%是上一届工会；⑥在选举产生的工会主席中，78.2%的单位是经选举

① 孙春兰：《把握机遇直面挑战——孙春兰谈工会工作的创新与发展》，《工人日报》2007年10月20日。

② 全国总工会研究室：《2009年工会组织和工会工作发展状况统计公报》，《中国工运》2010年第5期。

产生工会委员后再从委员中选举产生的，只有 17.9% 采取了直选方式。[①] 从这些调查结果可以看出，当前单位民主的“形式化”程度非常明显，这集中体现在以工会为核心的单位民主的组织体系上，组织体系的架构方式及其民主化程度从根本上决定着单位民主的样态与功效。这也预示着单位民主的组织建设的现实必要性，强化组织建设有利于寻求单位民主的制度化、常态化的组织依托、实施平台和保障系统，扭转“资强劳弱”的非均衡劳动关系力量对比结构，提升员工的行动能力和民主意识。基于此，我们试图从单位民主组织体系的不足与困境入手，立足于各地的创新性探索活动，以工会组织建设为基点，从工会组建方式、工会及干部选任、工会干部职业化社会化三个方面对单位民主的组织建设的基本方向与具体路径展开分析。

当前，工会组建上最受人诟病的是“行政化”和“老板化”两种倾向，与其相对应的就是两种工会组建方式的“理想类型”，一种是上级工会或地方政府自上而下组建的，俗称“行政工会”，主要是基于劳动关系双方力量对比悬殊的外围环境不利和员工组建工会的民主意识不强、行动能力较弱等内在动力不足等因素，依照《工会法》“上级工会可以派员帮助和指导企业职工组建工会”的规定，对企业工会组建工作提供行政支持和开展行政干预的结果；另一种是企业在政府部门或工会系统的压力或说服下，依靠于管理层或行政层的介入“闪电般”建立起工会组织，俗称“老板工会”，在公有制单位的典型方式是由企业党政领导指派或提名并经会员代表大会或工会委员会投票表决通过，在非公有制单位的典型方式是由企业老板作为人事安排事项进行指定并经过某些形式化的表决产生。这两种组建方式尽管在组建主体和组织结构上有所差异，但在实质上却没有根本差异，其共同特征就是对其他组织的依附性，主要表现有：工会是建立在企业内部的一个机构，其办公地点和设备由企业提供，工会活动经费主要靠行政划拨，工会干部的工资待遇由企业支付，其职务升迁奖惩任免由党政或上级工会管理，工会工作往往听命于企业行政或上级工会的指挥。[②] 鉴于此，组建既独立于企业又不依附于政府的、由员工自主联合推动产生的基层工会组织，是工会组织建设的基本方向，这也是单位民主真正实现的关键所在。在实践创新方面，被称为外资企业工会组建工作破局之举的沃尔玛工会组建活动，在工会组建方式的民主化实施中也做出了一些有益的探索，其基本做法有：沃尔玛各分店工会筹备组

---

① 乔健：《在国家、企业和劳工之间：工会在市场经济转型中的多重角色——对 1811 名企业工会主席的问卷调查》，《当代世界与社会主义》2008 年第 2 期。

② 董保华：《论我国工会的职业化、社会化和行业化》，《工会理论与实践》2002 年第 2 期；吴清军：《“守法”与“维权”的边界：外企工会组建与运行模式的分析》，《学海》2008 年第 5 期；吴亚平：《企业工会：劳动者权益的代表者和维护者——兼论工会组织体制改革的目标和方向》，《新视野》2010 年第 6 期。

的成立，在上级工会与分店协商的基础上，由上级工会、本店行政和员工三方代表组成并报上级工会批准；筹备组成员以员工为主，行政中层管理人员不超过20%，分店中层以上管理人员不作为筹备组成员；沃尔玛各分店行政正、副职人员、人力资源部门负责人及其近亲属不作为本店工会主席、副主席和工会委员会成员候选人①。不过，沃尔玛工会组建的突破和创举并不是企业方主动作为的结果，而是经过了全国总工会和地方工会长达10年的斗争与谈判的艰难成果，而且在实际运行中也几乎停留于企业形式上“守法”和工会形式上“维权”的状态②。而对于不少外资和私营企业而言，即使是组建一个形式上运转的工会也是相当艰难的，这就引发了我们对现有的“一企业一工会”的组建模式或结构形式的重新反思，从力量整合的角度创新基层工会的组建方式，以增强工会的集体行动能力和对员工的吸纳能力。

当前较有组织创新性和现实操作性的工会组建方式主要有产业工会、行业工会和工会联合会三种，社区工会作为工会组织与社区组织对接的产物，实现了工会的属地化，是新型工会组建方式的微观基础。与企业方基于生产和发展的需要组建产业协会和行业协会相对应的，劳动者一方基于工作特点、利益要求的相似性也可以实现产业或行业上的联合组建产业工会和行业工会。这也得到了劳动关系领域相关法律的支持，《工会法》第十条规定“同一行业或者性质相近的几个行业，可以根据需要建立全国的或者是地方的产业工会”、《中国工会章程（修正案)》第十一条也规定“中国工会实行产业和地方相结合的组织领导原则。同一企业、事业、机关单位中的会员，组织在一个工会基层组织中，同一行业或性质相近的几个行业，根据需要建立全国的或地方的产业工会组织”。从当前的运行状况看，在非公企业较为集中的地区，产业工会和行业工会组建已经显现为工会组建工作中的一道亮丽的风景线。与单个的企业工会相比，产业工会和行业工会具有明显的组织优势，为和谐劳动关系构建和单位民主建设提供了更强有力的组织支持，主要表现在：一是通过集中产业或行业的“拳头”力量，极大地克服了企业工会“不敢谈”、“不会谈”和企业方“不愿谈”等突出问题，打破了企业单方决定机制，建立起劳动关系双方集体协商的共决机制；二是通过“行业

---

① 许晓军：《外资企业工会组建的创新之举——沃尔玛工会组建新模式案例分析》，《中国劳动关系学院学报》2006年第6期。

② 吴清军通过对两类工会组建方式与运行模式的实证考察和理论分析发现，当前中国工会与（外资）企业在工会组建与运行上达成了一个共识：企业“依法”组建工会并使工会在形式上运转起来，并形成了一种默契的局面：企业形式上“守法”而上级工会则形式上“维权”。但企业“守法”的前提条件是企业工会不至于影响到它在经营与管理上的垄断权，而对企业方“守法”行为的让步，上级工会则不会去追究与监督企业“守法”行为是否能够真正维护职工切身利益。参见吴清军：《“守法”与“维权”的边界：外企工会组建与运行模式的分析》，《学海》2008年第5期。

（产业）工会建在地区上”等机制创新，推行工会主席职业化，以组织身份独立化为契机摆脱了企业的制约；三是由行业工会与相应的行业协会签订工资等集体协议，再由基层工会在行业集体合同的基础上就本企业的具体劳动事项进行协商，从而避免或减少了企业工会与企业经营者的直接矛盾，更有效地保障职工权益①。产业工会或行业工会组建工作的关节点②是：关注产业结构、职业结构和阶层结构的新变化，瞄准流动性较大的外来务工人员和非正规就业人员，注重区域性、网状化、多层次的工会组织机制和工作平台，整合多方资源凝聚集体优势。与产业工会和行业工会相一致的，工会联合会更加明确地因应了所有制多元化、企业规模小型化、劳动者力量分散化等新形势，通过联合中小企业工会实现工会力量的集中化。在单位和群体瞄准上，有两种代表性类型：一是针对中小企业和非公有企业建立的工会联合会。譬如2007年8月20日武汉市武昌区首义路街非公企业工会联合会挂牌成立，这是湖北省首个街道范围内区域性工会联合会以及第一家专门针对中小企业及非公有企业建立的工会联合会，该工会联合会下辖街道内7个行业性基层工会组织，覆盖小型非公企业139家，发展会员353名，非公企业建会覆盖面和职工入会率均达到98%③。二是针对农民工或临时就业人员、再就业人员等弱势群体，以维权为首要动因和目标的工会联合会。譬如2003年11月大连·信阳（新县）进城务工人员工会联合会正式成立，其特点是在农民工输出地建工会，并在务工输入地派驻常驻机构，吸收务工地农民工入会，由农民工输入地属地管理，实现农民工输出地与输入地工会的对接，双向为农民工维权④。又譬如2007年8月17日天津市第一家临时就业和再就业人员工会联合会在河东区东新街道成立，611名临时就业和再就业人员成为会员，工会联合会将通过设立维权窗口、建立会员之家等形式为会员提供技能培训、维权指导等服务⑤。

工会组建方式从性质上主要涉及的还是工会的组织架构问题，侧重于技术性和外围性，而工会及其干部选任则牵涉到组织的产生问题，属于内在规定性，对工会的运转而言带有基础性和根本性，因而对单位民主建设具有更为关键的影

---

① 相关论述参考了杨浦区总工会：《发挥行业工会优势推进行业工资集体协商》，《工会理论研究》2010年第3期；吴亚平：《企业工会：劳动者权益的代表者和维护者——兼论工会组织体制改革的目标和方向》，《新视野》2010年第6期。

② 围绕着这些工会工作关节点所进行的实践探索可参阅北京市和上海市普陀区的行业工会建设情况。参见王颖、周静：《行业工会：建会工作新的尝试》，《工会博览》2007年第16期；上海市普陀区总工会：《创新组织形式　充分发挥行业工会重要作用》，《中国工运》2008年第8期。

③ 龙华：《首家街道非公企业工会联合会建立》，《湖北日报》2007年8月21日第2版。

④ 何正权：《河南信阳创农民工双向维权模式　受到胡锦涛肯定》，大河网2010年6月21日。

⑤ 姜明：《天津成立首家临时就业和再就业人员工会联合会》，《工人日报》2007年8月17日。

响。由于以工会为组织核心的单位民主具有基层性、直接性和群众性，所以直接选举是工会组织最民主、最有效的选任方式。从理论层面看，工会直选至少具有以下几个方面的制度绩效和民主价值：一是提升工会的合法性，建立劳资博弈新格局；二是提高工会的利益代表性，形成更有利于劳动者的利益代表机制，促进劳资纠纷的化解；三是增强工会干部的责任感、使命感和工会组织的凝聚力；四是丰富和完善地方民主或基层民主的制度与实践创新。[①] 鉴于公有制单位工会的“官办”色彩及其地位和功能的“行政化”，其选任方式较多地受到制度惯性的约束和固有观念的束缚，很难生发出变革和突破的动力，而非公有制单位的工会在组建之始一般蕴含着较多的民主因子，也更多地获得来自员工的支持和争取，直选往往存在更有力的内在动力，因此最早实现了选任方式上的创新。1986 年，广东深圳蛇口工业区就开始了工会直选的试点，1988 年全面铺开，在基层工会和工业区工会联合会都推行工会直选，并逐渐步入程序化、制度化轨道，1991 年制定的《招商局蛇口工业区基层工会换届选举办法》明确规定，除了部分特殊情况，蛇口工业区的工会联合会每 5 年一届、基层工会每 3 年一届换届，必须经过民主直选。之后蛇口的直选经验在广东逐步推广，到 2003 年，广东 12 万多个基层工会组织中有将近 1/3 的企业实行了工会直选。在广东蛇口的工会直选先行的带动下，其他地区也开始效仿。2000 年 7 月，浙江省余杭市委组织部和总工会联合发文件，开始在全市范围布置直选试点。到 2003 年 7 月，浙江省杭州市余杭区 310 家企业进行了工会直选，其中非公有制企业占 70%。2000 年 12 月，浙江宁波市 15 家企业进行了工会直选试验。2002 年，湖北省黄石市总工会在该市铁山区开展了面向社会公开选聘新建企业工会干部试点工作。[②] 当然，对于非公有制企业而言，鉴于工会组建方式、地方政府或地方工会介入程度、劳资力量对比状况及员工的民主意识和行动能力等因素，工会直选也有多种类型，有学者通过对若干直选典型案例的实证考察总结出三种类型，即劳资协商型、政府主导型

① 限于篇幅，关于工会直选的制度绩效和民主价值的具体内容不再详述，可参见陈剩勇、吴巍、陈燕：《工会直接选举：中国地方民主的新发展——以浙江省的余杭、余姚、温岭为个案》，《浙江社会科学》2004 年第 1 期；陈剩勇、张明：《中国地方工会改革与基层工会直选》，《学术界》2004 年第 6 期；吴亚平：《企业工会：劳动者权益的代表者和维护者——兼论工会组织体制改革的目标和方向》，《新视野》2010 年第 6 期；胡昌平：《关于推进基层工会直接选举的探讨》，《天津市工会管理干部学院学报》2008 年第 1 期。

② 王金红：《工会改革与中国基层民主的新发展——非公有制企业工会直选的案例分析》，《华南师范大学学报》2004 年第 5 期；石慧、远方：《探索工会干部职业化、社会化改革新路——黄石市面向社会公开选聘新建企业工会主席试点工作纪实》，《中国工运》2003 年第 3 期；齐凌云：《政党、工会与阶级基础——对 1978 年以来工会改革的政治学研究》，复旦大学国际关系与公共事务学院 2005 年博士学位论文。

和外力推动型①。另外，由于工会干部尤其是工会主席作为工会的人格化代表对于工会的民主化进程和实践具有直接的、主导性的影响，因此工会主席是否直选产生成为衡量工会直选绩效的标尺。有鉴于此，各地在工会主席直选上进行了重点突破，从而为工会消解“行政化”或“老板化”的倾向开拓了新的切入口。2006 年 6 月 25 日，中外合资企业高淳县南京大地水刀有限公司通过直选产生了工会主席，这是南京首次开展外资企业工会主席直选活动②；2007 年 7 月，在全国首部保护农民工权益的地方法规《山西省农民工权益保护条例》的实施之际，山西省临汾市 100 家非公有制企业开展公开选任、直选工会主席试点工作，工会主席直选产生后由市工会直接管理，统一培训上岗、统一发放工资、统一拨付工会经费、统一考核③；2008 年 7 月，浙江省义乌市总工会在全市非公企业基层工会换届选举中实行了“公推直选”试点工作④。从创新性程度、制度化水平和机制化效度来看，山西临汾工会主席直选是其中最为突出的，其亮点主要有：工会主席产生机制上，只公布企业工会主席任职条件，不指定候选人，充分尊重职工的意愿；工会主席工作机制上，明确企业工会的职责、工会主席的职权和工会组织领导体制、工作机制，凡符合条件和规定程序选举产生的工会主席享受企业行政副职待遇，职工 200 人以上企业设专职工会主席；工会主席考评机制上，企业工会建立定期报告工作制度、民主评议制度，工会主席每年要向会员（代表）大会作述职报告，由会员（代表）以无记名投票方式进行民主测评，接受职工群众的评议和监督，工作好坏由职工来评价；工会主席管理机制上，企业工会主席实行市、县（市、区）工会分级管理制度，企业工会主席日常管理由所在县（市、区）总工会负责⑤。

在内在逻辑关联上，工会干部的职业化社会化是对工会直选的适应与超越，通过竞争、差额、无记名等选举技术的引入，工会直选对工会干部的能力和素质提出了更高的要求，尤其是利益代表和权益维护职责的能力、手段、方法等方面。另外，工会干部的职业化社会化也从主体要素层面满足了工会独立性和自主性的需要，是对工会干部直选的适应性转变和拓展。工会干部职业化社会化的基

---

① 王金红：《工会改革与中国基层民主的新发展——非公有制企业工会直选的案例分析》，《华南师范大学学报》2004 年第 5 期。

② 左年生：《南京首位外资企业直选工会主席诞生记》，《新华日报》2006 年 6 月 27 日第 C2 版。

③ 侯文学：《私企工会主席直选值得期待》，《经理日报》2007 年 7 月 12 日第 1 版；安洋：《山西实施农民工权益保护条例　临汾 100 家非公企业直选工会主席》，《人民日报》2007 年 7 月 5 日第 10 版。

④ 王荣：《义乌市开展基层工会主席“公推直选”试点工作的调查报告》，《中国工运》2010 年第 9 期。

⑤ 《非公有制企业工会主席　实行民主选举、直接管理的尝试与探索——访全国总工会组织部副部长贾端阳》，《中国工运》2007 年第 10 期。

本问题指向是工会干部的兼职现象严重，其身份、角色和职责履行都具有明显的依附性。一项对广州市409位工会主席的电话访问显示：工会主席兼职是一种普遍的现象，接受访问的主席中有79.5%是兼职的，其中直管工会主席占47%，基层工会占90%。[①] 通过工会干部的职业化和社会化改革，可以在其招聘、考核、培训、晋升及工作实施等环节依照相关法律法规政策的规范性要求和员工的利益导向，开展专业化和专门化的工会工作，实现单位民主的精神回归。工会干部职业化就是工会干部身份独立明确，以工会工作为其全部职责，并以从事工会工作获得相应的经济利益和社会地位。工会干部社会化主要是指工会干部在工作方式和工作内容上的社会化。工会干部工作方式的社会化是指工会干部采取社会化的工作方式，广泛发动和利用社会各方的力量，为工会工作争取各方面的支持。工会干部工作内容的社会化包括向全社会、职工有效宣传、推广工会，形成良好的工会形象；积极参与各种社会公益活动，扩大工会的影响力；工会干部来源多元化，摆脱工会干部主要由雇主任命的现象等。[②] 从目前的实践来看，首创于湖北黄石，推及于沈阳、吉林、鞍山、青岛等地的工会干部职业化社会化的基本做法是：向社会公开招聘工会干部，通过区总工会对应聘者进行政策水平、工会理论、企业管理知识、法律知识等一系列的考核，将合格者纳入工会专职干部人才库，当要新建企业组建工会时，区总工会就从人才库里挑人，将之以“工会筹建人”、“工会协理员”的身份派往企业。通过工会筹建人做职工的工作和做企业老板的工作，企业正式成立工会，在工会成立大会上经过会员民主选举程序将工会筹建人正式选为该企业的工会主席，其工资也由区总工会支付。[③]

三、单位民主的文化建设

与单位民主的制度建设和组织建设不同，单位民主的文化建设是柔性、软性的，也是内在、深层的，是隐藏在实实在在的制度性、组织性民主要素背后的机理性要素，具有较强的稳定性和自主性，变化速率较慢，对单位民主各方利益相关者行为方式的影响也更加深远。正是由于单位民主中的文化要素牵涉到直接而表层的行为之外的价值与理念层面，并对行为产生深层的制约作用，因此我们在

① 刘小钢、张青蕾：《关于工会主席兼职情况的调查》，《中国工运》2010年第4期。

② 祁明德：《工会干部职业化改革的主要取向》，《重庆社会科学》2008年第11期；郭宇强：《工会工作职业化的一个分析框架》，《中国劳动关系学院学报》2008年第5期；张艳华、沈琴琴：《制度经济学视角下的工会干部职业化》，《中国劳动关系学院学报》2008年第5期。

③ 吴亚平：《企业工会：劳动者权益的代表者和维护者——兼论工会组织体制改革的目标和方向》，《新视野》2010年第6期。

单位民主完善和和谐劳动关系构建中要高度重视单位民主的文化建设问题，主要是游离于单位民主和单位和谐的文化要素建设。基于当前劳动关系领域文化要素严重缺失的现状和表现，我们着重从应对的角度分析以下四个方面的问题。

其一，劳资双方应摒弃冲突文化和对抗文化，树立“劳资两利”、“互利共赢”意识，营造协商与沟通的文化氛围，实现劳动关系的“合作博弈”而非“零和博弈”，规避劳资双方“暴力相向”现象。从发生学的角度看，当前劳动关系双方之间的矛盾、冲突的原因主要不是劳动关系法律法规政策的缺失，也主要不是化解劳资冲突的制度手段和组织机制的缺乏，很大程度上是劳动关系双方缺乏“劳资两利”、“互利共赢”的意识，缺少及时、有效协商与沟通的理念。对于劳动者而言，非合作、非理性的行为倾向主要有：缺乏组织管理和纪律规范，情绪冲动和少理性；处于散兵游勇状态，有的过度激进，有的过度保守，目标和行为分歧，不能形成持续的合力；自由充分伸张，提出过高的提薪要求，不达目的决不罢休。[①] 又如在“盐田国际”罢工事件中，企业工会专职副主席所提到的对工会履职构成严峻挑战的一个问题，即职工维权不讲究策略，利益诉求目标较为随意，缺少科学的分析和判断，并且希望将不合实际的诉求通过简单的对抗手段来达到，缺乏“互利共赢”的基本意识[②]。事实上，“劳资两利”对于中国共产党而言具有非常深厚的历史渊源，在1949年9月29日通过的《中国人民政治协商会议共同纲领》中，就已经将“劳资两利”作为国家经济建设的根本方针，并将该方针应用于新中国恢复建设实践中。其基本含义是在处理劳资关系的过程中，既要维护劳动者的应得权益，又要承认资方在经营过程中依据其生产资料所有权占有剩余价值的正当性。由于计划经济时期所有制形式的单一化、劳动关系的简单化和劳动关系双方利益的高度一致性，“劳资两利”基本上没有、客观上也不太需要多少实质性的内容。然而，改革开放以后，随着所有制形式日益走向复杂化和多样化，劳动关系也面临纷繁复杂的局面，劳资双方的矛盾、冲突乃至对抗蜂拥而来，而且这些矛盾、冲突和对抗基本上并不是由劳动关系一方引起的，劳动关系双方可以说都对劳动关系不和谐状况负有不可推卸的责任，他们几乎都共同参与了以暴力为重要表现形式的劳动关系“零和博弈”。因此，树立“劳资两利”、“互利共赢”意识，营造协商与沟通的文化氛围，实现劳动关系的“合作博弈”而非“零和博弈”，就成为化解劳资矛盾、冲突和对抗以及规避劳资领域群体性事件的基本路径。

---

① 许叶萍、石秀印：《工资决定：从统治—造反模式走向统合—协商模式——基于中国社会和历史的分析》，《经济社会体制比较》2010年第5期。

② 任小平、许晓军：《“双重受托责任”下的中国工会维权机制研究——以工会介入“盐田国际”罢工事件为例》，《中共福建省委党校学报》2008年第10期。

其二，鉴于当前劳动关系中企业方的强势地位，企业应立足于单位和谐和单位民主发展，合理处理企业文化、工会文化与职工文化等单位的各种文化类型之间的关系，努力推动工会文化和职工文化的发展。基于主体、内容与功能的差异，单位中主要有三种形式的文化类型，即企业文化、工会文化和职工文化。职工文化是指企业为满足职工精神文化生活需求，全面提高职工队伍的思想道德素质和科学文化素质、培养职工文明风尚而开展的各种文化活动；工会文化是指工会组织从自身的性质和特点出发，为尊重职工的主体地位，牢固坚持以职工为本的理念，最大限度地激发职工群众投身经济社会发展的饱满热情而切实围绕职工群众最关心、最直接、最现实的利益问题来开展的各种文化活动；企业文化是指一个企业在长期的生产经营和发展过程中逐步形成和培育起来的，具有本企业特色的，并为企业成员普遍接受和共同遵守的价值观念、行为准则、道德规范、风俗习惯以及反映企业文化特质的规章制度、组织结构和物质实体。从三者的关系来看，企业文化代表企业整体利益的文化，职工文化代表职工群体的文化，侧重满足职工的精神需要，工会文化代表职工利益的文化，主要是维护职工权益；在一定的企业范围内，企业文化往往涵盖企业内部的工会文化和职工文化，但又不能代替工会文化和职工文化；在一定的社会范围内，工会文化又涵盖着企业文化和职工文化，同时职工文化又有其独立的部分。[①] 而在特性上，工会文化和职工文化具有鲜明的个性特点，它要求在企业共性中伸张一些个性和群体性价值，特别是维护员工的基本利益和满足员工的基本需要，其最终目标是员工利益的最大化。[②] 国家和工会系统非常重视企业文化、工会文化与职工文化的有效衔接和良性互动，并适时张扬工会文化和职工文化。王兆国在2007年3月28日全国总工会第十四届执行委员会主席团第十三次全体（扩大）会议上提出："要推动建设社会主义核心价值体系，大力推动发展先进的企业文化、工会文化、职工文化，唱响新时代工人之歌。"从主体要素和功能分化的角度看，企业文化更多的关注企业经营者一方的经济利益，经济功能与特性更为突出，而工会文化和职工文化则更多的关注企业职工一方的政治权利和社会权益，政治和社会功能与特性更为突出。

其三，基于权利义务对等的法律原则，单位员工在实现自身的经济、政治和社会权利的同时，也需因应工会会员、单位员工和社会成员的三种身份，履行相应的义务，承担相应的责任。由于劳动者一方力量的弱势、利益诉求能力的弱小和权益维护手段的不足、乏力，劳动关系领域中权利义务对等的法律原则首先应

---

① 课题组：《论职工文化、工会文化与企业文化相互关系及其建设》，《西华师范大学学报》2008年第1期。

② 仲大军：《企业文化与工会文化、职工文化浅析》，《工会理论研究》2007年第3期。

该强化员工的经济收益、权益维护、利益代表和民主参与等各项经济、政治和社会权利。但是，强化权利并不是否定甚至弱化义务和责任，要实现劳动关系和谐的目标，必须达致劳动关系双方在权利与义务之间的基本对等状态。对于员工一方而言，基于工会会员、单位员工和社会成员三种身份的并存，主要有三个相应的层次：一是尽工会会员义务的责任，包括缴纳会费、参与工会选举和议事等义务；二是尽企业员工的义务，作为企业重要利益相关主体，员工的权益与企业生产经营状况密切相关，员工的维权活动也应与企业的生产发展保持一定程度的契合，这正是中国工会所提出的“促进企业发展，维护职工权益”的重要体现；三是应承担的社会义务，就单个企业而言，在资方有能力的条件下，追求自身权益最大化无可厚非，但如果这种诉求可能影响到行业或区域的发展，适度的妥协是必要的①。

其四，针对外资企业和农民工群体的独特性，从提升文化认同和引导“打工文化”的角度，开展单位民主的文化建设，增强和谐劳资关系的文化软实力。由于中国外资企业兴起和发展中存在着廉价劳动力甚至低生产成本的典型特色及路径依赖，劳动者的经济报酬、生存发展权利和基本社会权益都受到了较大程度的压制，而且这种压制在根源上有来自于中国政府以经济增长为首要目标的发展观及其所导致的对员工利益和权益的策略性忽视。在这种发展观和劳动关系框架下，外资企业中劳动者与经营者的关系基本上只是经济上的劳动力—工资交换关系，劳动者出卖劳动力，企业经营者付给相应的工资等报酬，除此之外，两者在社会文化层面的关联较少，即使是在经济效益较好的外资企业中企业为员工提供较丰厚的薪酬待遇，往往也难以促使员工对企业的发展现状和前途倾注较多的关注，或赢得员工对企业价值和发展理念的认同。换言之，外资企业员工对企业的文化认同较低，认同感不强。而从员工的角度看，非公有制企业中大量存在的农民工群体已经逐步形成了一种亚文化，可称之为“打工文化”，其基本属性是既不属于乡村，也不完全属于城市，而是新劳动阶层以融入现代生活为目的的文化身份再造②。不可否认的是，这种新型文化形态在农民工自身的精神寄托、城市融入、文学尤其是文化生活、权益维护、人际交往等方面发挥了查漏补缺的积极作用，但是它也与主流文化和社会存在一定程度的距离，有着其他阶层和文化类型难以进入的独有空间，进而导致了社会隔阂的产生，这也给企业内部的劳资关系带来了不利的影响。从企业的角度看，鉴于农民工群体的双重身份和弱势地位以及不完整的城市融入水平，企业在劳动关系尤其是在回应农民工的权益要求和

① 任小平、许晓军：《“双重受托责任”下的中国工会维权机制研究——以工会介入“盐田国际”罢工事件为例》，《中共福建省委党校学报》2008 年第 10 期。

② 刘忱：《打工文化，烛照劳动者精神家园》，《人民日报》2011 年 4 月 29 日。

利益诉求时往往倾向于采取简单、粗暴的方式，而不是从尊重员工的主体地位出发寻求民主协商与沟通的方式；从农民工的角度看，鉴于自身处于权益维护的“真空地带”、制度化利益表达渠道不畅通和组织支持乏力，农民工群体不可避免地转向非制度化的群体性自发救济方式，这种方式尽管可能会取得更有利的效果，但是会对现有的劳动关系形成不利的冲击，甚至会引发劳资双方两败俱伤的、不可收拾的局面。因此，应当通过企业文化、工会文化和职工文化三个层面的文化建设的合力推进，实现三者的有机衔接、良性互动和有效融合，提升员工对企业的文化认同和心理归属，增强和谐劳资关系的文化软实力。

四、单位民主的能力建设

单位民主的能力建设主要涉及利益相关者尤其是单位民主主体的表达、沟通、议事、协商等能力的培育与提升。在很大程度上，能力建设直接决定着民主主体的行动能力，进而决定着单位民主能否以及在多大程度上从制度层面推进到运行层面，从规范文本转化为实际行动，因而对单位民主能否真正落到实处并取得良好成效具有关键性影响。

单位民主主体即职工及其代表的表达能力是基层民主政治建设中最为基础的能力要素，它对单位的良性运行作用甚大。一方面，只有让职工的利益要求得到适时、充分、有效的表达，单位决策才能实现科学化、民主化和规范化，单位管理才能获取自下而上的理解与支持，单位发展才能获得内部有力、基础性动力；另一方面，单位管理者只有充分了解职工的利益诉求，掌握劳动关系不和谐的表现与原因，及时寻找应对之策将矛盾和冲突化解于萌芽状态。鉴于当前单位民主领域职工利益表达渠道狭窄、不畅通、效率低以及非制度化等问题，需要通过政策调整、机制创新等措施健全职工利益代表机制和渠道，提升职工的表达能力，为和谐劳动关系提供润滑剂。一是推动职工利益代表机制的法制化。工会等劳动者组织应推动并参与职工利益表达的立法，明确职工利益表达的组织形式、权利和义务、准则和程序等，以法律形式强化利益表达的各项制度，把职工利益表达纳入制度化轨道，用法律制度保证职工利益表达权利的神圣不可侵犯。二是完善并重塑职工利益表达渠道。针对现有表达渠道存在的问题，采取有效措施清理各种障碍，减少利益表达渠道的中间环节，疏通利益表达渠道，同时开辟新的表达渠道，推动有关部门加强职工利益表达渠道建设，尤其是增加表达渠道的数量、种类。三是增加人民代表大会和人民政协中职工代表与工会代表的比例。通过增加人民代表大会和人民政协中职工代表和工会代表的比例，使人民代表大会和人民政协成为职工利益表达的主渠道，提升职工利益代表的制度化和规范化水平。

四是强化工会的表达职能。工会具有表达和维护职工合法权益的基本职责，是职工利益表达的重要渠道。工会应严格履行职责，增强工会的吸引力、凝聚力，强化自身建设，改变机关化、行政化倾向，增强责任感和使命感，主动了解职工的愿望和要求，并敢于表达、善于表达，使职工的诉求通过制度化途径传送到有关部门。①

职工及其代表的沟通能力是单位职工与管理方之间纵向及职工内部之间横向的传递信息、交换意见、交流感情的过程。沟通能力对于组织运转至关重要，是组织决策和控制的关键要素。“零点调查”和“指标数据”针对北京地区250名20~55岁的职业人士进行的一项入户调查结果显示：员工对老板的了解度越高，对老板的欣赏度就越高；而老板对员工的了解度越高，对员工的欣赏度也就越高。② 然而，有效沟通的达成很大程度上有赖于单位职工与管理者之间的平等和相互尊重，如果两者的地位太多悬殊以及职工的正当权利得不到有效保障和实现，就很难实现有效沟通。在当下劳动关系双方力量对比严重失衡的情境下，单位管理方在单位沟通中的积极作为就尤为关键。作为一种常规化手段，工会的沟通对话功能的发挥是最基本的方式之一，工会作为劳动者利益表达和权益维护的制度化、组织化平台，可以合法、顺利地与单位管理方建立起相应的沟通渠道，并实现较好的、常规化的沟通。广州外资企业安利公司工会在公司与员工沟通上就发挥巨大作用，其做法和动因在于：公司要炒谁先要问工会，员工表示“公司想要辞退、处分职工和解除职工的劳动合同，都先征求工会的意见。而不是公司想炒谁就随便炒谁”，而且工会也积极参与公司规章制度的制订并将规章制度通过多种形式向职工公开；工会主席也是高层领导，安利的工会主席由行政总监担任，并非闲职，也是公司高层领导中的一员，并参与到公司的管理中去，如可以参加公司的行政办公会议，参与公司员工手册的修订、福利政策的修改调整等。③当然，鉴于当前工会组织在职能和角色方面的相对固化，也可以通过组织变革和机制创新，构建职工与单位之间的新型沟通对话手段和平台。北京蒙太因医疗器械有限公司借鉴国有企业厂务公开民主管理的做法，创造性地提出了“议政会”、“蒙太因大理寺”、“工会文牒”三项制度：议政会是一种类似于“议政制度”的内部管理制度，是员工的“讲话平台”，员工通过该制度对公司的产品质量与管理制度，职工生活与经营谋略等各个方面提出自己的看法和建议；“蒙太因大理寺”是企业自治的内部调处机构，由员工民主选举具有一定法律知识和政策水平的人员组成“主审官”和“陪审团”，对公司员工或管理人员的投诉进行调查、

① 张安顺：《试论职工利益表达机制》，《工人日报》2008年11月25日第6版。

② 零点：《老板与员工：沟通最重要》，《中国工商报》2005年5月13日。

③ 刘俊、黄佩：《构建和谐劳资关系　工会作用功不可没》，《广州日报》2010年6月23日第2版。

取证、听证、做出裁决；“工会文牒”是在日常管理工作中，对于员工反映的具有代表性或突出的问题，经过工会调查核实后，及时以“工会文牒”的形式进行公布并责成有关部门在规定的时间内落实解决。①

单位职工及其代表的议事能力是其参与权和监督权的体现，对其权益维护是极为重要的。尤其是在企业改制过程中，单位的发展与职工的切身利益息息相关，并对职工的工作和生活影响甚大，职工能否以及如何参与单位发展的相关事项受到职工普遍关心。目前，一些企业和地方工会组织通过创设“职工议事厅”等组织形式，创新单位民主管理和议事平台，对职工议事能力的培育和提升具有极大推动与促进作用。2009 年，荆州市在部分企事业单位试点建立“职工议事”制度。试点单位每季度进行一次“职工议事”活动，必要时可以不受时间限制，就事议事。“职工议事”活动由工会主席或工会主席委托人主持，议事双方由行政方代表、抽选的职工代表组成。议题涉及生产经营、民主管理、劳动保护、集体合同、工资奖金、教育培训、休息休假、女职工保护、社会保险、职工生活福利等方面。2010 年，荆州市总工会在企业全面建立该项制度，要求各单位建立固定的“职工议事厅”，配备接待议事热线电话、值班表、记录簿、公示栏、意见箱等设施，建立接待议事工作备忘录，每月将所有文件资料整理归档。② 2010 年 11 月 11 日，陕西西凤酒厂举行“职工议事厅”揭牌仪式，借助这个平台，该厂职工不但能为企业发展出谋献策，还可以充分表达自己的合法诉求。“职工议事厅”的议事范围包括：企业生产经营管理方面的重大事项，企业重大改革、重组方案，企业重大项目工程招投标，生产经营关键环节的监督，企业管理制度的修订及企业文化建设；职工考核奖罚办法，工资奖金发放，职工教育培训，休息休假制度，女职工保护规定，社会保险和职工福利制度，等等。职工提出的议事议题，在“职工议事”活动中达成一致意见的，由企业相关负责部门进行落实；未达成一致意见的，可提请企业行政会议研究。据统计，“职工议事厅”运行至今，已开展议事活动 5 场次，为职工解决医疗、住房、生活保障等困难 13 起；职工利用此为企业建言献策，共提合理化建议 20 条，实施技术革新项目 10 个。鉴于此，西凤酒厂所在的陕西宝鸡市总拟推广该项民主管理新模式，在全市大型企业逐步建立“职工议事厅”。③

职工及其代表的协商能力是集体协商制度中职工一方的协商能力问题，它是

---

① 郑莉：《北京蒙太因公司架起企业与员工沟通的桥梁》，《工人日报》2007 年 5 月 31 日第 2 版。

② 邹明强、胡元志：《荆州企事业单位普遍设立“职工议事厅”》，《工人日报》2010 年 9 月 13 日第 2 版；刘胜萍、罗莉：《荆州全面建立职工议事制》，《湖北日报》2010 年 9 月 20 日第 2 版。

③ 张帆：《企业咋发展　职工说了算》，《宝鸡日报》2010 年 11 月 12 日第 A2 版；毛浓曦、谢红江：《职工有诉求请到“议事厅”》，《工人日报》2010 年 12 月 10 日第 1 版。

劳动关系三方协商机制不可或缺的一部分，同时也离不开集体协商制度的支撑。集体协商是劳资关系处置的一种制度化方式，也是在国际社会通用程度较高的劳动关系协调机制。集体协商是指一个雇主、一群雇主、一个或多个雇主组织为一方与一个或多个工人代表组织（或选出并依法授权的工人代表）为另一方签订的关于工作条件等所进行的协商，它实际上是双方求同存异、解决矛盾、化解分歧、逐步达成共识的过程。[①] 集体合同制度的关键性现实价值在于通过法律和制度的规制，强化劳动关系处置的整体性和劳动者个体的集体行动能力，弥补劳资双方的力量和地位失衡状态，实现劳资矛盾的制度化和组织化处置。《劳动法》和《集体合同规定》将集体合同作为一项法律制度确定下来，对集体合同的签订、内容、效力，集体合同的审查及集体合同争议处理等作了规定。20 世纪 90 年代初，中国开始引入集体协商制度。1994 年 7 月，《劳动法》对企业实行集体谈判和签订集体合同制度作出了明确规定，标志着集体协商制度作为调整劳资关系的一项重要法律制度在我国正式建立。2001 年 1 月，新修订的《工会法》规定“通过平等协商和集体合同制度，协调劳动关系”、“建立劳动关系三方协商机制”。2001 年 11 月，全国总工会、劳动和社会保障部、国家经贸委、中国企业联合会、中国企业家协会联合发出《关于进一步推行平等协商和集体合同制度的通知》，开始在各类企业全面推行集体协商，并积极探索推行区域性、行业性集体协商。这标志着集体协商制度开始从法律文本走向实践运行。2007 年 6 月，全国人大常委会通过的《劳动合同法》再次强调：“工会应当帮助、指导劳动者与用人单位依法订立和履行劳动合同，并与用人单位建立集体协商机制，维护劳动者的合法权益。”集体协商制度被认为是使劳资冲突规范化的一项伟大的“社会发明”，是现代民主社会中每一位劳动者都拥有或应当拥有的特定权利。[②] 集体协商是市场经济条件下劳资双方制度化的沟通渠道，是协调劳动关系的长效机制，也是现代西方国家规范和调整劳动关系十分奏效的基本手段和主要方法。集体协商不仅确立了集体劳动关系调整的正式规则，而且本身就是解决冲突的一种重要机制，通过集体协商规范劳动关系事务，构成了市场经济国家劳动关系制度的核心。集体协商倡导和谐、合作的理念，追求劳资双方共赢，寻求劳资利益的平衡和利益契合点。[③] 在操作程序上，集体协商的基本过程是：一方通常在谈判开始时说明自己的立场，请对方明确自己的立场；双方还要讨论和确定行动的原

① 李环主编：《和谐社会与中国劳动关系》，中国政法大学出版社 2007 年版，第 166 页。

② 杨体仁、李丽林：《市场经济国家劳动关系——理论、制度、政策》，中国劳动社会保障出版社 2000 年版。

③ 程延园：《构建制度化的劳资利益沟通机制——对“东航返航事件”中劳资博弈非制度化的思考》，《中国人民大学学报》2008 年第 4 期。

则，包括协商地点、时间、程序以及会议的目的和作用，或者明确需要解决的问题；随后工会代表雇工提出要求，资方提出意见。一般要经过三个方面的准备：一是将提出的要求按一定顺序排列；二是准备好所有可能的方案，提出拒绝其他方案的理由；三是把己方提出的要求与对方的利益、需要和想法联系起来。集体协商的最后结果是书面的、签字的劳资集体协议（合同），以明确双方的权利和义务以及有关的准则，特别是劳动关系的确定、内容以及终止等。[①] 2009 年 1 月 20 日，人力资源和社会保障部召开 2008 年度四季度新闻发布会，指出"以扩大集体协商和集体合同制度覆盖面为重点的'彩虹计划'在全国开展，力争用 5 年时间在各类企业基本建立集体协商和集体合同制度"。[②] 2010 年 5 月 20 日，人力资源和社会保障部表示，"中国计划从 2010 ~ 2012 年，力争用 3 年时间基本在各类已建工会的企业实行集体合同制度。对未建工会的小企业，通过签订区域性、行业性集体合同努力提高覆盖比例。最终使得集体协商机制逐步完善，集体合同的实效性明显增强。"[③]

第五节　发展单位民主推动单位发展[④]

与其他基层民主形式有所不同，单位民主在兴起、发展动力和趋向上更多地需要借助于社会和单位两个层面的推动和促进，社会变革和单位体制改革为单位民主的勃兴并不断创新和走向巩固提供了有利的契机。社会变革的后果之一是社会开放性程度不断提高，民主要素越来越多、越来越深地介入社会各个领域及其运行过程并产生越来越广泛的影响，与此同时各方利益主体的利益诉求日益多元化、复杂化，利益关系及格局处于快速的调整之中，并引发了对民主化逐渐强烈的需求，这些宏观层面的变化都对单位民主的发展提供了强有力的推动。另外，单位自身因应经济社会的变动也面临着日新月异的体制性变革，从而导致一些新问题和新局面的不断涌现，增加了单位治理的复杂性和艰难性，这也就亟须以全新面目出现的民主化治理机制为现有的单位治理框架注入新的活力，开拓更广阔的发展空间。基于上述背景，本节通过梳理和阐释单位民主与单位特性、单位秩

---

① 周长城、陈群：《集体谈判：建立合作型劳资关系的有效战略》，《社会科学研究》2004 年第 4 期。

② 唐佳蕾：《人保部：力争 5 年在各企业基本建立集体合同制度》，中国网，2009 年 1 月 20 日。

③ 林晓洁：《我国拟 3 年内在已建工会企业实行集体合同制度》，中国新闻网，2010 年 5 月 21 日。

④ 本节由李海金拟出写作框架，陈明、代金铭完成初稿，李海金在初稿基础上进行改写和完善。

序、单位发展效率、单位治理体制之间的关联及机制，达至以发展单位民主为契机推动单位发展，实现单位有序、良性运行。

一、不同性质单位的单位民主

改革开放以来，中国的单位组织一直处于快速、迅猛的变动之中，其曾经的铁板一块面目已经今非昔比，单位在性质、类型、规模、结构等方面的差别化程度不断增大，这些差别也导致不同单位的民主制度在形态、功能、组织形式、运行方式、制度化水平、绩效等方面的差异，从而使得单位民主呈现出极为复杂、多元的局面，为基层民主的创新和发展提供了更宽广的空间。基于研究的需要和便利，我们重点开展两个层面的单位民主比较：一是公有制单位与非公有制单位；二是国有企业、行政单位与事业单位。这两类单位组织在性质和类型上具有显著的差别，这种差别带来单位结构、功能与运行逻辑上的区分，并进而意味着不同单位与单位民主的生成时机、程度、方式和机制之间结合方式的差异。

从不同性质单位与单位民主的关联上看，单位民主并不天然或必然地与某种性质的单位组织存在关联，民主制度不仅适用于国有企业，也可以或者应当运用于非国有企业乃至非公有制单位。不过，不同性质单位与单位民主及其具体环节之间确实存在不同的对应关系，甚至在某些方面迥然有别，这就导致单位民主的基本形态和未来走向呈现出差别化、类型化的特点。首先，在单位民主的兴起背景和初始状态上，公有制单位尤其是国有企业的民主制度兴起较早，几乎与社会主义所有制形式的建立同步，而非公有制单位的民主制度则鉴于改革开放的历史进程及其阶段性，起步较晚，没有多少历史的积淀；其次，在单位民主的组织形式建立和制度化水平上，公有制企业由于具有较长期的历史沉淀以及国家法律体系的支持和政治力量的推动，其民主的组织形式较健全、机构较完善、制度化水平较高，而非公有制单位的组织形式建立较晚，其组织健全程度也很有限，制度化水平也不高；再其次，在单位民主的功能和绩效上，却与前两个方面相反，公有制单位的民主制度尽管历史积淀较深厚，组织形式健全程度较高，制度化水平较高，但是这些却在很大程度上阻碍了民主制度自身的创新，失去了民主创新的动力与空间，而非公有制单位则较少受到历史沉淀的拖累和路径依赖的负面影响，基本不受制于具有较强稳定性的制度和组织惯性的羁绊，从初始目标定位上基本上就以职工权益维护为指向，将权益维护和利益代表等民主功能建立在新的历史起点上；又次，在单位民主的组织形式和活动方式上，公有制单位的组织形式和活动方式最丰富多样，非公有制单位往往偏向于某种组织形式和活动方式，职工代表大会制度最开始产生于公有制单位也在这类单位中有更广泛的采用，工会更多地受到非公有制单位的青睐，而民主测评和政务公开则主要适用于公有制单位如行政单位、事业单位和国有企业；最后，在单位民主的创新空间和方向上，基于公有制单位与非公有制单位之间民主创新在内在动力和制度空间上的差异，公有制单位的民主创新一般存在内在动力不足和制度空间狭隘的困境，其民主创新的速率较慢、空间较小，而非公有制单位由于意识形态的桎梏较少、员工的行动能力较强和制度空间较宽广，更有可能在民主的组织形式和运行机制等方面开拓创新性行动，设置引领单位民主的发展方向。

另外，在公有制单位内部，由于性质、特点和功能的差异，至少还存在国有企业、行政单位与事业单位三种类型单位之间的区分，这三类单位基于运行（经营）方式、劳动关系状况等的差异，其民主形式、内容和特点也存在较大的区别。对于行政单位来说，由于其行使公共权力，掌握公共资源，提供公共服务，以公共利益为依归，以社会公众为目标群体，其劳动关系直接受到国家公务员制度等规范性制度文本的保护，职工的维权需求不强，职工民主参与主要围绕着内部行政权力的分配、使用、监督等的民主化、科学化、规范化程度进行，实现行政权力运转的民主与高效有机结合；对于事业单位而言，由于其兼具行政性与市场性，既协助政府行政机构完成一定的行政事务，又部分地进入市场以满足自身发展的经济需要，从而导致其员工组成结构及劳动关系状况呈现出复杂多样的局面，职工民主参与主要是依托工会、职代会等组织形式维护经济权益、参与民主决策、监督评议单位领导；对于企业单位而言，由于经济利益的凸显和市场机制的介入，职工民主参与的内容更加丰富，形式更加多样，亦是单位民主建设和创新的主战场，不过在公有制企业、股份制企业、外资企业和私营企业中又存在着较大程度的差异①。具体而言，鉴于公有制企业的国有（或集体）属性和国家（或集体）利益关照，其劳动关系属于利益一体型，劳动关系双方的利益分化是有限的，因此公有制企业职工民主参与主要表现为职工民主管理的权利，其参与形式主要有工会、职代会和集体合同制度，但它们在相当程度上依附于企业的行政管理机构，并难以也不应独立的推行民主参与活动；对于股份制企业而言，基于劳动关系双方利益主体的明晰化和处理方式的市场化，职工介入企业治理结构并参与其活动、集体谈判和集体合同制度是职工民主参与的主要形式；对于外资企业和私营企业而言，基于劳动关系属于以雇佣劳动关系为基础的劳资关系以及劳动关系双方力量对比的不平衡状态，其职工民主参与的性质是权利争取型参与，工会的组建和集体谈判的推行并在职工的民主参与实践中发挥主导作用是衡

---

① 常凯：《不同类型企业民主参与的不同特点和要求》，《天津市工会管理干部学院学报》1998 年第 3 期。

量这类企业民主参与水平的关键环节。

二、保障单位秩序中的单位民主

民主本身即是一种秩序安排，也是对现有社会秩序的整合与完善。以利益互动的状态和过程为出发点，在工作单位内部存在三种形态的秩序形态：生产秩序、管理秩序、交往秩序。单位民主在发展过程中必须处理好与这三种秩序的关系。生产秩序，是指的单位内部职工与单位内部利益关系产生过程所需要的正常的商品生产状态，单位民主的利益均衡机制就是从单位内部商品生产的实现开始的，它是单位内利益的产生过程，是单位秩序核心。管理秩序是单位内部的利益安排状态，是对利益产生后的制度与行为安排过程，当利益安排无法实现契约与社会要求下的公平与平等时，就会产生利益表达和权益维护过程。交往秩序，是指工作单位内部职工与职工、职工与领导之间交往互动状态。利益表达和权益的维护往往是通过交往过程中的信息交换来强化的。当利益安排无法实现互惠就会产生剥夺和压迫感。在布劳看来，当被剥夺者通过交往彼此交流自己的愤怒和侵犯时，就会产生不满和对抗。[①] 管理秩序和交往秩序、利益安排和利益互动在工作单位内部是互动的，它们共同组建了单位民主运行的制度与实践空间（如图 3-1 所示）。民主作为一种利益均衡机制要通过利益的互动过程来解决单位民主的利益安排问题，实现单位内管理秩序与交往秩序的健康与和谐。

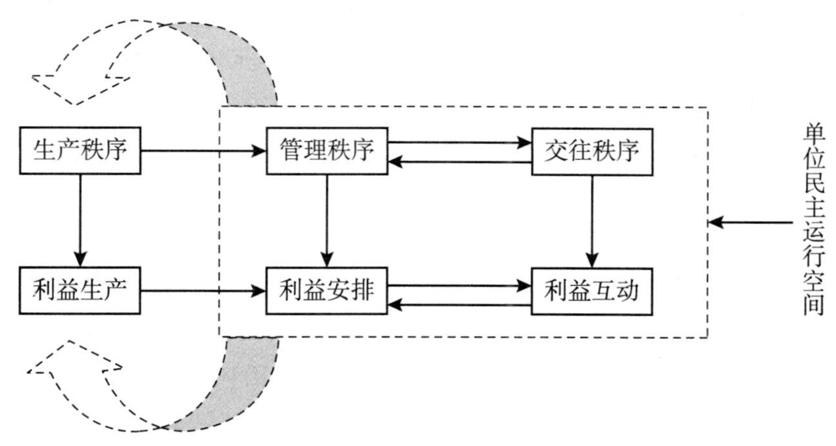

图 3-1　工作单位内秩序、利益与民主关系

但是单位民主运行的核心动力机制，是工作单位内以商品为形态的利益生产

① ［美］彼得·布劳：《社会生活中的交换与权力》，商务印书馆 2008 年版，第 49 页、第 71 页。

过程。没有利益的生产，民主的运作只是一种空壳和形式，民主也就不存在。因此，工作单位内部，生产秩序要优先于民主，民主要尊重生产秩序所体现的市场原则。这是单位民主与城乡基层民主不同之处，这也是单位民主作为经济单位的核心体现。当然，并不是说民主与生产秩序之间没有关系，只是在民主与生产秩序产生矛盾时，民主必须让步于生产秩序，这种优先是民主与生产秩序的一种协调机制。同时，良好的民主治理效果也会扭转落后的低效率的生产秩序，促进单位生产秩序向更有效率更健康的方式转变。

对于交往秩序来讲，交往秩序除了通过交往互动将单位利益安排上升到群体认知和表达的层面以外，伴随着经济体制改革和社会分工的精细化带来的单位内部职工群体在生活方式、收入水平、消费结构、人际交往等方面的巨大差异，通过单位内部工作交往互动，往往会形成不同的利益剥夺感、社会危机感和对单位的评价与认知意识，将直接影响到工作单位内民主文化建设。工作单位社会对社会整体结构变迁的回应，可能在整体社会参与扩大化的影响下形成负面的民主参与意识和表达方式。单位民主如何回应并进行交往秩序的再造与整合，也是社会民主在单位内的映射。

三、单位发展效率与单位民主

与农村和城市基层民主不同的，单位内部运行是通过直接的现实的利益交换来实现。利益的实现与表达同单位内的职工工作的积极性和主动性密切相关。特别是20世纪中期以后科学技术的迅速发展导致的劳动结构的变化，脑力劳动成为劳动的主要特征，同时生产的集约化和科技产品的质量的潜在责任性使得职工的积极性与主动性在劳动中变得意义重大，为单位民主的发展提供了历史发展的时代空间。充分发挥职工内在的积极性、智慧和创造力，成为现代企业管理的核心。“如果不能有效解决提高劳动者的自觉性、主动性和团队协作精神问题，企业劳动生产率的提高和长盛不衰就无从谈起。”① 而劳动者的自觉性、主动性和团队协作精神必须依靠自身利益的实现和表达来支撑。单位民主作为单位内部的一种利益均衡机制往往能够促进单位内部利益交换的顺利实现，使得职工在单位利益交换过程中不会出现利益剥夺感，从而提高职工工作的积极性和主动性，提升了单位内部的生产活力，保障了企业内部的生产效率。这是从长远的时代发展和单位发展要求来看，单位民主有利于推动企业内部单位效率的提升。所以，单

① 参阅刘文元：《职工民主理论管理理论与实践》，中国劳动社会保障出版社2007年版，第22～23页。

位民主的发展既符合现代民主化的需求，也适应了现代经济发展的需要。

从现实的角度来看，单位民主和单位效率之间还是有个先后顺序的。单位，尤其是企业单位内部效率优先的原则是无法改变的，单位内部没有效率就谈不上效率。“效率优先，兼顾公平”的提法必须从社会发展的价值追求之中回归到企业内部。公平优先这是社会发展的原则，尤其是我国处于转型的关键时期，各种问题和矛盾凸显，如何凸显转型阶段的整体公平是实现社会健康转型的关键和核心。民主培育和发展正是对这一转型的回应。但是在企业内部，经济的自由和商品的自由流动性要求企业内部是一个逐利的经济共同体，效率优先是其根本原则。单位民主并不否定单位内部的效率优先原则，而是在转型关键时期，凸显民主在解决劳动关系上的作用，同时作为提升企业，尤其是单位企业内部活力的一种方式，是对效率优先原则缺陷的一种修补。“效率优先，凸显公平（民主）”是民主与效率在单位内部的一种协调。这是冲破民主与效率冲突的关键。因为长期的民主理论研究认为，一个民主的政体，并不一定是一个有效率的政体。同时，相关研究表明“政治自由每一次的扩展都会以经济发展的减速为代价；反之，经济发展的每一次提速都会牺牲掉一些政治自由”。[①] 经济发展和民主之间不存在一定的线性关系。但是，现代化理论研究认为经济的发展会为民主的发展提供必要的机会。从单位企业内部来看，效率优先带来的优裕的物质利益分配会为单位民主的运行和发展提供条件。西方工业社会内部经济民主和职工民主参与的发展经验告诉我们，必须正确处理好民主与效率的关系。单位民主发展的一方面必须遵循时代发展和政治发展的需求，另一方面必须找到自身在企业内部的发展空间和领域。

四、完善工作单位治理体制与单位民主

在经济基层领域——工作单位内部，政治和社会层面的利益剥夺往往直接地体现为现实的物质利益交换，是一种基于市场契约的互惠实现，当这种互惠性无法实现时，工作单位社会的问题就会不断呈现，进而影响整个单位的发展。伴随着经济领域内劳动关系的调整、利益分化的加剧、劳资矛盾的升级，单位治理问题逐渐累积。传统的单位治理方式已经不适应整个社会的发展与治理趋势。单位民主作为单位治理的一种方式，逐渐凸显出来。但是单位民主一直以来并没有获得系统性的、理论性的突破。而只是在工会、职工代表大会等传统意义上的民主管理方式的探索和完善。单位民主作为单位治理方式的探索和创新空间尚未被完

① 参阅王绍光：《民主四讲》，生活·读书·新知三联书店2008年版，第82页。

整地开发出来，尤其是理论上缺乏，为单位民主的研究提供了理论创新的空间。但是这一切都要遵循经济单位内的规律和性质事实，实现单位治理的科学化、民主化。

同时单位的特殊性，也决定了单位民主作为单位治理一种方式，不仅仅在于单位内部运行秩序的健康和稳定，同时单位民主还承载着党对经济社会的基层政治延伸。这种延伸不是传统意义上的行政性和体制性控制，而是基于保证党执政地位的民主化方式政治微观控制，这种微观的政治控制功能能够保证党在工人阶级和经济领域的合法性和权威性的基础建构。因为，伴随着社会转型的强烈冲击，社会问题与矛盾的负面建构效应往往直接指向对党执政地位的合法性怀疑。尤其是经济领域内社会主义关于工人阶级地位的体现往往从价值和实践上直接地影响了党应对社会转型带来的执政挑战的能力。必须通过党的民主化延伸来实现整体的意识形态的建构，实现单位的整体治理。所以，单位民主和单位治理又是一体的。伴随着城乡户籍制度改革的深入、城市化进程的加快，以及劳动力结构调整，单位民主作为基层经济社会的治理框架将逐渐成熟。单位民主的研究和实践空间将随着社会的发展而不断凸显。我们的研究定位在于，如何通过完善单位治理体制来发展单位民主。当前，企业单位“新三会”与“老三会”的治理体系的建立与调适，以及事业单位中高等学校“去行政化”、推行教授治校，是单位民主发展进程中完善单位治理体制的典型实例。

“老三会”与“新三会”是企业改制过程中的产物，分别指企业改制前传统企业中的党委会、工会和职工代表大会，以及企业改制后现代企业制度中的股东代表大会、董事会和监事会。这两种不同的治理结构分别对应着现代企业制度下投资者、经营者和劳动者三个利益主体中不同主体之间的关系，“新三会”着重协调的是所有者与经营者之间的关系，经营者受聘于董事会，执行股东大会和董事会的决策，并受监事会的监督；“老三会”着重协调的是经营者与劳动者之间的关系，经营者在执行股东大会和董事会决策的过程中，需要将决策转化为具体的、细化的工作措施，同时还要依法实现保障劳动者的合法权益，充分调动劳动者的积极性①。在性质和功能定位上，“老三会”和“新三会”具有显著的差异。“老三会”着重强化企业的政治领导和员工的政治参与，以实现党的领导和员工的主人翁地位为目标，而“新三会”则是偏重为实现现代产权制度中授权与代理关系之间的权力协调和制衡而设置的组织体系，以生产效率的提高和股东利益最大化为目标②。从中可以看出，“老三会”和“新三会”在现代企业运转过程中

① 施东亮：《现代企业制度下对“新三会”与“老三会”关系的思考与实践》，《工会理论研究》2008 年第 5 期。

② 聂宏光：《新形势下“新、老三会”的职能与定位》，《理论界》2011 年第 1 期。

都是不可或缺的，它们分别行使着不同的职责，担负着不同的功能，共同维系着企业的良性、有序运转，其动因在于中国特色的社会主义市场经济体制下的现代企业制度在治理体制上的独特性，它既不同于计划经济体制背景下以政治组织为基本组织架构、以政治功能为中心而弱化乃至忽视生产效率和经济功能的传统国有企业治理体制，也不同于资本主义国家中一味地追求和强化企业的生产效率和经济利益而摒弃企业的政治社会功能的企业治理体制，而是通过对企业不同性质和类型的组织形式进行适度的功能划分，即将党委会的职责权限严格限定在党务和政治思想等层面，将工会和职代会界定为劳动者组织并以民主参与、权益维护和利益代表为基本职能，将股东会、董事会和监事会作为企业日常经营管理的主导性组织框架，从而在实现企业经济目标的同时也推动了单位民主的发展，而且这种适度区分与有机衔接的企业治理体制也为单位民主的发展提供了一个相对独立和有利的空间。

事业单位是介于行政单位与企业单位之间的一种单位组织，它是指“为了社会公益目的，由国家机关举办或者其他组织利用国有资产举办的，从事教育、科技、文化、卫生等活动的社会服务组织”。随着市场经济体制的不断完善和改革向纵深推进，事业单位体制改革逐渐提上议事日程，这对事业单位的治理体制和机制构成了极大的挑战，但也为事业单位的民主制度创新带来了新的契机。教育尤其是高等教育是公共服务的重要领域，高等学校以“去行政化”为问题指向的民主治理探索也是事业单位治理体制改革与民主发展的典型代表。2010 年 7 月发布的《国家中长期教育改革和发展规划纲要（2010～2020）》指出，“推进政校分开、管办分离。适应中国国情和时代要求，建设依法办学、自主管理、民主监督、社会参与的现代学校制度，构建政府、学校、社会之间新型关系”，“探索建立符合学校特点的管理制度和配套政策，克服行政化倾向，取消实际存在的行政级别和行政化管理模式”。温家宝总理在 2010 年《政府工作报告》中也明确提出，要推进高校管理体制改革，激励教师专注于教育。高校“行政化”、“去行政化”、“教授治校”等成为教育界乃至社会各界的热点话题之一。高校“行政化”是教育管理体制改革的顽疾之一，导致了许多危害，表现为高校管理活动的“行政化”降低了校务决策的科学性、高校学术活动的“行政化”妨碍了学术事务的有效开展、高校组织权力的“行政化”阻滞了多元权力的参与和监督、高校组织结构的“行政化”破坏了高校以“松散联合”为特征的有效运行。通过强化大学的行政级别加强了政府对高校的行政管理、增强了高校领导的官员定位与官员意识、导致高校贪大求全及不平等竞争。高校“去行政化”改革的关键是要打破学校与政府的隶属关系，恢复高等学校的办学自主权。早在 2000 年 7 月，中组部、人事部《关于加快推进事业单位人事制度改革的意见》，就提出改变用管理党政机关工作人员的办法管理事业单位人员的做法，逐步取消事业单位的行政级别，不再按行政级别确定事业单位人员的待遇。根据国务院事业单位改革的文件精神，应当逐步取消各级高等学校的行政级别，革除高校的“官场化”弊端，使高等学校能够按照教育规律办学。从目前的改革可行性和可操作性来看，一个突破口就是“教授治校”。其实现路径有两条：一是通过建立校级“教授委员会”并发挥其在校务决策中的作用，改进高校的学术体制、管理体制和领导体制。校级教授委员会是由全体教授或有代表性的教授、校长及具有教授职务的党政领导组成教授委员会，对学校改革和发展中的重要事项进行决策，党委对学校的统一领导体现在教授委员会中，决策形成后由校长为首的行政系统贯彻执行。校级教授委员会作为学校最高学术和行政组织，对学校的重大问题具有决策权，包括学校的发展战略与规划的制订，学科专业的设置与调整，经费投入与融资方案的设计，师资队伍的建设与规划，校长的遴选与评议等。二是通过建立院系“基层学术组织自治”，以减少校级集权、消除行政干扰、加强法律和章程的保障。院系层面的基层学术组织实行学者自治，通过教授会来讨论决定学科发展方向的选择、学术规划的制订、学术梯队的配置、教师和研究人员的选聘等问题。[①] 通过规避政府对学校管理的行政化倾向和学校内部管理的行政化倾向，强化高校管理的专业性、独立性和民主性，着重发挥教授等教职工的自主权、参与权、决策权和监督权，从而为高校民主管理开辟了一条新的路径。

① 陈何芳：《教授治校：高校“去行政化”的重要切入点》，《教育发展研究》2010 年第 Z1 期。

第四章

基层政府治理与行政民主

俗话说，“基础不牢，地动山摇”。对一个社会而言，基层是社会的基石和细胞。各种社会现象和问题往往初现于基层、汇聚于基层，并通过基层最先反映出来，甚至各种矛盾和冲突也可能最先在这里酝酿和爆发。基层既是产生社会矛盾的“源头”，同时也是疏导各种矛盾的“茬口”。面对近年来基层社会矛盾凸显的现实，要有效化解各种社会矛盾和问题，就必须把基层工作做好。只有基层社会和谐了，构建社会主义和谐社会才有坚实基础，才能最终实现全社会的和谐。对此，中共十六届六中全会通过的《中共中央关于构建社会主义和谐社会若干重大问题的决定》深刻指出：“构建社会主义和谐社会，重心在基层。”

基层的和谐，有赖于广大基层群众、基层组织和基层政府等治理主体的通力配合与密切协作。对于基层政府而言，虽然处于国家政权的末端，但它作为国家政权在基层的代表，又具有国家政权的内在特征。因而基层政府在资源占有上处于强势地位，在地方治理中具有主导性作用，也正因如此，基层政府对于构建基层和谐负有主要职责。基层政府以何种方式治理，不仅影响其内部管理体制，而且影响其外部的治理绩效，即基层社会的和谐。就治理方式而言，行政中的民主导向不仅符合世界民主化潮流，而且适应改革开放以来我国现实行政的需要，因而这一治理方式正成为基层政府行政的目标选择，并开始在基层行政实践中加以运用，初步显现出了在和谐社会构建中的功能。对基层政府治理中的行政民主进行理论与实践的分析、总结，从而为构建社会和谐提供参考，便是本章的主要任务。

第一节 基层政府治理特性与转型

在不同的国家和不同的历史时期，由于政府层级设置的不同，基层政府有不同的界定：如美国市级政府是最为基层的一级政府，法国的基层政府是市镇一级，日本则是市町村作为基层政权。就我国来说，由于现行政府层次是五级制，即中央、省、市（地区）、县（市）、乡（镇），因此基层政府一般专指县（县级市、区）级和乡（镇）两级国家政权机关。①

据民政部发布的《2010 年社会服务发展统计报告》显示的行政区划调整新进展：截至 2010 年底，全国县级行政区划单位 2 856 个（其中市辖区 853 个，县级市 370 个，县 1 461 个，自治县 117 个，旗 49 个，自治旗 3 个，特区 2 个，林区 1 个），乡级行政区划单位 40 906 个（其中区公所 2 个，镇 19 410 个，乡 13 475 ，民族乡 1 096 个，街道 6 923 个）。② 作为基层政府，其有着不同于省市以上政府治理的特征。

一、基层的治理环境的新变化与新问题

基层政府处于国家政权的最低层级。就政府的从属关系及职能来说，基层政府具有双重属性：一方面，它是本级人大及其常委会③的执行机关，对其负责并报告工作；另一方面，它又从属于上级政府，接受上级政府的领导，对上级政府负责。各级政府都负有执行管理本行政区域内的行政事务的权利和义务。基层政府则主要管理辖区内基层社会事务。由此，基层政府的治理具有以下三个显著特征：

一是基层性。基层政府是国家最低一级的行政单位和政府组织，是国家政权的基础和在基层的代表。它管理的是国家和社会的最基层事务。

---

① 如果仅从我国政府层级上讲，应该说处于最末的乡级政权是我国的基层政权。但一方面在我国，乡镇历来都不是一级完备的政权体系，如乡镇人大不设立常设机构，乡镇司法机构及其他实力机构属于县的派出机构。另一方面，从历史上看，从秦始皇设郡县开始，县级政权一直就是我国的基层政权，而且县具有完整的地方人大机构、政府行政机构和司法机构，是一级完备的地方政权。因而从现实和历史习惯上，我们一般把县乡级政权称为我国的基层政权。

② 《民政部发布 2010 年社会服务发展统计报告》，http：//www. china. com. cn/news/txt/2011 －06/16/content_22801341_5. htm。

③ 乡级人大无常委会。

二是直接性。基层政府是国家政权的末梢，在政府活动中直接面对基层社会和广大城乡居民。同时，其活动内容大多与城乡居民的日常生产生活息息相关，利益关联度最大，联系也最为直接和密切。基层政府的职能较多表现为社会管理和公共服务的特性，政治统治职能则相对较弱。

三是复杂性。基层政府直接面对基层群众，其活动内容大多是城乡居民的日常生产生活。职能看似较为简单，但由于我国幅员辽阔且人口众多，基层群众的生产生活又涉及方方面面，利益诉求也是多种多样，特别是近年来随着城市化、工业化的推进，经济社会在加快发展的过程中，促进了各种利益的分化重组，导致不同社会阶层存在着一定程度的利益对立。此外，随着我国自主型社会的成长，公民的利益主体意识不断得到强化，日益重视自身权益的维护，在与政府发生关系的过程中，特别是利益受损时，常常会采取各种方式维护自身权益。这些矛盾和问题一般都通过基层表现出来。因而，要协调与平衡好各社会阶层的利益、正确处理好政府—公民的关系，对基层政府来说又异常复杂。如果处置不当，就容易引发社会冲突，影响社会稳定。由此，基层政府在日常治理活动中，究竟以何种方式实施治理，才能更好地履行自身职责、更好地服务于基层群众的生产生活这一问题，便客观地摆在了基层政府的面前。

二、行政民主的提出

按照一般的理解，民主的原意是一种统治方式，属于政治意义，特别在古德诺提出政治与行政二分法以后。古德诺在其经典名著《政治与行政》[①] 一书中认为："政治是国家意志的表达，行政是国家意志的执行。从讲效率的行政目的来说，行政是与集权相联系的，只有政治才讲民主，行政讲求的是集权。"古德诺的这一经典论述几乎成了一个"共识"。

因此，在传统的政治思维之中，有关民主的认识主要是建立在政治制度的层面上的。而"作为一种政治制度的民主，核心是关注统治的合法性基础"。[②] 在古典民主理论家的视野中，统治的合法性是通过人民直接参与而获得的"意志"。

但在现代社会里，随着参与者人数的增多，国家领地的扩大，直接参与式民主难以在规模较大的国家实现，受到很大的局限。正是考虑到这种局限性，密尔提出，政治要分为两个层次，并分别由两种民主形式发挥作用。在宏观的政治民主层面上用"代议制"替代直接民主。人民选择他们的代表组成代议机构，由代

---

① ［美］F. J. 古德诺：《政治与行政》，华夏出版社 1987 年版。

② 王锡锌：《公共参与和行政过程》，中国民主法制出版社 2007 年版，第 2 页。

议机构来“代理”行使权力。在微观的政治层面，比如决策和基层的治理，人民可以通过直接参与来进行自我教育。同时，直接参与在宏观的政治层面也继续发挥作用，它主要表现在选举权的防御作用上，即当人们认为其代表没有或不能代表他们时，选举可以作为一种防御性的行动，例如撤换代表。代议制民主理论成功地缓解了人民主权和民主规模之间的紧张关系，因而在当代国家得到广泛实践。在代议制民主中，对统治合法性的关注就由原来的“由谁统治”转换成“如何进行统治”的问题。①

由此，作为民主理论及作为政治制度的民主，在关注政治统治权问题的同时，就涉及了行政权力行使的合法性问题。这是民主理论对行政过程的要求。

此外，与传统意义上的行政相比较而言，现代行政不再是一种消极行政，而是以一种主动、积极的方式采取行动，在对经济的管制、民众福利的保障、环境、劳工等领域的社会性管制等活动，事实上将行政活动推到了所有社会问题的最前沿。在那里，行政不再是简单的执行法律，而是要面对各种竞争性的价值和利益，并且做出选择。行政已经不再是对立法指令简单的“执行”过程，而是一个基于目标而展开的“管理”过程。因此，行政的过程已经转化为了政治过程，行政过程的政治化也日益明显。这一过程同样需要注入民主化要素，使行政过程及其结果获得合法性。这为行政过程中民主的接纳准备了基础性条件。

而就我国而言，传统中国的政权形态是“皇权不下县”，“在州县级以下没有任何类型的正式政府存在”②，乡村“是没有品官的自治区”③，即县以下实行乡村自治、“乡绅治乡”。作为直接面对乡村社会的基层政权——县（州）一级来说，其主要任务仅是代表皇权完成国家的征税、劳役或兵役，属简单日常事务，因此国家在县（州）一级与农民的关系主要就是税收（劳役或兵役）关系，县（州）长（令）可以成为“亲民之官”，并有较多时间和精力进行游历或饮酒作诗文，从而留下许多佳话与名篇佳作。国家对广袤的乡村社会无须也无法加以过多的限制与管理。因此，传统社会“尽管也存在国家，但是其行政机构并没有成功地在其领土范围内垄断并合法使用暴力的权力，从而加以有效的统治”。④

但是，到了现代社会，民族国家的构建过程本质上“是由一个分散的、互不联系的且以族群为基础的地方性社会走向一个整体、相互联系并以国族为基础的现代国家的过程”。⑤ 现代国家的核心是“主权”，为了实现和巩固主权，统一

① 王锡锌：《公共参与和行政过程》，中国民主法制出版社 2007 年版，第 3 页。

② 瞿同祖：《清代地方政府》，法律出版社 2003 年版，第 5 页。

③ ［德］马克斯·韦伯：《儒教与道教》，商务印书馆 1995 年版，第 145 页。

④ 徐勇：《“回归国家”与现代国家的建构》，载徐勇著《现代国家乡土社会与制度建构》，中国物资出版社 2009 年版，第 5 页。

⑤ 同上。

性、完整性、集中性便是其必然要求。而新中国的建立，正是中国真正进行现代国家构建的开始，国家（政府）必然要在领土内合法使用其全部权力，将社会整合进国家政治权力之内，即国家权力无限制地对社会每一个领域形成全面控制，社会自由空间几乎不存在，只是作为国家的附庸品。整个社会都被“国家化”，形成了邹谠所谓的“总体性社会”或“全能主义”（Totalism）。“其基本特点是，一个社会中没有一个政治权力机构不能侵犯的领域”①。由此形成了“全能主义”国家的管制模式。

改革开放前，特别是人民公社时期，在户籍制度和土地制度的双重束缚及当时特定的生产与分配制度下，全体居民被高度纳入组织化、半军事化管理中，国家政权甚至深入到每个农村生产队。在全能主义国家的管理之下，国家对社会的生、老、病、死无所不包、无所不管，因此导致自身事务繁多。“社会主义国家政府的社会管理和社会服务职能特别繁重，政府以管理政治事务的方法来管理经济和社会事务”，“社会主义国家误认为社会一切事务由政府来管理或服务，是社会主义优越性的本质特征，从而导致社会主义国家政府的社会管理职能和社会服务职能内涵的急剧扩张。”②

改革开放以后，我国的基层社会发生了很大变化。其中之一就是发轫于20世纪80年代初的农村村民自治及城市社区自治这两类主要群众自治组织的产生与推行。群众自治组织通过民主选举、民主决策、民主管理、民主监督来达到自我管理、自我教育、自我服务的目的。基层政府与群众自主组织的关系被《城市居民委员会组织法》和《村民委员会组织法》所规定，是“指导与被指导”关系而不是领导与被领导关系。在法律的约束下，基层政府不能再继续沿用全能主义的模式对基层社会实施统制式管理。

同时，在社会主义现代化建设的进程中，需要建设许多大型公共事业和进行各方面的社会服务，基层政府管理事务增多，单靠过去那种传统的无为而治已不可能有效实施治理。相反，“有为而治”才是现代政府的重要特征。但基层政府由于受到自身财政及权限的制约，要单独完成对基层社会的治理非常困难，需要基层政府放弃唯一的治理垄断地位，与其他社会和民间自治组织共同承担治理责任。这是因为现代治理含义“与统治不同，治理指的是一种由共同的目标支持的活动，这些管理活动的主体未必是政府，也无须依靠国家的强制力量来实现”。③

更重要的是，当前我国正处于经济社会深刻变化阶段，是矛盾多发期。从政

① 邹谠：《二十世纪的中国政治》，香港：牛津大学出版社1994年版。

② 施雪华：《政府权能理论》，浙江人民出版社1998年版，第247页。

③ 罗西瑙：《没有政府的治理》，剑桥大学出版社1995年版，第5页；《21世纪的治理》，《全球治理》1995年创刊号。

府职能上讲，基层政府治理面临既要推动地方经济发展（“发展是第一要务”、“发展是硬道理”），又要维护地方社会稳定（“稳定压倒一切”）的双重压力。在这种压力之下，为协调这两个目标，有的地方提出“以发展促稳定、以稳定保发展”的口号与策略。但在实际上，“保发展”与“促稳定”之间在资源投入与策略优先上还是会产生一定的矛盾。如有的地方为了维持刚性稳定①而谨小慎微，不敢进行任何改革，结果丧失了机遇，影响了发展；而有的基层政府为了促进地方经济发展，不充分考虑民众要求，要么“逼民致富”，要么“与民争利”，其结果不仅地方经济社会本身的矛盾难以有效解决，而且会因此而造成新的干群、党群矛盾，影响社会和谐与稳定。② 这是因为当前基层群众受教育水平得到了较大提高，在改革开放中由于受到了来自西方的自由、平等、民主、法治等现代思想的影响，自我意识开始觉醒，已初步具有了现代人的特征。“越现代的个人越渴望改变现状，越能乐于接受新的思想观念和经验，因而也就越少宿命色彩，越少畏惧权威和接受传统”③。具有了自我利益意识和民主法制意识的广大群众已经认识到了自身利益并运用各种手段维护自身利益。除了在利益受到损害无可奈何之下时，如在近年城市及道路交通建设引起的房屋拆迁与征地中，或者农村中集体经济权益或参与选举的政治权益受到侵害时，人们会采取上访或群体性事件等“以法抗争”、“以理抗争”甚至“以死抗争”④ 的维权活动外，许多情况下，人们已能运用民主的、法制的手段合理合法地维护和实现自身的利益，如深圳西部通道的维权事件中，沿线居民通过持续的有力、有理且合法地与南山区政府进行反复博弈，最后取得了一个各方面都能接受的结果。这表明，当前的基层群众已不是传统臣民，而是主体意识得到觉醒和民主法制素质得到提高的现代公民。基层政府在实施治理时必须改变方式方法与策略，尤其在构建和谐社会的背景下，这种调整更显必要。由此就有了基层政府治理中的“行政民主”的要求。

综上，基层政府的治理方式由传统的行政管制向现代的行政民主转型，无论

① 这是于建嵘观察中国社会稳定现象时所创造的一个专门术语。他认为，“刚性稳定以垄断政治权力为目标，以僵硬稳定为表象，以国家暴力为基础，以控制社会意识和社会组织为手段。为了实现和保持刚性稳定，执政者追求并强化政治权力的排他性和封闭性，试图对社会进行绝对管治。”参见于建嵘：《从刚性稳定到韧性稳定——关于中国社会秩序的一个分析框架》，《学习与探索》2009 年第 5 期。

② 近年来许多见诸媒体的基层政府圈地搞开发造成的群体事件充分说明了这一点。

③ 殷陆君编译：《人的现代化》，四川人民出版社 1985 年版，第 62 页。

④ “以法抗争”、“以理抗争”、“以死抗争”分别见之于于建嵘：《当代中国农民的以法抗争——关于农民维权活动的一个解释框架》，《社会学研究》2004（2）；《转型期中国的社会冲突——对当代工农维权抗争活动的观察和分析》，《凤凰周刊》总第 176 期；徐昕：《中国农民工为何以死抗争?》，《二十一世纪》2007 年 4 月号；李连江、欧博文：《当代中国农民的依法抗争》，吴国光：《九七效应：香港、中国与太平洋》，香港太平洋世纪研究所 1997 年版，第 141～169 页。

是从理论基础上还是从现实需要上，都具备了必要性及可能性。

三、行政民主转型的困境

“行政民主”指的是行政机构、行政工作人员的行政活动要反映民意，人民可以通过参与行政活动促使行政行为符合民意的政府治理方式。这种治理方式是与传统的行政管制相对应而言的，是一种现代治理方式的转换。要实现这一转换，不仅需要行政机构的制度构建，还要求行政工作人员及人们民主意识的提高等基础性条件。基于我国的现实来说，在由行政管制向行政民主转型的过程中，由于各种因素的影响，其转型也面临一些困境。

第一，传统行政管制的惯性仍较强。管制（regulation），原意指有系统地进行管理和限制。该词含有规则、法律和命令的基本含义。可以将行政管制概括为政府以法律、法规、规章等为依据，以行政命令、决定为手段，对行政相对人的行为和活动进行某种干预、限制或约束的行为。作为一种行政权，行政管制同其他国家权力相比较，具有主动性、广泛性、自由裁量性的特点；同企业、社会组织和公民个人的权利相比较，行政管制具有强制性、自上而下性、单方性等特点。中国政府过去是一个管制型政府，具有典型的行政管制的特征。原因在于：第一，长期的封建社会的传统；第二，计划经济体制的影响；第三，阶级斗争以及无产阶级专政的观念。①

在长期的行政管制治理模式作用下，地方政府及其行政人员具有一种行政管制的惯性思维，总认为“政府就是管制”，管制就是群众得听从自己单方面的命令。相当一部分地方政府管理及运行方式，即使时至今日，仍带有很强的计划经济色彩，“不少管理者的‘身子’已进入了市场经济，而‘脑袋’却还停留在计划经济体制中”②。因而，要实现基层政府从行政管制向行政民主转变，就并不那么容易。作为一种行政体系，一种行政惯性思维，和其他事物的发展规律一样，它并不会在民主化的日渐压力之下在短时间内土崩瓦解，更不会自己自动退出历史舞台。

第二，相应的，是基层政府及其工作人员的行政民主理念淡薄。由于长期的封建专制和高度集权的计划体制影响，在管制行政模式的惯性驱动下，基层政府及其工作人员更多拥有的是权力本位、官本位的观念。长期以来基层政府在行政

① 刘熙瑞：《服务型政府是我国政府的必然选择》，《中国政协报》2006 年 5 月 12 日。

② 崔莹晶：《论当前中国地方政府公共管理的惯性危机及治理对策》，《辽宁行政学院学报》2010 年第 1 期。

的基本价值上，其基本取向集中于一个“管”字上，把公民看作管理对象而非合作伙伴，通常被理解为基层政府对公民的管理。这导致了基层行政工作人员的官僚主义、高高在上，习惯于指挥人民前进，其行政管理活动则以片面追求行政效率为目标，基层行政的改革与发展也主要是为寻求提高效率的途径，从而导致基层政府民本理念淡薄，民主的、服务的理念没有完全树立，忽略了行政活动中应当重视与承担的社会公平、社会责任和服务质量。因而在具体服务实践中，经常可见基层政府出现的服务“缺位”或“越位”现象。所谓“缺位”是指在需要由基层政府提供的服务项目上，如农村的公共卫生、义务教育等，政府没能有效提供；所谓“越位”是说在本该由社会自我服务、自我管理的事务上，政府不考虑社会的实际和需求，越权进入，用行政手段去插手和包揽，如对村委会这一农村自治组织的行政干涉。

第三，行政过程中缺少公民参与和监督的机制。行政民主主要表现为行政过程中对社会公众愿望和诉求的回应。政府回应公民要求的基础是公民能够积极地表达自己的需求和愿望。但目前政府在行政过程中，尤其在公共决策时，普遍缺乏自下而上的民意表达。这其中的原因之一是基层群众不懂、不愿或不敢表达自己的利益诉求；原因之二则是由于行政管制的惯性与思维，基层政府也不太重视各利益相关方的诉求，忽视了社会公众监督之下的机制与渠道建设，民众的监督主体地位不能得到充分体现。从目前来看，后一种因素的制约更大。因为“管理者对公民的消极态度是公民参与发展过程中的一个主要障碍。”① 由此，广大群众利益表达的正常渠道和途径缺失，必要的参与机制没有建立健全，广大群众难以积极地表达自己的合理主张和诉求，政府自上而下地“替民做主”的决策较多。而这些自上而下的决策又往往与群众的实际需求相差较大。甚至在个别地方，察民情、知民心、顺民意成为一种口号而未成为地方政府工作的落脚点。同时，基层政府在履行其职能的全部过程中，尤其在项目的预算、执行及资源的分配等方面的透明度和公开性不够，造成广大群众对基层政府中的外部监督不足，难以保证行政权力行使的民主性和公正性，从而不利于提高基层政府行政行为的权威性和效能性，基层政府决策也容易偏离正确轨道，导致无效行政。

第四，“基层政府—公民”之间相互信任的基础较低。“相互信任是民主治理的重要构成要素，是维持和发展治理网络的关键要素，也是社会集体活动和社会认知的必要条件。”② 没有相互信任，行政民主是不可能建立起来的。相当长的一段时间里，社会上流行“中央是‘恩人’，省级是‘亲人’，市里是‘好

---

① 王巍、牛美丽编译：《公民参与》，中国人民大学出版社 2009 年版，第 112 页。
② 王巍、牛美丽编译：《公民参与》，中国人民大学出版社 2009 年版，第 111 页。

人'，县里是'坏人'，乡里是'恶人'，村里是'仇人'"的说法，就反映了广大群众对基层政府的不信任感。这种不信任来自于公民长期以来对基层政府的种种不当言行的直接感知。公民对基层政府的不信任，将产生两种不同的结果：一是过分关心基层行政事务，关心其行政活动是否与切身利益有关；二是对基层行政活动漠不关心。基于不信任感的过分关心或冷漠，都不利于基层治理方式的转变。与此同时，基层政府行政人员对公民也存在不信任感。这种不信任来源于权利觉醒后的公民对比政府管制或不合法纪行为不再盲从，甚至会以各种方式来进行抗争性维权，从而成为基层行政人员眼中的不再听话的"刁民"。而"管理者是否信任公民会相应地产生不同的政策结果。没有信任，管理者会佯装支持参与改革，但他们仍然继续沿用传统的处事方式"。①

以上现实表明，在基层政府行政中，由于传统的惯性、行政人员的民主素质，及"基层政府—公民"之间的信任程度等因素的影响和制约，治理方式由传统的管制型向民主型转变，还有较长的路要走。管制型治理在当前的基层行政中还占据主导地位，从而也在相当程度上影响了地方治理的绩效。

第二节　行政民主发展改善政府治理

行政民主转型的困境，也表明了要改善政府治理绩效，需要在突破传统行政管制的惯性束缚、提升基层行政人员的民主理念、建立公民参与与监督机制、加强基层政府—公民间的相互信任等方面进行考虑。但本书认为，行政方式的改革是其基础性工作。行政方式改革本身既是一种理念，也是一种实践；既可以由此提升基层行政人员的民主素养，也能提高基层政府—公民间的合作能力，增强彼此间的相互信任。行政方式改革由此推动行政民主发展，并有效改善政府治理。当前，我国正在进行的基层行政民主实践主要有：

一、政府公共事务公开

政府公共事务公开也就是我们通常所说的政务公开，是指公共行政部门通过民众便于接受的方式和途径公开其政务运作过程，公开有利于民众实现其权利的信息资源，允许其通过查询、阅览、复制、下载、抄录、收听、观看等多种形

① 王巍、牛美丽编译：《公民参与》，中国人民大学出版社2009年版，第118页。

式，依法利用公共行政部门所掌握和控制的信息，从而实现对行政权力运作的监督。①

从20世纪70年代开始，政务公开在世界许多国家开始兴起，并已成为这些国家推进政府建设、民主行政及提高政府管理效能的重要选择。由此，政务公开被认为是政府行政由传统向现代、由秘密向公开转变的标志之一，成为现代公共行政改革的潮流和基本趋势。我国的党和政府近年来对政务公开也非常重视。1997年党的十五大报告明确提出了“城乡基层政权机关和基层群众性自治组织，都要健全民主选举制度，实行政务和财务公开，让群众参与讨论和决定基层公共事务和公益事业，对干部实行民主监督”。中共中央纪委先后多次在全会上对政务公开工作作出部署，并在2000年7月专门召开了全国乡镇政务公开经验交流电视电话会议，对乡镇政务公开工作作出了全面部署，提出了具体要求。同年，为贯彻落实党的十五大关于扩大基层民主、保证人民群众直接行使民主权利的精神、推进依法治国的进程、加强对行政权力运行过程的监督、密切党和政府同人民群众的联系，2000年12月25日国务院出台了《关于在全国乡镇政权机关全面推行政务公开制度的通知》，明确了在乡（镇）推行政务公开的一系列重大问题，并对县（市）政务公开提出要求。此外，不少省市制定了一系列政务公开制度，采取了一系列行之有效的措施，取得了较为可喜的成效。2006年政务公开调研成果显示，全国有31个省（自治区、直辖市）政府已经建立政务公开管理制度。15个副省级城市建立了政府信息公开制度。此外，北京、湖南、贵州、沈阳、南京、济南、大连等地建立了政务公开考核办法；广东、重庆、沈阳等建立了政务公开责任追究制度。② 而2008年5月1日施行的《中华人民共和国政府信息公开条例》则为我国政务公开提供了法律保障。

政务公开规定了政府依法向社会公开一切不涉及国家安全、商业秘密和个人隐私的政务信息。实行政务公开，是公民获取政务信息的重要前提条件，可以消除基层群众由信息不对称给个人行为选择带来的成本与风险，有利于群众更好地参与政治。正如美国政治学家奥罗姆指出：“政治参与要求接收一般的特殊的信息，那些获得这种信息的人，即在效应和心理上更多介入的人，就更有可能参与政治。反之，那些没有得到这种信息的人，则无动于衷，缺乏心理上的介入。因此，也就很少有可能参与政治生活。”③ 其次，政务公开有利于加强民众对政府

① 俞桂海：《政务公开难点问题及发展趋势探析》，《山东行政学院山东省经济管理干部学院学报》2010年第3期。

② 《目前全国31个省区市政府建立政务公开管理制度》中央政府门户网站，http：//www. gov. cn/jrzg/2006 - 12/10/content_465493. htm，2006年12月10日。

③ ［美］安东尼·奥罗姆：《政治社会学》，上海人民出版社1989年版，第293页。

行政的监督。通过公民知情权约束政府权力，防止政府权力过度膨胀，解决政府运行中的权力制约问题，建立廉政政府。同时，对于政府来说，需公开政府行为的依据和结果，接受民众监督，这样才能反馈民众消费公共服务的满意度信息，从而提高政府对民众的回应能力，建立起高度回应性的开放透明的服务行政体制，构建良好的官—民关系，进而使民众更好地理解政府的决策，并协助政府有效地实施其决策，提高政府行政效率。

我国政务公开是从基层政府率先推行的。基层政府的管理活动直接面向基层广大群众，涉及群众生产生活多方面的切身利益，如计划生育、救灾救济、社会保障、社会福利、拆迁征地等，因此政务公开显得尤为重要。特别是近几年，农村农业税费的取消和新农村建设的实施，国家给农民多项惠农政策和投入大量的物资及补贴，涉及面广，农民非常关注。能否如实发放并做到“三公”分配，这对基层政府的政务公开提出了更为迫切的要求。

目前，全国政务公开工作呈现出稳步发展的良好势头。在基层政府政务公开上，乡镇政务公开逐步走上规范化轨道。各地按照便民高效的要求，结合当地实际，不断探索新的公开形式。有的地方还推行了“点题公开”、“一站式办公”等公开形式，受到人民群众的普遍欢迎和充分肯定。[①] 所谓点题公开，也就是群众想知道什么，只要在政策允许的范围内，干部就对题公开什么，使公开更具体、更明确。点题公开避免了“公开的不是群众想知道的、群众想知道的没公开”的问题。“一站式办公”，就是建立起以综合行政服务中心为核心的新型工作方式，打破了科室间固有的界限，清理、规范、整合了业务事项，公开办事指南，使机关内部的办事流程由以前的横向各自为政，变成了纵向的服务链条，实现了由管理型政府向服务型政府的转变。基层政务公开的结果，是基层政府的作风大为改观，干群关系显著改善，社会更加稳定，经济发展步伐明显加快。

但各地基层政府在实施政务公开中，也存在一些不容忽视的问题。如有的乡镇干部对政务公开的认识还不到位，对政务公开的必要性和重要意义认识不够，不是把政务公开看成是基层民主的一项重要内容、是政府的一项责任与义务，而是认为公开就是揭老底、扬家丑，存在“不愿公开、不敢公开”的心理障碍，从而影响了基层政务公开的深入发展；一些基层政务难以实事求是地公开，难以按群众的意愿公开，出现了领导认为可公开的就公开、领导认为不便公开的则不公开，无关紧要的公开、紧要的部分不公开等避实就虚现象，政务公开缺乏深度。还有的问题就是一些基层的政务公开仍存在形式化的倾向，主要表现在：部分乡

① 《新闻背景：我国政务公开的发展历程》，http：//news.163.com，2005 年 4 月 26 日，来源：新华网。

镇为了公开而公开，公开的内容不及时或者避重就轻，报“模糊数字”，“明白栏”不明白，部分群众甚至对政务公开产生了“审美疲劳”；此外民主决策、民主管理、民主监督的一系列规章制度还没有完善和很好落实，基层政府对政务公开中群众所反映出来的问题，不想去解决，不是通过政务公开使行政行为更加透明，更加民主化，只是为了应付上级检查，而做些表面文章，或者是群众反映强烈而不得不公开，成了事后公开和被动公开，影响了乡镇政务公开的公信度。①

今后，基层政务公开要切实按照2005年3月中共中央办公厅、国务院办公厅下发《关于进一步推行政务公开的意见》的要求，将乡镇一级得到推广的政务公开工作向纵深推进。各地区各部门要进一步推行政务公开的主要任务：乡（镇）重在巩固，把中央的各项要求落到实处；县（市）和市（地）级行政机关要加强规范，完善公开的内容、程序、形式和监督保障措施；省级人民政府及其工作部门和国务院各部门要明确政务公开的内容和形式，并加强对本地区本系统政务公开工作的规划和指导。如此，基层政务公开才能得到健康发展，进一步推动行政民主建设。

二、政府公共决策中的公众参与

“行政民主理论核心价值在于代表和最大限度地表达公共利益，强调树立平等、自主、开放的公共行政观和保障公民权利，注重政府和公众间的协调互动，主张政务公开和公众参与是公共行政的主要制度特征。其中，政务公开是民主行政的前提和准备，公众参与是民主行政的具体体现。”② 一个透明、民主的政府，不仅要实行政务公开以满足公民的知情权，而且还要在公共决策过程中吸收公民参与以满足公民的参与权。在参与民主论者看来，民主本身甚至就等同于参与。例如科恩就是从这一角度来理解民主的含义的，他认为：“民主是一种社会管理体制，在该体制中社会成员大体上能直接或间接地参与或可以参与影响全体成员的决策。”③ 公民参与不仅可以提高政府公共决策的科学性，而且因其本身体现出的民主性而有利于政府决策的实施，因而近年来在我国日益得到重视。

在我国，公民参与是改革开放后国家行政放权引起的利益实现自主化的结果。改革的特征说到底就是一种行政放权。这种放权体现为纵向上中央对地方的

① 中共株洲市委党校、株洲市行政学院课题组：《论完善乡镇政务公开工作的着力点》，《西安社会科学》2010年第1期。

② 谢昕、成书玲：《行政民主理论视角下的政务透明和公众参与关系研究》，《湖北社会科学》2006年第10期。

③ ［美］科恩：《论民主》，聂崇信等译，商务印书馆1988年版，第10页。

放权，横向上政府对社会、对企业、对公民的放权。具体体现在分税制改革与农村村民自治、城市社区自治以及现代企业制度改革、户籍制度改革等。国家从权力高度垄断状态向社会进行部分分权，特别是市场化的实行，使得国家的一些职能开始为市场所取代。改革开放与市场化改革不仅激发了人们的利益追求本能，而且也在现实中提供了人们追求与实现利益的基础。当广大群众的利益实现再不能把国家、集体（组织、单位）当作唯一的载体时，就意味着人们很大程度上需要依靠自己，以实现多样化和自主化的利益需求。

近年来公众参与在基层公共决策中也得到较多体现。这与两方面因素有关：一是基层政府的行政行为与广大基层群众直接相关，其公共决策关系到广大群众的切身利益，因而在公共决策中，只有吸收公民参与才能增强其行政行为的合法性；二是基层政府虽然本质上是代表人民的利益，但不可否认的是，现阶段仍然存在“政府部门利益化”倾向[①]，而每一项基层政府公共决策的实施都将作用于千家万户，影响广大群众，公民只有参与基层政府公共决策的过程，才能在与基层政府的博弈中使其决策最大程度地有利于己，如此才能更好地实现与维护自身利益。正是基层政府与公众二者的需求及合力使公众参与这一民主形式在我国出现。而实践中，这一形式的典型表现是公众听证。

公众听证是近年来兴起的政府在决策前以公开方式听取利益相关者代表意见作为参考依据的决策形式。听证制度在我国起步较晚，但发展很快。随着政务公开行政理念的逐步深化，公民参政意识和能力的提高，听证制度在公共行政中已经占据了越来越重要的地位，其被引入的范围也渐次拓宽，从开始时的价格决策听证、行政处罚听证已经逐步扩展到与群众利益密切相关的立法听证、重大行政许可听证、重大基础设施建设听证等方面。

听证制度，正是通过归还老百姓以知情权和参与权，激发其民主意识和对社会公正的诉求，并鼓励其依法行使自己的申辩权，同被视为“父母官”的政府官员享受真正法律意义上的平等。其功能主要表现在：第一，查明事实真相，为政府的决策提供基础；第二，让作决定的人（决策者）处于不偏不倚的中立者地位，保证裁决中立、行政结果的正当；第三，保障行政相对人平等有效地参与行政决定和行政决策，在行政决策过程中体现和维护民主价值；第四，体现法治政府和服务政府的原则要求，实现行政权与相对人权利之间的平衡，使行政主体与相对人之间在平等基础上进行协商对话，从而真正做到政府为人民服务的宗旨。[②]听证制度使相关利益主体走到一起，竞相平等地表达自己的意见和建议，切实反

① 孙正平：《利益化部门的形成》，http：//blog. tianya. cn/blogger/post_show. asp？BlogID = 804962&PostID = 8080411。

② 唐贤兴：《公共决策听证：行政民主的价值和局限性》，《社会科学》2008 年第 6 期。

映和维护自身利益。通过采纳相关利益群体的多方意见，切实维护了广大群众的切身利益，为公共决策的公正做出提供程序保障。经过听证这一程序，最后的决策者就能够对各方利益相关人的需求和矛盾焦点有更准确地把握，从而在公共决策中进行合理的利益平衡和协调，这有利于促进公共决策的公正性。可以说，听证制度所追求的社会公正理念，是对中国几千年来传统决策观念的重大突破。

当前基层政府公共决策中的听证主要有以下几种形式：①价格听证。听证内容主要集中在水电气、交通、景点门票、教育收费、电信等关系到民众普遍切身利益的公共事业价格。例如南京市雨花台风景区门票价格调整听证会；②立法听证。例如南京市溧水县举行的《溧水县关停、破产企业托管、退休人员参加基本医疗保险实施意见（草案）》听证会；③城市规划听证会。例如《玄武湖景区总体规划》公开展示（被媒体称之为对规划的一次“准听证会”）；④执法听证会。例如南京市玄武区市容局率先实行社区城管听证会制度；⑤行政许可听证会。例如四川旺苍县政务服务中心召开的旺苍至嘉川公交客运行政许可听证会。

但在公民参与公共决策中，存在的突出问题是一些地方举行的听证会出现虚假听证或走过场的听证会。如在价格听证中，实际上作为政府一方事先早已决定了涨价，然后安排一些赞成涨价的公众参与听证，使“听证会”变成了“逢听必涨”、“涨价听证会”、“公众被代表”等不光彩的标签，并由此形成了“听证会走过场——公众被代表——公众对听证会失去兴趣——听证会听不到民声民意”的恶性循环。这不仅使听证会失去作用，而且变成了操纵民意的手段，引起群众的不满的同时，也使公民参与真正目标不能达成，公民参与产生低效能感或说挫折感，使公民对基层政府产生失望与不信任情绪，容易引发党群、干群矛盾。

因此，作为基层政府公共决策中的公众参与，一定要是真实的、客观的参与。基层政府只需要制定公众参与的制度并提供公众参与的平台，而不要干涉公民的自主参与。更重要的是，要将公众参与的成果体现在公共决策中，使公共决策最后要体现出民意。如此，才能使公共决策获得广大群众的信任与支持，才能有利于其实施。这也将有利于化解基层社会矛盾。

如今，随着人的生产生活等活动范围的扩大，人们的利益范围也在延伸。而“随着利益的延伸，人们的表达需要上升到更高层次，基层民主渠道需要相应扩展。群众的利益延伸到哪里，民主渠道就要延伸到哪里；涉及群众利益的公共决策到哪里，民主参与和民主监督就应该延伸到哪里。”[①] 因此，与其利益的延伸相适应，公民参与也由社区向行政区域、由个体参与向公共参与扩展。基层政府要重视和注意研究这一趋势及变化，开放更多的领域吸收公众参与，引导公众合

① 徐勇：《发展基层民主促进社会和谐》，《政策》2007 年第 3 期。

法有序参与，以公众参与来改善基层社会治理。

三、政府公共治理中的民主监督

政府公共治理体现的是一种公共权力的行使。政府公共权力来源于人民授权或人民的权力让渡。由此所决定，政府权力的运用和行使不但要经过人民的同意，而且要接受人民的监督。民主监督是人民行使主权的一种体现。

对政府权力的监督，西方普遍采用的是三权分立形式。但三权分立是一种权力间的相互制衡关系，即立法权与司法权对行政权的平行制约。而由我国政治体制所决定，各级党委和人大实行的都是“议行合一”的领导体制，即将政治权力分为决策权、执行权和监督权，并且集中于同一个机构。既有党委和人大的纵向监督，也有专门部门（纪检）的横向监督。此外，还有重要的一点在于，广大人民群众对政府（此处指大政府概念）的监督。

中共在新中国成立前，就非常注意人民监督政府的重要性。众所周知的一段轶事就是1945年黄炎培与毛泽东在延安的对话。针对黄炎培对中国共产党也难逃周期率的担忧，毛泽东充满信心地说道：“我们已找到新路，我们能跳出周期率。这条新路，就是民主，只有让人民来监督政府，政府才不敢松懈，只有人人起来负责，才不会人亡政息。”①

尽管新中国成立后的相当长一段历史时期，由于阶级斗争扩大化及10年“文革”的发展，人民对政府的监督并没有得到有效实行。但改革开放以来，经过几代领导人的持续推动和全党全社会30年来的不懈努力，在建立社会主义市场经济体制和建设社会主义民主政治过程中，我国在权力监督方面已经出现了一系列重要的变化，取得了不少重大的进展。这些变化和进展包括：以分散权力制约权力；以倡导法治制约权力；以道德内约制约权力；以政务公开制约权力；以舆论监督制约权力；以信息技术制约权力；以公民权利制约权力；以民间力量制约权力。②

随着群众民主意识的增强，公民权利和社会力量对政府行政权力的制约，在国家的监督体系中逐渐占有重要地位，发挥不可替代的作用。温家宝总理在2004年的《政府工作报告》中曾指出，“政府的一切权力都是人民赋予的，必须对人民负责，为人民谋利益，接受人民群众的监督。”“只有人民监督政府，政府才不会懈怠。”在2008年的十一届全国人大一次会议上作政府工作报告时，温家宝总

---

① 黄炎培：《延安归来》，载《八十年来——黄炎培自述》，文汇出版社2000年版，第204~205页。

② 何增科：《改革开放30年来我国权力监督的重要变化和进展》，《社会科学研究》2008年第4期。

理又提出了“创造条件让人民更有效地监督政府”的新要求，表明了要把民众监督与现有各种监督制度资源相结合，形成监督合力，增强民众监督政府的实效。这也表明，民众监督政府不仅在法理上具有合法性，在政策上也是得到党和政府的大力倡导的。

基层政府由于其行政行为与广大基层群众最为密切，也最为敏感，因而更需要接受群众的监督。而广大基层群众与基层政府利益关联度最大，距离最近，日常接触最多最频繁，“从利益关联和政治层级性的角度，愈是距离民众愈远的权力，能够获得民众的信任；愈是距离民众愈近的权力，愈与民众的直接利益相关，也愈为民众所关注。”[①] 特别是对乡镇政府公务人员，因民众对其较为熟悉，接触较多，监督较为便利，因而对基层政府的行政监督动力也更强。

在群众对基层政府民主监督的具体形式上，近年来发展较快、效果较好的监督形式除了政务公开外，还有新闻曝光、市（县）长热线、广泛而自由的讨论等，初步显示出了监督的力量，对基层政府民主行政、依法行政是个很大的压力。

为适应这一进程及趋势，有的地方基层政府变被动为主动，在群众民主监督制度建设上进行一些创新。如四川省巴中市巴州区白庙乡，一个面积不过50余平方公里，人口不过万人，偏居在大巴山中的“麻雀乡”，在2010年初却突然火得不行。原因是该乡政府破天荒地将自己2010年1月份公务开支明细表包括招待费、“花1.5元购买信纸”乃至招待上级官员的烟酒在内的每一笔公务花费全部都悉数上网公布，透明程度之高，被网友称为“中国第一全裸乡政府”，3天时间引来30万网友关注热议。而该乡党委书记张映上说要“让权力在阳光下运行，就必须公开财务支出”。[②]

基层政府实施“阳光政务”，使广大群众能更好地监督政府。这不仅是“还干部一个清白”，也是“给群众一个明白”，让老百姓更好地了解、理解干部，从而放心自觉地支持基层干部工作，拥护党的政策，融洽党群、干群关系；同时也能时刻警示基层干部要注重廉洁自律，把有限的财力、项目、精力、时间投入到为人民谋利上来。这也是建设透明、责任、效能政府、基层服务型政府的关键一步。

但在公众对基层政府的民主监督上，目前存在的主要问题是由于缺少相关的制度和法律的保障，基层群众通过监督揭露出来的许多问题往往得不到有效处理

---

① 徐勇：《“接点政治”：农村群体性事件的县域分析——一个分析框架及以若干个案为例》，《华中师范大学学报（人文社会科学版）》2009年第6期。

② 《四川一个乡政府公示开支明细：1月招待费占65%》http：//news. sina. com. cn/c/2010－03－15/035019863594. shtml。

和解决，群众对基层政府的一些意见也不能够及时得到反馈，由此可能动摇群众监督的信心，继而对基层政府产生失望情绪，为社会不稳定埋下隐患。因此，如何进一步完善制度和法律建设，为基层群众对基层政府的民主监督提供切实保障，从而真正有力约束基层政府的行政行为，推动行政民主的发展，改善地方治理。这是今后政府公共治理中需要考虑的一个目标。

第三节　行政民主创新化解行政矛盾

从上述基层行政民主的实践及其分析我们可以看到，基层政府在治理方式转型上已经进行了诸多探索与努力，并取得一定的成效，但存在的问题也不少。

政府行政中的重要任务之一，是调节政府与人民之间的关系。这一关系在实际上又很容易形成一定的矛盾，即行政性矛盾。行政性矛盾根源于我们的行政体制还存在许多不适应现代社会发展变化及广大群众的多样性利益需求。而在全国各地政治、经济、文化、教育发展不平衡的进程中，社会发展及群众需求也存在差异，因此，目前很难通过统一的且实践证明有效的诸种制度来回应这些变化和不同需求。因而各地自主进行一定形式的民主创新，以化解诸种实际行政矛盾就显得非常必要。结合各地的创新，本节对此进行梳理与分析。

一、变“上访”为“下访”

“上访”是这些年来出现较为频繁的一个词语。和古代的“拦轿喊冤”类似，上访即是基层群众越过底层相关国家机关到上级机关反映问题并寻求解决的一种途径和方式。上访的发生，是因为基层群众的问题和困难在底层政府机关得不到有效解决，基于对上级机关的信任而到上级机关反映以期获得解决。

近年来，随着各项改革的推进，导致各种利益的分化和重组，在根本利益一致的基础上各种具体利益则存在对立或冲突，包括国家与社会的利益、官员与群众的利益及群众与群众之间的利益都容易产生矛盾。许多与群众生产生活和发展息息相关的切身利益，如住房、医疗、教育、社保、环保、治安、就业等方面的问题格外突出，弱势群体的利益尤其容易受损。特别是近年来，在城市改造和道路修建中，住房拆迁和征地补偿引发了许多问题，其中有些问题跨地区、跨部门，解决起来难度较大，更使得在双方或多方博弈中处于弱势地位的普通群众利益难以得到保障。而基层国家机关从自身角色而言，存在以下几种立场：一是其自身由于“经济人”角色，出于盈利需要，与民争利，在和群众博弈中，作为弱势一方的群众利益难以维护；二是在“压力型体制”下，基层政府面临来自上级制定的各种发展指标的压力，出于完成任务的需要，也可能不惜牺牲部分群众的利益；三是群众利益往往涉及面较广，基层政府在权限范围内难以有效解决。如于建嵘领衔的一个有关信访制度的课题组对632位进京上访的农民的调查说明，他们所反映的问题已远远超出了个人的冤案请求，关系到农村工作的各个方面。但因信访部门并不具有解决这些问题的实际权力，这样就势必导致了信访部门和信访群众的诉求错位。[①] 此外，由于基层政府有法不依，执法不严的司法不公现象及各种腐败现象的存在，也使广大人民群众的利益得不到有效保障。基层群众的利益通过基层政府无法得到保障的情况下，往往寄希望于上级政府来“主持公道”，越级上访、群体上访甚至进京上访现象也因此增多。

但于建嵘领衔的课题组分析认为，由于信访机构没有严格意义上的隶属关系，中央信访机构对地方及中央各部门信访机构之间的管制协调能力十分有限，缺乏强制约。各级信访机构在没有任何监督下对信访案件实行层层转办，导致信访不断升级，各种问题和矛盾焦点向中央聚集。于建嵘的调查同时显示，实际上通过上访解决的问题只有2‰。[②] 可见，绝大多数事关广大群众的利益问题通过上访并不能得到有效解决。而群众的越级上访、群体上访或反复上访，既增加了自身上访成本，也对上级政府工作造成影响，问题得不到解决，还会使“国家的司法权威遭到消解”[③]，群众反映的问题如果长期得不到解决，就有可能通过极端方式来解决，从而影响到社会的和谐稳定。上级政府对基层政府管辖范围内的群众上访，常常采取一票否决的办法来迫使基层政府将群众反映的问题解决在基层。基层政府只好对访民采取围追堵截的办法尽可能不让群众上访。由此，又加剧了群众与基层政府的对立。因此，基层政府面对上访问题常常陷于被动局面。

为了改变当前这种群众上访导致政府部门工作被动和双方矛盾加剧的状况，需要转变工作思维，化被动为主动、变上访为下访，将群众关心和反映的问题解决在基层中，化解在矛盾产生前。目前，已有少数地方基层政府对此有所认识，并采用了这一工作方式，实践效果良好，受到群众的交口称赞。2009年5月6日上午，石港镇政法办在马道村召开群众座谈会，向他们通报项目建设、民生建设和效能建设的进展情况，还发给村民法律知识读本。同一天，镇大调解中心的工

---

① 《只有2‰问题通过上访解决中国信访制度走到关口》，http://news.163.com/41104/1/14BFDSNB0001124L.html。

② 同上。

③ 同上。

作人员和村干部来到新貌村一户村民家中，为其调解邻里界址纠纷。当事双方起初情绪激动，但随着调解工作的深入，意见逐渐趋于一致，最终签订了调解协议。石港镇在大调解工作中，坚持与群众面对面，变群众“上访”为干部经“下访”，干部当好“政策法规的宣传员、矛盾纠纷的调解员、公共事务的服务员”。截至目前，镇政法办已经走进13个村（居），在每个村（居）都调解处理了1~2起纠纷。此外，干部们还主动进村与群众座谈。座谈会上，既有各村有威望的老干部、老党员、致富带头人，也有老上访户、纠纷户，让群众做群众的思想工作，效果十分明显。通过下访、座谈，宣传国家法律法规和各项惠农政策、经济发展思路、重点工作，增强了群众的亲近感、认同感，消除了一部分小摩擦、小误会，防止其转化成矛盾纠纷。在四港村的座谈会上，一桩因为邻里修路产生的小矛盾被成功化解。当事人明确表态，这个问题由他们自己来协商。村民组长宋育明说：“镇上的干部主动到村里来宣传，做工作，我们很满意。”正是这样面对面、手牵手的做法，让干部和群众心连心，把矛盾纠纷化解在了萌芽状态。2008年，石港镇共排查矛盾纠纷1 134起，成功调解1 103起。其中，镇受理调处纠纷91起，调处成功率达100%，村（居）受理各类社会矛盾纠纷1 043起，调处成功率达到97%。今年一季度，石港镇的各项统计数据与上年同期相比，呈现良好态势。其中，社会治安案件减少6起，上访案件减少2起，越级上访减少1起。①

基层政府积极主动下访群众，让群众“少跑路，不花钱，家门口，把事办”的做法，不仅加强了党群、干群间的联系，拉近了彼此的距离，政府有关部门也可以更好更早地了解和掌握群众的意见和诉求，将不稳定因素化解在萌芽状态中，从而促进基层社会的和谐稳定。今后，应注意的是将这种下访制度形成稳定的长效机制坚持巩固下来，并不断加以创新和完善，如加强各级人大代表或党代表与党员群众的联系，建立定期走访制与随时联系制，使党员群众的意见和诉求能够通过人大代表、党代表得以反映。人大代表或党代表将集中起来的群众反映的问题归类整理后向有关部门提交，并督促办理。由此既充分发挥了人大代表和党代表的作用，也能更好地解决群众的利益问题，增强社会的和谐。

二、政府与居民对话会

随着公民主体意识的增强和自我利益、集体利益或公共利益实现与维护的需

① 宋佳：《面对面手牵手心连心——石港镇大调解变上访为下访》，http：//www. tz. gov. cn/tzdz/Template/hbj/showinfo. aspx？ infoid = aead0a9c - 7bd9 - 406d - 9867 - 8566d47d48b9&siteid = 0。

要，在涉及民主、民生问题时，群众的参与意识特别是维权意识也在不断增强，其利益诉求的愿望与行动近年均表现得较为强烈。特别是涉及其民主政治权利及住房、征地、拆迁和生活环境等方面，群众的维权行动逐渐增多，并且常常反映较为强烈。在诉求得不到回应或不能得到满足时，容易出现与利益相对方的对抗或冲突，对社会的和谐与稳定造成影响。因而，为了达成政府与民众之间的相互沟通以至相互了解和谅解，双方之间的对话和协商就异常重要。这种协商形式就是政治学理论中所说的协商民主。

协商民主是20世纪80年代以来兴起于西方政治学界的一种新的民主理论和民主范式。协商民主兴起的主要原因是选举民主受到了挑战。这种挑战主要来自两个方面：其一，选举民主只能决定谁适合当国家（政府）或其他政治共同体的领导人，而无法关注领导人如何进行领导。换言之，选举民主侧重于民主的“准入”程序，而不关注准入程序之后的民主决策和民主管理。这往往会导致一个民主悖论：民主选举的领导人所作出的决策和所实施的管理是不民主的，违背“公意”的。其二，选举民主是少数服从多数的民主，其结果是多数人意志的体现，而不是全体人民意志的体现。这就导致了另一个民主悖论：民主按其本义应该是全体人民的统治，是全体人民当家作主；但选举民主的结果却是多数人当家作主，少数人被排除在当家作主的范围之外。这样一来，在选举民主中，少数人的当家作主得不到实现，少数人的意志无法体现，选举民主在保护大多数人利益的同时，却在损害少数人的利益。或者换言之，选举民主是以牺牲少数人的利益为代价的。

在选举民主受到挑战的情况下，作为对选举民主进行革新、修正、补充、完善的协商民主就应运而生了。就其概念内涵来讲，协商民主是指政治共同体通过成员之间的平等、自由的协商，在成员互相交流和妥协的基础上，就关系成员共同利益的问题达成共识，形成成员共同接受的决策或管理意见的过程。它是政治共同体成员自由平等地参与共同体事务决策与管理的过程，其核心是强调民主地协商、平等地对话、自由地交流并形成广泛的共识。从目前国外及学术界对协商民主的研究和协商民主的具体实践来看，协商民主主要包括两种形式：决策过程中的协商民主和管理过程中的协商民主。从协商民主的运作过程来看，其基本构成要素包括：众多的参与者、参与者的认识与看法、广泛深入的协商、协商所指向的共同利益、协商最后达成的共识。就其特征来讲，综合一些学者的观点，协商民主的主要特征有：①协商民主的参与者是多元的；②协商民主的参与者是平等的；③协商民主参与者表达意见和要求的方式是自由的；④协商民主的参与者是富有理性的；⑤参与者参与协商是以利益为导向的；⑥协商的参与者是有责任感的；⑦协商过程是公开的；⑧协商是遵循一定的规则和程序的；⑨协商的目的在于达成广泛的共识。①

协商民主对于欧美来讲，是正在讨论和研究的一种新的民主形式。20 世纪 80 ~ 90 年代西方关注并提出协商民主理论，主要是为了破解选举（票决）民主的困境，弥补选举（票决）民主的缺陷。因为西方的传统是以选举（票决）为民主的主要形式。自古希腊、古罗马以来，这种选举形式在西方的历史传统中早已形成。他们是在研究选举（票决）民主的不足中提出可以用协商民主来弥补其不足。对他们来讲，协商民主是新事物。

对中国来讲，恰恰相反，中国人学会选举（票决）民主是近代以来的事情，而且目前发展还不是很成熟，还在继续完善。而中国人对协商民主是有悠久传统的。就以我们党来说，早在新中国成立初期就形成了中国共产党领导的多党合作和政治协商制度，人民政协是我国实行协商民主的主要渠道之一。在政协这个机构里，各个党派、各个阶层、各个界别、各个民族、各个宗教的政协委员，都能够按照政治协商、民主监督、参政议政的要求，为国家的建设和发展献计献策。协商民主可以有多种形式，不仅仅指的是政治协商会议里的协商，还有其他许多形式。比如人民代表大会常委会或者人民政府召开公共政策听证会，比如有的地方实行的民主恳谈会，都是协商民主的形式。协商民主在中国不是水土不服，而是深受欢迎。当西方协商民主还主要停留在学者层面上，还是一种民主理想时，我国的协商民主早已经通过政治协商会议这种组织形式在实施，而且还在积极探索新的协商民主形式，如浙江温岭、河北邯郸的民主恳谈会就是一种有益的探索。

温岭市早在 5 年前就首创民主恳谈会制度，并在“协商民主”试验中形成了“泽国试验”这一模式。目前，民主恳谈会已在温岭镇、村、企业呈三个扇面推开，逐步演变成以民主参与、民主决策、民主监督为核心，以“对话、协商”为特征的乡村治理模式，其在新时期发现社会矛盾、协调利益各方、维护社会稳定等方面发挥出奇妙作用。

以镇级民主恳谈为例，具体的程序设计是：镇党委、人大、政府、各种社会团体、群众都可以向政府提交召开民主恳谈会的议题，镇党政、人大联席会议确定恳谈主题；镇政府办公室负责恳谈会的准备工作，并在一周前进行公告；召开民主恳谈会时，先由镇领导向与会者报告恳谈内容和注意事项，然后所有与会者围绕主题平等对话、自由发言，所有意见发言均记录在案；镇党政班子集体研究所有的意见和建议，并且将最后的决定向社会公布，涉及重大公共事项提交人大表决；民主恳谈会的决定由镇政府组织实施，镇党委、人大负责监督实施并征求反馈意见。

① 张书林：《党内协商民主与党内和谐的互动》，《社会科学》2007 年第 4 期。

正如一位基层干部曾理解的这样：重大公共事务的政府行为，要取得民众的理解和支持，需要有一条与民众协商沟通的有效渠道；决策者要实现代表广大群众意志的良好愿望，需要有一种由群众参与决策的规范程序；要防止决策失误，需要有一套党委领导下的由专家论证、公众参与、政府决定、人大表决的有效机制。"民主恳谈为温岭人民提供了表达意见的渠道和机会"、"中国地方政府创新奖"项目组成员周红云认为，民主恳谈会活动的开展教会人们这样一个道理：将民主权利真正还给人民是政府的责任，而行使民主权利却是人民自己的事情。北京大学政府管理学院教授、博士生导师谢庆奎认为，民主恳谈为群众参与基层社会事务的民主管理提供了新平台，借助这一基层民主政治建设的新载体，群众通过多种形式参政议政、民主管理自己身边事务的能力逐渐提高。[①] 对基层决策者来说，民主恳谈会制度还带来了分担决策风险的执政新体验。泽国镇党委书记蒋招华在接受半月谈记者采访时说："以前政府权力大，风险也大，现在权力小了，但事情做起来顺了，后遗症少了，有些不好处理的事情，通过民主恳谈会来定，政府压力就轻。"

从2001年初到2003年，温岭市委将民主恳谈制引入基层重大事项的决策过程，并以市委文件的形式将民主恳谈会的议题范围、参加对象、基本程序以及实施和监督环节进行明确规定，同时将民主恳谈会召开次数和效绩列入政绩考核。目前，温岭市的民主恳谈已经在镇级、村级和企业三个层面广泛推开。当然，也正如上海交通大学国际与公共事务学院常务副院长胡伟所说，"温岭民主恳谈会实际上是协商民主，但现在的主流却是基于选举产生的代议民主，协商民主是在代议民主完善基础上才出现的，如果不完善基于民主选举产生的代议民主，那么类似'民主恳谈会'的协商民主很难解决实际问题。"

而协商的另一种形式就是近年来地方政府下到社区，就社区居民反映强烈的问题或普遍关心的问题积极进行沟通与对话，以阐明政策、表明立场、消除分歧、达成谅解。它们主要包括：直接的沟通机制（政府与居民面对面沟通，诸如居民论坛、社区对话、社区民主评议政府部门等）、间接的沟通机制（以电话、网络、媒体为中介的沟通，诸如市长热线、电话呼叫系统、社区服务网络等）。多样化的信息沟通机制，为政府采集居民需求信息提供了制度化渠道。这一形式在制度上形成了"居民论坛、社区对话"的机制。其中以武汉市江汉区的"居民论坛"和"社区对话"为典型。

居民论坛在2000年自发产生于江汉区花楼街武汉关社区。它是社区组织主办，居民、辖区单位、政府部门参与的协商机制，具有社区需求表达和公共舆论

① http：//www. gov. cn/zfjs/2006 -06/04/content_299668_2. htm。

生成的功能。2001 年 1 月 ~2004 年 4 月，武汉关社区召开了 21 次论坛，参与论坛的总人次数为 409 人次，平均每次论坛为 17 人次。居民论坛的特征：一是参与主体多元化。从参与人次数来看，社区组织 92 人次（22.49%）、居民 237 人次数（57.95%）、政府官员 60 人次（14.67%）、辖区单位代表 20 人次数（4.89%）。二是协商议题以现实问题为主，关乎居民切身利益的社区实际问题占论题总数的 71.43%，涉及社区环境、社区安全、社区服务、人口管理、社区文化等多个方面。

社区对话产生于 2003 年，是《楚天金报》作为第三方策划，政府部门主办，社区组织、居民、企事业单位等参与的协商机制。对其中的 24 次社区对话进行统计分析，其特点：一是普遍性。市政府和 6 个区政府的职能部门主办过或参与过社区对话，政府官员参与 200 多人次，60 多个社区的 300 多名社区组织、居民、企事业单位代表参与过社区对话。二是多功能性。社区对话具有信息收集、问题处理、结果反馈功能，相对于居民论坛而言，其处理问题和结果反馈更为有效；从反馈情况看，通过社区对话，解决了 20 个环境卫生问题、12 个社区安全问题、27 个基础设施问题、23 个社会服务问题、9 个城市管理问题。[①] 在社区对话的推动下，一批困扰数以万计居民的老大难问题得到解决。社区对话实现了四大转变：变对立为对话，变上访为下访，变官民之间“面对背”为“面对面”，变现场办公为长效、日常的沟通机制。干部的感受是：遇到的纠纷少了，换来的理解多了；受到的阻挠少了，赢得的支持多了；干部在对话中受锻炼，工作在对话中得到提高。[②]

三、开放网络问政

网络是当今社会反映社情民意、加强网民交流互动的重要平台，是各级领导干部了解民情、集中民智，实现科学决策、民主决策的重要渠道。近年来，每逢两会前夕，党和国家领导人通过互联网与广大网民的在线交流，尤其是 2008 年 6 月 20 日，胡锦涛总书记通过人民网强国论坛问候网友并同网友在线交流，实现了党和国家领导人与网民的“第一次亲密接触”，将网络问政推向一个新高潮。2010 年 1 月 25 日，“网络问政”首次被写进政府工作报告，强调要“加快参事参政咨询工作，发挥院士专家等咨询研究机构和社会听证、网络民意在决策中的

① 陈伟东：《公共服务型政府与和谐社区建设——以武汉市社区建设为个案》，《江汉论坛》2005 年第 12 期。

② 刘义强：《民主和谐论——现代国家构建中的基层民主与社会和谐》，西北大学出版社 2008 年版，第 166 ~167 页。

作用。”网络民意合法性得到进一步的肯定，加快了“网络问政”这一行政民主新形式的进程。

网络问政最主要的功能有两个。一是了解民情、汇聚民智，以达到民主、科学决策的目的。中国目前的社会问题较多，如社会资源的分配不公，医疗、住房、社保、教育、惩治腐败等，这些问题又可以集中归纳为民生与社会公平问题。这是公众关注的焦点问题，也是政府迫切需要解决的问题。通过网络，社会各个地域、各个阶层、各个层次的公民都可以平等地无限制地参与各种问题的讨论，提出各自不同的见解，并经过网络讨论，产生思想碰撞。这既能消融隔阂，又能碰撞出更多思想火花，使政府可以通过网络民主参与形式实时把握民意，为政策调整提供重要的参考，保证政府决策的科学性和民主性。二是监督政府。与传统政治运行过程的相对封闭性不同，借助网络的公开性和及时性，网络问政打破了传统体制层次、程序和人为因素的羁绊，使公民及时了解政府的相关信息、工作态度及工作进展情况，从而加强了对政府及其行政官员的监督。如正是通过互联网网民发现南京江宁区房产管理局原局长周久耕抽名烟、戴名表，与其合法收入不符，从而随即将他的问题曝光，并经过纪检部门查处，最后周久耕被判刑11 年。

基层政府为适应网络问政这一趋势，也开始建立基层政府门户网站等形式来收集信息作为网络问政事项，以期能更好地掌握民情民意，化解社会矛盾，解决热点问题，密切党群政群关系，推动和谐地方建设。[①] 而对广大群众来说，由于基层政府行政事务与其密切相关，是群众最直接感知、与群众利益关联度最大的行政层级，因此更容易通过网络问政来表达诉求。其基本形式有对基层政府的门户网、官员个人博客留言，或者创建社区论坛，对社区内事务进行讨论与监督。由于社区事务与每个居民生产生活密切相关且在同一个地域，网络范围被限制在同一空间，加之许多网民对社区事务都较为熟悉，在网下还是熟人或半熟人，有着共同关心的话题，讨论更有针对性，监督也更为有力。

值得一提的是，以往政府领导要了解民情，无论是通过考察、调研、会议、接见等途径，都受到诸多条件限制。广大群众要向领导反映问题，无论是信访、上访还是通过人大代表或政协委员反映等途径，都要经过若干中间环节，并常在中间环节受阻。但互联网的使用，使得网络问政可以将社情民意直接送到领导面前，其范围之广、速度之快都是以往任何途径无可比拟的；网络问政对基层政府的监督可以一步到位，甚至可以直接向高级直至党和国家的最高层反映问题来监

① 如广东省翁城县翁城镇专门制订了《翁城镇网络问政工作实施方案》，http：//www. wengyuan. gov. cn/websitepubAction. do？ action = getPubinfor&id = 3843&deptUnitId = 33。

督。2010年9月8日，中国共产党新闻网开辟留言板，名字就叫“直通中南海”，网民想对中央领导人和中央机构说什么，尽可在上面直抒胸臆，留言板也无须注册就可留言，既可以用个人身份，也可以用党组织（单位）身份提交，网民还能对其他留言进行讨论和点评。这种基层群众直接可以向最高层反映民意的形式，对基层行政官员是个很大的触动，将有利于其行政行为的改善。

退一步说，网络问政即使是借用了网络这一虚拟形式，但网下的网民却是真实的个体公民，他们所反映的问题也大多是实实在在的，是与其切身利益紧密相关的。网民即使通过“网络问政”反映的问题不能全部得到解决，但至少为他们发泄不满情绪、释放社会压力提供了一个平台，有助于缓解社会心理负担，降低在现实社会中宣泄情感的危险性，对于形成理性的社会大众心态具有重要作用，为我国改革开放大局和和谐社会建设提供心理支持。因此，可以说，“网络问政”这一形式也为社会矛盾释放机制的建立提供了良好的心理渠道。

但基层政府提供和建立的网络问政也存在着一定的困局，并使得一些人对其持观望、质疑态度。其根源主要在于以下几方面：

一是未予以更强有力的保障机制。对于网友提交的咨询、建议或投诉，基层政府要么是很久未有回应、与网民及时沟通，或者是简单搪塞，敷衍网民，使网络问政成为可有可无的形式。这源于网络问政不是基层政府的硬任务。因此，可考虑将网络舆情工作分解任务，明确部门责任，把职能部门对网络问政的办理结果纳入责任考核指标体系之中，对未达标者进行问责或实行惩戒。

二是处置网络舆情的机制仍不够规范，能否定期举行，如何分工，依照怎样的流程，责任落实到谁，答复期限多久等问题都带有一定程度的随机性和不确定性，所以应建立起一套长效完善的网民沟通评议机制，搭建好官民互动的交流平台，及时公布公开舆情的收集、采纳、处理、反馈、督办等有关情况，对于未能处置或不做处置的事项，应陈述其合法理由，从而形成责任明确、时限合理、程序分明、实效显著的问政制度，以切实保障网络公民行使其知情权、参与权、表达权与监督权。

三是主流媒体在为网络问政提供舆论引导、意见参考和技术保障上，也应再上一层楼，使从业人员对于网友所提的问题，有更为系统、科学与合理的筛选过程，对于网友建言的可行性和真实性能够进行有效的甄别。同时媒体还应积极地对接相关政府部门，促使政府官员积极参与到与网友的互动交流平台上来，使网络问政问而有力、问出实效。①

---

① 《中国网络问政剑指何方?》，http：//www. tianya. cn/new/Publicforum/Content. asp? strItem = news&idArticle = 143905。

此外，“网络问政”的实施必须借助于现代化的网络设备，但由于我国东西部之间、城乡之间的经济差距导致了网络资源分布的不均衡，使“网络问政”中一部分公民的民意因无法跨越“数字鸿沟”而被其他公民代表。

2010 年 4 月 15 日，中国互联网络信息中心（CNNIC）在京发布的《2009 年中国农村互联网发展状况调查报告》显示，截至 2009 年 12 月底，中国农村网民规模已经达到 10 681 万人，虽然网民规模保持增长，但从普及率、网民结构、网络应用三方面来看，城乡互联网差距持续拉大。从城乡互联网的普及率来看，互联网在城镇的普及率是 44.6%，在农村仅为 15%。CNNIC 的报告对比了 2007 年以来中国城乡互联网的发展差距：2007 年，城乡互联网普及率的差距仅为 20.2%，2008 年，差距扩大为 23.5%，2009 年，差距拉大为 29.6%，农村互联网发展速度慢于城镇发展速度，互联网在城乡的差距在拉大，城乡之间的“数字鸿沟”有扩大趋势。[①] 而“数字鸿沟”不仅仅存在于城乡之间，也存在于东中西部地区之间。据该中心 2009 年发布的报告，城镇居民的互联网普及率是 35.2%，农村仅为 11.7%。农村网民分布的区域差异更为明显，超过 50% 的农村网民集中在东部农村地区。[②] 同时，正如有的专家所言，在年龄和文化的差异上，网络针对的主要是偏年轻化、文化程度较高的群体，而那些非网络人群，如社会地位偏低的工薪阶层，他们往往没有机会将时间花在互联网上。因此，网络问政不能忽略非网络群体的存在。如果媒体过度炒作“网络问政”，并将其地位置于“常态理政”之上，那么势必会忽略少数群体的切身利益，这是不科学，也是不合理的！[③] 在实施网络问政的同时，基层政府行政官员和人大代表仍然要随时随接触包括非网民的绝大多数人民群众，了解他们的状况，了解他们的疾苦，了解他们的需求。特别是要注意深入基层、社区、农村，到群众中去，发现问题，了解社情，体察民意。[④]

四、民考官：群众评议政府

在我国的政治话语中，政府官员是人民的公仆，即官员的权力来源于人民的授权和让渡，按照“谁授权对谁负责”的政治学公理，政府官员要对人

---

① 《CNNIC 发布〈2009 年中国农村互联网发展状况调查报告〉》，http://www.cnnic.net.cn/dtygg/dtgg/201004/t20100415_13712.html，2010 年 5 月 27 日。

② 《2008 ~ 2009 中国农村互联网发展状况调查报告》，http://www.cnnic.net.cn/index/0E/manual/91/index.htm。

③ 南都网：《书记直面网络问政》，http://epaper.oeeee.com/F/html/2009 - 01/04/content_675972.htm。

④ 万庆涛：《“网络问政”不能取代深入基层》，《新西部》2010 年第 2 ~ 3 期。

民负责，要体现人民的意志，使用好、掌握好权力，用手中的权力更好地为人民服务，为人民谋利益，即“权为民所系、利为民所谋”，构建现代服务型政府。而作为公众服务的行政机关，最有权利评价其行政绩效好坏的是公众，最具权威的评价者也应是公众，即“民考官”才是现代政府绩效考核的权威标准。

所谓“民考官”，是以普通民众为对象，以电话调查、会议调查、网上调查、面对面访谈、入户调查等为主要形式，以社会调查学、计算机辅助调查等为技术规范，通过收集、汇总、统计和分析民情民意，来考核评价党政领导班子、领导干部工作实绩与工作作风的一种社会评价形式。① 传统的行政绩效考核基本是一种“上考下”机制，即重视上级对下级的评估与控制，而忽视社会对政府部门的评估与控制。结果使行政官员是向上负责，“唯上”而不是向下、唯群众，责任意识减弱，脱离了政府本身的职能，也有损健康的官民关系。为了构建正确的官民关系，对政府行政的结果即绩效的考核就非常重要。“群众评议政府”就是近年来这一考核机制的创新。而这一实践以厦门市思明区群众评议政府的做法较为典型。

为了公正透明考评政府绩效，并使考评能够促进政府绩效持续改进，建立“公共责任、群众满意”的政府绩效评估体系，厦门市思明区自2001年起，就将群众评议政府作为绩效评估中的重要内容来探索和实施。其基本理念就是把群众评议引入政府绩效考评，变“上考下”、“官考官”为“外考内”、“民考官”。思明区的群众评议政府活动始终围绕着三个方面来开展：一是确保评议内容真实反映民意，二是确保评议过程公正公平，三是确保通过评议持续改进政府工作。为使评议内容真实反映民意，其做法首先是建立以群众立场为导向设置评议指标，并使该指标具有可评性、直观性。其次是以政府部门职能为根据筛选评议主体。评议主体必须是被评议对象的直接行政相对人，即让被评议部门报送每月服务对象名单作为评议主体候选人，调查机构在进行调查时，直接从候选人名单中进行随机抽样。另外也可以到政府部门办公场所开展拦截访问，直接向前来办事的群众了解某个部门的情况。评议主体涵盖了各种相对人。三是以群众和政府部门的特点来选择调查方法，如入户调查、电话访问、拦截访问、网上调查和暗访五种方法。为使评议过程公正公平，实行第三方测评机制。从2004年起，思明区开始委托中立的第三方机构进行群众满意度测评的组织和实施。此外，还建立分组评比机制、推行过程管控机制。为确保通过评议持续改进工作，实现开展群众评议政府工作的最终目的，思明区启动了以绩效互动为主要形式的“绩效整改

① 于意：《完善“民考官”评价机制的对策》，《领导科学》2009年第36期。

计划”，包括以下三个方面：促进与评议对象的反馈互动、促进各参评部门之间的交流反馈、促进与群众的沟通互动。[①] 正是由于有了创新的理念和一套客观合理、科学透明、操作便捷的指标体系，思明区政府绩效管理工作取得了可喜的成绩。2007 年，群众对政府工作的满意率达 96.25%，比 2005 年提高了 8.7 个百分点，在 2007 年厦门市对各区的绩效考评中，思明区位列第一。[②]

基层政府引入群众评议政府这种“民考官”机制，不仅是一种基层群众对政府行政的参与过程，更重要的是体现出了对人民权力的尊重和回归，是基层群众对政府的一种有效监督形式，架起了基层群众和基层政府之间的一座桥梁，重构了基层官民关系。由于群众参加对官员的考核，而这种考核往往又与其绩效挂钩，并形成问责，因而对基层官员形成巨大压力，基层官员在行政中甚至在语言、作风和自身形象上都开始注重群众意见，以期获得群众的满意评价。从而基层群众评价基层政府有利于引导基层政府眼睛向下、重心下移，进一步增强基层政府官员的群众意识、责任意识，切实避免脱离群众、脱离实际的危险，达到转变工作作风、提高工作绩效的目的。这种对基层政府的民主创新形式，有利于促进官民关系的和谐。

但结合其他各地的民考官来看，还存在着一些不足，需要今后在实践中予以注意。这些共同性的问题主要有五个方面：一是调查对象选择的代表性不足；二是调查问卷的科学性有待提高；三是民意评价的结果运用不够充分；四是民众掌握的政务信息不够充分；五是民众参与调查的意识不够强。[③]

第四节　完善行政民主促进行政和谐

行政民主作为中国基层政治生态中出现的新事物，其实践和影响已证明了其强大生命力。但毕竟在中国实践的时间不长，政府在行政中还容易受传统行政的影响。同时，行政民主建设中还有诸多欠缺和不完善之处，因此，为巩固行政民主，需要加强各项建设，如制度、组织、文化、能力等方面的建设及重点解决行政民主中的难点问题治理。

---

① 廖晓东、张小平：《确保群众评议政府公平公正》，《中国人事报》2007 年 11 月 23 日第 7 版。

② 沈贵群：《请群众当“裁判”——厦门市思明区把群众评议引入政府绩效考评纪实》，《中国纪检监察报》2008 年 8 月 19 日第 002 版。

③ 于意：《完善“民考官”评价机制的对策》，《领导科学》2009 年第 36 期。

一、行政民主的制度建设

民主是一种政权形式。“政权形式……使我们能够将民主概念化为一种民主机制。民主机制指的是与民主代议四阶段相关的制度安排，即与投票前、投票、投票后的两次选举之间相关的制度安排。更详细地说，民主机制包括与公民权相关的一系列权利与义务、各种利益关系的组织方法、选举制度、权力分配与监管的安排等。现代民主制度独特的核心任务就是限制权力。”① 因而，作为一种安排权力关系的手段，最低限度的民主必须同时满足两个条件，即达尔所称的“广泛参与”和“公开竞争”。前者指的是参与程度，或者更准确地说，是所有成年人参加选举、竞争职位的权利。后者指的是反对的权力，即为那些受到政府政策不利影响的人发表合理的反对意见提供一种制度化的渠道。② 总而言之，民主要概念为一种制度，以此来限制政府行政权力，同时维护和扩展公民的民主权利，由此使民主成为一种“独特的治理形式”。③

现今我国基层行政实践中虽然民主意味初现，但各种民主实践更多的是与行政领导个人的素质和作风有关，制度上的保障仍有不足。由此导致的后果就是，各地区、各部门的行政民主发展不平衡，更主要的是，这种民主实践容易随着领导人的改变而改变、随着领导人看法的改变而改变，是一种脆弱的、不稳定的民主或者说是一种弱意义上的民主。要把弱意义上的行政民主转化为强意义上的行政民主，需要做许多工作。其中重要的条件之一，就是要加强行政民主的制度化建设。

一是将当前各地、各部门的行政民主创新形式及其实践证明效果良好的形式及时地制度化、规范化、程序化，并努力提高这种制度化的可操作性，从而进一步增强其实施效果。改革开放之初，邓小平在总结历史经验教训的基础上，曾深刻指出制度建设具有长期性、稳定性、全局性。实践证明，凡是重视制度建设和程序建设的地方，行政民主就能持久有力。反之，各种行政民主的创新就容易昙花一现，这恐怕是近年来一些地方基层民主政治建设的一条基本经验和规律。以四川省成都市新都区为例，自 2003 年开始，新都区就基层民主政治建设出台了几十个文件。这些文件实际上将基层群众的做法以条文的形式固定下来，增强了人们政治参与行为的稳定性和可预见性。正如有的同志指出的那样，如果民众不相信这一制度政策是持续的、可被执行的，那么我们怎么能够要求农村的理性行

① 王韶光：《祛魅与超越》，中信出版社 2010 年版，第 123 页。

②③ 同上，第 124 页。

为长期化呢？2005年8月，原区委书记李仲彬离开新都时，给新都留下了大量的政策文件，这也是基层民主实现“弱意义上的民主巩固”的重要条件。[①] 今后在必要时，还要将这种经过实践检验的、被证明是可操作性强、实践效果良好、受到广大群众拥护的制度创新上升为法律法规的形式加以确定下来进行推行，从而推动基层行政民主的发展。

二是建立公民参与型的公共行政决策体制。[②] 实现民主行政必须建立起参与型的公共行政决策体制。行政决策的民主化程度决定着整个公共行政的民主化程度。在政策过程中，行政决策的公众参与表现为两方面。一是公众意愿的表达。公众意愿表达就是通过制度化的渠道将利己问题或事关社会价值观如公正、平等、基本人权等利他问题通过提案、建议等方式向公共政策制定者反映，从而使社会议程进入政策过程。随着这些问题的解决，公民的决策参与也就得以实现。二是公众参与决策。即政府在决策过程中，采用咨询、协商、公示、听证、座谈等方式倾听公众意见，听取对决策问题的看法，从而制订出尽量合意的决策方案。由此，又需要进行配套的公共行政程序制度化建设，制度化的行政程序可使公民意愿的表达和参与有法可依，有章可循，从而实现公众对公共行政管理过程的参与。具体说来，首先是基层政府的行政信息公开制度，使公民能够充分掌握了解行政运作的信息。这不仅有利于表达公民意愿，参与行政决策，而且有利于保护公民的合法权益，有利于监督和制约行政机关滥用权力。其次是建立和规范听证制度。听证制度是现代行政程序中最核心的制度，它为公民民主权利的直接有效的实现提供了制度保证。当前主要是要建立健全听证制度，使其真正能发挥影响行政决策的作用。

三是及时修订某些不适应现实需要的法律法规，使制度创新和制度建设减少束缚。制度创新作为一种打破旧有的体制的束缚，难免会与现有的某些法律法规相冲突，如乡镇政府领导人直接民主选举就与我国的宪法规定相冲突。过去，遇到此类情况时，一般是强调国家法律的严肃性、刚性，民主创新不得与法律法规相冲突。因此创立新的制度与维护现有法律法规往往是一对矛盾体。但民主创新作为一种政治改革，如果不突破原有的法律法规，又势必受其束缚而难以有所作为。一则，法律法规本身是特定历史条件下的产物，具有局限性，也需要随着社会历史条件的变化而变化；二则，任何一项改革，本身就是打破现有法律法规的束缚而重新建立新的规则，如村民委员会这一基层民主形式的产生，就是突破了当时的基层管理体制。因此，为了推进行政民主建设与发展，就需要对现有的不

---

① 肖立辉：《基层民主的巩固需要哪些条件》，《学习时报》2009年8月10日。

② 周海生：《我国民主行政之可能性及制度安排》，《广东行政学院学报》2008年第5期。

适应于经济社会发展要求及广大群众需要的法律法规进行相应的修订，以使新的更适应于现实需要的制度能够建立起来。制度建设要更多地从制度要素的建设转向制度体系的建设，也就是要注重把原来具体的要求、条例、规定有机地连接起来，使制度成为相互、有机连接的一套网络和系统，从而形成真正的长效机制。

二、行政民主的组织建设

行政民主对于行政机构或行政人员来说，就是如何在行政活动中反映民意；对于公民而言，就是如何通过参与实现自身利益。也就是政府—公民如何有效沟通实现政府对人民负责的问题。在专业化程度越来越高的今天，这种有效沟通也日益需要强调专业化与组织化。

当前，我国政府—公民之间的互动关系日趋活跃，基层政府官员与普通群众面对面交流的机会较为容易和平常。但不足的是，政府面对的公民是个体的、原子的、散状的公民，而公民在“寻找政府”的过程中，也常常发现：许多问题具有多头管理的特点，因而要么不知该向哪个部门反映，使问题和意见难以迅速达至政府，要么被各个部门相互推诿而使问题得不到有效解决。可见，行政民主的良好运行，需要有良好的组织建设。而组织建设则包含两个方面的内容：一是公民组织建设，即能将原子化的公民通过一定的形式组织起来的群众团体，这种团体能够最大程度地代表团体内公民的利益，并快速准确地通过合法渠道表达出来，促进其利益的实现；二是政府组织建设，即在政府部门中建立起一个专门听取群众意见的组织。

应该说，从形式上看，上述两种组织在我国不是没有。如从公民组织来说，就有以下组织：①各种群众性组织，如工会、青年团、妇女联合会、学生会、科普协会、文学联合会、侨联等；②各种学术团体，如哲学学会、党史研究会、数学学会等；③各种行业协会，如作家协会、戏剧家协会、个体劳动者协会等；④由特殊需要、特殊爱好而组成的协会，如老年人协会、消费者协会、残疾人协会、武术协会等。而政府中专门听取民众诉求的组织也是众所周知的，即设立于县级以上人民政府中的信访部门。

改革开放以来，我国的社会组织发展迅速。截至 2011 年一季度，依法登记的社会组织总量已超过 44 万个，其中社会团体 24.6 万个，民办非企业单位 19.9 万个，基金会 2 243 个[①]。但实际上，由于仅仅统计已经登记注册的社会团体和

① 《民政事业统计季报》（2011 年 1 季度），http：//files2. mca. gov. cn/cws/201104/2011042815534397. htm。

民办非企业数量，将会遗漏掉大量的社团，使实际社团比统计社团的数量要大得多。[①] 各种社会组织的存在，成为了沟通政府与公民间的一座重要桥梁。因为政府与公民之间经常要发生各种关系，但这种关系并不总是直接的，相反常常需要通过一个中介组织的协调来进行，社会组织就是这样一个中介。一方面，各种社会组织及时把其成员对政府的要求、愿望、建议、批评集中起来，转达政府；另一方面，又把政府的政策意图和对相关问题的处理意见转达其成员，从而实现双方的良性互动。例如，城镇的一些社区组织在遭遇噪声污染和水污染时，代表社区成员向政府有关部门反映环境污染的情况，要求政府出面干预作为污染制造者的企业，制止污染的释放。社会组织的存在，对政府行为也是一种有力的制约。改革开放前，对政府行为的制约主要来自政府内部的权力制衡。社会组织大量产生后，政府开始受到来自外部的制约。一些社会组织在发现本地或本部门的政府政策明显不合理或违反国家法律后，有组织地抵制这些政策，在许多情况下政府迫于社会组织的压力往往改变了原有的政策。社会组织越是强大的地方，政府的压力就越大，越加小心办事。

但同时我们也注意到，我国存在的工会、共青团、妇联等组织都是与党政体制高度一体化的组织，其他的行业协会、学会、基金会、志愿组织等社团组织也是经政府有关部门审查批准而成立的组织。因此，“从严格意义上说，所有这些组织和团体都是各级党政机关的附属部门，与党政机关融为一体，基本上纳入了党政机关的科层化结构和科层化管理之中，没有什么独立性可言”[②]，而且各种组织和团体的职能一般较为单一。因而，当前我国的现实是：第一，公民因为没有加入某个组织或团体，利益诉求难以通过组织渠道来帮助实现。特别是弱势群体由于自身组织化程度低，自我维护能力弱，资源有限，缺乏顺畅的利益表达渠道，其正当的利益要求往往被边缘化。近年来频发的群体性事件已经证明，“一旦正常的诉求渠道在一些地方不能得到认真落实，或者使公众对这样的方式失去信心的话，那么非正常的方式和渠道就会成为必然的选择，而这种带有暴力倾向的非制度性表达，将会影响中国民主的发展和政治的稳定。”[③] 第二，则是组织或团体中公民的多样化利益诉求难以通过单一功能的组织或团体来实现。

同样，存在于县级以上政府的信访部门，作为目前中国重要的民意表达渠道，是党和政府密切与人民群众联系的重要桥梁和纽带。但由于信访机构缺乏对职能部门的约束力，只是类似于一个“群众接待室”，做些“收收信件、听听意

---

① 俞可平：《NGO 将发挥更大作用》，《中国发展简报》2011－05－18，http：//www. chinadevelopmentbrief. org. cn/newsview. php？ id＝3512#。

② 俞可平：《治理与善治》，社会科学文献出版社 2000 年版，第 329 页。

③ 李季平：《民意诉求边缘化与诽谤干部》，《现代快报》2007 年 5 月 21 日。

见、报告领导、等待处理”的简单工作，仅起着民意通道作用，本身并不具备一定的权限，无法使这一民意管道畅通，因此其职能是虚化、软化的。同时，由于信访机构林立，缺少统领机关，且上级部门按规定不直接处理信访问题，即使有人来信来访，也只是告知信访人到有管辖权的部门投诉，或是将信访件转到有关基层部门处理，各机构推来推去，形成“相互推诿”的现象，致使信访人投诉无门，反映的问题无法得到有效处理。可见信访部门也难以维护和实现公民利益。

因此，从行政民主的视角来看，一方面公民要建立起有利于其自身利益诉求的表达机制，使这种表达机制能够快速有效地将其多元利益诉求达致政府。另一方面就是在政府内部要建立起能够将公民众多意见整合起来集中反映和表达的组织。

就公民方面而言，社会组织作为一种公民自愿结合的有组织的利益团体，在利益表达方面与单个公民相比显然具有不可替代的优越性，即由于其民间性、志愿性、独立性和非营利性等特点，更能够从公共利益的角度出发，介入社会各种领域，倾听与反映社会群体的利益需求，防止利益表达和利益整合出现“失真”或变形的情况，从而节省利益表达与整合的行为成本。因此政府应该放宽限制，允许社会各阶层尤其是弱势群体公民建立更多更广泛的具有独立性的利益表达组织，使其成为他们利益的真正代表，并能够以法律允许的方式表达利益诉求。

在政府层面，鉴于目前政府信访部门存在的诸多弊端，以及无法整合和快速传递公民利益诉求并有效促进公民所反映问题的解决，在暂时无法立即取消信访部门的情况下，可考虑将目前散存在各职能部门的信访组织集中到县级以上各级人民代表大会中去，增强其权威性，由此也可以通过人民代表所赋予的特定职能调查和督办本选区的重要信访案件，避免相互推诿现象。同时，建立全国信访网，把一些重大问题的信访资料上网公示让民众评议①，形成有利于公民利益表达的回应反馈机制。

三、行政民主的文化建设

美国学者英格尔哈特曾在20世纪90年代初对43个社会样本进行过关于文化的实证分析，得出的结论是：“在实行民主制方面，文化所起的作用，要比以往20年来的文献的看法更加重大得多。在生存价值观/自我表现价值观这一层面上所探讨的人与人之间的信任、容忍、生活水平及参与决策的权利等价值观，其

① 于建嵘：《信访制度改革需要新思维》，《南方日报》2009年6月17日。

综合的作用尤其关键。仅仅做些体制上的修改或者在精英层次上玩弄花招儿，是终究实现不了民主的。要保护民主，同样也得依靠普通公民们的价值观和信念。"① 这一论述深刻指明了文化对于民主制的建立和巩固所起的重要作用。因而行政民主的完善与发展，离不开深层次的文化建设。依据英格尔哈特的上述论述及中国的现实，本书认为行政民主的文化建设至少应包含三个方面的内容，即信任文化、妥协文化与公民文化。

信任文化。行政民主与行政专制的不同，就在于行政过程中纳入了公民参与的要素。由此，就必然要在基层行政人员与公民之间建立起一种相互信任关系。因为"信任是一种双向互利关系，如果公民知道或感受到管理者的不信任，他们同样不会信任对方。同理，如果管理者不信任公民，他们也不可能积极推行强化信任关系的改革对策"。② 是否存在双方的相互信任，将直接影响到公民参与的有无、真假、范围、广度和深度。现实生活中我们常常可以看到，正是因为有的基层政府不能取信于民，导致重要的民主形式的听证会参与者寥寥，甚至报名者达不到规定人数③。有的地方、有的领域的基层选举难以调动公民的积极性。不信任状态下的公民参与，要么是不参与；要么是消极参与。正由于对基层政府的不信任，不少公民在维权时才会采取上访、上网、"散步"、甚至采取暴力对抗的形式引发许多社会热点事件。而基层政府对公民的不信任，则要么是怀疑公民具有参与的能力，要么是对公民参与的恐惧：是否会增加冲突、如何对待公民的对立性意见、自身权力的被分享等。基层政府与公民的相互不信任，增加了公民参与的难度与实效，从而成为行政民主建设的障碍之一。因而构建行政民主，需要构建一种信任文化。甚至有学者指出，"信任是有效长期变革过程中最重要的促进因素。"④

要在基层政府与公民之间构建一种信任文化，对基层政府而言，就是要重塑在基层民众中的良好形象，提升其可信任度。首先是推进基层政府的开放和透明，除了政务公开要及时准确外，还要积极主动地与基层群众保持沟通，释放出一种开放的意识和接受监督的态度，增进公众对基层政府的了解。其次是塑造基层行政人员公平正义的价值观，使基层政府的价值理念代表和体现出公共利益，真正把"人民政府为人民"的重要理念落实到基层社会中，使公众对基层政府产生信任。再其次是完善监督约束机制，建立政府失信惩罚机制。为了重建政府信

① ［美］塞缪尔·亨廷顿、劳伦斯·哈里森：《文化的重要作用——价值观如何影响人类进步》，新华出版社2002年版，第146页。

② 王巍、牛美丽编译：《公民参与》，中国人民大学出版社2009年版，第111页。

③ 当然，除了公民对其信任度不够外，政府在听证会前是否做到充分而广泛地宣传，也会影响到公民参与的积极性。

④ 王巍、牛美丽编译：《公民参与》，中国人民大学出版社2009年版，第112页。

用必须加强监督与约束，约束政府的“越位”、“缺位”与“错位”的行为。同时要建立有效的惩罚制度，即政府行政人员在行使公共权力时，对造成的社会后果要受到纪律追究，严重玩忽职守、造成重大损失的，还要追究其刑事责任，以促使和警醒行政人员真正把人民的生命财产放在第一位。① 此外，正如普雷斯维特（Praithwaite）所言，“创造信任文化环境所需要的最重要的机制就是信任他人：如果人们相信彼此的交往是真诚的，那么，大家都会把诚信当做一种义务。”② 从基层政府方面来说，要想获得基层民众的信任，基层政府就必须首先信任民众。“为了提高公民对政府的信任水平，就必须提高政府对公民的信任程度。”③ 而基层群众对双方信任关系的建立也要做些努力，即对基层政府也要保持理解与支持，不仅要意识到自己的权利，也要意识到自己的责任，对基层政府监督的同时也要配合。

妥协文化。妥协的对立面是冲突。可以说，冲突是人类社会进步的源泉，人类社会正是在一次次的矛盾和冲突以及解决这些矛盾和冲突中不断进步和发展的。达仁道夫指出：“社会就是意味着统治，统治就是意味着不平等，而且不平等带来冲突，冲突构成进步的源泉。”④ 冲突是一个社会的客观存在和必然现象。“当下中国正处在快速转型的关键时期，在由传统社会结构向现代社会结构转变的进程中，由权利和利益分配不平等所导致的社会冲突将必然存在于社会的各个领域，社会冲突已日渐成为现代社会运行中的一种常态。”⑤ 解决冲突的办法，林德布洛姆曾归纳为两种：其一是由强大的公共权威通过压制性的方法制定制度与规则，并强制性地将它们加给社会，在这里，国家庞大的官僚系统和法院、警察、军队等暴力机器都是强制服从的工具与保证。另一种方式是通过相互冲突的社会主体之间的相互影响、相互作用的互动过程来弥合冲突，寻求合作与共识，这正是现代民主社会形成共识的基本方法，这是一个没有中心协调者的互相让步与调整的过程。⑥ 即解决冲突有两种基本方式，一是暴力的或以暴力为后盾的强制的方式，冲突各方以暴力作为实现自己目标的最基本手段，企图以暴力消灭、镇压、制服对方，或通过高压强制对方服从。这种方式的结果可能是一方全胜或一方全败，一方吃掉另一方，但也可能是双方同归于尽。另一种基本方式是和平的方式，即冲突各方通过谈判、协商、讨价还价、互谅互让的方式制订出各方虽不完全满意但至少都能忍受的方案来寻求问题的解决。⑦ 这就是妥协的方式。在

---

① 刘婷、尚小川：《我国政府信任现状及重建》，《湖北省社会主义学院学报》2009 年第 2 期。

②③ 王巍、牛美丽编译：《公民参与》，中国人民大学出版社 2009 年版，第 112 页。

④ ［英］拉尔夫·达仁道夫：《现代社会冲突》，中国社会科学出版社 2000 年版，第 401 页。

⑤ 刘勇：《政治妥协：社会冲突视阈中的公共理性》，《国家行政学院学报》2010 年第 2 期。

⑥ 转引自龙太江：《论政治妥协——以价值为中心的分析》，华中科技大学出版社 2004 年版，第 33 页。

⑦ 龙太江：《论政治妥协——以价值为中心的分析》，华中科技大学出版社 2004 年版，第 33～34 页。

人类文明程度不断提高的今天，在法治理念逐渐深入人心的当前，用暴力解决冲突的频度与强度已大大降低，冲突各方采用妥协的方式解决冲突则正被张扬。

但在我国，由于长期以来的阶级斗争传统，在一个阶级推翻另一个阶级的你死我活的残酷现实及“与人斗，其乐无穷”的斗争哲学里，妥协往往意味着软弱、无能、受挫、丢面子，甚至是牺牲原则、投降、退让、屈从、叛卖、机会主义等而被鄙弃。当前这种理念在基层民众和基层政府中都还有较强体现。因而我们看到无论是2008年的“瓮安事件”还是2009年的“石首事件”，事件的恶化都根源于双方的不妥协，尤其是基层公务人员滥用警力试图强制平息事态的行为加剧了冲突的演化，更充分暴露出基层政府长期以来对群众强势管理和理性妥协与人文关怀的缺失。实际上这是没有严格区分列宁所讲的“两种妥协”而将其混为一谈。[①] 必要的、正当的妥协根本不是牺牲原则，而是在具体行动上的策略、是依据态势的发展，进行的灵活变化。冲突各方通过谈判、协商、讨价还价、互谅互让，以和平的方式避免最坏结果的出现，达成相互利益最大化。

要构建行政民主，这种基层社会中的妥协文化的构建非常必要和关键。因为“民主意味着承认、尊重人们的利益表达的权利，并以协商、谈判、讨价还价等非暴力的方式求得各方利益的基本满足”。[②] 从这个意义上讲，民主本身就是妥协，“妥协是民主程序的核心”，“民主的所有条件中这是最重要的，因为没有妥协就没有民主。”[③] 构建妥协文化，首先是要在社会上提倡一种宽容精神，倡导人们相互尊重，冲突各方在解决矛盾时都能各自作出让步，最大限度包容不同观点；其次是积极培育人们理性妥协的意识，并建立健全协商机制，通过制度化的参与、协商来实现其利益诉求。

公民文化。中国传统政治文化是一种专制文化。在中国传统文化里，君君臣臣、父父子子、男男女女的上下、长幼、男女等级关系森严。这些等级关系反映到行政中，就是官民之间建立起了一种臣民文化。而臣民社会的传统文化必定是“义务文化”，其熏陶出来的臣民没有独立人格，主要表现就是“服从”二字。臣民文化固有的理性自主精神的缺失、等级制观念的盛行，以及君、臣、民之间

---

① 列宁把妥协分为两种：“一是为客观条件所迫而作的妥协，这种妥协丝毫不会使实行这种妥协的工人削弱对革命的忠诚和继续斗争的决心；另一种是叛徒的妥协，……实际上却是贪图私利。”由此他猛烈地批评了“左派”提出的“不作任何妥协”的口号，“幼稚而毫无经验的人们，以为只要一般地承认容许妥协，就会把机会主义和革命马克思主义或共产主义之间的任何界限都抹杀了”，“那种‘不作任何妥协，不实行任何机动’的操之过急的‘决议’，只会加害于革命无产阶级影响和扩大革命无产阶级力量的事业”，“革命阶级的政治家不善于实行‘机动、通融、妥协’，以避免显然不利的战役，那就是毫无用处的人。”参见《列宁选集》（第四卷），人民出版社1972年版，第223页、第224页、第229~230页、第231页。

② 龙太江：《论政治妥协——以价值为中心的分析》，华中科技大学出版社2004年版，第29页。

③ ［美］科恩：《论民主》，商务印书馆1988年版，第86页。

单向度的统治与服从的关系模式，都与民主的精神背道而驰。可以说，公民意识和公民文化的匮乏是我国民主政治发展进程中面临的最大的困境。① 直至当下，由于长期以来我国公民教育的缺乏，广大群众少有知道什么是公民权利以及如何获得公民权利，而官员对于什么是公民权利以及公民权利与自身权力的关系也同样认识不清。因此，消解臣民文化，同时建立起适应现代社会发展进程需要的公民文化，从而在行政层面建立起一种政府公务人员的“为民服务”意识和人民群众的“参与”意识的行政民主文化，才能有利于从文化的深层层面推进行政民主建设。

臣民文化的消解，在我国的基础条件主要是政治上的。新中国成立后人民的政治身份发生了转换，转变为国家的主人，国家从宪法上规定了我国是人民民主专政的国体，国家的一切权力属于人民。人民的诸多权利也从法律上得到了规定和保障。由于政治地位和身份的改变，人们在经济生活中，也能够以平等和自由的主体参与经济生活，尤其市场经济在我国的建立并逐步完善，使人们在竞争中强调自由和平等意识以及公平正义意识和主体意识获得了更大的提升。伴之而来的，还有人们权利意识和利益主体意识的扩大，社会由“义务本位”向“权利本位”的过渡，由此，形成了现代意义上的公民意识产生的条件。今后，要在我国培育公民文化，当务之急是实行教育理念的变革和教育制度的创新。探索政治教育新经验，解决新问题，使政治教育由意识形态的灌输转向为培养合格的或优秀的公民服务、转向公民教育的轨道。具体地说，就是在教育目标上，要以塑造适应民主政治要求的社会主义公民为指向。包括要协调和引导公民的政治心理；要帮助公民树立正确的政治态度；要引导公民树立社会主义政治思想理念；在教育内容上，要注意系统的公民教育，培育公民意识。就道德意义而言，包括自主意识与独立人格，集体主义意识，公德意识；就法律而言，包括权利意识，主体地位意识，法治观念等；在教育途径上，除了保持传统的理论宣传优势以外，更要着重从实践入手，正确引导公民的政治参与，引导公民的民主实践，增进公民对政治体系和民主程序的了解，传授公民政治知识，提高公民政治参与的技能；引导公民选择切实可行、与切身利益紧密相关的政治参与形式，使新时期的政治社会化更加切合实际，更富有成效②。

四、行政民主的能力建设

民主是一种权利，也是一种能力。行政民主的生成和建立，除了必要的制度、

① 吴兴智：《协商民主与我国公民文化发展》，《学习时报》2009 年 6 月 22 日。

② 尹学朋：《从公民教育角度看公民文化培育》，《湖北社会科学》2008 年第 11 期。

组织和文化等方面的建设作为外在的条件外，更需要其内在的条件的形成，即认知与践行民主的素质和能力。行政民主在基层的建立和施行，需要包括两个方面的能力：一是基层行政官员的民主能力，二是基层群众的民主能力。强调基层行政官员的民主能力，是因为他们的行政理念和行为直接影响到行政方式。民主能力又包括很多方面，如民主认知能力、民主参与能力、民主发展能力、民主创新能力等。

民主认知能力，是指对行政过程中运用民主方法和手段进行决策和实施的行政方式的认可、支持的态度和情感。行政官员的民主认知能力，是对这种行政方式的必要性及其意义与实施的正确认识、理解并接受的能力。如果执政者的民主意识强，民主就受到重视，民主的实现程度也就高。反之，就会无视民主，甚至排斥民主、压制民主和践踏民主，在一定的时期内，在既定的条件下，就不会有民主。而公民的民主认知能力，是认识到行政过程中的民主对于制约地方政府行政行为、维护自身权益的重要性的认知能力。这是推动行政民主的基础。

民主参与能力，是指参与行政民主过程的能力。对于行政官员来说，是回应公民参与的要求与各种方式和手段的能力。公民的民主参与能力，是对行政过程的决策及其实施中通过民主参与影响政府行政行为，使政府行政决策及其实施过程受到影响，作出有利于公民利益的决策和行为。民主参与能力是双方在具有一定民主认知能力的基础上，践行这种民主认识的能力。要想实现并享有真正的民主，就要首先在心理上具备民主意识和参政热情，即首先认识到自己是国家的主人，民主政治参与是自己的权利，能积极主动地参与政治并成为一种行为习惯。其次在实践上，就要具有能成功地直接或间接参与公共事务的理性能力，比如熟悉选举程序和规则并能正确运用、能够收集和处理有关候选人的信息、能够选择正确的参与渠道、客观评判政府的政策等，具体来说包括协商能力、投票能力、评判能力、监督能力、结社能力等。相对说来，由于“公民参与技能和知识的发展为合作性地方治理活动的发展提供了必要条件”①，培训和提高公民的参与能力更为关键。

民主发展能力，是指将实践中业已证明了的对于促进行政过程中的民主、对于维护公民利益和促进社会和谐有良好作用的一些民主实践形式继续发展和推进的能力。对于行政官员来说，就是保持良好行政民主制度的能力，使有关制度能够保持下去并运行良好，不因行政领导人的改变而改变（人走政息）的能力。公民的民主发展能力，是能够按照原有的民主实践和制度，不断地自觉维护和适应这种制度的能力。

民主创新能力，是指适应于社会历史条件发展的客观需要，对行政民主进行

① 王巍、牛美丽编译：《公民参与》，中国人民大学出版社 2009 年版，第 146 页。

制度应变，不断创造新的具有更好适应性的民主制度的能力。对于行政官员来说，就是不断回应现实政治生活中公民的民主诉求和社会矛盾，改进行政作风和行政制度，创制出新的行政民主制度的能力。公民的行政民主创新能力，一是执行基层政府的行政民主在创新中实行的新制度的能力；二是基于自身或群众自治组织的需要，通过民主诉求和建设，发展出新的适应于基层群众需要的民主制度，而后反过来“倒逼”基层政府实行行政改革，以建立起某些适应基层群众民主进程的制度的能力。

以上各项能力归结起来，就是民主能力，这是促进行政民主建设的基础性主观要素。由于能力建设涉及基层行政官员和普通公民两个方面，因而能力建设也要从两个方面着手。

在基层行政官员方面，就是要不断学习民主的有关理论知识，紧跟世界民主潮流，针对中国现实，顺应广大民众的民主需求，在行政过程中以民主的手段和方式行使行政；同时建立健全各种民主制度，并在制度的规约下逐步养成民主的意识、习惯和作风，以此指导自身和基层群众的工作。

在公民的能力建设方面，除了大力发展生产力、创造大量物质财富，还要大力抓教育，尽快提高人民所受教育的程度，以此提高人民的民主觉悟和民主能力，才谈得上建设好我国的民主政治。如果说理论知识教育提高的是民众的政治民主认知能力，那么通过引导人们积极参与政治生活，依法自觉行使自己的权利和义务，则侧重于提高公民的民主实践能力，这也是提高素质、塑造公民、推进民主建设的重要途径。正如参与式民主理论的代表人物佩特曼所说，“参与民主理论中参与的主要功能是教育功能，最广义上的教育功能，还包括心理方面和民主技能、程序的获得。”[①] 因此，通过引导基层民众更多参与民间组织、社区或者村镇的政治生活，训练政治能力培养政治意识，是提高基层民众政治素质的重要途径，也是推动基层行政民主的重要途径。

在作为制度的民主中，核心观念之一是公民的政治参与，公民的政治权利也许各不相同，但是所享有的基本参政权利应该是一律平等的。民主政体下的政治参与基本特点是自愿性和选择性，实现途径主要有选举参与、投票行使创制权与复决权、影响竞选、自发参与以及在地方性事务中的直接参与。

五、行政民主过程中的难点问题治理

民主是一种利益均衡机制。相对于市场重生产来说，民主则注重于分配。[②]

① ［美］卡罗尔·佩特曼：《参与和民主理论》，陈尧译，上海人民出版社2006年版，第39页。

② 徐勇：《民主：一种利益均衡机制——深化对民主理念的认识》，《河北学刊》2008年第2期。

从这个意义上而言，行政民主就是要通过行政性手段，用民主的方式通过民主机制达至利益的相对均衡。换言之，作为国家的治理者，除了推动资本占主导地位的市场经济发展以外，还必须推动权利平等和政治参与为核心的民主政治发展。但在社会的发展进程中，市场化本身正是由于生产过程而不断促进群体与阶层走向分化，分化了的群体和阶层其利益也日益随之分化，行政民主如何在这种分化的背景下重新进行分配，以平衡社会各种阶层和群体的利益，就成为了行政民主治理中的一个难点问题。

如何解决这个难点问题，不仅关系到社会各阶层利益的实现和维护，更是直接影响到行政民主的成效问题。其解决办法主要还是建立起一套利益均衡机制。其关键是：积极转变政府职能，建立有限政府，避免政府在社会矛盾中处于首当其冲的位置，政府扮演规则和程序制定者以及矛盾调解和冲裁者的角色；使法治成为解决冲突的长效手段；建立利益均衡机制，为社会不满情绪的宣泄提供制度化管道；促进民间组织的发育，形成化解冲突的社会机制。“利益均衡机制的建立，是形成解决冲突新模式的核心步骤。”①

第一，建立健全利益表达的机制。在利益主体多元化、利益差别显性化的今天，利益表达问题，尤其是弱势群体的利益表达问题，显得尤为重要。建立健全相应的利益表达机制是公正合理地整合社会利益关系的前提。利益表达渠道不畅、沟通失灵必然导致民意堵塞，影响社会稳定。当前，我国的利益表达机制建设滞后于多样化的利益诉求，我们应改变传统的封闭的单向维度的利益表达机制，而代之以现代的广泛参与的多向维度的利益表达机制。要建立顺畅的利益表达渠道，就需要充分发挥社团、行业组织、社会中介组织的作用；引导各群体以理性合法的形式表达利益要求。

第二，建立健全社会价值引导机制。在全社会确立公平、公正的核心价值观，对于人们正确认识和对待社会利益关系是十分重要的。强大的思想舆论对人的价值观、社会道德的整合有着潜移默化的导向作用。我们要建立协调利益关系的舆论引导机制，充分发挥思想舆论在利益整合中的导向作用，引导弱势群体正确看待客观能力、条件等不同而导致的利益分配差异的客观性，使其思想观念、价值取向、社会道德标准和心理状态等与时代前进的步伐相协调、相一致，从而推动社会经济的和谐发展。要教育和引导人们正确处理个人利益和集体利益、局部利益和整体利益、当前利益和长远利益的关系，增强主人翁意识和社会责任感；要加强法制教育和道德建设，引导人们合理合法地追求个人利益，使追求个

① 清华大学社会学系社会发展研究课题组：《“维稳”新思路：利益表达制度化：实现长治久安》，《南方周末》2010 年 4 月 15 日第 E31 版。

人利益的行为既符合法律又合乎道德要求，自觉地正确处理各种利益关系。

第三，要建立健全利益冲突化解机制。各利益集团（阶层）之间的利益矛盾属于人民内部矛盾，但是，如果自发的、零散的、轻微的利益矛盾不能得到解决时，就有可能转化为严重的群体性对抗，会使矛盾摩擦上升为矛盾冲突，造成社会的不稳定。整合利益关系的落脚点就在于化解各种利益矛盾和冲突。和谐社会不是一个没有利益冲突的社会，而是一个有能力解决和化解利益冲突的社会。因此，不断提高化解利益冲突的能力是整合利益关系、构建和谐社会的题中应有之义。要教育人们学会运用法律手段解决各种矛盾纠纷，逐步把处理人民内部利益矛盾纳入法制化、规范化的轨道；要充分发挥各社会团体、民间组织、中介组织在调节社会成员利益冲突方面的作用；要改进和加强基层党政工作，努力形成协调利益关系的强大组织网络，努力形成一个社会各阶层群众和谐相处的局面，形成一个容“民主法治、公平正义、诚信友爱、充满活力、安定有序、人与自然和谐相处”为一体的社会系统。

第五节　行政民主发展推动行政进步

行政民主在我国已有所端倪，并正在向好的方向发展。但前途并不意味着一片坦途，还会有许多的制约。因此需要继续发展行政民主来推动行政进步。

一、行政体制改革中的行政民主

在我国市场化改革和市场经济体制的建立过程中，基层政府也扮演了重要角色，发挥了很大作用。目前，基层政府的管理，无论在组织架构、管理方式、运行机制等，与计划体制时相比，都发生了巨大变化。基层政府行政管理体制从总体上看基本适应经济社会发展要求，但在现行管理体制中仍存在一些不相适应的方面，尤其在管理体制上还存在不少弊端。如政府依然强势，继续扮演着经济建设型政府的角色，忽视或者淡化政府的社会管理和公共服务职能，甚至继续把大量的公共财政资金投资于竞争性领域，行政审批色彩依然较浓。这不仅会导致市场作用和行政权之间的扭曲，引发政府行为的紊乱，助长权力行使的非理性，而且还有可能引发民众对政府的不信任，使政府的公信力大大下降。因此政府自身的行政管理体制改革必须加大改革力度，进而推动政府转型。

改革开放以来，中国进行了多次行政改革，改革的内容也涉及多个层面，包括政府机构改革、政府职能转变、中央与地方关系调整、政府与企业、市场、社会的关系的理顺、人事制度改革、公务员制度改革、行政管理体制改革等。对基层政府而言，主要的行政体制改革就是政府职能转换、行政管理体制改革及领导选举方式改革等。这些方面目前已取得了一些成效。但要适应市场经济的发展及民主政治建设的要求，还需要进一步深化基层政府的行政改革。除继续推进政府职能转变（后将专门论述）外，还应集中在以下几个方面：

第一，进一步推进基层政府改革管理方式，实现科学管理。管理方式改革是行政体制改革的重要内容。行政管理方式即是行政管理的形式和方法。在我国，由于封建主义传统的影响，尤其是受计划经济体制的影响，基层政府在管理方式上强制色彩依然较浓，难以适应市场经济发展的需要，主要体现在：一是基层政府仍然习惯于按照“内部文件”、“行政命令”等随意性大、透明度低的管理方式开展工作，自由裁量权很大，存在“暗箱操作”，行政管理不规范；二是基层政府用行政许可、行政处罚等刚性方式代替管理，容易使群众产生抵触情绪，不利于形成平等协商的官—民关系；三是基层政府对市场干预过多，行政审批事项过细，行政程序过于繁杂。今后要进一步推进基层政府管理方式改革，就必须要更新观念，改革管理方式，实现行政管理手段的规范化、高效化和现代化。首先是变刚性管理为柔性管理；其次是提高政府行政管理透明度，实行政务公开；三是推行电子政务，实现政府管理信息化。①

第二，推进省直管县的行政管理体制改革。2006 年 6 月，温家宝总理在全国农村税费改革试点工作会议上指出：“要改革县乡财政的管理方式，具备条件的地方，可以推进‘省直管县’的改革试点。”《中共中央关于制定“十一五”规划的建议》在“着力推进行政管理体制改革”中提出要“理顺省级以下财政管理体制，有条件的地方可实行省级直接对县的管理体制”。2008 年十七届三中全会通过的《中共中央关于推进农村改革发展若干重大问题的决定》指出：有条件的地方可依法探索省直接管理县（市）的体制。2009 年 2 月 1 日《中共中央、国务院关于 2009 年促进农业稳定发展农民持续增收的若干意见》（一号文件）正式发布，其中重点提出要推进省直接管理县（市）财政体制改革，稳步推进“扩权强县”改革试点，鼓励有条件的省份率先减少行政层次，依法探索省直接管理县（市）的体制改革，再次彰显出中央鼓励地方大胆探索、推进行政管理体制改革的决心。可见，省直管县体制改革作为我国体制改革中的一个重大问题，已经从试点阶段提升为推广阶段，大力改革推广的时机已基本成熟。这也将成为今后我国基层行政体制改革的一个主要内容。

---

① 黄海燕：《关于我国行政体制改革的路向及其措施的探讨》，《辽宁行政学院学报》2006 年第 1 期。

强县是为了增强县的经济社会发展实力，为化解矛盾创造条件。扩权是为了促使县域经济社会的更好发展。如果只是扩大了县政权力，甚至只是扩大了县政主要领导人的权力，而得不到相应的制约，则很容易产生相反的结果。事实上，就县的外部而言，县的权力确实需要扩大，但就县内部而言，县政“一把手”的权力已足够大。县的“一把手”权力能否谨慎和有效使用，主要取决于个人的德行和操守，而不是体制。在这种背景下，仅仅是提升主要领导人的权力，可能会进一步造成个人的权力扩大而制约更加弱化，从而增强权力失控的风险，也可能引发和产生更多的群体性事件。为此，在强县扩权的过程中，应该注意对权力监控体系的建构。一是自上而下的权力监督。如果县领导的人事权实行越级掌握的话，乡镇领导的人事权同样也可实行越级掌握，由地级市监控。县主要领导的人事权过多，难免造成基层干部对个人而不是对组织的人身依附。二是自上而下的权力监督。随着村级民主的发展，基层民主可以向上延伸至县，让县民在县域公共事务方面有更多的表达权、参与权和监督权。①

第三，推进基层政府领导直选。20 世纪 90 年代末，我国各地基层政府就已经开始探索并实践领导人选举方式改革，产生了公选乡镇长、公推公选副乡镇长、乡镇人大代表直接提名选举乡镇长、直接选举乡镇长等模式。② 这些实践影响很大，有力地推进了基层民主的发展，有些模式如“公推公选”甚至在一些地方延续至今，并扩大到基层党内民主中。

“人民民主是社会主义的生命”，民主在我国已不可逆转。但从中国的政治民主建设需要及其发展路径来说，从基层开始进行民主试验然后向上延伸是一条重要经验。因此，乡镇领导人选举方式必将按照人民最直接的要求深入开展下去。但在考虑乡镇党政领导直接选举的同时。今后更要关注县一级党政主要领导的配备。鉴于未来县在我国行政管理中的特殊地位，如果把县级领导的选拔、任用搞好了，将会对我国的整个公共治理产生重要影响。在选择乡镇党政领导直接选举试点的同时，可以考虑选择若干个县进行干部人事制度改革的试点。今后，除民族自治县外，可以考虑通过党内和人代会两个途径，直接选举书记和县长。如果我们的县级主要领导能够通过上述选举的途径产生，不仅可以从根本上解决党政领导向党员、民众负责的问题，而且能够真正体现民主、公开、竞争、择优的原则。我国县级政治生态将发生历史性变化。③

基层行政体制改革，将有力促进基层政府与社会、基层政府与市场、基层政

① 徐勇：《“接点政治”：农村群体性事件的县域分析——一个分析框架及以若干个案为例》，《华中师范大学学报（人文社会科学版）》2009 年第 6 期。

② 汤玉权：《四川乡镇选举方式改革的分类与反思》，《社会主义研究》2006 年第 5 期。

③ 汪玉凯：《行政体制改革趋势前瞻》，《人民论坛》2010 年第 15 期。

府间关系的调整与和谐，推动基层行政民主的发展，有利于行政进步。

二、服务型政府建设中的行政民主

温家宝指出："管理就是服务，我们要把政府办成一个服务型政府"，我们要"努力建设服务型政府"。① 因此，构建服务型政府已经成为当前及今后我国政府改革的重要目标和共识。

服务型政府是指在公民本位、社会本位理念指导下，在民主制度框架内，把服务作为社会治理价值体系核心和政府职能结构重心的一种政府模式或曰政府形态。其有四个要点：第一，服务型政府职能结构的重心在于社会服务。社会服务职能是服务型政府的主要职能，其他一切职能都处在次要的位置，服从于社会服务职能这一中心职能的实现。第二，服务型政府提倡公民参与，并健全公民参与机制。提供社会服务虽然是政府的主要职能，但提供什么样的服务，怎样提供服务，却不取决于政府意志，而是取决于公民的意愿和要求，政府必须对公民的服务要求做出前瞻性的回应。第三，服务型政府与公民之间存在平等、合作的新型互动关系。第四，服务型政府是对传统政府模式的根本性改变或曰超越。"服务型政府"是一种新的政府类型，它标志着人类社会的治理模式进入了一个新的阶段。与传统政府模式相比，服务型政府的职能体系发生了结构性的变化，组织结构进行了全局性改组，价值导向进行了根本性的调整。②

可见，社会服务是服务型政府的内在特征与应有之义。对于基层政府特别是乡镇政府而言，取消了曾被誉为"天下第一难"的农业税费征收后，国家对"三农"问题的策略转到了"以城带乡、以工促农"的阶段。随着新农村建设的展开，国家许多惠农政策和大量惠农资金转移到农业和农村上来，使乡镇在为广大农民提供公共产品和公共服务的职能显得尤为迫切和重要。在市场经济条件下，广大农民迫切需要政府为他们提供各种服务和公共产品。如市场信息不灵、资金和技术缺乏、农业生产资料无保证、农业产业结构和产品结构不合理、同市场的联系缺乏通畅的渠道等，都需要乡镇政府的帮助和引导。对于那些涉及农村可持续发展的公共产品，包括大型的农田水利设施和农业固定资产投资、农村基础教育、农民的医疗保障和农村社会保障体系建设、农村交通事业的发展以及环境的保护等，也只能由乡镇政府来供给或经乡镇政府牵头组织解决。另外，目前农村正在兴起和发展各种自治组织，也亟须乡镇政府的关心、帮助

① 温家宝2004年3月在十届全国人大二次会议期间到陕西代表团听取意见时的发言。

② 施雪华：《"服务型政府"的基本涵义、理论基础和建构条件》，《社会科学》2010年第2期。

和指导。

但依照服务型政府的基本内涵，我们可以看到基层政府尤其是乡镇政府在这一治理转型中还存在许多问题和不足。

第一，乡镇缺乏作为一级政府应有的独立性，容易形成“向上负责，向下收费“的状况。按照宪法规定，乡镇在我国政权构架中属于相对独立的一级政府，但实际情况是在县乡关系中普遍存在着向上集中的特征，这主要表现在县政府对乡镇的人事和财政享有较大的控制权。在人事上，虽然地方组织法明确规定了乡镇长由乡镇人民代表大会产生，但在实际运作中却主要是由县委常委会讨论决定乡镇长的人选。在财政上，乡镇政府并没有真正形成一级财政，其主体财政基本上是由县政府在控制。在这种高度行政化的控制方式下，乡镇干部只有无条件执行上级安排的各种任务和做出的各种决定。

第二，乡镇财力不足造成组织行为和公共目标的变异，这是乡村关系恶化的重要原因之一。自 1994 年税制改革以后，乡镇运转经费普遍不足，处于行政体系末端的乡镇政府税源难以自控和保证，而乡镇机关人员又在不断的增加，带来工资费用急增，造成各级财政支出不断扩大和乡镇债务负担日益沉重。在这种情况下，政府的公共目标不断被各种自利性目的和行为侵蚀或取代，乡镇既不可能正确履行政府应尽的职责，又使自己成为基层各种矛盾的焦点，社会上各种批评、质疑之声不绝于耳。

第三，由于缺乏压力和动力机制，政府工作人员缺乏向农民服务的自觉性和工作热情。基层政权，乡镇政府理应承担大量的公共服务职能，但是由于长期以来我国实行的都是重城市轻农村的公共产品供给政策，县级政府在对乡镇政府的考核中，公共服务在考核指标中往往只占很小的一部分，而且无刚性要求，因此乡镇干部对公共服务的兴趣和积极性普遍不高。同时由于长期以来我们对农村实行的都是强制性的权力控制方式，一般农民群众很难产生对政府公共服务的诉求，更谈不上正式的诉求途径和压力手段。这样乡镇政府既缺乏公共服务的意识，又缺乏提供公共服务的能力和手段，离服务型政府的要求甚远。

第四，乡镇集中了上下各方面的矛盾，问题复杂，改革的难度大、反复大。乡镇问题一直是近年来从中央到地方人们关注和研究的重点问题，其间各种改革措施一直没有停止过，但收效不大，其中原因复杂：一是乡镇问题与旧体制集中治理的方式相连，改革的难度大。如乡镇干部长期以来习惯于权力治理方式，现在要从根本上改变，无论是意识还是行为转变起来都很难。二是乡镇改革的整体性和配套性不强。如乡镇改革牵涉到县级政府的配套改革，乡镇要建设服务型政府，必须考虑解决服务供给能力，这些问题不解决，很多存在的问题就无法解决。三是利益规约，乡镇改革涉及人员的调配和权力的重新配置，这其中牵涉到各种复杂的利益关系。四是改革缺乏实质性的举措，缺乏持续性的制度支持。①

为此，要解决基层服务型政府构建中的困境，需要从上述现实出发，以民主方式确立符合我国国情的现代基层服务型政府的建设内容。简单地说，以行政民主推进基层服务型政府包含以下几个方面的内容：

（1）科学合理的界定基层政府中的县—乡关系。政府间应有较为明确的关系以及清晰的职责与分工，从而形成科学合理的政府层级体系，以提高政府效率。作为一级地方政府，乡镇政府按照组织法规定享有相对的独立性和完整性。在这个问题上，目前首先应明确县—乡关系，分清县—乡不同的责任。作为上级的县级政府，不能随意把属于自己的事权责任硬性下放给下级乡镇，要在工作安排上，应坚持适度和必要性原则，县—乡关系应保持必要的自主和协商。这是发挥乡镇政府职能的基础。

（2）积极转变乡镇政府职能转变，推进服务型政府组织体系的建设。即乡镇政府在经济管理方面的事务要逐步减少，而社会管理和公共服务，特别是公共安全、社会稳定、民政、教育、卫生、计划生育等方面的工作要成为乡镇政府的主要工作内容，政府要把精力和资源更多地用于为老百姓提供公共服务和公共产品的供给上。同时在机构设置和人员安排上，要突出和偏重公共服务职能的需要，在这方面要作进一步的探索。

（3）适应村民自治的发展，加强乡镇民主政治建设。乡镇是村民自治与县级政权之间的基层政府组织，在这种上下不同的组织构架中决定了它既不能完全等同于县级政府，又不能混同于一般的村治组织，而应该兼具两者的特点，这就是有限自治。

（4）推进农村组织的发展，为各类农民自治组织的发展提供积极的帮助和支持。各类农村组织，包括共青团、妇联、老年协会、行业协会、农会、经济合作社组织等，是目前我国农民组织化和制度化发展的重要形式。基层政府要充分认识农村自治组织发展的重要意义，放手让农民根据自身的需要改造和重建自己的组织，同时又要为他们的发展提供良好的环境条件，帮助他们发展。通过农村组织发展，使目前由政府和农民这种单线型农村社会结构，逐步转变为政府、社会组织、农民多线型的社会结构，让各类经济合作组织成为基层政府社会职能转移的重要渠道和载体。②

（5）建立公开、透明的行政体制。这是建设基层服务型政府建设的关键环节。建立信息公开制度，让全社会及时了解公共信息，既是政府发展的要求，也

①② 《浅探新农村建设视角下基层服务型政府建设》，http：//www. lunwenwang. com/Freepaper/Administrativepaper/managementscience/201005/Freepaper_48461_2. html。

从本质上加大了全社会应对政府的支持力和监督力，既有利于发挥政府的主要公共服务职能，又有利于各类社会组织参与行政活动和发挥作用。

三、行政管理与群众自治衔接中的行政民主

新中国成立后，我国政府沿用了革命战争年代的一些有益做法，发动群众实行自治。如1950年前后，一些城市出现了群众自发组织的防护队、防盗队和居民组等群众性自治组织。天津市建立了居民委员会，武汉市建立了居民代表委员会和居民小组。1954年，第一届全国人大常委会制定了《城市居民委员会组织条例》，用法律形式肯定了居民委员会的性质、地位和作用。从此，居委会作为城市居民自治组织，在全国各地蓬勃发展起来。又如1956年召开的党的第八次代表大会提出了国有企业领导体制的新思路，即实行党委领导下的厂长负责制和党委领导下的职工代表大会制相结合，使得职工代表大会在国有企业普遍地建立起来了。但是，在“文化大革命”中，不但居委会的自治性质被改变，成为了开展群众性阶级斗争的工具，而且职工代表大会也被废弃了。直到党的十一届三中全会以后，国有企业的职工代表大会才逐渐得到恢复，同时由于人民公社解体，随着村民自治和城市社区自治的逐步推行，以及后来的单位制的松动，基层群众自治才真正得以蓬勃发展。迄今，除了村民自治和城市社区自治组织作为有专门组织法规定的基层群众自治组织外，还有其他大量的社团、农村专业合作组织等群众自治组织。

群众自治组织从其性质上说，顾名思义，就是群众自己组织起来的组织，实行民主选举、民主管理、民主决策和民主监督，群众自组织在涉及自身事务上，有权实行自我管理、自我教育、自我服务。基层政府与群众自组织的关系是指导与被指导的关系，而不是领导与被领导的关系。这在有关的自治组织法中有相关规定。但地方政府在其管辖范围内又有其行政管理权。从而在政府行政管理权与群众自治权中难免产生矛盾和冲突。其主要体现在：

第一，基层政府对群众自治组织进行行政干预。其采取的方式有两种：一是直接干预，将对自治组织的指导关系变为为领导关系。如在工作中，有的乡镇政府仍把村委会当作其行政下级或派出机构，沿用过去的命令指挥式的管理方式，对村委会的工作和村民自治进行直接干预。这种干预体现在村民自治的民主选举、民主管理、民主决策和民主监督各个环节之中，表现为乡镇政府对村委会人、财、物等属于村委会管辖事务的干预，如很多地方广泛开展的“村账乡管”制度。二是间接干预，即避开村委会组织法中不能敢于村委成的规定，而将可以直接领导的村党支部作为乡镇政府的代言人。通过对村党支部的领导，在由村党

支部对委会的领导而间接干预了作为村民自治组织的村委会的小区治理功能。基层政府对群众自治组织的行政干预，使得群众自治组织难以发挥其自治功能，而基层政府自身也陷入许多具体事务中进而影响了职能的有效发挥。

第二，群众自治组织不依法自治。随着基层民主的发展，要求广大群众扩大有序参与，善于通过法制渠道表达自己的利益诉求，运用法律手段来维护自己的合法权益。但在实际生活中，许多群众遇到涉及自身利益的事，不管什么都要求基层干部解决，也有相当一部分群众，相信信访不信法律，有些基层干部迫于维护社会稳定和上级领导批示，只好把问题解决，这使问题得到快速解决，甚至一些不合法的问题也得到解决，产生很大的后遗症。还有村民委员会在决定重大事项时，认为只要为村谋利益，出发点是好的，就不顾政策法规，作出有违法律法规的重大事项，并付诸实施，最后触犯法律。而有的村将参与民主政治活动的权力无限扩大化，对于乡镇政府依法作出的有关决定、决议和一些重大事项，召开村民代表会议，予以否决，影响了基层政府正常的行政管理活动。

此外，还有的情形是群众自治组织无力自治。一是集体经济自我造血能力薄弱，无实力自治；二是村委会自主性不足，无能力领导自治；三是自治程度的限制性。① 群众自治组织治理的无力，也制约着其健康发展。

要实现基层政府行政管理与群众自治的有效衔接，既能使基层政府依法行政，又能使自治组织依法自治，主要还应从行政民主角度将二者结合起来，实现一种良性互动。

（1）在法制建设上要提高立法质量，使有关法律法规建立健全起来，从而规范行政管理行为，促进政府管理权与群众自治权的有效衔接。特别是对基层民主政治建设中急需的法律法规，如村民委员会组织法等要及时研究修订，以消除管理中的“盲区”，使基层政府管理有法可依、监督主体有章可循。同时，乡镇政府必须树立依法行政、依法办事的现代政府观念和意识，把更多的精力用在提供服务和制定规则上，进一步规范行政管理行为，切实推进“依法治乡治镇”进程，把“依法治村，村民自治”推向深入，真正实现职能的转变。

（2）从制度上合理划分基层政府职责和自治组织的职责和权限，理顺二者关系。无论是乡镇行政管理，还是村民自治，都必须建立相应的法律制度以规范其行为。要规范基层政府指导群众自治组织的指导方式和帮助的内容、时限，明确哪些属于正常的政府行为，哪些属于不合理的干预。凡属于群众自治组织办理的事情，就应当放手让群众按照自治的方式去办，并随着社会的发展不断扩大其自

---

① 王彩萍：《转型期乡镇基层政府管理与群众自治良性互动的路径思考》，《丽水学院学报》2009 年第 6 期。

治范围。同时规范群众自治组织协助基层政府工作的内容、方式以及工作经费保障，对需要基层群众自治组织协助政府办理的具体行政事务，应当按照“权随责走、费随事转”的原则，实行委托和购买服务的方式。从而使群众自治组织既要维护本组织成员的合法权益，又必须接受正常的政府行政管理。

（3）深化机构改革，培育各种社会组织，增强社会自治功能。大力培育群众性服务组织和团体，如发展社区志愿者组织、老年人组织、残疾人组织、群众性文体教育组织以及各种社区服务组织，建立以社区为基本单元的新型组织动员体制，从而既增强了自治组织的力量，也有利于通过自治组织的发展来协助基层乡镇政府做好社区服务、治安、卫生等方面的工作，提升社区组织和动员群众的能力。

（4）加强行政行为监督。上级监察部门要加强对基层政府的监察检查，对行政机关或人员违反法律规定，干预基层群众自治内部事务、侵犯基层群众自治组织权利的领导和具体人员要依照有关规定追究责任，及时查处违法违纪和损害群众利益的行为。要切实解决社区服务发展中反映强烈的损害群众利益的各类热点问题，保证社区服务健康发展。政府法制机构要加强政府法制监督，对政府部门和镇政府出台涉及基层群众自治的规范性文件严格备案审查，切实纠正违法行为；对行政执法部门的行政执法行为加强监督，防止损害基层群众自治组织合法权益。①

四、提高行政管理效率中的行政民主

行政管理是指国家行政机关依法运用行政权对国家政务、社会事务和政府内部事务进行的组织管理活动，良好的行政管理是社会发展和国家稳定的重要保障。在科技进展日新月异、竞争日趋激烈、经济日益全球化的条件下，建立办事高效、运转协调、行为规范的行政管理体制，是摆在我们面前的一项紧迫而又艰苦的任务。②

而行政管理效率，就是在圆满完成行政机关的使命与任务的基础上，投入的工作量与获得的工作效果之比。行政管理效率应该是数量和质量的统一，是功效与价值的统一。行政管理效率就是运用先进的科学方法，适应人的需要和特点，顾及社会因素及其各方面的影响，充分发挥和利用人的内在潜能而获得最佳管理

① 江都市政府办公室《关于印发关于建立政府行政管理与基层群众自治互动衔接机制的意见的通知》，江政办发〔2009〕127号，2009年10月12日印发。

② 沙成录：《试论提高行政管理效率的内在机理与方法论途径》，华中师范大学2006年硕士论文。

效果。行政效率是政府管理的有效性问题，它既是行政管理的目标，也是衡量政府职能的尺度，[①] 在行政管理活动中占据极其重要的地位。

从行政学的创始人起，就针对如何提高行政效率进行不懈的研究，因此如何有效提高行政效率无疑成为行政管理学研究的重点，同时也成为行政管理活动的中心。在当前和今后一段较长的时间内，我国处于由传统社会向现代社会转型的阶段，社会主义市场经济的发展使中国进入经济高速增长的时期，在这种情况下，基层政府要成功地发挥其作用，就要构建一个高效能的行政体系。因此，如何提高政府的行政效率就成为我国行政管理体制改革的核心目标。

而要提高行政效率，基层政府在行政行为上的民主建设就显得异常重要。只有加强行政管理民主化建设，调动各方面人员积极性，才能真正提高行政效率。

当前，世界上的民主化国家呈现出越来越多的趋势。民主之所以被广泛接受和相信，按照达尔的说法，在于其有十大长处：①避免暴政；②基本的权利；③普遍的自由；④自主的决定；⑤道德的自主；⑥人性的培养；⑦保护基本的个人利益；⑧政治平等；⑨追求和平；⑩繁荣。[②] 但从政府治理角度来讲，它“所求的终归是创造条件以保证社会秩序和集体行动”[③] 即治理根本的是要达到两个目标：一是提高行政效率；二是维持稳定的社会秩序。就行政效率而言，一般认为非民主治理更能使得政令畅通，确保执行，从而提高行政效率；非民主方式强调对社会的控制和管理，可以将社会秩序控制在稳定的范围内。相反，实行民主“会使公民走上街头，举行集会，从而可能引发政局的不稳定；民主使一些在非民主条件下很简单的事务变得相对复杂和烦琐，从而增政治和行政的成本；民主往往需要反反复复的协商和讨论，常常会使一些本来应当及时做出的决定，变得悬而未决，从而降低行政效率”。[④]

如果从表面上和许多现实上看，民主的确会引起上述一些消极现象。因为民主的过程就是有关利益各方讨价还价、多次反复协商的过程；民主也就是允许公民自由表达自己意愿的制度和实践。因此，在决策阶段，程序的严肃性、不同主张的协商性要优于对速度和时间的考虑。正是由于利益各方需要提出己方利益，或者对共同利益表达意见，经过平衡、妥协，到最后达成一致，甚至有时还无法达成一致而使问题得不到解决。这种民主过程的确会比由少数人特别是单个人迅速作出决定要耗费更多的时间和精力，使看似简单的问题因为多次的协商而变得复杂化，甚至最后还不能解决问题而毫无效率。

---

① 谢楠：《提高行政管理效率的思考》，《商情》2009 年第 28 期。

② 达尔：《论民主》，商务印书馆 1999 年版，第 52～53 页。

③ 斯托克：《作为理论的治理：五个论点》，《国际社会科学杂志（中文版）》1999 年第 1 期。

④ 俞可平：《民主是个好东西》，《民主》2007 年第 1 期。

但从全局和长远来看，行政中实行民主仍然要比非民主更能提高效率。第一，民主意味着国家对社会的分权或说让权，意味着更加尊重个体，有利于调动积极性、主动性和创造性行为，从而有利于提高行政效率。第二，“为民众制定的政策一般认为劣于与民众共同制定的政策”。① 民主决策虽然损时耗力，但由于有严格的程序制约，决策方案具有选择性与竞争性，避免了个人决策的冲动，有利于促进决策的科学化，从而为执行的正确性奠定了良好基础。第三，达成一致的民主决策由于综合了各方的意见，是各方妥协的结果，为各方力量所承认，一方面提高了决策的合法性，另一方面又减少了执行的困难和阻力，易于执行，增强了执行的效率。第四，“决策决定着行政的效率”②。民主的决策一般更具有稳定性，不易随意变更，延续性强，因而一次烦琐的决策程序简化了多次的决策，总体上看节约了时间成本，提高了效率。而非民主方式虽然在决策时能够快速决断，但由于决策主体仅为少数人甚至是个别人，一方面受制于个人知识与能力的欠缺，另一方面由于占有信息量的不足与不完整，难以做到决策的科学化，从而给执行带来不利影响，甚至造成严重后果；而且这种决策由于其封闭性，不是多种利益主体的意愿表达，不是各种力量协调均衡的结果，难以具有合法性，从而难以执行，或者影响执行效果，从而这种行政效率总体来看是低下的。退一步说，即使在非民主治理中某项决策得到了制定并强行推行，但因不经广大民众的同意，不是民众的真实意愿，就不会得到民众的真心拥护并积极认真地去执行，这种决策在执行中就势必走样、变形，效果不佳。而且执行决策中广大民众若没有决策主体的态度与责任感，只是被动地去执行，就容易浪费资源，需要增加更多的人力、物力与财力成本，这也会降低效能。

可见，基层政府要提高行政效率，就需要在行政过程中尤其是政策制定和决策过程中使公众参与进来，实行开放式决策，使民众的意见和建议能够充分表达，共同完成政策和决策过程。这种行政民主才能使政策和决策合法，在实施中也能得到民众的支持和拥护，提高行政执行的效率。

五、扩大公民有序参与中的行政民主

民主的本意就是人民自己统治自己，这种统治过程就是一种直接参与。因此，民主天生就与参与联系在一起，并离不开参与。但人类历史上能够实现民主原意的，只有古雅典式的那种小国寡民时期。随着国家的扩大，人口的增多，国

① 布莱尔：《社区权力与公民参与》，中国社会出版社 2003 年版，第 76 页。

② 张康之、凌岚等：《公共管理导论》，经济科学出版社 2003 年版，第 14 页。

家和社会性事务的扩展，这种直接参与统治的形式必然要被代议制即间接参与形式所取代。但间接参与由于多表现为定期的、有限的选举投票，且这种投票是用一部分人代表另一部分人的形式体现出来的，因而代议制民主本质上有悖于民主原意。当然民主也离不开投票，并且投票是民主的重要表现形式。但人类的发展应该是实现越来越多的民主而不是使民主走向异化。因而在代议制民主之外，还应该发展其他的民主参与形式，如公民罢免、公民复决、公民创制、公民听证、全民公决等公民直接参与决策的形式；在基层社会组织中，更有必要和条件实现公民的直接决定权。现代民主发展的一个基本方向就是不断发展各种新的参与形式，提高、增强社会公众对社会公共事务管理的参与程度，以此发展民主。①

正是在这个意义上，党的十七大报告强调："坚持国家的一切权力属于人民，从各个层次各个领域扩大公民有序政治参与。"这里的"扩大"，即在完善现有的公民参与方式的基础上，要不断探索出新的参与形式和方式，它既体现"量"上的要求，也包含"质"上的要求；既有国家层面的政治参与，也有社会层面的公共事务参与。随着经济的快速发展，现代社会异质化水平不断提高，社会不断趋于分化和专门化，社会不同群体与个体在职业经历、生活方式乃至人生观、价值观呈多元化发展。所以，为了适应这种现象，社会就要以尽可能快的速度为各种利益群体与个体提供合法而有效的整合手段，需要在继承、完善原有的参与渠道时努力再造新的参与渠道，要以尽可能快的速度为社会各阶层上传他们的愿望和要求，保证参与渠道的畅通。而"有序"，则是说公民应该在国家或地方的法律法规和有关制度的规约下，进行有秩序的、理性的、自主的、适度的参与。扩大了的公民参与在对公共事务或政府决策进行个人或集体意愿表达中的行为只有是"有序"的，才不会给现有政治秩序造成危害，给民主发展创造有利环境。

扩大公民有序参与，一方面不断突破代议制民主的局限，使民主形式得以扩展，公民的各种利益表达、利益维护得以多样化实现；另一方面又使扩大的参与限制在法制的秩序范围内，有利于公民参与的良性运行与健康发展。这样的参与才能为基层政府所接纳和回应，并在这种接纳和回应中增强其民主性。

而基层政府行政民主的发展，必然要在公共决策中更多地考虑公众利益，树立"一切从群众利益出发、一切为了群众"的思想意识和观念。为了使公共决策具有合法性与合理性，基层政府的公共决策将更多地吸收公民参与，创新公民参与形式，支持公民通过有序参与来实现自身的利益诉求，同时政府决策最后能够反映大多数公民的利益。可见基层政府行政民主的发展，对于扩大公民有序参与也是具有直接的促进作用的。

---

① 王维国：《公民有序政治参与的途径》，人民出版社 2007 年版，第 60 页。

就目前而言，重要的是通过扩大公民有序参与来推动基层政府的行政民主发展。

（1）扩大对人大工作的有序参与。由中国特色政治制度所决定，人民代表大会制度是我国的一项根本政治制度，它既要做出重大决策、监督政府，又要受人民监督，对人民负责，保障人民的当家作主的权利。因而公民参与人大工作既是自身的一项民主权利，更是通过法定的国家制度监督政府而增强政府行政的民主性。要更好地履行对政府的监督职能，人大自身的建设就显得尤为重要。就基层人大而言，依照其权限和职能，以及当前的运行机制和实际效果，扩大公民对人大工作的有序参与，应从以下方面考虑：

一是基层人大代表的选举要突出其直接性、竞争性和透明性。按照我国有关法律的规定，县级以下人民代表大会代表实行直接选举。但由于直接选举的基本原则、基本程序、投票选举等方面的法律规定的缺失，致使实际上许多公民的选举权“被代表”，直接选举的法律规定落空。同时，在对候选人的介绍来看，许多地方采用的是简单的、格式化的书面介绍，而不是候选人与选民见面并做演说、提承诺的形式，其竞争性、透明性不强，与选民存在较大隔阂，难以引起选民关注。如能在这些方面改进，并规定基层人大代表向选区选民公布个人联系方式，则可进一步密切代表与选民的沟通与联系，扩大公民对基层人大代表的选举的参与性。

二是建立健全基层人大（或县级人大常委会）重要决策会议旁听制度。对当地的经济社会发展做出重要决策是基层人大（及其常委会）的一项重要职能。人大的主要工作方式是召开会议。基层人大的重要决策会议都直接与广大群众的切身利益直接相关，为体现和落实我国公民的知情权、议政权和参政权，基层人大的重要决策会议应允许非代表公民旁听，使公民了解决策过程和程序，增加决策的透明度。这既有利于决策的实施，也扩大了公民对政府的政策执行进行的监督，增强了基层政府的民主性压力。

三是建立人大代表向选民述职、接受选民质询制度和建立代表辞职、罢免制度。人大代表是连接普通公民与政府之间的桥梁，其由选区选民选举产生，要向选民负责，接受选民监督，因而其向选民述职、接受选民质询便是应有之意。同时，人大代表的辞职与罢免制度也应该尽快建立和完善，以加强选民对代表的实质性监督。

（2）扩大公民有序参与基层群众自治范围。基层单位是与群众日常生产生活联系最密切的地方，因而也是与群众利益最直接相关的地方。基层群众自治近年来在我国已有较大发展，但也还有不少需要完善之处。如村民自治中广大村民对村委会的监督、考核、罢免等环节还不够规范；自治性直接选举中还基本限于村一级，乡镇一级还难以突破，广大农民的参与热情还应该进一步激发出来，扩大其参与性；城市中居委会的行政功能还较强，自治性功能有限，居民自发的公共生活较少。这些都不利于基层政府转变行政职能。今后应该进一步理顺基层政府与街道居委会之间的关系，还原城市居委会的群众自治性自治组织性质，扩大城市基层群众的参与。

（3）积极利用新媒体，扩大公民有序参与的途径。新媒体是指相对于报刊、户外、广播、电视四大传统意义上的媒体之外的媒体形式，同时新媒体被形象地称为“第五媒体”。新媒体的“新”是相对“旧”而言的。就当前来说，新媒体被广大群众运用最多、最广泛的是互联网、固定电话和手机。据中国互联网络信息中心（CNNIC）发布的《第27次中国互联网络发展状况统计报告》显示，截至2010年底，我国网民规模达到4.57亿人，手机网民规模达3.03亿人。[①] 截至2011年1月，我国固定电话用户达到2.9亿户。[②] 新媒体具有传播和接受信息及时、快速、范围广等特点，在公民参与制度化渠道不足的情况下，近年来我国公民在利用新媒体进行信息传播、扩大影响方面构建了一个良好的参与渠道，由此为公民参与突破地域、空间限制提供了非常好的一个载体。广大群众利用新媒体参与不但给群众上访、群体性事件的发生、演变提供了快捷的联络工具，而且其与公民参与的现实活动相呼应，在制造舆论、监督基层政府等方面形成很大压力。在这种参与形式不可遏制和逆转的情况下，基层政府唯有顺应这种趋势和潮流，一方面及时掌握舆论动态，广泛收集广大群众的意见、建议和要求；另一方面也要积极组织有关部门和新闻媒体通过互联网或手机短信的形式发布政府信息，回应公民诉求，进行政务公开，引导和规范网络舆论，消除群众误解，化解矛盾。从而积极利用新媒体扩大公民参与的途径也有利于促进基层政府的行政民主。

当然，扩大公民参与也有一个渐进性和区域性问题，即是说扩大参与也不是都要全民参与，更不是事事参与。它仍然有一个适度的问题。即公民参与要与参与主体的实际能力相适应，要与中国的经济、社会发展水平相适应。由于公民参与意识、参与能力的差别以及对政府决策信息掌握不完全的客观局限决定了其参与政府决策效能的有限性。同时，转型期社会经济的快速发展总是在不断地向政治制度与现行法律制度提出新的问题，法律制度供给不足或出现法律空白的现象时有发生，这就致使国家（政府）对公民参与政府决策的制度供给很难能够始终

① 《截至2010年底我国网民总量4.57亿手机网民规模已达3.03亿》，http：//www.022net.com/2011/1－20/444360302294765.html。

② 《工信部：我国电话总数达11.6移动用户8.7亿》，http：//news.xinhuanet.com/it/2011－03/02/c_121137401.htm。

保持领先。所以转型期公民参与政府决策力度和效果都要适度进行，超出了客观条件限制的过度参与都有可能导致公民参与的无序性，既没有促进公民合法利益的实现，也给社会经济的发展带来不利的影响。

六、完善基层政府治理体制与行政民主

基层政府治理体制包含多种内容与形式，共同参与基层社会的治理。但基层政府治理体制也是随着历史条件和形势的变化而变化的。当下的基层政府治理体制，根据吴理财博士的研究，中国广大乡村自2006年取消农业税以来，形成了一种比较典型的选择性治理机制，即在某些跟自身利益紧密相关的工作上，譬如招商引资或者被上级定为一票否决性的工作任务，基于自身的利益需要而进行的一种治理模式。① 而这种选择性治理体制的存在，又是与现有的压力型体制有关。压力型体制最早是由荣敬本等人提出来的。根据荣敬本的考察，压力型体制的一般逻辑是："为了完成经济赶超任务和各项指标，该级政治组织（以党委和政府为核心）把这些任务和指标，层层量化分解，下派给下级组织和个人，责令其在规定的时间内完成。然后根据完成的情况进行政治和经济方面的奖惩。由于这些任务和指标中的一些主要部分采取的评价方式是一票否决制（即一旦某项任务没达标，就视其全年工作为零，不得给予各种先进称号和奖励）。"② 也就是说，在这种压力型体制中，任务和要求被分解成为一个个具体的目标，自上往下一层一层地分配给各下级政权组织与部门。而中国又是一个多级政府构成的国家，从中央，到省、到地（市）、县、乡，愈往下，指标愈多，压力愈大③。而基层政府在压力性体制下实行选择性治理正是与现有的压力型体制只能产生一种向上问责的而不是向下问责的内在激励有关。所谓向上问责就是以完成上级分配的工作任务为目的，上级也只是以下级完成分配的工作任务的绩效为政绩考评的依据。④

由"发展是第一要务"、"稳定压倒一切"的方针和政策所决定，各级政府都面临强大压力。而处于最基层的政府则要落实所有的压力，由此，当前及今后较长时间我国基层政府基本都会实行这种选择性治理模式，完成各阶段的"中心工作"，以应对来自上级政府的各项指标压力。这种治理体制由于与上级政府的主要任务指标直接相关联，主要是向上负责，因此其结果就是政府的职能难以转变到以群众需要为主的服务型政府建设中来，基层政府也难以将主要精力放在地

---

①④ 吴理财：《用"参与"消解基层"选择性治理"》，《理论参考》2009年第4期。

② 荣敬本等：《从压力型体制向民主合作体制的转变——县乡两级政治体制改革》，中央编译出版社1998年版。

③ 徐勇：《乡村治理与中国政治》，中国社会科学出版社2003年版，第116页。

方发展的各项事务上。因此基层政府的选择性治理体制需要加以改革。

对此，吴理财博士指出，“单靠行政性压力来‘倒逼’农村基层政府进行自身改革，使之转变为‘公共服务者’几乎是不可能的，还必须有体制外的压力，这种体制外的压力既来自市场经济也来自民间社会。来自市场经济的压力，一方面要求政府收缩权力不要随意地干预经济，另一方面又要求政府从管治者转换为服务者，提供必要的公共服务——非竞争性和非排他性的公共产品；来自民间社会的压力，同样要求政府收缩权力不要恣意地凌驾于社会之上，而是变成服从于社会、服务于人民的公共机构。一句话，就是要实现政府职能从‘管治’转向‘服务’、从‘管治’转向‘治理’”，而“消除农村基层政府选择性治理，当下最紧要、最关键的工作莫过于建立相应的民众参与制度和公共需求有效表达机制。”① 这说明基层政府改变治理体制的出路在于建设群众参与式的行政民主。

这种群众参与式的行政民主，应当包括以下内容：

（1）基层政府领导人的产生，具有群众参与性。近年来中国在这方面进行了较多的尝试，也取得了一些进展，如四川、广东、湖北、江苏、云南等地都进行了乡镇领导人民主选举方面的创新。这些选举创新方式有“（公推）公选”、“两票制”、“三轮两票制”、“海推”、“两推一选”、“公推直选”、“直选”等。这些创新形式，从选举方式来看，从初期的“代表提名”，到“公开推荐”（“公推”）、“海推”，再到“直选”，乡镇领导人选举的民主范围在逐渐扩大，以及“主职”从“等额”到“差额”、“竞选”，从“竞争性选拔”到“竞争性选举”，开放和竞争机制逐步引进到乡镇选举之中。② 当然，在现有体制下，基层政府领导人由公众参与选拔，也难以改变向上负责的行政管理体制，但因为有了公众参与因素，则有可能按照政治学中的“谁授权对谁负责”的原理，基层领导在向上负责和向下负责中寻找最佳平衡，考虑并代表广大基层群众的利益。

（2）重大决策过程中的公众参与。以往政府在决策过程中，基于与群众利益一致的考虑，一般总是站在自己一方来考虑问题并做决策，认为符合自身的利益就代表了群众的利益。但实际上，政府的利益与群众的利益在根本一致的基础上，在具体利益上还是有所差别的。为了体现人民政府的本质，政府在决策中应该以公众为主位，作为决策的出发点与归宿点。基层政府决策过程中注重公众参与，既包括决策前听取民意，决策中尊重民意参考民意，也包括决策后反馈民意，有时还可能含有修正决策这样一个循环反复的连续的过程。由于公众参与了决策过程，更易于理解决策的产生，对决策也更能形成支持，有利于自觉配合决策的实施。由此可以弥补基层政府“选择性治理”的不足。

①② 吴理财：《用“参与”消解基层“选择性治理”》，《理论参考》2009 年第 4 期。

(3) 充分发挥广大群众在自治组织中的作用。群众自治组织通常与群众自身的利益直接相关，因而群众对于自治组织中事务的参与程度和热情较高。基层政府应该充分尊重群众自治组织开展自治活动，发挥群众的参与作用，使群众的各级各类自治组织，如工青妇组织、村民自治组织及其他社会组织、专业合作组织等的功能得到更好的发挥，也能在一定程度上弥补基层政府治理的不足。

第五章

基层人大建设与政治民主

在政治学中，“民主”的基本含义是指“人民的权力”、“多数人的权力”。另一方面，在有国家存在的社会里，最有权威性、最富强制性的权力是国家权力，而这种权力的组织形式就是国家政权。本章所谓“政治民主”，就是指国家政权与人民的关系，即国家政权属于人民，国家机关公职人员的权力由人民所赋予；人民通过自己的代表选举国家机关公职人员，实现对国家和社会事务的管理。所以，从上述两种权力的角度来看，在世界范围内，人们衡量一个国家政治民主化的程度时，主要关注其国家权力的诸维度：国家权力的执掌者是否经过民众选举产生、国家权力的结构是否符合分权制衡的原则、国家权力的运作是否有民众的监督和制约，等等。反过来说，这也是人民权力的维度：即国家政权机关是否经民众授权产生、是否代表民众、是否为民众谋利益，等等。纵观当今世界，有关国家权力的产生、运行、监督、制约等方面的制度、体制、机制设计的基本要件是代议制。在中国，人民代表大会（以下简称“人大”）制度之所以被称为“中国的根本政治制度”，就在于它是实现政治民主的组织形式，是中国人民得以行使国家权力的政治制度，是最基本的民主政治制度。

从政治民主的现实操作来看，人大是我国唯一经过普选获得人民权力委托的民意机关、立法机关、国家权力机关。因此，人大在反映民意、整合民意方面发挥着独特的功能。特别是现阶段，我国基层社会的组织结构、权力形态、主体关系及利益格局正处于变革与重构之中，基层社会成为多元利益关系和社会矛盾的集中点和交汇点。[①] 在构建和谐社会的进程中，基层人大制度[②]能够确立每个公民平等的主体地位与资格，公民通过选举、直接表达其利益诉求、监督政府行为，解决他们面临的各种问题，以达到利益整合和社会和谐的目的。特别是随着经济社会发展，人们的利益诉求将会超越基层组织和单位，超越公共行政领域，而走向政治层面，基层人大在反映民意并进行政治整合中的作用愈来愈大。

对于政治生活的变化和基层人大的发展，国内外的学者也展开了充分的研究。从民主理论出发，杨光斌、尹冬华在综合国内外研究的基础上，认为我国人大制度“不仅是基于本质民主理论即人民主权理论建立起来的，而且其构成单元和运行过程体现着代表制民主理论和协商民主理论，因而是实质民主与程序民主的统一体”。[③] 从研究方法出发，何俊志认为，国外学者对我国基层人大的研究较为注重实证分析和模式建构，具有较强的借鉴价值和启发意义。与此相对，国内的研究则带有很强的规范研究和对策研究的成分。在此基础上，他将国内的研究概括为“制度描述”、“制度完善”、“工作改进”和“行为统计”这几种方式，并认为国内研究的最大优势是一手材料的利用和价值准则的趋同。[④] 还有学者将国内的人大研究概括为“宪政论”、“参与论”、“仪式论”、“合法化论”，并认为，不同研究思路的学者对于人大改革与完善有不同的方略。[⑤]

在参考上述研究的基础上，本章结合基层人大状况，突出基层人大运行，着重从扩大基层民众政治参与、化解社会矛盾、建设和谐社会的角度，以政治整合为归宿，来探讨我国基层人大建设。研究过程既关注基层人大案例创新，也试图对基层人大的运作逻辑有所概括和提炼，在“基层人大建设”与“政治民主”的关联中展开。

第一节　基层人大制度与基层治理

在我国的人大组织体系中，职能分工各有侧重：高层人大[⑥]着重立法和监督；

① 徐勇：《“接点政治”：农村群体性事件的县域分析——一个分析框架及以若干个案为例》，《华中师范大学学报（人文社会科学版）》2009 年第 6 期。

② 本研究中的“基层人大”指县（区）乡（镇、街道）人大及其常设机构。

③ 杨光斌、尹冬华：《我国人民代表大会制度的民主理论基础》，《中国人民大学学报》2008 年第 6 期。

④ 何俊志：《中国地方人大制度的研究现状与展望》，《法制与社会发展》2004 年第 5 期。对于基层人大工作和实践创新，每个地方都在“人大”专门刊物上有记录和报道，比如《人大研究》、《上海人大月刊》、《浙江人大》、《山东人大工作》、《楚天主人》，等等。

⑤ 陈伟：《现代国家构建视野中的人民代表大会制度》，《南京社会科学》2009 年第 7 期。

⑥ 与基层人大相对应，本研究中的“高层人大”指全国人大、省级和设区的市级人大及其常委会。

基层人大着重民意表达和民意整合。所以，在治理导向的现代社会中，基层人大通过政治表达、政治录用、政治决策、政治监督和政治整合诸项功能的发挥，在基层治理中占据着重要地位。

一、基层人大的地位

从政权体系的组织构成来看，我国的政权组织体系可以从纵向和横向两个方面来理解。从横向来看，《中华人民共和国宪法》（以下简称“宪法”）和有关法律规定，中华人民共和国各省、自治区、直辖市、自治州、县、自治县、市、市辖区、乡、民族乡、镇设立人大。地方各级人大都是地方国家权力机关。县级以上的地方各级人大设立常委会。人大是国家权力机关，行政机关、审判机关和检察机关由它产生，对它负责并受它监督。就这一层面来看，人大居于各层级政权体系的核心位置，处于一定基层区域政权体系中的基层人大具有相对的自主性和独立性。相对独立和自主的基层人大，可以成为相对完整的民意表达和民意整合的载体。

从纵向来看，全国人大和地方各级人大之间的关系可以概括为：法律上的监督与被监督关系、业务上的指导与被指导关系、工作上的联系关系。[①] 具体而言，全国人大与地方各级人大的监督关系是一种单向关系，而不是相互监督关系。从《中华人民共和国地方各级人民代表大会和地方各级人民政府组织法》（以下简称“地方人大和地方政府组织法”）所规定的县级人大和县级人大常委会的职权来看，法律监督关系在基层人大体系中具体表现为：县级人大及其常委会保证宪法、法律法规和本级以上的人大的各项决议在本行政区域内的遵守和执行。乡、民族乡、镇的人民代表大会也要在本行政区域内，保证宪法、法律、行政法规和上级人民代表大会及其常务委员会决议的遵守和执行。业务上的指导与被指导关系，体现在全国人大指导地方各级人大更准确、更有效地遵守与执行宪法和法律，总结地方各级人大的经验、做法，对地方各级人大工作中提出的问题给予理论上的指导和相对统一的解答。工作上的联系关系主要指全国人大代表由各选举单位选举产生。所以，全国人大及其常委会要做好与代表选举单位的联系工作。《中华人民共和国全国人民代表大会组织法》（以下简称“人大组织法”）第41条规定：全国人大代表应当同原选举单位和人民保持密切联系，可以列席原选举单位的人大会议，听取和反映人民的意见和要求，努力为人民服务。基层人大组

① 人民代表大会制度研究所：《与人大代表谈人民代表大会制度》，人民出版社2004年版，第77～78页。

织之间工作联系与指导的方式也多种多样，主要有：指导乡镇人大及其主席团做好县乡两级人大代表的选举工作；联系乡镇人大主席、副主席列席县人大会议或县人大常委会会议；县人大常委会定期举办乡镇人大工作会、培训会、经验交流会以及组织外出学习、参观、考察等活动；指导乡镇人大主席团建立健全各项工作制度，逐步使其工作走向规范化。这里特别要探讨的是，除了法律监督关系和工作指导关系外，在选举时，乡镇一级的选举委员会要受县级人大常委会的领导，这就使基层两级人大之间始终保持一种既有监督、指导关系（长期），又有领导关系（短期）的特殊上下级关系。① 就这一层面而言，法律上的监督关系往往使得高层人大对基层人大具有浓厚的领导关系，工作上的指导关系在具体的工作中也时常变为领导关系。

从政权组织的职能发挥来看，宪法规定了全国人大的 15 项职权，包括从长远和全局上行使社会管理的立法权和决策权。同样逻辑，《宪法》第 99 条规定：地方各级人民代表大会在本行政区域内，保证宪法、法律、行政法规的遵守和执行；依照法律规定的权限，通过和发布决议，审查和决定地方的经济建设、文化建设和公共事业建设的计划。从上述规定可以看出，各个层级的人大都有在一定区域，针对特定的公共事务的决策权。但是，与高层人大相比，基层人大的决策直接关系着每一个公民的切身利益。这些决策是否直接体现了相关群众的意志和利益，是否得以贯彻执行，直接影响着基层的稳定和政权根基的稳固。因此，充分发挥基层人大的职能直接关系到我国人大制度优越性的体现。基于此，有学者研究指出：人大制度体系的活动原则是民主原则，基层人大是高层人大的民主基础。我国宪法规定，基层人大有义务保障全国人大及其常委会立法在本地区的实施，这种保障义务意味着：不管哪级机关的行为，如果违背宪法和法律，基层人大都有权加以抵制。因此，从人大制度看，基层人大和全国人大的关系，不仅仅是基层人大落实全国人大的法律、为全国人大和中央机关了解基层服务，还包含着另一层重要含义，即基层人大是全国人大的民主基础，基层人大更具有反映民意的直接性。② 与此同时，也有学者强调指出：根据托克维尔所讲的“政府集权”和“行政分权”的原则，与法律上的监督与被监督关系相比，基层人大更

---

① 《中华人民共和国选举法》第 8 条规定：不设区的市、市辖区、县、自治县、乡、民族乡、镇设立选举委员会，主持本级人民代表大会代表的选举。不设区的市、市辖区、县、自治县的选举委员会受本级人民代表大会常务委员会的领导。乡、民族乡、镇的选举委员会受不设区的市、市辖区、县、自治县的人民代表大会常务委员会的领导。第九条规定：乡、民族乡、镇的选举委员会的组成人员由不设区的市、市辖区、县、自治县的人民代表大会常务委员会任命。

② 蒋德海：《推进我国地方人大制度中的基层民主》，《华东师范大学学报（哲学社会科学版）》2000 年第 2 期。

应该注重基层民意的表达与整合。[①] 这一观点构成了本研究观测基层人大运行状况的基本视角。

从政权体系的主体构成来看，人大代表是人大的主体，是各级政权联系民众的中介、桥梁和纽带。从代表的产生方式来看，我国人大制度中的代表选举分为直接选举和间接选举。基层人大代表属于直接选举，即由选区内所有选民投票产生。高层人大代表属于间接选举，即高层人大代表由基层人大代表选举产生。从两种选举方式的比较中，我们可以看到，高层代表的"代表"水平和"代表"质量，一定程度上取决于基层人大代表。所以，运用好基层人大代表的选举权是遥控高层人大代表的核心，是直接选举也是间接选举的基础。因此，基层人大代表不仅是民主的基石，还是每一社会成员控制高层人大的纽带。所以，基层人大要采取组织代表视察、邀请代表列席常委会会议，参加执法检查、调研，邀请公民旁听常委会会议等方式，充分发挥人大代表在宣传贯彻法律法规、密切联系民众、深入了解社情民意、带领群众共同致富、维护社会公平正义等方面的重要作用，为改善基层治理、构建和谐社会奠定广泛的社会基础。

二、基层人大的功能

党的十七大报告指出：人民当家作主是社会主义民主政治的本质和核心。要健全民主制度，丰富民主形式，拓宽民主渠道，依法实行民主选举、民主决策、民主管理、民主监督，保障人民的知情权、参与权、表达权、监督权。同时，要发展基层民主，保障人民享有更多更切实的民主权利。十七届三中全会《决定》也明确提出要依法保障农民知情权、参与权、表达权、监督权。[②] 而从基层人大的地位来看，民众实现上述政治权利的主阵地就在基层人大。从政治过程和基层人大的运行机制来看，基层人大的功能可以从以下五个层面来理解：即政治表达、政治录用、政治决策、政治监督和政治整合。

第一是政治表达功能。政治表达即民意表达。就基层人大而言，重要的是汇集民意、依据民意，危险的是脱离民意、背离民意。18 世纪的卢梭竭力反对代议民主，就在于他担心议员背离民意甚至奴役民众，人民变成议员的奴隶。[③] 基层人大处于基层社会之中，是最充分、最直接的民意表达的渠道。近年来，许多基层人大重视深入基层开展视察或调查研究，除了常委会组成人员亲为外，还组

① 何俊志：《中国地方人大的双重性质与发展逻辑》，《岭南学刊》2007 年第 3 期。

② 本书编写组：《〈中共中央关于推进农村改革发展若干重大问题的决定〉辅导读本》，人民出版社 2008 年版，第 15 页。

③ 卢梭：《社会契约论》，商务印书馆 1982 年版，第 125 页。

织其他代表定期或不定期地开展调研活动。有些基层人大通过探索形成了“常委会组成人员联系代表”—“代表联系选民”—“代表列席常委会会议”等系列制度；还有些地方人大常委会围绕“常委会成员与公民网上对话”、“公民旁听人大会议”、“人大代表为政府‘点菜’”等人大活动的各个环节进行制度创新。[①]上述各种制度上的创新旨在拉近人大代表与民众之间的距离，以有效了解与汇集民意。依据民意表达的程序，首要和关键的环节是搞好选举，提高代表素质，发挥其民意代表的作用，使选民感受到选举代表的过程就是自身利益表达和利益传递的过程，代表参与一系列的代议活动就是自身利益实现的过程，从而在选举中和选举后都能密切关注代表活动，维护自身利益。

第二是政治录用功能。从人大运行的机制来看，中国的国家公职人员是由选民通过人大制度选举、录用的。其形式主要有两种：一是直接录用，即选民对基层人大代表及县级人大代表的选举。宪法规定：中华人民共和国年满18周岁的公民，不分民族、种族、性别、职业、家庭出身、宗教信仰、教育程度、财产状况、居住期限，都有选举权和被选举权。选举法规定：不设区的市、市辖区、县、自治县、乡、民族乡、镇的人大代表，由选民直接选出。其二是间接录用，也即选举产生的人大代表对其他国家机关公职人员的录用。中国的间接录用采取逐层间接选举制，具体说有三个层次：第一，由下级人大选举产生上级人大代表（县级以上），由各级人大选举产生本级人大常委会的组成人员。第二，由各级人大选举产生本级政府、法院、检察院的主要领导人选；同时，全国人大还要选举产生国家主席、副主席、中央军委主席等其他国家领导人。第三，根据选举产生的国家机关领导人的提名，决定其他国家机关组成人员的任用。从政治录用的两种方式来看，基层人大的政治录用机制的完善是发挥人大政治录用功能的基础，特别是基层人大代表着上层人大政治录用的民意基础。

第三是政治决策功能。从选举原则来讲，人大代表在被选民选举时，就受命于民，要负责把选民的各种意见和要求带到人大中去，使选民通过人大制度来参与政治决策，使选民的意见成为政治决策的有机构成，并通过对人大制度的有效加工，将选民的意见和要求上升为国家意志。在现实生活中，这一功能的实现依赖于两个条件的达成：其一是被选出的人大代表要集中和代表人民的意志；其二是人大应具有国家最高权力机关的权威。从第一个条件看，其达成是有制度保障的。我国宪法规定：人大代表由人民选举，向人民负责，并由人民撤换。人大组

---

① 浦兴祖：《人大“一院双层”结构的有效拓展——纪念县级以上地方各级人大常委会设立30周年》，《探索与争鸣》2009年第12期。

织法和《中华人民共和国全国人民代表大会和地方各级人民代表大会代表法》（以下简称“代表法”）规定，人大代表应与原选举单位和民众保持密切联系，听取和反映民众的意见和要求。为具体落实这些法律原则，各级人大还建立了若干工作制度，如代表持证视察制度、代表接见选民日制度、代表对原选举单位的述职报告制度等。这些法律和制度，对于加强代表与民众的联系，听取和反映民众的意见确实起到了一定作用。当然，公民要通过人大制度参与决策，还涉及另一个条件，即人大把民众的意见和要求转化为政治决策的可能性和可行性。从法律规定来看，宪法为人大规定了非常广泛和极为重要的权力：立法权——人大负责制定和修改国家的宪法、法律、法令以及地方性法规；任免权——人大负责选举各级国家机关的主要领导人选；决定权——人大负责审查和批准国民经济和社会发展计划以及执行情况的报告，审查和批准各级政府的预算和预算执行情况报告，决定行政区划、戒严以及其他重大问题；等等。基层人大没有立法权，但是有决定权、任免权，这就使基层人大的决策功能显得更加重要。

第四是政治监督功能。从相关法律规定来看，基层人大是基层政治权力中心，而处于权力中心的机构，除了行使本行政区域的最高决定权之外，最重要的权力就是政治监督。监督的主要对象是作为法律和决议的执行机构的政府机关及其行为。正如威尔逊所言：代议机构“应该领导民众最终实现其目的，做民众利益的代言人，并且做民众的眼睛，对政府的所作所为进行监督”，并且要“严密监督政府的每项工作，并对所见到的一切进行议论，乃是代议机构的天职”。[①]从政治运行来看，基层政府处于政治活动的前台，而作为监督主体的基层人大往往处于后台，监督权力也是处于后台，是呈现隐蔽化的权力之一。而社会发展的现实经常是民众直接面对基层政府，将社会转型期的利益矛盾直接与政府作为联系起来，甚至发生冲击政府的群体性事件。为此，在改革进入攻坚阶段、各种利益矛盾集中爆发的时期，基层人大要扮演好其作为民众与政府之间的桥梁、纽带的角色，通过人大这一利益表达的平台和载体，凝聚民众利益，以公共决策的方式交给政府执行贯彻，并要以民众利益的维护者和代言人的身份监督政府执行，用政治监督权力理顺利益关系，化解利益矛盾。

第五是政治整合功能。在我国，民族问题是关系到国家统一、边防巩固、安定团结的重要战略问题，也是政治整合、政治一体化的关键。中华人民共和国的建立，提供了解决民族问题的政治前提，但少数民族各族人民在本民族地区当家作主、管理本民族内部事务的问题还需要具体的组织形式来解决。根据我国国情，在少数民族聚居地方，我国实行的是民族区域自治制度，而人大制度保证了

① 威尔逊：《国会政体：美国政治研究》，商务印书馆 1986 年版，第 164 页、167 页。

民族区域自治的顺利实行。我国通过人大的形式，保证各民族人民当家作主、管理国家大事的权力。法律规定，全国各少数民族不论人口多少，都至少有一人参加全国人大的工作，地方各级人大都应有少数民族的代表参加，从而使人大能充分反映各民族人民的意志和利益，保证各民族人民当家作主的权利。由于有这样一种能包容各民族代表的国家政权组织形式，从而使它具有维护国家统一和民族团结的功效。[①] 另一方面，作为地方一级行政区划，民族自治州具有特殊的法律地位。众所周知，在我国立法结构中，除了省会所在地的市和经国务院批准的较大的市和经济特区的权力机关才享有地方性法规的制定权，普通的市、州、县一级地方权力机关则没有立法权。而宪法、《中华人民共和国立法法》和《中华人民共和国民族区域自治法》均确认了民族自治州的立法权。自治州人大立法权的确立更加丰富了民族地区基层人大实践创新和工作机制。

三、基层人大面临的新情况

研究基层人大面临的新情况，要从基层人大的历史说起。不同的时空会产生不同的问题。自中国共产党产生以来，曾经在地方层面上实行过苏维埃制度、参议会制度、人民代表会议制度、人大制度和革委会制度。[②] 由于革命时代的基层权力机关注重政治动员和政治吸纳，因此，中国从革命中诞生的政权机关的组成主要是考虑各阶级力量的平衡性。这里我们可以看到，中国人大制度的原始设计是从阶级力量出发来分配人大代表名额，革命后的各阶级代表在革命目标面前表现出了充分的同质性，出席人大的是各阶级的“政治代表”。

上述在基层层面上出现过的各种代议制度相继逝去之后，目前我国基层人大制度的雏形是1979年以后逐渐形成的。从1979年开始，中国共产党开始逐步在1979年的选举法、1982年的宪法和地方人大和地方政府组织法中完善了基层人大制度，包括县级人大代表的直接选举、差额选举和县级人大在闭会期间设立常委会，等等。

改革开放以来，基层人大的发展既遵循人大自身扩展的逻辑，也充分呈现了整个政权体系自上而下的渗入的思路。就具体的时代背景而言，1979年之后，以改革开放为动力，社会的利益结构发生了翻天覆地的变化，基层人大运作的社会环境也随之发生了巨大变化。改革开放以来，中国社会逐渐突破单位体制的束缚，面对世俗化、市场化的冲击，在相对自由和开放的社会环境中，传统社会逐

---

① 人民代表大会制度研究所：《与人大代表谈人民代表大会制度》，人民出版社2004年版，第83页。
② 何俊志：《制度等待利益——中国县级人大制度模式研究》，重庆出版社2005年版，第28页。

渐分化，新的社会组织不断出现。另一方面，巨大的社会流动也带来了利益关系的变迁和利益的流动。在基层社会中，在利益表达和政治参与层面，新型社会组织和社会群体及其利益关系的调整需要基层人大不断拓展空间，协调、整合利益关系。目前，新的社会力量试图借助制度化的途径，来表达自己的政治诉求。人大制度自身的地位与性质为人们参与政治生活提供了制度化的渠道和方式。面对社会利益分化带来的参与膨胀，基层人大承担的更大的角色是实现利益的整合，保持政治统一，实现社会和谐发展。因此，在社会转型的压力下，源于基层社会中直接的利益表达的压力无形之中拓宽了基层人大的发展空间。适时发展的基层人大制度如果能将利益表达和政治参与的需求以及民主的成长纳入一个有序的状态之中，将是对基层民主建设的重要贡献。①

同时我们也看到，在制度化的正式参与渠道不畅导致利益诉求无法得到积极应对和妥善处理的时候，基层社会也酝酿甚至爆发了一系列的群体性事件。在社会转型期所发生的群体性事件也包含着一些促动民主发展的成分，更重要的是暴露出了正式的政治参与渠道的乏力和正式的利益表达渠道在社会反应方面的滞后性。② 相比之下，将非正式的利益表达纳入利益表达的正式渠道，基层人大建设是其中的主要环节、重点过程。③ 另一方面，“从解决群体性事件等社会抗争行为的手段来讲，人大制度自身的性质、功能和定位决定着它为各级政府化解群体性事件提供法律这一治理资源的使命。如果社会抗争带来的是民主透支而不是法治化程度的提高，那么社会抗争所释放出来的民粹主义运动就会产生无休止的混乱甚至暴力。正是由于这一原因，人大制度在社会转型期必然要承担着用法律来框定社会、遏制不稳定因素的重任”。④

所以，社会转型和基层人大的成长是相辅相成的。社会转型将人大的利益整合的功能推到了前台，基层人大适时发展的利益协调机制又能有效吸纳社会发展的积极因素。另一方面，市场经济和流动社会产生了对法制资源的巨大需求，基层人大通过提供匡正社会发展的法制资源，间接发挥了调控社会发展方向的作用。总之，社会发展为基层人大的成长提供了直接的动力，也提供了间接的动力。所以，从这一层面来看，基层人大不管是正面应对利益诉求还是侧面调控利益导向，都需要坚决承担利益调节的核心角色，对社会的发展做出积极回应。

---

①④ 刘建军：《人大制度与有序民主：对中国民主化进程的一种思考》，《毛泽东邓小平理论研究》2009 年第 9 期。

② 慕良泽：《“三农”问题国际化与农村群体性事件新特征》，《华中师范大学学报（人文社会科学版）》2009 年第 6 期。

③ 张宝元：《论人大在预防群体性事件中的职能定位》，《行政与法》2011 年第 1 期。

四、基层人大在改善基层治理中的作用

当然，随着利益结构的调整和社会关系的变化，基层民主在基层治理的各个领域都处于不断的创新发展之中。笔者从基层民主的政治制度和民主实践出发，将基层民主内容概括为村民自治、社区自治、基层人大直接选举制度、企事业单位民主管理、基层公共管理中的公众参与及基层党内民主建设六个方面，并从组织、内容、形式和动力角度进行了综合性描述分析。① 村民自治和社区自治在中国的产生和发展有其独特的社会背景，都是针对基层社会改革和社会发展中国家管理社会的需要而产生的社会管理方式，反过来也可以说是社会制约国家的产物。工作场合民主管理和公共管理中的公民参与的产生前提，是在经济社会发展中崛起的公民参与意识，可以归结为"行政吸纳政治"的方式。

与社会民主和参与民主相比，人大制度是我国的根本政治制度。人大属于权力机关，担负立法、产生行政和司法机关并对其工作进行监督的职责。人大将广大民众的意志变为法律和政府行为，发挥着政治整合的作用。根据我国法律，县（区）乡（镇）人大代表由广大选民直接选举产生，广大选民通过直接选举自己的代表，参与基层地方的公共事务的管理。因此，基层人大建设是基层民主政治的主要内容，是广大群众政治表达的根本途径，是政治民主最重要的体现，也是正式的制度保障。所以，近几年，制度逐渐规范、角色逐渐清晰、地位逐渐突出的基层人大成为基层民主建设的主要范式。在此，笔者认为，只有充分发展政治民主，使之与社会民主和参与民主形成合力，并为社会民主和参与民主提供支撑和保障机制，基层民主建设才能获得全面的推进。

在此，笔者以基层人大中的乡镇人大为例来分析。乡镇人大有这样几个特点，其一，乡镇人大是最基层的人大组织。其二，乡镇人大代表主要由农民组成，由农民为主体的选民直接选举产生。其三，作为最基层的人大组织，乡镇人大不设人大常委会。根据地方人大和地方政府组织法的相关规定：乡、民族乡、镇的人民代表大会设主席，并可以设副主席一人至二人。主席、副主席在本级人民代表大会闭会期间负责联系本级人民代表大会代表，组织代表开展活动，并反映代表和群众对本级人民政府工作的建议、批评和意见。根据乡镇人大的特征可知，乡镇人大的基础地位和重要作用不言而喻。从人大民主的理想型来看，人大民主呈一个金字塔形，最基层的应是最有民意基础的。但最基层的人大——这个

---

① 徐勇、刘义强：《我国基层民主政治建设的历史进程与基本特点探讨》，《政治学研究》2006 年第 2 期。

联系广大民众的组织，在实际运作中与制度安排显得越来越不相适应，特别是农村综合配套改革之后，乡镇人大的职权有所减弱，作用发挥难度越来越大。有研究指出："在我国五级人大中，乡镇人大权力最薄弱——往往受政府掣肘；角色最尴尬——13 项职权靠年度一次且仅一、二天会期的人代会运作；权威最虚弱——很难令其执行机关和群众认同；体制最不顺——制度设计和实际操作很难适应民主法制建设的需要。"①

为此，作为民意表达和民意整合的合法途径，乡镇人大如何进一步畅通这个渠道来发展基层民主、反映民情民意、改善民生、维护民权、促进和谐？20 多年来，各地顺应政治体制改革，一直没有停止过试验，以期探寻乡镇人大步出尴尬和虚弱的境地、在"突围"中崛起的对策。笔者认为，类似于新民主主义革命时期采取"农村包围城市"和十一届三中全会后改革先从农村开始的做法，民主政治包括人大制度的改革与完善也应从农村开始。根据中国共产党 90 多年的革命和改革经验来看，在农村进行改革，其效果最明显，其风险比上层改革要小得多。在农村进行村级直接选举就是如此。实践证明，只要积极发挥党组织的领导作用，严格依法办事，发展民主就不会乱，即使出现一点小问题，也能及时有效化解。进入新时期以来，在被认为是经济文化相对落后的农村，实行 9 亿农民广泛参与的村级直接选举，没有出现大的动荡，并逐步走上正轨，这是中国创造的一个"政治奇迹"。② 在村级民主取得大发展的基础上，按照基层民主发展的扩散逻辑，可以把完善乡镇人大制度作为村级直选的延伸和拓展，进一步夯实基层民主的民意基础。积极对乡镇人大制度进行有益的探索，把乡镇人大建设成为一个农民意愿能够畅通表达、代表权力能够充分发挥、农民权益得到有力保障的机构，这不管是对我国人大制度建设，还是对进一步探索政治体制改革，都有着深远的意义。笔者认为："发展基层民主，既有助于解决他们关心的问题，激发他们参与政治的热情，又可以不断满足人民群众日益增长的政治生活需要，为社会主义民主政治大厦奠定稳固的基础。"③

第二节　基层人大建设改善基层治理

作为中国根本政治制度的人大制度，其实现政治民主的一系列途径是有相关

① 田必耀：《中国乡镇人大体制变迁的评价与展望》，《人大研究》2004 年第 4 期。

②③ 徐勇：《发展基层民主促进社会和谐》，《政策》2007 年第 3 期。

的法律作保障的。与高层人大相比，基层人大实现民主的途径除了国家相关法律的规定之外，各省的法律法规也有相关的规定。另一方面，基层治理中不断涌现的新问题、新难题也需要基层人大通过公共政策予以回应。所以，丰富的基层政治实践也带动了基层政治民主的创新。本节将以既有的法律制度为依据，从基层人大的代表选举、意见表达、决策推动和民主监督四个层面论述基层人大的制度化运行与基层治理之间的良性互动。

一、基层人大的代表选举

从民主参与的角度看，基层人大民主介于代议制国家民主和直接性基层民主之间。它不同于高层人大，其代表由广大选民直接选举产生，而不是由下级人大代表选举产生；也不同于基层组织和单位由人民直接行使民主权利，而是通过直接选举他们的代表来行使权力。因此，基层人大选举的“民意代表性”表现得格外突出。基层人大的政治整合功能的发挥，很大程度取决于人民代表的代表性。因此，代表选举在基层人大建设中具有奠基作用。

有学者指出：“选举是民主纵向结构的起点。”① 作为选举制度的重要组成部分，我国基层人大选举制度的发展主要体现在与选举相关的法律法规的不断修改和调整方面。我国第一部较完备的选举法是1953年审议通过的《中华人民共和国全国人民代表大会及地方各级人民代表大会选举法》。该法确立了“全国人大代表和地方各级人大代表均由选举产生”这一选举的基本原则。并且规定：乡、镇、市辖区和不设区的市人大代表由选民直接选举；其余各级人大代表由下一级人大间接选举。1979年颁布了重新修订的《全国人民代表大会和地方各级人民代表大会选举法》和《地方各级人民代表大会和地方各级人民政府组织法》。修订的选举法仍然实行“直接选举与间接选举相结合的原则”，同时把直接选举人大代表的范围扩大到了县，规定不设区的市、市辖区、县、自治县、人民公社、镇的人大代表由选民直接选举产生。无论直接选举还是间接选举，都应实行差额选举。而在此之前的1953年选举法没有明确规定是实行等额选举还是差额选举。实际上，1953～1979年这一段时间的人大代表选举一直实行等额选举。1979年的选举法还赋予了选民和代表提名代表候选人的权利，规定任何选民或者代表，有3人以上附议，就可以推荐代表候选人。同时，1979年选举法对宣传代表候选人作了宽松的规定：“各党派、团体和选民，都可以用各种形式宣传代表候选人。

① 史卫民：《公选与直选：乡镇人大选举制度研究》，中国社会科学出版社2000年版，“总序”第3页。

但在选举日须停止对代表候选人的宣传。”这一规定是选举走向公开化的重要一步。但是，1982 年修改后的选举法将介绍代表候选人的方式改为“推荐代表候选人的党派、团体或者选民可以在选民小组会议上介绍所推荐的代表候选人的情况”。与 1979 年的相关规定相比，1982 年对介绍代表候选人的这一规定相对更为严格，一定程度上也阻碍了选举民主的发展。1982 年修改的选举法对召开选举大会和设立投票站给予法律认定，同时增加了委托投票内容，取消了举手投票方式，规定各级人大代表的直接选举和间接选举，都采取无记名投票。到了 1986 年，选举法又前进了一步：选民或者代表，10 人以上联名，可以推荐代表候选人；选民直接选举的代表候选人名额应多于应选代表名额的 1/3 至 1 倍。1995 年修订的选举法完善了人大代表的罢免和辞职程序；在选举大会和投票站之外增加了设立流动票箱制度；同时规定选民名单应在选举日 20 天以前公布，选民可以凭身份证或选民证领取选票。2004 年修订的选举法规定选举委员会可以组织代表候选人与选民见面，回答选民的问题；加大对破坏选举制裁的力度等。这一系列细节的规定，促使选举走向规范化，也是选举权的有力保障。2009 年选举法修改的初衷就是为了贯彻党的十七大报告中提出的建议：逐步实行城乡按相同人口比例选举人大代表——这样一个重要的要求。与此同时，在 2004 年修改选举法之后，地方各级人大在选举过程中也积累了一些好的经验和做法，需要通过立法来总结完善。通过对数次修订的选举法的略述我们可以看到，基层人大选举民主的进展表现在这样几个层面：其一，直接选举的范围逐渐扩大，县乡人大代表实施直接选举，有利于巩固人大的民意基础。其二，选举的公开性、透明性、竞争性逐渐加强，使得基层人大代表更能有效地代表民意、反映民情，更好地为民众服务。其三，选举的程式逐渐健全，选举趋向规范。规范的选举活动，有利于基层人大之间的信息交流，也有利于选举监督。①

2010 年 3 月，十一届全国人大三次会议对选举法再次进行修改，在选民登记、票额分配、候选人与选民见面、流动人口参选权、秘密写票制等方面有着明显的开拓性，以至于被学者和媒体称之为“我国社会主义民主政治的伟大实践”、“中国民主政治进程的重大跨越”、“我国民主政治发展进程中具有划时代意义的里程碑”。2011 年、2012 年之交，全国各地陆续进行了新一轮的县乡人大换届选举工作。在这次换届选举中，参加县级人大代表选举的选民预计达 9 亿多人、参

---

① 有关于基层人大代表选举状况的实证研究，参阅史卫民、雷兢璇：《直接选举：制度与过程——县（区）级人大代表选举实证研究》，中国社会科学出版社 1999 年版；史卫民：《公选与直选：乡镇人大选举制度研究》，中国社会科学出版社 2000 年版；刘智、史卫民、周晓东、吴运浩：《数据选举：人大代表选举统计研究》，中国社会科学出版社 2001 年版；袁达毅：《县级人大代表选举研究》，中国社会出版社 2008 年版；袁达毅、余敏、李欣：《乡级人大代表选举研究》，中国社会出版社 2008 年版。

加乡级人大代表选举的选民将达6亿多人，将产生县乡两级人大代表200多万人，涉及县级政权2 000多个、乡级政权3万多个。从2011年上半年起，全国新一轮的县乡两级人大换届选举陆续展开，2012年以来又有6个省份完成了换届选举。截止到6月底，全国共有25个省份的县乡人大换届选举工作顺利完成。除已完成换届选举工作的25个省份外，内蒙古自治区的乡镇人大换届选举工作也已完成，内蒙古自治区的县级人大和辽宁、湖南、云南、西藏、宁夏等省区的县乡人大换届选举工作将于2012年底前全部完成。[①] 通过对新选举法的文本解读和新一轮选举活动的实践观察发现，当前县区乡镇等基层人大换届选举呈现出以下几个新特点和新动向[②]：

一是代表名额分配不断优化，城乡“同票同权”切实实行。自1953年以来，我国农村和城市每一名全国人大代表所代表的人口数比例经历了从8∶1到4∶1再到现在的1∶1的历史演变。2007年10月，党的十七大报告明确提出：“建议逐步实行城乡按相同人口比例选举人大代表”，这一重大宣示为完善社会主义中国的选举制度指明了方向。全国人大常委会随后即着手调研选举法的修改，并于2009年对修正案草案进行了两次审议。其中最为重要的修改就是被通俗称之为城乡居民选举中的“同票同权”，真正实现选举权上人人平等。2010年新修改的选举法规定：“全国人民代表大会代表名额，由全国人民代表大会常务委员会根据各省、自治区、直辖市的人口数，按照每一代表所代表的城乡人口数相同的原则以及保证各地区、各民族、各方面都有适当数量代表的要求进行分配。”这样就会使城镇代表名额大幅减少，农村代表名额相应增加。这也表明，我国城乡居

---

① 霍小光、黄海、崔清新：《新修改的选举法颁布实施后第一次选举基层人大换届选举进展顺利》，《人民日报》2011年11月9日第11版；毛磊：《苏浙皖豫渝川六省市顺利完成县乡人大换届选举》，《人民日报》2012年6月20日第4版；毛磊：《感受民主——苏浙渝豫川皖县乡人大换届选举综述人民日报》，《人民日报》2012年6月20日第17版；殷泓、王逸吟：《看得见的民主摸得着的权利——浙江等6省市县乡人大换届选举工作纪实》，《光明日报》2012年6月20日第10版；于呐洋：《25个省份完成县乡人大换届选举》，《法制日报》2012年6月20日第3版。

② 相关材料参见《全国人大修改选举法规定城乡同票同权》，新华网，2010年03月14日；殷泓、王逸吟：《看得见的民主摸得着的权利——浙江等6省市县乡人大换届选举工作纪实》，《光明日报》2012年6月20日第10版；浦兴祖：《秘密写票制的价值如何实现》，《北京日报》2010年5月31日第18版；毛磊：《感受民主——苏浙渝豫川皖县乡人大换届选举综述人民日报》，《人民日报》2012年6月20日第17版；吴鹏：《四川雅安乡镇人大代表自由竞选：还原选举本质》，《21世纪经济报道》2007年12月17日第5版；柴清玉：《保障全体选民平等的选举权利——搞好县乡人大换届选举工作的思考》，《人民代表报》2011年4月23日第3版；毛磊：《苏浙皖豫渝川六省市顺利完成县乡人大换届选举》，《人民日报》2012年6月20日第4版；张智勇：《代表候选人与选民见面率超过98%》，《人民代表报》2011年12月22日第1版；赵展慧：《候选人台前会选民》，《人民日报海外版》2011年11月12日第4版；《开启城乡“同票同权”时代》，《人民日报》2010年3月15日第16版；张宗堂、邹声文、周婷玉：《中国民主政治进程的重大跨越写在选举法修正案草案提请全国人大表决之际》，《新华每日电讯》2010年3月14日第3版。

民选举首次实现“同票同权”。此次换届选举是首次实行城乡按相同人口比例选举人大代表，代表名额分配的矛盾在一些地方也愈显突出。安徽各地严格根据选举法的规定，按城乡选区人口数大体相等的原则，全省共划分县级人大代表选区13 049个、乡镇人大代表选区36 585个，其中农村选区分别占73.9%和91.2%。此外，为了保证城乡按相同人口比例选举人大代表平稳顺利实施，安徽省对于个别人口变动大、代表名额分配矛盾突出的地方，根据全国人大常委会有关指导意见，由省人大常委会审议通过了《关于重新确定部分市辖区、不设区的市人大代表名额的决定》，不同程度地增加了25个市辖区、不设区的市的代表名额，确保了这些地方代表选举的顺利进行。北京市按照城乡同比的原则，合理划分选区和分配代表名额。比如房山区燕山地区作为城镇选区，上一届有区人大代表名额50个，在人口总数没有明显变化的情况下，这次区人大代表名额减少了21个，这些名额调给了农村选区。

二是选民登记工作有序推行，新兴技术手段努力开发。随着人口流动、职业流动等加速，民主选举中人户分离、人企分离、企业注册地和生产经营地分离的现象比较突出，有序推行并适时创新选民登记过程中的工作方式，借助新兴技术手段，就势在必行了。上海市在广泛宣传动员选民主动登记的基础上，坚持“一个原则，三个为主”（即坚持选民登记属地化原则。有工作单位的选民，以在单位进行选民登记为主；退休和无工作单位的选民，以在居住地进行选民登记为主；注册地与生产经营地分离的企业，其职工以在生产经营地登记为主）的选民登记工作方式，力求做到不错登、不漏登、不重登。另外，开发完善了市选民登记信息的管理系统，采用上网登记、上登记站登记、用POS机刷社保卡登记、用二代证读卡器刷身份证登记、打电话登记、上门登记等方式进行选民登记，有效地避免了重登、错登、漏登，有力地激发了选民参选的政治热情。在2012年江苏省的县乡人大换届选举选民登记工作中，信息化管理得到应用，通过计算机信息管理系统，1分钟左右就能查出选民是否已在别处登记，这可以大大提高选民登记的准确性，更好地解决“不错、不漏、不重”的问题，确保了每个选民的民主权利得到更好的落实。在新疆，由于牧区选民居住分散，“面对面”也有不小难度，许多选区利用草原夜校、流动毡房党支部、马背电教等方式，播放代表候选人纪实短片光碟，加深了选民对代表候选人的了解。

三是代表与候选人见面活动适时开展，选举过程民主程度提升。在代表候选人与选民见面的问题上，选举法将原来的选举委员会“可以组织代表候选人与选民见面，回答选民的问题”修改为“应当组织代表候选人与选民见面，由代表候选人介绍本人的情况，回答选民的问题”，在法律用语上，“应当”包含“必须”

的意思，即成为必经程序，增加了对这一程序的刚性约束。这是此次县乡人大换届选举的一道必经程序和突出特点，也是修改后的选举法的一项明确规定。“见面会”改变了以往“见榜不见人”的现象，使选民对代表候选人有更多、更直观的了解，以便在投票时做出符合心意的选择。为此，在山西、江西、广西、甘肃、青海、新疆等省区的县乡两级人大代表换届选举过程中，很多地方即使选民没有被要求，也都组织了代表候选人与选民见面活动。北京市各区县选举委员会也出台了具体规定，认真组织代表候选人与选民见面活动，让候选人从“纸上”来到选民面前，接受选民“面试”。2011 年 11 月 2 日，在北京石景山区八角地区分会第三选区，数十位选民组成了“评审队”，开始向“面试”席上 4 位正式代表候选人踊跃提问。2 天后，大兴区黄村镇桂村选区也举行了类似的活动。通过这种形式，代表候选人与选民见面的人数和见面率进一步提高，上海市 6 983 名区县人大正式代表候选人，有 6 945 名与选民见了面，占 99.46%；有 12 412 名乡镇人大正式代表候选人，其中 12 281 名与选民见了面，占 98.94%。

四是通过工作机制创新，流动人口参选权得到保障。组织流动人口参选是县乡人大换届选举工作的重点和难点。为了保障流动人口的选举权和被选举权，各地采取了多种措施积极为流动人口参选创造便利条件，积累了一些好的经验和做法，取得了较好的效果。浙江省 180 多万流动人口在现居住地参加选举，400 多名当选县乡人大代表。浙江省在选举实施细则规定中适当放宽了流动人口在居住地参选的条件，从而方便流动人口参加选举。重庆市设立流动人口参选登记站，在拆迁户跨区集中安置的小区设立临时选民登记点；对于流入人员较多的各类园区，主动上门进行宣传，还主动与其户口所在地联系，确定选民资格并开具证明；对于本地外出在同一居住地的流动人口集体开具选民资格证明，方便其在现居住地参加选举。四川大竹县对所属的人口进行了认真清理核实，创造性摸索出了分片包干、复核式登记等方法，电视台滚动播出选民登记公告，采取发短信、打电话、寄送《致选民的一封信》等方式，积极联系引导选民回乡参加选举；对 1 000 余名本地外出人员出具了集体证明，方便其在现居住地参加选举；及时对 800 余名在其现工作地参加登记的选民进行了删减。

五是代表结构不断优化，基层代表比例提高。新修改的选举法规定：“全国人民代表大会和地方各级人民代表大会的代表应当具有广泛的代表性，应当有适当数量的基层代表，特别是工人、农民和知识分子代表。”其价值在于，扩大人民代表大会制度的民主基础，拓宽群众参与国家政治生活的途径。随着修改后的选举法的贯彻实施，城乡按相同人口比例选举人大代表，在新一届县乡两级人大代表中，一线工人、农民比例明显上升，一大批基层代表走上县乡人大舞台。重庆市巴南区人大常委会为优化代表结构，降低领导干部在代表中的比例，明确规定22个街镇行政“一把手”，即街道办事处主任、镇长，不参选人大代表，将更多代表名额留给非党员以及普通居民。2012年1月，江苏省兴化市共确定市人大代表候选人620名，其中妇女代表占29.5%，比上届提高3%；非中共党员代表比上届上升2%；基层代表294名，占47.4%，比上届上升1%。在2011年上海区县、乡镇两级人大代表换届选举中，4 629名区县人大代表中，妇女代表1 551名，占33.51%，比上一届提高2.04%；8 186名乡镇人大代表中，妇女代表3 162名，占38.63%，比上一届提高3.04%。区县人大代表中，工人、农民和专业技术人员代表1 013名，占21.88%，比上一届提高1.64%；乡镇人大代表中，工人、农民和专业技术人员代表3 874名，占47.32%，比上一届提高0.75%。而领导干部的代表比例大幅下降。区县人大代表中，领导干部代表364名，占7.47%，比上一届降低7.64%；乡镇人大代表中，领导干部代表836名，占10.21%，比上一届降低1.35%。

六是程序民主得到重视，秘密写票制得以确立。修改后的选举法，在原有规定人大代表的选举“一律采用无记名投票的方法”之后，增加规定“选举时应当设有秘密写票处”。民主选举不仅仅是一项保障公民民主权利的实质民主，也是一项操作性、实践性的程序民主。换言之，选举民主既要关注选举制度、体制等宏观和中观层面，亦要注重选举机制、技术、工具等微观层面，如何将选举从文本和制度层面转换成选民的选举活动，达成其权利实现和利益表达等亦相当重要。秘密写票制的价值就在于此。研究者们发现，无记名（秘密）投票不像公开选举那样会导致选举人因受干扰而不敢自由选择，即无记名（秘密）投票有利于保障选举人的自由选择权。新选举法确立了与无记名（秘密）投票制相配套的秘密写票制，顺应了我国民主政治发展的走势，也符合国际通行选举标准的“秘密投票的绝对权力、不受外界的任何限制”原则。四川雅安在2007年的乡镇人大代表选举制度改革中就率先引入了“秘密投票间”。在秘密投票间里，选举人对于代表候选人可以投赞成票，也可以投反对票，可以另选其他选民，也可以弃权，不能填写选票的选民，可以委托自己信任的1名选民或者投票站的工作人员与自己一同进入写票间协助自己填写选票，填写选票必须由选民自己投进票箱。一年之后，秘密写票间被正式写入了《雅安乡镇人民代表大会代表选举实施细则》，并且开始“常态化”和“制度化”。

二、基层人大的意见表达

有研究指出，代议制度的实质就在于由各种局部利益的代言人通过表达、妥协而形成共同一致的利益。[①] 为此，从代议机关的运行过程来理解我国的人大构成体系，可以这样认为：全国人大是最高国家权力机关，就纵向而言，是指全国人大集中代表全国人民的意志和利益，在国家政治的整体层面上整合全国人民的意见表达，行使最高国家权力。全国各级国家机关、各政党、各社会团体、各单位以及公民个人都必须严格遵守全国人大所制定的宪法、法律、决议。就横向而言，在中央一级的国家机构中，全国人大也是中央各政权结构统一行动的风向标。同样，各级人大及其常设机构是地方国家权力机关，在本行政区域内，代表民众意志，行使国家权力。鉴于人大体系在国家政治体系中的地位和作用，通过人大来实现民意表达必然会成为重要途径，民意表达也是人大体系的基本职能之一。[②] 另一方面，民主也是一种意见表达的方式。在这种意义上，我们断定一个社会是民主的，就是指这个社会的成员普遍拥有表达意见的权利并有意见传输和反馈的正式渠道。[③]

与此同时，根据现代政治运行的原则和中国人大体制的现实，与高层人大注重立法和监督的功能定位相区分，基层人大更应该注重基层民意的表达与整合。[④] 这是因为，首先，基层人大代表是直接选举的，为社会利益的表达提供了基本的制度管道。同时，从政权机构的设置来看，基层人大，特别是就县级人大来看，“县级行政区划足够大，大到有适量的公共事务需要民众的直接参与管理；县级行政区划又足够小，小到每一个政策措施、公共管理活动都与每一个民众的切身利益和日常生活息息相关。从这个意义上讲，县级人大的地方性恰恰使之成为满足和回应民众需求最佳的组织载体，也成为民众实施和维护其合法利益的基本途径”[⑤]。具体而言，基层人大的意见表达主要有以下几种渠道。第一，通过提名或者自荐候选人进行民意表达。我国宪法规定：中华人民共和国年满 18 周岁的公民，不分民族、种族、性别、职业、家庭出身、宗教信仰、教育程度、财产状况、居住期限，都有选举权和被选举权。选举权让选民有选举其他社会成员来代表自身利益的权力；而被选举权使选民获得了成为候选人甚至成为人大代表，为自身和其他社会成员利益代言的资格。

第二，通过与人大代表日常联系进行民意表达。选举只是一时的民意呈现，选举后，在日常工作中，与人大代表保持联系，表达自己的利益诉求，是意见表达的常态。按照代议机关运行的基本原理，基层人大意见表达的主要方式有：一

---

① 周叶中：《代议制度比较研究》，武汉大学出版社 2005 年版，第 93 页。

② 钱超：《论民意表达》，复旦大学 2008 年博士学位论文，第 108 页。

③ 张康之、张乾友：《论意见表达体系的形成与演变》，《社会科学战线》2009 年第 10 期。

④ 何俊志：《中国地方人大的双重性质与发展逻辑》，《岭南学刊》2007 年第 3 期。

⑤ 唐皇凤：《价值冲突与权益均衡：县级人大监督制度创新的机理分析》，《公共管理学报》2011 年第 1 期。

是人大代表与选民保持一定的联系。密切联系本选区选民或原选举单位所属民众，倾听和反映选民的意见、要求，是各级人大代表的法定义务。公民与人大代表保持一定的联系，也有利于人大代表及时了解、反映民众的利益诉求，这是民意表达的大众来源。山西省万荣县人大常委会在实践中积极探索、勇于创新，初步形成了“四级代表三见面”制度：①实行代表与选民定期见面制度。规定选出的省、市人大代表以及县、乡人大代表都要以代表活动小组为依托，全面开展接待选民活动。全县的四级人大代表全部混编成代表活动小组，各小组每单月的上旬集体接待选民一次，接待日前三天在本选区向选民公告。代表的姓名、电话、住址向全体选民公布，选民可以随时反映问题。②实行乡镇人大代表与乡镇政府及派驻机构负责人定期见面制度。规定乡镇人大每年6月和10月组织两次见面会。实行县人大代表与“一府两院”及政府部门负责人定期见面制度。每年在县人民代表大会会议期间和第三季度组织两次见面会。二是某些民众也可以就自己关心的某些问题、与自身相关的某些利益向人大代表提出意见和建议，人大代表负责将民众的这些意见和建议带到人大会议，输入人大决策过程，这是基层人大意见表达的常规机制。三是通过人大代表来维护具有共同利益的民众团体或社会组织的利益。从目前我国人大代表的构成来看，许多兼职的人大代表都是行业代表，与本行业的民众有天然的联系，可以通过行业内部的联系网络代表本行业的民众，反映本行业民众的利益偏好，这也是这些人大代表的专业优势。宁夏回族自治区银川市在兴庆区、灵武市全面展开人大代表联系基层单位试点工作，代表与联系的基层单位建立了“联系桥”，互通信息。其主要做法和经验有：①充分发挥常委会代表工作部门的作用。代表联系基层单位试点工作开展起来后，各级人大常委会的代表工作部门同代表、基层单位、各代表活动小组保持联系，督促、指导试点工作的开展，及时掌握试点工作进展情况。②穿针引线，搭建联系平台。各乡镇人大、人大街道联络办、代表活动小组把分配来的代表和代表所联系的基层单位进行编号，印制联系名册，分发给代表和被联系单位搭建联系平台。兴庆区富宁街道人大联络办还制定了《人大代表联系社区（单位）制度》，用制度来保障代表联系基层单位工作的开展。③召开见面会，消除双方顾虑。为消除代表和所联系的基层单位这方面的顾虑，各乡镇人大、人大街道联络办、代表活动小组及时召开双方见面会，向代表和所联系单位解说开展代表联系基层单位工作的指导思想、目的、任务和具体要求，使代表和被联系单位消除顾虑，达成共识，并相互配合，积极开展工作。[①]

---

① 赵琨：《联系桥：畅通民意表达渠道——银川市开展人大代表联系基层单位试点工作的做法》，《人民代表报》2011年2月22日第3版。

第三，为人大立法和决策提供意见和建议。我国宪法和相关法律赋予了全国人大、国务院和某些地方人大和地方政府制定法规的权力。而法规的制定要有效，并且法规在执行中要有力，法规的制定过程就必须充分发扬民主。这就要求在法规的制定过程中，要充分参考基层人大的意见和建议，广泛吸纳基层人大在基层治理中的成功经验和良好做法。身处基层的人大代表可以综合、收集各方面的意见，形成书面的议案，为立法和决策提供参考。基层人大虽然不享有立法权，但是享有立法建议权，也享有重大事项决策权，重大事项决策权和立法权的基本运行原理是一致的。

不过，不管通过何种渠道、采取何种方式，基层人大的意见表达和建议提出必须具有代表性和监督性。其一，人大代表建议应具有代表性，必须体现民意。2010 年 10 月 28 日十一届全国人大常委会第十七次会议表决通过的代表法以细化代表履职规范为重点，对已颁布 18 年的“旧法”进行了 27 处大的修改，进一步明确了人大代表的权利和义务，凸显了代表建议的“代表性”特点。代表法第 18 条、第 29 条规定，代表有权在代表大会或闭会期间“向本级人民代表大会提出各方面工作的建议、批评和意见”。第 4 条规定：代表“与原选区选民或者原选举单位和人民群众保持密切联系，听取和反映他们的意见和要求，努力为人民服务”。第 23 条、第 24 条、第 42 条、第 45 条关于代表行使国家权力的方式，代表与国家机关、代表与选民的利益关系，代表履职保障，代表接受监督等方面的规定也明显使建议的“代表性”特点具有了更为明确的法律表述。其二，人大代表建议应具有监督性，必须明确具体。代表建议不仅具有法律性，而且具有很强的监督性。对此，代表法第 18 条、第 29 条作了明确的规定。从中不难看出，为了提高建议质量、保证建议的办理和监督实效，法律在赋予代表建议职权的同时，又对代表建议的提出作了十分明确的规范要求，即“建议、批评和意见应当明确具体，注重反映实际情况和问题”。①

然而，这里要讨论的是，不管通过哪种方式进行意见表达，都存在着一个明显的问题，就是通过意见表达建构政治民主的效果并不十分明显，特别是由于基层人大没有立法权，所以基层人大民意输出更是缺乏稳定的呈现。究其原因，有深层次的民主发展的理念问题，有意见表达主体自身发展的问题，也有基层人大自身的问题。从理论上讲，选举权是一种私权利，是基于选民主体独立、利益界定清晰、利益表达明确基础上的自主性的行为。相对来说，代表权是一种公权力。按照代表的产生过程来说，代表应该忠于选民的意志，做选民的“代言人”。

① 李生茂：《民意，建议质量的试金石——关于人大代表建议有效性问题的思考》，《人民代表报》2011 年 9 月 1 日第 3 版；李钧德、李柯勇、季明：《群众说话多机会，决策失误少可能全国人大代表热议表达权》，《新华每日电讯》2008 年 3 月 18 日第 3 版。

选举权转移到代表权，即是一个授权的过程，但是由于选举后监督成本的高昂，代表是否时刻遵循选民的意愿去代表则是一个困境。代表法也规定，代表在代表大会和常委会会议上的言论不受法律追究，这说明代表具有巨大自主性，而非受被代表群体或组织的程式和组织制约和监督。从基层人大制度上来看，主要问题在于基层人大的权威与其法律地位还很不相称，与全国人大相比，基层人大的地位和权威与宪法和法律的规定相比仍有一定的差距。基层人大配套制度尚不健全，在实际的政治过程中，基层人大在行使职权的过程中，在相当程度上还具有很多象征性工作、仪式性活动和许多走过场的形式。比如在人大的表决中，往往是“一致性”压倒“差异性”，很少形成不同意见的争论，这种高度一致的表决可能并没有把人民的意志充分表现出来，可能也不符合基层政治运行的常态。[①] 另外，在基层社会，行政权力还处于绝对的主导地位，基层人大无论从人员构成还是其实际运转均远未达到法律所赋予的地位。

三、基层人大的决策推动

在人大中，常规的、持久的、系统的民意表达和民意体现主要是法律的制定（这里的“制定”是指广义的法律的制定）。所以，法律相对静态和稳定。而民意的短期表达和相对零散的表达，则可以汇聚到人大，通过人大的中枢作用，以政府政策的形式得以反馈给社会。当然，政府的政策在长期的执行过程中，也可以通过人大上升到法律的高度，维护其稳定性。

地方人大和地方政府组织法第 8 条规定：县级以上的地方各级人大行使下列职权：在本行政区域内，保证宪法、法律、行政法规和上级人大及其常委会决议的遵守和执行，保证国家计划和国家预算的执行；审查和批准本行政区域内的国民经济和社会发展计划、预算以及它们执行情况的报告；讨论、决定本行政区域内的政治、经济、教育、科学、文化、卫生、环境和资源保护、民政、民族等工作的重大事项。第 9 条规定：乡、民族乡、镇的人大行使下列职权：在本行政区域内，保证宪法、法律、行政法规和上级人大及其常委会决议的遵守和执行；在职权范围内通过和发布决议；根据国家计划，决定本行政区域内的经济、文化事业和公共事业的建设计划；审查和批准本行政区域内的财政预算和预算执行情况的报告；决定本行政区域内的民政工作的实施计划。第 44 条规定：县级以上的地方各级人大常委会行使下列职权：在本行政区域内，保证宪法、法律、行政法规和上级人大及其常委会决议的遵守和执行；讨论、决定本行政区域内的政治、

① 张举：《人民代表大会制度中委托与授权关系论析》，《理论导刊》2006 年第 10 期。

经济、教育、科学、文化、卫生、环境和资源保护、民政、民族等工作的重大事项；根据本级人民政府的建议，决定对本行政区域内的国民经济和社会发展计划、预算的部分变更。从上述法律规定中我们可以看出，基层人大的决策推动权力涉及两个层面：其一，基层人大要保证整个人大体系中所产生的法律法规的顺利贯彻、实施或执行。其二，基层人大是以国家的名义决定基层社会重大事务的唯一主体，可以根据本行政区域内的具体情况和民众的实际需要，依法决定相关方面的重大事项。决定权对于不享有立法权的基层人大来说作用更为重要。基层人大以行使决定权的方式来解决地区重大政策性问题和急需解决的社会问题，也能起到规范社会运行的作用。比如，基层人大可以通过行使重大事项决定权，把基层党委为发展经济、稳定社会的正确决策和当地民众在改革开放中创造的经验，以代表表决的方式，用决议、决定的形式固定下来，通过人大宣传和政府执行反馈，上升为民众共同遵行的规范。这样一来，党、政府、人大、民众将通过人大的决策权，紧密联系，共同推动基层治理。另一方面，基层人大也只有通过这一法定途径，充分行使人大决定权，才能树立权威，人民当家作主的权力也才能落到实处。基于人大机构的权力来源、职能定位和人大代表的职责要求，人大在行使重大事项决定权时的首要原则是以民意为出发点和归宿点。①

应当看到，基层人大成立 20 多年来，其权力之一的决定权行使的频率正在攀升。但是，以地方性法规规范决定权还是近几年的事情。最早的地方法规性文件可上溯到《安徽省人民代表大会常务委员会关于讨论、决定重大事项的若干规定（试行）》，此文件 1988 年 6 月出台，期间经过 1998 年 12 月的修订。1999 年，江苏、辽宁、湖北、海南、重庆等省、市人大常委会相继颁布了讨论决定重大事项规定。到 2002 年底，有 12 个省、市制定了这方面的地方性法规。浙江省有 65 个市、县（区）人大常委会制定了讨论决定重大事项的规范性文件。②

当然，当前基层人大行使重大事项决定权还面临许多问题：①思想认识不到位③。首先是思想上有顾虑，缺乏主动决定意识，往往陷入消极决定和被动决定的境地。基层人大往往自身作为不够，把人大只当做一个监督机关，忽略了其决定职权的地位，担心过多强调对重大事项的决定权被认为是向党委要权，与政府

① 王军杰：《人大决定权应以民意为重》，《民主与法制时报》2011 年 10 月 17 日第 A3 版；张天潘：《人大强化决定权让民意表达底气足》，《人民法院报》2010 年 1 月 7 日第 2 版。

② 田必耀：《坚守宪政秩序的生动实践——对地方人大立法规范行使重大事项决定权的解读》，《江淮法治》2003 年第 2 期。

③ 县区乡镇人大拥有重大事项决定权，本来是已有法律明确规定的一个常识性问题，却作为“乡镇人大是否有重大事项决定权”的话题在人大系统引起了热烈讨论，甚至持否定观点的大有人在。参见卢鸿福：《乡镇人大重大事项决定权之争引起的反思》，《民主与法制时报》2011 年 8 月 1 日第 A4 版。

争权，担心“越位”而不敢大胆决定。长期以来，地方人大常委会对宪法赋予的三大权力的地位认识有一个偏颇，即将“监督权”视为三大权力中最核心的权力，而对重大事项决定权的地位及其作用却缺乏应有的认识，以至将它放在一个无足轻重的位子上。[①] 另一方面，基层人大对重大事项决定权的行使主要以被动决定居多，多数决议、决定是由党委及“一府两院”根据工作需要主动提请人大作出的，基层人大根据人民意愿、社会需要等主动就本行政区内某一方面工作的重大事项作出决议、决定的偏少。②基层人大所处的政治生态导致人大决定权难于行使。首先是党委决策权取代了人大决定权。在目前我国的基层政治实践中，大多数地方还是沿袭党的高度集权型的领导模式，这种模式造成了党对国家机关各个部门层级的具体事务的包揽，使基层人大的决定权如同虚设。其次是行政机关侵权影响了人大决定权的行使。法律明确规定人大是权力机关，政府是执行机关。但在实际工作中，由于长期以来，行政首长在地位上往往高于人大的领导，有的政府领导人对人大的认识不正确，或者缺乏对人大应有的尊重，在一些重大事项上，政府却行使了明显属于人大决定权范围内的权力。再其次是“一府两院”在实际工作中，习惯于首先向同级党委负责，其次向其上级部门报告，结果表现为：法律的原则规定是一回事，实际执行起来是另一回事，向党委和上级机关负责是具体的，向同级人大报告，提请人大决定，接受人大监督是务虚的。③决议决定落实缺乏刚性手段，事后督办力度不够。尽管人大对决议决定的执行情况加强了跟踪监督，但由于力度不够，缺乏刚性手段，实际上起不到应有的效果。就主观而言，基层人大自身都不同程度地存在“重决定，轻执行”的情况，很多地方是一旦作了决定往便没有了“下文”。从客观上讲，首先是职权行使上的不规范性客观导致了重大事项决定权的权威性和严肃性不够。另外，我国现行法律对“一府两院”不执行或不认真执行人大决议决定的问题如何追究责任没有作出明确规定，使得人大采取刚性监督手段也缺乏法律支撑。

四、基层人大的民主监督

权力是政治学的基本范畴，与权力相伴生的是监督，对权力的制衡和监督是民主政治的基本内涵。基层人大监督是政治监督体系中最富有权威的组成部分，它既是间接民主制的保障形式，又具有直接民主制的具体内容。[②]

---

① 刘国安：《重大事项决定权：地方人大常委会的核心权力》，《民主与法制时报》2010 年 11 月 15 日第 A2 版。

② 卓越：《地方人大监督机制研究》，人民出版社 2002 年版，第 7 页。

从法律文本来看，关于人大监督权的论述主要来自宪法、地方人大和地方政府组织法以及《中华人民共和国各级人民代表大会常务委员会监督法》（以下简称“监督法”）的有关条款。从监督权的设立过程来看，人大监督是沿着先上层、后基层的过程建立的；从人大监督权的事实来看，也经历了由虚变实的过程。1954 年的宪法规定：全国人大是最高权力机关，是唯一可以行使最高立法权的机关，也是唯一可以监督宪法实施的机关。全国人大常委会则有权监督国务院、最高人民法院和最高人民检察院，可以撤销国务院同宪法、法律和法令相抵触的决议与命令。全国人大认为必要的时候，也可以组织针对特定问题的调查委员会来实施权力监督。这是第一次在宪法里明确规定全国人大及其常委会的监督职能。但是在改革开放之前，党的一元化领导的倾向比较严重，全国人大及其常委会的监督职能形同虚设，还停留在理想化的理论状态。直到改革开放之后，建立、健全权力运行机制的需要，使得人大监督权才从法律文本上走到实践中。1979 年五届全国人大二次会议确定在县级设立人大常委会，从而使人大体系更有效地延伸到基层社会之中，基层人大制度的完善也是对基层利益格局变动发展的积极回应。在随后的 1982 年宪法中，又提出国家行政机关、审判机关、检察机关都由人大产生，对它负责，受它监督；全国人大及其常委会在开会期间，有权依照法律规定的程序提出对国务院或国务院各部、各委员会的质询案，受质询的机关必须予以答复。地方人大和地方政府组织法的相关条款也对基层人大及其常设机构的职权进行了列举式规定，从而进一步充实了基层人大的监督权。

2006 年 8 月第十届全国人大常委会第 23 次会议通过了《中华人民共和国各级人民代表大会常务委员会监督法》，对加强人大常委会对“一府两院”的监督无疑具有促进作用。监督法从实际出发，较好地解决了各级人大常委会的监督程序不完善和不规范的问题，凸显了监督的规范性和针对性。监督法从法律上系统规定了人大常委会的监督形式、内容和程序，除了第一章总则和第九章附则之外，其他第二到第八章都是对监督程序的具体规定，明确了四项经常性监督工作和三项非经常性监督工作的启动条件、启动机构和人员、相关问题处理的方式、步骤和时限以及最终处理。监督法完善和规范了监督程序，保障了各级人大常委会监督权的行使具有充分的合法性、公正性和权威性。监督法中规定的“听取和审议专项工作报告”、“听取和审议财政、计划、审计工作报告”、“执法检查”三项职权的行使除向人大常委会组成人员或全体人大代表印发外，还专门规定要“向社会公布”。监督法规定人大常委会监督权行使要公开化，把人大常委会监督放在社会公众的视线之内，不但能够促进人大监督工作的有效开展，而且能够让民众了解掌握人大常委会工作动态，也为民众参与监督提供了一个平台，十分有利于提高监督的针对性。①

根据这些法律文本，我们可以构筑起人大监督体系的主要内容：①在国家监督体系中，人大监督是根本性监督，有法律所赋予的最高地位。行政、司法、检察机关是由人大产生的，对其负责。②人大监督的特点是民主性、全局性、权威性。首先这是因为人大监督是代表人民对“一府两院”工作进行的监督，最能直接反映民众的呼声和要求；其次是人大不论制定法律，还是就重大问题作决定，都是从制度上解决全局性问题；再其次人大监督是代表国家和民众进行的监督，是国家最高层次的监督，是具有法律效力的监督，因而具有很大的权威性。③人大监督包括工作监督和法律监督两类。② 从权力渊源来说，人大监督是依据法律的监督，但随着行政部门管理范围的扩大以及司法部门影响的提高，人大对政府和司法部门的工作监督处于更加突出的位置。正如有学者对西方现代立法机关的总结那样：“现代立法机关一个更重要的潜在角色是对行政机构保持一种严厉的批评。甚至即使它们不创制任何法律，立法机关也可以通过监督政府，审查其是否保护国家利益，是否廉洁，是否有效率等，对政府的工作产生强有力的影响……使政府保持一种紧张状态是国会能做的最好的事情之一。”③ ④人大是集体行使监督权。人大及其常委会的运行遵循民主集中制原则，监督权由集体行使。人大代表或者委员会成员虽然有权对某些事项提出监督意见，但必须经过代表大会或者常委会全体会议讨论通过，形成监督议案，然后以集体的名义付诸监督实践。④ ⑤人大监督有法定的工作方式和监督内容。人大行使监督权的方式主要有：听取和审议政府工作报告；审查和批准政府工作计划和财政预算；对法律的实施例行调查、视察或检查；进行特定问题的调查，提出罢宪和撤职；受理申诉、控告、检举、询问和质询等。人大监督就监督内容来看，可分为立法监督、人事监督、法律实施监督、财政监督以及政府行为监督等。⑥人大是监督政府工作，但是，人大代表则是协助政府工作。地方人大和地方政府组织法第 37 条规定：地方各级人大代表应当和原选举单位或者选民保持密切联系，宣传法律和政策，协助本级人民政府推行工作，并且向人大及其常委会、人民政府反映群众的意见和要求。县、自治县、不设区的市、市辖区、乡、民族乡、镇的人大代表分工联系选民，有代表 3 人以上的居民地区或者生产单位可以组织代表小组，协助本级人民政府推行工作。

当然，在人大监督体系内部，要研究高层人大和基层人大在民主监督上的区

① 吴建依：《论人民代表大会公开原则》，《社会科学研究》2001 年第 3 期。
② 浦兴祖：《当代中国政治制度》，复旦大学出版社 1999 年版，第 86 页。
③ 迈克尔·罗斯金：《政治科学》，华夏出版社 2001 年版，第 290 页。
④ 杨雪冬：《地方人大监督权的三种研究范式》，《经济社会体制比较》2005 年第 2 期。

别，我们可以将其概括为：高层人大监督外在表现为监督工作，利益是工作的内核，呈现隐性；基层人大直接面对基层社会，基层人大监督直接表现为利益分配的调节和保障。所以，就基层人大的监督职能而言，监督也是一种利益保障的方式。面对利益生产和利益分配日益丰富的基层社会，基层人大一方面承载着利益凝聚的任务；另一方面，基层人大通过监督功能的实施，在引导利益分配和处理利益矛盾的过程中保障社会稳定、和谐、有序运行。因此，改革开放之初，20 世纪 80 年代是基层人大创新活动非常活跃的时期，一些创新性的监督方式相继在实践中产生，并得以推广。但是，我们看到，基层人大监督效果并非如人们所期待的那样。“监督不力最根本的问题是体制问题”，[①] 是党政不分、以党代政的领导体制问题和政权机构相互包含的政治生态问题。这种体制和监督环境不根本改革，人大监督将难以实现彻底的突破。因此，基层人大民主监督还有很大的发展空间，且需要人大其他职能的良好发挥和配套措施的逐步健全。

在基层人大民主监督的实践领域，各地力图将制度与技术、内容与手段有机结合，创新人大监督的操作机制与实施方式，增强人大监督的科学性和约束力。按照监督法规定，听取和审议人民政府、人民法院和人民检察院的专项工作报告，是各级人大重要的监督方式。按照监督法规定，听取和审议人民政府、人民法院和人民检察院的专项工作报告，是各级人大重要的监督方式。湖南省涟源市人大常委会在履行监督权的过程中，逐步实现了从一团和气、一致通过到利益博弈、否决报告的根本性转变，从而发掘了人大监督所彰显出来的制度力量。其典型经验是：①程序上“步步为营”，建立议前、议中、议后监督“一条龙”的监督机制，即突出民意的议题形成机制→议前执法检查、专题调研→议中询问、质询→发出审议意见书→督促整改落实→公布结果；②制度上由“软”到“硬”，成立审议意见、交办意见督查领导小组，涟源市人大常委会成立了审议意见、交办意见督查领导小组，从 9 月份开始，由一名常委会副主任带队，在规定办理的时间内检查督促“一府两院”办理落实情况，并及时向主任会议作报告；③不满意者将被问责，把对人的监督纳入审议监督的范畴，建立了“两次画圈”的票决制度，即对报告的满意度和审议意见整改落实情况的满意度由组成人员按照满意、基本满意、不满意三个档次进行无记名投票表决；同时，将问责制引入审议，把对事的监督与对人的监督结合起来，把对事与对人的问责结合起来。[②] 针对以往审议时意见多而表决仍“畅通无阻”的情形，河南省内乡县人大常委会于

① 蔡定剑：《中国人民代表大会制度》，法律出版社 2003 年版，第 415 页。
② 卢鸿福：《湖南涟源一个地方人大的监督样本》，《人民日报》2008 年 10 月 22 日第 13 版。

2010年7月安装了电子表决系统，8月份的常委会会议上正式启用。2010年10月28日，第二十五次常委会会议对《关于治理城区环境污染工作情况报告》进行表决，最后以“赞成8票，反对13票，弃权1票，未按键0票”的结果未获通过；12月的常委会第二十七次会议上，《城控区学校现状及建设情况的报告》最终又以“赞成10票，反对9票，弃权3票，未按键0票”的结果惨遭否决。电子表决系统刚刚登场，便频频发力，掀起的两场“旋风”。[①]

第三节 基层人大创新化解政治矛盾

代议制理论的奠基人密尔认为：“政治机器并不自行运转。正如它最初是由人制定的，同样还须由人，甚至由普通的人去操作。它需要的不是人们单纯的默认，而是人们积极地参加；并须使之适应现有人们的能力和特点。”[②] 密尔的观点说明了以行动建构民主的重要性。

近代以来，中国民主化进程屡屡受挫，一个重要原因也就是民主仅仅停留在制度层面，而未能扎根于社会基层，以致“民主”时常为少数人把握与运作，用以获取和维系统治权力。中国历史上长期缺乏民主传统，致使广大农民群众缺乏民主习惯，民主素质较低，而要解决这一问题，只有通过民主实践。民主实践是一个大课堂，是任何人“代表”不了的。[③] 民主也只有深入大众生活，成为大众的生活方式，从大众的日常生活中生发，才能有坚实的成长基础。基层人大与全国人大相比，是地方性和多样性的代表，所以也是民主实践最丰富的创新平台，是人大创新和研究的重镇。

一、候选人自荐

长期以来，我国的人大代表选举是建立在不鼓励竞争、强调酝酿和协商基础之上的，即所谓“确认型选举”或“安排型选举”。[④] 在这种思路下，在我国相

---

① 朱浩记、王富君、刘晓华：《电子表决奏出监督更强音——河南省内乡县人大常委会表决政府部门工作报告纪实》，《人民代表报》2011年4月12日第2版。

② J. S. 密尔：《代议制政府》，商务印书馆1982年版，第7页。

③ 徐勇：《中国农村村民自治》，华中师范大学出版社1997年版，第8页。

④ 邹树彬、唐娟、黄卫平：《2003年人大代表竞选的群体效应：北京与深圳比较》，《马克思主义与现实》2004年第2期。

对集权的政治体制中，代表候选人绝大多数由执政党等组织提名推荐，通过缜密的组织运作确保当选，基本不存在竞争性选举。选民对候选人的选择余地不大，他们的投票行为实际上是对这些必须当选的候选人的一种程序性确认，以使其获得合法性。

从选举法关于候选人的介绍这一环节来看，1979 年选举法规定："各党派、团体和选民，都可以用各种形式宣传代表候选人。但在选举日须停止对代表候选人的宣传。"但是到 1982 年修改的选举法则规定："推荐代表候选人的党派、团体或者选民可以在选民小组会议上介绍所推荐的代表候选人的情况。"对比两次选举法的修改可知，1982 年规定的候选人的介绍规则比 1979 年的相关规定更加严格。从现实来看，1982 年的选举法更加保障了选举的秩序，但是，从选举民主的角度来讲，民主性有所降低。这是因为，在组织（选委会）提名候选人占绝大多数、独立参选人和选民联合提名候选人占极少数的情况下，由"推荐组织或推荐人介绍候选人"实际上就变成了相对单一的"组织（选委会）介绍候选人"。并且"选民小组会议"涉及选民范围狭小，受"会议"的局限，以"会议"方式获得的候选人的信息也非常有限，所以，绝大多数选民对候选人的情况还是一无所知，更不可能了解候选人代表选民利益和意见的可能性和可行性。鉴于"组织介绍"的形式化，2004 年修改的选举法规定：选举委员会可以组织代表候选人与选民见面，回答选民的问题。在广东，在地方人大选举创新的草案中，甚至考虑允许候选人进行自我宣传。显然，2004 年选举法的这一程序规定有利于选举信息的公开化，有助于选民了解候选人。但是，在选举法实施的过程中，有的地方依法做到了，有的地方没有做到或做得不好。不仅如此，广东省人大的选举创新也在半途夭折——在后来对草案的审议中删除了"代表可自我宣传"的内容。2010 年修订的选举法的第 33 条规定：选举委员会或者人大主席团应当向选民或者代表介绍代表候选人的情况。推荐代表候选人的政党、人民团体和选民、代表可以在选民小组或者代表小组会议上介绍所推荐的代表候选人的情况。选举委员会根据选民的要求，应当组织代表候选人与选民见面，由代表候选人介绍本人的情况，回答选民的问题。但是，在选举日必须停止代表候选人的介绍。由此可见，对候选人有介绍义务的是选举组织机构或推荐候选人的政党、团体或选民、代表等。候选人本人并不存在自我介绍的义务。如此的选举安排往往造成选民和候选人的"选举冷漠"和"被动选举"。

从选举产生代表的结果来看，人大代表兼职，代表荣誉化占有很大比重。根据《宪法》第 34 条规定，中国公民凡是具备以下几个条件者都有资格被选为全国人大的代表：具有中华人民共和国国籍；到选举日为止年满十八周岁；享有政治权利。中国人大代表选举没有职业要求的限制。任何人只要具备条件就可以被选为人大代表。当选人大代表之后，代表不脱离生产和工作。代表兼职，通常的说法是：有利于代表随时了解本单位的实际情况，密切联系群众，体现群众利益。虽然人大组织法规定，全国人大常委会组成人员不得担任国家行政机关、审判机关和检察机关的职务，但是人大组织法不限制现任国家机关、审判机关和检察机关的工作人员当选人大代表。中国在人大代表选举过程中，由于实行兼职代表制，代表的选定不是从代表本身的角色出发，而是根据其工作成绩和表现来决定，一般都是将各行各业的优秀人物作为人大代表的候选人。一些地方行政领导、公检法干部、各行各业的先进工作者、劳动模范当选为人大代表。这些人当选为人大代表使民众甚至人大代表自身都产生了对代表意义理解上的偏差，把人大代表当作一种荣誉。认为当人大代表就是典型，是荣誉，是一种“政治待遇”，这样产生的结果是没有真正将人大代表理解为国家权力机关的组成人员，没有充分意识到人大代表的法定职责。①

针对人大制度在以上两方面的缺陷，在现实社会发展的促动下，针对上述弊端的创新活动——候选人自荐成为必然的产物。姚立法是新中国最早一批自荐竞选成功的人大代表，于1999年当选湖北省潜江市人大代表。2003年，深圳、北京、湖北、四川等地进行的区县人大代表选举中，涌现出大批自主竞选的个案，掀起了一轮轮公民竞相问政的高潮。② 这一年，潜江市又涌现出32位自荐参选者。在北京、深圳的县区级人大代表选举中，高学历、年轻化、议政能力强的人成为当选热门。北京22位自荐参选者中，有10位是高校学子，6位是学者和律师等专业人士。③ 深圳高级技工学校校长王亮在福田区的区人大代表选举中，以“另选他人”的方式参加选举，并以1 308票的高票当选。④ 在同一次选举中，深圳振业景洲大厦业主委员会主任、房产消费者维权代表邹家健率先以非正式候选人身份，在福田第55选区用“另选他人”的方式，直接参选人大代表。⑤ 针对

① 吴鹏飞：《密切人大代表与选民关系的几点设想——以我国基层人大为例》，《云南行政学院学报》2009年第2期。

② 本次深圳候选人自荐既参选活动详细参阅黄卫平：《深圳竞选实录》，西北大学出版社2003年版；李伟雄、詹了光：《民主意识的自觉实践——深圳区级人大代表换届选举中竞选现象透视》，《法制日报》2003年5月29日；《深圳竞选新态势　选举改革稳步走》，《21世纪经济报道》2003年6月2日。

③ 罗昌平：《北大清华6学生自荐竞选人大代表》，《中国商报》2003年11月25日；黄锫坚：《自荐参选人亮相北京区县人大代表选举》，《经济观察报》2003年12月8日第T00版；《四自荐候选人当选：中国人大选举制度迈向竞争型》，新浪网，2004年9月17日。

④ 《我国首位人大“独立候选人”击败正式候选人》，《中国青年报》2003年5月20日。

⑤ 苟骅：《非正式候选人竞逐人大代表》，《南方都市报》2003年5月15日；刘俊同、李天君：《深圳一市民自荐参选人大代表》，《晶报》2003年5月15日；《深圳一选民自荐竞选人大代表在全国尚属首例》，《中国青年报》2003年5月17日；文志传：《一位区人大代表竞选成功的启示》，《检察日报》2003年6月23日。

这些民主创新活动，全国人大及广东省人大专门就此组织了多次实地调研，并在一定程度上直接推动了2004年全国人大对选举法相关条款的修订。[①] 在近期的选举中，2006年湖北潜江有40多名独立参选的候选人，2007年12月在江苏盐城的一个乡镇的选举中，也有29名农民的维权代表作为独立参选人参加选举。[②] 2011年基层人大换届中，参与主体和参与方式与以前有很大不同，主要有两点：一是独立参选者群体主要以在公共事务领域频繁发言、网络民意呼声甚高的人士为主，宣布参选的独立参选人有作家李承鹏、时评员姚博（网名五岳散人）等。而在1998年和2003年那两次人大代表选举中，参选主力为大学生和维权的业主。二是以微博为参选宣传主要平台，独立参选者基本都在微博第一时间公布参选消息，介绍自我，表达参选目标，介绍准备工作和当选承诺等。通过微博发表2011年基层人大换届参选宣言的独立参选者已有30多名，他们当中有作家李承鹏、时论员姚博（网名五岳散人）、中国政法大学副教授吴丹红以及80后广告人徐彦、90后高中生刘若曦等。[③] 与各级人大代表选举的普遍方式相比，候选人自荐等竞选活动实属典型案例，但是它显示了基层民主政治发生、发展的逻辑，同时也为基层人大的学术研究提供了一个窗口。现实和理论相结合，共同促进了基层人大的深入发展。[④]

首先，我国改革开放30多年来，社会分化和社会多元化状况已初具规模，个体利益成为人们理性计算的重要尺度。公民对待选举的态度也逐渐发生了变化，过去是"响应号召"式选举、"完成任务"式选举和"政治动员"式选举，现在既出现了积极参选和竞选的事例，也出现了"选举冷漠"和大量弃权现象。[⑤] 两方面的现象佐证了政治的逻辑：政治是经济的集中反映，利益相关者参与政治，利益无关者远离政治，这是政治的日常状态。

其次，深圳市人大代表选举中出现的由公民自觉站出来自荐竞选人大代表的行为，不是个别人，而是一群有产业、有知识的人。这种行动不仅出现在深圳，还出现在北京、湖北等省市。这种公民自主、自发的政治参与实际上是公民对我们现行选举制度提出了改革的要求，反映了市场经济发展对代议制度带来的影响。自荐候选人的当选让公民认识到人大代表应该是"人民自己"的代表，而不是由政府指定的"官员"，也使民众由此懂得了积极投票选出的民众自己的代言人对自身利益的直接影响。有学者分析指出：深圳特区出现的民间自发的竞选的

① 王连喜：《深圳基层人大民主实践的政治学分析》，《探求》2008年第5期。

② 李凡：《中国基层民主发展报告（2008）》，知识产权出版社2008年版，第12页。

③ 胡雅君：《人大代表参选第三波高潮：改变从一张选票做起》，《21世纪经济报道》2011年5月31日第8版。

④ 杨龙芳：《中国县级人大代表直接选举：公共话语与研究方法》，《学术研究》2005年第5期。

⑤ 杨云彪：《公民的选举：一个公共选择话题》，中国大百科全书出版社，第2页。

冲动，又在率先激活我国现行体制和文本制度中的内在民主因素，表明随着“中等收入者”阶层的不断增长，他们在我国政治发展中要求参与政治的主动性和维护政治权利的自觉性正在日益提高。“深圳竞选”现象预示着社会主义市场经济的发展，以其不可抗拒的规律影响和改变着中国政治的发展进程。“深圳竞选”有望为民主政治奠定坚实的社会基础。①

最后，自荐候选人的当选使民众看到了争取选举空间的可能性，但是由自荐候选人所引发的后续程序的完善和建设仍需要不断地探索和创新。其一，作为竞选的参与者在选举策略的策划、宣传方式和面对选举结果等民主的基本技术方面还要不断学习，不能将候选人自荐当做一时的活动而重新陷入运动式民主的困局。其二，候选人自荐包含了竞争性成分，在竞争性选举中，选举的成本分摊机制，如何防止贿选和金钱政治的出现，也需要未雨绸缪。当然在竞争性选举中，势必也存在弱势群体选举权益保护问题。②

二、参与式预算

从目前的地方人大和地方政府组织法和各省级人大常委会制定的乡镇人大工作条例来看，由于没有立法权，乡镇人大的职权实际上主要集中在两个方面，即“保证权”和决定权。保证权既是对所有上级人大的立法与规定的保证执行，又是保证本级人大所做出的决定的保证执行，而对本级人大做出的决定的保证执行事实上是监督权。决定权分为本区域内的重大事项决定权和乡镇政府领导人的人事任免权。从因果逻辑来看，乡镇人大对保证权行使的效度实际上是由其对决定权行使的力度而决定的。如果决定权行使得很有力，那么监督权才有可能会实现，否则，便会流于形式。③ 在目前中国的地方行政体制下，乡镇政府承担的更多是县级政府的下派任务，在这个意义上，乡镇政府的职能从源流上应该是来自于县级政府。因此，乡镇政府只能对上负责，而对上级人民政府负责又是宪法和地方人大和地方政府组织法所规定的。与此同时，乡镇的“七站八所”都是县级政府的派驻机构，乡镇人大并不具有对这些机构人事上的决定权，最多也仅是任免上的参考作用。因此，乡镇人大对于这些下派任务的职权监督也只能是流于形式。那么，从理论上讲，乡镇人大强硬起来的空间只能在决定权。对于乡镇人大决定权的分析要放在乡镇党委和乡镇政权这一平面中来。首先来看重大事项决定

---

① 蔡定剑：《论人民代表大会制度的改革和完善》，《政法论坛（中国政法大学学报）》2004 年第 6 期。

② 黄卫平、唐娟、邹树彬：《“深圳竞选”提供的启示》，《人大研究》2003 年第 11 期。

③ 参阅蒲光树：《乡镇人大监督的尴尬与对策》，《人大研究》2003 年第 5 期。

权。正如前面所述，就目前的中国基层乡镇政权来看，乡镇政府的年度任务主要是完成上级下派的任务，完成上级任务的好坏成为考核乡镇的关键。而且乡镇财政是由区县管理的，乡镇虽为一级政权，但并无对应的一级财政。与此同时，就村委会这一主体来看，从法律规定来看，乡镇政权仅有指导关系，没有领导关系。因此，能够决定本级区域内重大事项的乡镇可能是有自身经济发展实力的乡镇。从现实中我们也可以看到，乡镇人大制度创新较多的地方主要集中在东部沿海，这些地方经济发展势头好，乡镇比较富裕，“有钱了，往哪花”可能成为这些地方乡镇人大决定的主要事项。相比较来看，中西部地区，基层政权的财源很大一部分来自于中央政府的转移支付或者专项资金，这些财政支持的方向都已明确，即使在后续的监督工作中，上级的监督也多于乡镇人大的监督，所以，乡镇人大决定权的作用空间非常狭小。从理论上讲，温岭市由“民主恳谈会”发展到“参与式预算”，就是在这样的背景下产生的。①

按照温岭市地方领导的概括，由温岭首创的参与式预算，指公民以民主恳谈为主要形式参与政府年度预算方案讨论，人大代表审议政府财政预算并决定预算的修正、调整、审查和监督。② 从温岭基层民主创新发展的历程来看，也有学者认为，参与式预算来源于民主恳谈融入体制内的需求，实质上是推动政府预算走向民主的改革实践。如果从人大制度改革与创新的角度来理解政府预算的民主化，我们可以将参与式预算解释为围绕乡镇人大职权中重大事项决定权之预算审批权展开的创新活动。③

笔者认为，温岭的参与式预算，不在于其程序的精密性和完整性，其重要价值在于以预算民主为突破口，重构了基层政治生态。其民主的价值主要体现在以下四方面。首先从基层党委来看，党委是作为制度发展的摸索者、发起者和推动者出现的。从最初的民主恳谈到引入人大制度的参与式预算，温岭市委始终起着主导作用。在参与式预算本身的发展中，我们也看到，由基层党组织支持试行的参与式预算，也逐渐改变了基层政治运行态势。从基层政治发展来看，公共财政

① 参阅何俊志：《权力、观念与治理技术的接合：温岭“民主恳谈会”模式的生长机制》，《南京社会科学》2010 年第 9 期；吉卫国等：《开辟基层预算民主新路径——温岭参与式预算试验》，《人民代表报》2010 年 8 月 5 日第 1 版；张学明：《公共预算：温岭参与式预算的创新性变革》，《人民代表报》2010 年 8 月 7 日第 3 版；章苒、冯源：《温岭推“参与式预算”，打开“政府账本”》，《新华每日电讯》2011 年 3 月 8 日第 15 版；洪其华：《“参与式”预算改革：“温岭模式”溯源》，《第一财经日报》2007 年 4 月 17 日第 A6 版。

② 陈奕敏：《参与式预算的温岭模式》，《今日中国论坛》2008 年第 5 期；李凡：《中国基层民主发展报告（2006/2007）》，知识产权出版社 2007 年版，第 34 ~ 35 页。

③ 李凡：《中国基层民主发展报告（2008）》，知识产权出版社 2008 年版，第 33 页；何俊志：《民主工具的开发与执政能力的提升——解读温岭“民主恳谈会”的一种新视角》，《公共管理学报》2007 年第 3 期。

预算的制定权实际上是党政联合控制的重要资源，处于基层权力核心的党组织在逐渐探索民主政治建设的过程中，将财政预算的这一平台作为改革的领域，于无形中重塑了基层党政关系。再就社会力量来看，基层社会的变革表现在两个主要层面：一个是市场经济的发展带动了劳动力、土地两大资源的流动，流动的资源产生了不同的利益主体，围绕经济发展，具有独立利益和主体意识的多元利益群体初步形成。另一个层面是，以村民自治为动力的农村社会民主的发展，培养了基层民众对于公共事务的关心和参与精神，对利益的伸张和维护也使民众有了参与的动机。就温岭而言，1999 年以来的民主恳谈，经过长时间的实施并改善，使得民众积累了一定的参与民主政治的技巧，也使基层政权掌握了一些驾驭民主政治的能力。就社会发展现实来看，温岭市各个乡镇每年如何面对庞大的财政收入，并能实现“有的花，花得值”，也是一件考验政府执政能力的大事。在此情景中，将财政预算的制定作为民众参与的一种途径，使得财政阳光化，可以减少政府执政的压力，大大改善基层政府的行政环境，同时提升执政的合法性。① 另外，与参与式预算直接相关的是，参与式预算推动了基层人大建设。有的学者在调研温岭市新河镇 2005 年财政预算案时发现：在讨论 2005 年财政预算案时，镇人大增加了会期和开会环节。这一举措使得人大代表有较为充分的时间来审议和讨论预算，向政府官员提供有关预算的询问，也有时间提出修正议案。对于乡镇人大而言，这一举措不但弥补了乡镇人大没有常委会的缺憾，而且还细化了乡镇人大审议财政预算的程序，是乡镇人大职权由虚转实的有效途径。②

参与式预算在浙江温岭初露端倪之时，就被“移植”到哈尔滨、无锡、焦作等地的乡镇、街道，并得到因地制宜的创新。而且，这些地区在借鉴“温岭模式”的成功经验的同时，也开拓了不少创新性行动。焦作参与式预算的典型特点是民意决定政府支出项目，具体做法是：政府在当年收集完各部门的预算意向后，在媒体和网络上公布各部门第二年想启动的项目，进行全民投票，并公示结果，最终根据民众意愿决定来年重大支出项目和公共支出项目。无锡参与式预算的典型特点是群众参与公共项目取舍，具体做法是：无锡市参与式预算主要在事关群众切身利益的公共项目建设上，让群众真正参与，由群众代表投票决定项目的取舍和优先发展次序，一旦选定，群众的选择将形成最终的决策，政府必须严格按项目要求组织实施。其制度创新在于：通过预算权力的重构实现公共预算的民主性、资金配置的优化及效用和透明度的提高。当然，参与式预算虽然提高了预算的民主化，强化了人大的职权，但它没有法律和制度的保障，还游离于制度

---

① 李凡：《中国基层民主发展报告（2008）》，知识产权出版社 2008 年版，第 7 页。

② 周梅燕：《新河镇改革对乡镇人大制度建设的重要启示》，《人大研究》2006 年第 8 期。

框架之外。而这种形式如想获得生命力，具有合法性，就必须与当前人大制度结合，将它导入制度框架之内。[①]

对于参与式预算，在看到它推动基层民主建设的同时，我们也要分析其进一步发展和完善的思路。其实，参与式预算在实施过程中还存在许多不足。其一，兼职的人大代表还很难适应参与财政预算这一工作。财政预算具有一定的专业性，编制预算工作需要在了解政府工作环节和工作任务的基础上，具备超前预测能力和整体把握能力。对于兼职的人大代表来讲，其能力水平与预算工作的要求有一定差距。所以，从这个层面来讲，参与式预算本身的“参与民主”是有限的，要以参与其他政务相配合。其二，在乡村熟人社会中，参与式预算没有形成真正的辩论。“一方面部分代表碍于人情，抱着可谈即谈、不愿深究的态度，不敢说实话、说真话，使辩论场面过于冷淡，群众的意见得不到真正的表达，过于体现妥协性；另一方面由于人大代表由协商的主方变成了从方，往往只是程序性地‘配合’议程安排，缺乏陈述和坚持自己意见的信心与愿望，而使协商意见较为容易统一，使决策层很难收集到反映各类群体意愿的、真实的、有价值的意见。”[②] 其三，“预算后”的相关措施还有待进一步健全。重要的是，需要建立健全与基层行政实际相符合的预算执行情况跟踪监督制度、违反公共预算责任追究制度和基层政务公开和财务公开制度。[③] 所以，对于参与式预算的深化和发展，正如学者所概括的，在基层人大的运作平台上，还需要权力的推动、观念的更新和更多的治理技术的不断注入。[④] 从现实可操作性上看，推进参与式预算的制度化是较为可行的路径。[⑤] 首先，在已经开始实施参与式预算的地方，应当把公民参与当做每年预算安排的必经程序确定下来，从而保证参与式预算不因地方领导人的更换或者其意志的改变而终止。其次，在对现有参与式预算实践进行深刻总结的基础上，对参与式预算的组织者、日期、时间长度、参与方式、参与内容等方面进行合理确定，并加以公布，形成对参与式预算的确定预期，保证公民参与预算决策的有序进行。最后，中央或省级政府层面对地方政府参与式预算制度化要提供支持，以最终形成参与式预算的长效机制。

---

① 《参与式预算：让我们从底层开始》，《社会科学报》2010 年 4 月 15 日第 2 版；张洋：《参与式预算：从为民做主到让民做主》，《人民日报》2011 年 11 月 9 日第 17 版。

② 温岭市箬横镇人大：《温岭市箬横镇参与式财政预算的实践与探索》，http：//www. chinaelections. org/NewsInfo. asp？NewsID = 124707，2010 年 10 月 7 日。

③ 王维国、谢蒲定：《改革开放以来我国人民代表大会制度的发展历程与基本经验》，《政治学研究》2008 年第 5 期。

④ 何俊志：《权力、观念与治理技术的接合：温岭“民主恳谈会”模式的生长机制》，《南京社会科学》2010 年第 9 期。

⑤ 袁岳：《参与式预算是公民参政的新突破点》，《新京报》年 11 月 12 日；张洋：《参与式预算：从为民做主到让民做主》，《人民日报》2011 年 11 月 9 日第 17 版。

三、人大代表工作站

通观世界上其他国家的议会规模，美国众议院固定席位435人，英国下院651人，法国国民议会577人，日本众议院在20世纪90年代中期是500人，俄罗斯国家杜马共450人，人口紧追我国的印度的人民院545人。20世纪90年代中叶，全世界设有代议制机关的178个国家中，绝大多数国家的议员人数在300人以下，超过500人的只有16个，其中还有13个实行的是两院制议会。[①] 中国的人大代表数额是以人口基数为基础的，所以代表数量多。中国全国人大代表人数，逐渐呈现上升趋势。1954年的第一届1 226人，到了第十届，人数增加到2 985人，现在在任的第十一届全国人大有代表2 987人。拥有如此众多代表的全国人大会议每年举行1次，每次15天左右；全国人大常委会会议一般每年举行6次，每次4天左右。与世界各国议会会期相比，中国全国人大可以说是会期最短的。西方各国议会的正常会议少则几个月，多则长达1年，如芬兰的议会例行会议会期为4个月，希腊为5个月，奥地利、法国、英国为6个月。[②] 在中国，人数多和会期短，加之代表多数是兼职代表，导致代表对议案审议不充分，从而使民意表达大大逊色。据相关记载，湖南怀化市人大常委会对部分人大代表做的调查显示，代表与选民或选举单位保持“经常联系”的只占35%（此数据还是在兼职代表占绝大多数的情况下）。在闭会期间，代表个人主动开展活动的占23.9%；80%的人大代表表示受“时间”、“精力”、“工作单位”、“家庭”、“履职对象不支持不配合”等因素的制约，以及“了解政情民意渠道不畅通”，使得代表履职情况大打折扣。[③]

但是，与此同时，随着改革的深入和市场经济的发展，我国的社会结构及其政治和行政生态却发生了深刻变动。城市基层社会也处于一个大变革的时期。这集中表现为随着年轻人大量涌入城市，流动人口的增加给城市的道路、交通、住房、环境等公共系统带来很大压力，社会管理和公共服务领域不断产生矛盾冲突。另外，城市经济的大发展也带来了市民政治参与的大爆炸，社区居民权益维护行动逐渐增多，自发参与公共事务的积极性日益提升，参与的群体性和组织化色彩也逐渐提升。因此，政府与民众，特别是基层政府如果能抓住当今社区变迁

---

① 参阅田穗生、高秉雄、吴卫生、苏祖勤：《中外代议制度比较》，商务印书馆2000年版，第112～121页。

② 唐斌：《略论全国人大常委会议事规则的修改与完善——基于政治文明的视角》，《合肥工业大学学报（社会科学版）》2010年第1期。

③ 尹中卿：《人大研究文萃（第2卷）》，中国法制出版社2004年版，第440页。

的特点，顺应利益发展的趋势，充分利用现行体制中的民主因素，激活现有制度吸纳民意和调控利益的能力，将民间的权益诉求纳入到现行体制和制度框架内并有效化解矛盾，从有效治理的角度出发，建立社会有序运行的民意吸纳机制就显得尤为必要。① 深圳市诞生的人大代表工作站就是在这一背景下，围绕城市基层人大创新的典型案例。

案例的原产地、当年的深圳市南山区月亮湾片区是一个交通、污染、治安等难点问题突出、缺乏有效治理的社区。在很长时间内，工厂排出大量污水、废气，制造噪音，不断引起群众不满，矛盾也不断累积。2001 年垃圾发电厂在月亮湾片区的设立，激发了大部分居民的不满情绪。南山街道办得知居民的不满情绪后，组织政府工作人员和人大代表深入到社区居民之中了解情况，形成议案后通过人大渠道转化为政府工作，政府相关部门出面有效地稳定了居民的情绪，有效化解了居民与企业之间的矛盾。这件事情的有效解决使得相关部门的工作人员认识到了人大代表在化解民众利益矛盾中的重要作用，激活人大代表的利益表达和传输功能，最大限度汇集民意，成为政府工作人员事后考虑的主要问题。考虑到人大代表都是兼职代表，只能在工作之余或者借助工作场合联络民意、汇聚民意，就人大工作而言，人大代表没有固定的工作场所，也没有固定的时间做好代表工作。于是，为人大代表做好服务和联络工作的想法被激活。2005 年 4 月 25 日南山区人大会议召开前夕，在南山街道办的协调下，由片区内的业主委员会、工业区、学校等单位组织的 13 名热心人士、志愿者主动担任联络员，组成深圳市第一个社区“人大代表工作站”，人大代表联络机制正式形成一种制度被确定下来，“人大代表工作站”也开始了联络选民、汇集民意的工作。② 据统计，截至 2010 年，深圳市人大代表工作站已发展到 122 个。③ 与此同时，“人大代表工作站”更有意识地向社区延伸，2007 年南山区在部分社区设立了人大代表社区工作站，罗湖区探索在居委会设人大代表联系点。多级联动的人大代表联系群众的工作机制也逐步明晰。深圳市人大常委会选联任工委于 2008 年在全市试点和推广“代表工作站”，建立健全代表与群众联系的常设机制，让代表在相对固定的时间、相对固定的场所，有相对足够的次数接访群众。其基本做法是，按照一个社区居委会的范围，设立一个“代表工作站”，将在深的全国和省人大代表、市人大代表、区人大代表共四级人大代表按照居住区域，划分到各居民委员会，

① 王艳：《业主维权中政府与社会间的合作博弈——以深圳市南山区月亮湾片区人大代表工作站为个案》，《湖北行政学院学报》2010 年第 4 期；《人大代表工作站：国家与社会间的沟通桥梁》，《第一财经日报》2006 年 5 月 19 日第 A2 版。

② 王连喜：《深圳基层人大民主实践的政治学分析》，《探求》2008 年第 5 期。

③ 田必耀：《2010，人大新势》，《公民导刊》2011 年第 3 期。

每月固定时间接待人民群众，既了解群众呼声，也释疑解难，宣讲国家法律法规和政策。① 在借鉴深圳市人大代表工作站的基础上，安徽省芜湖市三山区人大常委会也于2007年4月设立了人大代表工作站。② 2008年12月25日，经历一年左右的酝酿，北京首家人大代表工作站——人大清河街道工委人大代表工作站第二次开门接待居民。③

从现实运作来看，人大代表工作站的建立到发展，甚至到推广，在政治民主与基层治理中有三方面的价值值得探讨。首先，人大代表工作站的建立，看似基层人大制度的完善，其实，更多的意义在于人大代表工作站是代议逻辑的自然延伸。以志愿精神出现的人大代表联络员，他们的工作主要是收集和反映社区民意，代行人大代表在社区开展调研，以此弥补人大代表没有时间、没有固定办公地点的工作缺憾。社区联络员以其生活在社区群众之中，了解社情民意更加便捷和直接的优势，赋予了“代表”合法性，承担了“一线代表”的职责。这一行为，我们可以看作是代议逻辑的自然延伸。但是，人大代表的“政治身份”和联络员的“志愿精神”之间有很大的区别，人大代表工作站只能部分代理人大代表的工作。其次，从人大体系自身发展来看，不断激活人大制度潜在的发展空间，是政治民主建设的有效路径。一定程度上，人大代表联络员的出现和人大代表工作站的成立，在人大制度的理论支持和组织架构中是可以找到生长空间的。在制度设计层面，人大制度的理想模型可以描述为，人大是公民依照法律规定，通过各种合法途径和形式，直接管理或者参与管理国家事务及社会事务的重要制度通道。但是，在人大运行的实际场景中我们可以看到，“哑巴代表”、“零议案代表”、“挂名代表”、“无代言代表”客观存在，人大代表并没有很好发挥其职能，履行其职务。如今，“民主跟着利益走”，在市场经济率先发展壮大的深圳，民众主动发掘参与人大活动的合法路径，通过参与行为激活人大资源。在参与利益维护和利益保障过程中，有社区精英主动为其他居民代言，并以志愿身份参与利益调节过程，是公民精神高度发展的产物。④ 最后，基层民主对于基层治理的意义在于不断吸纳有效治理的资源。由政府引导、普通公民所发起成立的人大代表工作站，成为联系选民与人大代表的桥梁、纽带，丰富了基层人大的制度内涵。人大代表工作站也较好地发挥了群众自治的功能，在协调处理利益关系，

---

① 周森：《“人大代表工作站”将进社区》，《深圳商报》2007年12月25日第A2版；周森：《全市推广人大代表工作站》，《深圳商报》2008年4月25日第A3版。

② 《基层人大工作与政治文明建设大家谈》，《人大研究》2010年第2期。

③ 潘笑天：《探访北京首家人大代表工作站》，《人民日报海外版》2008年12月26日第1版。

④ 全天赐：《“人大代表工作站”运作评析》，《人大研究》2006年第7期。

达成基层社会有效治理中发挥了积极的作用，从而赢得了公共权力系统的吸纳。① 所以，在深圳市月亮湾片区诞生的人大代表工作站，由于其在联系选民、代表民意、整合资源、有效治理方面的独特优势，近年来，也深入到了农村。2008 年 8 月 18 日，温岭市在箬横镇成立了第一家人大代表工作站。在人大代表工作站履职的人大代表认为：代表工作站不仅在激发代表履职热情方面，而且在及时化解基层矛盾、维护群众利益方面真正地发挥了应有的作用。②

由人大代表工作站借助于现代传媒手段，走向虚拟化的发展态势的则有近年出现的代表博客、"代表在线"、"人大代表开通微博"等运作方式，这些方式与人大代表工作站的原理类似，都使得人大、民众、人大代表与政府之间实现了即时的利益表达与信息沟通，提高了代表的效率和参政议政的效率。③

四、人大会议旁听

在西方古典政治文明中，政治生活的主旋律是由全体公民组成公民大会，决定城邦的重大事务，这是直接民主的经典模式。随着社会的发展，当无数个类似于城邦的政治团体，组成现代国家，以致公民人数庞大到无法召开公民大会而议决国家重大事务时，由公民选举代表组成的代议机关就代替了直接民主式的公民大会，即政治发展进入了代议民主阶段。但是"当绝大多数公民将自己的权利交付极少数代表行使而退出民意机关时，并不意味着他们对自己的权利失去了兴趣，相反他们仍关心代表们在大会上的一言一行是否代表了其利益，此时，保留对代表和议事机关的监督权就成为普通公民实现其权利主张的必要方式。正因为如此，现代民主政治不仅要求代议机关的代表须由人民选举，还要求代议机关的议事活动对公众公开、透明。"④

在我国，各级人大是由人民选举代表组成的权力机关，人大权力是来源于全体公民的授权，所以，人大在行使民众授予的权力时，必须听取、征询民意并向

---

① 陈文、黄卫平、汪永成：《"组织（机构）吸纳"的现实运作——以深圳市南山区月亮湾片区"人大代表工作站"为例》，《云南行政学院学报》2007 年第 2 期。

② 江根德：《我与人大代表工作站的情缘》，http：//wlnews. zjol. com. cn/wlrb/system/2009/12/17/011676230. shtml，2011 年 11 月 8 日查阅。

③ 吴庆荣：《近年来人大工作和基层民主建设工作方法创新综述（续）》，《人大研究》2008 年第 12 期；李凡：《中国基层民主发展报告 . 2006/2007》，知识产权出版社 2007 年版，第 337 页；陈裕瑾、张文凭：《地方人大网络问政探析》，《人民之声》2010 年第 12 期；汪新胜：《电子民主与中国人大制度的变革》，《武汉大学学报（哲学社会科学版）》2010 年第 3 期；黄大熹、戴修殿：《中国人大代表"网络问政"现象透析》，《湖南大学学报（社会科学版）》2011 年第 1 期。

④ 傅达林：《公民旁听是对权力的"在场监督"》，《法制日报》2008 年 7 月 24 日第 1 版。

民众及时公开人大代议的相关事项。在人大会议期间，普通公民可以通过媒体近乎全方位的报道知晓自己的利益如何被“代表”，但是，在筹备人大会议的过程中，在人大会议闭会期间，在人大会议之外，人们对同样决定其利益的人大常委会的代议过程则缺乏相应的了解渠道，这在一定程度上既消解了公民对权力运作过程的监督，不利于公共权力的健康发展，又削弱了公民的知情权和参与权，不利于公民的权益保障。① 所以，人大会议旁听，作为人大会议的公开化、透明化过程，成为势在必行的创新点。②

在我国，公民旁听人大会议或人大常委会会议，始于20多年前。当时，人大会议旁听是作为政治体制改革的一项具体内容提出的。1989年4月制定的《全国人大议事规则》规定：大会全体会议设旁听席。《全国人大常委会议事规则》中虽未作明确规定，但实践中已做到让群众团体派代表旁听常委会会议。近些年来，一些地方人大也陆续建立了公民旁听制度。1985年8月，公民旁听始于山东潍坊市。③ 1998年11月19日，12位普通公民旁听了大连市人大常委会会议。④ 2003年，公民旁听在北京、河北等20多个省级人大会议或人大常委会会议中推开，市、县级人大的公民旁听也越来越普遍。同时，公民旁听还透出主体多元、内容丰富等新气息。江苏省及宁波市允许外商、台港澳同胞旁听；湖北京山县、河南郑州市、安徽界首市分别邀请私营企业主、旅行团人员、劳模旁听；浙江温州市、湖南汝城县、河南郑州市、陕西省紫阳县、重庆市、湖北长阳县、武穴市、襄樊市还分别邀请公民旁听述职评议、审议法规草案。⑤ 2003年8月29日，15位公民全程旁听了浙江省人大常委会的全体会议和联组审议。⑥ 从2007年开始，山东诸城市每年均组织公民旁听人大会议。⑦ 在实行公民旁听人大会议的实践运行过程中，人大会议公民旁听的制度化和规范化逐渐提升至议事日程，各地也进行了积极的、成效显著的探索，浙江温岭市、江西省九江市、贵州省、

① 傅达林：《公民旁听是对权力的“在场监督”》，《法制日报》2008年7月24日第1版。

② 谢安民、周培珍：《公民旁听人大会议：价值、内涵与问题》，《人大研究》2010年第8期；蒋华：《公民旁听人大会议的实践与思考》，《新疆人大》2010年第9期。

③ 宋涛：《审视公民旁听》，《山东人大工作》2004年第8期。

④ 沈阳市人大常委会：《建立公民旁听人大及其常委会会议制度的探索和实践》，《中国人大》2000年第8期。

⑤ 高爱民、刘光红：《湖北长阳首次邀请公民旁听常委会会议》，《检察日报》2010年5月10日第7版；秦力文、杨露勇：《人大常委会首次邀请公民旁听》，《法制日报》2008年7月23日；曾健、来显耀：《紫阳县人大首邀公民旁听常委会》，《安康日报》2008年6月5日；王红光、张春友、郭占军：《武穴市首邀公民旁听人代会》，《黄冈日报》2009年3月20日；李剑军、涂玉国：《襄樊人代会首邀公民旁听》，《湖北日报》2009年2月4日。王丹容、姜巽林：《十六位市民昨走进“议政厅”》，《温州日报》2009年10月29日第1版；

⑥ 田必耀：《2003年中国人大制度建设新举措评析》，《人大研究》2004年第2期。

⑦ 高彦青、董茂强：《诸城市人大推进民主政治建设长镜头》，《山东人大工作》2008年第11期。

吉林省等地起草了有关人大会议公民旁听办法等制度文本。①

随着公民旁听人大会议的发展，地方人大也对公民旁听的主体、范围以及旁听意见表达和处理方式等内容不断加以规范，公民旁听从更多的具有形式意义发展到更多包含维护公民知情权和突出人大信息公开等方面的实质性内涵。所以，通过近年出现的公民旁听人大会议制度，从公民的角度来讲，他们揭开了人大神秘的面纱，直接观摩了人大常委会，使得人大代表对其利益的“间接”表达和代表增加了几分“直接”的补充和监督。从人大的角度来讲，由于增加了“旁人”和“外人”的关注，要给旁听的民众以现场交代，使得人大的权力变得实在，利益表达和利益整合的过程变得充分。对于政府来讲，由于旁听民众提前预知了议案的形成过程，所以，来自民众的压力也使得政府过程变得科学、有效。② 以诸城市《公民旁听市人大常委会会议公告》（第21号）为例，我们可以看到，公民旁听诸城市第十六届人民代表大会常务委员会第二十次会议的主要议题有：①听取审议市政府关于年度重点工作完成情况的报告；②听取审议市政府“十二五”规划编制工作情况的报告；③听取审议市政府关于推进新兴产业发展情况的报告；④听取审议市政府关于金融业发展情况的报告；⑤听取审议市政府关于统筹推进农业基础设施项目建设情况的报告；⑥听取审议市政府关于代表议案和建议落实情况的报告；⑦听取审议市人大常委会执法检查组关于检查循环经济促进法实施情况的报告；⑧票决市政府房地产业发展、旅游产业发展总体规划实施和市法院民商事审判、市检察院民商事审判监督审议意见办理情况的报告；⑨市政府关于动物防疫法执法检查报告及审议意见办理情况的报告；⑩其他报告。参与会议旁听的公民的权利和义务主要有：收到会议通知的公民与会前到市人大常委会办公室领取旁听证，凭证进入会场，在旁听席就座，并遵守会场纪律和会议有关规定。公民旁听会议时无发言权和表决权。旁听公民对会议审议议题有建议和意见，可在会议结束后以书面形式向市人大常委会办公室提出，由市人大常委会办公室研究处理。

总体来看，人大旁听主要集中在省市级人大常委会，基层人大由于缺乏制度性的规范，公民旁听人大会议还处于摸索之中。特别是在乡镇人大，既有的制度资源本身还有许多层面待开发、待利用，加之许多地方的乡镇人大还没有步入正规化的发展，所以，人大会议旁听还没有涉及。另外，从既有的人大会议旁听运

---

① 江文辉：《浙江温岭：公民旁听常委会制度化》，《检察日报》2008年8月11日第7版；《贵州省人民代表大会常务委员会会议公民旁听办法》，《贵州日报》2009年6月11日；《吉林省公民旁听省人大常委会会议办法》，《吉林日报》2008年10月7日；《关于公民旁听市人大常委会会议暂行办法》，《九江日报》2007年3月9日。

② 李凡：《中国基层民主发展报告（2006/2007）》，知识产权出版社2007年版，第338页。

行来看，各地在人大旁听的具体细节方面仍然存在很多问题，阻碍了作为人大会议旁听的纵深发展。所以，在建立人大会议旁听制度时，有几个问题仍然值得反思。首先，公民旁听人大会议，是人民主权的具体体现，是现代政治的基本理念之一，不是制造轰动效应的工具，也不是个别政治代表的政治优待。其次，公民旁听人大会议，是公民伸张自身利益的积极主动行为，而不能变成人大动员公民参与的被动行为。只有当公民的意识实现了由“要我听”到“我要听”的转变，旁听制度的巩固和完善才具有牢固的基础。[①] 最后，要逐步完善旁听的运作机制。进一步拓展旁听范围和领域，规范旁听行为和动机，发挥旁听效果和作用，使人大会议旁听成为消解官民隔阂、化解政治矛盾、建设政治民主的突破口。

第四节　基层人大完善促进政治和谐

基层人大是基层社会中的国家权力机关，在基层治理体系中处于核心地位。它是民众参与基层政治生活的主要形式，也是民众在基层行使当家作主权利的重要机构。随着我国改革开放和现代化建设的发展，基层人大在促进基层民主、法制和政治文明建设方面的作用越来越突出，在保证基层政治稳定和有序发展方面的作用也越来越重要。在新的历史条件下，为使基层人大在基层的权威性能够得到巩固和提高，职能作用能够得到充分发挥，运行机制进一步顺畅，真正成为基层的权力中心，必须进一步健全、完善其制度、组织、文化和能力。

一、基层人大的制度建设

基层人大是基层政治生活中相对稳定的、有正式制度规范的民主运行体系。在基层人大运行的实践中，适应不断涌现的政治民主创新，基层人大的制度体系也要进行相应的改进和完善。目前基层人大的制度体系建设主要表现在选举制度、人大代表履职制度、人大运行保障机制建设和完善等方面。

首先要改革基层人大代表的选举办法，激活基层人大代表“代表”的积极性。选举制度是人大制度运行的基本动力机制。基层人大选举制度决定了基层民众是否有权利参与当地经济、政治、文化、社会事务的管理以及参与管理的方式。基层人大代表是在民众让渡了自己的部分权力的前提下产生的，基层代表理

① 卓越、何斌：《人大建立公民旁听制度的思考》，《人民论坛》2001年第7期。

应按照基层民众的授意行使好代言人的职责。基层代表的素质高低与其履职的效果成正比。基层民众，尤其是农村地区民众的文化程度有限，对政治的关注度较低，如何把好基层代表关，选出真正代表基层民意，真实反映民生现实，真情维护基层民众利益的合适人选十分重要。

按照我国宪法、选举法的相关条款规定，根据选举程序，我国各级人大代表的选举办法主要是按法定数额由选区或选举单位提名产生，采用各政党、各人民团体、选民或代表 10 人以上联名推荐并向选举委员会或大会主席团介绍候选人情况的办法确定代表候选人。这种人大代表的提名方式看起来选择范围较为广泛，选择机会较为均等。但当前我国基层选民素质不高，基层代表履职能力有限，其权威性、号召力不足，由选民或代表联名推荐介绍候选人，在实际操作中存在难度。在基层实践中，通常会出现由少数干部推选代表自己利益的“代表”，或只是在少数人中形式性、任务式的推举人选。这种流于形式、有碍公正公平的选举，选出的代表缺乏足够的民众基础，最终也会导致代表不接“地气”，不具“草根性”，代表所提出的提案、决议不能充分代表民意。2003 年，广东深圳的基层人大代表的选举实践闪露出基层群众的政治智慧。在广东深圳的一些以居民小区的“白领”业主为主的公民自发地站出来竞选人大代表。这种“毛遂自荐”、公民自发的政治参与对我国现行的选举制度提出了改革要求。推而广之，有学者认为，在基层人大代表的选举中，应该坚持这样自荐和竞选的原则，推进基层人大选举制度改革。[①] 这也说明要扩大公民有序政治参与，选举制度的改革是首当其冲。为了避免基层人大代表选举中显露的一些弊端，选出真正代表民意的优秀的人选，也有学者提出用“提案制”代替“提名制”，用“对话制”代替“介绍制”。[②] 这种新机制对候选人的推荐不是依据提名的状况而是依据候选人提案的质量，选民对代表的了解是通过候选人的提案情况，根据提案质量把握代表候选人的参政议政能力，由主席团根据提案在选民中的反响确定候选人并让候选人与选民直接对话，然后让选民自主确定本选区的人大代表。这种方式适合在基层人大进行试点，然后再逐渐推开。

其次要创新人大代表履职方式，提高代表履职的有效性。为了更好地发挥人大代表的作用，使代表真正做到联系选民，加强代表联系选民的机制建设，全国人大常委会于 1985 年 2 月提出了《关于改进全国人民代表大会代表视察办法的意见》。该意见提出：要把“集中统一组织代表视察”逐步改为“分散的经常的视察”；可以组织代表进行专题视察，视察的内容、单位和日期由代表确定。代

① 陈宇：《建立县乡人大代表竞选制度的思考》，《湖南师范大学社会科学学报》2004 年第 4 期。

② 陆从峰：《关于密切基层人大代表同人民群众联系的构想》，《江苏省社会主义学院学报》2005 年第 2 期。

表每年脱产视察的时间为半个月，以利于代表深入了解情况，反映民众的呼声和要求。1987 年 6 月，六届全国人大常委会第 21 次会议讨论并通过了《关于全国人大常委会加强同代表联系的几点意见》，对常委会与代表的联系、代表与选区和民众的联系方式和做法、代表意见和建议的处理等，也作出了一系列具体的规定。1992 年 4 月，七届全国人大 5 次会议通过了《代表法》，对全国人大和地方各级人大代表的性质、地位、权利、义务、工作方式；国家和社会为代表执行职务提供保障；人大代表非经本级人大常委会许可不受逮捕或者审判等，都作了具体规定。代表法的制定、公布和实施，是我国社会转型期民主政治建设的重要成果。代表法使各级人大代表在会议期间的工作和在闭会期间的活动进一步规范化、制度化，对代表更好地行使代表职权、履行代表义务、发挥代表作用、保障人民当家作主权利的实现提供了保障，并起到了极大的促进作用。随着代表法的实施，我国人大代表的工作和活动出现了一个新的局面。全国地方各级人大常委会也积极探索，制定了大量的《代表法实施办法》、《代表议案办理办法》、《代表视察工作办法》、《保障代表执行职务的若干规定》等规范代表工作方面的地方性法规和文件。

我国的法律文件对人大代表履行职务、行使职权给予了制度性保障，但对人大代表不履行代表义务或实际履职的程度低没有“追责”方面的强制要求或相关的惩罚制度。在实际操作中除行使审议、选举、表决权外，其他职责履行很大程度上还是靠代表个人的自觉，像议案的提出、质询、建议权的运用在实际履职中则是大打折扣。另一方面，对极少数长期脱离群众，不听取和反映基层民众意见和呼声，只享有权利，不履行义务，甚至公权私用、以权谋私的代表，除选民和选举单位有权罢免外，并无其他相关法律规定可以追究其责任。而且代表履行义务的方式主要是采取代言制，即代言的绝大部分内容由代表自主决定。从群众中来、反映群众意见的内容占少数，这样的代言制难免带有个人的主观色彩。所以，为防止代表脱离群众，保证其密切联系群众，如实反映群众的意见和要求，为人大提供准确的立法、决策依据，有学者认为在基层应采用“征集责任制”完善“自主代言制”。① 所谓征集责任制，就是从法律上规定代表要深入基层、走访座谈、了解民意。人大代表必须到原选区原单位的选民中征集一定数量的原始提案和建议。尤其是民众的集体提案和重大建议必须如实上报，不得随意删减修改，但代表可附个人的调查材料和建议。对民众的重大提案和建议隐瞒不报的代表要追究法律责任。人大常委会要定期向原选区选民公示代表的履

---

① 陆从峰：《关于密切基层人大代表同人民群众联系的构想》，《江苏省社会主义学院学报》2005 年第 2 期。

职情况，把代表置于民众的有效监督之中，这样也扩大了民众参政议政的范围。

另外，要健全基层人大监督机制，保障政治权力的健康运行。人大代表作为一种职务，必然有从职的道德要求和能力要求。作为国家权力机关的组成人员也应接受国家政权机关的考评。民众自己选出的代表理应接受民众监督，如此才能体现“从群众中来，到群众中去”。我国的法律对代表虽有代表职务暂停、代表资格终止的规定，但多数都不是从代表职务执行情况考虑的，而是从代表触犯刑律被侦查羁押、判刑服刑或迁离、辞职、丧失国籍、剥夺政治权利、未经批准两次不参会、被罢免或死亡等原因考虑，主要是对那些客观上已无法当选代表的被动规定。所以说我国的代表法对代表职务的履行主要还是靠代表自律，缺乏完善的监督机制。[①] 为此，首先需要制定基层人大代表工作的量化标准，以便基层选民检查、监督代表的工作进展，如基层人大每年要完成哪些工作，参加哪些活动，提多少议案、建议等，要有明确细化的标准，联系选民的时间和内容也要有案可稽。第二，要建立基层代表考核评价体系。根据基层代表的量化工作标准制定出相应的考评办法，对基层人大代表进行年度考核。再者，要配合以基层代表的年度述职。每年年终，由基层代表首先进行书面述职，向选民和选举单位汇报当年的履职情况；在每年人代会期间，由相关部门组织选民或选举单位对该代表当年履职情况进行考评。例如，浙江省奉化市、福建省武平县等地民众在基层实践中发明了“代表赶考”制，要求全体人大代表年终都要向选民述职，一些地方运用媒体对代表进行监督，将基层人大代表的述职报告通过媒体予以公布，接受民意检测。[②] 最后，建立基层代表履职档案，从代表当选之日起，由相关部门对代表的履职情况进行详细记录，并定期向选民或选举单位公示或通报。另外，要打通代表的出口，制定人大代表辞职、罢免的规定，对于长期不履职，选民或选举单位不满意的代表要终止其代表资格，改变代表终届制甚至终身制的状况。如此，在一系列相配套的监督机制的共同作用下，才能增强基层代表作为“民意代言人”、“监督者”和“被监督者”的角色意识，促进其认真履职，当好民众的代言人。例如，浙江省奉化市人大即要求新当选的市人大代表在进行深入调查研究的基础上，及时制订任期工作计划，上报市人大常委会。任期工作计划除宏观目标外，具体分五个方面：一是认真学习宪法、选举法、代表法、监督法和有关人大制度的知识，并做好宣传工作。二是经常深入选区听取选民意见，每年都要提出议案、建议，并做好督办、反馈。三是每年至少开展 1 ~ 2 次持证视察。四是量力而行为选民办几件实事。五是通过不同形式，每年向选民进行一次述职，

① 陆从峰：《关于密切基层人大代表同人民群众联系的构想》，《江苏省社会主义学院学报》2005 年第 2 期。

② 田必耀：《2010，人大新势》，《公民导刊》2011 年第 3 期。

并接受评议。[①]

最后，基层人大代表履行职责需要具备一定的前提条件。对基层来说，民众生活无小事，基层工作较为繁杂，每一项都关系到民众的切身利益，如果没有必要的条件做保障，基层人大参政、议政的积极性和主动性会大打折扣，职责履行就会受到阻碍。因此，必须完善基层人大代表履行职责的保障制度，为其顺利展开工作创设必要条件。地方人大和地方政府组织法规定，地方各级人大代表在出席人大会议和执行代表职务的时候，国家根据需要给予往返的旅费和必要的物质上的便利或补贴。这里面有两个问题，一是活动经费问题，二是误工补贴问题。对于基层人大代表来说，后一个问题显得尤为突出。[②] 基层人大代表一般是基层民众推选出来的，多是普通的劳动者，收入并不丰厚，对于这些基层人大代表需要以制度保障务工补贴的发放，为他们履行人大代表职责提供物质保障。

二、基层人大的组织建设

人大组织是各级人大有效地行使职权，发挥国家权力机关作用的基础。改革开放以来，健全基层人大组织体系，充实和完善各级人大的机构的主要成果反映在宪法和地方政府组织法的修订过程中。

1979 年 7 月，五届全国人大第 2 次会议通过关于修改宪法若干规定的决议，并制定了新的地方人大和地方政府组织法。在两法的制定（或者修改）中，基层人大组织最引人瞩目的变化是改变过去县级以上地方各级人大不设常委会，由人民委员会行使权力机关的常设机关和执行机关的双重职能的做法，决定在县级以上地方各级人大设立常委会。1982 年 12 月，五届全国人大 5 次会议通过了现行宪法，同时对地方人大和地方政府组织法进行了第一次修改。这次修订改变了农村人民公社政社合一的体制，在乡镇一级建立乡镇人大，设置主席、副主席负责代表大会闭会期间的工作，同时将乡镇人大任期由原来的 2 年改为 3 年。1986 年 12 月，六届全国人大常委会第八次会议对地方人大和地方政府组织法进行第二次修改，主要是对地方人大代表资格审查委员会进行补充规定。新修订的地方人大和地方政府组织法规定：乡级人大每届第 1 次会议通过的代表资格审查委员会行使职权至本届人大任期届满为止。县级以上地方各级人大常委会设立代表资格审查委员会，其主任委员、副主任委员和委员的人选，由常委会主任会议在常委

① 吴庆荣：《近年来人大工作和基层民主建设工作方法创新综述（续）》，《人大研究》2008 年第 12 期。

② 详细参阅唐鸣：《论乡镇人大机构的健全与制度的完善》，《华中师范大学学报（哲社版）》1995 年第 6 期。

会组成人员中提名，常委会会议通过。规定县级以上地方各级人大及其常委会也可以组织特定问题调查委员会。1995 年 2 月，八届全国人大常委会第 12 次会议对地方人大和地方政府组织法进行第三次修改，规定乡级人大设主席及副主席 1 ~2 人，由本级人大从代表中选举产生，行使联系代表、组织代表开展活动、反映代表和群众建议和意见、召集本级人大会议等职能。主席、副主席为人大会议主席团的成员。乡级政府领导人员列席本级人大会议。根据 1993 年宪法修正案的规定，县级人大每届任期由 3 年改为 5 年；人口在 100 万以下的县级人大常委会组成人员的名额从 19 人增加到 23 人。2004 年 3 月，十届全国人大 2 次会议对宪法进行第四次修正，把乡、民族乡、镇的人大的每届任期由 3 年改为 5 年。同年 10 月，十届全国人大常委会第 12 次会议根据宪法修正案的规定，对选举法和地方人大和地方政府组织法相应进行第四次修改，通过了关于县、乡两级人大代表选举时间的决定，规定各地按照县、乡两级人大代表选举同步进行的原则安排换届选举，使地方各级人大的任期一致起来。[①]

通过上述法律规定的修订过程可以看出，县级人大的组织设置近似于其上各级人大，而乡镇人大的设置与县级人大的设置有很大差异，最大的区别在于乡镇人大不设常委会。这也引起了实际工作者和研究者的关注和探讨。在 1995 年对地方人大和地方政府组织法进行修订的过程中，许多基层人大出于实际工作的需要，提议赋予乡镇人大主席团类似于常委会的某些职权和设置。但是当时全国人大常委会认为乡镇不宜常设主席团，主要考虑在于乡镇管辖范围小，召集人大代表开会比较容易，应充分发挥人大代表的作用。另外，乡镇人大工作任务轻，和县级人大相比，少缺了许多工作。[②] 雷振扬、唐鸣、席文启等学者认为应该设立乡镇人大常委会。建立乡镇人大常委会，是改革开放新形势下及时解决乡镇政权面临的突出问题的需要，是使乡镇人大职权有效行使的需要，是使乡镇人大职能充分发挥的需要。在基层实践中，现行的乡镇人大主席团已经为建立乡镇人大常委会作了组织上的准备，提供了初步试验，建立乡镇人大常委会是进一步完善我国基层人大制度的一项主要举措，有利于社会主义民主制度的发展。[③] 与建立乡镇人大的常设机构这种思路相对应，也有学者提出人大机构改革的思路应该朝向常委会与代表大会合并的“一院制”方向发展。杨云彪建议先从地方人大着手，实行完全的“一院制”，将常委会与代表大会合并，削减代表人数，省级人大一

① 尹中卿：《三十年来中国人大组织制度不断健全》，《中国人大》2008 年第 23 期。

② 人民代表大会制度研究所：《与人大代表谈人民代表大会制度》，人民出版社 2004 年版，第 162 ~ 163 页。

③ 雷振扬、唐鸣：《论建立乡镇人大常委会的必要性和可行性》，《政治学研究》1996 年第 2 期；席文启：《北京市乡镇人大的调查与思考》，《新视野》2011 年第 4 期；席文启：《北京市乡镇人大调查后的几点思考》，《西安社会科学》2011 年第 2 期。

般不超过200人，市级人大一般不超过100人，县级人大不超过50人，设置部分专职代表。代表全部由直接选举产生，领取工作津贴并设有代表工作室。通过地方人大的制度改进，再行完善全国人大会议制度。所有改进工作，必须通过国家立法或立法修改完成。① 也有相关研究认为，基于乡镇人大没有常设机构的现实和“说起来重要、干起来次要、忙起来不要”的局面，乡镇人大可以推行“半年会”（每半年召开一次人大会议）或者“季会制”（每季度召开一次人大会议）。如此建设可弥补乡镇人大没有常设机关的缺陷，提升乡镇人大工作的影响力，增强乡镇人大的监督实效。②

通过对基层人大相关法律法规的修订过程和在基层人大组织建设上实际工作者和研究者的观点的略述，我们可以看出，基层人大组织建设还缺乏实际工作的逻辑。但是，当我们深入基层人大创新现场的时候不难发现，基层人大组织建设更多的是遵循基层政治与行政的逻辑，而不是法律的逻辑。有关研究指出：2010年6月，四川省罗江县曾设立正科级职务的专职人大代表。然而，在代表法修正案草案公布两天后，8月25日，历经5年已接访3 000余件投诉，接待2万余人的深圳市“杨剑昌人大代表接访室”宣布关停。9月1日，运行仅2个月的罗江首个专职人大代表工作室更名为“幸福家园促进室”，此前的主要工作是监督政府工作，接待选区群众，听取和反映社情民意的专职县人大代表变为调解员。③ 甘肃舟曲县人大常委会主任也撰文描述了舟曲县乡镇人大的组织构成：舟曲全县19个乡镇均设立了人大主席团，并全部设有专职人大主席，没有设副主席。2011年，19个乡镇人大主席团配备了专职人大干事。乡镇人大主席团成员一般名义上由5～7人组成，但日常工作主要由人大主席负责处理。舟曲县各乡镇人大主席团成员中，官员多，基层代表少，如果把村支书或村主任视为基层代表，官员所占比例一般在80%左右。乡镇人大主席团成员多为兼职，个别乡镇配备主席团成员高达12人，一些乡镇将财政所长、民政干事、分管党政综合办的副乡（镇）长等作为人大主席团成员。由于没有乡镇人大办公室，在人代会闭会期间，实际上只有人大主席唱“独角”戏，呈现出了“大牌子，空架子，主席一人撑门子”的状况。④

从上述研究中我们可以看出，基层人大的组织建设，相关法律规定和实际工

---

① 杨云彪：《公民的选举：一个公共选择话题》，中国大百科全书出版社2008年版，第313页。

② 吴振涛：《“季会制”在乡镇人大可行》，《楚天主人》2011年第2期。

③ 田必耀：《2010，人大新势》，《公民导刊》2011年第3期。相关研究参阅申恒胜、王玲：《政治问题的行政化：基层改革的逻辑——对四川省L县T镇人大代表专职化改革的实证观察》，《理论与改革》2010年第6期。

④ 杨永海：《对推进乡镇人大规范化建设的思考——以甘肃省舟曲县为样本》，《人大研究》2011年第7期。

作开展均在基层政治与行政生态中发生了变化。由此出发，以基层政治民主倒逼基层人大组织完善，可能是基层人大成长发展的有效路径。为此，从政治民主的需求出发，加强基层人大建设，就是未雨绸缪之举。

三、基层人大的文化建设

自人大制度建立50多年来，走过了曲折的发展道路，特别是“文革”期间，人大机构完全瘫痪。党的十一届三中全会以后，1982年宪法颁行以来，人大制度进入新的发展时期。全国和地方各级人大及其常委会的工作得到恢复和加强，尤其是基层人大的组织完善和机制建设取得了很大进步。这些显著的成绩，是有目共睹，必须肯定的。同时也应该看到，人大建设的突出问题是：“愈往上制度愈健全，代表的作用发挥得愈充分；愈往下制度愈欠缺，代表的作用发挥得愈不充分。”① 特别是在基层治理中，基层人大还没有成为真正有权威的权力机关；基层人大的监督工作始终是个薄弱环节；基层人大同民众的联系还不够密切；基层人大同基层治理中的其他主体之间的关系还没有理顺；等等。产生一系列问题的重要原因之一就是全社会对人大及其制度的认识还有一定偏差，基层社会还没有形成正确认识人大制度的文化氛围。②

导致人大文化建设相对滞后的原因主要表现在受传统权力意识和权力文化的影响，普通民众，包括大部分基层干部习惯于用党政领导职务来衡量权力和地位。在公共事务的处理中，基层党组织和政府机构往往出现于基层治理的前台，所以，政府与民众的直接互动也使得民众在思想认识上和经验判断中总认为党委政府才是真正的“权力机关”。在一贯的文化氛围中，中国民众只看结果而不在意过程，所以总认为基层人大建设，包括人大代表的职权赋予和行使都是程序和形式的需要，对基层人大的权力地位往往不以为然。这些根深的思想和文化，不可避免地会造成对基层人大法定地位的轻视，更不利于人大代表汇聚民意、聚合民意、反映民意。这一问题实际上是完善人大制度、充分发挥人大代表作用的最大障碍。

另外，传统的决策模式对人大代表参与地方重大事项的决策也有重要影响。新中国成立后，我国逐渐形成了“党委决定，政府执行，人大监督”的公共权力运行模式，重大事项往往由党委决定，政府执行。具体工作事项中，党委、政府

---

① 徐勇、王元成：《政府管理与群众自治的衔接机制研究》，《河南大学学报（社会科学版）》2011年第5期。

② 浦增元：《论强化人民代表大会制度意识》，《政治与法律》1994年第6期。

常常联合行文决定重大事项，人大监督看似无所不在，其实，人大和人大代表很难发挥监督作用而参与其中。长期以来，我国缺乏民主法制传统，而党在群众中有极大的权威。特别是在基层，与基层人大相比，党的组织更健全，党组织的运行机制更顺畅，党对基层社会有更深入、更长历史的组织过程。为此，新中国成立以来，某些基层干部还不善于通过基层人大这一转化器和加工厂，使党的主张经过法定程序变为执政意志，来实现对基层政权的领导。此外，在“左”的思想影响下，人大制度强调基层政权的阶级本质较多，对同它相适应的政权组织形式强调较少，片面强调民主的实质，忽视民主的程序和运行的具体制度，把民主的内容和形式割裂开来，不知道或不讲人大制度与政治民主。在实际工作中，以党代政、以言代法、以权压法等情况仍然存在。

因此，必须采取切实措施，强化干部和群众对基层人大的认识，使处于政治权力核心位置的基层人大也成为民主文化关注的焦点。首先要坚持宪政原则，形成全社会的民主共识。要在全社会，特别是基层民众中不断宣讲宪政理念，让宪政理念在民众的心理上扎根，要让民众熟谙：宪法是国家的根本大法，具有最高的法律效力和法律权威；一切权力属于人民，是宪法的灵魂，也是宪法的根本准则和核心内容。民众行使当家作主的权利主要有两条途径：一是在基层实行直接民主，通过村民自治和居民自治，加强基层群众性自治组织建设和民主能力建设。二是通过各级人大这一制度化的合法路径，将民众的意见表达和利益诉求带到政治体系中，让民众直接或间接参与基层治理。从人民主权的宪法精神出发，要让民众明确与政府、政党和基层人大的法理关系，并在实践中践行宪法精神和宪法理念。①

其次要坚持教育和学习的原则，构建基层社会学习民主的环境。基层人大培训要把人大制度的基本理论和人大工作的基本知识纳入培训计划。要根据基层社会的特征，采取群众喜闻乐见的形式，强化领导干部和基层民众的民主法制意识和人大意识。要有力有效地推进人大制度和人大工作的舆论宣传和理论研究，让全社会充分认识人大制度是我国的根本政治制度，人大及其常委会是我国国家政权组织中的重要机关。充分认识人大及其常委会是“一府两院”领导班子及组成人员的选举（任免）机关，人大及其常委会是把党委的意图变为国家意志和民众意愿、把民众意志变为“一府两院”具体行动的法定机关；人大及其常委会是决定国家或地区重大发展事项的决定机关；人大及其常委会是监督“一府两院”工作的监督机关；人大及其常委会是促进和维护民主法治建设的法治机关。对人大及其常委会通过的决议、决定和其他重要的规范性文件等，要及时在新闻媒体上

① 牛保平、李玉海：《论人民代表大会的权力运行机制》，《理论学刊》1992 年第 2 期。

予以公布、刊发。大力加强普法宣传教育，在基层社会营造学法、懂法、守法的良好环境。通过积极宣传和活动示范，让民众认识到人大是利益表达和意见传输的正式渠道，并充分认识到其在利益表达和意见传输方面的效率和效果。另外，基层人大工作者也要不断研究人大工作中的新情况、新问题，带头宣传人大工作和人大制度，维护人大权益。

最后要坚持公开性原则，使人大民主成为社会成员积极参与建构的自觉行动。[①] 一方面，要通过各种途径，诸如设立旁听席、通过新闻媒介、公开举行会议、召开新闻发布会等，把人大及其常委会的会议程序、会议内容以及审议重要议题、决定重大事项等一些重要活动，及时地通报给广大民众，既可增加权力机关的透明度，也能让民众知情、知政，激发民众的参与动机，为民众参政议政、行使民主权利提供前提基础。另一方面，公开性原则也包括重大问题要经民众参与、讨论。对于一些事关基层政治、经济、文化和社会发展前途和民众根本利益的重大问题的决策，可以通过人大这条主渠道，广泛听取广大民众的意见，集中民众的意见和智慧，使民众更好地参与重大决策，保证决策的民主化、科学化，并使之更加符合基层实际，代表广大民众的根本利益。如此一来，也能增强民众当家作主的主人翁意识，把基层权力机关的重大决策变成自己的实际行动，为建设和改善基层治理贡献自己的力量。

四、基层人大的能力建设

如前所述，在日益丰富的基层政治实践中，基层人大是直接面对民众多样的利益表达和利益申诉的权力机关，虽然有法律赋予的地位和相应的制度体系，但是在民众的支持和自身权力扩展之间还有一个中介环节，即基层人大自身如何有效利用各种资源来实现权力扩展和地位巩固问题，这就是基层人大的能力建设问题。[②] 密尔认为："一个团体能比任何个人做得好的是对问题的考虑。当听取或考虑许多相冲突的意见成为必要的或重要的事情时，一个进行审议的团体是不可缺少的。"[③] 与此同时，"承认在代议制实际上被视为当然的一切国家里，人数众多的代议团体不应当管理国家事务。这项原理不仅是以好政府的最根本原则为基础，而且是以有关各种事务的良好管理的原则为基础。"[④] 但是，中国绝大多数人大代表的兼职制其实质就是人大代表直接管理国家事务，这样导致了人大代表

① 吴建依：《论人民代表大会公开原则》，《社会科学研究》2001 年第 3 期。

② 何俊志：《制度等待利益——中国县级人大制度模式研究》，重庆出版社 2005 年版，第 33 页。

③④ J. S. 密尔：《代议制政府》，商务印书馆 1982 年版，第 71 页。

角色的混乱和各部门的职能的混乱。另一方面，兼职的人大代表要做到不混乱，也是一项很有挑战性的工作。所以，在既定的政治框架内，要提升基层人大的能力，必须着力于以下三个方面。

第一，坚决实行党政分开，确保基层人大行使权力的独立性，变基层人大权力的柔性为刚性的能力，使基层人大制度性的权力设置转化为开拓实践工作的实际效能。首先，基层人大作为基层权力机构中的最高权力机关、决策机关，具有独立决定本地区经济、政治、文化、教育等重大事宜的权力，基层党委不应将其意志强加给人大。尽管党委在基层决策体系中具有指导作用，但最高决策权力应该归于基层人大，基层人大一旦按照法律程序作出相关决定，就具备了法律效力，即使党委也应该无条件服从。其次，基层人大应充分行使对政府的独立监督权，党委应避免任何形式的干预。但现实中妨碍基层人大对基层政府有效监督的是基层党委习惯于和政府联合发文，因基层人大不能监督党委，基层政府也一并绕过了基层人大的监督。此类问题的改革办法是，一方面，如基层党委与基层政府联合政治行为确有必要，应该事先征得基层人大常委会的同意。另一方面，将基层人大的监督权延伸至基层党委，即赋予人大对基层党委的监督权，使基层人大对党委的违法行为和有碍人大决议执行的行为可以责其纠正，如此，就可将党委和政府的联合政治行为纳入基层人大的监督之下。再次，应赋予基层人大对基层干部的独立任免权。基层人大在不违背党的路线、方针、政策的前提下，可以否决党委任免干部的意见，并有权任命其他政治群体或群众团体推荐的干部。

另外，基层人大要变权力的“柔性”运行为“刚性”运行。国家权力机关的权力运行形式和程序固然重要，但其更重要的权威性表现在权力运行的效能上。从我国人大制度运行的实践来看，人大制度通常侧重形式和程序，忽视了权力运行的效能，极大地影响了人大权力运行的效果。宪法和法律所赋予的保障国家权力机关的权力有效行使的“刚性”手段，由于种种原因，没有适时发挥效用。越往基层，人大运行越缺乏“刚性”的规范。基层人大通常行使国家权力的不恰当方式使得国家权力机关的权力运行基本流于形式，将权力的“刚性”运行变成了“柔性”运行，如基层人大审议政府工作报告所作出的决议，多数是从工作报告中抄录一些内容，再附以“予以批准”一句话；或以信函的形式把基层人大代表的意见和建议转给基层政府有关部门办理，对于政府办理的效果、是否办理，不得而知。至于质询、罢免、组织特定问题调查委员会等可谓“撒手锏”的有效监督形式在基层人大的实际工作中难以实施，尽管不排除程序繁琐的原因，但主要是没有坚持“刚性”原则的问题。笔者认为，在目前条件下，要坚持基层人大权力运行的“刚性”原则，就是要敢于运用罢免、撤职、质询、组织特定问题调查委员会等只有国家权力机关才拥有的最严厉的保障自己权力运行的形式和手段，从而纠正其他国家机关及其工作人员的违法行为，维护宪法和法律的尊严，维护民众利益的有效实现。

第二，充分发挥人大代表的作用，为基层人大能力的发挥提供坚实的主体基础。代表工作是人大工作的基础和依托，做好基层人大工作的关键是发挥好基层人大代表的作用。基层人大代表是基层人大工作的推动者，人大代表身处基层，与民众联系十分紧密，利益关系直接，而且代表“走基层”拉近了与民众的感情，有利于民意的搜集。因此，基层人大要充分重视基层人大代表作用的发挥；要充分重视代表在会议期间和闭会期间的工作，对代表依法履行职务给予思想上、政治上的重视，组织上的保障，物质上的支持和关心；要善于通过代表倾听民众的呼声、意见和要求，进一步促进决策的民主化和科学化，从而更好地制定党的路线、方针、政策。为此，基层人大要努力做好以下工作，确保人大代表作用的充分发挥。一要为代表学习创造条件。要采取各种形式，组织代表学习人大的基本理论和相关法律知识，学习党的路线、方针和政策，切实提高人大代表的履职能力和水平。二要加强代表与政府之间的联系，定期向代表通报政情。通过召开座谈会，走访代表，寄送信息资料等形式，把新出台的法律法规以及基层治理的重大决策和举措，及时传达给代表，使代表知情知政。作为人大代表，也要主动关注政治与行政活动，将基层治理中的重要信息及时传递给选民。三要不断创新工作方法。在认真总结工作中的一些好经验、好做法的同时，善于推陈出新，创造性地开展工作。要在完善工作机制方面进行实践创新，进一步提高代表审议政府工作报告的质量，增强所作决议、决定的针对性，健全完善乡镇人代会、主席团会议等会议机制。① 最后要注意代表的利益协调。人大代表身兼公共利益和私人利益，所以，引导和协调人大代表的利益，是加强代表能力建设的核心。②

第三，要主动协调与党委、政府的工作关系，为基层人大效能的发挥创设良好的环境，以增强权力机能的有效性。人大权力运行的环境，主要包括保证人大高效运行的政治环境、经济环境和社会环境。政治环境主要是协调好与党委和政府的关系。协调工作关系，取得党委、政府的支持、配合，是基层人大权力体制顺利运转的重要前提。基层人大权力功能的发挥有赖于基层党委的支持，基层人大必须高度重视与党委工作关系的协调，要尊重党委的政治领导，将党的路线、方针、政策通过国家权力机关予以贯彻。另外，要经常征询党委意见，进一步改

① 相关小问题上的创新与突破详细参阅吴庆荣：《近年来人大工作和基层民主建设工作方法创新综述》，《人大研究》2003 年第 3 期；《近年来人大工作和基层民主建设工作方法创新综述（之三）》，《人大研究》2004 年第 1 期；《近年来人大工作和基层民主建设工作方法创新综述（续篇）》，《人大研究》2005 年第 12 期；《近年来人大工作和基层民主建设工作方法创新综述（续）》，《人大研究》2008 年第 12 期。

② 龙太江、龚宏龄：《论人大代表的利益冲突》，《同济大学学报（社会科学版）》2010 年第 6 期；龚宏龄：《人大代表的代表性内涵探析》，《四川行政学院学报》2011 年第 4 期。

进人大工作。基层政府是人大决策的执行机构，受人大监督，是人大权力机能使用效果的显示器。基层人大在行使职权中要将协调与政府关系的基础放在支持政府工作上。为进一步加强与政府的配合，基层人大应常派人员参加政府的重要会议，与政府展开联合调查、共同研究、各司其职。如此，既有利于提高政府工作效率，又有利于人大的正确决策。

第五节　基层人大发展推动政治发展

近代中国代议机构的原发逻辑主要是基于政治动员的需要，其发展来自自上而下的推动力。“后革命”时代，特别是改革开放以来，基层人大的自主性获得了充分的发展，主要原因是利益关系在改革开放以后得以真实、全面的呈现，基层人大的发展获得了自下而上的内源性发展动力。所以，当前我国的政治体制改革的主要思路是将过去的作为社会动员手段的政治体制变革为改革开放条件下的利益表达与政治整合体制，体现这一体制转型的核心部分是人大制度。而基层人大又是最直接的利益表达和最基层的政治整合的核心渠道和方式。为此，以基层人大发展推动政治发展是基层民主建设的重要内涵。

一、政治体制改革进程中的基层人大

建设社会主义民主政治，最重要的是坚持和完善人大制度。发展社会主义民主政治的基本要求是做到党的领导、人民当家作主和依法治国有机统一。人大制度是我国根本的政治制度，是人民当家作主的真实体现，因此人大制度的改革和完善需要在坚持党的领导下，以法律为准绳，充分地彰显人民当家作主的精神实质。基层人大的权责范围区别于高层人大，因此在政治体制改革中，在坚持党的领导、人民当家作主和依法治国方面，基层人大有某些特殊性和侧重点。

首先，坚持中国共产党的领导是基层人大改革的前提。中国共产党是中国特色社会主义事业的领导核心。中国共产党的领导地位，是在长期领导革命斗争和建设实践中形成并确立的，是中国人民历史的选择。在中国特色社会主义事业的建设中，中国共产党不断以改革创新为动力加强自身建设，增强执政能力。民主政治建设作为中国特色社会主义事业的重要组成部分，必须旗帜鲜明地坚持党的领导。作为实现人民当家作主根本途径的人大制度是在党的领导下建立的，其作用也是在党的领导下发挥的。在这里，党的领导之涵义，不是发号施令，强制推

行，而是“带领与引导”。党委要求设在人大常委会内的党组将其主张（关于决策或干部人选等）作为“建议”与“推荐”，向人大常委会宣传与解释，争取得到多数组成人员的认同。人大常委会则代表民众的意愿依法独立开展审议与表决，若获多数通过，便成为法律或决议，即国家意志。这样，党以其正确主张通过党组渠道，运用宣传解释方式实现了“带领与引导”。①

改革开放以来，在党的领导下，基层人大制度不断完善和发展，推动了人民民主的发展，反过来，党也获得了更多合法性资源，党的执政地位和执政基础进一步巩固。社会转型期阶层结构的变化、利益分化的加剧和政治参与的发展，都对新形势下中国共产党如何更好地推动基层人大制度的变革，从而更加地巩固自己的执政地位提出了更大的挑战。要加强并巩固党的领导，党必须与时俱进，转变执政方式和领导方式，改善对人大工作的领导，实现党的领导地位的巩固和人大制度的发展这样双赢的局面。另一方面，中国共产党绝大多数党员分布在基层一线，而随着社会转型和社会流动，广大党员出现了频繁流动的现象，这对党的基层发展和组织管理提出了巨大挑战，成为坚持和巩固党的领导必须认真解决的一个重大问题。

其次，充分实现人民当家作主是基层人大改革的最终归宿。十七大报告中指出：人民当家作主是社会主义民主政治的本质和核心。要健全民主制度，丰富民主形式，拓宽民主渠道，依法实行民主选举、民主决策、民主管理、民主监督，保障人民的知情权、参与权、表达权、监督权。执政党的文件中首次提出保障民众这四项基本权利，对国家根本政治制度——人大制度的完善具有十分重要的意义。

代议制是人类在追求民主的进程中而探索出来的政体形式，但并非一个国家有了代议制政体，这个国家就有了民主，“一个大型的民主社会，首先需要一个公正的，其目的在于充分而且准确地反映人民意志的代表制度。窳劣的代表机构，甚至会阻碍、挫伤既有智力又关心国事的公民。”② 一个代表机构如果不能充分而且准确地反映民众意志，只能说它是窳劣的。人大制度是以“人民主权”原理为指导建立起来的，人大体制必须成为人民当家作主、人民能够决策、人民发挥作用的机构。人大的发展历程充分表明了，人大制度是符合中国国情、体现中国社会主义国家性质、能够保证中国人民当家作主的根本政治制度。贯彻一切权力属于人民的宪法原则，实现人民当家作主的权利，是人大制度的归宿。可以说，人大制度作用能否充分发挥是民众能否真正实现当家作主的最显著的标志。

---

① 浦兴祖：《人大“一院双层”结构的有效拓展——纪念县级以上地方各级人大常委会设立30周年》，《探索与争鸣》2009年第12期。

② 科恩：《论民主》，商务印书馆1988年版，第81页。

人大制度的核心价值和终极意义在于“使人民当家作主”。人大制度是民众管理国家的制度通道，它不仅将民众置于政治主体地位，还在制度设计秩序运行上保证民众管理国家的权力和职能落到实处。古代“民为贵”的思想仅仅是为君者“打江山、坐江山、稳江山”的政治谋略和政治智慧，这种贵民思想仅仅停留在实用技术层面。近代的“民权”思想历史性的第一次将人民作为权力的所有者，赋予人民政治主体地位，但遗憾的是，没有制度保障为后盾，“民权”思想只是一句口号或镌刻在白皮书上的名言。直到新中国成立后确立了人大制度，人民当家作主的价值理念才真正落到实处。“一介草民”终于可以通过基层人大“当自己的家”、“作自己的主”，真实地表达自己的利益诉求，有序地参与到管理县、乡、镇的事务中。只有基层民众才是基层人大的上帝，只有民意才是基层人大的行动宗旨。基层人大实行的是直接选举，每个人都有神圣的选举权来行使主人翁的权力，基层人大需处处对民众负责，受民众监督。

十一届三中全会后，人大制度不断完善和发展，民众获得了前所未有的民主权利，人大制度在体现民主方面有了极大的丰富。但是，如前所述，人大制度尽管有很大的优越性，仍还有很多不完善的地方，人民民主从理论构想到现实功效之间还有很大差距，人民民主权利期待更多的从形式民主到实质民主的实现。可以说，人大制度在向着民主目标奋进的路上还任重道远。代表作用的发挥，直接选举范围的扩大，竞选机制的引入，人大常委会的建设等问题，都必须围绕着人民民主权利的实现、民主制度的完善而展开。

最后，推进依法治国是彰显基层人大改革成效的主要渠道和平台。党的十五大把“依法治国、建设社会主义法治国家”确定为党领导民众治理国家的基本方略，九届全国人大二次会议将其载入了我国的根本大法。依法治国方略的提出，标志着我们党领导方式和执政方式的深刻变化和重大发展，即由主要依靠行政指令到主要依靠法律治理国家的历史性转变；在国家生活管理上，从主要依靠行政干预到不仅依靠行政干预，更重要的是依靠法律手段管理国家和社会生活的根本性转变。

民主和法治密不可分，社会主义民主的发展必须以社会主义法治为基础，依法治国方略的实施同样离不开人大制度的坚持和完善。人大制度作为最根本的政治制度，涵盖立法、行政、司法等国家政治生活的各个方面，是实施依法治国的主要载体和制度保障。宪法规定人大及其常委会拥有立法权、监督法律实施和国家机关依法行政的监督权，这就决定了人大及其常委会在依法治国进程中担负着重要职责和任务，是任何其他国家机关所不能替代的。发展社会主义市场经济，建设社会主义法治国家，必须具备科学完备的法律体系。人大及其常委会是立法机关，担负着按法定程序制定法律法规的重要职责。人大在依法治国中的重要地位和作用，决定了人大制度必须通过改革和完善加强立法以及监督职能的实施，保障社会主义民主政治的顺利发展。人大制度发展完善以及功能发挥的过程，实际就是依法治国方略深入实施、政治文明建设不断推进的过程。改革和完善人大制度，促进其宪法赋予的职权的不断落实，使之运行状况和法律的规定相一致，其实最终就是要达到依法治国的目的。改革和完善人大制度的过程，就是一个不断推进依法治国的进程。

基层人大虽然没有立法权，但是基层人大也要保障国家宪法和法律在本地区的宣传、监督其实施。基层人大在履行宣传法律、监督法律实施的过程中，承担了对民众宣传法律的义务，是国家“法律下乡”的承接者和推动者。另一方面，基层社会是法律实施的主阵地，基层人大承担着为有立法权的人大收集和反映立法动议的职责。法律在基层社会实施的过程中，国家法与民间法也会产生碰撞，甚至冲突，如何将民间法律行为纳入国家法律行为，是基层人大要密切关注和调研的重要议题。① 所以，基层人大在依法治国方略的推进中也承担着重要的角色。

二、有效处理政治关系中的基层人大

有学者研究指出，我国“人大制度的设计不是基于竞争性民主的原则和理念，而是相信社会共识的存在，认为公民能够在党的领导和引导下，抛开自己私人的、局部的和短期的利益，以公共理性、整体利益和长远利益作为自己行动的依归”。从这个意义上来讲，基层人大既是实现执政党有效执政的政治空间，也是把基层各种政治力量聚集在一起形成良性互动的人际关系，构建基层行政区域内各政治行动者之间相互交往的“熟人社区”的高度组织化与制度化的载体。所以，从参与政治过程的各行动主体来看，基层人大发展和创新就是多个政治行动者之间相互“磨合”、“协商”、“妥协”、“折中”的过程，是不断寻求各方价值、权力和利益平衡点的过程。② 在我国的政治生态中，政党、人大和政府是三个主要的主体，它们之间的关系的处理和权力的协调是理解基层人大角色，推进政治发展的关键所在。

民主政治离不开政党的作用，这是近代世界的普遍现象。有的西方学者直截了当地指出：“现代民主国家是掌握在政党手里的。”③ 在我国，中国共产党是执

① 侯选明、李青：《基层人大在乡村社会治理中应开拓民间法的政治资源》，《人大研究》2006 年第 11 期。

② 唐皇凤：《价值冲突与权益均衡：县级人大监督制度创新的机理分析》，《公共管理学报》2011 年第 1 期。

③ 库特·宗特海默尔：《联邦德国政府与政治》，复旦大学出版社 1985 年版，第 81 页。

政党，人大制度也是在中国共产党领导下建立的。在地方公共权力关系中，党委与人大关系的协调处于核心地位。基层党委是中国共产党在基层全部工作和战斗力的基础，是基层各种组织和各项工作的领导核心，担负着直接联系、宣传、组织、团结基层群众，把党的路线方针政策落实到基层的重要责任。江泽民同志在庆祝中国共产党成立八十周年大会上的讲话中指出："党委要通过科学化、规范化、制度化的机制，加强对人大、政府、政协、人民团体的领导，人大、政府、政协、人民团体的党组以及担任领导职务的党员干部，在依法进行职责范围的工作中，必须坚决贯彻党的路线、方针、政策和党委的决定。"①

人民当家作主的权力是人民在长期的革命斗争中争取来的。人大制度尤其是基层人大制度是基层民众行使自身权力的保障。基层民众十分珍视自身当家作主的权力，尽管他们有时缺乏管理地方事务的能力，但并不代表基层民众对自身权力的主动放弃。但现实中却存在普通民众因不理解党领导国家的制度架构而将党委与政权机关的职责相混淆的状况。基层民众出于对党的历史情感和信任，将坚持党的领导误解为人大可以把自己的任务推给党委。中国共产党领导人民翻身解放并通过宪法赋予了基层人大的职责，并不是希望基层人大成为"橡皮图章"或"政治摆设"，而是真心实意希望民众通过基层人大学会当家作主，能够当家作主。党对国家生活的领导不是直接代替民众和"人大"当家作主，党的领导作用体现在"组织和支持"基层人大行使权力，"组织和支持"人民当家作主。并且，从基层实践来看，人民当家作主、人民民主的有效开展恰恰有利于推动党内民主，促进党的领导。笔者认为：由于经济社会发展和利益的关联性，人民民主推动着党内民主；而从中国共产党的地位、作用及其成员的角度看，又需要通过发展党内民主带动人民民主。在民主运行中，需要从发展进程、发展动力、组织建设、制度建设和运行机制方面，促进党内民主与人民民主的有机衔接和良性互动②。因此坚持党的领导和坚持基层人大制度并不冲突，二者不能相互取代或厚此薄彼，在实践中需要探索两者的有机结合点，理顺关系。

我国宪法和地方人大和地方政府组织法都明确规定，基层人大与基层政府共同构成基层政权机构。基层政府由基层人大选举产生，向基层人大负责并报告工作，受基层人大的监督。但是基层人大与基层政府的关系在实践中并不像文本中规定的那么简单。随着中国现代化进程的加快，社会呼吁政府职能的迅速转变。传统的政府管理模式已经落后于市场经济催生的种种社会变化。当前基层政府已经处于经济发展和社会发展的前沿区，其职能呈现出多重性的特点。基层政府既

---

① 《江泽民在庆祝建党八十周年大会上的讲话》，《人民日报》2001 年 7 月 2 日第 1 版。

② 徐勇：《论党内民主与人民民主的有机衔接和良性互动——以基层民主发展为视角》，《社会主义研究》2008 年第 4 期。

是市场经济的参与者，又是经济发展的推动者；既是公共服务的供给者，又是社会矛盾的面对者。目前基层的社会矛盾突出，社会问题频发，基层政府承担着巨大的压力。在此背景下，构建法治政府、责任政府和服务政府的现实要求使基层人大与基层政府的关系呈现出崭新的一面。一方面，面对许多基层社会问题，基层政府正在试图依靠人大提供的法治资源将公共管理纳入理性化的轨道上来；另一方面，基层人大运行中的许多创新也充分说明基层人大试图通过法律监督促使基层政府从全能政府向有限政府的转变。面对各种压力，对法律资源的需求已经成为基层政府应对社会群体事件和各种矛盾的一道防线。①

从理论上讲，基层政府向基层人大负责，汇报工作，受基层人大监督，但在现实中基层人大应有的地位和权力没有真正发挥，甚至有些地方出现“基层人大靠边站”的情况，基层政府变成了完全对上级政府负责，受上级政府监督。出现这种情况的主要原因是我国基层权力运作体制仍然是“压力型体制”，即各级地方政府促进本地区发展的压力来自上级政府，这种压力源主要是上级政府拥有并掌握着基层政府的人事任免权，上级政府通过这一“撒手锏”能够督促基层政府完成经济社会发展的指标。但是，这种“压力型体制”容易形成基层政府的“对上不对下”状态，形成与基层人大“两张皮”的运行状况，造成民主基础发挥不充分的恶果。因此，基层民主建设应变压力型体制下的权力运作为民主性权力运作体制，赋予基层人大对基层政府的人事任免权，唯有如此，基层人大才能真正实行其监督政府的权力，才能强化基层政府向基层民众负责，向基层人大负责的职责要求，最终建立基层政府对上负责与对下负责相结合的体制。

基层人大与基层党委、基层政府的关系的研究引出了基层人大的自足性这一问题。② 有学者提出，基层人大要实现自足性的拓展，其前提条件是基层政权能够实现自治。只有当一级政权组织是自治机关时，它才可能依照法律行使自己的自治权，其代议机关才可能成为该政权组织最高的权力机关。否则，这一政权组织的权力只能是被分割的，在此情景中的代议机关仅仅拥有部分权力。因为，在下级政权机关主要执行上级政权机关的下派任务的体制中，作为基层政权机关，不仅其政府机关要听命于上级政府，代议机关自身也受上级政府部门的制约。因此，只有在基层政权依法自治的条件下，基层人大才可能成为基层政权中的权力中心。从国际上看，英国和美国的市政府和镇政府中的代议机关之所以成为真正的权力中心，就是在于它通常享有自治的法律地位，而法国的市区则是作为行政

---

① 刘建军：《人大制度与有序民主：对中国民主化进程的一种思考》，《毛泽东邓小平理论研究》2009 年第 9 期。

② 唐皇凤：《价值冲突与权益均衡：县级人大监督制度创新的机理分析》，《公共管理学报》2011 年第 1 期。

机关而存在的，所以其代议机关权力弱小得多。[①] 正因为中国人大在政权体系中如此的权力配置，国外学者也认为：中国的人大制度主要是标志政权的合法性和群众基础，并没有决定国家的政治进程。[②] 但是在将中国的人大制度和国外的代议制度进行比较时，我们应该看到，国外政治制度设计的理念是权力竞争和分立，政治过程是一个权力制衡的过程。而我国政治制度设计的理念是“公民能够通过共同的行动来形成合意”，我国的政治过程是一种共同利益的发现和达成的过程。[③] 所以，有效处理政治关系中的基层人大，是在坚持政治和谐前提下对基层人大相对自足性的探讨。笔者认为，在政党的组织介入和直接推动下，只要人大自身的制度功能和内在的民主制度价值得到最大程度的发挥，人大地位的提升与人大对执政党和政府的相对自足性是可以实现的。[④]

三、与基层群众自治衔接的基层人大

在既有的基层群众自治组织与基层人大的关系的研究中，研究思路和改进二者关系的思路大致可以分为三种：其一，基层人大向下延伸到基层群众自治组织中。[⑤] 其二，基层群众自治组织向上植入基层人大中。[⑥] 其三，基层人大与基层群众自治组织的有机衔接。[⑦] 在既有的法律框架中，在坚持“衔接论”的前提下，相关研究指出，现阶段，我国基层民主的形式愈来愈多样化，但与基层民主发展相适应的制度支持和保障机制还不健全。根据相关法律规定，基层人大作为基层权力机构，具有保障人民民主权利的功能。但目前这方面的功能发挥得还很不够，主要表现为基层群众自治与基层人大处于脱节状态。比如村民自治与基层人大不能很好地衔接，造成村民自治中的许多违法问题得不到及时处理，村民民主权利的行使受到影响，有的甚至不得不走上上访上告之路。所以，基层人大建设推动政治发展还体现在对基层群众自治的支撑和保障方面。

目前的基层群众自治主要表现为村民自治和城市社区自治两个方面。在基层群众自治中，与城市社区自治相比，农村村民自治有更加充实的自治基础和自治条件，其发展走在了前列，在社会中引起了广泛的关注，也产生了许多学术成

① 项继权：《对当前乡镇人大建设的窘境及原因的思考》，《社会主义研究》1989 年第 5 期。

② 詹姆斯·R. 汤森、布兰特利·沃马克：《中国政治》，江苏人民出版社 2004 年版，第 71 页。

③ 何俊志：《制度等待利益——中国县级人大制度模式研究》，重庆出版社 2005 年版，第 38 页。

④ 王连喜：《深圳基层人大民主实践的政治学分析》，《探求》2008 年第 5 期。

⑤ 杨讲生：《把人大工作延伸到村和社区》，《法治与社会》2011 年第 8 期。

⑥ 徐勇、王元成：《政府管理与群众自治的衔接机制研究》，《河南大学学报（社会科学版）》2011 年第 5 期。

⑦ 席文启：《北京市乡镇人大调查后的几点思考》，《西安社会科学》2011 年第 2 期。

果。本小节即从人员衔接、关系衔接和功能衔接三方面探讨村民自治与基层人大的衔接问题。

第一，人员衔接问题。人员衔接问题主要指村民代表和人大代表这两个身份可否兼容的问题。从法理上讲，人大代表是经民众选举产生，行使管理国家权力的人员，受民众监督并可以被民众罢免。村民代表也是由村民选举，讨论决定村庄范围内的公共事务的人员，代表村民利益。所以，人大代表和村民代表从利益根源上是一致的。[①] 另外，我国按照选区划分来选举人大代表，选区划分以居住状况为主要依据。所以，如果基层人大代表的选举以“村”来划分选举单位，那么基层人大代表同村民代表相重合是有可能的。各地的选举结果也证明了各级代表重合一身的事实存在。在地方，有些省份的相关规定中涉及了村民代表（村民代表会议）与人大代表的关系处理问题。有的省份是赞成多重身份可以兼于一身或多重身份可以在村级议事机构兼容。比如广东省规定：村民代表会议由村民代表、村民委员会委员和居住在本村的各级人大代表构成。陕西省也有类似于广东省的规定。但是也有人持反对意见，认为村民代表会议既然名为村民代表的会议，应当只有村民的代表组成，其他人一律不能参加。其他人即使参加，也只能列席会议，而不能享有表决权。例如，云南省规定：不是村民代表的村民小组成员，居住在本村的各级人大代表和政协委员可以列席村民代表会议。[②] 但是总体来看，“在基层，政党组织、代议机构和社会组织在人员构成上是高度重叠的，‘两委’干部交叉任职不断增多，而‘两委’干部绝大多数又是基层人大代表和党代表，并且县、乡、村干部联席会议也成为地方政府开展工作的基本方式。另一方面，如果实现了基层政权组织与社区自治组织同期换届选举，既可以实现选举成本的节约，也能更好地促进基层民主的互动与发展。”[③]

第二，关系衔接问题。长期以来，村民自治与乡镇政府的关系及其处理方式是基层治理的一个难点问题，也是影响基层治理的一个重要元素。关于村委会与乡镇政府的关系，《中华人民共和国村民委员会组织法》（以下简称“村组法”）第5条规定：乡、民族乡、镇的人民政府对村民委员会的工作给予指导、支持和帮助，但是不得干预依法属于村民自治范围内的事项。村民委员会协助乡、民族乡、镇的人民政府开展工作。究其核心要义进行理论分析，我们可以看出，“指导、支持和帮助”、“属于村民自治范围内的事项”、“协助”这几个词汇所界定

① 徐勇、王元成：《政府管理与群众自治的衔接机制研究》，《河南大学学报（社会科学版）》2011年第5期。

② 蒋政：《论乡镇人大与村民自治的衔接》，《人大研究》2007年第2期。

③ 慕良泽、熊凤水：《论国家民主同社区民主的衔接与互动建构——兼谈十七届三中全会〈决定〉》，《理论与改革》2009年第3期。

的村委会与乡镇政府之间的关系的含义是相对模糊的，模糊的界定就造成了在实际工作中，村委会与乡镇政府之间关系的复杂性和随意性。在实际运作中，乡镇政府是高度组织化和科层化的行政机构，控制着大量的治理资源；相对来说，村委会是社会自治组织，在村民流动和对村庄外利益的追求中，村委会相对松散，村民组织化程度也低，缺少凝聚资源从而实现规模化的组织效应。所以，在基层治理中，处于乡镇政府和村民之间的村委会，在面临选择的情况下一般会趋向于与乡镇政府的意志保持一致。事实证明村委会现实运作中出现的问题，倒向一边的村委会和乡镇政府均不能自行解决。从既有的制度架构来看，人大是人民当家作主、行使民主权利的法定机构，乡镇人大也是村民行使当家作主权利的法定机构。虽然村委会是实现社会自治的社会组织，村民自治是村民在村庄公共事务中行使权力的自治机制，但是，在运行机制上，村民自治和乡镇人大是相通的，所以，村委会和乡镇人大建立联系和保持衔接是可行的，只有乡镇人大可以对村委会与乡镇政府之间的争议做出协调。当前村民自治运行中最棘手的问题就是“谁来监督五百万村官”的问题。村官的权力虽小，却直接关系民众的衣食住行。如果村民自治同乡镇人大能有效地结合起来，此类问题就可以比较妥善地解决。如果是普遍性的问题，可以召开村民大会解决；如果是个别性的问题，则可以向乡镇人大作出申诉，以乡镇人大的名义作出裁决。①

第三，功能衔接问题。从权力的来源与功能看，基层人大的权力和村民自治的权力在最终归属和运作目的上是一致的。其一，根据国家法律，基层人大代表的国家权力是代表包括农民在内的全体民众的利益，有效服务和管理社会的权力。村民自治权是国家法律规定的、农村村民管理基层社会事务的权力，二者都建立在人民当家作主的权力基础之上。其二，由于具有共同的权力基础，基层人大和村民自治权可以实现有机的结合。基层人大的权力在乡村社会有效地行使，有赖于村民自治的配合；村民自治在基层社会的运作，有赖于基层人大的保障和支持。② 具体而言，村组法第 15 条规定：对以暴力、威胁、欺骗、贿赂、伪造选票、虚报选举票数等不正当手段，妨害村民行使选举权、被选举权，破坏村民委员会选举的行为，村民有权向乡、民族乡、镇的人民代表大会和人民政府或者县级人民代表大会常务委员会和人民政府及其有关主管部门举报，由乡级或者县级人民政府负责调查并依法处理。而在现实运作中如果出现上述问题，乡镇人大权力甚微：往往是既没有宣布选举结果无效，也没有对当事人进行任何处罚。与此相反，村组法规定村委会与乡镇政府关系的内容，除了总纲性的第 5 条确立了乡

---

① 蒋政：《论乡镇人大与村民自治的衔接》，《人大研究》2007 年第 2 期。
② 徐勇：《中国农村村民自治》，华中师范大学出版社 1997 年版，第 189 ~ 190 页。

镇政府对村委会工作给予“指导、支持和帮助”，村委会对乡镇政府应予“协助”的关系之外，第 2 条规定村委会的权限也包括“向人民政府反映村民的意见、要求和提出建议”。被看成是“村庄小宪法”的村规民约的审查权力也掌握在乡镇政府。村组法第 27 条就规定：村民会议可以制定和修改村民自治章程、村规民约，并报乡、民族乡、镇的人民政府备案。村民自治章程、村规民约以及村民会议或者村民代表会议的决定违反前款规定的，由乡、民族乡、镇的人民政府责令改正。由以上条款规定可见，基层政府实际上对村委会享有广泛的上位性权利。事实上，村委会不仅有权向基层政府反映村民的意见和建议，而且村民还有权利通过基层人大代表，向乡镇人大反映自己的意见。另一方面，在目前乡村民主制度尚不健全，民主政治生活尚不活跃的特定时期，仍需有一个强有力的外部力量来监督村组法的贯彻实施，监督村民委员会在法律规定的范围之内活动，同时监督乡镇政权在行政过程中不侵犯农民的权益。从法律监督和权力制约的角度来看，能担负起这一职责的机构只有乡镇人大。所以，应积极探索乡镇人大作为权力机关，在村民自治中发挥监督作用的途径和手段。[①] 村组法第 39 条规定：地方各级人民代表大会和县级以上地方各级人民代表大会常务委员会在本行政区域内保证本法的实施，保障村民依法行使自治权利。但是，基层人大缺乏“保证”和“保障”的具体方式和措施。[②] 从常规的手段来讲，依法治理乡镇与依法治村的有机结合，是乡镇人大与村委会的民主政治的融合与补充的有效途径。一方面乡镇人大决定重大事项，可以先请各村委会组织讨论，征求村民意见，使其更加合乎民意；另一方面乡镇人大以及人大主席团组织人大代表检查村民在各项自治活动中遵守和执行法律法规的情况，对违法的督促其纠正，合法的给予支持。这两方面的工作仍然需要乡镇人大积极作为。

四、完善基层治理体系中的基层人大

通过本章节的论述，我们可以看到，对于中国基层治理体系来说，基层人大毫无疑问是重要的组织部分，不仅因为法律规定它是根本政治制度，而且，在基层治理中，基层人大通过民意的有效表达与整合，提升了基层人大的作用成效，开拓了政治民主的建设途径。总体而言，基层人大及其常设机构在整个基层治理结构和过程中，通过“政治民主”，对“社会和谐”的贡献可以概括为：①以系统运行充实政治民主。在我国政治体系中，基层人大并不仅仅是完成政权合法性

① 黄宏宇：《论村民自治与乡镇人大监督》，《人大研究》2004 年第 5 期。

② 蒋政：《论乡镇人大与村民自治的衔接》，《人大研究》2007 年第 2 期。

象征过程的机构。作为利益表达和利益整合的正式渠道，基层人大要通过民主选举、民主决策、民主监督等环节，使政治民主发挥出系统作用，使基层治理在基层人大系统运转中实现善治。②以政治统一保持权力协调。基层人大是整个政治运行过程的有机组成部分，其作用的发挥也要放在政治过程中考察。在政治运行中，中国的政治架构强调政治分工而不是分权制衡，所以，基层政治生态中的基层人大更多承担的是合作、协作的角色，基层人大独立开展工作、有针对性地实施监督、站在中立的位置调控权力的场景并不是人大工作的常态。另外，我们也看到，基层人大的运行，也有各政治主体在前台和幕后的合作关系。① 在分工与合作的运行关系中，我们看到的是人大会议和谐、圆满的场景，而并非权力制衡体系中的竞争、牵扯与制约。② 更为重要的是，在整个政治运行过程中，中国共产党居于领导地位，这样就使政权体系之间的分工关系更具有了实质意义。③ 从这个角度讲，基层人大权力的有效行使不仅取决于人大与政府部门的关系，还要取决于人大与党委的关系。③以利益整合实现社会和谐。作为代议机构，基层人大处于基层社会与国家的交界面上，是民意转化为公共政策的处理器，也是维持社会稳定的均衡器。一方面，基层人大代表身在基层社会，由普通民众选举产生，直接代表民众利益，承担着把基层社会要求与意见输入到基层治理体系中的责任；另一方面，人大代表为主体构成的基层人大，通过决定重大事项、选举和罢免政府官员、监督政府行为等活动把民众的要求转化成政治产品，参与到基层治理的过程中。因此，基层人大在整个基层治理结构中地位的提高以及权力的有效行使能从根本上保持社会和谐有序。④基层人大及其常设机构本身的组织架构也是影响基层人大在整个基层治理体系中作用发挥的主要因素。所以，反而言之，基层人大在整个政治生态中的良性运行，也是对政治整合与社会和谐的最好诠释。④

所以，综上所述，在以民主为导向的基层治理体系中，基层人大作用的发挥，受制于以下四个主要方面，即人大的制度结构、实践活动、政治生态和自足性的发挥。良好的民主政治需要健全的制度架构。基层人大的运行首先得力于自上而下的制度建设，不断实现的选举权和被选举权；逐渐健全的民意表达渠道；稳步推进的决策科学化、民主化建设；基层人大民主监督权的保障与完善等方面内容，均体现在相关的法律规定的不断完善中。与基层人大制度的健全与完善相

① 蔡霞：《人大代表行使权利的机制亟待改革》，《探索与争鸣》2011 年第 2 期。

② 关于人大运行的“仪式性”的论述参阅刘海涛：《我们共和国：人民代表大会制度的共和制理解》，《第三届中国青年政治学论坛论文汇编》，2008 年。

③ 杨雪冬：《地方人大监督权的三种研究范式》，《经济社会体制比较》2005 年第 2 期。

④ 唐皇凤：《价值冲突与权益均衡：县级人大监督制度创新的机理分析》，《公共管理学报》2011 年第 1 期。

辅相成，基层人大丰富的创新活动也不断昭示着以行动建构民主的基层民主实践。总体来看，候选人自荐、参与式预算、人大代表工作站、人大会议旁听等基层人大的创新活动，均诞生于经济发展良好、利益分化较大、社会矛盾频发，但是发展势头迅猛的地区。由此可见，基层民主的发展与基层政治生活的丰富性密不可分。在基层政治生活中，基层人大虽然处于核心位置，但是人大的运行离不开整个政治生态环境。本研究认为，要在政治体制改革中不断推进基层人大建设；要在与基层社会群众自治组织的有效衔接与互动中加强基层人大建设；要在基层政治、社会生态中，正确定位，继续推进基层人大制度建设、组织建设、文化建设和能力建设。另一方面，基层人大建设不但是作为国家权力机关的人大的公权力形象诸权力体系的建设，更重要的是民众的公民意识、权利意识、对公权力的认知、与公权力的联系方式的转型和重塑。

通过上述研究我们可以看到，人大的运行并不仅仅是盛会式的、节日式的人大会议，作为基层人大，其权力运行的枢纽是利益表达的日常化，利益凝聚的常规化和利益代表的常态化。本研究也旨在揭示：在人大运行的每一个细节和环节中，让利益表达实现即时表达，而不仅仅是“两会”期间的聚集的利益表达。①要实现利益的即时表达，就是要发动人大这架机器，实现每个环节的充分运转，让利益矛盾化解在各环节，而不是集中在个别环节。

基层人大民主建设是政治民主的要义，但不是民主政治的全部。所以，用列宁的话语可以结束本章研究，并能发挥承上启下的作用。列宁指出：“委托代理中的人民‘代表’去实行民主是不够的。要立即建立民主，由群众自己从下面发挥主动性。”②

① “两会”期间往往也是上访和群体性事件的高发期，这也是一种聚集式的利益表达方式。

② 《列宁全集》第9卷，人民出版社1985年版，第270页。

第六章

党内基层治理与党内民主

新中国成立到20世纪70年代末，中国共产党确立了民主集中制的组织制度，探索了基层民主的实践形式。但是由于权力过分集中的体制，特别是指导思想中“左”的错误思想影响，基层民主政治建设受到制约。尤其是“文革”时期，离开了党的领导和依法办事，基层民主演变成群众运动式的“大民主”，整个基层社会呈现出失序的状态，给党、国家和人民造成了严重的损失。深刻的教训告诉我们，基层民主建设离不开党的领导，基层民主的发展与基层治理的实现绕不开党内民主的带动。改革开放以后，我国经济社会发生了翻天覆地的变化，一方面，基层社会自主空间日益扩大，民众自治意识与自治能力不断增强，社会民主化的趋势不断加强，基层民主的发展空间和社会条件不断扩展。另一方面，这种变化“引发了党、国家与社会三者互动结构的重大变化，其中社会日益成为决定党和国家领导合法性与有效性的重要基础”。[①] 我们党如何回应社会日益多元化的利益需求，吸纳日益增长的政治参与需求，一定程度上决定了整个社会主义民主政治体系的治理能力与民主化水平。从组织关系上讲，党作为国家权力的运行者与操作者，如何运作国家制度层面上的民主，将直接关系到我国民主的整体发展。而规范成熟的党内民主在培育和训练民主制度能力，保障我国民主有序发展方面具有直接的推动作用。[②]

总体来说，改革开放以后，社会分化的加剧，利益需求的多元，民众自主

---

① 林尚立：《中国共产党与国家建设》，天津人民出版社2009年版，第118页。

② 同上，第118～119页。

性的增强，政治参与需求的扩展，一方面导致了基层社会矛盾不断凸显，社会不和谐因素逐渐增多，基层治理的民主化趋势势不可挡，基层民主建设与发展成为必然的趋势；另一方面导致了党执政地位合法性基础的变迁。如何发展党内基层民主，保持我们党与社会高度的内在契合性，是回应基层社会矛盾，实现基层治理的民主化，促进社会和谐的新课题。因此，基层民主的深化能力、基层治理的民主化水平，必须依赖于我们党在基层社会的民主化水平与民主治理能力的双重提升，才能从整体上实现基层社会的和谐，促进社会的进步与发展。

第一节　党内基层民主与基层治理

从研究内容来看，党内基层民主具有两个研究视域：一是党内民主的研究视域，主要内容是党内基层干部与群众、党员与党组织之间的关系；核心是尊重党员的主体地位与保障党员的民主权利；目标是激发党员活力，实现党内生活民主化，促进党内和谐。二是基层治理的研究视域，主要内容是基层社会内部党的领导（包括党员、党组织）与人民群众的关系；核心是激发基层党组织的活力，培育基层民主的政治生态；目标是变革党的领导与执政方式，推动基层治理的民主化，促进社会和谐。所以，党内基层民主同基层治理、我国的民主化进程以及和谐社会建设存在着密切的联系。本节试图基于已有的关于党内基层民主的研究资源，以改革开放为基本研究起点，从党内基层民主研究的两个研究视域入手，主要从理论上探讨党内基层民主的现实地位与作用，党内基层民主与基层治理之间的关系，进而分析党内基层民主面临的新情况与新问题。

一、党内基层民主的现实地位与作用

在分析党内基层民主的地位与作用之前，首先必须明确我们党作为执政党在国家治理中的地位与功能。中国共产党作为唯一的执政党，在我国政治、经济与社会生活中处于核心与领导地位。邓小平指出："在中国这样的大国，要把几亿人口的思想和力量统一起来建设社会主义，没有一个具有高度觉悟性、纪律性和自我牺牲精神的党员组成的能够真正代表和团结人民群众的党，没有这样一个党的统一领导，是不可想象的，那就四分五裂，一事无成……我们人民的团结，社

会的安宁，民主的发展，国家的统一，都要党的领导。"① 在社会主义政治框架下，党是推进国家和社会各项事业发展的领导力量，作为执政党在国家治理中处于核心地位与领导地位。而在现代民主政治条件下，政党执政是在两个层面展开的："一是在社会层面，主要任务是赢得社会的支持与拥护；二是在国家层面，主要任务是运用国家机器实现有效的社会治理，推动社会的进步与发展"②，即通过民主建设获得合法性资源，通过国家治理获得权威性资源。与西方政党通过围绕定期选举而展开的竞争性选举来加强自身的建设不同，作为非竞争性政党，我们党必须找到自我完善的持续动力，以适应现代民主政治发展的要求。③ 这种持续自我完善的动力就是党内民主，党内民主是党的生命。只有不断地推动党内民主，提高党的执政能力，才能更好地治国理政，领导人民当家作主，改善基层治理。通过党内民主推动社会民主与人民民主，是中国特色民主政治发展的必由之路。④

经过90多年的发展，我们党已经成为一个有380多万个基层党组织、8 000多万名党员的大党。⑤ 从民主制度和民主实践的发展规律看，最基础的一环在基层。⑥ 改革开放以前，在原有政治运动与单位体制的氛围中，党的基层组织更多体现为对基层社会的资源配置与政治控制功能，党内基层民主的实践形式无从谈起。改革开放以后，一方面，中共十三大提出了"以党内民主来逐步推动人民民主，是发展社会主义民主政治的一条切实可行、易于见效的途径"。⑦ 之后，党内民主制度建设获得了较快的发展。特别是20世纪90年代之后，伴随着10多年的市场经济改革，成长起来的社会力量开始对中国共产党的领导方式与执政方式提出了新的要求。党内民主建设通过自下而上党内基层民主创新，突破了传统单一的自上而下的制度与组织建设路径，渐进式地回应了社会发展提出的挑战。⑧ 党内基层民主获得了发展的政治空间与社会空间。另一方面，单位制的解体促进了我国城乡基层群众自治的发展与逐步完善。截止到2010年，全国95%以上的村委会依法实行了直接选举。基层群众民主自治创新与实践，为党内基层民主建设提供了必要的知识与技能。尤其是十六大以后，党内基层民主的探索性实践越

① 《邓小平文选》（第2卷），人民出版社1994年版，第341～342页。

② 林尚立：《中国共产党与国家建设》，天津人民出版社2009年版，第242页。

③ 王永成、黄卫平：《执政党党内民主发展的意义、路径与策略》，《当代世界与社会主义》2004年第2期。

④ 唐晋：《大国策：通向大国之路的中国民主——党内民主》，人民日报出版社2009年版，第272页。

⑤ 李章军：《全国党员总数为8 026.9万名》，《人民日报》2011年6月25日。

⑥ 《基层探索如何推动党内民主》，《人民日报》2010年7月8日。

⑦ 中共中央文献研究室：《十三大以来重要文献选编》（上），中央文献出版社2011年版，第43页。

⑧ 郑长忠：《中国共产党党内民主制度创新》，天津人民出版社2005年版，第325页。

来越多，如椒江模式、雅安模式、罗田模式等，为进一步发展党内基层民主积累了丰富的经验。[①] 十七大报告指出，要“探索扩大党内基层民主多种实现形式”[②]。推进党内民主建设，应该坚持“党内民主，基层优先”的渐进发展原则。中共十七届四中全会提出“以加强党内基层民主建设为基础，切实推进党内民主”[③]，这既强调了党内基层民主在党内民主建设中的基础地位，也规划了党内民主的发展路径。这种路径具体表现为以党内基层民主建设为基础推动党内民主建设，并将其作为党内民主建设的突破口，以此促进党内和谐。

但是，党内基层民主不同于一般的基层民主，它必须处理好两对关系：一是处理好执政党内部干部与群众的关系，即作为组织，要不断实现组织内部民主管理的科学化、制度化与规范化，进而维护党内团结，不断提高党在基层的执政能力与执政水平，带动人民民主与社会民主的发展与培育。二是处理好执政党与人民群众的关系，即作为执政党，要不断通过党内基层民主实践，获得基层“制度化群众支持”[④]，进而强化党执政的合法性基础，有效领导和推进中国民主发展，促进社会和谐。这一方面对应了党内基层民主研究的两个视域，另一方面决定了党内基层民主建设地位与作用的特殊性。

（一）从党内干群关系来看，党内基层民主是保护党员权利，改善党的基层领导，化解党内基层矛盾，促进基层党内和谐的必由之路和基本途径

党内也是一个小的社会，存在着干部和群众之分，因此党内和谐就是党群关系的和谐。维护党内干群关系，实现党内基层和谐必须集中处理好三个方面的问题：一是党员权利的保护与实现。作为党内群众，如何维护党员在党内的主体地位，实现和保护党员的基本权利与权益，关系到党内的和谐与稳定。进入新世纪、新阶段，“党员队伍的结构、社会角色等发生了深刻的变化”[⑤]，基层党员权利意识和民主意识不断增强。而过去“集权式、单向式的党内运作模式及其运作机制，虽然在特定历史时期对党的兴盛起到重要作用”[⑥]，但是这种单向度的权

① 王勇兵：《党内民主的制度创新与路径选择——基于基层和地方党内民主试点的实证研究》，中央编译出版社 2010 年版，第 6 ~ 7 页。

② 本书编写组：《十七大报告学习辅导百问》，学习出版社、党建读物出版社 2007 年版，第 48 页。

③ 本书编写组：《〈中共中央关于加强和改进新形势下党的建设若干重大问题的决定〉辅导读本》，人民出版社 2009 年版，第 15 页。

④ ［美］塞缪尔·P. 亨廷顿：《变化社会中的政治秩序》，三联书店 1989 年版，第 377 页。亨廷顿认为制度化群众的支持规模与制度化的程度决定了政治稳定的维系与政党的强大与否。

⑤ 田久玲：《尊重党员主体地位推进党内基层民主建设》，《新视野》2009 年第 5 期。

⑥ 梅丽红：《党员权利“虚置”：党内民主建设必须解决的难题》，《探索》2005 年第 5 期。

力运行机制造成基层党员权利意识不明确、利益表达机制不畅通、权益保障机制不完善等。这些问题不加以改善和解决，将直接导致党员对于党组织领导与执政合法性的怀疑，可能导致党内的离心离德。只有以保障党员基本权利为基础不断发展党内基层民主，通过民主的方式实现利益的表达与维护，才能发挥广大党员的积极性和创造性，最大限度地凝聚党的力量，维护党内的和谐与稳定。

二是变革和完善党的基层领导方式。长期以来，党内领导方式集中表现为权力高度集中的一元化领导，尤其是在基层，由于党员的分散性和党员权利的“虚置”，导致党内基层领导的个人主义与“一言堂”。这其中的重要原因在于党内基层民主建设上的缺失，导致党内基层领导民主观念淡薄，习惯了专断拍板，出现了许多党内基层决策上的失误。同时，这种领导方式，容易忽视党员群众的利益，影响了基层党员参与党内生活的积极性和主动性，不利于党组织内部的团结。尤其是改革开放以后，伴随着基层社会自主性的发育，党员群众的利益需求开始出现了多元化的趋势，权利意识与民主意识逐渐觉醒。这种觉醒，改变了过去党领导基层社会方式的合法性基础，出现了从过去自上而下的权力授予向自下而上的权力授予的转变。如何维护和满足基层党员群众合理的利益诉求，成为党内基层领导合法性的依据。发展党内基层民主，实现党的领导方式从过分集权向民主转变，从过分单一向多样转变，是变革和改善党内领导方式的根本路径。

三是化解和减少党内基层矛盾。改革开放后，我国开始进入社会成员利益结构自然分化与整合的时期。① 社会个体独立、自主的利益诉求从组织与国家中分离出来，利益分化与分层日益明显，由此促生了社会结构的整体变革。伴随着基层社会结构的变化，基层党组织内部的利益结构也发生了变化，党员利益诉求的多元化，权利主张的民主化，出现了党内基层组织的利益分化与分层。党内基层矛盾的核心点就是党内基层利益结构的不合理，党员与领导之间、党员与组织之间、不同党员之间的利益需求与供给方面出现了失衡。实现基层党组织内部利益需求之间的平衡，化解党内基层矛盾，关键在于发展党内基层民主。通过民主的方式实现党组织内部不同利益主体之间，以及党员与党组织之间的利益均衡。② 利益延伸到哪里，民主就延伸到哪里。通过民主的方式整合利益需求，化解利益矛盾，促进我们党内部的治理、和谐与稳定。

---

① 彭穗宁、祝灵君：《多元利益格局中的党群关系研究》，《社会科学研究》2006 年第 1 期。

② 徐勇：《民主：一种利益均衡的机制——深化对民主理念的认识》，《河北学刊》2008 年第 2 期。

（二）从党群关系来看，党内基层民主是推动基层民主发展，化解基层社会矛盾，促进基层治理民主化，实现基层社会和谐的重要内容和基本路径

发展党内基层民主的一个重要原因在于党的基层组织与基层群众之间的密切联系，以及党内基层民主与基层群众自治组织的密切关系。我们党内部基层组织运行上的民主与否，直接关系到基层人民群众对于党的价值认可与评价。从建设社会主义和谐社会的角度来看，其建构的关键在于充分发挥党的领导核心作用。党的最大政治优势是紧密联系群众，党执政后的最大危险是脱离群众。因此，“和谐的党群关系是构建社会主义和谐社会的根本保证”。[①] 随着经济体制和政治体制改革的不断深化，社会阶层结构的变迁导致了各种利益关系不断分化，[②]“利益分化对党群关系带来了严峻的挑战，利益问题成为新时期密切党群关系的核心问题”[③]，也成为和谐社会建设必须解决的重大现实问题。在基层社会，人民群众一方面真切拥护党的大政方针政策，另一方面又将社会的不公平与腐败现象归结为党领导与执政上的失误。[④] 基层社会的发展状态与党执政的合法性是镶嵌在一起的。从党群关系上来看，党内基层民主与基层民主的深化、基层社会治理的民主化以及基层社会的和谐是密切相关，是基层民主发展和深化的根本动力，甚至对其发展起到主导作用。

首先，党内基层民主是基层民主深化和发展的重要内容和根本动力，是民主社会发育向上扩展的根本路径。作为非竞争性的执政党，我们党自身的民主建设，是衡量社会主义民主程度的重要标准，将直接决定我国民主建设的整体进程。“中国共产党自身的民主建设对中国的其他政治和社会力量发挥着示范作用。”[⑤] 没有党内民主，也就没有人民民主与社会民主的大发展，发展党内民主是推进人民民主与我国民主社会发育的基本途径和可靠保障。[⑥] 同时，以扩大党内民主带动人民民主还可以规避政治风险与社会风险，提供一条走向人民民主与社会民主的安全通道。[⑦] “什么时候党内民主发挥得好，党和国家事业就兴旺发达，人民民主就有发展空间；什么时候党内缺乏民主，党和国家的事业就会受到

---

① 兰东、匡显桢：《和谐的党群关系是构建和谐社会的根本保证》，《求实》2007 年第 6 期。

② 李伟杰：《把密切党群关系作为党建的着力点》，《理论探索》2009 年第 6 期。

③ 王梅枝：《多元利益格局下和谐党群关系的构建》，《湖北行政学院学报》2010 年第 4 期。

④ 王敦琴、周逸萍：《党群关系的历史考察及现实思考》，《毛泽东思想研》2011 年第 4 期。

⑤ 施雪华、孔凡义：《民主、集中与执政党的建设》，《社会科学》2007 年第 12 期。

⑥ 王寿林：《当代社会主义民主论》，中共中央党校出版社 2002 年版，第 340 页。

⑦ 桑学成、郭海龙：《执政党建设与政治体制改革的契合与互动》，《江苏行政学院学报》2009 年第 6 期。

挫折，人民民主也会受到抑制。”① 所以，在基层社会治理中，党内基层民主的建设与发展将直接决定基层民主的深化和发展程度，是基层民主深化的重要内容与根本动力。另一方面，我们党通过“政党下乡”② 建立基层党支部，党支部对党员、党员对其所联系的群众这一纵向的控制和嵌入链条，实现了对基层社会的高度整合。③ 这种“下乡”型的高度整合，一方面导致了基层党组织与基层社会之间的高度嵌入，另一方面这种高度嵌入形成了党对于基层社会变迁方向的引导以及基层社会治理主体对于党组织的依赖。我国的民主社会发育不能脱离政党组织的转型而单独地成长起来。所以，通过党内基层民主实现基层党组织的民主化，是民主社会发育从简单的外在条件创造走向高层次的自我整合和自我发育的根本路径。

其次，党内基层民主是化解基层社会矛盾的主要方式与根本路径。随着经济体制和政治体制改革的不断深化，社会阶层结构的变迁导致了各种利益主体与利益关系不断分化，社会多元利益的矛盾、冲突和博弈日益复杂化，甚至在一些地方导致群体突发性事件时有发生。尤其是在基层社会，社会矛盾不见缓和，甚至出现激化的现象。④ 据统计，2007 年全国各类群体性事件 8 万余起，比上一年多出近两万起。2008 年仅全国民政部门统计的前三个季度信访总量就有 90 万人次，比 2007 年全年都多出 9 万人次。⑤ 基层社会矛盾的结点在于基层政治体系“政治应力”⑥ 的不平衡导致了“社会应力”的不足，即基层体制变革无法适应基层社会结构性变迁带来的挑战。在基层群众的观念中，党和国的概念基本上是一体的，社会矛盾的最终指向还是党执政的合法性与权威性。在现有政治体制改革无法有效推进的前提下，积极发展党内基层民主来弥补政治应力不足而导致的社会应力的缺乏，是一条有效的途径。一方面通过民主的方式，重塑党群关系，积极引导社会利益的需求方向，将社会矛盾有效地纳入党的基层组织所能控制的范围内；另一方面，党内基层民主与基层群众自治和人民民主形成有效合力，吸纳基层社会日益增长的利益诉求与政治参与要求，尽量将矛盾化解在民主可以解决的空间内。⑦ 然而基层群众自治与基层人民民主必须在党内基层民主得到充分发展

---

① 徐勇：《论党内民主与人民民主的有机衔接和良性互动——以基层民主发展为视角》，《社会主义研究》2008 年第 4 期。

② 徐勇：《政党下乡：现代国家对乡土的整合》，《学术月刊》2007 年第 8 期。

③ 罗峰：《执政党合法性资源的开发与社会整合》，《经济社会体制比较》2007 年第 4 期。

④ 彭穗宁、祝灵君：《多元利益格局中的党群关系研究》，《社会科学研究》2006 年第 1 期。

⑤ 李培林、陈光金：《2008～2009 年中国社会形势分析与预测总报告》，中国网，2009 年 1 月 2 日。

⑥ 徐勇：《“接点政治”：农村群体性事件的县域分析——一个分析框架及以若干个案为例》，《华中师范大学学报（人文社会科学版）》2009 年第 6 期。

⑦ 林尚立：《中国共产党与国家建设》，天津人民出版社 2009 年版，第 139 页。

的基础上才能突破体制上的束缚，成为化解基层矛盾的重要方式。同时，它们也只有在与党内基层民主实现良性互动的基础上，才能实现自身的发展。所以，党内基层民主是化解基层社会矛盾的基本途径，也是促进基层治理的民主化，促进基层社会和谐的基本路径。

最后，党内基层民主建设的特殊性以及它在整个社会治理中的作用，决定了党内基层民主是民主政治建设得以深化的突破口。由于我国实行的是一党执政，与西方的多党竞争的民主政治完全不同。那么，通过实现党派竞争选举的方式实现民主政治的路径是行不通的。为此，如何找到我国民主政治建设的突破口，已成为我国民主政治建设的重要工作。20 世纪 80 年代，以基层群众自治为标志的基层人民民主开始进入我国民主政治建设的视野，成为民主政治建设的突破口。然而基层群众自治制度在近 30 年的努力中，虽然取得了民主政治建设的重大突破，但并没有取得十分令人满意的效果。当前，它在发展中出现“瓶颈”和困境的重要原因就在于脱离了党内基层民主的建设与发展。党与基层社会内嵌式的关系，决定了党内基层民主必然要实现对基层人民民主的带动作用，没有它的带动，基层人民民主虽然也会成长和发展，但是并不能实现深度的社会效应和民主效应。同时，作为执政党，我们党对基层社会的延伸，才是最终决定基层社会如何走向的关键所在。只有我们党积极调整在基层社会的组织和运行模式，实现真正的党内基层民主，民主政治建设的基层实践才能最终实现，才能真正地发挥基层民主对上层民主的带动和示范作用。所以，党内基层民主建设是我国民主政治建设得以深化的突破口。

二、党内基层民主与基层治理的关系

党内基层民主与基层治理的关系，要通过对我国治理困境、治理结构的分析进行解读。因为长期以来，党内基层民主与基层治理之间存在尚不明确的关系。在理论和实践中，两者并没有形成有效的对话与结合。这就需要通过党内基层民主的介入，来丰富和发展基层治理结构，提升基层治理的民主化水平。

基层社会治理困境的核心在于权利和利益表达的实现受阻，其解决的核心在于实现和保障基层社会主体在社会转型过程中的权利与利益均衡。而民主作为一种权利和利益表达与实现方式，是现代化价值和理念的核心所在。虽然，我国通过 30 多年的基层民主探索和实践，不断地尝试建构基层社会主体权利和利益的实现体系，但是 30 多年的实践并没有收到整体上的民主治理效果，还使得基层民主深化遇到了政治上与社会上的一些“瓶颈”。而这些“瓶颈”存在的关键原因在于基层民主建构和培育过程中对党内基层民主的忽视。李学举认为改革开放以来在我国治理活动中，是基层党组织和广大党员群众发挥着领导核心和先锋模范作用。在民主选举、民主决策、民主管理、民主监督过程中都发挥着引导和中坚作用。[①] 这种引导和中坚作用的发挥并不是在民主自身发育的基础上出现的，更多的是凸显一种政治上的任务与社会上的控制。整个基层治理的核心价值是稳定压倒一切，治理方式是法治与人治的结合，其中人治在具体过程中又会更加凸显。在具体的治理结构上是以党组织为主导的多元治理结构。[②] 但是党组织本身在民主化程度与水平上却没有很好的实现民主实践与制度上的跟进。所以，我国基层社会的治理结构是一元控制下的多元民主治理结构。由此制约了基层民主的深化与发展，也制约了基层治理的实践水平与效果。这就说明，在我国，没有党内民主的发展，基于国家建构视角下的基层民主建设，虽然有社会发育的内在推动，但并不能实现民主的制度化和社会化。我国民主建设的关键和核心在于党内民主，党内民主建设的基础又在于党内基层民主。所以，当前基层民主作为基层治理的主要方式，其核心在于通过党内基层民主的发展和深化来实现基层民主效果的提升和基层治理困境的突围。党内基层民主在基层治理中应该起到主导作用，这种主导作用是通过民主化的带动来实现的。

基层治理研究一直以来集中于治理理论本身的研究与治理内容的研究两个领域。治理理论的研究主要是基层治理的内涵与外延，以及治理对于我国的适应性研究。治理内容的研究主要包括两个方面：乡村基层治理研究和城市基层治理研究。从地域空间上看，这两个领域内的研究已经将基层治理的研究范围全部包括在内了。但是基层治理研究的主体内容却一直执拗于农村基层治理与城市社区基层治理中的传统部分，如乡村基层治理研究集中于乡派论[③]、村治论[④]，以及强县政—精乡镇—村合作论[⑤]等，城市基层治理则主要集中于两个相反方向的研究，即主张将“街道办”建成一级政府和主张取消“街道办”的建制。总体来看，基层治理的研究内容并没有将党内基层民主作为一个显性的内容进行研究。而党内基层民主研究也往往只是在党内民主的范畴内进行自身的理论与实践创新。党内基层民主与基层治理之间并没有形成一种机制上的对接。党组织在我国治理结构的作用研究，也更多的是从执政党地位和基层治理中党组织的作用的角度上来分析的。换一个角度来思考，党的执政地位与党组织在基层社会中的作用决定着基层治理在我国社会的适应性以及解决问题的实际能力。党内治理的民主化以及

---

① 李学举：《努力健全和完善中国城乡基层治理体制》，《国家行政学院学报》2005 年第 6 期。

② 俞可平：《中国治理变迁 30 年（1978—2008）》，《吉林大学社会科学学报》2008 年第 3 期。

③ 徐勇：《乡村治理结构改革的走向——强村、精乡、简县》，《战略与管理》2003 年第 4 期。

④ 沈延生：《村政的兴衰与重建》，《战略与管理》1998 年第 6 期。

⑤ 郑风田、李明：《新农村建设视角下中国基层县乡村治理结构》，《中国人民大学学报》2006 年第 5 期。

党内基层民主的示范效应与带动效应，既决定着基层治理的治理效果，也决定着基层治理的民主化水平。我国基层治理目前存在的发展困境，根本原因在于其治理体系与结构中对党内基层民主的忽视，这也是治理理论适用于我国而必须纳入的一个制度与结构变量。没有对基层治理结构的这一丰富和发展，基层治理的民主化效果就会陷入争论的议题中去。

总的来说，党内基层民主、基层治理与民主之间在基层社会是一种线性的关系。这种关系的研究要求突破传统党内基层民主与基层治理之间的脱节现象，强调党内基层民主对我国整个基层治理结构的主要作用，对基层民主的带动作用。基层人民民主、工作单位民主以及基层行政民主等基层民主形式的深化、发育与发展，离不开党内基层民主的整合作用。这是中国特色社会主义基层民主与基层治理的题中之义，也是我国基层治理民主化绕不开的制度性规则。

三、党内基层民主建设面临的新情况

自改革开放以来，党内基层民主建设取得了一系列成果，尤其是十六大以来，各地在党内基层民主建设上的探索和实践取得了显著的成绩，给党内民主和党的建设注入了新的活力和能量。但是，党内基层民主在不断实践和探索的过程中，遇到了一些新的情况和新的问题。这些新情况和新问题，有的有利于党内基层民主建设，有的则不利于党内基层民主建设。促进有利的，消除不利的，是继续推进党内基层民主向前发展的必然选择。

第一，党员利益诉求的多元化。改革开放以后，经济社会的快速发展催生了社会成员利益价值与利益结构的分化，这是一个既定的社会事实。尤其是在基层，伴随着基层人民民主和党内基层民主的探索和实践，党员的利益需求呈现出多元化的趋势。利益分化和利益诉求的多元化，一方面有利于促进党内基层民主的快速发育、成长与发展；另一方面，不成熟的利益诉求往往容易阻碍党内基层民主的发展。以农村党内基层民主实践为例，从党员群众来看，党内基层民主实践提升了广大党员的民主意识。但是民主素质和民主能力的匮乏，导致农村党员往往将个人的很多利益需求不加区别的表达出来，如家庭利益、宗族利益、个人利益以及因政策误解而导致的不合理的利益要求等。同时，一些党员群众还将其不合理利益诉求的无法实现归咎于党的组织与领导，进而不配合，甚至故意扰乱党组织各项工作的开展。这些不合理的利益诉求与合理的利益诉求共同构成了基层党员群众民主好坏的评价标准。从党员干部来看，党员干部个人的经济利益、政治利益以及家庭利益往往通过损害集体利益和组织利益的方式呈现在农村社会之中。干部利益、群众利益的多元分化同组织利益或者集体利益的冲突，给党内基层民主发展提出了巨大的挑战。

第二，群众权利表达方式的片面化。党内基层民主建设与创新，通过保护基层党员的民主权利，给党内民主与基层民主注入了新的活力。然而，在实践中，这种旨在建构党员权利表达方式和途径的创新过程，必须警惕基层群众权利表达方式的片面化。作为基层民主的最重要一环，党内基层民主的民主走向与基层群众自治制度的民主走向关系密切。目前，受传统文化、体制缺陷等因素的影响，基层群众，尤其是农村基层群众在保护自身合法权益或者正当利益的时候，往往会采取非正式的渠道或者极端的方式，如花钱找关系、越级上访、暴力抵抗、群体性的静坐与示威等，寻求自身利益的实现。基层群众权利表达方式集中地表现为个体抵抗、群体暴力与政治庇护，而正式的官方与法律路径则被规避与搁置，进而形成了基层群众权利表达方式的片面化。这种片面化的权利表达方式的形成至少包括以三个方面的原因：一是基层群众的民主素质和能力较低。改革开放以来，市场经济的发展与基层民主的创新，极大地提高了基层群众的权利意识和维权观念。但是受传统文化和体制缺陷等因素的束缚，基层群众的民主素质整体偏低。同时，社会组织发育的不足，造成基层群众在体制外利益表达途径的匮乏，民主表达的能力和条件都不成熟。二是体制弊端催生的干部不信任。长期以来，管制型政府弊端下滋生的领导干部贪污腐败，给基层群众留下了不好的印象，基层群众对基层干部和领导的不信任感在逐渐增强。三是基层民主建设过程中重方式创新轻组织建构。目前，基层民主建设，包括党内基层民主建设在内，主要的方向仍体现为自上而下的制度创新。基层实践上的创新，也主要是群众参与方式和方法的创新。而关于民主参与平台和组织实体的创新比较缺乏。没有了代表自己利益的平台和组织，基层群众往往选择非常规的权利表达方式。以上三个方面的问题，往往容易导致基层群众在权利表达和利益维护上采取过激的方式，可能引发基层社会混乱和基层政府信任危机。基层党员生活在基层社会之中，党内基层民主建设如何规避和化解基层群众权利表达方式片面化的风险，需要理论和实践上的双重努力。

第三，党内基层民主创新的多样化。十六大以来，党内基层民主创新迎来了百花齐放的时期。尤其是基层党组织选举制度创新，成为党内基层民主创新的突破口。2000 年前后，农村基层党组织支部书记与支部委员在山西、湖北、四川等许多省份实行开放提名、差额选举与直接选举等。同时，这种党内竞争性选举还从村支部向乡镇党委班子选举扩展。2001 年，四川昌平县开展了乡镇党委班子公推直选试点。2004 年，四川省 45 个乡镇党委书记全部通过公推直选产生。

到2008年，全国已经有数百个乡镇进行了公推直选的试点。[①] 之后，党代会常任制试点、基层党务公开、党代表选举制等都有突破性的创新，党内基层民主形式呈现出多样化的趋势。一方面，党内基层民主形式的多样化有利于化解不同情况下的党内干群矛盾，增强党的活力，增进党的团结。另一方面党内基层民主必须吸取村民自治的经验教训，警惕民主实践多样化背后的“空壳化”现象。其中，党内基层民主创新必须处理好以下三个方面的问题：一是避免制度创新的形式化。一些地方在制度创新过程中只是走过场、拉场面、壮声势，并没有将制度真正落实到实践主体本身，制度创新与参与主体严重脱节。如一些地方的党务公开，公开内容较少、公开间隔较长、公开位置较偏、公开范围较窄，党务公开创新成为口头上和文件上的口号，制度也就成了空壳。二是找到提升党员民主能力的新方法。民主实践“空壳化”本质不在于参与主体的不稳定，而是参与主体的民主能力的缺乏。党内基层民主如何在实践创新中找到提升党员民主能力的路子最为关键。因为制度上去了，人跟不上，运行起来也一样是个空架子。三是积极削弱人口流动对民主运行的影响。在广大农村地区，外出务工人口的增加，一方面削弱了基层民主参与主体的总量，同时农村精英人口的流动，更削弱了基层民主的质量。另一方面，市场经济条件下生活和物质上的匮乏，迫使广大农村劳动力流动于农村和城市之间忙于生计，没有时间和精力参与到民主制度的培育和运行上来。[②] 党内基层民主创新还必须从流动党员的管理中，找到适合的民主方式。

第四，基层民主治理的复杂化。伴随着社会转型的深度冲击，基层社会成为社会问题和矛盾集中爆发的区域。基层治理问题成为必然面对的时代课题。而转型期的社会治理问题已经不是某一个简单问题的重复，而是多种问题的交织。基层民主治理呈现出复杂化的趋势。而党内基层民主作为基层治理中最为关键的一环，如何应对基层治理的复杂化，促进基层治理的民主化，关系到我们党自身在基层社会的执政地位。首先，治理对象的利益化。由于社会分化的加剧，基层党员群众利益化倾向明显加剧，这种利益化不仅表现在经济交往上，还表现在人情往来、政治态度和价值观上。利益化的导向往往是个人的、家庭的。不同的人和家庭往往具有各自不同的利益取向，增加了民主整合的难度。其次，治理主体的多元化。基层民主治理的主体已经从过去单一的行政主体走向多元主体的治理过程，这其中包括政府、社区委员会、民间组织、利益群体以及各种形式的人道主义团体等等。我们党必须在多元的主体中找到自身的角色与位置，引领和带动社会民主的发展，促进基层治理。再其次，治理空间的层次化。基层民主治理空间

① 李颖：《发展党内民主的思考与探索》，中国经济出版社2009年版，第147页。

② Arie Halachmi：《在发展中国家培育治理——挑战及可能解决的方案》，《公共行政评论》2008年第6期。

已经不是仅仅停留在农村与城市社区这两个简单的层面，基层行政单位、基层工作场所以及党的基层组织等都属于基层民主治理的范畴。基层治理的空间扩大了，层次多样了。党内基层民主在促进自身民主建设的同时，还必须强化对其他各种基层民主形式的示范和带动作用。最后，治理过程的标准化。以前基层民主治理主要是一种场景化治理，问题解决了就没事了，没有固定的程序和方式。现代治理要求治理过程的标准化，强调治理的量化管理，精细度要求比较高。同时，网络媒体的快速成长，要求治理过程要上得了“台面”，经得起“推敲”。作为执政党实现基层治理的有效形式，党内基层民主更要在这方面起到示范作用，其民主化操作与运行的标准要求更高。

第二节　党内基层民主建设改善党的领导

受过去主客观环境的影响，我们党在自身的发展历程中，形成了以党代政，对国家和社会实行高度统一的一元化领导方式。① 党的一元化领导使权力过度的集中于少数人手中，容易决策失误，影响了广大党员参与和管理基层党内事务的积极性、主动性和创造性。党的十六大明确提出了“改革和完善党的领导方式和执政方式”的任务。改革和完善这种领导方式的核心机制是积极发展和推进党内基层民主建设，以民主的方式纠正过去领导惯性形成的弊端，以民主的方式保障广大党员参与和管理党内基层事务的权利。从党内民主的发展过程来看，党内基层民主建设一直在努力从原有的领导体制中寻找变革的突破口。改革开放以前，这种尝试的效果是不明显的，甚至是失败的。改革开放以后，党内基层民主建设的政治空间与社会空间都逐步成长起来，如同村民自治在寻找人民民主建设的突破口一样，党内基层民主也一直在尝试和探索党内民主建设的突破口，进而化解传统党内一元化领导体制带来的弊端，促进党内和谐。改革开放以后，按照自下而上、逐步探索的方式，党内基层民主在民主选举、民主决策、民主管理与民主监督四个方面的建设，改善了党的基层领导，促进了党内基层领导方式、观念与作风的转变。本节以改革开放为起点，从民主选举、民主决策、民主管理和民主监督四个方面，重点介绍近些年党内基层民主建设的做法与实践，并分析这些做法与实践是如何改善党的领导的。

---

① 李素艳：《改革、完善党的领导方式与执政方式的内在根据及路径选择》，《理论探索》2010 年第 6 期。

一、党内基层民主选举建设

选举是民主的基础。发展党内基层民主，保障广大党员参与和管理党内基层事务的前提和基础，就是要健全党内选举制度。它是衡量党内基层民主发展程度的重要标志，也是党内基层民主的主要实现形式。[①] 改革开放以前，由于受战争、革命与建设等外部环境的影响，党内基层民主选举的生存空间几乎不存在。党员往往是依附于党组织，并服从于组织内领导干部的指令与安排，强调绝对服从。党章中关于党员的选举权利，更多是形式层面的。改革开放之后，十二大通过的党章明确规定“党的领导机关，除它们派出的代表机关和在非党组织中的党组外，都由选举产生”。[②] 党的基层组织的选举形式得以确立。特别是20世纪90年代以后，党内基层民主选举得以快速发展，基层党员通过选举权的赋予与实践，逐渐参与到组织内部事务的管理中去。1990年，中央下发了《中国共产党基层组织选举工作暂行条例》，1994年下发了《中国共产党地方组织选举工作条例》，使党内基层民主选举有据可依、有法可凭，选举程序逐步走向制度化、规范化。此后，各地农村党支部普遍开展“两推一选”模式选举制度改革，乡镇党委“公推直选”试点开始增加，党代表选举也开始实行直选试点，等等。多种党内基层民主选举形式的快速发展，一方面保障了广大普通党员选举权利；另一方面通过选举，拉近了普通党员与党内干部的关系，增进了党内团结，改善了基层党组织的领导方式。十七届四中全会通过的《中共中央关于加强和改进新形势下党的建设若干重大问题的决定》将基层党内民主选举的一些成熟做法上升到了制度层面；同时突出强调完善选举办法，改进和规范选举程序和投票方式、改进候选人介绍办法等。具体来看，改革开放以来，党内基层民主选举建设主要体现为以下几个方面：

（1）差额选举的基层扩展。在党的十三大通过的党章出台以前，党内选举的候选人往往是自上而下的全额选举，即应选人数与实际参选人数是相同的，党内选举没有竞争性，目的是获取群体性认同。党内选举在实际操作过程中并不能反映普通党员的选举意愿，选举成为一种合法性的赋予形式，进而对党内政治生活产生了负面影响。为了加强党的领导，改善党内政治生活，激活党内民主功能，十一届五中全会通过的《关于党内政治生活的若干准则》规定，“党内真正实行民主选举，才有可能建立起在党员和群众中有威信的强有力的领导班子。”[③]《准

---

① 金晓钟、徐本岩：《改革党内选举制度充分体现党内民主》，《长白学刊》2009年第3期。

② 选编组：《中国共产党章程汇编（从一大到十七大）》，中共中央党校出版社2007年版，第105页。

③ 中共中央文献研究室编：《三中全会以来重要文献选编》（上），人民出版社1982年版，第427页。

则》首次提出，“选举应实行候选人多于应选人的差额选举办法，或者先采用差额选举办法产生候选人作为预选，然后进行正式选举。”① 党的十三大第一次在党章中把差额选举的办法肯定下来，成为全党必须遵照执行的法规，标志着党内选举开始从非竞争性选举走向竞争性选举。② 然而早期差额选举主要是在上层进行尝试性的探索，如中共中央组织部1988年颁发的《关于党的省、自治区、直辖市代表大会实行差额选举的暂行办法》，差额选举并没有推广到基层。中共中央1990年颁发的《中国共产党基层组织选举工作暂行条例》，对基层组织的差额选举作出了细致的规定，即代表候选人数应当多于应选人数的20%；委员候选人的差额为应选人数的20%；经批准设立常务委员会的党的基层委员会的常委候选人，由上届委员会按照比应选人数多1～2人的差额提出③。差额选举开始向党的基层组织扩展。1994年，中共中央印发了《中国共产党地方组织选举工作条例》，规定从党的中央组织到地方组织、基层组织，全部实行差额选举。基层差额选举制度正式被确立下来，极大地推动了党内基层民主选举的竞争性。之后，差额比例在具体的发展过程中逐步提高，积极地推动了党内基层民主选举的发展，拉近了党的基层领导干部与基层党员群众之间的关系。

（2）基层候选人提名方式变迁。在十二大以前，党内基层候选人提名，主要是以“一把手”垄断提名权为主。尤其是在基层，上级任命委派的方式更是普遍。这种候选人的提名方式主要是自上而下的，不能反映党员群众的意愿。邓小平多次强调：“在党组织进行选举的时候，候选人的名单也应该在选举人中间进行必要的酝酿和讨论。只有这样，党内的民主生活才能获得真实的保证。”④ 主要方式是建立自上而下与自下而上相结合的候选人提名方式。十一届五中全会通过的《关于党内政治生活的若干准则》作了一个原则性的规定：“候选人名单要由党员或代表通过充分酝酿讨论提出。”⑤这实际上是重新规定了民主提名的原则，将普通党员的提名权利规定了下来。这些规定即否认了领导干部职务终身制，又拓展了党员民主选举权利的内容。1994年，中共中央印发了《中国共产党地方组织选举工作条例》，对党内候选人提名的主要方式作了明确规定。根据《条例》规定，代表候选人的提名直接采用自下而上的方式，而基层委员会委员的提名则采取上下结合的方式。⑥ 党的十六届四中全会通过的《中共中央关于加

---

①⑤ 中共中央文献研究室编：《三中全会以来重要文献选编》（上），人民出版社1982年版，第427页。

② 马桂瑞：《党内选举制度建设的历史回顾与经验》，《中共福建省委党校学报》2009年第7期。

③ 中国共产党新闻网资料中心：《中国共产党基层组织选举工作暂行条例》，中共中央1990年6月27日印发。

④ 《邓小平文选》（第1卷），人民出版社1994年版，第230页。

⑥ 中国共产党新闻网资料中心：《中国共产党地方组织选举工作条例》，中共中央1994年1月26日印发。

强党的执政能力建设的决定》更为具体地提出："完善党内选举制度，改进候选人提名方式。"[①] 2007 年，党的十七大报告总结党内选举试点改革的经验，明确提出，"改革党内选举制度，改进候选人提名制度和选举方式。"尤其值得注意的是要求"推广基层党组织领导班子成员由党员和群众公开推荐与上级党组织推荐相结合的办法"。[②] 其中重大的变化是，在党内基层选举中，"初步建立了有党外群众参与的党内初选制度"[③]。党内基层组织候选人提名经历从自上而下的领导提名到党内干群讨论酝酿的上下结合的提名方式再到党群结合的候选人提名方式。这种变革，改善了基层党群关系与党内干群关系，加强了党内领导以及党对基层社会的领导。

（3）间接选举到直接选举。党内基层民主的早期选举是以党员代表选举基层党组织领导或基层党委委员，为间接民主方式。1991 年山西省河曲县城关镇岱岳村首次采取"两票制"[④] 选举村党支部书记，之后中组部在结合山西省"两票制"选举村党支部书记的经验上总结成"两推一选"模式进行推广。"两推"就是指党内推荐支委候选人和党外推荐支委候选人，"一选"就是由党组织内全体有选举权的党员无记名投票选举支委人选。在农村"两推一选"实践的基础上，"两推一选"随后也进入了乡党委领导班子的选举中，其中以早期湖北京山杨集"两推一选"实验较为典型，又称为杨集实验或者杨集模式。[⑤] 目前，"两推一选"在全国 20 多个省区市进行试点，已经在较大范围推行。农村基层党组织的直选方式开始推广。1998 年年底，为了解决基层党组织领导班子素质不高和适应基层民主政治发展的要求，四川首次进行了公推直选村党委书记，实行开放式提名、差额选举与直接选举。2000 年前后，这种开放式提名、差额直选方式又从村支部延伸至乡镇党委，出现乡镇党委领导班子的公推直选。[⑥] 此后在湖北京山（2002）、四川新都（2003）、重庆渝北（2004）、云南红河（2004）、河南三

---

① 中共中央文献研究室：《十六大以来重要文献选编》（中），中央文献出版社 2006 年版，第 292 页。

② 本书编写组：《十七大报告学习辅导百问》，学习出版社、党建读物出版社 2007 年版，第 48 页。

③ 李颖：《发展党内民主的思考与探索》，中国经济出版社 2009 年版，第 148 页。

④ "两票制"之后，又出现了"三票制"。"三票制"是在"两票制"基础上加以完善形成的。从"选票"的角度上来看，"两推一选"就属于三票制的范畴。但是这里提到三票制是不同于"两推一选"的三票制，而是各地在三票制上的创新。如四川省巴中市通过多渠道提名票、公开推荐票、差额选举票产生的"三票"，进行农村基层组织的公推直选，提高了选举工作的竞争程度。山东省平阴推行"三票当家"的方式选举村支部成员，即由党员推荐票、群众信任票、组织考察票选举农村党支部，让全体党员、广大群众代表都参与。

⑤ 贺雪峰：《乡镇体制的常规与内部结构——以杨集镇"两推一选"实验为例》，《开放时代》2003 年第 2 期。

⑥ 梅丽红：《"公推直选"的由来与意义》，《学习与实践》2011 年第 5 期。

门峡（2005）、陕西南郑（2005）等多地进行了试点。[①] 2006 年十六届四中全会通过的《中共中央关于加强党的执政能力建设的决定》，在分析了党执政所面临的现实挑战的基础上，提出了“逐步扩大基层党组织领导班子成员直接选举的范围”[②]。党内基层民主以选举方式变革为突破口获得了快速的发展。十七届四中全会通过的《中共中央关于加强和改进新形势下党的建设若干重大问题的决定》提出“完善党内选举办法。推广基层党委领导班子成员由党员和群众公开推荐与上级党组织推荐相结合的办法，逐步扩大基层党组织领导班子直接选举的范围”[③]，党内基层民主通过民主选举方式创新带来的基层治理效果和基层党领导能力的加强，开始成为党内民主建设的重要内容。目前，全国已有 400 多个乡镇进行了公推直选的试点，从根本上改变了传统“由少数人在少数人中选人”的机制，切实保障了党员的民主权利，改善了党群干群关系，增强了党在基层执政与领导的合法性。[④]

总体来说，党的十一届三中全会以后，党内民主生活开始逐步恢复到正常，直到 90 年代以后，党内基层民主选举在实践中才开始有所创新，也标志着党内基层民主选举开始进入了新的发展时期。这一时期，党内基层民主选举主要以如何落实党员的民主选举权利为中心，围绕村级党支部领导班子和乡镇党委领导班子成员的产生方式进行探索，部分条件允许的地方开始将其逐渐推广到企事业单位和城市社区党的领导班子中去，如长沙市、广州福田区等地的试点。进入 21 世纪，在地方政府管理体制改革与基层人民民主选举的现实推动下，党内基层民主选举开始从村庄向乡镇、县级党内生活扩展，选举方式也开始在差额选举的基础上，逐渐扩大了直接选举的范围，出现了“公推直选”、“公推公选”等创新形式。在此之外，关于党员的培养和党代表的选举方式上，也逐渐打开了新的局面，如都江堰市“两票制”推荐党员，湖北罗田和宜都市[⑤]在党代会常任制试点的基础上，实行的党代表直选等等，都在干部的产生和任用方面加强了基层党委和领导干部同基层党员、基层群众与基层社会之间的关系，进而将基层党的领导建立在基层党员与基层社会认可的基础上。

---

① 雒军：《改革开放以来党内基层民主建设及基本经验研究》，华中师范大学硕士论文，2009 年，第 15 页。

② 中共中央文献研究室编：《十六大以来重要文献选编》（中），中央文献出版社 2006 年版，第 294 页。

③ 本书编写组：《〈中共中央关于加强和改进新形势下党的建设若干重大的决定〉辅导读本》，人民出版社 2009 年版，第 18 页。

④ 李颖：《发展党内民主的思考与探索》，中国经济出版社 2009 年版，第 148 页。

⑤ 张北根：《党代表在党代会常任制条件下发挥作用问题研究》，《中共中央党校学报》2009 年第 3 期。

二、党内基层民主决策建设

党内基层民主决策是党内基层民主的重要指标，是广大普通党员参与和管理党内基层事务的重要内容和主要形式。在改革开放以前，党内决策体现为党内一切会议和决策都取决于多数，少数必须绝对地服从多数。但由于党内一元化领导体制的形成，少数服从多数也就演变成多数服从领导，党员意志服从领导意志。党内基层民主决策的制度概念并没有真正的发展起来。一些地方党内领导独断专行，给基层社会带来重大的经济与政治损失。改革开放以后，在市场经济条件下，多种所有制成分必然带来多元的社会结构，形成多元复杂的利益格局。在不同利益群体发生利益冲突时，党的基层决策能否得到党内最大多数党员的拥护，尤其是得到基层广大群众的拥护至关重要。通过建立健全党内基层民主参与机制，充分发挥党员的参政议事能力，才能充分听取广大党员和基层群众的意见。通过逐步建立充分反映民意、广泛集中民智的决策机制，才能使党的领导走上民主化、科学化的轨道，才能保证党领导和执政的科学性与正确性。十二大党章修订以后，尤其是十六大以来，党内基层民主决策获得了较大的发展，如集体领导制度、基层党代会常任制及民主议事等。这些探索和创新，一方面尊重了党员的主体地位，维护和发展了党员以及党代表的民主权利；另一方面改善了党内干群关系与党群关系，巩固了党在基层组织与基层社会的领导地位，促进了党内和谐。

（1）集体领导与基层党委民主决策。改革开放以前，由于长期处于战时状态而形成的领导权高度集中的惯性，使得党内集体领导的民主决策方式并未在实践中得到充分地贯彻执行。[①] 而且这一时期提出的集体领导，也只是在中央领导层面上谈及的。改革开放以后，十一届五中全会通过《关于党内政治生活的若干准则》中规定，凡是涉及党的路线、方针、政策，涉及重大工作部署，干部的重要任免和处理，涉及群众利益方面的重要问题，从中央到基层的各级党的委员会必须坚持集体领导。党委会的内部遵守少数服从多数的原则，不允许搞“一言堂”。[②] 基层党委集体领导的民主决策开始迎来了新的发展时期。1982 年，党的十二大审议通过的《中国共产党章程》，吸取了历史教训，明确规定“党内禁止任何形式的个人崇拜”，“凡属重大问题都要由党的委员会民主讨论，做出决

① 石海：《中国共产党集体领导制度形成的来龙去脉》，《老年人》2011 年第 7 期。

② 中共中央文献研究室：《三中全会以来重要文献选编》（上），人民出版社 1982 年版，第 417 页。

定”。[①]“不允许任何领导人实行个人专断和把个人凌驾于组织之上”。[②] 1996 年颁布的《中国共产党地方委员会工作条例（试行）》规定，凡属全委会或常委会职责范围内决定的问题，必须由集体讨论决定。委员在集体讨论决定问题时，应畅所欲言，充分发表个人的意见。地方与基层党委的集体领导与决策得到了制度上的保障。2001 年，十五届六中全会提出，建立有效的民主机制，保证基层党员和下级党组织的意见及时反映给上级党组织，确定了“集体领导、民主集中、个别酝酿、会议决定”的党委内部议事和决策制度。党的十六大将“集体领导、民主集中、个别酝酿、会议决定”上升为十六字原则[③]，对完善基层党委会工作运行机制，推进基层党委决策的科学化、民主化发挥了重要作用。基层党委集体领导的民主决策制度具有两个方面的特征：一则在于它是自上而下逐渐形成的制度体系；二则在于它是地方与基层党委重大问题的决策方式。这就决定了基层党委集体领导的民主决策制度区别于其他党内基层民主形式，它是加强地方与基层党的领导的重要方式，直接决定了党的领导方式与决策能力。

（2）民主议事与决策。民主议事是党内基层民主决策早期的制度安排，但是由于客观环境的限制，在实践和发展中都没有突破性的进展。改革开放以后，民主议事获得了较快的发展。它的最大特点在于充分发挥了广大党员参与党内事务决策的积极性。它的主要方式是通过各种不同的民主交流形式，讨论与研究党内事务，实现党员之间、党员与党组织之间的良好沟通。它在实践中的主要形式有党代表提案、党代表定点联系群众、党员接访、党员议事会等等。它通过党组织搭建的各种沟通平台，探索建立不同的党内事务互动与交流渠道，实现党员群众的意愿与组织意愿的结合，进而改善基层党的领导，促进基层治理。如河北临漳县推行农村“无职党员议事”制度。“无职党员议事会”一般由 10 名左右通过选举产生的党员组成。凡是村党组织的任期目标、重要决定以及村级经济社会发展规划和涉及村民利益的重要工作，先由“议事会”商定，再提交党委（总支、支部）审议或村民代表大会讨论。农村宅基地审批、计划生育等重要事务，也要经“议事会”讨论通过后才可实施。“议事会”成员对村党组织每年两次述职报告进行无记名投票评定，并负责对村级财务进行监评。江苏省常州市钟楼区南大街街道党工委，总结形成了社区党组织决策的五步议事决策法。由于五步议事决策法的各个步骤都突出民主，而民主的英语单词是 Democracy，所以五步决策法

① 中共中央文献研究室：《三中全会以来重要文献选编》（上），人民出版社 1982 年版，第 106 页。
② 同上，第 107 页。
③ 中共中央文献研究室：《中共十三届四中全会以来历次全国代表大会中央全会重要文献选编》，中央文献出版社 2003 年版，第 693 页。

又被称为“5D 民主议事决策模式”。[①] 这方面的探索还包括湖北竹山的“村级议事五步走”[②]、景宁畲族自治县在乡镇实行的“党员议事提案制”[③]、山东青岛的“五步四权联动决策制度”[④]，以及浙江温岭的党内基层民主恳谈制度[⑤]，等等。这些探索与创新，极大地丰富和发展了党内基层民主决策形式，提高了党员对党内基层事务的参与度，加强和改善了党在基层社会的领导能力。

（3）基层党代表任期制与党代会常任制。党代会常任制的最大好处，就是充分发挥党员代表的积极作用，使代表大会真正成为党内充分有效的最高决策机关和最高监督机关。党代会常任制作为一种制度在党的八大首次被提出来，但是八大提出的路线和许多正确意见并没有被贯彻下来。改革开放以后，党代会常任制在地方探索与试点的基础上逐渐发展起来。1988 年，经中央组织部同意先后在浙江、黑龙江、山西、河北、湖南等省的 12 个县（市、区），进行了党代会常任制试点。其中浙江台州在汲取基层人民民主发展经验的基础上，采取“3 + 1”模式试行党的代表大会常任制，即试行党代表常任制、党的代表大会年会制、建立党代表大会闭会期间发挥代表作用的相关制度；同步健全发挥全委会的有关制度；等等。[⑥] 2002 年，党的十六大提出：“扩大在市、县进行党的代表大会党任制的试点。积极探索党的代表大会闭会期间发挥代表作用的途径和形式。”[⑦] 根据这一要求，各地积极开展了党代会常任制与党的代表大会闭会期间发挥党代表作用的试点工作。第二轮党代会“常任制”试点在一半以上的省份开展起来。[⑧] 从总体上看，试行党的代表大会常任制的做法主要有两个方面：一是实行党代表任期制，二是实行党代会常任制。2004 年，十六届四中全会通过的《中共中央关于加强党的执政能力建设的决定》提出“扩大在市、县实行党代会常任制的试点”[⑨]。2007 年，党的十七大指出：要“完善党的代表大会制度，实行党的代表大会代表任期制，选择一些县（市、区）试行党代表大会常任制”。[⑩] 党的十七

① 张书林：《近年来党内基层民主建设的创新与发展》，《中国党政干部论坛》2009 年第 9 期。

② 所谓“五步走”包括五个程序：一是广泛征求意见，组织村民议事；二是充分集中民智，开展两委商议；三是把好首道关口，引导党员建议；四是落实自治管理，村民投票决议；五是强化监督检查，沿革考核评议。本书编写组：《基层党组织工作创新 100 例》，中共党史出版社 2010 年版，第 54 ~ 56 页。

③ 金秀光：《“党员议事提案制”与党内民主建设》，《社科纵横》2011 年 7 月。

④ 张书林：《近年来党内基层民主建设的创新与发展》，《中国党政干部论坛》2009 年第 9 期。

⑤ 李景鹏：《建立民主恳谈和民主决策的新机制》，《浙江社会科学》2003 年第 1 期。

⑥ 周国辉：《党代会常任制——丰富党内民主的生动实践》，中国选举与治理网，2006 年 3 月 23 日。

⑦ 《江泽民文选》（第 3 卷），人民出版社 2006 年版，第 570 页。

⑧ 四川省社会科学院课题组：《党代会“常任制”试点调研的思考——以四川省为例》，《西南民族大学学报（人文社科版）》2005 年第 1 期。

⑨ 中共中央文献研究室：《十六大以来重要文献选编》（中），中央文献出版社 2006 年版，第 294 页。

⑩ 胡锦涛：《高举中国特色社会主义伟大旗帜为夺取全面建设小康社会新胜利而奋斗——在中国共产党十七次全国代表大会上的报告》，《实践（思想理论版）》2007 年第 Z1 期。

大通过的新修改的《中国共产党章程》规定："党的各级代表大会代表实行任期制。"[①] 党代表任期制成为一种制度被确定下来。2008 年，中共中央印发《中国共产党全国代表大会和地方各级代表大会代表任期制暂行条例》，条例自发布之日起施行，意味着党代会常任制与党代表任期制在全国铺开。按照条例规定，在党代会期间，党代表联名可向大会提出属于同级党代表大会职权范围内的提案。在党代会闭会期间，党代表可由个人或者以联名的方式，采用书面形式向同级党的委员会提出属于同级党代表大会和党的委员会职权范围内的提议，也可以通过参加座谈、列席会议等方式，对本地区经济社会发展、党的建设等重大决策和党内重要文件的制定，提出意见建议。[②] 基层党代表任期制以及党代会常任制，极大地发挥了基层党代表参与决策的积极性，提高了基层党委决策的科学性。

党内基层民主决策除了以上创新以外，一些地方还把"票决制"引入党内基层民主决策，作为对民主议事制度和民主恳谈制的补充。在民主议事中如遇到民主议事与协商均达不成共识的重大事项，就采取票决制作出决定。而对于涉及党员群众重大利益的问题，可以使用实名投票制进行表决。如河北省巨鹿县张王疃乡的村级重大事项"票决制"，凡是涉及党员与群众切身利益的村中公共事务管理、公益事业发展、集体利益分配及利益矛盾纠纷，都必须经过村民和党员的投票表决。[③] 可见，党内基层民主决策的探索与创新是多种多样的。从决策主体来看，党内基层民主决策主要包括三个方面的探索：一是尊重普通党员的主体地位，充分发挥基层普通党员在党内决策中的积极性与主动性。这方面的探索主要集中于农村与城市基层党组织内部。二是尊重党员代表的民主权利，积极探索党代表在基层社会与基层党委会中的代表地位，提高党代表在党内民主决策中的作用。三是积极发挥基层党代会与党委会的作用，提高党内决策的民主性与科学性。由于决策涉及的层次不同，党内基层民主决策的主体也就呈现多样化与同步发展的趋势。

三、党内基层民主管理建设

党内民主管理，这一提法在文献中出现的频率很少。有些学者认为民主管理不属于党内民主的范畴，党内民主的范畴只包括党内民主选举、党内民主决策与

---

① 选编组：《中国共产党章程汇编（从一大到十七大）》，中共中央党校出版社 2007 年版，第 4 页。

② 人民出版社编：《中国共产党全国代表大会和地方各级代表大会代表任期制暂行条例》，人民出版社 2008 年版，第 1～11 页。

③ 李德金、李志怡：《票决制：彰显村民自治活力无穷——巨鹿县张王疃乡党委书记王彪访谈录》，人民网，2010 年 3 月 27 日。

党内民主监督。这种认识极大地限制了党内民主的发展。[①] 党内基层民主管理，强调的是党组织对自身、对党员、对党务管理的民主化革新，为党员各项民主权利的实现创造条件。党早期的定期会议制度、民主教育制度，等等，都属于党内民主管理的范畴。而党内基层民主的很多探索和创新也往往具有交叉性，如党务公开，既可以属于党内基层监督的范畴，也可以属于党内基层管理的范畴。具体的界定与划分，主要是依据彼此之间重要性的关联程度以及实践主体的属性。所以，完整的党内基层民主体系，就应该包括党内民主选举、党内民主决策、党内民主管理以及党内民主监督。推进党内基层民主管理，完善党内基层民主管理体制，是提高党员民主实践能力，加强党的基层组织建设，促进党内和谐与团结的政治保证。

（1）党务公开制度。党务公开既是加强党内监督的基础和前提条件，也是党内民主管理的主要内容。党在领导人民进行革命夺取政权的时期，由于特殊历史条件的限制，党的工作和党内事务不可能也不应该实行完全公开。改革开放以后，尤其是进入21世纪，社会开放程度的日益提高，党员、干部与群众民主意识的日益增强，使得广大党员、干部、群众对党务公开也越来越关注。[②] 党的十六大以来，中央有关部门和地方党组织主动增强工作中的透明度和开放性，在党务公开上进行了积极探索。2003年，四川成都市新都区在全国较早地实行开放党委常委会和全委会。2004年，江苏省丹阳市各个乡镇与部委办局的51个党委和21个党组全面推行党务公开。[③] 作为党内基层民主建设的基础性工程，党务公开在党的十六届四中全会通过的《中共中央关于加强党的执政能力建设的决定》报告中开始出现："要认真贯彻党员权利保障条例，建立和完善党内情况通报制度、情况反映制度、重大决策征求意见制度，逐步推进党务公开，增强党组织工作的透明度，使党员更好地了解和参与党内事务。"[④] 2010年，中共中央政治局召开会议，审议并通过了《关于党的基层组织实行党务公开的意见》。这是党的十六大以来中央高度重视并积极推进党务公开的又一重大举措，预示着党务公开已经从理念层面、决策层面走向了操作层面，已经从局部试验阶段逐步走向了全面实践阶段，已经从单项的尝试逐步走向了制度化、规范化和科学化。[⑤] 党的十七大报告提出："尊重党员主体地位，保障党员民主权利，推进党务公开，营造党内民主讨论的环境。"[⑥] 新修订的《中国共产党章程》把党务公开作为党的组

---

① 肖立辉：《影响党内民主健康发展的因素及其对策》，《理论前沿》2007年第3期。

② 王社群：《推进党务公开需要解决的问题》，《学习时报》2007年12月13日。

③ 王勇兵：《解读十七大报告关于党内民主建设的论述》，《学习时报》2007年10月30日。

④ 中共中央文献研究室：《十六大以来重要文献选编》（中），中央文献出版社2006年版，第294页。

⑤ 张志明：《实行党务公开是大势所趋》，《学习时报》2010年8月30日。

⑥ 本书编写组：《十七大报告学习辅导百问》，学习出版社、党建读物出版社2007年版，第47页。

织制度的一项重要原则，进一步明确了“党的各级组织要按规定实行党务公开”。[①] 十七届四中全会通过的《中共中央关于加强和改进新形势下党的建设若干重大问题的决定》中指出要“充分发挥党员在党内生活中的主体作用。推进党务公开，健全党内情况通报制度，及时公布党内信息，畅通党内信息上下互通渠道。建立党委新闻发言人制度，办好党报党刊和党建网站”。[②] 从具体的实践来看，党务公开又具有不同的实践形式，河南邓州市的“4+2”工作法[③]，湖北的“阳光党务”系列创新等都是在实践形式上的创新。[④]

（2）党员民主教育形式。党内基层民主的主体是广大普通的党员，党员的民主素质与民主能力直接关系到党内基层民主的实践效果，影响到对党内领导干部进行监督的效果，关系到转变基层党的领导方式的质量。改革开放以后，党员教育最为突出的表现是党员民主评议制度建立。改革开放以后，针对党内存在的诸多问题，我们党十分重视加强党员队伍建设。1987 年，十三大提出从严治党的任务，并对基层党组织建设与党员党性党纪教育提出明确要求。要求基层党组织对党员进行经常性的教育与监督，经常性的开展自我批评。[⑤] 许多地方与基层党组织在加强对党员领导干部实行民主监督的同时，开展了民主评议党员的活动，取得了较好实践效果。为此，中央决定推广这一做法，在全国城乡基层党组织中逐步实施。1988 年，中共中央组织部做出《关于建立民主评议党员制度的意见》，对民主评议党员的目的、内容、方法等进行了阐述。其中方法包括学习教育、自我评价、民主评议、组织考察、表彰和处理五个环节。从 1989 年起，全国 30 个省、自治区、直辖市，中央直属机关和中央国家机关，在试点的基础上普遍开展了民主评议党员的工作。民主评议党员制度在全国基层普遍推行。据统计，至 1989 年年底，全国（除军队外）已经有 100 万个基层党支部，2 000 多万名基层党员参加了民主评议。[⑥] 民主评议党员过程中，所有党员都是平等的，对

---

① 选编组：《中国共产党章程汇编（从一大到十七大）》，中共中央党校出版社 2007 年版，第 13 页。

② 本书编写组：《〈中共中央关于加强和改进新形势下党的建设若干重大问题的决定〉辅导读本》，人民出版社 2009 年，第 17 页。

③ 本书编写组：《基层党组织工作创新 100 例》，中共党史出版社 2010 年版，第 51 ~54 页。

④ 湖北许多地方探索实践的“阳光党务”，为党务公开建立了有效的平台。例如，孝昌县依托现代远程教育网、孝昌党建互联网、办公系统局域网、电视宣传无线网四大网络平台，全面实施党务公开，让党务在“阳光”下运行。再如鹤峰县的“三个三”打造村级党务公开“阳光工程”（一是落实“三个保障”，即领导保障、制度保障、阵地保障；二是落实推广“三种形式”，即采取固定公开、定期公开、随时公开三种灵活的形式进行党务公开；三是“三个延伸”，即坚持公开内容向新农村建设延伸，坚持公开形式向直接接触延伸，坚持公开时间向全过程延伸）。参阅赵理富：《党内基层民主的实现形式研究——以湖北省的实践为例》，《中国延安干部学院学报》2010 年第 5 期。

⑤ 中共中央文献研究室：《十三大以来重要文献选编》（上），人民出版社 1991 年版，第 54 页。

⑥ 同上，第 374 页。

于克服部分党员的封建特权思想，培养党员的民主意识，提供了制度保证。① 在后来的发展中，民主评议党员制度在具体实践中，又有所创新，如陕西城固县推行的“党员党性分析评议制度”等。② 除此之外，一些地方还在探索专门的党员民主教育方式，如北京市宣武区通过讲党课、听报告、开座谈、搞研讨等形式，加大对广大党员民主意识的教育力度，有效地调动和激发了不同类型党员的学习活力，提高了广大党员参与民主建设的积极性。③

（3）说事制的创新。说事制是一些地区农村基层党支部在党内基层民主管理方面的创新。其目标是发挥党支部书记的作用，化解党内干群关系矛盾与党群干群关系矛盾，加强党的基层领导。如湖北随州推行“定期说事型”民主管理模式，规定每月逢四的三天由村党组织书记带领有关人员轮流接待说事反映情况的党员群众，创新登门入户说、急事及时说、确定专题说、信函书面说等多种方式，妥善解决党员群众反映出来的问题和提出来的建议，把各种潜在的矛盾解决在初始阶段、消灭在萌芽状态。④ 贵州省黔西县为进一步加强农村基层党组织建设，充分发挥村党支部书记在基层党组织建设中的先锋模范作用，提高村党支部书记的服务意识、服务水平，创新农村基层党组织建设工作机制，实施村支书“说事”制度，规定村级“说事日”、设立“说事室”、安装并公布“说事电话”，印制“说事便民卡”，建立“说事台账”等，取得了明显成效。自2005年以来，黔西县382个村共建立了“说事室”382个，安装了“说事”电话382部，印制“说事便民卡”52.2万张，召开“说事会”1 528次，参会群众达11.5万余人次，“说事日”接待“说事”群众5.2万人次，解决实际问题3 315个。⑤ 说事制度，只是地方上一种探索，并没有在较大的区域进行推广。但这却是党内基层民主管理创新的又一形式，它关注的焦点是干部与群众的关系，这包括党内的与党外的两重属性。所以，说事制度的出现，对于密切党群干群关系，化解基层党内矛盾与社会矛盾，加强基层党的领导具有一定的作用。

总体上看，党内基层民主管理并没有像党内基层民主选举、民主决策和民主监督那样发展迅速，获得较多的认可。这与党内基层民主管理作为一种制度体系与理念的合法性有关。目前，关于党内基层民主管理的提法，并没有得到学理上与政策上的认同。党内基层民主管理的内涵、范畴与特征并没有从学术上或者制度上进行归纳，进而限制了党内基层民主管理在实践中的创新与发展。发展党内

---

① 张明楚：《中国共产党基层组织建设史》，福建人民出版社2008年版，第376页。

② 本书编写组：《基层党组织工作创新100例》，中共党史出版社2010年版，第69~70页。

③ 赵春丽：《党内基层民主是基层党建的生命线——北京市宣武区党内基层民主建设的调查与思考》，《中共太原市委党校学报》2009年第3期。

④ 江万丰：《南漳建立“说事”制度的实践与思考》，中国人大新闻网，2004年7月12日。

⑤ 谢坤：《黔西县推行村党支部书记“说事”制度》，中国乡村发现网，2007年3月28日。

基层民主管理的核心不是实现党员对党内事务完全性管理，不是将人民民主与村民自治的那一套方式搬过来，而是通过党内民主化的管理方式创新，推动普通党员民主权利的实现。在党内基层民主发展的推动下，党内基层民主管理在尊重执政党属性与特征的基础上必然要获得承认与认可。尤其是伴随着网络技术的发展，网络民主管理逐渐在党内得到应用和扩展。所谓网络民主管理，就是有条件的地方基层利用网络技术方便、直接、快捷且不受时空限制的特点，拓展党员参与党内事务的民主空间。一些地方也在进行逐步的探索。十七届四中全会提出，要“推进基层党组织工作信息化”，通过信息化实现基层党组织民主管理，强化民主监督的时效性，创新民主参与信息平台，是未来党内民主管理创新的重要方向。这就更加坚定了党内基层民主向网络民主管理发展的方向。同时，党内民主管理在其他各个方面也在不断地探索。这些探索正如前文所论述的，主要集中于党务公开创新党员民主参与条件、民主教育创新党员民主参与能力、说事制度创新党内党外干群关系，等等，有条件的地区发展网络民主管理创新党员民主参与平台。这些做法逐步完善了党内基层民主管理体系，提高了基层党员的民主参与能力，改善了党内基层领导方式与观念，强化了党在基层社会的领导地位。

四、党内基层民主监督建设

党内基层民主监督是党内基层民主建设与发展的最后一道防线，也是党员参与和管理党内事务的质量保障。党内监督首先是从民主集中制原则的确立开始的。民主集中制是无产阶级政党的根本组织制度，也是党内监督的重要原则。在我们党发展早期，由于受到革命和战争等多种因素的影响，党内民主监督在民主集中制的引导下，突出表现为自上而下的监督，集中凸显的多，民主凸显的少，主要目的是保证党的各级上级组织的各种决策得到自上而下的贯彻执行。党内监督呈现出上级对下级的监督，中央对地方的监督，党组织对党员的监督，而不包含下级对上级的监督、地方组织对中央的监督与党员对党组织的监督。① 从而，自下而上的权力制约比较薄弱，基层党内民主监督形式更是有限。改革开放以后，伴随着党内基层领导体制与管理体制存在的弊端，一些基层党组织与基层党的领导干部出现了权力腐败现象，党内基层民主监督建设成为必然的趋势。加强党内基层民主监督建设对于我们党推进党内基层民主进程，加强党在基层执政的合法性和集中统一领导，具有高度的研究价值和重要的现实意义。《中国共产党党内监督条例》与《中国共产党党员权利保障条例》的颁布，从制度上大大推

① 邬思源：《中国共产党监督制度的构建》，华东师范大学博士学位论文，2006 年，第 34 页。

动了民主监督的规范与落实。党内基层民主监督从沟通渠道、监督方式到动态机制建设上都取得了很大成绩。而在具体实践中，党的十六大以后党内基层民主监督获得了跨越式的发展，各种监督形式在地方与基层党组织的实践中不断被探索出来。

（1）党内基层组织生活会与民主生活会。组织生活会和民主生活会是党发扬批评和自我批评优良传统的主要载体，是党在长期的革命和建设实践中形成的优良作风，是一项比较有效的监督形式，也是倾听群众意见、接受群众监督的重要途径。[①] 坚持和完善这一制度，是保持和发展党的先进性的需要，对于加强党内基层民主监督，统一领导班子的思想和行动，促进基层班子团结，充分发挥基层集体领导的作用具有十分重大的意义。[②] 1980 年，十一届五中全会通过的《关于党内政治生活的若干准则》规定："每个党员不论职务高低，都必须编入党的一个组织，参加组织生活。各级党委或常委都应定期召开民主生活会，交流思想，开展批评和自我批评。"[③] 面对新的时代发展对党内监督与党内领导的挑战，1994 年党的十四届四中全会通过的《中共中央关于加强党的建设几个重大问题的决定》，从党内监督的角度强调："要坚持和健全组织生活会制度、党员领导干部民主生活会制度，开展谈心活动，从团结的愿望出发，认真进行批评和自我批评，分清是非，团结同志，克服缺点，改进工作。"[④] 根据 2000 年中共中央下发的《关于改进县以上党和国家机关领导干部民主生活会的若干意见》的要求，民主生活会召开前，各级党委（党组）都要"广泛征求群众意见，如实进行反馈"。要通过个别谈话、召开座谈会、发放征求意见表、设置征求意见箱等多种形式，充分听取群众的意见和建议。[⑤] 2004 年通过的《中国共产党党内监督条例（试行）》指出："党组织应当坚持和健全党员领导干部民主生活会制度，按照规定开好民主生活会。通过民主生活会，统一思想，改进作风，加强监督，增进团结，提高依靠自身力量解决问题和矛盾的能力。"[⑥] 党内民主生活会，作为一种党内监督制度，成为加强党内监督，改善党内领导的重要方式之一。总体来看，党内基层组织生活会与民主生活会是从两个角度来实现党内监督。一是从党员与群众、党员与领导之间，这里主要是指组织生活会。通过定期的组织生活会来监

① 屈万祥：《关于〈党内监督条例〉十项制度的设计》，《组织人事报》2004 年总第 1 233 期。

② 全国党的建设研究会课题组：《推进党内基层民主建设研究》，党建读物出版社 2010 年版，第 225 页。

③ 中共中央文献研究室：《三中全会重要文献选编》，人民出版社 1982 年版，第 433 页。

④ 中共中央文献研究室：《十四大以来重要文献选编》（中），人民出版社 1997 年版，第 965 页。

⑤ 中国共产党新闻网资料中心：《关于改进县以上党和国家机关党员领导干部民主生活会的若干意见》，中国共产党新闻网，中共中央纪律检查委员会、中共中央组织部 2000 年 4 月 12 日印发。

⑥ 新华月报：《十六大以来党和国家重要文献选编》（上一），人民出版社 2005 年版，第 183 页。

督基层党组织的运行；二是从党内基层领导之间，通过民主批评与民主交谈的方式，来实现彼此的制约与监督。

（2）基层党外群众监督的建设与发展。基层党外群众参与到党内监督，在改革开放以前就出现过①。这种监督方式是对党员在党内监督过程中主体地位的一种补充，也是党内基层民主与基层社会密切关联的一种必然。1980 年，党的十一届五中全会通过的《关于党内政治生活的若干准则》强调指出："为了保持党和广大人民群众的密切联系，防止党的领导干部和党员由人民的公仆变成骑在人民头上的老爷，必须采取自下而上和自上而下相结合、党内和党外相结合的方法，加强党组织和群众对党的领导干部和党员的监督。"② 党内基层民主监督创新开始有了政策依据。1990 年形成的《中共中央关于加强党同人民群众联系的决定》指出，各级党组织和党的所有干部必须接受监督，要重视群众来信来访，接受群众监督；要充分发挥舆论监督的作用，接受舆论监督；要根据需要向地方基层部门派出巡视工作小组，督促监督等等，进一步丰富了党内民主监督的形式③。党的十四届四中全会通过的《中共中央关于加强党的建设几个重大问题的决定》进一步指出，"要完善党内监督制度……要把党内监督同群众监督、舆论监督、民主党派和无党派人士的监督结合起来，把自上而下到自下而上的监督结合起来，逐步形成强有力的监督体系，以保证党的肌体的健康和各项任务的顺利完成。"④ 党外舆论监督与民主党派监督开始成长起来。在具体实践中，这种监督的创新形式比较多样。如，河南许多农村中的"第三委"，即设立村纪检委或者设立村纪检员，直接对村支部进行纪律检查，与村党支部与村委会平行。广东蕉岭成立的村务监督委员会，这种村务监督制度，成为基层民主监督探索较为成功的一个典型。⑤ 四川绵阳的村（社区）监委会，也是这方面的探索。⑥

（3）普通党员与党代表监督方式。党内监督的主体是党员，这其中包括两个层面的监督群体：一是基层普通党员，其监督的对象包括基层党的领导干部、组织、政策以及党代表；二是基层党的代表，其监督对象主要是党的基层委员会、

---

① 1948 年 2 月，针对土地改革过程中基层群众对基层党组织和党员的不信任，中央发出的由周恩来起草的《中共中央关于在老区半老区进行土地改革工作与整党工作的指示》，推荐了平山县的整党经验，即"经过党支部，邀请党外群众参加党的会议，共同审查党员和干部"，实行支部公开。参阅高新民、张希贤：《中国共产党建设史》，中共中央党校出版社 2009 年版，第 49 页。

② 中共中央文献研究室：《三中全会以来重要文献选编》（上），人民出版社 1982 年版，第 432 页。

③ 中共中央文献研究室：《十三大以来重要文献选编》（中），中央文献出版 2011 年版，第 338 ~ 347 页。

④ 中共中央文献研究室：《十四大以来重要文献选编》（中），人民出版社 1997 年版，第 965 页。

⑤ 马华：《村民自治中的草根式权力平衡与民主能力培育——广东"蕉岭模式"对我国乡村治理的启示》，《河南大学学报（社会科学版）》2011 年第 2 期。

⑥ 本书编写组：《基层党组织工作创新 100 例》，中共党史出版社 2010 年版，第 211 ~ 213 页。

领导干部以及相应的政策法规的执行等。这是党内基层民主监督建设的主要内容与创新的主要方向。在普通党员监督层面，主要形式是党员旁听制与听证制。通过建立党员旁听制度，可以大大激发党员的主体意识，增强党员参与党内事务的自觉性，切实保障党员的民主权利。如广西在2003年就开展了党员旁听制的有关试点，截至2009年，全区已经有29个县（市、区）、80个乡镇试行党员旁听制，拓展了普通党员对党内事务的知情、参与和监督渠道。① 安徽省芜湖市南陵县部分乡镇，试行普通党员旁听村支委会会议制度，也是这方面的探索。② 在党代表监督层面，主要是建立党代表质询、听证制度，目的是尝试在党代表与党委会之间建立对话、交流与监督的新机制。2004年10月，盐城市辖内的射阳县海通镇为了解决群众反映强烈的突出问题，探索建立了以乡镇党代表询问、质询为主要形式的监督制度。为了在全市推行党代表监督工作，中共盐城市委适时出台了《乡镇党代表监督工作办法》。盐城市通过构建党代表监督制度，在质问和质询、巡查、列席党委与纪委会议、参与特定问题调查和提出处分、撤换或罢免要求等五个方面实现了监督方式创新。③ 2003年，广西南宁在武鸣县开始试点党代表质询制。截止到2008年3月，广西全区已经有18个县（市、区）、45个乡镇实行党代表质询评议党委会工作制度，有效地加强了党员（党代表）对县委班子及其领导干部的监督。

党内基层民主监督除了以上制度与形式外，还包括党员群众民主评议制度、会议开放制度、述职评议制度等基层创新形式。如成都市2003年以来推进“三会”开放，强化决策监督。另外，成都市普遍强化民主评议，形成了县、乡、村干部和普通党员的“四级社会评价网络”。2007年，全市220名乡镇党委书记接受了7.4万余名党员群众代表参加的民主评议，1 254名代表在民主评议大会上提出质询1 561件，使党员群众的民主权利得到了较好的落实。④ 湖北省一些县市广泛采用“双述双评”的制度加强对基层组织和基层干部的监督。这一制度在咸宁、襄樊和十堰等市被广泛采用。⑤ 四川昌平县领导班子成员每年向党员大会述职，述职测评结果作为提拔任用的依据，对不信任者，经10%以上党员联名

---

① 全国党的建设研究会课题组：《推进党内基层民主建设研究》，党建读物出版社2010年版，第152～153页。

② 张书林：《近年来党内基层民主建设的创新与发展》，《中国党政干部论坛》2009年第9期。

③ 何俊：《发展基层党内民主的实践创新及其启示——对盐城市推行乡镇党代表监督制度的调查》，《理论探讨》2010年第3期。

④ 全国党的建设研究会课题组：《推进党内基层民主建设研究》，党建读物出版社2010年版，第180页。

⑤ 赵理富：《党内基层民主的实现形式研究——以湖北省的实践为例》，《中国延安干部学院学报》2010年第5期。

提议召开党员大会进行罢免表决。而从总体上看，党内民主监督建设主要是围绕两个“方面”：一是指监督机制，即民主规则与制度的制定；二是指尊重党员主体地位，即监督主体的界定。没有一个合理与有效的民主监督规则，就无法调动党员监督的积极性；没有党员的积极参与，民主监督机制也就流于形式。两者在实践中实现真正的结合，才能产生较好的实践效果。当然，在实际探索与创新中，党内基层民主监督的主体已经超出了党员这一主体。由于基层党组织与基层人民群众的紧密联系，人民群众作为一方监督主体，已经参与到农村与城市社区等党内基层民主监督中来。伴随着网络媒体技术的发展，党内基层民主监督形式会日益多样。

第三节　党内基层民主创新化解党内矛盾

党内也有干部和群众之分，党内矛盾的主要内容就是党内干部与普通党员群众之间的利益矛盾。这种矛盾在具体的实践中又突出地表现为党的不同组织体系内干部与群众的矛盾，如基层党支部内部党的干部与普通党员之间的利益矛盾，基层党的代表大会与委员会内部党的干部与普通党员代表之间的矛盾，以及相关政策制度落实主体与普通党员之间的矛盾等。改革开放以后，伴随着市场经济带来的社会结构的调整与社会分化的加剧，多元的利益主体以及利益格局日渐形成，党内利益关系出现严重分化。[①] 尤其是在转型时期，党内凸显个人利益，加上传统一元化领导体制的弊端，党内滋生了一些权力腐败的现象，如权力私有化、权力商品化、权力特殊化、权力官僚化等，直接或者间接地损害了广大党员的利益，党内干群矛盾越来越明显[②]。由于党内矛盾主要集中于基层，而广大党员也主要生活于基层社会。所以，化解党内矛盾的基础与关键在于如何推动基层党内民主创新，保障普通党员参与和管理党内基层事务的权利。本节主要选择党内基层民主创新中的三个亮点——公推直选、县级党代会常任制、党务公开创新，结合地方创新，重点分析党内基层民主创新如何保障党员参与和管理党内基层事务的权利，从而化解党内矛盾，加强党的领导，促进党内和谐。

一、公推直选

公推直选是十六大以来党内基层民主选举创新的最大亮点，是乡镇党委班子

① 布青沪：《党内利益矛盾不可回避》，《宁夏党校学报》2005 年第 1 期。

② 黄玲：《党内腐败对社会矛盾的负效应分析》，《哈尔滨市委党校学报》2000 年第 9 期。

产生方式的重大突破。传统乡镇党委领导班子的产生方式主要有组织任命和换届选举两种方式。然而这种换届选举，必须是在保证“组织意图”的基础上进行的。在提名方式上，主要是上级党委提名，体现个别领导意志。在选举方式上，主要是通过党代表选举党委委员，再由党委委员选举党委书记的间接式的等额或者有陪选的差额选举。选举的目的主要是对上级领导的意志进行确定。所以，乡镇，甚至包括基层支部的书记选举，无法体现基层党员群众的意志，实质上变成了贯彻组织意图的任命制，使得选举多流于形式。① 这种以组织意图为导向的任命制和形式化的选举制，给基层党委领导体制带来较多弊端。首先，这种形式的干部产生方式是一种自上而下的权力授受关系，导致干部责任的对上不对下，官僚主义滋生，党群关系和党内干群关系紧张。其次，任命制与形式化的选举，导致党员的选举权与被选举权形同虚设，熟称“上面定名单，下面画圈圈”。普通党员丧失参与党内事务的积极性与主动性，削弱了党的凝聚力，影响了党的团结。再其次，这种形式容易导致党内干部的权力腐败，侵害了广大党员群众的合法权益，破坏了党的基层形象，党群矛盾和党内干群矛盾突出。

解决以上问题的关键是如何尊重党员的主体地位，保障基层党员的民主选举权利，变革传统自上而下的权力授受关系。四川省平昌县 2001 年首先拉开了党内公推直选的序幕，因地制宜地开展了创新。其实，早在 1998 ~ 1999 年的乡镇换届选举中，平昌县就开展了乡镇领导的公推公选试点，并于 2001 年在全县推广。在公推公选试点的基础上，2001 年平昌县开始在灵山乡进行公推直选乡镇党委班子的试点，并取得了成功。2004 年 1 月，平昌县将灵山乡的经验推广到县内 9 个乡镇，共有 2 901 名党员参加了选举，9 个乡镇的党委书记全部由直选产生。其主要特征可以概括为：开放提名、直接选举、差额选举、“倒着选”。② 开放提名具体表现为个人自荐、群众推荐与组织推荐相结合的方式，改变了提名权的配置，变上级提名为开放提名。直接选举具体表现为由党员直接投票选举乡镇党委书记与党委领导班子，变间接选举为直接选举。差额选举具体表现为增加候选人名额，放弃传统等额式的形式化选举，变非竞争性选举为竞争性选举。“倒着选”具体变现为颠覆传统由党员选举党代表到党代表选举委员会再到委员会选举党委书记的选举流程，变少数人选举为多数人选举。平昌县的公推直选，保障了基层党员的选举权与被选举权，体现了基层党员群众的意志，突破了传统党内选举的弊端，改善了基层党的领导干部与党员群众之间的关系，加强了党在基层的领导。此后，重庆、河南、陕西等多地都开展了乡镇党委领导班子公推直选试

①② 王勇兵：《党内民主的制度创新与路径选择——基于基层和地方党内民主试点的实证研究》，中央编译出版社 2010 年版，第 33 页。

点，到2007年10月全国已经有300多个乡镇开展了此方面的试点。

当然，公推直选并没停留在乡镇党委领导班子换届这一层面，在具体的实践中开始逐步扩展到城市社区中党的基层组织。2004年12月，针对社区党委领导班子素质不高、党委领导干部的任免不能体现党员群众意愿、党员参与党内事务积极性不强和主体地位不能体现等党内问题，南京市首先在白下区的淮海路社区进行公推直选社会党委领导班子的试点。2005年，试点扩展为5个社区。2009年，南京市在全市8个区中任期届满的363个社区全部推行公推直选，最终把社区党委领导班子的提名权和最终决定权交给普通党员群众，做到党员满意、群众满意与组织满意。2010年9月，南京市对363个社区进行了党员群众评议，评议结果表明，98.4%的党员群众对社区党组织领导班子的工作表示满意，81.3%认为社区党组织书记的“班长”作用明显。针对选后监督与问责，南京市还专门制定了“一考二评三问责”制度，进一步地完善了公推直选的制度体系。① 南京市之后，上海市、深圳市、北京市等先后进行了城市社区公推直选试点。其中，深圳市的试点有所突破。2008年，深圳市福田区选择8个社区进行社区党支部公推直选试点，将公推直选细化和发展为“三推一评一选”，即在公推直选中增加了党员与群众代表对初步人选进行民主测评的中间环节，进一步激发了党员参与党内事务的热情，优化了社区党委领导班子。

除此之外，针对县直机关党组织身份与作用弱化、工作缺乏动力与活力，领导干部能上不能下、任职不尽职的问题，四川宣汉县2008年创新“六岗直选”的县直机关党委公推直选，并于2009年对县直机关进行集中换届，6 100名党员参与其中，其中950名优秀党员从1 400多名竞争者中获胜，当选为380个机关的党组织书记和领导班子成员。“六岗直选”收到了组织、党员、群众、社会“四满意”的良好效果。② 2008年，深圳市在4家市直机关基层党组织开展公推直选试点工作，并推广到企事业单位基层党组织，截止到2009年9月，深圳市已经有20家单位通过公推直选顺利完成换届选举，并逐渐扩展到企事业单位系统。2011年，深圳已成为全国率先在机关工委系统内全面实施公推直选的城市。截至2011年7月，工委系统有57家单位通过公推直选进行换届，其中机关事业单位43家，国有企业14家。③ 公推直选向机关工委等系统的延伸，进一步地深化了公推直选的影响力，从多种组织层面强化了党员群众的民主权利与主体地

---

① 徐机玲、郭奔胜、蔡玉高：《检验社区公推直选：南京社区党组织公推直选回访》，《瞭望》2010年第45期。

② 中共四川省宣汉县委组织部：《四川宣汉：机关党组织“六岗直选”模式》，中国共产党新闻网，2010年11月30日。

③ 李晓敏：《深圳：市直机关内全面实施公推直选》，《南方日报》，2011年7月6日A11版。

位，化解了党内基层组织中存在的各种问题，巩固了党的基层组织，加强了党的基层领导。

总的来说，公推直选是围绕如何化解党内基层矛盾而逐渐发生、发展与成熟起来的。它是党内矛盾催生出来的，具有内生性的特质。它的发展是外部力量推动的结果，具有建构性的特质。它的成熟是社会与时代发展的必然，具有历史性的特质。其创新的关键与核心是变革传统党内自上而下的权力授受关系。传统党内基层选举中的上级提名、间接选举、差额陪选等制度维护下的“组织意图”，产生了多种形式的党内矛盾。从主体来看，这些矛盾表现为领导的对上不对下、干部的对职不对责、党员的对己不对公等。从内容来看，这些矛盾表现为基层组织领导能力弱化、党内干群关系紧张、党员权利意识与组织意识薄弱等。从本质来看，这些矛盾的结点在于党内基层选举没有凸显基层党员的主体地位，过于强调组织意图与领导意愿。公推直选变革传统党内选举的方式与内容，实现公众提名、直接选举、差额选举等，实现党员意愿、群众意愿、组织意愿的结合。在选举过程中，尊重党员的主体地位，落实党员的选举权与被选举权，充分调动党员群众的积极性与主动性。在选举范围上，实现了从乡村向社区再向机关企事业单位等党的基层组织换届选举的延伸。在选举本质上，将党员群众纳入权力产生机制中，改变了传统党内基层领导干部的权力授受关系，真正实现了民主选举，化解了党内矛盾。

二、县级党代会常任制

县级党代会常任制试点是党内基层民主创新的又一个亮点，主要包括两个层面上的创新：一是党的代表大会年会制，探索党的代表大会领导地位与作用的实现，将党的代表大会真正建设成为同级党委中的最高决策机构与监督机构。二是党代表任期制，探索如何充分发挥党员代表的作用，使党代表成为沟通县级党组织与基层党组、普通党员的纽带。与公推直选不同，党代会常任制试点是通过组织机制的创新，来推动党员、党代表、党的代表会、委员会与常委会之间逻辑关系的变革，发挥和尊重党员的主体地位。通过县级党代会常任制试点，充分发挥党代会和党代表的作用，本质上就是推动了党的领导体制改革和执政方式的转变。传统上，党的代表大会五年召开一次，选举出委员会之后，党的代表大会就解散了。本该由党代会决策的一些重大事项，也实际上由全委会决定。常委会作为全委会闭会期间的领导机构，往往与全委会之间存在职权不明确，客观上出现了常委会代替全委会的现象。决策权力集中于少数人手中，尤其是“一把手”中，出现了“委员看常委，常委看书记”的不良现象，容易造成决策失误，滋生党内腐败。[①] 尤其是，党代表作为基层党员群众的利益代言人，在丧失了组织作用平台之后，代表意识逐渐弱化，基层党员群众的呼声与意愿无法完整、及时、畅通地反映到上级党组织中。在这种情况下，党群关系、干群关系以及党内干群关系极易出现紧张与恶化，影响到党在基层社会的领导地位与执政地位。

针对以上矛盾和问题，1988 年中组部就确定了 5 省 12 市县进行县级党代会常任制试点，探索党代会作用和党代会闭会期间党代表作用的发挥，被称为第一波县级党代会常任制试点。开始试行党代会年会制、党代表选举制与任期制，探索党代表在开会和闭会期间的作用。由于地方领导对县级党代会常任制试点的不重视，第一波常任制试点虽然设计了一些制度，但是在具体实践上并没有推行。[②] 最后，只有山西和浙江的 5 个地区坚持了下来，其中以浙江台州的“椒江模式”为主要代表。十六大明确提出了要扩大县级党代会常任制试点，标志着第二波党代会常任制试点开始启动。第二波的重点是开展乡镇党代会常任制试点，并制订下发了操作性较强的乡镇党代会常任制工作实施方案。截至 2005 年 8 月，党代会常任制已经在全国 15 个省 50 多个县市进行了试点，其中比较突出的是四川雅安和湖北罗田。

总结这些年来党代会常任制改革试点的经验，党代会常任制的主要做法包括以下几个方面：

一是实行党代会年会制，建立党代会常设性的工作机构，完善党员代表发挥作用的组织平台。针对以前党代会召开间隔时间长，党代会作用不明显，椒江于 1988 年就开始了党代会年会制试点，即由原来五年一次改为一年一次，在特殊情况下，按照一定的程序也可以随时召开。雅安市在实行党代会年会制的基础上，还增加了党代会的工作内容，强化党代会的职能。同时，为了使党代表在闭会期间能够充分发挥代表作用，2004 年，雨城区尝试性地探索了党代会的工作机构，即设立监督委员会、代表工作委员会与决策咨询委员会等。监督委员会，主要是党代表以检查、咨询、评议、测评等方式监督两委的工作。代表工作委员会，主要是落实党代表的日常行政权，建立上下畅通的党内关系渠道。决策咨询委员会，主要为“两委一会”决策提供依据和参考，并监督决策执行过程，对决策最终结果进行评估等。党代会年会制与常设性机构的建立，有效解决了“一次性会议”的问题，为党代表在闭会期间作用的发挥提供了组织平台，进一步地强化了党代会的领导、决策与监督作用。

二是实行党代表任期制，建立不同形式的党代表联系机制，完善党代表发挥

① 夏赞忠：《党内民主法规制度研究》，中国方正出版社 2009 年版，第 80～82 页。

② 王勇兵：《党内民主的制度创新与路径选择——基于基层和地方党内民主试点的实证研究》，中央编译出版社 2010 年版，第 116～120 页。

作用的制度平台。针对以往党代表“开几天会，喝一顿酒，看一场戏，投一张票”[①]，以及党代表民主权利形式化、空壳化的现象，雅安市积极探索和实施党员任期制（又称为党员常任制），并建立不同形式的党员代表联系机制，发挥党代表在闭会期间的作用。如党代表走访制度、接待日制度和信息反馈制度，党代表联系基层党组织制度，代表团联会制度等，极大地调动了广大党代表参与党内事务的积极性和主动性。罗田县在建立党代表任期制的基础上，积极探索和建立了党代表的“三联”制度，即每位县委委员联系2~3名党代表和党员群众、党代表分别联系2~3名党员和群众、党员联系2~3名群众。此外，罗田县还积极探索党代表民主评议县委委员的制度，逐步完善党代表发挥作用的制度化体系。党代表任期制与党员联系机制的创新，密切了党群关系和党内干群关系，有利于党内民主决策与民主监督的发展，增进了党内和谐。

三是实行党代表竞选制，建立逐步规范的党代表产生机制，完善党代表发挥作用的激励平台。以往党代表的产生方式是组织酝酿提名、党代会等额选举，即“上面定人头，下面举拳头”，选举变成“搞形式，走过场”，在普通党员观念中产生了负面的影响，引起了大多数党员的反感，也削弱了党代表的代表性和党代会的合法性。2002年，雅安市在雨城区和荥经县开始实施党代表直接竞选。在荥经县，有正式党员5 456名，其中参加竞选报名的就有736人，占党员总数的13.1%，党员参选的积极性普遍很高。通过竞选，进一步理顺了党内权力授受关系，解决了党代会权力合法性与党代表权力合法性问题[②]，激励了党员更加积极、主动、热情地投入到代表的工作中去，增强了党代表的权利意识与民主意识，增进了党内团结。

除此之外，在党代会常任制试点的基础上，一些地方进一步地改革党的委员会制，探索了党委内部领导干部任免的票决制，椒江区在这方面就有较早的实践，以推动干部任免的民主化与制度化。雅安市雨城区还参照西方选区代表的模式，将选区与席位进行结合，创新性的实施党代表席位制，一定程度上保障了选区代表的稳定性。

总体来说，党代会常任制创新的实质是探索如何发挥党代表的作用，化解党内长期存在的党代表权利虚置、党代会权力虚置问题。通过健全党代会运行机制与党代表作用机制，发挥其在党内领导、决策与监督中的作用，进一步完善和健全党内行政领导体制，促进党内和谐。然而，党代会常任制试点虽然已经在全国大规模的铺开，也取得了很多好的经验与做法，但是一些突出的问题仍然存在。

---

① 夏赞忠：《党内民主法规制度研究》，中国方正出版社2009年版，第138页。

② 肖立辉等：《中国共产党党内民主建设研究》，重庆出版社2006年版，第193页。

其中包括：一是党代表比例不协调，干部多群众少。一些地方的干部比例超过60%，普通党员的比例较低，不利于反映党员群众的意见与建议。二是党代表提名方式不科学，上面多基层少。目前，党代表的提名方式主要包括党委提名、界别提名与党员提名。为了体现组织意图，党委直接提名往往居多，基层党员提名很少，影响了党代表的合法性，削弱党代表的群众基础。三是党代表选举不透明，形式多民主少。一些地方在进行党代表选举时，往往内定候选人，虽然设置差额，但多陪选。民主选举的形式化比较突出，损害了组织与领导在党员心目中的形象。四是创新内容不合理，制度多实践少。一些地方为了突出政绩，完成试点任务，多制度创新，框框条条到处挂，具体实践上无法贯彻执行。五是创新结构不系统，发明多提炼少。目前关于党代会常任制改革已经摸索出一些比较好的经验，但是这些经验并没有从地方性经验中被很好地总结出来，创新缺少系统性的总结提炼，碎片化的设计容易造成资源浪费。如何进一步地完善党代会常任制试点与改革，还任重道远。

三、基层党务公开创新

基层党务公开是党内基层民主管理的主要内容，是党内基层民主监督的前提和基础。与公推直选的实践主体是党员、党代会常任制试点的实践主体是党员代表不同，基层党务公开的实践主体是基层党的组织，是一种自上而下的创新方式，强调党内领导干部在民主建设中的主动性和创造性。在过去，由于各种条件和环境的限制，党内事务一般是不能对外公开的。党内的很多信息资源往往掌握在组织内少数的几个领导干部手中。信息资源的控有量大，往往意味着掌握的权力大，容易形成权力集中，滋生权力腐败。同时，信息的拥有量决定着民主在实践中的质量。信息的不公开与不对称，不利于普通党员参与、管理和监督党内事务，也不利于人民群众监督党的基层领导与执政过程，进而影响了党内民主的发展。伴随着党务公开的试点、推行与发展，一些基层党组织逐渐走出了过去的民主化困境。然而，一些党组织基于领导习惯、官僚作风的长期影响，往往在公开过程中走形式，检查过程中走过场，将“强化”过程变成“墙化”过程，甚至是“上面汇报讲公开、下面工作不公开”。中科院的一项关于党务公开的调查显示，基层党员与干部认为党务公开做得比较好的只占12.53%，认为“重要的没公开，次要的公开了”占了62.72%。河北省一项关于党务公开的调研显示，有80%以上的报告提出，基层党务公开存在着过程与结果的脱节、敷衍了事、内容不真实，存在形式主义等不良现象。① 所以，党务公开虽然已经作为一项制度在全国基层党组织中普遍推行，但并不意味着党务公开的探索与创新就结束了。如何落实党务公开，关键是结合实际的基层创新。

针对过去党务不公开造成的民主化困境，以及现实发展中党务公开存在的问题，一些地方与基层在推行党务公开的过程中积极创新工作方法，推动了党务公开的真正落实，保证了基层广大党员群众的知情权、参与权与监督权。目前，关于基层党务公开的创新，主要包括公开内容、公开方式以及公开制度等三个方面的创新。以积极的创新，逐渐化解基层党组织内部存在的矛盾，保障广大基层党员能够平等的、民主的参与和管理党内事务，监督党内领导干部的执政过程。

（1）公开内容的创新。传统党内公开，更多是通过宣传栏，将党内法律法规、党内隶属关系调整、发展党员、评比表彰、党费收缴等内容进行公开。一些党组织往往只是公布上级颁布的法律法规，没有党务工作、党内生活的实质内容。公开的内容往往具有局限性。在后来的创新发展中逐渐出现了选举公开、会议公开、电话公开、问题公开、财务公开，等等。如 2003 年成都市新都区针对党代表和普通党员群众，在全国较早的实施开放党委常委会以及全委会。宁波市在街道（镇）、村、社区建立的党务公开监督小组，公开党务监督电话。同时，针对群众反映的难点问题的解决落实情况进行公开。一些地方还将主要领导干部的电话、QQ 以及邮箱等进行公开。党务公开的内容不断地得到创新和丰富。2004 年江苏丹阳市在各个乡镇与部委办局的 51 个党委和 21 个党组织中全面推行党务公开，公开内容就有 6 大项 30 多个子项。② 同时，党务公开在内容上开始逐渐和党外公开形式相结合，形成党务公开与村务公开、政务公开、厂务公开以及事务公开（两新组织）共同发展的新局面。如 2009 年，吉林省临江市坚持以党务公开为统领，以政府公开为保障，以村务公开为基础，全面推行农村基层党务“三公开”工作。③

（2）公开方式的创新。传统的党务公开方式主要是宣传栏式公开，公开方式单一，信息传播面较小，效果不明显。为了推进党务公开，各地基层党组织，因地制宜，进行了广泛的探索和创新。目前，党务公开的方式在突出党务特色的基础上，呈现出多样化的趋势，具体表现为媒体互动式公开、专栏公文式公开、会议通报式公开、述职评议式公开以及质询听证式公开等。④ 如宁波市江北区委在

---

① 全国党的建设研究会课题组：《推进党内基层民主建设研究》，党建读物出版社 2010 年版，第 56 ~ 57 页。

② 牟维旭、郭奔胜：《江苏镇江：“党务公开”让群众在明白中监督》，新华网，2004 年 7 月 21 日。

③ 张一杰：《临江市委创新思路推进党务公开》，中国广播网吉林分网，2011 年 6 月 1 日。

④ 全国党的建设研究会课题组：《推进党内基层民主建设研究》，党建读物出版社 2010 年版，第 37 ~ 38 页。

2009年年初，开通“阳光党务网”，以网络化建设为抓手，倾力打造“阳光党务”，建立和落实“说党务”、“亮党务”、“评党务”制度，着力建构民主开放的党务公开新机制。同时，积极开展“党情公开日”，采取公开栏、报纸、电视、广播、电子屏幕等多种形式进行党务公开，保障了基层党员的知情权，加强了党的基层领导①。四川雁江区在区级支部开辟网上公开专栏，设置电子触摸屏；在农村利用有线电视和广播等，进行媒体公开；针对农村流动党员，借助“网易”平台为全区522个行政村党支部分别建立免费博客，进行网上公开。② 这些党务公开方式的创新打破了传统单一方式的局限性，充分利用各种平台和渠道实现党内信息的公开化、透明化，保证了公开内容的时效性。

（3）公开制度的创新。在党务公开内容和方式创新的基础上，一些地方与基层党组织针对自身的问题，设计或提炼出一些具有本土特色的制度经验，这些制度经验在化解基层党内矛盾的同时，还具有很强的推广意义与理论意义。如河南邓州的“4+2”工作法（即四议两公开）中的党务公开方式，已经上升为普遍的制度，在全国进行了推广。为充分发挥村务与党务公开的作用，安徽繁昌县推行了“村级事务发言人”制度试点，一方面对党内重大事情进行发布，另一方面接受党员群众质询，针对党员群众提出的问题公开处理结果，实现了政府、干部与党员、群众的双向监督。③ 宁波市江北区针对公开事项不统一，公开程度不深入等问题，建立了“党务发言人制”。截至2008年年底，全区确定了256名素质过硬的党务发言人，村村建立了党务发言人联户制度。其管辖下的镇海区还建立了组织工作新闻发布制度，现场接受媒体、党员代表、群众代表的提问。④ 兖州煤业股份有限公司济宁二号煤矿委员会，积极探索基层党务公开工作新途径，在党员中创新推行“ABC先锋卡”，又称“党员先锋卡”。其中A卡为“公开卡”，主要包括党员所在单位的安全生产、经营管理、奖惩考核、干部作风、党风廉政以及关系职工利益的重大事项通报等方面内容。B卡为“意见建议卡”，主要是党员在参与单位管理与决策方面的意见及建议。C卡为“汇报卡”，主要包括党员、党小组在创先争优活动方面的情况汇报。自2011年实施以来，党员的威信力和表率力与以前相比有大幅度提升，群众测评满意率达98.5%，有效地发挥了党员的主体地位，保障了党员的民主权利。⑤

① 朱伟：《有序——党内基层民主科学发展论》，中共中央党校出版社2009年版，第51~52页。

② 袁胜兵：《四川雁江：“三规范一创新”深度推进党务公开》，人民网，2009年12月8日。

③ 孙安平：《安徽繁昌县：“村级事务发言人”探索农村基层管理新途径》，中国共产党新闻网，2009年10月15日。

④ 朱伟：《有序——党内基层民主科学发展论》，中共中央党校出版社2009年版，第51~52页。

⑤ 中共兖州煤业股份有限公司济宁二号煤矿委员会：《兖州煤业：推行“党员先锋卡”探索党务公开新途径》，中国共产党新闻网，2011年12月9日。

除此之外，基层党务公开的保障机制与监督反馈机制在一些地方也有创新，如一些地方建立党务公开监督员等。从整体来看，基层党务公开创新主要围绕两个方向，一是以内容为主体的横向创新结构，主要是公开内容的丰富化、公开方式的多样化以及公开制度的本土化；二是以组织层次为主体的纵向创新结构，主要是组织层次从农村到城市，从基层到地方，从支部到党委的上升过程，如村（支部）—镇（基层党委）—县（地方党委与县直机关支部），这里突出的是党务公开创新的系统性以及制度上的完备性。但对一个地方党务系统来讲，创新的关键是纵向与横向的结合，实现制度整合性作用的发挥。目前，基层党务公开的创新实践，在化解党内基层矛盾方面已经呈现出积极的效果，有力地促进了党内基层民主的发展。但是，就整体情况来看，一些地方，尤其是广大农村地区，因硬件设施、党员干部素质等因素的影响，“公开难”的问题尤为严重。一些基层创新，由于缺乏执行力与约束机制，往往会沦为“墙头”的制度，流于形式。当前，党务公开创新面临两大难题：一是创新体系化难题。即在具体的创新过程中，不能只重一个方面或者一个环节的创新，创新要具有系统性、层次性。要做试点，就做整体性的试点，不能碎片化的摸索。二是创新的约束机制难题。由于党务公开是领导干部主动接受监督的过程，随意性比较强，有效的监督与反馈机制往往能够遏制这方面的问题，增加信息公开的质量与价值。这就涉及客体如何监督主体的过程，以及主体以何种方式让权给客体。要化解这两个难题，党务公开仍需在具体实践中不断摸索与创新。

总体来说，党员、党代表和党内领导干部是党内生活的三个主要角色。公推直选、党代会常任制以及党务公开创新，分别是从党员、党代表以及党内领导干部（或党组织）三个不同的执行主体来展开党内基层民主创新，其本质是如何尊重党员的主体地位，处理好党内干群关系。所有的党内基层民主创新都是围绕这个关系展开的，其目的就是化解党内干群矛盾，促进党内和谐，以党内和谐增进社会和谐。基于目前已有的实践创新和文献资料分析，党内基层民主创新主要围绕四个路线而展开：一是主体性路线，即围绕群众、党员、党代表、领导干部等不同参与主体，探索如何实现各参与主体功能的有效发挥，而其中党内领导干部往往扮演着被动的角色，成为党内基层民主创新的主要客体。二是结构性路线，即围绕党内基层民主选举、民主决策、民主管理、民主监督等四个不同的创新领域，形成不同的民主分工结构。这是比较传统，也是比较明显的创新路线。三是组织性路线，即按照基层党支部到基层党代会到基层党委会再到地方党的委员会的扩展逻辑，力求建构制度创新从基层到地方、从下级到上级的组织保障体系。四是区域性路线，即创新按照村—镇—县、农村—城市社区—企事业单位与团体这样的区域延伸与推进过程，实现区域的协调发展。四种路线，形成了四种不同的分析视角，也就形成了对党内基层民主创新不同的认识与理解。

自改革开放以来，党内基层民主创新，一方面试图化解党内基层存在的普遍矛盾，加强党对基层社会的领导能力和在基层社会的执政能力；另一方面，这也是执政党自身进行民主化改造的过程，强化党内民主对人民民主的带动作用，力求以民主促和谐促发展。在实践中，这方面的效果是明显的。广大试点地区的民主创新和改革，极大地调动了广大党员参与和管理党内事务的积极性和主动性，增强了基层党组织的凝聚力和向心力。但是，在成绩的背后，党内基层民主创新目前还存在着一些比较突出的问题。主要表现为：一是碎片化，缺少整体性。一些地方在创新的过程中过多的注意其中某一个或者几个环节，缺少整体性和系统性，削弱了创新的实际效果。二是片面化，缺少延续性。一些制度创新，片面的追求“第一”，重形式轻内容，忽视了各个环节的衔接与配套，极易导致创新的流产。三是政绩化，缺少实践性。一些地方政府或者领导干部，往往将创新政绩化，制度“上了墙”，却“下不了地”。形式上的内容大于实践上的内容，书面上的效果大于运行中的效果。得到了上级认可的政绩形象，却丢掉了基层社会的领导形象。四是形式化，缺少主体性。由于创新的动力主要是自上而下的，建构性比较强。所以，一些地方的创新演变为领导干部参与和主导的创新，作为党内民主主体的普通党员的积极性没有被调动起来，导致民主实践的形式化。党内基层民主创新要实现突破，落实效果，仍需进一步的探索和研究。

第四节　党内基层民主完善增进党内和谐

近年来，伴随着改革开放的深度推进与社会转型的阵痛，社会利益分化与冲突逐渐加剧，社会矛盾进入多发期，并主要集中在基层社会。党的基层组织如何通过自身的民主化改革，重塑党在基层社会领导与执政的合法性地位，成为研究的热点之一。已有的党内基层民主建设与创新，在加强党的领导、化解党内矛盾方面，取得了较好的效果。但是实践中存在的一些突出问题，影响了党内和谐，成为掣肘党内基层民主进一步发展的重要原因。鉴于党内基层民主建设与创新中的问题，本节立足于整体性的视角，着重从制度建设、组织建设、文化建设和能力建设等层面，对如何完善党内基层民主进行阐述，以求化解党内矛盾，增进党内和谐。

一、党内基层民主的制度建设

邓小平在总结党的历史经验的基础上，强调指出："制度问题更带有根本性、全局性、稳定性和长期性。"[①] 党内基层民主建设的主要方面就是制度建设。制度建设必须做到两个结合，一是制度与内容的结合；二是制度与主体的结合。制度与内容的结合强调的是制度的可操作性，要求制度设计上的系统性、科学性与针对性。制度与主体的结合强调制度的可持续性，要求党内基层民主制度建设要尊重党员的主体地位，能够调动广大普通党员民主参与的积极性、主动性。在实践中，要坚决避免过度追求民主制度形式的创新，这种创新不但解决不了现实存在的党内基层矛盾，反而会增加党内基层民主运行的负担。从现有成功的基层创新来看，制度建设并不是单单的"创新"，它要经过一个逐渐演变的过程，最终落实为具有普适性的法律规制。如河南的"4+2"工作法，早期只是河南邓州一种地方创新，后被河南省总结在全省推广。截至2009年，河南省运用"4+2"（即"四议两公开"）工作法共解决热点难点问题90 000多件，及时地化解了基层矛盾。[②] 之后，其做法又被中央肯定，在全国推广，成为比较普遍的党内基层民主决策与民主管理制度。河南的成功就在于将制度创新与制度整合、制度实践和制度建设很好地结合到了一起。面对党内基层民主建设与创新中存在的问题，关键是首先从制度建设上着手完善，努力完善制度建设的各个环节。

第一，针对地方性，加强制度创新。党内基层民主制度建设的前提是适应地方性的制度创新，不能照搬照抄，盲目跟风。以党务公开为例，虽然中央对党务公开的总体要求与内容进行了规定，并将其作为党内基层民主建设的重要方面，督促地方进行落实。但是具体采取什么样的方式与制度形式来落实党务公开，并没有明确规定。这实际上是对地方性的尊重，地方在具体落实上可以根据不同的实际情况，进行创新性的安排。一些地方针对自身的问题进行了创新，形成了好的经验与方法。一些地方则缺少调查，忽视实际情况，盲目公开或者盲目学习与推广，导致了公开的形式化。四川党建研究会的一份调查报告显示，有56.4%的受访者认为党内权力运行没有公开，近30%的受访者只是表面公开而实质上没有公开，形式化问题比较严重。[③] 广西一份关于近年党内基层民主监督制度建设的调查问卷显示，46.83%的党员认为本地党内基层监督效果一般或者不太好，

① 《邓小平文选》（第2卷），人民出版社1994年版，第383页。

② 罗盘：《用程序保证民主决策——河南农村探索实践"4+2"工作法》，领导干部网，2009年9月16日。

③ 赖章盛：《走出党务公开的认识误区》，《北京支部生活》2008年第7期。

近50%的党员认为党务公开存在问题。① 党内事务的不公开、形式化公开削弱了党内基层民主建设的效果。实际上，制度创新包括两个方面，即制度内容的创新与制度形式的创新。制度内容的创新，主要是针对地方实际情况，扩展和丰富原有的制度内容；制度形式的创新，主要指具有地方性知识的实践形式创新。同时，内容与形式两者是相互依赖的，而最终的归宿是内容和形式同地方性的结合，坚决避免制度创新过程中忽视地方实际情况的盲目风、泛滥风与形式风。

第二，把握整体性，推进制度整合。目前，党内基层民主制度建设与创新存在着碎片化与片面化的问题，具体表现为：一是制度创新没有配套跟进。一些基层创新往往只是某一工作机制的创新，没有相关制度机制的保障，结果昙花一现。二是制度建设没有衔接机制。这里主要是针对党内基层民主制度创新的整体情况而言。从整体上看，党内基层民主已经在各个方面都有了较为成熟的探索，但是具体到某一地方，却很少有系统性整体性的制度创新，创新与创新之间、制度与制度之间往往因为缺少衔接机制，成为孤立的单元。三是制度运行没有反馈机制，导致制度运行上缺少监督和活力，容易形成制度惰性。这样的现象一方面削弱了党内基层民主创新的整体效果，另一方面可能会导致制度创新与推行的流产。所以，党内基层民主建设与创新的关键是积极推进制度整合，形成制度创新的合力，以强化实践效果。乳山模式就是一个典型的案例。乳山模式建设的关键是将党内基层民主建设作为一项系统性的工程，先后实行了“定位公推”领导干部、党代表大会常任制、直选镇党委书记和党代表、直选农村党支部书记等做法，并将公推直选范围向机关、学校、医院、企业及社会组织拓展延伸，形成了全面推进党内基层民主的新格局，走出了一条以“三级联动、以上带下、以下促上、整体推进”为特色的党内基层民主建设之路。②

第三，尊重主体性，深化制度实践。党内基层民主制度建设与创新的核心与动力是充分发挥和尊重普通党员的主体地位。普通党员的参与度、积极性以及作用力直接决定了制度运行与实践的整体效果。任何党内基层民主制度创新都不可能脱离党员的主体地位。目前，地方党内基层民主建设中普遍存在的形式化现象，与普通党员的无法参与或者消极参与有着重大的关系。党内基层民主制度建设必须积极探索普通党员发挥作用的制度机制，将党内基层民主制度创新与党员主体地位落实真正地结合起来，推动党内基层民主制度建设与创新的深化。以宁波市党内基层民主建设为例，一方面宁波市积极探索党内基层民主制度创新，如

① 全国党的建设研究会课题组：《推进党内基层民主建设研究》，党建读物出版社2010年版，第157～166页。

② 中共山东乳山市委组织部：《山东乳山：党内基层民主“乳山模式”》，人民网，2009年12月25日。

公推直选、党务公开、民主议事等制度，另一方面将制度创新与党员主体地位落实结合起来。不仅如此，宁波市还积极探索党员管理服务机制，如“关爱工程”、网络学习教育以及建设党员服务中心等。经过调查显示，党员的主体意识明显提升，主体作用明显增强。70.3%的受访党员认为“党员主体地位”很重要，67.3%的党员经常参与党组织内部事务，74.1%的党员认为事关利益决策时，党组织能够经常争取党员群众意见。① 党员主体作用的体现和发挥极大地促进了宁波市党内基层民主制度创新，深化了党内基层民主制度实践，增进了党内团结和党内和谐。

第四，提升科学性，落实制度建设。对于地方与基层来说，制度建设和创新有两个价值取舍：一是作为地方性经验，成为解决局部问题的一种制度创新；二是提升为普遍性的制度，成为具有解决普遍性问题的模式创新，这应该是很多地方所积极追求的。因为，对于地方政府或个别领导干部来讲，成熟的模式背后往往意味着政绩。所以，一些地方往往将制度创新政绩化，打着创新的幌子，谋升官发财的路子，破坏了党的形象。当然，制度创新也需要进行理论与实践上的总结与提升，关键是要做到科学性。首先，要积极探索与实践，在发现和解决问题中不断提升。其次，要善于总结和提炼，在研究和宣传中不断提升。最后，要形成一套完备的制度体系，在推广和试点中不断提升。制度创新真正的价值在解决问题，化解矛盾。山西的两票制、四川的公推直选、河南的“4+2”工作法等都是这方面的典型代表。它们都是在不断实践、总结、再实践的基础上，被证明具有科学的推广意义。一方面，它们从地方性上升为普遍性，成为化解党内基层矛盾的一种制度安排。另一方面，它们仍在不同的区域实践中进行着丰富与发展。

总体来说，党内基层民主制度建设，主要围绕两个路径而进行：一是自下而上的制度发育路径，强调制度创新的内生性，不能要创新而创新，具体表现为一些主动的地方性探索。二是自上而下的制度建构路径，强调制度的约束性与规范性，具体表现为基于实践的制度提升，以及基于普遍问题的试点性探索。其中制度发育是基础，制度建构是制度发育上升为普遍性制度的必经过程与政治条件。而在具体的运行中，党内民主制度建设要遵循自上而下和自下而上相结合的路径。同时，党内基层民主制度建设要以党内民主集中制为指导，任何制度创新都不能偏离这个方向。在此基础上，要树立“民主优先于集中”的政治认知，打破一些地方“假民主真集中”和“集中优先于民主”的做法与思想，化解由此造成的党内基层矛盾与冲突。

---

① 朱伟：《有序——党内基层民主科学发展论》，中共中央党校出版社2009年版，第6~18页。

二、党内基层民主的组织建设

民主的有效运行必须依托于具有良性结构的组织化体系。通过不断强化党的基层组织体系建设，建构基层党员参与和管理党内事务的平台，可以促进民主在党内的发育与成长，保障党员主体地位的落实与民主权利的实现。这里要区分两个概念：基层党的组织建设和党内基层民主的组织建设。基层党的组织建设强调的是，基层党支部作为党在基层工作的战斗堡垒和党的路线、方针、政策的最具体的贯彻执行者的地位和意义，党内基层民主创新是加强党的组织建设的重要内容和方式。而党内基层民主的组织建设，是指党员民主参与和管理党内事务的组织平台建设，这里既包括党内相关基层组织建设，也包括党外组织平台建设。长期以来，党内基层民主一直缺乏对支持民主运行的组织体系的研究。组织平台的缺陷和不足，在实践中进一步地阻碍了党员民主权利与利益诉求的实现，不利于党内团结与和谐。事实上，党内基层民主的组织建设体系至少包括四个部分：基层党支部、以基层党代会为代表的传统代表型组织、党内基层民主发展过程中形成的创新型组织以及与之相关的基层党外组织。加强党内基层民主组织建设，就是要在不断的组织创新和巩固中，拓展普通党员参与和管理党内事务的民主平台，完善和畅通党员利益表达渠道，增进党内和谐。

第一，巩固基层党的支部建设，将支部发展为党员践行民主权利的有效场域。基层党的支部，是党内基层民主组织建设的核心与根本。过去党的支部建设，主要是为了实现对基层社会的控制和监督。尤其是农村基层党支部，行政化倾向比较浓，不利于党员民主意识的发育。在广大中西部地区，农村基层党支部普遍还存在组织不健全、无组织生活、组织与党员严重疏离的现象。而在非公有制企业和社会团体中，因基层党支部建设的严重不足，广泛分布于其中的普通党员的民主权利就无法实现。当党员合法的经济利益受到侵害时，也无法通过有效的组织途径进行表达。如截至2000年广东省市属省属社会团体7 513个，建立党组织的只有109个；四川省10 380个社团中只有324个建立支部，仅占全省社团总数的3%。[①] 截至2008年底，全国非公有制企业总数为238.5万户，组建党组织的有38万户，只占企业总数的15.9%。[②] 通过基层党的支部建设，不仅可以有效地保障不同领域内党员的民主权利和合法权益，还能发挥党内民主对经济民

① 李惠斌、薛晓源：《中国调查报告：社会关系的新变化与执政党的建设》，社会科学文献出版社2003年版，第36页。

② 肖镛：《无行政权力依托基层党组织建设研究》，上海三联书店2009年版，第1页。

主、单位民主、社会民主的整合与带动作用，及时规避和化解基层社会矛盾。基层党的支部建设包括以下几个方面的内容：一是选人。针对一些农村党支部不健全无组织生活的瘫痪状态，通过民主的方式积极选拔有能力的领导干部，及时改变组织状态。二是立制。要积极探索激活组织运转和发挥作用的制度机制，促进基层党的支部的正常运转。三是做事。积极发动广大党员群众参与到组织管理与生活中来，增强党组织的吸引力与凝聚力。四是建组。针对社会团体、非公企业等内部的党建缺陷，要积极推进它们内部党的支部建设，广泛调动党员的民主积极性与主动性。

第二，完善基层党内代表型组织建设，充分发挥党代表的民主职能。党内代表型组织是指与基层党代表的民主权利表达相关的各类党内组织，其中以基层党代会、基层党的委员会，以及相关地方党代会为主要内容，它们是党内基层民主向上扩展的重要组织路径。以党代会为例，坚持和完善党的代表大会制度是实现党员民主权利的重要载体，是党内民主的根本制度。目前，党代会试点工作正在各地积极开展，党的代表大会的召开及其委员会的产生逐渐正常化。一方面，一些地方党代会常设性机构的设立、党代表任期制以及在基层党代表常设性工作机构的创新，密切了党代表同普通党员的关系，畅通了普通党员的利益表达渠道。另一方面，党代会常任制建设，充分保障了党代表参与和管理党内事务的民主权利。椒江模式、雅安模式、罗田模式都是党代会常任制改革的经典案例，为党代会的发展注入了新的活力。但是，当前的党代会常任制改革，存在代表比例不协调、提名方式不科学、代表选举不透明、创新多实践少等问题。尤其是各个地区的创新并没有形成一个统一的常态化管理机制，影响了党代会民主功能的发挥和党代表民主权利的实现。同时，基层党的委员会如何进一步的发挥票决制的功能，优化党内民主决策还需要进一步的探索。针对以上问题，首先，要进一步深化党代会常任制改革和基层党委会票决制改革，夯实现有改革的实践基础。不能“打一枪换一个地方”，不能搞形式主义、政绩工程。其次，改革和创新要有体系化，不能左边一下，右边一下，要注意发挥制度的整合优势。再其次，积极探索党代表产生机制与作用机制，提高党代会中普通基层党代表的比例，创新党代表联系基层党员群众的工作机制。

第三，积极鼓励党内创新型组织建设，推动党内基层民主多元化组织平台建设。由于基层党支部和党代会等传统组织在保障党员民主权利和合法利益上的有限性，尤其是这些传统党内组织，因对过去执政和领导习惯的继承，一些职能和功能并不能得到有效的发挥。基于过去组织上的缺陷，一些基层党员甚至对支部和党代会产生了反感，参与冷漠化或者不参与的倾向在基层还是大量存在的。贵州省针对 1 200 名党员的调查显示，在党内腐败检举方面选择“事不关己”与

"放弃"就占51.4%；关于党内民主作用的认知方面，32%的党员认为作用不大，16%的党员认为根本没有作用。[①] 积极鼓励党内创新型组织建设，尤其是自发性的党内民主组织，可以弥补传统党内组织平台的缺陷，强化党员的民主意识。目前，一些地方已经在积极推动这方面的建设，如雅安市在积极推动党代会建设的同时，建立了监督委员会，以检查、咨询、评议、测评的方式对党委委员进行监督，并可提出罢免案。一些基层普遍实行党内基层民主听证会，将民主听证制度常态化，保障基层党员的知情权、决策权和监督权。2007年，广西金秀瑶族自治县成立党员维权工作站，在全县开展党员维权工作，加强组织建设，维护党员权利。[②] 广西扶绥县的党群议事会、灵山县党群代表民声决策理事会、广东云安的"两代表一委员"工作站[③]，进一步地发挥了党内基层民主的基层特性，以组织平台建设将基层党员民主权利的实现与基层群众民主权利的落实结合起来，不仅化解了基层党内矛盾，还化解了基层社会矛盾，改善了党群与干群关系。

第四，加强基层党外组织建设，强化党内基层民主的辅助平台建设。党内基层民主的一个重要特征在于民主创新与实践的基层性。这种基层性决定了党内基层民主建设与基层社会治理存在密切的关系。所以，党内基层民主的组织建设还包括一定的党外组织提供的外在辅助性支持。在农村社会中，民间组织对村党支部民主化治理的外在权力监督和约束，可以进一步地规范党内基层民主的运行过程。广东省云安县在加强党内基层民主建设中，积极发挥乡民理事会等群众性组织与社会团体对党内生活的监督作用，在创新社会管理，改善党群关系中加强党的领导与执政地位。[④] 伴随着改革开放的深入和市场经济的发展，基层党组织建设逐渐注重开放性和包容性的民主建设路径，促进多元化的党内治理机制的实现。基层党外组织建设的重要内容，是通过党外组织建设来推动党内基层民主监督与民主决策的落实。

总体来说，党内基层民主在当前呈现了多元化和开放性的组织建设路径，通过多形态的组织体系的建构，能够最大化地保障党员民主权利的实现，为党内基层民主建设提供有效的平台支撑。除了在实践中加强对党内基层民主组织建设体系的研究之外，还必须结合实际加强理论上的研究，不断丰富党内基层民主建设的组织支撑体系。

---

① 全国党的建设研究会课题组：《推进党内基层民主建设研究》，党建读物出版社2010年版，第236页。

② 同上，第156页。

③ "两代表"是指党员代表和人大代表，"一委员"是指政协委员。

④ 中共云浮市委办公室文件：《中共云浮市委办公室关于印发汪洋同志在云浮市调研考察时讲话的通知》，云办发〔2011〕24号，2011年11月30日。

三、党内基层民主的文化建设

文化建设是党内基层民主建设的题中之义，是增强党内基层民主软实力，提升党内基层民主内涵与质量的重要途径。党内基层民主文化建设的本质就是在尊重执政党文化的基础上，将民主的思维、观念、习惯等，内化到党内日常的组织生活中，内化到党员日常的参与行为中。从理论上看，关于党内基层民主的文化研究，尚处于起步阶段，还是一个有待拓展和深化的研究领域。[①] 从实践中看，党内基层民主的文化建设，并没有形成自身的发展体系，文化建设上的缺陷，极大影响到党内基层民主的实践效果。基层党员观念落后、民主意识薄弱，民主素质与能力堪忧。基层党的干部在具体工作中权力意识较重，家长制作风较浓。这些问题都与党内基层民主文化建设的滞后性有着重大关联。目前，关于党内基层民主的建设，主要集中在硬性的制度和机制上，缺乏对软性文化建设重要性的认识。还有一些人想当然地认为民主制度建设好了，民主文化自然也就发育起来了，这种想法是不正确的。为了推进和深化党内基层民主发展，必须积极地推进党内基层民主的文化建设。

首先，以思想政治工作为基础，强化基层党员民主政治素质。党内基层民主不同于基层人民民主，它是政党组织内部的民主建设。作为一个政党组织，我们党有着自身的价值追求、政治取向以及意识形态。党内基层民主文化建设必须首先服从于政党组织本身的文化价值体系，不能就民主文化谈民主文化。党员民主意识和民主能力的提升，必须首先以党员自身过硬的思想政治素质作为前提和基础。要以思想政治工作为核心，推动党内基层民主文化建设，防止实践中民主的泛化和指导思想的多元化。党的思想政治工作是其他一切工作的生命线，“如果思想政治工作软弱，抓得不紧，错误思想泛滥，人的思想乱了，人心就散了。”[②] 目前，很多地区，尤其是广大贫穷与落后的农村地区，由于党员思想政治工作跟不上，对于党的路线、方针、政策以及宗旨等普遍缺少认识。党员思想政治素质较差，对民主缺少认识，对党内民主有偏见，结果是党员思想政治素质上不去，民主意识与观念也上不去。同时，一些农村党员教育过度注重技能技术的教育，偏离了党员教育的主题方向，结果市场经济的逐利意识上去了，党员的民主政治素质却下降了。另外，因为思想政治不过关，一些基层领导干部和党员过度强调民主创新，将党内民主与人民民主、社会民主混为一谈，结果民主意识上去了，

① 刘汉锋：《党内民主文化建设刍议》，《新视野》2010 年第 1 期。

② 中共中央文献研究室：《十五大以来重要文献选编》（中），人民出版社 2003 年版，第 1338 ~ 1339 页。

党性原则却下降了。要推动党内基层民主文化建设，必须要以党员的思想政治工作为基础，夯实基层党员的民主政治素质。从党内民主的政治保障角度看，加强党员的思想政治工作主要包括以下几个方面的实践机制：一是党内先进文化的学习机制。要将努力学习以毛泽东思想、邓小平理论、“三个代表”重要思想和科学发展观等党内先进文化作为党内基层民主文化建设的重要内容。二是党群关系联系机制。要积极构建党员干部服务群众的长效机制，树立全心全意为人民服务的宗旨意识，在党群关系创新中增强党员的思想政治素质。三是基层党风廉政建设。基层党风廉政建设是我党宗旨的重要体现，是强化党员，尤其是基层党员干部思想政治素质的重要内容。四是党内激励关怀帮扶机制。要不断建立健全党内激励、关怀、帮扶机制，关心和爱护基层干部、老党员、生活困难党员，激发广大党员的政治热情。

其次，发掘党内传统民主文化资源，塑造基层党员民主观念。民主是马克思主义政党的本质属性，重视党内民主是马克思主义政党的一贯作风。以毛泽东、邓小平、江泽民、胡锦涛为代表的四代中央领导集体在继承传统的基础上，在不同历史时期探索了各具特色的党内民主理论。[①] 我们党具有丰富的传统民主文化资源。然而，由于党内基层生活中过分强调本位主义与权位主义，这些优秀的党内民主文化资源，在具体组织生活与学习中并没有被有效地继承下来。基层党员普遍缺少对党内民主传统文化资源的了解，将民主看成是新东西新事物。尤其是一些基层党的领导干部害怕民主，民主意识与观念淡薄。因此，在思想政治工作的基础上，必须不断挖掘党内传统民主文化资源，强调党内基层民主发展的历史继承性，突出党内基层民主建设的历史必然性。这是加强党内基层民主文化建设，强化党员民主观念与意识的重要路径。第一，要加强党内传统民主文化资源的系统性研究，出版专门的党内民主发展学习手册。第二，创新党内基层民主教育方式，开展党内传统民主文化学习培训班，将党内传统民主文化学习作为基层党员干部培训与学习的重要内容之一。让广大党员干部了解民主、学习民主，从根源上纠正对民主的偏见。第三，加强党内传统民主文化教育的制度化建设，形成党内常规性的学习与教育内容。

再其次，扬弃传统政治文化，增强基层党员民主意识。党员民主意识的提升与民主观念的增强，必须同扬弃我国传统政治文化相结合。我国传统政治文化是从几千年的社会发展中生长出来的政治心理和政治思想的总沉淀，以专制主义为意识形态，非民主主义色彩较重。“它通过对党员价值观、思想和道德的制约来

① 刘子平：《党的四代领导集体对党内民主的理论探索与实践》，《甘肃理论学刊》2011 年第 6 期。

影响党员民主意识的形成和发展。”[①] 具体表现为，一些基层党员传统人身依附观念较强，官本位思想较重，容易逆来顺受，在日常学习与组织生活中往往是“书上没有的，文件上没有的，领导人没有讲过的，就不敢多说一句话多做一件事”，主体意识薄弱。[②] 一些基层党员领导干部，封建专制思想较重，喜欢“为民做主”，不尊重党员的民主权利与主体地位，家长制作风普遍存在。然而，我国传统文化也有一些与民主相容的成分。我国传统政治文化中的民为邦本、修身内省、集体主义以及儒家的和谐理念等等，与民主理念具有相容的部分。只不过如邓小平同志所言：“旧中国留给我们的，封建专制传统比较多，民主法制传统很少。”[③] 加强党内基层民主文化建设，必须要做到发扬我国传统政治文化中的优良传统，摒弃其中的糟粕，做到党内民主文化与我国优秀政治文化的有效结合，促进党内基层民主的内生化与我国党内基层民主文化形态的发育。

最后，发展党内基层民主创新型文化，推动党内基层民主文化发展。党内基层民主文化建设，除了在思想政治工作、传统民主文化资源继承及扬弃传统政治文化之外，其文化建设的动力主要来源于创新党内基层民主形成的创新型文化。这种创新型文化的核心和基本结构是党内基层民主发展中理论创新、制度创新与实践创新的结合。它是十六大以来，党内基层民主发展中一个较为突出的文化现象。它既丰富了党内基层民主的内容，又提升了党内基层民主的内涵和质量。如公推直选、党代会常任制改革等等，都是制度、理论与实践相结合的典型例子。然而，从整体上看，党内基层民主创新仍旧具有很强的局限性，一些地方的创新由于急功近利过于注重制度创新，在实践上往往显得行动不足，在理论上更是缺少提炼。创新型文化结构本身出现了失衡。另外，作为党内基层民主发展的动力和创新的方向，创新型文化缺少理论上的提升和总结，没有形成一个公认的文化形态结构。所以，一方面必须以创新型文化基本结构为指导，继续推动党内基层民主创新，实现制度创新与理论创新、实践创新的整体结合。另一方面，要加强党内基层民主创新型文化的理论研究，逐步建构一个具有普遍共识的创新型文化结构形态。

简而言之，党内基层民主实践中存在的很多问题，都与基层党员、干部的意识和观念有关。意识和观念的转变，必然需要一个先进的民主文化体系来进行纠正。党内基层民主文化建设是完善党内基层民主建设，提升党内基层民主内涵和质量的必然路径。然而，党内基层民主既涉及党的文化，又涉及民主文化与我国传统政治文化。所以，党内基层民主文化建设是一个复杂的艰巨的时代任务。不

① 李娟、李哲：《扬弃传统政治文化增强党内民主意识》，《中共山西省委党校学报》2008年第2期。
② 《邓小平文选》（第2卷），人民出版社1994年版，第143页。
③ 《邓小平文选》（第2卷），人民出版社1994年版，第332页。

仅如此，党内基层民主文化建设并不是一个成熟的研究领域，有关这方面的理论探索十分稀缺，实践上的探索更是少之又少，研究和创新的空间尚未被开发出来。这就进一步加大了党内基层民主文化建设的困难。上文提出的党内基层民主文化建设内容，也只是基于相关性的视角进行了宏观划分，进一步的研究仍需要不断地探索。

四、党内基层民主的能力建设

完善党内基层民主，增进党内和谐的关键在于党内基层民主实践主体的民主能力建设。它是党内基层民主制度建设、组织建设和文化建设能够发挥作用的决定环节。党内基层民主的实践主体是党员，这是以胡锦涛为总书记的新一代中央领导集体首次提出的。[①] 尤其是十七届四中全会指出要通过“保障党员主体地位和民主权利”促进党内民主。[②] 尊重党员主体地位，保障党员民主权利，是实现党内民主的基础和前提。[③] 党内基层民主的能力建设，就是不断提高基层党员参与和管理党内事务的民主能力。从党员主体的角色看，党内基层民主能力建设主要包括党员干部的民主领导能力、党员群众的民主参与能力和党员代表的民主表达能力三个方面。

目前，党内基层民主建设仍需要强化基层党员干部的领导作用，尤其是农村地区。主要是基于以下几个方面的原因：一是党员群众民主素质低。一些农村地区党员对民主规则缺少认知。在一些党员意识中，有利于自己的民主就是好民主，不利于自己的民主就是坏民主。二是党员群众参与意识弱。广大农村党员群众普遍存在组织生活缺乏，政治参与冷淡的情况。在民主生活中，少参与、假参与和不参与的现象比较多。三是党员群众组织依附性强，对组织对领导有较强的敬畏心理。四是党员群众利益分化较重。伴随着市场经济的洗礼，基层党员利益分化较重，一些党员的个人利益逐渐高于集体和组织利益。在组织生活中，“事不关己，高高挂起”的心态普遍存在。所以，党内基层民主的完善，仍须不断提高和强化党员干部在民主实践过程中的领导能力。这种领导，不是一元化的专制性的领导，是在强化党员干部民主素质的基础上，通过民主的方式领导民主，引导党员群众逐渐学习民主、运用民主和习惯民主。加强党员干部对基层民主的领导能力，首先要有一套民主化的选人用人机制。目前，一些地方不断优化公推直

---

① 刘子平：《党的四代领导集体对党内民主的理论探索与实践》，《甘肃理论学刊》2011 年第 6 期。

② 本书编写组：《〈中共中央关于加强和改进新形势下党的建设若干重大问题的决定〉辅导读本》，人民出版社 2009 年版，第 16 ~ 17 页。

③ 高静：《实现党员主体地位与发展党内民主》，《理论导刊》2010 年第 4 期。

选，如云南省昌宁县的“十步工作法”开展公推直选选拔干部①，还有一些地方结合地方实际创新干部选拔方式，如广西贺州市推行“广推优选”制度，选拔了105名科级以上党政领导干部②。尤其是一些地方将选人与用人相结合，建设高素质党员干部队伍。如安徽铜陵郊区的“活力工程”，将党员干部的选拔、考评与监督机制相结合；浙江衢江的“联推连选”选人用人机制，提高党员群众的满意度；③ 重庆“三公三意三匹配”机制，提高选人用人公信度，满意率从88%上升到93%。④ 其次，要有一套标准化的管理培养机制。从总体上看，基层党员干部队伍是好的，基本上能够适应新形势变化的。但是这个庞大的队伍中，仍存在着许多问题。主要表现为理论功底不足、应对风险能力差、基层工作阅历浅、少数干部严重脱离群众等。因此，积极健全基层党员干部培养管理机制至关重要，尤其是探索出一套适合地方特性的标准化管理培养机制，真正做到能上能下，能进能退。最后，要有一套制度化的作风建设机制。作风建设是密切党同人民群众血肉关系，巩固党的执政地位的重要保证。尤其是干部的作风建设反映着党的执政能力和执政水平。目前，一些基层党员干部党性不强，家长制作风浓厚、官僚制作风严重、生活作风不正等问题突出。同时，基层党的作风建设普遍存在着形式化的现象，随意性比较强。因此，各地要结合地方实际，积极探索一套制度化的作风建设机制。湖南洞口县推行“一线工作法”加强干部作风建设，要求党员干部“情况在一线掌握，决策在一线形成，措施在一线落实，问题在一线解决，经验在一线总结，业绩在一线创造，形象在一线树立，作风在一线检验”，确保作风建设不走样子、不走形式、不走过场。⑤

党内基层民主能力建设的第二个方面是党员群众，也即普通党员的民主参与能力建设。普通党员是党内民主主体的主体，它是尊重党员主体地位的真正本质与核心体现。党内基层民主的主要对象和利益相关者是普通党员，凸显的是普通党员在民主过程中的参与能力。普通党员的民主表达、沟通、议事以及协商等能力的培育与提升，直接决定了党内基层民主在多大程度上从制度层面落实到行动层面。当前，党内基层民主建设的实际操作与运行过程，往往是基层党的干部发挥着主体作用，党员的意志不能得到体现、党员的地位不能得到尊重、党员的权利不能得到保护，导致党员民主参与积极性、主动性的严重缺乏。党内基层民主的一些实践，也逐渐流于形式，造成党内资源的严重浪费。同时，缺少了主体的

---

① 本书编写组：《基层党组织工作创新100例》，中共党史出版社2010年版，第42～45页。

② 王万程：《贺州建立干部选拔“广推优选”制度》，广西新闻网，2009年12月27日。

③ 杨纲要：《安徽铜陵郊区：“活力工程”优化选拔、考评、监督机制》，中国共产党新闻网，2009年9月8日。

④ 董炜：《重庆“三公三意三匹配”提高选人用人公信度》，中国共产党新闻网，2009年12月25日。

⑤ 本书编写组：《基层党组织工作创新100例》，中共党史出版社2010年版，第179～181页。

参与，党内基层民主创新走不远、走不动、走不好的现象必然存在。加强普通党员在党内基层民主中的参与能力建设，主要是在观念上进行转变，在机制上探索创新，在制度上加以引导，在实践中真正落实。首先，积极转变党内基层生活与教育观念。目前，党内生活中存在着权位主义与本位主义观念。权位主义观念，突出强调党的一元化领导的合法性，党内一把手说了算，并且这种长期存在的观念，被长期的党内生活实践内化到党员的观念意识之中，并得到认可，进而导致党内基层民主在实践与操作中的参与困境。另外一方面，长期以来一些地方的党内宣传与教育存在着严重的本位主义倾向，即突出强调党员的“义务本位”、“组织本位”和“党性本位”等，[①] 导致党员在具体党内生活中缺少主动性与积极性。加强党员在基层党内民主中的民主领导能力建设必须克服这些思想与观念。其次，积极转变党内的领导方式，探索普通党员民主参与的运行机制。观念的转变，必须有一套长效的机制加以配合。在现有基层民主发展的推动下，努力转变基层党内领导方式，积极发挥普通党员在党内民主中的主体地位。山东泰安探索建立公推直选领导班子成员——党内重大决策票决——重大事项提出建议——党内事务质询监督——定期评议领导班子成员为主要内容的“五位一体”党员意愿表达机制，落实了党员主体地位，增强了党员参与党内事务的主动性，推进党内基层民主建设[②]。为增强党员议事能力，江西永丰县在全县开展“党员议政日”，每月 20 日有村党支部书记组织全体党员对村内和党内重大事项、问题进行讨论和决策。从 2008 年到 2009 年初，全县开展党员议政活动 2 200 多次，党员参与讨论和决策村内事务 5 570 余件，极大地提高了党员的民主议事能力。[③] 最后，在实践的基础上，积极进行制度建设与理论提升，实现普通党员民主参与的制度化与科学化。目前，中央虽然提出了尊重党员主体地位的科学论断，但是实践中的制度化和理论化水平很低。一些基层探索，虽然形成了好的机制、好的经验，但是缺少理论上的总结与提升，进而无法形成具有普遍推广意义的制度。普通党员民主参与能力建设在实践上、制度上和理论上还基本上处于起步阶段。

党内基层民主能力建设的第三个方面是党员代表的民主表达能力建设。党员代表的民主表达能力是党内基层民主能力建设中不可忽视的重要组成部分。基层党代表是基层党员利益的代言人，党员民主权利的实现、民主利益的表达以及合法权益的维护很大程度上都要依靠党员代表的作用。长期以来，由于基层党代会

---

① 张扣林：《尊重党员主体地位必须克服党内三种“本位”倾向》，《理论月刊》2010 年第 1 期。

② 中共山东省泰安市委组织部：《泰安：建立党员意愿表达机制推进党内基层民主建设》，中国共产党新闻网，2009 年 11 月 9 日。

③ 李心晓、吴盛友：《江西永丰县构建三项机制保障农村党员“当家作主”》，中国共产党新闻网，2009 年 2 月 19 日。

职能的偏废，党员代表的职责和功能并没有真正的发挥出来，导致党内基层民主研究中对基层党代表的忽视。同时，党员代表结构不合理、代表意识不强、代表职能形式化以及制度平台和工作平台的缺失，导致了基层党员向上利益表达渠道的断裂，很多矛盾和问题集中于基层党组织与基层社会，影响了党内和谐与社会和谐。加强党内基层民主的能力建设，必须积极建构党代表民主表达的方式、机制与制度。第一，优化党员代表结构。要逐渐减少基层干部和地方领导干部在党员代表中的比例，逐渐扩大普通党员代表的名额。第二，健全党代表产生方式。要积极探索党代表产生的竞争机制，增强选举的透明度，逐渐扩大基层直接提名的比例。第三，创新党代表工作机制。要积极探索发挥党代表作用的工作机制，如党代表走访、接待联系党员群众机制，调研与信息反馈机制以及监督视察评议机制等。如黑龙江省北安市探索党代表调研视察机制。几年来，全市 71 个乡镇共组织党代表视察 136 次，党代表就农村发展重大问题提出意见和建议 5 430 条，办理解决 3 980 条，提高了党代表的民主表达能力。① 第四，强化制度与实践平台建设。主要是继续推进党代表任期制和党代会常任制改革，探索发挥党代会作用的组织平台以及发挥党代表作用的实践平台。

总的来说，党内基层民主建设本身是一个系统，其中制度建设是基础，组织建设是保障，文化建设是内涵，能力建设是关键。其目标是保障党内基层民主建设的整体性与连续性，为民主的发展提供持久的动力与活力，进而达到实现党内生活民主化，增进党内和谐常态化的目的。

第五节　党内基层民主发展推动党的建设

党内基层民主建设、创新和完善，揭示了党自身民主化变革的路径和状态。党的建设开始逐步扩大民主在党内政治和生活中的比重，并凸显民主在建构党执政与领导合法性中的作用。民主建设成为党的建设新的伟大工程的重要内容。十七届四中全会提出了“以加强党内基层民主为基础，切实推进党内民主”②。党内基层民主在党内民主建设中基础性地位的确立，以及党内基层民主创新的重大突破，都标志党内基层民主在推动党的建设中的重要地位和作用。然而，党内基

① 全国党的建设研究会课题组：《推进党内基层民主建设研究》，党建读物出版社 2010 年版，第 249 页。

② 本书编写组：《〈中共中央关于加强和改进新形势下党的建设若干重大问题的决定〉辅导读本》，人民出版社 2009 年版，第 15 页。

层民主建设不是一个独立的自我完善的体系，它的发展必须处理好与党的建设伟大工程、带动人民民主发展、加强集中统一领导、保护党员民主权利以及完善基层治理体制等方面的关系。这也是新的时代背景下，加强党的建设的题中之义。本节从多元化的角度，重点分析党内基层民主发展过程中需要关注的几个重要方面。能否处理好党内基层民主同这几个方面的关系，将直接关系到党内基层民主的前途和命运。处理好了就能够推动党的建设，处理不好就会阻碍党的建设。

一、党的建设伟大工程中的党内基层民主

作为我们党在新的历史时期大力推进的一项时代工程，党内基层民主成长与发展的意义并不仅仅局限于党内民主的视域内。它与新时期党的建设伟大工程是密切相连。党的建设伟大工程经历了我们党四代领导集体的继承与发展。革命时期，毛泽东同志首先提出了党的建设“伟大的工程”。改革开放以后，我们党“已经从一个领导人民为夺取全国政权而奋斗的党，转变为一个领导人民掌握全国政权并长期执政的党；已经从一个受到外部封锁和实行计划经济条件下领导国家建设的党，转变为一个在对外开放和发展社会主义市场经济条件下领导国家建设的党”。[①] 面对新的时代主题与历史使命，以邓小平同志为核心的党的第二代中央领导集体，以制度建设为核心，开创了党的建设“新的伟大工程”。以江泽民同志为代表的党的第三代领导集体，在继承原有理念的基础上，突出作风建设，将党的建设“新的伟大工程”推向了21世纪。而以胡锦涛同志为代表的党的第四代领导集体明确提出以改革创新的精神，以执政能力建设和先进性建设为核心，全面推进党的建设“新的伟大工程”。[②] 加强党的执政能力建设和先进性建设的重中之重是发展党内民主。2005年1月14日，胡锦涛在新时期保持共产党员先进性专题报告会上的讲话中指出：“先进性是马克思主义政党的根本特征，也是马克思主义政党的生命所系、力量所在。抓住了先进性建设，也就抓住了党的建设的根本，就抓住了加强党的执政能力建设、巩固党的执政地位的关键。要实现党的先进性建设这一根本目标，必须将党内民主放在重中之重，通过发展党内民主，更广泛、更深入地调动全党全国各族人民的主动性和创造性，使党的理论和路线方针政策始终代表最广大人民群众的根本利益，使党的先进性与时俱进

① 陈俊宏：《马克思主义中国化最新成果研究》，人民日报出版社2009年版，第31页。

② 参阅梁亚敏：《党的四代领导集体对“伟大工程”建设的演进逻辑》，《探索》2011年第2期；段鹏飞：《从党的建设“伟大的工程”到党的建设“新的伟大工程”——党的几代领导核心关于党的建设的探索述论》，《理论导刊》2011年第11期。

永葆青春。”① 所以，党内民主建设是新时期全面加强党的建设新的伟大工程的主要内容与侧重点。作为党内民主基础的党内基层民主必然成为了党的建设新的伟大工程中重要组成部分。党内基层民主在新时期党的建设中的这种重要性，除了从党内民主的层面来理解之外，还可以从党的建设的基础工程、永恒主题和精神动力三个层面来理解。

首先，基层党组织建设是党的建设的基础工程，而党内基层民主是基层党组织建设的关键与核心。胡锦涛在新时期保持共产党员先进性专题报告会上的讲话中指出：“必须坚持抓基层、打基础，始终把增强基层党组织的凝聚力、战斗力作为党的建设的基础工程。党的基层组织是党的一切工作的落脚点，是落实党的各项任务的组织保证，是党的全部工作和战斗力的基础。”② 而夯实党的建设伟大工程的基础工程——基层党组织建设，关键与核心在于充分发挥党内基层民主在“优化组织设置、扩大组织覆盖、创新活动方式”方面的作用。过去，由于过度强调集中与服从，突显组织本位、义务本位与任务本位，基层党员缺少参与组织生活的动力，基层党组织缺少蓬勃发展的活力。党内基层民主，一方面通过民主选举、民主决策、民主管理和民主监督创新，充分体现了广大党员的主体地位，提高了广大基层党员参与党内事务和参加组织生活的积极性和主动性，激活了基层党组织的内部活力；另一方面，广大基层党员通过有序的民主化参与，不仅增强了基层党组织应对基层治理风险的能力，而且提高了基层党组织的工作能力和在基层社会的认可度。因此，从基层党组织建设的层面看，党内基层民主发展与党的建设新的伟大工程的实现是密不可分的。

其次，保持和发展党员先进性是党的建设的永恒主题，而党内基层民主建设是保持和发挥党员先进性的主要途径。先进性建设是新时期党的建设伟大工程的根本性建设，而党的先进性始终是通过党员的先进性来体现，保持和发展党员先进性是党的建设的永恒主题。“广大党员在参与党内政治生活和建设中国特色社会主义事业过程中，能否以主人翁的心态，能否自觉把自己看作党组织的一员，能否在其中发挥主体地位，直接决定了党的生命力、战斗力。”③ 2006 年 6 月 30 日，在庆祝中国共产党成立 85 周年暨总结保持共产党员先进性教育活动大会上的重要讲话中，胡锦涛进一步指出：“党员是党的肌体的细胞和党的活动的主体，党员队伍的先进性是党的先进性的重要基础，加强党的先进性建设，必须始终抓

---

① 胡锦涛：《在新时期保持共产党员先进性专题报告会上的讲话》，《人民日报》2005 年 1 月 15 日。

② 同上。

③ 高丽芳：《尊重党员主体地位是推进党的建设新的伟大工程的基石》，《党政干部论坛》2008 年第 2 期。

好保持和发展党员队伍的先进性这个基础工程，必须始终抓住党员队伍这个主体。”① 如何尊重和发挥党员的主体地位成为保持和发展党员先进性的根本。中国共产党坚持党员主体地位的探索历程表明，“尊重党员主体地位，必须积极推进党内民主建设，保障党员民主权利，探索扩大党内基层民主的多种实现形式，健全充分发挥党员主体作用的党内民主机制。”② 党内基层民主通过民主机制和方式的创新，发挥了基层党员参与党内生活和事务的积极性和主动性，将党员的主人翁地位落到实处，充分尊重了党员的主体地位。因此，从党的建设永恒主题的角度看，党内基层民主通过充分尊重党员主体地位，保障党员民主权利，成为保持和发展党员先进性的主要路径，进而成为党的建设新的伟大工程的重要内容之一。

最后，改革创新是党的建设的精神动力，而党内基层民主创新和发展是我们党在新时期改革创新最为成功的体现。在十七大报告中，胡锦涛明确提出“把中国特色社会主义伟大事业不断推向前进，关键是要以改革创新精神全面推进党的建设新的伟大工程。”③ 改革创新是新时期以提高党的执政能力、保持和发展党的先进性为主线的党的建设伟大工程的精神动力。党内基层民主创新和发展正是改革创新的真实体现。党内基层民主，一方面通过在选举制度、监督制度和决策制度等方面的创新，极大地提高了党在基层社会的执政能力，加强了党在基层社会的领导地位；另一方面通过机制创新和制度改革，为发展和保持党员的先进性创造了最为有利的条件和路径。从总体来看，目前党内改革和创新的主要方面是党内基层民主创新，它既是改革创新的成功体现，又是改革创新的主要方式。因此，党内基层民主必须放到党的建设伟大工程的时代高度来加以理解和发展。

总之，党内民主是加强党的建设新的伟大工程的主要内容，是提高党的执政能力和保持党的先进性的核心工程。作为党内民主的基础的党内基层民主，除了从民主发展的领域来认识以外，必须放到党的建设新的伟大工程的时代背景和高度来加以理解。它的发展不能脱离党的建设新的伟大工程的主线，离开了这条主线，党内民主建设和创新就脱离了我们党自身的发展需求，发展也就成了一句空话。因此，党内基层民主发展必须以推动党的建设为终极目标，离开了这个目标，党内基层民主也就无法发展。

---

① 中共中央文献研究室：《深入学习实践科学发展观活动领导干部学习文件选编》，中央文献出版社2008年版，第196～197页。

② 凌海金：《中国共产党坚持党员主体地位的探索及其历史经验》，《广西社会科学》2010年第8期。

③ 中共中央文献研究室：《十七大以来重要文献选编》（上），中央文献出版社2009年版，第663页。

二、带动人民民主进程中的党内基层民主

我国社会主义民主政治包括两个方面，即党内民主和人民民主。在我国，作为唯一合法的执政党，党内民主在整个民主政治体系中具有前提性和规定性，党内民主必然制约着人民民主。但从我国的政治逻辑来看，从党内民主到人民民主是中国政治民主化道路的唯一途径。党执政的根本目标和任务是领导和支持人民当家作主，而人民民主的实质与核心就是人民当家作主，让人民群众真正成为国家和社会的主人。因此，实现和发展人民民主是共产党执政的本质要求。① 正如俞可平先生所说："党内民主不是中国民主政治的根本目标，人民民主才是最终目标。"② 如何推动人民民主的发展是我国社会主义民主政治建设的主要任务。长期以来，关于人民民主的发展路径主要经历了三种选择上的争论："一是自下而上推动的学理设计，即以基层民主主要是村民自治推动人民民主的发展。"改革开放以后，村民自治获得全面的发展，成为了我国民主政治建设的起点和突破口。但是村民自治在理论和实践上的困境，并没有实现这一宏大的理论设计。"二是自上而下改革的发展思路，即通过从中央到地方渐次推进的政治体制改革以实现国家生活的民主化。"但是由于体制和深度上的制约，这种自上而下的改革并没有跳出原有体制改革的"怪圈"。"三是以党内民主示范和带动人民民主的思路。"③ 党的十二大第一次提出了以党内民主推动人民民主的思想。1987 年，党的十三大第一次在这方面作出了理论上的概括："以党内民主来逐步推动人民民主，是发展社会主义民主政治的一条切实可行、易于见效的途径。"④ 1994 年，党的十四届四中全会认为，"发扬党内民主必然推进人民民主。这也是建设社会主义民主政治的一条重要途径。"⑤ 党的十六大明确提出："党内民主对人民民主具有重要的示范和带动作用。"⑥ 党的十七大作出了"要以扩大党内民主带动人民民主"的论断。⑦ 总体来看，新中国成立以来我国政治生活的经验教训表明，

---

① 邓世平：《从"党内民主"到"人民民主"——中国特色民主政治发展道路探析》，《湖南师范大学社会科学学报》2010 年第 3 期。

② 俞可平：《民主是共和国的生命》，《人民论坛》2007 年第 2 期。

③ 王俊拴：《党内民主对人民民主的示范和带动作用分析——学习十六大报告的点滴体会》，《政治学研究》2003 年第 2 期。

④ 中共中央文献研究室编：《十三大以来重要文献选编》（上），中央文献出版社 2011 年版，第 43 页。

⑤ 中共中央文献研究室编：《十四大以来重要文献选编》（中），人民出版社 1997 年版，第 961 页。

⑥ 中共中央文献研究室编：《十六大以来重要文献选编》（上），中央文献出版社 2005 年版，第 39 页。

⑦ 本书编写组：《十七大报告学习辅导百问》，学习出版社、党建读物出版社 2007 年版，第 47 页。

党内民主的发展状况始终是制约人民民主发展的根本因素。①

从我国政治民主化的路径来看，党内民主发展最终要服务于人民民主的发展，党内民主发展了也必然会带动人民民主的发展。那么，如何发挥党内民主对人民民主的示范和带头作用呢？这就涉及党内民主示范和带动人民民主的路径问题。目前关于党内民主示范和带动人民民主的路径讨论主要包括以下几个方面：一是制度化路径，以党内民主的制度化提升人民民主的制度化，为人民民主发展提供动力。② 具体包括试点党代会常任制、完善人民代表大会制度、创新党务公开制度、深化党内民主选举和民主监督制度等。③ 二是机制化路径，强调制度与机制方面的创新。宏观方面包括党政分离机制、人才选任机制和科学决策机制。④ 三是多元化路径，如有些学者提出的发挥党内民主的民主理念导向作用、建设路径示范作用、民主作风带动作用、民主规则约束作用、民主法制保障作用，等等。⑤ 这些方面的探索为党内民主发挥对人民民主的示范带动作用提供了一定意义上的参考。但是，它们要么过于宏观，要么过于抽象，要么过于粗糙，要么过于繁琐，并没有真正找到党内民主示范和带动人民民主的真正接点是什么。近些年来，党内基层民主的创新和发展，为我们打开一个新的视角。首先，党内基层民主作为党内民主建设的基础，其创新和发展成为党内民主建设的主要内容。党内基层民主不仅仅打开了传统自上而下党内民主建设的困局，而且激活了党内民主的参与主体，并代表了党内民主的发展能力和整体水平。其次，在基层人民民主——村民自治遭遇发展“瓶颈”的时候，党内基层民主快速地发展起来，并成为基层民主创新的重要内容和组成部分，打开了基层民主创新的新局面。最后，党内基层民主作为基层社会民主建设的重要组成部分，不仅仅对党内民主生活产生了积极的影响，还积极地引导和发展了基层社会民主和地方政治民主，极大地激活了基层人民民主发展和创新的政治空间。因此，现阶段，党内民主示范和带动人民民主的根本接点和基本路径是党内基层民主的创新和发展。一方面党内基层民主具有创新和发展的活力，能够最大限度地调动基层人民群众和广大党员民主参与的积极性、主动性和规范性。另一方面，基层民主，或者说基层人民民主——村民自治要走向成熟和稳定，离开成熟的党内基层民主是无从谈起的。成熟党内基层民主和成熟的基层人民民主的结合必然会推进人民民主的自下而上的发展。

---

① 任中平：《党内民主与人民民主、国家民主与社会民主的关系辨析及发展走向》，《云南社会科学》2011 年第 2 期。

② 王俊拴：《党内民主对人民民主的示范和带动作用分析——学习十六大报告的点滴体会》，《政治学研究》2003 年第 2 期。

③ 黄金辉：《党内民主与人民民主良性互动的途径》，《社会科学研究》2007 年第 5 期。

④ 肖世杰：《党内民主向人民民主的推进：示范、带动与创新机制》，《理论与改革》2011 年第 2 期。

⑤ 韩强、赵敬敏：《党内民主对人民民主的示范带动机制研究》，《理论学刊》2009 年第 8 期。

作为党内民主示范和带动人民民主的接点，党内基层民主与人民民主之间具有了不可剥离的关系。一方面党内基层民主发展的好坏必然会影响，甚至决定基层人民民主发展的好坏。同时，基层人民民主发展不了，也必然会制约党内基层民主的发展。另一方面，党内基层民主要想在创新中不断发展和完善，必须服从于我国民主政治建设的总体思路，必须积极发挥对基层人民民主的示范和带动作用，充分利用和发挥党内基层民主与基层社会和基层群众密切联系的关系优势，将基层民主、基层人民民主与党内民主很好地结合到一起。因此，党内基层民主发展，不仅仅是具有党内的实践价值和意义，而且具有推动我国人民民主和政治民主化进程的历史性作用。

三、加强集中统一领导中的党内基层民主

党内基层民主的创新和发展，是对传统党内过度集中的组织和领导体制的一种扬弃。当前，各种基层探索和创新，极大地丰富了党内基层民主的内容，促进了党内民主的发展。但是，党内民主不同于社会民主，它有着自身的组织规则和政治目标。作为无产阶级专政的政党，党内民主功能的发挥必须以加强党的集中统一领导为根本政治目标。没有党的集中统一，党就会失去战斗力，党就无法领导人民不断前进。① 这就要求党内民主的发展必须正确处理好民主与集中统一之间的关系。邓小平同志曾经精辟地论述过："没有民主，就没有集中统一；没有集中统一，党就没有战斗力。"② 民主是前提，集中统一是保障。党内民主的发展必须坚持集中统一，才能符合党自身发展的需要。而坚持集中统一的核心就是坚持民主集中制。十七届四中全会通过的《中共中央关于加强和改进新形势下党的建设若干重大问题的决定》指出："党内民主是党的生命，集中统一是党的力量保证"③，提出了以民主集中制为核心加强党的制度建设，进一步提高党内民主建设的制度化、规范化水平。民主集中制既是党的根本组织制度和领导制度，也是推进党内民主的根本保障。所以，只有正确地认识和处理民主与集中的关系，才能在加强集中统一的过程中发展党内基层民主。

正确认识和处理民主与集中的关系，关键在于如何理解民主基础上的集中和集中指导下的民主。这其中包括两个层面上的含义。一是从过程的角度去理解。其中，民主是基础和前提，突出多数意见的达成；集中是民主的方向和对民主的

---

① 关云志：《党内民主与党的集中统一》，《重庆科技学院学报（社会科学版）》2011 年第 14 期。

② 《邓小平文选》（第 1 卷），人民出版社 1994 年版，第 307 页。

③ 本书编写组：《〈中共中央关于加强和改进新形势下党的建设若干重大问题的决定〉辅导读本》，人民出版社 2006 年版，第 15 ~ 19 页。

发展，突出少数对多数的服从。没有民主，集中就变成了集权和专制，无产阶级政党的性质和作用就发生了变化。没有集中，民主的决策就无法有效落实，党的权威无法得到保障。在党内，没有民主就没有集中，没有集中也就没有民主，两者是统一的一个整体。二是从运行的角度去理解。在党内，民主集中制实质上就是一种民主形态，突显的是党自身的民主化过程和方式，这也是党内民主与社会民主的不同所在。它是组织意图与党员意志的结合。只不过由于历史环境和外部条件的制约，民主和集中往往被人为地割裂开来。在党内基层民主建设过程中，一些地方党组织“假民主真集中”，出现了“民主虚泛”① 的现象。还有一些地方往往要民主而民主，要创新而创新，只讲民主不讲集中，出现了“民主泛滥”的现象。这些现象不仅极大地削弱了党在基层的领导和执政能力，而且影响了党的团结，不利于党内民主的发展。发展党内基层民主必须尊重党自身的组织和领导规则，要将加强集中统一放在民主探索和创新的重要实践中。既要发展党内基层民主，保护党员群众的民主权利，发挥基层党组织和广大党员的积极性、主动性、创造性；又要坚持和实现正确的集中，保证党的团结和统一，保证党的决定得到迅速有效的贯彻执行。② 所以，发展党内基层民主必须坚持集中统一的原则，两者不能分离。民主集中制是推进党内基层民主发展的根本保障。

从历史的视角看，过去我们党内民主的发展一直处于“强集中弱民主”甚至是“有集中无民主”状态。20 世纪 90 年代末期以来，经济发展催生的独立、自由、平等、公平和自主意识，唤醒了社会主体的民主意识，民众参与的扩大化日趋明显。同样，在党内，基层党员的社会分化和自主利益趋势越来越明显，党员的民主权利意识和能力逐渐发育和成长起来。党内民主成为呼之欲出的必然事实。党内基层民主正是在这样一个时代背景下迅速发展起来。它一方面是对过去“弱民主”或“无民主”的一种修补，另一方面则是顺应民主时代的发展。然而广泛的党内基层民主创新，在批评过去高度集中的党内生活的同时，却可能将党内生活引入极端民主的状态。正是基于这种担心，出现了关于党内民主风险的讨论。党内民主风险的讨论主要基于两个视角：一是历史的视角，即“文革”期间“大民主”的沉痛教训和苏共多元民主思想的历史教训。二是现实的视角，即党内民主，尤其是党内基层民主在全国的广泛实践，改变了过去权力授受关系，可能导致思想上无法统一的问题，引发党内思想危机；派别斗争、宗派活动导致组织上无法统一的问题，引发组织危机；民主自治与地方自主导致领导上无法统一

---

① 王建社：《论民主集中制中“民主虚泛”现象及其治理》，《理论前沿》2007 年第 1 期。“民主虚泛”的四种表现：“程序型民主”、“利益型民主”、“无能型民主”和“代言型民主”。

② 关云志：《党内民主与党的集中统一》，《重庆科技学院学报（社会科学版）》2011 年第 14 期。

的问题，引发政党危机；政党危机，进一步地引发政局混乱，导致政权危机。[①]党内民主的风险预期，具有一定的合理性，其风险的产生的基本立足点就是党内民主发展过程中能否真正坚持民主集中制，将党内民主与集中统一真正地结合到一起，成为一个发展的整体。目前，党内基层民主在全国地方快速升温，并上升到党的建设伟大工程的理论高度，一方面反映了党内生活中民主成分的严重缺失，另一方面也反映了党自身民主化改革的决心。这其中包含了对传统党内民主思想和理论的继承，也包括了在继承基础上的创新。但是，党内基层民主创新，不能为民主而民主，要民主而民主。民主创新也不能走得太快太过，不切合我们党自身的实际。要排除党内基层民主发展的风险预期，就必须在创新的过程做到正确的民主和正确的集中。一方面尊重党员的主体地位，保护党员的民主权利和利益，充分发挥党员的积极性和主动性；另一方面要坚持集中统一，这是党内民主的根本方向，也是党内民主实现发展的必然路径。只有坚持集中统一，才能维护党的权威、党的团结和党的统一，才能发挥民主的党内作用，推动党的建设。

总体来说，党内基层民主的创新和发展，不能离开集中统一。党内民主是党的生命，集中统一是党的力量保障。只有做到有民主有集中，党内基层民主才能成为真正推动党的建设的重要动力和内容之一。在党内，任何时候，都不能离开集中讲民主，离开民主讲集中。

四、保障党员权利中的党内基层民主

党员权利主要是指党章和其他党内规章规定的党员在党内的权利和利益。在具体的研究中，党员权利和党员民主权利往往相互转换，党员权利也称之为党员民主权利。[②] 保障党员权利与党内民主是相互联系，不可分割的一个整体。党员民主权利最早成形于七大《党章》，也正是七大《党章》中关于党员权利的规定，开创了党内民主的先河。在党的历史上，党员权利保障经历了从确立到发展到经历挫折再到恢复完善的曲折历程。而党员权利的发展过程，也就是党内民主的发展过程。党的十六大报告指出："加强主体建设、保障党员民主权利是发展党内民主的基础。"[③] 报告将保障党员民主权利提炼为党内民主的基础。党的十七大对此进行了升华，其中尊重党员主体地位，保障党员民主权利是党内民主的

---

① 许耀桐、赵麟斌：《关于发展党内民主防范风险问题研究》，《新视野》2009年第4期。

② 张大能：《党员权利保障的历史沿革及其现实启示》，《西南民族大学学报（人文社会科学版）》2009年第4期。

③ 新华社：《高度重视积极推进党内民主建设，充分发挥全党积极性主动性创造性》，《人民日报》2009年7月1日第1版。

基础。在建党88周年前夕举行中共中央政治局第十四次集体学习时，胡锦涛总书记强调："推进党内民主建设，最根本的是要认真落实党章及党员权利保障条例等党内规章赋予党员的知情权、参与权、选举权、监督权等民主权利，使党员在党内生活中真正发挥主体作用。"党的十七届四中全会强调："以保障党员民主权利为根本，以加强党内基层民主建设为基础，切实推进党内民主。"[①] 党内基层民主成为了党内民主的基础，而保障党员民主权利则上升为党内民主的根本。所以，党内基层民主作为党内民主的基础性工程，必须将保障党员民主权利作为其根本内容。能否真正地保障党员的民主权利成为检验党内基层民主创新和发展的根本指标。党内基层民主的发展与党员民主权利的保障之间，是一损俱损、一荣俱荣的关系。

从保障党员权利的角度来看，党员权利的充分落实还必须依靠党内基层民主的创新和发展来予以保障。党员的民主权利在党章及其他党内法规中早已有了规定，但只是表明党员的权利具有了党法党规上的依据。党员权利落实不到位导致党员权利"虚置"的现象一直较为严重。具体表现为：知情权落空、参与决定权难落实、对党的政策参加讨论有禁忌、揭发检举权和监督权难行使、选举权和被选举权基本流于形式，等等。[②] "要使党员的这些权利变成活的权利，还必须提供必要的渠道，以确保权利的实现。"[③] 从本质上讲，党内基层民主就是将文本上的党员权利落实为实践中党员利益。党内基层民主建设和创新的过程中所突出的制度建设、文化建设、组织建设和能力建设，其根本着眼点就在于构建党员权利得以实现的多元化渠道。这是党内基层民主建设和创新的根本所在。党员民主权利的实现程度，标志着党内基层民主的发展程度。离开了党员权利的充分实现和切实保障，任何所谓民主创新，都是伪创新。[④] 所以，党内基层民主要获得本质意义上的发展，如何真正地落实党员的民主权利是根本。这就形成了党内基层民主发展的两个根本：一是前文提到的坚持集中统一的原则，这是根本方向和原则；二是保障党员的民主权利，这是根本出发点和落脚点。

从现实层面上看，党内基层民主创新中涌现的公推直选、党代会常任制、党务公开以及党代表直选等多种创新形式，在实践层面上极大地促进了党员民主权利的落实。这种落实不仅仅体现在形式上，还体现在因民主形式的创新而发育出

---

① 本书编写组：《〈中共中央关于加强和改进新形势下党的建设若干重大问题的决定〉辅导读本》，人民出版社2006年版，第15页。

② 梅丽红：《党员权利"虚置"：党内民主建设必须解决的问题》，《探索》2005年第5期。

③ 宋洁：《党员民主权利：现实问题与实现路径》，《唯实》2011年第4期。

④ 吴振坤：《20世纪共产党执政的经验教训》，中共中央党校出版社2002年版，第286页。原文是"党员民主权利的实现程度，标志着党内民主的发展程度。离开了党员权利的充分实现和切实保障，任何所谓党内民主，都会成为无源之水，无本之木。"

来的党员民主权利意识与观念。民主文化与理念层面的塑造与积累，成为落实党员民主权利最为厚实的基础。然而，受民主形式或者说地方民主模式创新背后政治利益的驱动，民主形式的创新往往在一些地方沦落为“形式主义”。党内基层民主创新成为了地方政府标新立异、创新政绩的政治资源。一些地方在创新过程中依然是党员本位让位于领导本位。同时，创新的泛滥化，只重形式，不重内容，只重新意，不重效果的现象也有呈现。这种创新不但不能保障党员的民主权利，促进党内基层民主的发展，反而会挫伤党员参与党内事务的积极性与主动性，在基层和地方带来极坏的影响。这就是党内基层民主创新与保障党员民主权利分离开来的结果。在发展党内基层民主的过程中，必须积极警惕民主创新的空壳化和形式化，做到一切依靠党员，一切为了党员。

总之，党员是党内民主的主体，尊重党员的主体地位，保障党员民主的权利是党内基层民主在创新过程必须牢牢抓住的根本。只有充分落实和保障了党员民主权利，才能充分地调动广大党员群众的积极性、主动性，促进党内基层民主的发展。同时，党内基层民主发展与保障党员民主权利是互为一体，相互依赖的。在党内基层民主发展过程中，也要不断拓展党员民主权利的内容和领域，不断延伸党员民主权利的内涵和外延，以适应民主发展对权利本身的要求。①

五、完善基层治理体制中的党内基层民主

我国基层治理结构总体上经历了四种类型的转变，即血缘型治理、经纪型治理、动员型治理、民主型治理四种类型。古代社会中的农村与城市基层治理主要通过以血缘为纽带的家族或宗族长老为纽带的治理结构。以古代农村为例，“皇权不下县”，国家权力只到达县级一层，农村基层完全是依靠建立在血缘权威上的长老进行统治。清末与国民政府时期，希图将国家权力延伸到基层，尤其是农村基层，但是由于在取消了传统权威资源在基层的权力地位以后，并没有建立起新的治理权威机制，导致农村经纪型治理的出现，基层治理与国家权力基层延伸出现了“内卷化”的趋势。新中国成立以后，我们党通过土地革命、政党下乡、政治革命等形成的强势政治动员将国家权力成功地渗透和延伸到基层社会，人民公社和单位制成为农村和城市基层治理的主要载体。由于战争、革命和政权建设的恶劣环境，政治动员成为基层治理主要方式。伴随着人民公社和单位制的解体以及民主化浪潮的冲击，以村民自治和居民自治为代表的民主型治理模式开始在

① 张大能：《党员权利保障的历史沿革及其现实启示》，《西南民族大学学报（人文社会科学版）》2009年第4期。

基层社会勃然兴起。从早期的政治治理组织，如村委会和居委会，开始发展成为多种社会组织和社会主体参与的基层治理体系。然而，新中国成立后的基层治理体制研究一直忽视了党内基层组织在基层治理中的作用。在传统基层治理体系中，往往凸显自治性和社会性的社会实体在基层治理过程的作用。这种治理模式一直延续到社会深度转型时期到来之后，基层人民民主发展“瓶颈”、社会民主的政治困境、地方政府管理体制改革的体制困境以及基层治理难度系数的扩大，都迫使党内基层民主在继承党内民主传统，借鉴基层人民民主经验的基础上开始发展起来，并逐渐被纳入基层治理体制中去，成为基层治理体系中的关键与核心环节。

在我国，党早期通过组织渗透将国家权力延伸到了基层社会，这就决定了党的基层组织在基层民主治理中将发挥关键作用，没有党内基层民主的配合，基层治理的主体和环境将无法从政党构建的权力体系中真正地解脱出来，基层人民民主的政治与社会“瓶颈”的出现就已经说明了党内基层民主的重要性。伴随着社会转型带来的基层社会权利和利益诉求的扩张与膨胀，基层治理在无法回应这些民主化需求时，将使得基层治理陷入失败治理的困境。所以，党内基层民主将是民主型基层治理的重要组成部分和核心动力机制，并通过基层人民民主、党内基层民主与社会民主发育的互动最大限度地解放基层民主的发展空间。这种互动与地方政府管理体制改革共同构成我国基层治理的完整体系。这就形成了我国基层治理的整体结构，即基层社会民主、基层人民民主、基层单位民主、基层行政民主与党内基层民主的互动与互补结构，通过民主化的基层治理，实现我国政治民主化的稳定推进，并成功实现构建和谐社会的政策与价值安排。而这一切的体系安排中，党内基层民主往往处于最核心的地位，对整个基层治理民主化的实现起到引导和领导作用。基层治理的民主化就是在党内基层民主带动下，各个层次的基层民主有序协调发展过程，并形成民主合力与治理合力。同时，基层治理的民主化，也是我们党在社会转型时期实现基层社会整合的主要方式，是构建党领导国家与社会的合法性权威来源的主要途径。党内基层民主在其中扮演着关键性的角色，起到关键性的作用。

总的来说，党内基层民主发展加强党的建设，主要是突出党内基层民主发展在不同范畴内加强党的建设的重要作用与意义。一方面，凸显了党内基层民主的时代性，另一方面凸显了基层民主的发展性。时代性主要表现在党内基层民主在社会转型关键时期对推进党的建设、带动人民民主发展、加强党的领导、保障党员权利以及完善基层治理中的作用与意义。党内基层民主并不是独立的民主化进程，它的民主化过程与我国整体的民主化进程、社会治理的实现、和谐社会的建构以及党执政合法性的培育密切地联系在一起。它已经成为我国未来基层治理与社会发展的重要主题，也是未来基层民主建设的重要内容。

第七章

以民主促进和谐：基层民主发展的中国道路

客观地讲，中国的基层民主发展还存在着各种各样的问题，其现实基础仍然十分脆弱，一些地方侵犯群众民主权利，甚至拒不放权给基层群众。此外，基层民主的制度化和规则化建设还远远不够，国家的权利保障和社会自治组织的发展还有待增强。因此，从目前还远不是总结经验和模式的时候。但是，我国基层民主30年来的确形成了具有独特的民主发展方式和途径，从基层民主发展和实验中总结出来的一些经验和模式已经成为党和国家进一步推动社会主义民主政治建设的重要举措。[①] 因此，目前的当务之急，应该是去观察和分析现实中基层民主制度的运作状况，由此才能进一步推动民主的未来健康发展。为了进一步理解中国基层民主建设的发展方向，更好地促进社会和谐的实现，笔者根据自己的理解在此对中国基层民主发展的经验模式加以简要总结。

一、从民主行动着手构建民主

中国基层民主的发展，坚持实践第一，排除了一些人认为民主先从社会最落后的农村和农民开始是理论怪胎这一看法的干扰，通过民主实践让基层群众学会运用民主权利、发展民主能力，从而形成具有中国传统根基、现实政治风格和地

① 中共十七大政治报告中关于发展民主政治和党内民主的论述，都是从基层民主发展的经验中总结出来的。《高举中国特色社会主义伟大旗帜为夺取全面建设小康社会新胜利而奋斗》，新华社，2007年10月15日。

域文化基础的民主发展方式。因此，20 年后来看，反倒是文化水平最低、政治知识最少的农民更懂得怎样选举是公平和正当的，用什么样的制度能够管住不负责任的权力代理者；是农民的民主行动打破了东亚人民不喜欢竞争性选举的所谓文化价值论，让文化特殊论者顿失借口；是农民创造了“五牙子章”① 这种程序和技术来限制村委会干部滥用职权；也是民主实践中的困境让基层农民推动了村党支部选举的“两票制”以及村务决策的“两会制”改革。前者在党的十七大报告中成为进一步发展党内民主的有效措施，而后者成为全国村务公开、民主管理的基本制度设置之一。展开来看，正是村民自治的民主实践激发了乡镇的民主创新构想与实践，也促动了城市社区民主自治的新民主领域选择；而公民通过业主委员会的民主实践，进一步有了参与基层人大代表的公民行动意愿和能力；基层社会治理的新变化促动了行政民主的发展，党内生态的发展催动着基层党内民主的勃勃生机……正如本杰明·巴伯所言，“参与孕育参与，民主滋养民主……少许的自治经验，激励更多的自治欲求；微量的政治行动，鼓舞大量的行动欲望。”② 萧公权先生也认定，只要我们要民主，选定了这种生活方式，踏实做去，我们便会有民主。民主的内容好坏，民主的性质如何，不是空谈主义、高呼口号所能决定，而是要由多数人民的风格、言论、行为来决定。③

而今，通过基层民主各个领域的创新、发展和实践的扩展，结合目前我国人类发展指数已经处于世界中等水平的现状，可以说已经并且正在为更高程度的社会主义民主政治建设奠定基础结构。由此，美国的中国问题研究专家黎安友（Andrew Nathan）评论道，“今天，中国政治文化的主要裂痕也许并不存在于先进的知识分子和落后的群众之间，而存在于要求有更多民主的人们和害怕给予民主的人们之间。”④ 从民主行动和实践着手的务实的民主建构，既扩展了人们的民主信心和民主能力，也使得整个基层社会的民主诉求可以得到现实而切近的表达通道，并迅速增强了国家适应民主机制的能力，为国家治理现代化与社会和谐奠定了基础。

二、从国家治理的需要发展民主

民主的建构又是一个历史发展的进程。正如我们看到西方民主模式的历史发

① “五牙子章”：村委会公章分为五牙，村委会主任、会计以及村民监督小组成员分别持一块，五个牙章合一才能盖章有效。

② 郭秋永：《当代三大民主理论》，新星出版社 2006 年版，第 127 页。

③ 萧公权：《宪政与民主》，清华大学出版社 2006 年版，第 170 页。

④ 杨建利、何小川：《中国的民主化与新权威主义》，《当代中国研究》1994 年第 5 期。

展是与特定的国家构建、经济社会结构变化密切相关一样，我们发展民主制度要立足中国现代国家构建和国家治理现代化的基本历史和逻辑需要，使得民主发展和国家制度建设同步前进。

在基层民主发展中，已经愈来愈体现出这样一种明显的特点：基层民主的发展促使了地方政府及其职能部门加强对权力运作制度化和透明化的关注，以使得民主监督能够具有一个“可得见的政府”来作为对象。而这样的发展则大大强化了国家的制度能力和规则渗透能力，减小了基层权力代理者对于公共权力的攫取和滥用；基层民主的发展使得国家制度和法律规则成为整个社会基本行为规则，促进了现代国家构建中的制度能力建设。公民诉求于国家法律和规则的民主行动和维权活动，使得违规和违法运行的企业、权力代理者不得不遵行法律机制，从而极大促进了国家的一体化进程。最后，基层民主的发展在一定程度上遏制了处于国家权力末梢的、自上而下的行政监控能力较弱的基层政权的掠夺化倾向，对防止国家政权建设的“内卷化”① 有一定现实意义。

美国政治学家默里·埃德尔曼认为：（民主）选举是一种有助于公众归顺既定政治秩序的象征性仪式。它有助于“抚慰在具体政治行为方面产生的不满和疑虑，增加对本制度合理性和民主性的认识，进而培养顺从未来的行为习惯”。② 而与国家治理能力协调发展的民主制度会使得民主和现代国家建构双重目标的达成更有可能。世界范围内的研究一再表明，民主转型过程中必须强化政府的治理能力，民主发展必须以国家制度建构为基础，从现代国家建构的需要来设计民主方案，是后发国家民主建设必须注意的问题。如此，才有可能在政治民主化的实践层面避免弱民主和国家解体的共生，实现强大的民主国家。③

三、从公民利益诉求扩展民主

我国基层民主发展的一条主要行动路线是根据社会经济发展和公民利益诉求的发展而逐步扩展。在选择基层民主扩展的方向上，以人民群众公共生活需要为动力，以表达逐步扩展的利益诉求为途径，从而与整体的政治和经济环境发展相适应。农村村民自治制度就是应农村经济体制改革的需要而出现的。村民自治赋予了广大农民当家作主的民主权利，对缓解农村社会矛盾、化解“三农”问题、

---

① 杜赞奇：《文化、权力与国家——1900～1942 年的华北农村》，王福明译，江苏人民出版社 1996 年版。

② 房宁：《现代政治中的选举民主》，《战略与管理》2000 年第 6 期。

③ 郑永年：《政治改革与中国国家建设》，《战略与管理》2001 年第 2 期。

提高政府管理水平、强化现代国家对于农村社会的政治整合等，都起到了重要作用。文化水平落后的农民，反倒最能够使用国家法律法规来保障自己的权益[①]；城市社区居民自治制度则是在城市社会单位体制逐步解体的过程中，适应基层社会管理和居民社区公共生活需要的产物。居委会主任被称之为“小巷总理”，可见社区居委会在解决城市社会转型中所起到的作用。通过发动居民参与社区建设和民主管理，居委会成为政府和居民之间的桥梁和纽带；伴随着商品房住宅区的大规模发展，业主群体日渐成为一个具有独立的利益诉求的新社会群体，以业主委员会建设为中心的业主自治活动既是对社区居民自治的良好补充，又充分体现了社区民主的多样形式和多元利益诉求；企业民主管理制度是随着国企改革的进程而逐步发展的。从扩大企业自主权到承包制改革、现代企业制度建设以及股份制改革等企业变革中，企业职工的民主管理和民主监督，是保障国有资产不被少数腐败分子侵吞的重要机制，等等。

政治学的一般说法是，经济越发达，民主政治越容易产生。但是，如果不在经济社会发展的同时展开对公民利益诉求的及时制度化和规范化，经济发展所造成的政治和社会多元化并不能保证好的民主一定可以实现。奥唐奈尔对拉美国家的研究表明，政治多元化和政治民主化不是一回事。前者是指一个国家内存在多种不同诉求、不同政治理念的政治单元，而政治民主化则是各种政治单元之间共存关系和他们参政渠道的制度化表现。经济发展水平越高，政治就较容易多元化，但政治民主化水平不一定越高。拉丁美洲一些国家随着经济的发展，国内产生了各种参政愿望极强、政治诉求甚高且颇有组织能力的民间力量，由此导致了政治多元化。但是他们之间的关系和参政管道都没有及时被制度化。于是，政治生活秩序混乱，产生的政府都是缺乏治理能力的“民主政府”。它们疲于满足力量较强的民众组织的过分要求，难于使经济均衡发展，从而产生了高通货膨胀等经济难题。[②] 正如党的十七大报告所表明的，政治体制改革作为我国全面改革的重要组成部分，必须随着经济社会发展而不断深化，与人民政治参与积极性不断提高相适应。[③] 这是对基层民主发展经验的一种规律性总结。

---

① 反之，社会中的其他群体，当权益遭到侵犯时，却较少甚至难以找到正当的法律途径来维护自己的权利。于建嵘：《当代中国农民的以法抗争——关于农民维权活动的一个解释框架》，《社会学研究》2004 年第 2 期；于建嵘：《转型期中国的社会冲突——对当代工农维权抗争活动的观察和分析》，《凤凰周刊》总第 176 期。

② 杨建利、何小川：《中国的民主化与新权威主义》，《当代中国研究》1994 年第 5 期。

③ 《高举中国特色社会主义伟大旗帜为夺取全面建设小康社会新胜利而奋斗》，新华社，2007 年 10 月 15 日。

四、从合作和共识目标创设民主

转型社会是一个社会利益日益分化，社会阶层结构持续变化以及社会成员的思想和价值观也不断变化的社会。要形成具有凝聚力的社会共识以推动社会转型的顺利完成，这是任何转型国家的基本需求。中国基层民主在发展形式上，既充分借鉴竞争性民主机制在表达社会成员意见，推进竞争性民主的制度化和规范化的优势，又积极发展各种形式的民主协商、民主讨论和民主论坛等参与性和协商民主，以民主的机制推进社会合作和形成社会共识，消除社会分歧。基层民主的发展实践一再提示我们，民主是一种多形式、多层次和多种类的政治模式，只要把握住民主的核心内涵，完全可以在选举之外，继续开发更多形式的、以寻求社会合作和民主共识为目标的民主形式。这样，既有利于基层政府推进合理的社会管理方式，也有助于公民之间逐步建立有机的公共生活共同体，形成公民责任和能力在民主过程中逐步增强的民主的基础结构。一个社会民主政治的过程和民主政治的生活，不仅要靠一定的民主政治的体制和规范，而且要看这个社会各种组织内部的权力关系和权力运作。只有社会的每个细胞都能在民主程序下运行，社会的民主政治才具有充分的条件。[①] 这种民主形态的发展，将是未来中国更高层次、更大范围以及更高质量政治民主的社会基础。

五、从中国改革模式探寻民主的发展方向

基层民主向什么方向发展，是研究中国基层民主问题的学者和很多推进基层民主发展的政策决策者都十分关注的问题，也有不少学者提出了各种版本的预测。笔者认为，中国的改革有其自身的逻辑过程和内在依据，它既在很大程度上决定了经济体制改革的进程和方向，也是政治体制改革的牵引器。与其根据各种风向来推测，还不如通过研究中国改革模式的过去，从中推导出基层民主发展的新路向。

正如我们在前面的章节有详述的，中国的改革是一个分权式的改革进程。地方分权充分调动了地方主政者动员整个政府机器和社会资源以发展地方经济、推进经济体制改革并与其他地域进行竞争。但是分权改革也促成了地方政府利益的独立化，中央对地方的分权被地方政府垄断。因此，分权多则中央弱，分权少则地方不活，如果缺乏有效制度安排予以化解，长期以往必将付出重大政治和社会

① 李普赛特：《政治人——政治的社会基础》，聂蓉译，商务印书馆 1993 年版，第 42 页。

成本。[①] 因为，当前的分权类似于农村改革的承包制，往往分给地方的权力就被地方一把手或者不多的官员承包了，上级难以有效监督，公民更缺乏有效的民主机制予以约制，难免地方政府的“苏丹化”倾向。这种危机是逐步出现的，最先就体现在政府的科层体系最难以完全监控的基层社会中。

农村改革之后农民获得生产经营自主权，基层政权也从村回撤到乡镇，社会最基层的管理者事实上就没有了行政体系的最基本约束。村民自治最初虽然是作为农民自己的创造而出现的，[②] 但是作为国家制度予以推广背后的因素就不再是单纯的组织农民了，而且加上了民主建设的内涵，并强调会随着农民民主能力的提高和民主训练的扎实而逐步提高民主层级。[③]

另一方面，分权改革使得中国的政治和行政体系得以分化为不同层级，各级政权之间的利益也不完全相同。因此，体现在现实中，就是早期中央提出加强基层民主，如村民自治，而地方则非常不愿意，以至于《村民委员会组织法》试行了所有立法中最漫长的10年时间才正式通过。2003年，国家建设部颁布的《业主委员会组织条例》也被不少地方政府视同大敌等。这主要是因为中央政府将分权给了公民而不能被地方政府攫取，或者至少判定各种攫取是不合法的。这是中央推动基层民主发展内在动力之一。而且，在地方层级和基层社会的民主建设其社会风险较低，政治和社会收益比较大。

随着中国改革中地域经济力量的发展，以及在地方分权中逐步加大对县级的分权力度，也就是我们常说的强县扩权，县级政府成为发展地域经济的主导力量。近年来浙江、湖北、湖南、辽宁、吉林、江西、安徽等一些省纷纷试行由市管县改为省直管县。[④] 显然，县级政府的扩权必须伴随相应民主制约机制的跟进，否则，最近一些年一些县级政治黑恶化和贪腐窝案的案例将会更多地出现，动摇国家统治的权威性和合法性。再从现实中观察，新一代领导人主导了全国的县级党内民主改革，在试点的基础上，已经有所扩大。在中共十七大政治报告中，党内民主建设单列一项，而且最为切实的措施就是县（区市）（以下简称县）级党代表常任制改革和党委决策民主化改革。其目标之一是“反对和防止个人或少数

---

① 朱苏力：《当代中国的中央与地方分权——重读毛泽东〈论十大关系〉第五节》，《中国社会科学》2004年第2期。

② 徐勇：《伟大的创造从这里起步——最早的村委会诞生追记》，《炎黄春秋》2000年第9期。

③ 彭真：《通过群众自治实行基层直接民主》，《彭真文选》，人民出版社1991年版，第608页；邓小平：《党和国家领导制度的改革》，《邓小平文选》（第2卷），人民出版社1983年版。

④ 傅光明：《湖北的省直管县——中部地区财政体制改革的探索与创新》，《经济学消息报》2007年1月5日。

人专断”①，也就是以民主机制防止县级政权可能的“苏丹化”。县级民主建设已经箭在弦上。

因此，结合我们对基层民主发展目标、发展方式的分析，我们初步判断，我国的基层民主未来的发展，将会逐步地方民主化。其主要表现是：①县政的民主结构和制度建设得到更大程度关注，县政民主成为地方民主建设的主导力量，县级党内民主建设则会走在更前面；② ②基层民主向各个领域扩展并且民主权利的制度化和规范化建设进一步加强，“扩大基层群众自治范围，完善民主管理制度”③；③基层民主的形式将进一步创新，在选举制度完善的基础上，会探索更多的“日常民主”实现形式，强化社会合作，凝聚社会共识。这也是体现以人为本的执政思想。这样，基层民主就和逐步上升到县级的政权民主建设相融合，形成基层民主的地方化趋势。有学者将这条思路概括为分权民主化，即权分到哪儿，民主跟到哪儿。把中央制约地方权力的部分责任让当地选民来履行，迫使官员成为公仆。分权类似挖渠，民主化则是放水，最后的目标是国家能力与民主成果的共同收获。④

当前，我国面临着非常特殊的经济处境和社会发展状况，非均衡性是我国政治、经济、社会和文化的一个根本性特征。⑤ 正处于深刻结构性变革中的政治、经济体制往往面临多重重大矛盾和挑战，贸然启动全国普选和上层民主政治的重大改革，冲突的利益诉求和妥协机制的欠缺会酿成社会经济发展的灾难。正如邓小平同志所言，现在立即搞全国普选还不行，只能在县（市）以下的基层开展直接选举，待以后时机成熟后再推进至中、高层。从基层民主出发，逐步发展人民群众直接参与政治生活的民主能力和习惯，构造民主政治的基础工程，然后在实践和创新中逐步有序向上扩展，确保民主建设和经济、社会发展相适应，这是中国式民主政治建设的一条基本经验。因此，扩大基层民主，是完善发展中国民主政治的基础性工作。在这样牢固的基础上，才能扎实推进，有序扩展，逐级而上，渐成大势。

“人民民主是社会主义的生命。”⑥以民主促进和谐是发展社会主义、构建和谐社会的重要途径，这是笔者对基层民主与社会和谐之间关系的初步回答。在推进中国现代国家构建的进程中，如何协调国家能力构建、民主发展和经济建设等之间的关系，开发多方面的资源和力量推动社会主义和谐社会的建设，实现中国

---

①③⑥ 《高举中国特色社会主义伟大旗帜为夺取全面建设小康社会新胜利而奋斗》，新华社，2007年10月15日。

② 徐勇：《县政、乡派、村治：乡村治理的结构性转换》，《江苏社会科学》2002年第2期。

④ 吴稼祥：《中国百年民主化尝试的再思考——兼论总统制与分权制的政改之路》，中国选举与治理网，2005年11月25日。

⑤ 徐勇：《非均衡的中国政治：城市与乡村的比较》，中国广播电视出版社1992年版。

这样一个大国和平稳定的现代转型，是这个时代执政者和全体中国人都必须深深思考的问题。它的紧迫性和必要性不容我们一再延宕，而它的复杂性和艰巨性也不容我们莽勇以进。经济发展使民主成为可能，政治领导则使民主成为现实。①中国的现代国家构建、民主政治建设和社会和谐的实现，一定要有深具历史使命感和政治智慧的政治领导才能实现，也一定需要理性、智慧的公民参与才能实现，民主和谐的中国之路，只能建立在务实、理性而富有远见的政治行动之上。

① 塞缪尔·亨廷顿：《第三波：二十世纪末的民主化浪潮》，刘军宁译，上海三联书店 1998 年版，第 380 页。

参考文献

[1]《邓小平文选》(第1卷)，人民出版社1994年版。

[2]《邓小平文选》(第2卷)，人民出版社1994年版。

[3]《江泽民文选》(第3卷)，人民出版社2006年版。

[4]《列宁全集》(第9卷)，人民出版社1985年版。

[5]《列宁选集》(第四卷)，人民出版社1972年版。

[6]《民主恳谈——温岭人的创造》，中央编译出版社2005年5月第1版。

[7]《彭真文选》，人民出版社1991年版。

[8]《中国大百科全书》编委会:《中国大百科全·社会学卷》，中国大百科全书出版社1991年版。

[9][澳]卡罗琳·亨德里克斯:《公民社会与协商民主》，载陈家刚选编:《协商民主》，三联书店2004年版。

[10][德]马克斯·韦伯:《儒教与道教》，商务印书馆1995年版。

[11][德]托马斯·海贝勒、君特·舒耕德:《从群众到公民——中国的政治参与》，张文红译，中央编译出版社2009年版。

[12][美]迈克尔·曼:《社会权力的来源》(第2卷·上)，上海世纪出版集团2007年版。

[13][美]F. J. 古德诺:《政治与行政》，华夏出版社1987年版。

[14][美]安东尼·奥罗姆:《政治社会学》，上海人民出版社1989年版。

[15][美]彼得·布劳:《社会生活中的交换与权力》，商务印书馆2008年版。

[16][美]杜赞奇:《文化、权力与国家:1900~1942年的华北农村》，江苏人民出版社1994年版。

[17][美]卡罗尔·佩特曼:《参与和民主理论》，陈尧译，上海人民出版社2006年版。

[18][美]科恩:《论民主》，聂崇信等译，商务印书馆1988年版。

[19] [美] 科恩:《论民主》,商务印书馆 1988 年版。

[20] [美] 曼瑟·奥尔森:《集体行动的逻辑》,上海人民出版社 1995 年版。

[21] [美] 塞缪尔·P. 亨廷顿:《变化社会中的政治秩序》,三联书店。

[22] [美] 塞缪尔·P. 亨廷顿:《变化社会中的政治秋序》,王冠华、刘为等译,上海世纪出版集团 2008 年版。

[23] [美] 塞缪尔·亨廷顿、劳伦斯·哈里森:《文化的重要作用——价值观如何影响人类进步》,新华出版社 2002 年版。

[24] [英] 拉尔夫·达仁道夫:《现代社会冲突》,中国社会科学出版社 2000 年版。

[25] [英] J. S. 密尔:《代议制政府》,商务印书馆 1982 年版。

[26] Wu, xiaogang: *Work Units and Income Inequality: The Effect of Market Transition in Urban China*, SocialForces, 2002.

[27] 本书编写组:《〈中共中央关于推进农村改革发展若干重大问题的决定〉辅导读本》,人民出版社 2008 年版。

[28] 本书编写组:《〈中共中央关于加强和改进新形势下党的建设若干重大问题的决定〉辅导读本》,人民出版社 2006 年版。

[29] 本书编写组:《〈中共中央关于加强和改进新形势下党的建设若干重大问题的决定〉辅导读本》,人民出版社 2009 年版。

[30] 本书编写组:《基层党组织工作创新 100 例》,中共党史出版社 2010 年版。

[31] 本书编写组:《十七大报告学习辅导百问》,学习出版社、党建读物出版社 2007 年版。

[32] 布莱尔:《社区权力与公民参与》,中国社会出版社 2003 年版。

[33] 蔡定剑:《民主是一种现代生活》,社会科学文献出版社 2010 年版。

[34] 蔡定剑:《中国人民代表大会制度》,法律出版社 2003 年版。

[35] 常凯:《劳动关系·劳动者·劳权——当代中国劳动问题》,中国劳动出版社 1995 年版。

[36] 常凯:《劳权论——当代中国劳动关系的法律调整研究》,中国劳动社会保障出版社 2004 年版。

[37] 陈俊宏:《马克思主义中国化最新成果研究》,人民日报出版社 2009 年版。

[38] 陈少晖:《从计划就业到市场就业——国有企业劳动就业制度的变迁与重建》,中国财政经济出版社 2003 年版。

[39] 达尔:《论民主》,商务印书馆 1999 年版。

［40］邓正来、［英］J. C. 亚历山大：《国家与市民社会：一种社会理论的研究路径》，中央编译出版社 1998 年版。

［41］窦泽秀：《社区与行政——社区发展的公共行政学视点》，山东人民出版社 2003 年版。

［42］杜润生：《杜润生自述：中国农村体制变革重大决策纪实》，人民出版社 2005 年版。

［43］冯同庆：《工会在承包、租赁和股份制中面临的问题及对策》，工人出版社 1988 年版。

［44］傅伯言、汤乐毅、陈小青：《中国村官》，南方日报出版社 2004 年版。

［45］高书生：《中国就业体制改革 20 年》，中州古籍出版社 1998 年版。

［46］高新民、张希贤：《中国共产党建设史》，中共中央党校出版社 2009 年版。

［47］关键：《"以村带镇"的政务公开机制》，载中国行政管理学会编：《政府建设与政务公开研究》，知识出版社 2001 年版。

［48］何俊志：《制度等待利益——中国县级人大制度模式研究》，重庆出版社 2005 年版。

［49］华尔德：《共产党社会的新传统主义——中国工业中的工作环境和权力结构》，龚小夏译，（香港）牛津大学出版社 1996 年版。

［50］华尔德：《再分配经济中的产权与社会分层》，载边燕杰主编：《市场转型与社会分层——美国社会学者分析中国》，三联书店 2002 年版。

［51］黄辉祥：《村民自治的生长——国家建构与社会发育》，西北大学出版社 2008 年版。

［52］黄炎培：《延安归来》，载《八十年来——黄炎培自述》，文汇出版社 2000 年版。

［53］黄宗智：《中国的"公共领域"与"市民社会"？——国家与社会间的第三域》，载邓正来、亚历山大编：《国家与市民社会——一种社会理论的研究路径》，中央编译出版社 2002 年版。

［54］姜颖：《对集体合同形式化的反思》，《北京工会论坛文集》，2004 年版。

［55］蒋月：《中国农民工劳动权利保护研究》，法律出版社 2006 年版。

［56］蒋自强、史晋川：《当代西方经济学流派》，复旦大学出版社 1996 年版。

［57］景跃进：《行政民主：意义与局限——温岭"民主恳谈会"的启示》，载慕毅飞、陈奕敏主编：《民主恳谈——温岭人的创造》，中央编译出版社 2005 年版。

［58］科恩：《论民主》，商务印书馆 1988 年版。

[59] 库特·宗特海默尔：《联邦德国政府与政治》，复旦大学出版社1985年版。

[60] 郎友兴：《从社会排斥到社会融合：外来民工本地化与构建中国城市和谐社区》，载黄卫平、汪永成主编：《当代中国政治研究报告V》，社会科学文献出版社2007年版。

[61] 劳凯主编：《中国劳动关系报告——当代中国劳动关系的特点和趋向》，中国劳动社会保障出版社2009年版。

[62] 李凡：《中国基层民主发展报告.2006/2007》，知识产权出版社2007年版。

[63] 李凡：《中国基层民主发展报告.2008》，知识产权出版社2008年版。

[64] 李凡：《中国基层民主发展报告2000~2001》，东方出版社2002年版。

[65] 李凡：《中国选举制度改革》，上海交通大学出版社2005年版。

[66] 李环主编：《和谐社会与中国劳动关系》，中国政法大学出版社2007年版。

[67] 李惠斌、薛晓源主编：《中国调查报告：社会关系的新变化与执政党的建设》，社会科学文献出版社2003年版。

[68] 李金红：《中国城市社区治理转型中的民主与和谐》，载李腊生、李金红主编：《社区民主与社会和谐》，社会科学文献出版社2010年版。

[69] 李连江、欧博文：《当代中国农民的依法抗争》，载吴国光编：《九七效应：香港、中国与太平洋》，香港太平洋世纪研究所1997年版。

[70] 李路路、王奋宇：《当代中国现代化进程中的社会结构及其变革》，浙江人民出版社1992年版。

[71] 李猛、周飞舟、李康：《单位：制度化组织的内部机制》，《中国社会学季刊》1996年秋季卷。

[72] 李秀琴、王金华：《当代中国基层政权建设》，中国社会出版社1995年1版。

[73] 李学举：《中国城乡基层政权建设工作研究》，中国社会出版社1994年版。

[74] 李颖：《发展党内民主的思考与探索》，中国经济出版社2009年版。

[75] 联合国科教文组织：《内源发展战略》，社会科学文献出版社1988年版。

[76] 林南、边燕杰：《中国城市中的就业与地位获得过程》，载边燕杰主编：《市场转型与社会分层——美国社会学者分析中国》，三联书店2002年版。

[77] 林尚立：《中国共产党与国家建设》，天津人民出版社2009年版。

[78] 林毅夫：《财产权利与制度变迁——产权学派与新制度学派译文集》，

上海三联书店、上海人民出版社1994年版。

[79] 刘文元：《职工民主理论管理理论与实践》，中国劳动社会保障出版社2007年版。

[80] 刘义强：《民主和谐论——现代国家构建中的基层民主与社会和谐》，西北大学出版社2008年版。

[81] 刘元文编著：《职工民主管理理论与实践》，中国劳动社会保障出版社2007年版。

[82] 刘智、史卫民、周晓东、吴运浩：《数据选举：人大代表选举统计研究》，中国社会科学出版社2001年版。

[83] 龙太江：《论政治妥协——以价值为中心的分析》，华中科技大学出版社2004年版。

[84] 卢梭：《社会契约论》，商务印书馆1982年版。

[85] 罗西瑙：《没有政府的治理》，剑桥大学出版社1995年版；《21世纪的治理》，《全球治理》1995年创刊号。

[86] 雒军：《改革开放以来党内基层民主建设及基本经验研究》，华中师范大学硕士论文，2009年。

[87] 马宝成：《政务公开的概念及理念论析》，载中国行政管理学会编：《政府建设与政务公开研究》，知识出版社2001年版。

[88] 马敏：《官商之间——社会剧变中的近代绅商》，天津人民出版社1995年版。

[89] 马长山：《国家、市民社会与法治》，商务印书馆2002年版。

[90] 迈克尔·罗斯金：《政治科学》，华夏出版社2001年版。

[91] 孟伟：《日常生活的政治逻辑——以1998~2005年间城市业主维权行动为例》，中国社会科学出版社2007年版。

[92] 农业部产业政策与法规司：《中国农村50年》，中原农民出版社1999年版。

[93] 潘嘉玮、周贤日：《村民自治与行政权的冲突》，中国人民大学出版社2004年版。

[94] 浦兴祖：《当代中国政治制度》，复旦大学出版社1999年版。

[95] 瞿同祖：《清代地方政府》，法律出版社2003年版。

[96] 全国党的建设研究会课题组：《推进党内基层民主建设研究》，党建读物出版社2010年版。

[97] 人力资源和社会保障部组织编写：《中国人力资源和社会保障年鉴.2009》，中国劳动社会保障出版社、中国人事出版社2009年版。

[98] 人民出版社编：《中国共产党全国代表大会和地方各级代表大会代表任期制暂行条例》，人民出版社2008年版。

[99] 人民代表大会制度研究所：《与人大代表谈人民代表大会制度》，人民出版社2004年版。

[100] 荣敬本等：《从压力型体制向民主合作体制的转变——县乡两级政治体制改革》，中央编译出版社1998年版。

[101] 上海社会科学联合会等：《上海社区发展报告（1996～2000）》，上海大学出版社2000年版。

[102] 施雪华：《政府权能理论》，浙江人民出版社1998年版。

[103] 史卫民、雷兢璇：《直接选举：制度与过程——县（区）级人大代表选举实证研究》，中国社会科学出版社1999年版。

[104] 史卫民：《公选与直选：乡镇人大选举制度研究》，中国社会科学出版社2000年版。

[105] 孙立平：《博弈——断裂社会的利益冲突与和谐》，社会科学文献出版社2006年版。

[106] 孙立平：《重建社会：转型社会的秩序再造》，社会科学文献出版社2009年版。

[107] 唐晋：《大国策：通向大国之路的中国民主——党内民主》，人民日报出版社2009年版。

[108] 唐忠新：《中国城市社区建设概论》，天津人民出版社2000年版。

[109] 田穗生、高秉雄、吴卫生、苏祖勤：《中外代议制度比较》，商务印书馆2000年版。

[110] 田毅鹏、漆思：《单位社会的终结：东北老工业基地典型单位制背景下的社区建设》，社会科学文献出版社2005年版。

[111] 王绍光：《祛魅与超越》，中信出版社2010年版。

[112] 王绍光：《民主四讲》，生活·读书·新知三联书店2008年版。

[113] 王寿林：《当代社会主义民主论》，中共中央党校出版社2002年版。

[114] 王巍、牛美丽编译：《公民参与》，中国人民大学出版社2009年版。

[115] 王维国：《公民有序政治参与的途径》，人民出版社2007年版。

[116] 王锡锌：《公共参与和行政过程》，中国民主法制出版社2007年版。

[117] 王勇兵：《党内民主的制度创新与路径选择——基于基层和地方党内民主试点的实证研究》，中央编译出版社2010年版。

[118] 王振耀、白益华主编：《乡镇政权与村委会建设》，中国社会出版社1996年版。

［119］王振耀：《中国村民自治理论与实践探索》，宗教文化出版社2000年版。

［120］威尔逊：《国会政体：美国政治研究》，商务印书馆1986年版。

［121］吴振坤：《20世纪共产党执政的经验教训》，中共中央党校出版社2002年版。

［122］夏建中：《社区工作》，中国人民大学出版社2005年版。

［123］夏赞忠：《党内民主法规制度研究》，中国方正出版社2009年版。

［124］肖立辉等：《中国共产党党内民主建设研究》，重庆出版社2006年版。

［125］肖镛主编：《无行政权力依托基层党组织建设研究》，上海三联书店2009年版。

［126］谢庆魁：《基层民主政治建设的拓展——论温岭市的民主恳谈》，载慕毅飞、陈奕敏主编：《民主恳谈——温岭人的创造》，中央编译出版社2005年5月第1版。

［127］新华月报编：《十六大以来党和国家重要文献选编》（上一），人民出版社2005年版。

［128］徐勇、陈伟东等：《中国城市社区自治》，武汉出版社2002年版。

［129］徐勇：《"回归国家"与现代国家的建构》，载徐勇著：《现代国家乡土社会与制度建构》，中国物资出版社2009年版。

［130］徐勇：《非均衡的中国政治：城市与乡村比较》，中国广播电视出版社1992年版。

［131］徐勇：《伟大的创造从这里起步——探索中国最早的村委会的诞生地》，中国社会科学出版社2003年版。

［132］徐勇：《乡村治理与中国政治》，中国社会科学出版社2003年版。

［133］徐勇：《中国农村村民自治》，华中师范大学出版社1997年版。

［134］选编组：《中国共产党章程汇编（从一大到十七大）》，中共中央党校出版社2007年版。

［135］杨体仁、李丽林编著：《市场经济国家劳动关系——理论、制度、政策》，中国劳动社会保障出版社2000年版。

［136］杨云彪：《公民的选举：一个公共选择话题》，中国大百科全书出版社2008年版。

［137］殷陆君编译：《人的现代化》，四川人民出版社1985年版。

［138］尹中卿：《人大研究文萃（第2卷）》，中国法制出版社2004年版。

［139］于建嵘：《当代中国农民的以法抗争——关于农民维权活动的一个解释框架》，《社会学研究》2004（2）。

［140］俞可平：《治理与善治》，社会科学文献出版社2000年版。

[141] 俞可平:《中国公民社会的兴起与治理的变迁》，社会科学文献出版社2002年版。

[142] 俞可平主编:《和谐社会与政府创新》，社会科学文献出版社2008年版。

[143] 袁达毅、余敏、李欣:《乡级人大代表选举研究》，中国社会出版社2008年版。

[144] 袁达毅:《县级人大代表选举研究》，中国社会出版社2008年版。

[145] 袁志刚、方颖:《中国就业制度的变迁》，山西人民出版社1998年版。

[146] 詹成付:《中国村民自治的现状和未来的基本走向》，载张明亮主编:《村民自治论丛》第1辑，中国社会出版社2001年版。

[147] 詹姆斯·R. 汤森、布兰特利·沃马克:《中国政治》，江苏人民出版社2004年版。

[148] 张广修等:《论村规民约》，武汉大学出版社2002年版。

[149] 张静:《个体与权威: 如何建立二者的联系?》，载张静主编:《国家与社会》，浙江人民出版社1998年版。

[150] 张静:《利益组织化单位: 国企职代会案例研究》，中国社会科学出版社2001年版。

[151] 张康之、凌岚等:《公共管理导论》，经济科学出版社2003年版。

[152] 张明楚:《中国共产党基层组织建设史》，福建人民出版社2008年版。

[153] 张涛、王向民、陈文新:《中国城市基层直接选举研究》，重庆出版社2008年版。

[154] 张小劲:《民主建设发展的重要尝试温岭“民主恳谈会”所引发的思考》，载慕毅飞、陈奕敏主编:《民主恳谈——温岭人的创造》，中央编译出版社2005年5月第1版。

[155] 奕敏主编《民主恳谈——温岭人的创造》，中央编译出版社2005年5月第1版。

[156] 张暎硕:《当代中国劳动制度变化与工会功能的转变》，河北大学出版社2004年版。

[157] 郑功成、黄黎若莲:《中国农民工问题与社会保护》，人民出版社2007年版。

[158] 郑长忠:《中国共产党党内民主制度创新》，天津人民出版社2005年版。

[159] 中共云南县委、云安县人民政府主编:《云安实践: 农村综合改革续集（一）》。

[160] 中共中央文献研究室编:《三中全会以来重要文献选编》（上），人民

出版社 1982 年版。

［161］中共中央文献研究室编：《三中全会重要文献选编》，人民出版社 1982 年版。

［162］中共中央文献研究室编：《深入学习实践科学发展观活动领导干部学习文件选编》，中央文献出版社 2008 年版。

［163］中共中央文献研究室编：《十六大以来重要文献选编》（上），中央文献出版社 2005 年版。

［164］中共中央文献研究室编：《十六大以来重要文献选编》（中），中央文献出版社 2006 年版。

［165］中共中央文献研究室编：《十七大以来重要文献选编》（上），中央文献出版社 2009 年版。

［166］中共中央文献研究室编：《十三大以来重要文献选编》（上），人民出版社 1991 年版。

［167］中共中央文献研究室编：《十三大以来重要文献选编》（上），中央文献出版社 2011 年版。

［168］中共中央文献研究室编：《十三大以来重要文献选编》（中），中央文献研究室编，2011 年版。

［169］中共中央文献研究室编：《十四大以来重要文献选编》（中），人民出版社 1997 年版。

［170］中共中央文献研究室编：《十五大以来重要文献选编》（中），人民出版社 2003 年版。

［171］中共中央文献研究室编：《中共十三届四中全会以来历次全国代表大会中央全会重要文献选编》，中央文献出版社 2003 年版。

［172］周叶中：《代议制度比较研究》，武汉大学出版社 2005 年版。

［173］朱伟：《有序——党内基层民主科学发展论》，中共中央党校出版社 2009 年版。

［174］朱晓阳、陈佩华：《职工代表大会：职工利益的制度化表达渠道?》，载冯同庆主编：《中国经验：转型社会的企业治理与职工民主参与》，社会科学文献出版社 2005 年版。

［175］卓越：《地方人大监督机制研究》，人民出版社 2002 年版。

［176］邹谠：《二十世纪的中国政治》，香港：牛津大学出版社 1994 年版。

［177］邹农俭、吴业苗：《税费改革：农村治理模式的跃迁》，社会科学文献出版社 2007 年版。

后 记

《以民主促进和谐——和谐社会构建中的基层民主政治建设研究》一书，系作者承担的教育部哲学社会科学重大课题攻关项目的最终成果，历时5年有余，终于面世了。5年以来，尤其是党的十八大以来，国家治理现代化建设得到高度重视，党和国家也正以雷霆之力破除阻碍改革发展的体制机制，加强依法治国和民主制度建设，尤其强调深入推动各个层次、各个领域的协商民主发展。我们华中师范大学中国农村研究院的一支学术团队，长期致力于中国城乡基层民主和基层治理的研究，深感于此领域发展成果的丰硕、发展历程的艰辛以及对未来国家治理现代化建设的重大意义，冀望借此研究阐释我国基层民主的结构体系框架和历史演进逻辑，提出以民主促进和谐的理论命题，并以基层民主的发展为基础，讨论了中国民主政治建设的基本逻辑。

此书是我们研究团队共同努力的结果。徐勇教授作为重大攻关课题的首席专家，科学规划了总体思路和结构框架，提出“以民主促进和谐”的理论命题作为本书的核心线索。提出，通过对村民自治、社区自治、单位民主、基层人大民主、基层行政民主和基层党内民主的分析，总结基层民主发展的经验，理清民主发展与社会和谐的实现机制。徐勇教授的学术助手刘义强教授具体承担了本书写作团队的组建、写作内容的确定和写作风格的编辑和统一，并进行了反复的修改、润色和总结概括，并撰写相关章节，在全书的写作中发挥了重要作用。在团队成员完成的初稿基础上，徐勇教授又进行了概括、整理和重大修改，并撰写相关章节。具体承担情况如下：

导论（徐勇、刘义强）

第一章：农村基层民主与村民自治（陈祥英　陈明）

第二章：城市社区治理与社区自治（李海金　李金红）

第三章：工作单位治理与单位民主（李海金）

第四章：基层政府治理与行政民主（汤应权）

第五章：基层人大建设与政治民主（慕良泽）

第六章：党内基层民主与党内民主（陈明　刘义强）

第七章：以民主促进和谐：基层民主发展的中国道路（刘义强）

作为一个团队完成的成果，尽管我们已经进行了细致的修改、编辑和润色，但是依然保留了不少团队成员的自身观点，尤其是那些可能与总体观点存在一定抵牾的地方。而写作风格的多样性，更是难以避免的。幸好读者之中不乏大方之家，诚请批评指正。

作者

2014 年 10 月 18 日

教育部哲学社會科学研究重大課題攻關項目
成果出版列表

书　名	首席专家
《马克思主义基础理论若干重大问题研究》	陈先达
《马克思主义理论学科体系建构与建设研究》	张雷声
《马克思主义整体性研究》	逄锦聚
《改革开放以来马克思主义在中国的发展》	顾钰民
《新时期　新探索　新征程 ——当代资本主义国家共产党的理论与实践研究》	聂运麟
《坚持马克思主义在意识形态领域指导地位研究》	陈先达
《当代中国人精神生活研究》	童世骏
《弘扬与培育民族精神研究》	杨叔子
《当代科学哲学的发展趋势》	郭贵春
《服务型政府建设规律研究》	朱光磊
《地方政府改革与深化行政管理体制改革研究》	沈荣华
《面向知识表示与推理的自然语言逻辑》	鞠实儿
《当代宗教冲突与对话研究》	张志刚
《马克思主义文艺理论中国化研究》	朱立元
《历史题材文学创作重大问题研究》	童庆炳
《现代中西高校公共艺术教育比较研究》	曾繁仁
《西方文论中国化与中国文论建设》	王一川
《中华民族音乐文化的国际传播与推广》	王耀华
《楚地出土戰國簡册［十四種］》	陳　偉
《近代中国的知识与制度转型》	桑　兵
《中国抗战在世界反法西斯战争中的历史地位》	胡德坤
《近代以来日本对华认识及其行动选择研究》	杨栋梁
《京津冀都市圈的崛起与中国经济发展》	周立群
《金融市场全球化下的中国监管体系研究》	曹凤岐
《中国市场经济发展研究》	刘　伟
《全球经济调整中的中国经济增长与宏观调控体系研究》	黄　达
《中国特大都市圈与世界制造业中心研究》	李廉水
《中国产业竞争力研究》	赵彦云

书　名	首席专家
《东北老工业基地资源型城市发展可持续产业问题研究》	宋冬林
《转型时期消费需求升级与产业发展研究》	臧旭恒
《中国金融国际化中的风险防范与金融安全研究》	刘锡良
《全球新型金融危机与中国的外汇储备战略》	陈雨露
《中国民营经济制度创新与发展》	李维安
《中国现代服务经济理论与发展战略研究》	陈　宪
《中国转型期的社会风险及公共危机管理研究》	丁烈云
《人文社会科学研究成果评价体系研究》	刘大椿
《中国工业化、城镇化进程中的农村土地问题研究》	曲福田
《东北老工业基地改造与振兴研究》	程　伟
《全面建设小康社会进程中的我国就业发展战略研究》	曾湘泉
《自主创新战略与国际竞争力研究》	吴贵生
《转轨经济中的反行政性垄断与促进竞争政策研究》	于良春
《面向公共服务的电子政务管理体系研究》	孙宝文
《产权理论比较与中国产权制度变革》	黄少安
《中国企业集团成长与重组研究》	蓝海林
《我国资源、环境、人口与经济承载能力研究》	邱　东
《“病有所医”——目标、路径与战略选择》	高建民
《税收对国民收入分配调控作用研究》	郭庆旺
《多党合作与中国共产党执政能力建设研究》	周淑真
《规范收入分配秩序研究》	杨灿明
《中国社会转型中的政府治理模式研究》	娄成武
《中国加入区域经济一体化研究》	黄卫平
《金融体制改革和货币问题研究》	王广谦
《人民币均衡汇率问题研究》	姜波克
《我国土地制度与社会经济协调发展研究》	黄祖辉
《南水北调工程与中部地区经济社会可持续发展研究》	杨云彦
《产业集聚与区域经济协调发展研究》	王　珺
《我国货币政策体系与传导机制研究》	刘　伟
《我国民法典体系问题研究》	王利明
《中国司法制度的基础理论问题研究》	陈光中
《多元化纠纷解决机制与和谐社会的构建》	范　愉
《中国和平发展的重大前沿国际法律问题研究》	曾令良
《中国法制现代化的理论与实践》	徐显明
《农村土地问题立法研究》	陈小君

书　名	首席专家
《知识产权制度变革与发展研究》	吴汉东
《中国能源安全若干法律与政策问题研究》	黄　进
《城乡统筹视角下我国城乡双向商贸流通体系研究》	任保平
《产权强度、土地流转与农民权益保护》	罗必良
《矿产资源有偿使用制度与生态补偿机制》	李国平
《巨灾风险管理制度创新研究》	卓　志
《国有资产法律保护机制研究》	李曙光
《中国与全球油气资源重点区域合作研究》	王　震
《可持续发展的中国新型农村社会养老保险制度研究》	邓大松
《农民工权益保护理论与实践研究》	刘林平
《大学生就业创业教育研究》	杨晓慧
《新能源与可再生能源法律与政策研究》	李艳芳
《中国海外投资的风险防范与管控体系研究》	陈菲琼
《生活质量的指标构建与现状评价》	周长城
《中国公民人文素质研究》	石亚军
《城市化进程中的重大社会问题及其对策研究》	李　强
《中国农村与农民问题前沿研究》	徐　勇
《西部开发中的人口流动与族际交往研究》	马　戎
《现代农业发展战略研究》	周应恒
《综合交通运输体系研究——认知与建构》	荣朝和
《中国独生子女问题研究》	风笑天
《我国粮食安全保障体系研究》	胡小平
《城市新移民问题及其对策研究》	周大鸣
《新农村建设与城镇化推进中农村教育布局调整研究》	史宁中
《农村公共产品供给与农村和谐社会建设》	王国华
《中国大城市户籍制度改革研究》	彭希哲
《国家惠农政策的成效评价与完善研究》	邓大才
《以民主促进和谐——和谐社会构建中的基层民主政治建设研究》	徐　勇
《城市文化与国家治理——当代中国城市建设理论内涵与发展模式建构》	皇甫晓涛
《中国边疆治理研究》	周　平
《边疆多民族地区构建社会主义和谐社会研究》	张先亮
《新疆民族文化、民族心理与社会长治久安》	高静文
《中国大众媒介的传播效果与公信力研究》	喻国明
《媒介素养：理念、认知、参与》	陆　晔
《创新型国家的知识信息服务体系研究》	胡昌平
《数字信息资源规划、管理与利用研究》	马费成

书　名	首席专家
《新闻传媒发展与建构和谐社会关系研究》	罗以澄
《数字传播技术与媒体产业发展研究》	黄升民
《互联网等新媒体对社会舆论影响与利用研究》	谢新洲
《网络舆论监测与安全研究》	黄永林
《中国文化产业发展战略论》	胡惠林
《教育投入、资源配置与人力资本收益》	闵维方
《创新人才与教育创新研究》	林崇德
《中国农村教育发展指标体系研究》	袁桂林
《高校思想政治理论课程建设研究》	顾海良
《网络思想政治教育研究》	张再兴
《高校招生考试制度改革研究》	刘海峰
《基础教育改革与中国教育学理论重建研究》	叶　澜
《我国研究生教育结构调整问题研究》	袁本涛　王传毅
《公共财政框架下公共教育财政制度研究》	王善迈
《农民工子女问题研究》	袁振国
《当代大学生诚信制度建设及加强大学生思想政治工作研究》	黄蓉生
《从失衡走向平衡：素质教育课程评价体系研究》	钟启泉　崔允漷
《构建城乡一体化的教育体制机制研究》	李　玲
《高校思想政治理论课教育教学质量监测体系研究》	张耀灿
《处境不利儿童的心理发展现状与教育对策研究》	申继亮
《学习过程与机制研究》	莫　雷
《青少年心理健康素质调查研究》	沈德立
《灾后中小学生心理疏导研究》	林崇德
《民族地区教育优先发展研究》	张诗亚
《WTO主要成员贸易政策体系与对策研究》	张汉林
《中国和平发展的国际环境分析》	叶自成
《冷战时期美国重大外交政策案例研究》	沈志华
《我国的地缘政治及其战略研究》	倪世雄
《中国海洋发展战略研究》	徐祥民
*《中国政治文明与宪法建设》	谢庆奎
*《非传统安全合作与中俄关系》	冯绍雷
*《中国的中亚区域经济与能源合作战略研究》	安尼瓦尔·阿木提
……	

*为即将出版图书